GODSDIENSTONDERWIJS UITGEDAAGD

INSTRUMENTA THEOLOGICA
XXVI

Didier Pollefeyt, Dirk Hutsebaut, Herman Lombaerts,
Mieke De Vlieger, Annemie Dillen, Joke Maex, Wim Smit

GODSDIENSTONDERWIJS UITGEDAAGD

JONGEREN EN (INTER)LEVENSBESCHOUWELIJKE VORMING IN GEZIN EN ONDERWIJS

Opzet, methode en resultaten van empirisch onderzoek
bij leerkrachten rooms-katholieke godsdienst
en leerlingen van de derde graad secundair onderwijs
in Vlaanderen

With a Summary in English

BIBLIOTHEEK VAN DE
FACULTEIT GODGELEERDHEID

UITGEVERIJ PEETERS

LEUVEN
2004

ISBN 90-429-1473-4
EAN-Code: 9789042914735

D/2004/0602/78

Woord vooraf

Empirisch onderzoek is zeer arbeidsintensief. Met drie professoren en vier onderzoek(st)ers werd deze publicatie voorbereid. Dat zou echter nooit gelukt zijn zonder de hulp van vele anderen.

Daarom een speciaal woord van dank aan:

De vele leerkrachten, leerlingen en directies die bereidwillig hebben meegewerkt aan dit onderzoek.
De praktijklectoren van de Academische Lerarenopleiding (Faculteit Godgeleerdheid), die de nodige feedback bij het onderzoek gegeven hebben.
De leerlingen, leerkrachten en studenten die de vragenlijst 'uitgetest' hebben.
Dra. Marianne Moyaert, die nauw betrokken was bij de beginfase van het onderzoek, het opstellen van de vragenlijsten, het afnemen ervan en het invoeren van de gegevens in een databestand.
Rob Stroobants, die alle resultaten via statistische programma's verwerkte en berekende.
Rita Corstjens, Britt Weynants en Jeroen Hennion voor de technische en inhoudelijke steun.
Professor Roger Burggraeve, die als copromotor verbonden is aan twee van de onderzoeksprojecten, die de basis vormen voor dit onderzoek.
Professor Lieve Vandemeulebroecke voor haar inhoudelijke steun bij het deelonderzoek over het gezin.
Professor Leo Kenis die de publicatie van dit empirisch onderzoek in de reeks *Instrumenta Theologica* heeft mogelijk gemaakt.
Het Vlaams Secretariaat van het Katholiek Onderwijs (VSKO) voor de belangstelling en de toestemming voor het afnemen van de vragenlijsten in de betrokken scholen.
Het Fonds voor Wetenschappelijk Onderzoek-Vlaanderen (FWO) dat dit onderzoek financierde.

Van harte dank.

Didier Pollefeyt, Dirk Hutsebaut, Herman Lombaerts,
Mieke De Vlieger, Annemie Dillen, Joke Maex, Wim Smit

Inhoud

1. Inleiding

Onderwijs en opvoeding zijn thema's van alle tijden – reeds eeuwen wordt erover nagedacht en geschreven. Ook aan het begin van het derde millennium wordt hevig gediscussieerd, onderzocht en gepubliceerd omtrent de vragen 'wat is goede vorming?', 'wat is goed onderwijs'? Onze laatmoderne samenleving stelt een heel aantal evidenties in vraag. Het is dan ook niet verwonderlijk dat in het bijzonder godsdienstonderwijs en godsdienstige opvoeding vandaag vanuit de maatschappij sterk bevraagd worden. Binnen de wetenschappelijke disciplines godsdienstpedagogiek en -didactiek wordt gezocht naar nieuwe manieren om hedendaags godsdienstonderwijs en godsdienstige opvoeding vorm te geven. Deze publicatie wil hiertoe een bijdrage zijn en de discussie en het onderzoek over levensbeschouwelijke en religieuze vorming in Vlaanderen stimuleren.

In 1994 publiceerde professor Jozef Bulckens, toenmalig voorzitter van het *Centrum Academische Lerarenopleiding* aan de Faculteit Godgeleerdheid, K.U.Leuven, een handboek godsdienstdidactiek voor het secundair onderwijs[1]. Hierin gaf hij resultaten weer van een empirisch onderzoek bij godsdienstleerkrachten in Vlaanderen, doorgevoerd in 1992. Tien jaar later is er veel veranderd. Er kwamen nieuwe leerplannen godsdienst (1999, verplicht te gebruiken vanaf 2004)[2]. De ontkerkelijking en detraditionalisering nam toe, evenals de levensbeschouwelijke pluraliteit. De beginsituatie voor het godsdienstonderwijs onderging een verandering. Een nieuw en breder onderzoek naar deze beginsituatie, naar de levensbeschouwelijke achtergronden en naar de 'subjectieve onderwijstheorieën'[3] van godsdienstleerkrachten en leerlingen drong zich op.

Vanuit het *Centrum Academische Lerarenopleiding*, Faculteit Godgeleerdheid, werd in het kader van verschillende onderzoeksprojecten en door verschillende onderzoek(st)ers in het voorjaar van 2002 ge-

1. J. BULCKENS, *Godsdienstonderricht op de secundaire school. Handboek voor godsdienstdidactiek.* Deel I: *Doel, inhoud, leerkracht, (katholieke) school*, Leuven, 1994.

2. ERKENDE INSTANTIE, *Leerplan rooms-katholieke godsdienst voor het secundair onderwijs in Vlaanderen*, Brussel, 1999.

3. Cf. S. JANSSENS, *The Official Doctrine of the Church versus the Teacher's Personal Frame of Reference,* in H. LOMBAERTS & D. POLLEFEYT (red.), *Hermeneutics and Religious Education*, Leuven, 2004 (te verschijnen).

start met het opzetten van een uitgebreid empirisch onderzoek bij leerlingen en leerkrachten rooms-katholieke godsdienst in het secundair onderwijs. Het onderzoek werd doorgevoerd onder leiding van professor Didier Pollefeyt, voorzitter van het *Centrum Academische Lerarenopleiding*, emeritus professor Herman Lombaerts, voormalig voorzitter van dit centrum en promotor van het project 'Een hermeneutisch-communicatief concept vakdidactiek godsdienst'[4] en professor Dirk Hutsebaut, directeur van het *Centrum voor Godsdienstpsychologie* vanuit het Departement Psychologie, K.U.Leuven en copromotor van het project 'Interreligieus leren'[5]. De betrokken onderzoek(st)ers zijn Mieke De Vlieger[6], Annemie Dillen[7], Joke Maex[8] en Wim Smit[9]. Gedurende de beginfase van het onderzoek werkte ook Marianne Moyaert[10] mee, onder andere aan de constructie en de afname van de vragenlijst en het invoeren van de gegevens in een databestand.

Het hier voorliggende boek verzamelt de empirische resultaten van het onderzoek, en is bedoeld als bronnen- en informatieboek voor verdere studie, interpretatie, discussie en beleidswerk. In verschillende andere publicaties zullen de gegevens verder geïnterpreteerd worden en zullen op basis hiervan godsdienstpedagogische en -didactische inzichten en besluiten geformuleerd worden. Daarvoor verwijzen we onder andere naar het doctoraatsproefschrift van Joke Maex, dat op 18

4. Het project '*Een hermeneutisch-communicatief concept vakdidactiek godsdienst*' werd gefinancierd door het F.W.O.-Vlaanderen en liep van 2000 tot 2003 onder leiding van emeritus professor Herman Lombaerts en professor Didier Pollefeyt. Het project werd verlengd tot 2004.

5. Het project '*Interreligieus leren*' wordt gefinancierd door het F.W.O.-Vlaanderen en loopt van 2002 tot 2005 onder leiding van professor Didier Pollefeyt, professor Dirk Hutsebaut en professor Roger Burggraeve.

6. Mieke De Vlieger is wetenschappelijk medewerkster binnen het project '*Interreligieus leren*'.

7. Annemie Dillen is aspirante bij het F.W.O.-Vlaanderen en werkt aan een onderzoeksproject onder de titel '*Geloof in het gezin? Primaire relaties in hedendaagse vormen van gezin en huwelijk als vindplaats van en aanzet tot vernieuwing in fundamentele ethiek, theologie en godsdienstpedagogiek*'. Dit project loopt van oktober 2001 tot september 2005. Promotor is professor Didier Pollefeyt (copromotor professor Roger Burggraeve).

8. Joke Maex werkt als wetenschappelijk medewerkster van het F.W.O.-Vlaanderen aan het project '*Een hermeneutisch-communicatief concept vakdidactiek godsdienst. Een fundamenteel-theoretisch en empirisch onderzoek*'.

9. Wim Smit is als wetenschappelijk medewerker deeltijds verbonden aan het project '*Interreligieus leren*'.

10. Marianne Moyaert is sinds oktober 2002 als aspirante bij het F.W.O.-Vlaanderen werkzaam op het project '*Pluralisme en interreligieuze dialoog. Kritische analyse van de vooronderstellingen van pluralistische theorieën en hun impact op het karakter, de aard en beperkingen van de interreligieuze ontmoeting*'. Dit project loopt tot september 2007. Promotor is professor Didier Pollefeyt.

december 2003 werd verdedigd[11], en naar de doctoraatsproefschriften van Annemie Dillen en Mieke De Vlieger, beide voorzien voor 2005.

Inhoudelijk bestrijkt het onderzoek drie grote thematieken, die alle verband houden met religieuze vorming. Een eerste luik van het onderzoek behandelt gezinsopvoeding en specifieker religieuze opvoeding in het gezin. Het gezin is voor de meeste jongeren de primaire opvoedingscontext, die ook op het vlak van religieuze houding en opvattingen een belangrijke rol speelt. Een tweede luik handelt over godsdienstdidactische opvattingen met betrekking tot godsdienstonderwijs, en meer specifiek de mogelijkheden en uitdagingen van een hermeneutisch-communicatieve benadering van godsdienstonderwijs vandaag. Een derde thematische klemtoon van het onderzoek sluit nauw aan bij het tweede luik en handelt eveneens over het godsdienstonderwijs als dusdanig, maar dan vanuit de vraagstelling naar de mogelijkheden voor interreligieus leren in klassituaties. De inhoudelijke achtergronden en de verschillende onderzoekshypothesen vanuit de deelonderzoeken worden verder nog toegelicht.

11. J. MAEX, *Een hermeneutisch-communicatief concept vakdidactiek godsdienst. Een fundamenteel-theoretisch en empirisch onderzoek.* Onuitgegeven doctoraatsproefschrift in de Godgeleerdheid, Leuven, 2003.

2. Onderzoekshypothesen en onderzoeksvragen

2.1. Geloof in het gezin

2.1.1. *Achtergrond van het onderzoek*

Religieuze opvoeding in het gezin is vandaag alles behalve evident. Godsdienstleerkrachten worden geconfronteerd met heel wat jongeren die van thuis uit zeer weinig hebben meegekregen op het vlak van religieuze opvoeding. In de visietekst voor het nieuwe leerplan lezen we: "Zijzelf [de leerlingen] vertonen trouwens een grote verscheidenheid van levensbeschouwelijke betrokkenheid. (...) Deze verscheidenheid brengen ze mee vanuit hun gezinnen, die op hun beurt zeer verschillend omgaan met het levensbeschouwelijke"[12]. In vele gezinnen is de uitdrukkelijke religieuze communicatie zo goed als afwezig. In de literatuur wordt gesproken over een 'spiraal van het zwijgen'[13]. Religie is in onze samenleving tot privé-zaak geworden, en zelfs in de reeds 'private' ruimte van het 'gezin' wordt de eigen geloofsovertuiging als iets zeer persoonlijks aanzien.

In heel wat gezinnen heerst de opvatting dat de kinderen zelf maar moeten kiezen welke religie ze aanhangen, en dat de ouders daar niet te hard in moeten sturen. Andere ouders willen hun kinderen wel religieus opvoeden, maar weten niet goed hoe[14]. In bepaalde (eerder uitzonderlijke) gevallen geven ouders hun kinderen wel een heel uitdrukkelijk religieuze opvoeding mee, en leggen hierbij soms zelfs verplichtingen (bijvoorbeeld wat betreft kerkbezoek) op. Sommige ouders stimuleren hun kinderen heel sterk en betrekken hen in de eigen geloofsbeleving, zonder dat van 'verplichting' sprake is. De manieren waarop 'religieuze opvoeding' gebeurt, zijn verschillend.

De wijze waarop met levensbeschouwing in het gezin wordt omgegaan, heeft consequenties voor de geloofshouding van jongeren van-

12. *Het vak r.-k. godsdienst in de scholen in Vlaanderen. 08-07-96. Visietekst van de commissie in opdracht van de bisschoppen.* Bijlage bij het Leerplan rooms-katholieke godsdienst voor het secundair onderwijs in Vlaanderen, Brussel, 2000, p. 7.

13. U. SCHMÄLZLE, *Religiöse Erziehung in der Familie*, in H.-G. ZIEBERTZ & W. SIMON (red.), *Bilanz der Religionspädagogik*, Düsseldorf, 1995, 370-382, p. 375.

14. A. LANSER-VAN DER VELDE, *Iets van het geloof. De vragen en behoeften van ouders omtrent de levensbeschouwelijke opvoeding,* in G. HEITINK & H. STOFFELS (red.), *Niet zo'n kerkganger. Zicht op buitenkerkelijk geloven,* Baarn, 2003, 131-152, p. 140.

daag. In een periode waarin religie meer en meer naar de achtergrond verdrongen wordt, is het belangrijk om enig zicht te krijgen op de levensbeschouwelijke achtergrond die jongeren van thuis uit meegekregen hebben. Op die manier worden ook impulsen gegeven aan de reflectie omtrent de wenselijkheid van en de mogelijkheden tot religieuze opvoeding in het gezin. Een bevraging van godsdienstleerkrachten over de religieuze opvoeding die ze zelf (al dan niet) aan hun kinderen geven, kan hier eveneens toe bijdragen. Uiteindelijk willen we instrumenten ontwikkelen die adequaat inspelen op de onzekerheid, de twijfels en de moeilijkheden die heel wat ouders vandaag ondervinden op het vlak van opvoeding en specifiek religieuze opvoeding.

Daarbij zijn niet enkel de detraditionalisering en de 'spiraal van het zwijgen' aanleiding tot vernieuwd onderzoek, maar zeker ook de ontwikkelingen op het vlak van de vormgeving en de beleving van de gezinsrelaties. Vele auteurs stellen dat het gezin in crisis is – anderen spreken over 'verandering', over 'evoluties'. Duidelijk is alleszins dat vandaag heel wat kinderen leven in een gezin waarvan de ouders gescheiden of niet gehuwd zijn en dat de opvoedingsstijl van de ouders vandaag over het algemeen niet meer dezelfde is als pakweg dertig jaar geleden. Wanneer religieuze opvoeding in het gezin onderzocht wordt, kunnen deze evoluties niet buiten beschouwing blijven. We besteden dan ook vrij veel aandacht aan schalen en vragen in verband met de algemene gezinsbeleving, zowel bij leerlingen als bij godsdienstleerkrachten. Daarbij willen we niet enkel focussen op de feitelijke beleving van het gezin, maar ook op de algemene ethische opvattingen over gezinsleven. Is het huwelijk enkel nog voor hen die zich duidelijk christelijk of katholiek en gelovig noemen, een belangrijke waarde? Of speelt de levensbeschouwing geen rol in de opvattingen over het gezin en de feitelijke beleving ervan? In onze postmoderne context, waarbij zowel op het vlak van religie als op het vlak van gezinsbeleving 'pluraliteit' het kernwoord is[15], is onderzoek naar de samenhang tussen deze twee domeinen, beide ook vervat in 'instituties', van groot belang.

2.1.2. *Onderzoekshypothese en onderzoeksvragen*

Aan de hand van het onderzoek bij de leerlingen willen we te weten komen of en in welke mate gezinskenmerken samenhangen met de re-

15. R.R. Osmer & F. Schweitzer, *Religious Education between Modernization and Globalization. New Perspectives on the United States and Germany*, Grand Rapids, MI, 2003, 276-287.

ligieuze identiteit van jongeren. Onder gezinskenmerken verstaan we de burgerlijke staat van de ouders, de gezinssituatie en de subjectieve perceptie ervan (veel of weinig conflicten, grote of kleine interne samenhang), de beleefde opvoedingsstijl van vader en moeder. Religieuze identiteit is een complex begrip. We verstaan daaronder onder meer een aantal meer operationaliseerbare categorieën zoals cognitieve opvattingen in verband met het christelijke geloof, religieus gedrag (gebed, kerkelijke praxis, ...), de zelfperceptie als gelovige, ... Daarnaast willen we te weten komen hoe de religieuze opvoeding in het gezin met beide factoren samenhangt. We willen onderzoeken of en hoe de gezinskenmerken samenhangen met de mate waarin en de wijze waarop religieuze opvoeding plaatsvindt thuis. Daarnaast willen we empirisch nagaan hoe elementen van religieuze opvoeding thuis samenhangen met de religieuze identiteit van de jongeren.

Meer specifiek willen we een antwoord vinden op de vraag of ervaren algemene opvoedingsstijlen (gemeten aan de hand van schalen die peilen naar responsiviteit, democratische of autoritaire controle, opvolging) overeenkomen met de manier waarop jongeren de levensbeschouwelijke opvoeding door de ouders ervaren. We willen tevens nagaan of de manier waarop men met geloof (al dan niet) bezig is, samenhangt met de manier waarop men de ouderlijke (religieuze) opvoeding ervaart.

Een gelijkaardige onderzoeksvraag ligt aan de basis van de bevraging van de leerkrachten. Ook hier willen we nagaan hoe gezinskenmerken samenhangen met de religieuze identiteit (in dit geval van de leerkracht). We willen te weten komen of de wijze waarop de leerkracht de eventuele eigen kinderen religieus opvoedt, samenhangt met de eigen geloofsvisie en ook met de eigen gezinskenmerken van deze leerkracht.

Deze basisonderzoeksvragen kaderen binnen een breder onderzoeksopzet[16]. We willen namelijk inzicht krijgen in religieuze opvoeding in het gezin vandaag en zoeken naar hoe op het vlak van geloof en zingeving aan opvoedingsondersteuning kan worden gedaan[17]. In verder theologisch onderzoek zullen we ingaan op de vraag naar hoe pastoraal-ethisch kan worden omgegaan met gezinnen, zowel op het vlak van opvoeding en gezinsleven in het algemeen als op het vlak van geloofsbeleving.

16. Zie het doctoraatsonderzoek van A. Dillen.

17. A. DILLEN, *"Het wezenlijke is voor de ogen onzichtbaar". Hedendaagse gezinnen als subject van geloof?*, in *Rondom Gezin* 23 (2002) nr. 4, 188-203.

Naast de basisonderzoeksvragen, onderscheiden we enkele bijkomende vragen waarop we via dit empirisch onderzoek (aanzetten tot) antwoorden hopen te krijgen. We willen nagaan in welke mate jongeren de (religieuze) opvoeding door hun vader anders beleven dan door hun moeder. In de pedagogische literatuur wordt ingegaan op man-vrouw verschillen in de opvoeding en op het belang van de vaders in de opvoeding – juist omdat vandaag 'de afwezigheid van vaders' kenmerkend zou zijn in vele gezinnen. We willen nagaan in welke mate de vaders bij de geloofsopvoeding van kinderen en jongeren betrokken zijn, om op basis daarvan adequate handelingsmogelijkheden en praktisch theologische reflecties te ontwikkelen[18]. Verder hechten we ook bijzonder belang aan de samenhang tussen het geslacht en de wijze waarop men over het gezin denkt.

Met het onderzoek wilden we eveneens een algemeen zicht krijgen op de rol van de ouders in verhouding tot andere '*significant others*' voor de leerlingen, zoals de grootouders, de broers en zussen, de leerkrachten, pastores, ...

We willen met dit onderzoek ook nagaan of we verschillen ontdekken in geloofsbeleving en gezinsbeleving tussen moslims en christenen. Ook de moslimleerlingen werden bevraagd op dezelfde items. Ervaren zij de gezinsopvoeding strenger en autoritairder en zijn zij geloviger dan leerlingen die zichzelf christelijk noemen?

De koppeling van het onderzoeksluik over gezin aan de onderzoeken over godsdienstonderwijs, maakt het ons mogelijk om de vraag te stellen naar verschillen tussen leerlingen en leerkrachten, wat betreft geloven, gezinsbeleving en vooral ook het ethisch denken over gezinnen.

Het onderzoek zou verrijkt worden wanneer ook de ouders van de leerlingen bevraagd konden worden. We zouden dan kunnen nagaan hoe ouders zelf de religieuze opvoeding van de kinderen ervaren en of de intenties van de ouders ook weerspiegeld worden in de percepties en de keuzes van de jongeren. Omwille van de haalbaarheid, besloten we echter om ervoor te opteren om enkel de jongeren te bevragen over de opvoedingservaringen (met hun ouders), maar toch de doelgroep van 'ouders' in het algemeen rechtstreeks te betrekken, via het bevragen van de opvoedingshouding van de leerkrachten in hun eigen gezin. We kunnen dan niet de verbanden tussen percepties van ouders en kinderen berekenen, maar we verkrijgen wel gegevens over hoe ouders (*in casu* de leerkrachten als ouders) en hoe kinderen (de leerlin-

18. Cf. S. KLEIN, *Religiöse Tradierungsprozesse in Familien und Religiosität von Männern und Frauen*, in *Religionspädagogische Beiträge* 13 (1999), 25-40.

gen) naar opvoeding kijken. We pogen via de leerlingen zelf gegevens over hun ouders te verkrijgen. De keuze om enkel via de jongeren iets over hun eigen ouders te weten te komen, impliceert de gebondenheid aan de perceptie van de jongeren en de onmogelijkheid om te spreken over de opvoeding van deze ouders als dusdanig. Uit onderzoek blijkt echter dat de rapportering over gezinsopvoeding vanwege ouders en kinderen positief correleert[19]. Bovendien zouden ouders meestal positiever zijn over de opvoeding die ze geven dan hun kinderen[20]. De perceptie van de kinderen zou daarom in vele gevallen een realistischer beeld kunnen geven.

Deze onderzoeksvragen hangen nauw samen met de verwachte antwoorden op de vragen, waarvoor we op ander empirisch onderzoek en literatuurgegevens kunnen terugvallen. Hieronder stellen we enkele hypotheses voor met betrekking tot de samenhang tussen gezinsvariabelen en religieuze opvoeding in het gezin.

Op basis van andere onderzoeksresultaten verwachten we een samenhang te vinden tussen gelovige jongeren (en variabelen die met geloof te maken hebben) en een positieve perceptie van het gezin. Zo stelt Kalevi Tamminen in Finland vast dat gelovige jongeren (vooral meisjes) tussen zeven en twintig jaar hun gezin en de relatie met hun ouders positiever evalueren dan niet-gelovige jongeren. Tamminen gebruikt hiervoor de categorieën 'veiliger', 'meer zorgend', 'gezelliger', 'meer stimulerend', 'hechter'[21]. Uit het Vlaamse onderzoek van Dirk Hutsebaut blijkt dat jongeren die vasthouden aan de godsdienst die ze meegekregen hebben van thuis, in hun kindertijd een betere affectieve relatie met hun vader hadden dan zij die 'afvallig' zijn van het geloof van hun ouders[22]. Het (Amerikaanse) onderzoek van Scott M. Myers wijst uit dat religiositeit bij jongeren nauw samenhangt met de huwelijkssatisfactie van de ouders, de ondersteuning van ouders voor hun kinderen, gematigde strengheid en een buitenshuis werkende man en een thuiswerkende moeder[22']. Op basis hiervan verwachten we niet enkel in het eigen onderzoek een nauwe relatie te vinden tussen ge-

19. F.W.P. VAN DER SLIK, *Overtuigingen, attituden, gedrag en ervaringen. Een onderzoek naar de godsdienstigheid van ouders en van hun kinderen*, Helmond, 1992, p. 192.

20. J. VANDOORNE, L. DECALUWE, L. VANDEMEULEBROECKE, *Het gezin*, in H. DE WITTE, J. HOOGE & L. WALGRAVE (red.), *Jongeren in Vlaanderen. Gemeten en geteld. 12- tot 18-jarigen over hun leefwereld en toekomst*, Leuven, 2000, 59-79, p. 63.

21. K. TAMMINEN, *Religious Development in Childhood and Youth. An Empirical Study*, Helsinki, 1991, p. 278.

22. D. HUTSEBAUT, *Een zekere onzekerheid: Jongeren en geloof*, Leuven-Amersfoort, 1995, p. 119.

22'. S.M. MYERS, *An Interactive Model of Religiosity Inheritance. The Importance of Family Context*, in *American Sociological Review* 61 (1995) nr. 5, 858-866.

loofsvariabelen en gezinsbeleving, maar ook specifiek tussen de beroepssituatie van de moeder en de geloofsvariabelen.

Myers geeft ook aan dat kinderen in stiefgezinnen doorgaans minder religieus zijn dan zij die uit zogenaamde 'intacte' gezinnen komen. We willen deze veronderstelling toetsen, omdat we vermoeden dat de gezinsstructuur (gehuwd, gescheiden) als dusdanig geen rechtstreekse band heeft met het geloof van de kinderen, maar dat het vooral de kwaliteit van de relatie tussen ouders en kinderen is die hier een rol speelt[23] (cf. het hierboven aangehaalde onderzoek van Hutsebaut). We vermoeden wel dat de gezinsstructuur niet volledig onafhankelijk van de gezinsrelaties kan worden gezien, en dat we dus wel een zekere samenhang zullen vinden tussen dimensies als 'conflict/cohesie', 'responsiviteit/autonomie/opvolging/striktheid' enerzijds en 'gezinssituatie' (gehuwd/gescheiden) anderzijds. We menen dat de gevonden samenhang tussen de gezinsstructuur en de religiositeit van de jongeren in het onderzoek van Myers vooral te maken heeft met het feit dat de religiositeit gemeten wordt aan de hand van eerder formele, externe categorieën zoals 'kerkpraktijk' en minder aan de hand van de zelfperceptie en de opvattingen over geloven. We merken op dat de manier waarop 'geloof' traditioneel bevraagd wordt, vrij statisch is. Het gaat over het behoren tot en het geloven in één bepaalde confessionele traditie, traditionele religieuze praktijk en de verhouding tot een aantal klassieke geloofswaarheden. Meer vrije, alternatieve vormen van geloven worden meestal niet onderzocht en komen ook in het eigen onderzoek niet echt aan bod. Dat hangt voor een deel samen met de eigen aard van het kwantitatieve onderzoek.

We vermoeden geen duidelijke samenhang te vinden tussen 'gezinsstructuur' en 'geloof van het kind', maar wel tussen 'gezinsbeleving en opvoedingsstijl' enerzijds en 'variabelen die peilen naar de geloofsbeleving van het kind' anderzijds. We kunnen met de gebruikte empirische onderzoeksmethodes geen causale relaties vaststellen. Op theoretische gronden vermoeden we hier een wederkerige beïnvloeding. Het geloof kan de positieve perceptie en mogelijk ook de feitelijk positieve gezinsrelaties, gelinkt aan geloof van de ouders, beïnvloeden. Daarbij spelen dan waarschijnlijk het christelijke ideaal en de ethische waarden als inzet voor het gezin, het gezin als 'hoeksteen van de samenleving', trouw, en dergelijke een rol. Omgekeerd kan de feitelijke positieve beleving van gezinsrelaties ook een opstap zijn naar

23. Voor een theoretische achtergrond bij deze hypothese, en voor de discussie over externe vorm en interne kwaliteit, zie ook: A. DILLEN, *Guiding Principle or Norm? Tensions in Ethical and Pastoral Thinking About Marriage*, in *Intams Review* 9 (2003) nr. 1, 77-88.

geloof, in de zin dat een groot basisvertrouwen een belangrijke stapsteen kan zijn om tot geloof te komen. Hierbij vertrekken we vanuit de 'correspondentie-hypothese', zoals die onder andere door de Roos en Miedema beschreven wordt, maar dan met betrekking tot 'hechting' (*attachment*) en godsbeelden[24]. Deze hypothese stelt dat de beleving van een veilige hechting[25] basismogelijkheden creëert voor geloven, omdat geloven vertrouwen impliceert, dat in de ouder-kindrelatie juist beleefd kan worden wanneer er een veilige hechting is. De impliciete structuur van geloof en goede gezinsrelaties is dus erg gelijkend. Daartegenover staat de 'compensatie-hypothese' die stelt dat geloof juist een compensatie betekent voor een onveilige hechting[26] en dat wanneer op één moment een overeenkomst tussen positieve perceptie van gezinsrelaties en geloof gevonden wordt, dit slechts een momentopname is. Het kan zijn dat men juist door te gaan geloven, de gezinsrelaties in een positiever licht is gaan bekijken. Wanneer men zou observeren doorheen de tijd (longitudinaal onderzoek), zou men kunnen vaststellen dat de zogenaamde correspondentie voortvloeit uit een herinterpretatie van de kindertijd vanuit een gelovige bril door de bevraagde ('bekeerde') subjecten. In het eigen onderzoek kunnen we de evolutie doorheen de tijd niet nagaan. Wel kunnen we vermoeden dat waarschijnlijk weinig van de bevraagde leerlingen een soort 'bekering' hebben meegemaakt, gezien de Vlaamse context waarbinnen nog steeds resten van een cultuurchristendom voortleven en waarbinnen de meeste kinderen reeds van in de kleuterschool met het katholieke geloof in aanraking komen. Dit is een argument waarom we eerder de 'correspondentie-hypothese' als basis voor het onderzoek aannemen en deze ook willen toetsen. Voor een grondigere analyse van beide theorieën, verwijzen we naar verdere besprekingen van het onderzoek[27].

Ook het Duitse onderzoek van Jürgen Zinnecker toont aan dat jongeren uit een godsdienstig gezin positiever oordelen over hun gezin

24. S. DE ROOS & S. MIEDEMA, *Ontluikende godsdienstigheid bij kleuters. Invloeden van gehechtheidsrelaties binnen gezins- en schoolverband op hun Godsbeelden*, in *Pedagogisch Tijdschrift* 26 (2001) nr. 3/4, 361-385, p. 364-370.

25. J. BOWLBY, *A Secure Base. Parent-Child Attachment and Healthy Human Development*, New York, NY, 1988.

26. L.A. KIRKPATRICK & P.R. SHAVER, *Attachment Theory and Religion. Childhood Attachments, Religious Beliefs, and Conversion*, in *Journal for the Scientific Study of Religion* 29 (1990) nr. 3, 315-334.

27. Zie het doctoraat van A. Dillen.

dan anderen[28]. Tegelijkertijd ervaren ze wel meer strengheid. Recent werd door de Nederlandse onderzoekster Lia Vergouwen de 'zingevingsstijl' in relatie tot de 'opvoedingsstijl' onderzocht[29]. Dit onderzoek sluit inhoudelijk vrij sterk aan bij het eigen onderzoek, hoewel er verschillen zijn in de concrete meetinstrumenten die gebruikt werden: Vergouwen heeft kwalitatief onderzoek (aan de hand van diepte-interviews) doorgevoerd en heeft zich voor het onderzoek naar de zingevingsstijl gebaseerd op de visie van Fowler over geloofsontwikkeling (terwijl in het hier voorliggende onderzoek de 'post-kritische geloofsschaal' als meetinstrument genomen werd). Vergouwen stelt vast dat jongeren die autoritatief (democratisch) zijn opgevoed een meer reflexieve zingevingsstijl hanteren dan zij die autoritair of permissief (onverschillig of toegeeflijk) zijn opgevoed. Op basis hiervan verwachten we dat jongeren die een hoge mate aan responsiviteit en opvolging en weinig autoritaire controle (striktheid) en meer democratische controle ervaren, hoger gaan scoren op de dimensie 'tweede naïviteit'[30]. Dit is een dimensie uit de 'post-kritische geloofsschaal', ontwikkeld door Dirk Hutsebaut, die we in het onderzoek gebruiken[31]. Met 'tweede naïviteit' wordt een symbolische vorm van omgaan met geloven bedoeld, waarbij men niet letterlijk aanneemt wat in de bijbel of de traditie staat, maar eerder naar een diepere betekenis zoekt. Er wordt hierbij wel een vorm van geloofsengagement verondersteld. Wanneer dit engagement, deze bewuste geloofskeuze er niet is, maar wel de symbolische interpretatie, dan wordt de term 'relativisme' gebruikt. Op basis van het onderzoek van Vergouwen, waarbij onder 'zingevingsstijl' zowel een geloofshouding als een houding van ongeloof kan verstaan worden, kunnen we verwachten dat 'tweede naïviteit', maar ook 'relativisme' samenhangen met een 'democratische' opvoeding. Een democratische opvoeding leert kinderen zelfstandig zijn, maar geeft ook de nodige grenzen en warmte. Dit zou het symbolisch denken op het vlak van geloof (als 'tweede naïviteit' en als 'relativisme') kunnen stimuleren, omdat daarbij niet 'letterlijk' dingen

28. J. ZINNECKER, *Die Tradierung kultureller Systeme zwischen den Generationen. Die Rolle der Familie bei der Vermittlung von Religion in der Moderne*, in *Zeitschrift für Soziologie der Erziehung und Sozialisation* 18 (1998) nr. 4, 343-358.

29. C.G. VERGOUWEN, *Een hemelsbrede gelijkenis. Geloofsopvoeding in godsdienstpsychologisch perspectief*, Kampen, 2001, p. 288.

30. We gaan daarbij uit van een zekere analogie tussen een 'reflexieve geloofsstijl' en 'tweede naïviteit'.

31. Zie onder andere B. DURIEZ, J.R.J. FONTAINE, D. HUTSEBAUT, *A Further Elaboration of the Post-Critical Belief Scale. Evidence for the Existence of Four Different Approaches to Religion in Flanders-Belgium*, in *Psychologica Belgica* 40 (2000) 153-181. Zie ook de website: http://www.psy.kuleuven.ac.be/religion/religion.htm.

worden overgenomen van buiten/bovenaf, maar eerder de eigen zoektocht en de interpretatie centraal staan. Er is ruimte voor nuance, voor interpretatie – dat vertoont structurele gelijkenissen met een democratische opvoeding.

Uit het onderzoek van Vergouwen blijkt dat de zingevingsstijl van de ouders nauw samenhangt met het opleidingsniveau van de ouders. Het diploma van de ouders hangt ook samen met de (religieuze) opvoedingsstijl. Vergouwen toont aan dat zowel de zingevingsstijl van de ouders als hun opvoedingsstijl samenhangen met de zingevingsstijl van de jongere. Hoger opgeleide ouders blijken meer democratisch en minder autoritair of permissief op te voeden dan lager opgeleide ouders[32]. Hoger opgeleide ouders hanteren ook vaker een reflexieve zingevingsstijl (terwijl lager opgeleide ouders eerder 'mythisch' of 'conventioneel' denken). Op basis hiervan kunnen we voor ons onderzoek de hypothese formuleren dat kinderen van hoger opgeleide ouders mogelijk meer responsiviteit en opvolging en minder striktheid ervaren. We kunnen ook vermoeden dat, wanneer de stelling van Vergouwen klopt dat de zingevingsstijl van ouders en kinderen in grote mate overeenkomt, kinderen van hoger opgeleide ouders eerder hoog gaan scoren op categorieën als 'tweede naïviteit' of 'relativisme' (symbolisch denken). Op basis van ons eigen onderzoek zullen we evenwel geen rechtstreekse gelijkenis tussen de zingevingsstijl van ouders en kinderen onderzoeken, omdat we de ouders zelf niet bevraagd hebben.

Wat de betrokkenheid van de vader en de moeder bij de (geloofs)opvoeding thuis betreft, verwachten we een lagere betrokkenheid van de vader. We verwachten dat jongeren hun vader als minder responsief ervaren dan hun moeder[33] en dat ze de betrokkenheid van de vader op het geloven van het kind lager inschatten dan die van de moeder[34]. Vanuit het onderzoek van Hutsebaut (cf. *supra*) verwachten we ook dat de gelovige jongeren hoger scoren op dimensies als 'responsiviteit vader' en op 'geloofsbetrokkenheid vader'. We verwachten ook dat gelovige jongeren en zeker zij die zich katholiek noemen en een kerkelijke praxis hebben, traditioneler denken op het vlak van gezinsethiek, omwille van het duidelijk geprofileerde gezinsdenken vanwege de katholieke kerk.

32. DURIEZ, FONTAINE, HUTSEBAUT, *A Further Elaboration of the Post-Critical Belief Scale*, p. 289.

33. Zie VANDOORNE, DECALUWE, VANDEMEULEBROECKE, *Het gezin*, p. 65.

34. Zie onder andere KLEIN, *Religiöse Tradierungsprozesse*. Zie ook het onderzoek van F.W.P. VAN DER SLIK, *Overtuigingen, attituden, gedrag en ervaringen. Een onderzoek naar de godsdienstigheid van ouders en van hun kinderen*, Helmond, 1992 en de verschillende correlaties tussen opvattingen en gedragingen van vaders en moeders.

Op basis van sociologisch onderzoek kunnen we verwachten dat meisjes 'progressiever' zullen zijn in hun ethische opvattingen over het gezin. Ann Van den Troost en Koen Matthijs spreken over een vorm van "mannelijk conservatisme in de private leefwereld"[35]. Vrouwen hebben niet enkel een ruimere gezinsopvatting dan mannen, ze zetten ook vaker zelf de stap tot ontbinding van het huwelijk. Hiervoor worden vanuit de literatuur verschillende verklaringen gegeven, die alle tentatief en voor kritiek vatbaar zijn. Zo is er de opvatting dat wanneer vrouwen demografisch in de meerderheid zijn, dit hen een onderhandelingsvoordeel geeft: ze hebben meerdere alternatieven en kunnen gemakkelijker uit een bestaande relatie stappen[36]. Ze zien een relatie als minder definitief. Een andere verklaring is socio-biologisch van aard en stelt dat mannen nooit helemaal zeker zijn van het vaderschap en daarom nood hebben aan instituties en regels om via sociale instituties de onzekerheid en de mogelijk daaruit voortvloeiende jaloezie op te lossen[37]. In ons onderzoek worden opvattingen over het huwelijk als basis voor het gezin samengenomen met opvattingen over taakverdeling tussen man en vrouw. We verwachten dat vrouwen ook minder traditioneel zullen denken op het vlak van taakverdeling en eerder geneigd zullen zijn, omwille van impliciete of expliciete feministische beïnvloedingen, om te stellen dat huishoudelijke taken en het opvoeden van kinderen zowel taken van de man als van de vrouw zijn en dat een vrouw niet moet thuisblijven om in het huishouden te werken.

Wat het relatieve belang van de ouders ten opzichte van anderen voor de religieuze opvoeding en de levensbeschouwelijke communicatie betreft, verwachten we dat de ouders zeer belangrijk zijn. Op het vlak van levensbeschouwelijke dialoog speelt mogelijk de godsdienstleerkracht wel eveneens een zeer belangrijke rol, vaak belangrijker dan de ouders, juist omdat de leerlingen twee vaste lesuren per week met een godsdienstleerkracht 'levensbeschouwelijk communiceren' (wat dit concreet ook inhoudt). Op het vlak van religieuze beleving en feitelijke religiositeit verwachten we echter dat de ouders een grotere rol spelen, omdat zij de primaire opvoeders zijn. Van de grootouders verwachten we in sommige gevallen ook een beperkte rol wat levens-

35. K. MATTHIJS & A. VAN DEN TROOST, *The Perception of Private Life Forms. An Empirical Survey of Louvain Students*, in K. MATTHIJS & A. VAN DEN TROOST (red.), *The Family. Contemporary Perspectives and Challenges. Festschrift in Honor of Wilfried Dumon* (Sociologie vandaag/Sociology Today, 3), Leuven, 1998, 111-133, p. 121.

36. Zie de theorie van M. GUTTENTAG & P. SECORD, *Too Many Women? The Sex Ratio Question*, Beverly Hills, CA, 1983.

37. S.B. HRDY, *The Woman that Never Evolved*, Cambridge, MA, 1981.

beschouwelijke communicatie betreft[38]. Verder vermoeden we dat leerlingen weinig over religie praten of ermee bezig zijn in hun vriendengroep, bij de familie, broers en zussen, met pastores, ... Hier zijn de secularisering en de 'spiraal van het zwijgen' waarschijnlijk het sterkst. Dit hangt ongetwijfeld ook samen met 'religieuze schaamte': als jongere uitkomen voor het geloof is vaak niet evident in onze huidige maatschappij.

We veronderstellen dat de moslimleerlingen in grotere mate gelovig zijn dan de andere leerlingen en dat dit samenhangt met een grotere en strengere geloofsopvoeding in het gezin. Aangezien de moslims als een minderheid leven en zeker de moslims in het katholieke godsdienstonderwijs geen beroep kunnen doen op schoolse vormen van geloofscommunicatie, vermoeden we dat de geloofsopvoeding thuis een veel belangrijkere rol speelt. We verwachten dat de moslims eerder strenger (meer autoritair) worden opgevoed en dat dit samenhangt met een orthodoxe (eerder letterlijke) visie op geloof[39].

Wat de vergelijking leerlingen-leerkrachten betreft, verwachten we dat de leerkrachten traditioneler denken over het gezin, wegens hun godsdienstige achtergrond en ten gevolge van de leeftijd. We verwachten dat ouderen nog traditioneler denken dan jongeren. We vermoeden dat de leerkrachten hun gezinssituatie positiever en harmonischer beleven dan de leerlingen. Dit vermoeden is onder andere gebaseerd op de veronderstelling dat jongeren over het algemeen minder gevoelig zijn voor sociale wenselijkheid dan ouderen. Vandaar dat leerlingen sneller negatievere beelden over het gezin zullen durven invullen. De anonimiteit van de vragenlijsten is in de perceptie van de leerkrachten ook mogelijk minder gegarandeerd dan bij de leerlingen. Bovendien kan het ook zijn dat jongeren de gezinssituatie thuis soms als zeer conflictvol beleven, omdat ze zelf bezig zijn met het zich losmaken van thuis.

Deze verschillende vooronderstellingen en onderzoeksvragen, die we hier vrij gedetailleerd weergaven, hebben uiteindelijk de bedoeling om een beter zicht te krijgen op drie vragen, namelijk 'of' er een samenhang is tussen gezinsvariabelen en geloofsvariabelen, 'in welke mate' deze (eventuele) samenhang een rol speelt en 'hoe' deze (even-

38. A. ARENS, *Grootouderschap en geloofsopvoeding. Een pleidooi voor een catechese met grootouders*, in *Rondom gezin* 15 (1994) nr. 2, 87-94.

39. VERGOUWEN, *Een hemelsbrede gelijkenis*, p. 290. Uit dit onderzoek blijkt een grote samenhang tussen 'autoritaire opvoeding' en een 'conventionele zingevingsstijl'. We merken op dat orthodox denken hier in de betekenis gebruikt wordt die het in de post-kritische geloofsschaal heeft. Dit is een schaal die vooral vanuit de katholieke godsdienst is geconstrueerd.

tueel gevonden) samenhangen zich feitelijk aftekenen (tussen welke variabelen vooral). Op deze drie vragen hopen we op basis van de empirische bevraging een antwoord te kunnen formuleren. Op het 'waarom' zullen we elders[40] ingaan, gezien hiervoor ook heel wat theoretisch onderzoek en hypothesevorming noodzakelijk is.

2.2. Hermeneutisch-communicatief concept vakdidactiek godsdienst

2.2.1. *Achtergrond van het onderzoek*

Dat het godsdienstonderricht zich meer dan andere vakken – zoals wiskunde, talen, economie – moet legitimeren zullen leerkrachten uit het werkveld zeker onderschrijven. Op institutioneel en maatschappelijk vlak wordt het vak geconfronteerd met veranderingen die zijn opzet bevragen en uitdagen. Ieder godsdienstonderricht vindt plaats in de setting van een school, meestal in een katholieke of een neutrale school. Deze setting is volgens M. D'hoker binnen het katholiek onderwijs ontwikkeld van een homogeen katholiek naar een verticaal pluralistisch onderwijs[41], terwijl het gemeenschapsonderwijs garant zou staan voor een levensbeschouwelijk neutraal onderwijs. Maatschappelijke ontwikkelingen als functionele differentiatie, secularisering, individualisering, pluralisering en globalisering hebben de joods-christelijke godsdienst in een nieuw maatschappelijk kader geplaatst, waarin een heel aantal vanzelfsprekendheden doorprikt worden. Ondanks deze sterk veranderde maatschappelijke context is de juridische context van godsdienstonderricht in Vlaanderen sinds 1959 ongewijzigd gebleven – wat niet uitsluit dat de sinds 1959 rechtsgeldige schoolpactwet op tijd en stond ter discussie heeft gestaan. Het vak rooms-katholieke godsdienst vormt nog steeds een plichtvak binnen de katholieke scholen – die ongeveer 80% van het Vlaamse scholenlandschap innemen – en is nog steeds een verplicht keuzevak binnen het gemeenschapsonderwijs.

De hedendaagse samenleving wordt gezien als een context van radicale individualisering. Ieder krijgt de vrijheid zijn eigen leven vorm te geven. Uit de Europese waardenstudie blijkt dat de mensen deze vrijheid ook persoonlijk ervaren. Op een schaal van 1 tot 10 – waarbij 1

40. Zie het doctoraat van A. Dillen.

41. M. D'HOKER, *Het levensbeschouwelijk karakter van het onderwijs in België,* in *Nova et Vetera* 73 (1995-1996) nr. 1- 2, 4-23, p. 5.

betekent dat men helemaal geen vrijheid ervaart terwijl 10 betekent dat men een zeer grote vrijheid ervaart – scoren de Belgische respondenten gemiddeld 6.5[42]. Dat deze vrijheid een relatieve vrijheid is, hoeft geen betoog. Voor jongeren die, psychologisch gezien, rond de adolescentie, sterk gericht zijn op zichzelf en hun eigen identiteit, wordt de maatschappelijk aangeboden speelruimte tegelijk als een verrijking en als een bedreiging ervaren. Met kan putten uit een zee van mogelijkheden, maar zoals in iedere zee dreigt ook hier het gevaar van verdrinking. "Dat hangt zeker hiermee samen, dat het in geïndividualiseerde en multi-etnische samenlevingen moeilijker geworden is om op vragen als 'Wie ben ik? Waar hoor ik thuis? Wat is zinvol voor mij?' eenduidige antwoorden te vinden"[43], schrijven Schreiner en Spinder. Jongeren worden hier voor een moeilijke opgave gesteld, waar ze niet altijd een antwoord op weten. Maar deze problematiek van individualisering heeft eveneens een invloed op de godsdienstleerkracht, die niet ontsnapt aan de vraag 'Wie ben ik?' en 'Wie ben ik als godsdienstleerkracht?'. Ook voor hem/haar is er geen eenduidig antwoord (meer) voorhanden.

Individualisering hangt samen met wat Lieven Boeve de detraditionalisering van de samenleving noemt: "De specifieke 'klasse'-culturen van arbeiders, bedienden, kaderpersoneel, landbouwers, middenstanders, werkgevers die steeds in voeling waren met één of ander groot verhaal brokkelen af. Traditioneel overgeleverde zekerheden, waarden en normen worden gerelativeerd. Specifieke gebruiken, leefstijlen, sociale gedragingen vormen geen typerende aanwijzingen meer voor de aard van klasse waartoe men behoort. (...) Dit hoeft niet te betekenen dat gebruiken, visies, waarden, normen, en dergelijke, die vroeger als vanzelfsprekend overgeleverd werden, totaal verdwenen zijn. Integendeel, maar nu behoren ze wel tot het brede veld van mogelijkheden waaruit individuen kunnen kiezen"[44]. Bestaande tradities zijn niet verdwenen, maar ze hebben hun vanzelfsprekendheid verloren. Dit geldt eveneens voor de joods-christelijke traditie. Dit wil echter niet zeggen dat de mensen massaal atheïst geworden zijn. Het wijst eerder op een

42. H. VAN VEGHEL (red.), *Waarden onder de meetlat. Het Europese waardenonderzoek in discussie*, Budel, 2002, p. 42.

43. P. SCHREINER & H. SPINDER (red.), *Identitätsbildung im pluralen Europa. Perspektiven für Schule und Religionsunterricht,* Münster, 1997, p. 2: "Das hängt sicherlich damit zusammen, daß es in individualisierten und etnisch vielfältigen Gesellschaften schwieriger geworden ist, auf Fragen wie: 'Wer bin ich? Wozu gehöre ich? Was ist für mich sinnvol?' eindeutige Antworten zu finden".

44. L. BOEVE, *Onderbroken traditie. Heeft het christelijk verhaal nog toekomst?*, Kapellen, 1999, p. 47.

veranderde perceptie en beleving van godsdienst, die niet langer gebonden is aan het kerkelijk instituut. "De ontkerkelijking neemt toe, maar de ongelovigheid niet of nauwelijks. In feite doet zich een polarisatie voor (...) tussen traditionele geloofsaanhangers en meer eigentijdse gelovigen"[45], stellen Halman en Kerkhofs vast. De eigentijdse gelovigen zijn dan diegenen die geïndividualiseerde keuzes maken inzake geloof, die kunnen verschillen van het traditionele joods-christelijke geloofskader. Geloof wordt niet zozeer meer ervaren als product van een openbaring, maar eerder als iets wat de mens zelf vorm geeft. "Het gevolg hiervan is dat de historisch overgeleverde geloofstraditie, de Openbaring of de Kerk niet in eerste instantie als bron of kader van persoonlijk geloof gezien worden, maar het eigen ik"[46], stelt Ziebertz. Hiermee rekening houdend kan ook het godsdienstonderricht de openbaring niet langer als vertrekpunt nemen.

Jonge mensen kijken vanuit een zeer verschillend tijdsperspectief naar godsdienst en levensbeschouwing dan oudere mensen, die nog opgegroeid zijn binnen een context waarin de meerderheid van de bevolking praktiserend gelovig was. Zij zijn binnen een ander levensbeschouwelijk perspectief opgegroeid, waardoor ze vanuit een ander kader naar levensbeschouwing kijken. Dit heeft vaak tot gevolg dat jongeren als ongelovig of onverschillig ten opzichte van geloof bestempeld worden, hoewel ze het zelf zo niet zien. Door de verschillende context en het verschillend levensbeschouwelijk referentiekader waarmee men opgegroeid en bijgevolg vertrouwd is, gaat men ook op een andere manier naar godsdienst en levensbeschouwing kijken. Oudere mensen groeiden op in een christelijk homogene samenleving of tijdens de overgang tussen deze christelijk homogene en de hedendaagse plurale samenleving. Een levensbeschouwelijk gediversifieerde samenleving vormt het levensbeschouwelijk kader waarin jonge mensen vandaag opgroeien. Dat maakt het voor de godsdienstleerkrachten soms moeilijker, omdat de context van waaruit men zijn blik op levensbeschouwing bepaalt niet alleen verschillend is wegens de specifieke kennis die men via vorming bekomen heeft, maar ook de verschillende context van waaruit men zich in eerste instantie een levens-

45. L. HALMAN & J. KERKHOFS, *Het Europese waardeonderzoek. Enkele resultaten*, in VAN VEGHEL (red.), *Waarden onder de meetlat*, 11-54, p. 35.

46. H.-G. ZIEBERTZ, *Gesellschaftliche Herausforderungen der Religionsdidaktik*, in G. HILGER, S. LEIMGRUBER, H.-G. ZIEBERTZ (red.), *Religionsdidaktik. Ein Leitfaden für Studium, Ausbildung und Beruf*, München, 2001, 67-87, p. 83: "Die Konzequenze lautet (...), dass nicht primär in der historisch überlieferten Glaubenstradition, der Offenbarung, oder der Kirche die Brunnen und Rahmen für den persönlichen Glauben gesehen wird, sondern im eigenen Ich".

beschouwelijk referentiekader gevormd heeft. "Voor de jongere generatie is de postmoderne situatie van levensbeschouwelijke pluraliteit een vanzelfsprekendheid. Ze ervaren een religieuze keuzevrijheid, en ze verwachten niet dat een onderscheid 'voor' of 'tegen' [een levensbeschouwing] met sociale gevolgtrekkingen verbonden zou kunnen zijn. Pluraliteit is normaliteit"[47]. Pluraliteit is niet alleen een pluraliteit van godsdiensten en levensbeschouwingen, maar doet zich vaak ook voor binnen de godsdiensten en levensbeschouwingen zelf – 'interne pluraliteit'. Deze pluraliteit is enerzijds bepaald door geografische gegevens – in verschillende landen wordt dezelfde godsdienst vaak op een andere manier beleefd – maar anderzijds ook door individuele gegevens – ieder beleeft religie op een voor hem of haar gepaste wijze.

2.2.2. *Onderzoekshypothese en onderzoeksvragen*

De boven omschreven context stelt bijzondere eisen aan het godsdienstonderricht, wil het niet aan legitimiteit inboeten. De interpretatiekaders van jongeren worden bepaald door de samenleving waarin ze opgroeien, de tendensen die zich daarin voordoen, de ontwikkeling van deze tendensen, ... Gezien de plurale samenleving, waarin jongeren aangemoedigd worden voor zichzelf een levensbeschouwelijk kader in mekaar te timmeren, moeten de jongeren ook leren welk gereedschap ze hiervoor nodig hebben en op welke wijze ze hun gereedschap kunnen gebruiken. Hier ligt een belangrijke taak voor het godsdienstonderricht: het moet jonge mensen leren om op een competente wijze met religie/levensbeschouwing in het algemeen en de christelijke religie in het bijzonder om te gaan. In de recente godsdienstpedagogische literatuur vinden we een dubbele beweging: "de herwaardering van het perspectief van de leerling en de herontdekking van concrete religie"[48]. De eerste tendens impliceert een blikverandering van datgene wat onderwezen moet worden naar datgene wat geleerd kan worden. De mogelijkheden en beperktheden van de leerlingen worden sterker in rekening genomen. Dit vereist een communicatief leerproces, waarin de informatie aangebracht door leerkracht en leerlingen geïntegreerd wordt. Leerlingen worden aangemoedigd om vanuit deze

47. ZIEBERTZ, *Gesellschaftliche Herausforderungen*, p. 68: "Für die jungere Generation ist die postmoderne Situation weltanschaulicher Pluralität eine Selbstverständlichkeit. Sie erleben religiöse Wahlfreiheit, und sie erwarten nicht, dass eine Entscheidung 'für' oder 'gegen' mit sozialen Konsequenzen verbunden sein könnte. Pluralität ist Normalität".

48. R. ENGLERT, *Auffälligkeiten und Tendenzen in der religiondidaktischen Entwicklung*, in *Jahrbuch der Religionspädagogik* 18 (2002) 233-248, p. 234: "die Neubewertung der Schülerperspektive und die Wiederentdeckung konkreter Religion".

mogelijkheden en beperktheden hun denkproces in eigen handen te nemen. In dit leerproces wordt religie zodanig aangebracht dat de relevantie ervan voor het leven van mensen, en eventueel voor het leven van de leerlingen zichtbaar wordt. De centrale vraag is hier: "Wat kan de verwijzing naar de joods-christelijke traditie kinderen en jongeren vandaag bieden, dat ze niet uit de reflectie op hun eigen ervaringen kunnen halen"[49]? Het bindmiddel tussen deze beide bewegingen wordt gevormd door hermeneutiek. Dit vereist echter een herwaardering van hermeneutiek voor het godsdienstonderricht vanuit zijn vernieuwde opzet. Deze drie elementen – de leerlingen, traditie en hermeneutiek – vormen, samen met een bijzondere aandacht voor het communicatieproces, de ankerpunten van ons theoretisch kader, zoals het bevraagd werd bij leerlingen en leerkrachten in het godsdienstonderricht.

In de beschreven probleemstelling staan volgende elementen centraal:

A. De ontwikkeling van een lineair identiteitsconcept naar een pluraal/narratief identiteitsconcept en de implicaties hiervan voor het godsdienstonderricht
B. De ontwikkeling van het concept van hermeneutiek in filosofie en de godsdienstpedagogiek van een teksthermeneutiek naar een narratieve hermeneutiek
C. De perceptie van de traditie als een narratieve traditie
D. De structuur van het communicatieproces in de klas.

Onze onderzoekshypothese is dat het godsdienstonderricht bij jonge mensen aan betekenis kan winnen indien zij worden geholpen om inzicht te krijgen in de interpretatiekaders die zij zelf opbouwen met betrekking tot zinvragen en godsdienst/levensbeschouwing enerzijds, en in de eigen logica van (historisch en cultureel gesitueerde) godsdiensten en levensbeschouwingen anderzijds. De kritische confrontatie tussen de interpretatiekaders die zich ontvouwen in een klasgroep en de interpretatiekaders van de godsdienstige en levensbeschouwelijke tradities vormt de kern van een open communicatieproces.

49. ENGLERT, *Auffälligkeiten und Tendenzen in der religiondidaktischen Entwicklung*, p. 238: "Was kann der Bezug auf die Tradition jüdisch-christlicher Glaubens heutigen Kinder und Jugendlichen geben, das sie sich in der Reflexion ihrere eigenen Erfahrungen nicht auch selber geben könnten?".

Daartoe moet evenwel aan een aantal voorwaarden worden voldaan:

- een verfijnde omschrijving van de doelstelling(en) van het godsdienst/levensbeschouwelijk onderwijs vanuit het hermeneutisch-communicatieve model;
- nieuwe afspraken over het statuut van leerkracht en leerling rekening houdend met de narratieve identiteit van leerkracht en leerling;
- de identiteitsontwikkeling integreren als centraal aandachtspunt en als onderbouw
  - van de eigen (interpretatieve) plaatsbepaling met betrekking tot godsdienst en levensbeschouwing van leerlingen, maar ook van leerkracht
  - in een pluralistische maatschappelijke omgeving
  - van de integratie van een verantwoorde zingeving in het eigen leven;
- de leeromgeving, die het godsdienst/levensbeschouwelijk onderwijs de nodige breedte en diepte kan geven om te slagen, herdefiniëren in functie van de aanwezige pluraliteit;
- een hermeneutisch verwerkingsproces ontwikkelen dat de mogelijkheid biedt om binnen de pluraliteit van interpretatiekaders in de klasgroep de eigen positie te onderscheiden, kritisch te bevragen en interpretatief te verwerken;
- de geloofs- en levensbeschouwelijke tradities vanuit hun narratieve structuur benaderen;
- een doorgedreven spiraalvormige communicatiestructuur ontwerpen die zich doorheen het lesgebeuren inhoudelijk uitbreidt vanuit datgene wat leerlingen, leerkracht en traditie binnenbrengen.

Om de onderzoekshypothese in de concrete praktijk te toetsen werden een aantal onderzoeksvragen geformuleerd. De algemene onderzoeksvraag luidt: Is het hermeneutisch-communicatief model een realiseerbaar handelingsmodel voor godsdienst- en levensbeschouwelijk onderricht in de huidige context? Zijn daartoe bij leerkrachten, bij leerlingen en in de leeromgeving de noodzakelijke voorwaarden en vereiste omstandigheden aanwezig?

Vanuit de specificiteit van het hermeneutisch-communicatieve model onderscheiden we volgende deelvragen:

1) Zijn leerlingen en leerkrachten in staat om (hun eigen) identiteit te interpreteren als een steeds voorlopige, narratieve identiteit?
2) Wordt het onderwijsleerproces opgevat als een hermeneutisch leerproces waarin de interpretatieve verwerking van de gedifferen-

tieerde omgang met godsdienst(en) en levensbeschouwing centraal staan?
3) Wordt traditie benaderd vanuit haar narratieve verankering in de geschiedenis, vanuit historische zowel als fictieve teksten?
4) Wordt communicatie in het onderwijsleerproces opgevat als een collectieve zoektocht naar zin?

Om deze onderzoeksvragen te kunnen beantwoorden, hebben wij leerkrachten rooms-katholieke godsdienst en hun leerlingen in de derde graad van het secundair onderwijs bevraagd.

2.3. Interreligieus leren

2.3.1. *Achtergrond van het onderzoek*

De theorievorming rond interreligieus leren (IRL) gaat uit van twee centrale vaststellingen: (1) de hedendaagse context van religieus en levensbeschouwelijk pluralisme waardoor het christendom uitdrukkelijk tot één particuliere religie is geworden binnen een veelheid aan levensbeschouwingen, en (2) het feit dat identiteitsconstructie niet langer een lineair en monoreligieus gebeuren is, maar integendeel een onophoudelijk interactief en dialogaal proces waarin een veelheid aan tradities en levensbeschouwingen die vandaag te vinden zijn in de West-Europese samenleving, aan het werk zijn.

Aan de basis van de huidige context van religieus en levensbeschouwelijk pluralisme liggen drie processen. Ten eerste is er het proces van secularisering, scheiding tussen kerk en staat, met als gevolg het terugdringen van geloof tot de privésfeer. Zeker in West-Europa zijn mensen steeds minder betrokken op een religieuze traditie. Dit leidt tot een algemene tendens van religieuze onverschilligheid en in ieder geval tot een duidelijke vermindering van de kerkbetrokkenheid[50]. Ten tweede is er de postmoderne cultuur die diversiteit in de religieuze beleving toelaat[51]. Deze diversiteit wordt versterkt door een derde proces, dat immigratie zou kunnen worden genoemd. Niet enkel immigratie van personen, maar ook culturen en religies vonden via de media hun ingang in onze maatschappij. Deze drie processen zorgden

50. H.-G. ZIEBERTZ, *Religie in de moderniteit?*, in *Tijdschrift voor praktische theologie* 24 (1997) nr. 2, 6-20, p. 10-11.

51. T. ANDREE & C. BAKKER, *Leren met en van elkaar. Op zoek naar mogelijkheden voor interreligieus leren in opvoeding en onderwijs*, Zoetermeer, 1996.

ervoor dat onze samenleving van een maatschappij met een allesoverheersende cultuur en religie naar een context van religieus pluralisme en multiculturalisme[52] werd gebracht.

Vooral de aanwezigheid van immigranten heeft gezorgd voor een concrete aanwezigheid van andersgelovigen in onze maatschappij. Vanaf 1920 werd in België begonnen, in het kader van de naoorlogse wederopbouw, met het systematisch aanwerven van buitenlandse arbeidskrachten. In de jaren dertig was 3,9% van de Belgische bevolking van allochtone afkomst[53], in 2003 gaat het om 8% van de Belgische bevolking[54]. Elk van deze allochtonen bracht zijn of haar eigen 'bagage' mee. Deze culturele maar ook religieuze 'vreemde' bagage werd aan hun kinderen, die in de Belgische cultuur opgroeiden, doorgegeven. Ook jongeren van de derde generatie, die opgroeien in de Belgische maatschappij, blijven dus beïnvloed door de culturele en religieuze context waarin hun grootouders zijn grootgebracht. Deze jongeren maken deel uit van onze schoolpopulatie en maken de vraag naar het project IRL reëel.

Ook de steeds toenemende mobiliteit van de moderne mens kan vermeld worden als een element dat bijdraagt tot religieus en levensbeschouwelijk pluralisme. Mensen gaan zich makkelijker en frequenter verplaatsen voor steeds kortere duur en steeds grotere afstanden. Deze mobiliteit zorgt ervoor dat het vreemde steeds minder vreemd wordt. Net zoals ook tv, radio en geschreven pers, internet – dat zijn plaats gevonden heeft in vele huiskamers – brengen deze media het

52. F. SCHWEITZER, *A Stronger Case for Religion. Perspectives on Multicultural Education and on Religiously Affiliated Schools*, in *International Journal of Education and Religion* 1 (2000) 47-63. Zie ook L.G. FURST, *Defining Identity in a Multicultural Society. The Challenge to Religious Schools*, in *International Journal of Education and Religion* 1 (2000) 166.

53. http://www.agenda-respect.be/nl (toegang op 25 oktober 2003). Immigratie in België voor 1920 betekende vooral een immigratie vanuit de buurlanden en een kleiner percentage vanuit Italië. Migratie naar België was aantrekkelijk wegens de neutrale positie van ons land en de vredestoestand die hier toen heerste. Vanaf 1920 begon men in het kader van de naoorlogse wederopbouw systematisch buitenlandse arbeidskrachten aan te werven. In 1930 was 3,9% van de Belgische bevolking van vreemde afkomst. Ook na de Tweede Wereldoorlog kregen we een zelfde fenomeen. Voornamelijk voor de steenkoolindustrie werden toen mensen gerekruteerd. Vanaf 1960 werden niet langer alleen Italianen en Polen aangemoedigd maar door de groeiende arbeidsmarkt werden nieuwe wervingslanden gecontacteerd, eerst Spanje en Griekenland, nadien Marokko en Turkije. In 1974 werd overgegaan naar een totale immigratiestop die tot op heden nog steeds van kracht is.

54. In 2002 waren er 846 734 mensen van vreemde afkomst in België. Hierbij zijn de mensen van vreemde afkomst die de Belgische nationaliteit krijgen door geboorterecht niet inbegrepen. Zie NIS: NATIONAAL INSTITUUT VOOR STATISTIEK BELGIË, BEVOLKINGSSTATISTIEKEN, *Vreemde bevolking per gewest en per geslacht (1998-2003)*. http://www.statbel.fgov.be/figures/d21_nl.asp#5 (toegang op 26 oktober 2003).

verre en ongekende dichterbij en zo steeds vanzelfsprekender aanwezig in onze maatschappij.

Deze elementen, kort opgesomd en niet eensluidend, liggen aan de basis van onze veelkleurige multireligieuze maatschappij.

Deze veelheid aan levensbeschouwingen en religieuze tradities die in onze westerse maatschappij binnengebracht zijn, laat aan ieder individu de vrijheid om zelf zijn of haar levensbeschouwelijk standpunt te vormen, zonder zich per se onder sociale druk aan één traditie te moeten binden. Bovendien zijn ook binnen één traditie meerdere houdingen mogelijk, wat als intern pluralisme gedefinieerd wordt. En ook het niet kiezen, is een keuze. Het aantal mogelijke levensbeschouwelijke standpunten is hierdoor zodanig onoverzichtelijk groot geworden dat aan de gelovige en/of ieder die interesse toont voor religie de vraag naar het bepalen van een religieuze identiteit zich opdringt[55]. Religieuze identiteitsvorming verloopt in dit plurale landschap niet langer lineair door initiatie in één sociaal dominante religie waarbij die dominante religie exclusieve waarheidsaanspraken oplegt aan het subject en waarbij openheid een zeldzaam gegeven is binnen dit religieuze discours. De hedendaagse context kent een veranderde visie op identiteitsconstructie en een andere invulling van de gelovige opdracht[56]. Hiermee daagt de huidige levensbeschouwelijke context de gelovigen uit tot een houding van fundamentele openheid ten opzichte van de andersgelovige. Twee houdingen, als uitersten op een lijn, zijn mogelijk tegenover dit pluralisme[57].

Ten eerste is er de houding van cultureel absolutisme. Het is de overtuiging dat ondanks pluralisme, één cultuur (bijvoorbeeld de Belgische cultuur) de dominante cultuur blijft en deze cultuur determineert de waarden. Andere culturele gewoonten worden hier als vreemd

55. G. SKEIE, *Plurality and Pluralism. A Challenge for Religious Education*, in *British Journal of Religious Education* 17 (1995) nr. 2, 84-91.

56. Volgens Langdon Gilkey was "de belangrijkste ontwikkeling (van de moderne tijden) de verandering in de balans tussen de vereisten van het geloof enerzijds en de eisen van de liefde anderzijds, of beter, een nieuwe bepaling van Gods mening over die vereisten". Langzamerhand groeide het besef dat de liefde tot elke medemens de eerste morele plicht is die men moet vervullen, en niet de verdediging van het geloof tegen andersgelovigen. L. GILKEY, *Plurality and Its Theological Implications*, in J. HICK & P. KNITTER (red.), *The Myth of Christian Uniqueness. Toward a Pluralistic Theology of Religions*, Maryknoll, NY, 1987, p. 38. "The most important development is the shift in the balance between what were called the requirements of faith and those of love; or better put, a new assessment of how God views these requirements".

57. H.-G. ZIEBERTZ, *Intercultural Learning in a New Millennium. Between Fundamentalism and Relativism*, in L.J. FRANCIS, J. ASTLEY, M. ROBBINS (red.), *Education in Religion and Values for the Global Future*, Dublin, 2001, 221-238.

bekeken, integratie kan opgevat worden als een vorm van racisme, omdat door het streven naar eenheid de ander niet erkend wordt in zijn eigenheid[58]. Opvoeding, in dit denken, zou dan in de eerste plaats de verantwoordelijkheid hebben om deze waarden aan alle leden van de samenleving, onafhankelijk van hun eigen culturele achtergrond, over te brengen. Opvoeding wordt in deze definitie gezien als inculturatie[59].

Het tweede standpunt baseert zich op de veronderstelling dat culturen, alsook religies, als gelijkwaardig erkend moeten worden in een democratische samenleving en dat de culturele verscheidenheid wenselijk is. Degenen die deze positie aannemen kunnen enkel hun standpunt hard maken op basis van een cultureel relativisme. Hier kunnen twee definities van een multiculturele samenleving geplaatst worden. Het kan gaan om de idee van 'de eenheid in verscheidenheid', enerzijds; maar anderzijds kan een multiculturele samenleving ook "de radicale aanvaarding van pluraliteit [zijn], waarbij elk streven naar eenheid als homogeneïsme en dus als racistisch wordt gezien"[60]. Voor de opvoeding betekent dit dat men aandacht zal moeten besteden aan de verschillende culturen op een beschrijvende en niet-evaluerende en dus neutrale manier. Hier staan de waarden 'tolerantie' en 'respect' centraal en is het doel van de opvoeding geïnformeerde en persoonlijke keuzes kunnen maken[61].

Deze twee strekkingen die mogelijke houdingen zijn tegenover een pluralistische cultuur, kunnen gelinkt worden aan twee modellen die in de hedendaagse godsdienstpedagogiek gehanteerd worden. Grimmitt omschrijft deze modellen als 'een ideologie van het religieus absolutisme' en 'een ideologie van religieuze gelijkheid en religieuze neutraliteit'[62]. Ziebertz gebruikt de termen 'monoreligieus leren' en 'multireligieus leren'[63].

Het eerste godsdienstpedagogische model, een ideologie van religieus absolutisme (Grimmitt) of een monoreligieuze houding (Zie-

58. D. POLLEFEYT, *Voorbij homogeneïsme en relativisme. Een pleidooi voor een cultuur van de dialogale ontmoeting*, in *Ethische perspectieven* 5 (1995) nr. 4, 181-188.

59. M. GRIMMITT, *Religious Education and the Ideology of Pluralism*, in *British Journal of Religious Education* 16 (1994) nr. 3, 133-147.

60. POLLEFEYT, *Voorbij homogeneïsme en relativisme*, p. 181. Homogeneïsme is een term van Blommaert en Verschueren en daarmee bedoelen ze het alom verspreide geloof in de normaliteit van een samenleving zonder verschillen ('homogeen'). J. BLOMMAERT & J. VERSCHUEREN, *Het Belgische migrantendebat. De pragmatiek van de abnormalisering*, Antwerpen, 1992.

61. GRIMMITT, *Religious Education and the Ideology of Pluralism*, p. 133.

62. *Ibid.*, p. 133.

63. Zie H.-G. ZIEBERTZ, *Mono-, multi-, interreligiös? Religionen als religionspädagogische Herausforderung*, in *Evangelische Erzieher* 46 (1994) nr. 4, 328-337.

bertz), stelt dat waarden gebaseerd zijn op één geloofssysteem (bijvoorbeeld het christendom). Dit kan een exclusivistische houding, die dialoog met andere levensbeschouwingen uitsluit ('*extra ecclesiam nulla salus*' – 'buiten de kerk geen heil'), omvatten maar ook eerder een inclusivistische houding toelaten, die dialoog met een derde niet uitsluit maar daarvoor nog niet openstaat om betekenis te geven aan datgene waarvoor die derde kan staan. Hoewel deze monoreligieuze houding een zeer geëngageerde en overtuigde houding is, is deze moeilijk te handhaven in een pluralistische maatschappij.

Het tweede godsdienstpedagogische model, 'een ideologie van religieuze neutraliteit of gelijkheid' (Grimmitt) of een 'multireligieuze houding' (Ziebertz), relativeert de verscheidenheid aan religieuze en levensbeschouwelijke houdingen en erkent de veelheid aan religies. Dit relativisme is een vereiste omdat de verschillende levensbeschouwingen als evenwaardig zouden kunnen bestudeerd worden in een neutrale en vergelijkende context. In tegenstelling tot de houding van het religieus absolutisme is deze houding moeilijk aanvaardbaar voor een gelovige die zich binnen een bepaalde traditie situeert, die het behandelen van religies als gelijke waarheidsclaims ziet als een vervorming van de eigen religieuze waarheidsclaim die op een of andere manier absolute waarheid verschaft.

Beide modellen, het mono- en multireligieuze, hebben pro's en contra's, maar geen van beide biedt, naar onze mening, een echt adequaat antwoord op het pluralisme. Vandaar dat, vertrekkend vanuit deze modellen en de bruikbare componenten en de multireligieuze context als uitgangspunt genomen, gezocht wordt naar een nieuw godsdienstpedagogisch model.

2.3.2. *Onderzoekshypothese en onderzoeksvragen*

Het monoreligieuze leren (*learning in*), dat een evident antwoord was op de situatie vóór de jaren '60 omdat deze godsdienstpedagogische aanpak paste in een monoreligieuze maatschappij, is vandaag niet langer houdbaar. Expliciete, absolutistische initiatie in één specifiek geloof, vanuit een exclusivistische of inclusivistische geloofsovertuiging, botst met een pluralistisch wereldbeeld en de zingevingszoektocht van hedendaagse jongeren. Het monoreligieuze model is een model dat engagement eist van de gelovige en een neutrale houding tegenover levensbeschouwing en religie niet mogelijk acht.

Sinds de jaren zeventig werd het multireligieuze model (*learning about*) naar voren geschoven. Dit model zou een antwoord moeten bieden op deze pluraliteit van religies. Multireligieus leren veronderstelt neutraliteit en bestudeert levensbeschouwing op een relativistische manier. Ook dit multireligieuze model is, volgens ons, niet het goede antwoord voor het godsdienstonderricht vandaag. Het simultaan of naast elkaar inleiden in de verschillende religieuze tradities met het oog op het in staat stellen zelf een keuze te maken, brengt met zich mee dat men geen specifieke voeling heeft met religie en dat een relativistische houding tegenover geloof niet ondenkbaar is als enige houding van jongeren tegenover geloof. Dit model gaat te zeer voorbij aan een geëngageerd perspectief eigen aan authentiek geloof en brengt religie bijna op een encyclopedische wijze ter sprake.

Het is dus de uitdaging om een model te ontwikkelen dat het concept van religieus pluralisme erkent (niet enkel als een loutere beschrijving van verscheidenheid aan levensbeschouwelijke visies[64] maar ook als een mogelijk ideologisch perspectief). Een dergelijk model moet de multireligieuze maatschappij als uitgangspunt nemen en daarbij de twee genoemde extremen (absolutisme en relativisme) proberen te vermijden. Het interreligieuze model moet jongeren leren om verschillende levensbeschouwelijke standpunten te onderkennen. Daarbij is de manier waarop andere religies en levensbeschouwingen benaderd worden van belang[65]. Het hermeneutisch-communicatieve model is hiervoor een ideaal kader[66], omdat dit model toelaat op een interpreterende en dialogale manier met geloofsvragen om te gaan in de klas. Dit model maakt het mogelijk dat door het communicatieproces zelf wordt geleerd (het analyseren van hermeneutische knooppunten). Het interreligieuze model kan niet losgekoppeld worden van het dialogale communicatieproces omdat via het communiceren met andersgelovigen en jongeren (en volwassenen) met een ander levensbeschouwelijk standpunt, de jongeren hun eigen kritisch levensbeschouwelijk standpunt kunnen vormen. Een hermeneutisch-communicatief model maakt het mogelijk om een veelheid aan correlaties tussen ervaringen en religieuze traditie te stimuleren en te ondersteunen om zo de identiteitsvorming van de leerling verder te ontwikkelen[67].

64. GRIMMITT, *Religious Education and the Ideology of Pluralism*, p. 134.

65. ZIEBERTZ, *Intercultural Learning in a New Millennium*, p. 221-238.

66. Cf. het hermeneutisch-communicatieve model, punt 2.2.

67. D. POLLEFEYT, *De rol van de traditie in de katholieke godsdienstpedagogiek. Verleden, heden en toekomst*, in W. MEIJER & H. VAN CROMBRUGGE (red.), *Tradition und Pädagogik, Religion und Erziehung* (Verslagboek Symposium 2-4 april 2003, Universiteit Gent), 2004.

Het derde model, het interreligieuze model (*learning from*) is een godsdienstpedagogisch concept dat vertrekt vanuit pluralisme en een geëngageerd standpunt van de gelovige, zowel leerkracht als leerling, verwacht. Vanuit een intrinsieke betrokkenheid op een bepaalde religie worden grondbegrippen van andere godsdiensten en levensbeschouwingen binnengebracht als complementaire of alternatieve hermeneutische perspectieven. Dit gebeurt met het oog op de ontwikkeling van een eigen geloofssynthese.

Het theoretisch concept van interreligieus leren is nieuw en moet daarom verder onderzocht worden. Via vragenlijsten bij leerlingen en leerkrachten willen we vooral onderzoeken of er bij leerlingen en leerkrachten een mentaliteit bestaat die interreligieus leren mogelijk maakt. Deze vorm van godsdienstonderwijs is immers niet evident. Belangrijke eigenschappen van en tegelijk voorwaarden voor interreligieus leren zijn onder andere het openstaan voor andersgelovigen, een bereidheid om zelf een levensbeschouwelijke identiteit te ontwikkelen als een voortdurend zoekproces in dialoog met andere opvattingen en een dialogaal en communicatief leerproces. Indien we naar leerlingen en leerkrachten toe deze vorm van godsdienstonderwijs willen voorstellen als wenselijk, is het belangrijk om op voorhand te kunnen inschatten welke visies leven omtrent de belangrijkste aspecten van dit godsdienstdidactisch concept. Op die manier zal de godsdienstdidactische en -pedagogische theorievorming en de concrete uitwerking van leermiddelen en -mogelijkheden nauwer kunnen aansluiten bij wat leeft op het terrein.

Met het oog op het onderzoek naar de mogelijkheden en moeilijkheden van interreligieus leren, werden 69 items geformuleerd, die gegroepeerd werden in 9 schalen. Het opstellen van de schalen gebeurde gedeeltelijk aan de hand van bestaande theologische kaders (exclusivisme, inclusivisme en pluralisme), die werden geoperationaliseerd met het oog op de schriftelijke bevraging. Verder werden ook eigen schalen ontwikkeld vanuit de godsdienstdidactische vraagstelling.

In een eerste reeks vragen peilen we naar de eigen identiteit van de leerlingen en leerkrachten aan de hand van de concepten exclusivisme, inclusivisme en pluralisme uit de context van de interreligieuze dialoog. Naast dit theologisch kader, dat de geloofshouding bevraagt en dat onrechtstreeks de openheid tegenover andersgelovigen in kaart brengt, wordt ook gepeild naar de houding tegenover andersgelovigen.

Er werden ook enkele items geformuleerd aan de hand van de hedendaagse godsdienstpedagogische modellen in verband met het leren in een pluralistische en multireligieuze context. De bedoeling van deze vragen is om na te gaan, specifiek bij leerkrachten, en af te toetsen bij leerlingen, wat de houding is tegenover deze drie godsdienstpedagogische modellen.

Daarnaast willen we ook de houding van leerlingen en leerkrachten in onze multireligieuze maatschappij in kaart brengen aan de hand van enkele losse stellingen.

Bij de leerkrachten is een extra reeks vragen ingevoegd, namelijk: hoe denkt de leerkracht dat de leerlingen de multiculturele maatschappij ervaren. Het zijn vragen die handelen over de perceptie van de leerkracht en hoe hij/zij de verhouding ziet tussen de leerlingen en de multireligieuze samenleving waarin de leerlingen opgroeien. We willen hiermee te weten komen in welke mate de leerkracht een juist beeld van de leerlingen heeft en hun houding tegenover pluralisme kan inschatten.

Bij de leerlingen werd ook gepeild naar hun visie op het aanbod van wereldgodsdiensten in de les en de mogelijkheid van interreligieus leren. Het feit dat er mensen met een ander geloof in onze maatschappij aanwezig zijn, doet de vraag rijzen naar hoe hiermee in de lessen godsdienst dient te worden omgegaan.

Ook bij de leerlingen werden enkele vragen specifiek over de leerkracht gesteld. Aan de leerlingen werd gevraagd hoe zij denken over de rol van de leerkracht in het onderwijsproces. We gaan er hier vanuit dat de leerkracht een belangrijke plaats inneemt in de manier waarop de leerlingen in de school- en klassituatie geconfronteerd worden met een ander geloof en hoe ermee wordt omgegaan. Dit zijn ook de vragen die bij de leerlingen peilen naar hun houding tegenover het interreligieus leren.

Bij de leerkracht, ten slotte, werden enkele specifieke vragen gesteld naar hun verwachtingen ten aanzien van een project 'interreligieus leren'.

3. Onderzoeksopzet en onderzoeksmethode

3.1. Onderzoeksopzet en onderzoeksmethode

We kozen voor kwantitatief onderzoek. Dit is meestal bedoeld als toetsing van onderzoekshypotheses, via geoperationaliseerde begrippen[68]. De antwoordcategorieën zijn duidelijk afgelijnd en de antwoorden drukken vaak hoeveelheden (bijvoorbeeld gemiddelde scores) uit. Kwalitatief onderzoek is meestal eerder explorerend van aard en werkt vaak met open vragen (bijvoorbeeld via diepte-interviews). De steekproef is daarbij meestal kleiner en de vragen gaan meer in de diepte.

We kozen voor het werken met schriftelijke vragenlijsten. Bepalend voor deze keuze voor schriftelijk afgenomen kwantitatief onderzoek zijn de vooropgestelde onderzoeksvragen, die geen dieptebeeld, maar eerder een breedbeeldfoto van het Vlaamse godsdienstonderwijs nastreven om daarin op zoek te gaan naar een aantal kenmerken van en verwachtingen ten opzichte van het godsdienstonderricht in Vlaanderen anno 2002.

Kwantitatief onderzoek biedt de mogelijkheid om een spiegel te krijgen van een vooropgestelde onderzoekspopulatie[69] – in onze studie godsdienstleerkrachten derde graad secundair onderwijs en leerlingen, jongeren van 16-18 jaar. Dit kan met behulp van een steekproef, waarbij uit de totale onderzoekspopulatie een zo representatief mogelijke staal genomen wordt. We willen een zo breed mogelijk beeld bekomen van de leerkrachten godsdienst en hun leerlingen verspreid over de verschillende onderwijs- en schooltypen in de verschillende regio's in Vlaanderen.

3.2. Onderzoeksinstrument

In het onderzoek werd gebruik gemaakt van enquêtes en meer bepaald schriftelijke vragenlijsten met gesloten vragen. Het voordeel van

68. H. 'T HART et al., *Onderzoeksmethoden,* Amsterdam, 1996, p. 95.

69. A. SCHNIDER, *Kurzeinführung in quantitative Methoden der empirischen Sozialforschung,* in B. PORZELT & R. GÜTH (red.), *Empirische Religionspädagogik. Grundlage – Zugänge – Aktuelle Projekte,* Münster, 2000, 47-62, p. 55.

het werken met een vragenlijst is dat in een relatief beperkte tijdsspanne een grote hoeveelheid informatie bekomen kan worden. Er werden drie vragenlijsten opgesteld: een vragenlijst voor alle leerkrachten, een vragenlijst voor de leerlingen van het Algemeen Secundair Onderwijs (ASO) en Technisch Secundair Onderwijs (TSO) en een ingekorte en vereenvoudigde vragenlijst voor de leerlingen van het Beroeps Secundair Onderwijs (BSO)[70].

De vragenlijsten bestaan inhoudelijk uit vier grote delen. Eerst worden enkele algemene achtergrondkenmerken bevraagd (leeftijd, geslacht, leerjaar, ...). Vervolgens komen thema's in verband met het gezin aan bod. Daarvan betreffen een aantal ook 'achtergrondkenmerken' (zoals: zijn de ouders gehuwd/gescheiden/samenwonend, diploma vader, ...). De vragen in verband met het gezin bestaan verder uit items, stellingen die worden aangeboden en waarbij een score van 1 tot 6 wordt verwacht. Op deze Likert-zespuntenschalen staat 1 voor '*helemaal mee oneens*' en 6 voor '*helemaal mee eens*'. Bij de thematiek van 'gezin' werd voornamelijk geput uit bestaande schalen. Een aantal schalen werd overgenomen uit het deel over gezin binnen het onderzoek '*Jongeren in Vlaanderen: gemeten en geteld*'[71]. Deze schalen zijn grotendeels gebaseerd op de schalen uit het Nederlands gezinsonderzoek '*Opvoeden in Nederland*'[72]. Op een meer indirecte wijze werd ook uit andere onderzoeken geput voor de constructie van de vragenlijst, meer specifiek voor de keuze van de te bevragen themata, items en achtergrondkenmerken[73]. Voor enkele schalen in ons onder-

70. De derde graad omvat in Vlaanderen het vijfde en zesde (en soms ook zevende) jaar van het secundair onderwijs, waarbij leerlingen meestal de leeftijd tussen 16 en 18 jaar hebben. Wij hebben geen leerlingen uit het zevende jaar bevraagd omwille van verschillende redenen. Het gaat om een relatief kleine groep leerlingen in de gehele populatie. De leeftijdsverschillen tussen de bevraagde subjecten worden anders te groot. Bovendien heeft het (godsdienst)onderwijs in het zevende jaar (derde jaar derde graad) ook een eigen karakter, dat niet helemaal op dezelfde lijn te plaatsen is met het onderwijs in het eerste en tweede jaar van de derde graad.

71. VANDOORNE, DECALUWE, VANDEMEULEBROECKE, *Het gezin*, p. 59-79. Zie ook L. DECALUWÉ, E. GOEDSEELS, J. HOOGE, W. MERTENS, J. VANDOORNE, *Schalenboek. Vragenlijst jongeren 12-18 jaar. Jongeren in Vlaanderen: gemeten en geteld. Interdisciplinair netwerk jeugdonderzoek K.U.Leuven*, Leuven, 1999.

72. E. VAN AMMERS et al., *Opvoeden in Nederland. Schalenboek*, Utrecht, 1998.

73. Zie onder andere J. GERRIS et al., *Parenting in Dutch Families. A Representative Description of Dutch Family Life in Terms of Validated Concepts Representing Characteristics of Parents, Children, the Family as a System and Parental Socio-Cultural Value Orientations (= Ouders en kinderen in Nederlandse Gezinnen. Een representatieve beschrijving van Nederlandse gezinnen in termen van gevalideerde concepten met betrekking tot kenmerken van ouders, kinderen, het gezin als systeem en socio-culturele waardenoriëntaties van ouders)*, Nijmegen, 1993; F.W.P. VAN DER SLIK, *Overtuigingen, attituden, gedrag en ervaringen. Een onderzoek naar de godsdienstigheid van ouders en van hun kinderen*, Helmond, 1992;

zoek hebben we ook rechtstreeks uit dit Nederlandse onderzoek 'Opvoeden in Nederland' geput. Daarnaast werden een aantal zelf geconstrueerde schalen opgenomen, vooral wat betreft geloofsopvoeding in het gezin (onder andere 'vormen van godsdienstige opvoeding'). Wat de peiling naar 'geloof' betreft, werd naast een aantal algemene vragen ('ben je gelovig', 'hoe vaak ga je naar een religieuze dienst', ...) de 'Post-Kritische Geloofsschaal' opgenomen, zoals die door het *Centrum voor Godsdienstpsychologie*, onder leiding van professor D. Hutsebaut, ontwikkeld werd[74].

Een volgend thematisch deel in de vragenlijst betreft het hermeneutisch-communicatieve concept godsdienstonderwijs. Daarvoor werd voornamelijk gebruik gemaakt van zelf geconstrueerde schalen.

Het laatste deel van de vragenlijst betreft de houdingen van leerlingen en leerkrachten ten opzichte van interreligieus leren en ten opzichte van anders-gelovigen. Ook hier werden de schalen, te scoren via een Likert-zespuntenschaal, zelf geconstrueerd. Verder in dit boek zal een overzicht gegeven worden van de opgenomen schalen en zullen specifieke literatuurverwijzingen, waar mogelijk en noodzakelijk, aangegeven worden.

De volgorde van de verschillende themata in de vragenlijst was een bewuste keuze van de onderzoek(st)ers, op basis van een inhoudelijke logische volgorde. Vanuit opvoeding in het gezin (primaire opvoeding) wordt de overstap gemaakt naar opvoeding in het (godsdienst)onderwijs (secundaire opvoeding) en van daaruit naar een specifieke vorm van onderwijs met name interreligieus leren.

Aan de leerkrachten werd een vragenlijst voorgelegd met 26 vragenblokken, 18 dimensies, 33 achtergrondvariabelen en een totaal van 235 items. De vragenlijst voor de leerlingen ASO/TSO bevatte 24 vragenblokken, 19 dimensies, 33 achtergrondvariabelen en een totaal van 235 items; voor de leerlingen BSO bevatte de vragenlijst 23 vragenblokken, 16 dimensies, 28 achtergrondvariabelen en een totaal van 182 items.

C.G. VERGOUWEN, *Een hemelsbrede gelijkenis. Geloofsopvoeding in godsdienstpsychologisch perspectief*, Kampen, 2001.

74. Zie bijvoorbeeld: B. DURIEZ, J.R.J. FONTAINE, D. HUTSEBAUT, *A Further Elaboration of the Post-Critical Belief Scale. Evidence for the Existence of Four Different Approaches to Religion in Flanders-Belgium*, in *Psychologica Belgica* 40 (2000) 153-181; D. HUTSEBAUT, *Post-Critical Belief Scales. Exploration of a Possible Developmental Process*, in *Journal of Empirical Theology* 13 (2000) nr. 2, 19-28; D. HUTSEBAUT, *Post Critical Belief. A New Approach of the Religious Attitude Problem*, in *Journal of Empirical Theology* 9 (1996) nr. 2, 48-66. Zie ook http://www.psy.kuleuven.ac.be/religion/PCBSright.htm.

Om meer zekerheid te verkrijgen over de vraag of de vragenlijsten bruikbare en betrouwbare gegevens zouden opleveren, werd een beperkt vooronderzoek opgezet. De vragenlijsten werden begin september 2002 aangeboden aan een klas uit het ASO/TSO en aan een klas uit BSO, beide uit de derde graad secundair onderwijs. De bedoeling van deze voorproef was dubbel. Ten eerste wilden we nagaan of de vragenlijsten in één lesuur konden worden afgenomen, aangezien ze door het samennemen van drie onderzoeksdelen vrij lang waren. Ten tweede trachtten we te weten te komen of de vragenlijsten aangepast waren aan de situatie van het godsdienstonderricht vandaag en of de vragen begrijpbaar waren voor alle leerlingen en leerkrachten uit de doelgroep. Voor de voorproef van de vragenlijst van de leerkrachten hebben we gevraagd aan de studenten van de Academische Lerarenopleiding, Faculteit Godgeleerdheid, om de vragenlijst in te vullen en bemerkingen in de marge te zetten. We hebben de vragenlijst eveneens overlopen met een leerkracht, die verbonden is aan het *Centrum Academische Lerarenopleiding*. Aan de hand van de feedback die uit dit vooronderzoek kwam, werden vragen geschrapt waarop een hele klas hetzelfde scoorde of die door verschillende leerlingen als zeer moeilijk ervaren werden. De afname van de vragenlijst in de BSO-klas wees uit dat de lijsten te lang waren om in één lesuur afgenomen te worden en dat een aantal vragen voor deze leerlingen zeer moeilijk waren. Daarom werd de vragenlijst voor de leerlingen verder ingekort. Dit had als nadeel dat een deel van de informatie niet bekomen zou worden. Bij de vragenlijst voor de leerlingen ASO/TSO en de leerkrachten werden een aantal items geherformuleerd en enkele achtergrondgegevens geschrapt, waardoor ook deze lijsten korter werden, zij het slechts in beperkte mate.

We wilden niet enkel nagaan hoe leerlingen en leerkrachten denken over godsdienst/levensbeschouwing en godsdienstonderwijs los van elkaar, maar we wilden ook nagaan of er onderlinge verbanden waren tussen de leerkracht en de leerlingen van zijn of haar klas. Om de leerkrachten met een klas te kunnen verbinden, werd op voorhand op de vragenformulieren een code aangebracht, die bij leerlingen en leerkracht overeenkwam. De resultaten van de vergelijking tussen de leerkracht en de leerlingen per klas zijn in dit volume niet opgenomen. Hiervoor verwijzen we naar het doctoraatsproefschrift van J. Maex[75]. Achteraan in het boek geven we wel de algemene samenhang tussen de totale groep leerlingen en leerkrachten.

75. MAEX, *Een hermeneutisch-communicatief concept vakdidactiek godsdienst.*

3.3. Onderzoekspopulatie en steekproef

3.3.1. *Doelgroep*

Het onderzoek richt zich op de Vlaamse en Brusselse context. De doelgroepen van het onderzoek zijn enerzijds leerlingen uit het eerste en het tweede jaar van de derde graad van het secundair onderwijs (ASO, TSO en BSO) en anderzijds leerkrachten, die in de derde graad secundair onderwijs godsdienst geven. De leerlingen uit de doelgroep volgen allen voltijds secundair onderwijs. We laten de leerlingen uit het deeltijds onderwijs, evenals de leerlingen uit het bijzonder secundair onderwijs (BuSO) buiten beschouwing. Een onderzoek bij deze doelgroep zou immers om een eigen aanpak vragen. Godsdienstonderwijs in die doelgroep[76] heeft ook een ander karakter, een eigen leerplan, ... Het merendeel van de Vlaamse leerlingen volgt voltijds algemeen, technisch of beroeps secundair onderwijs. Het kunst secundair onderwijs (KSO) hebben we ook niet tot de doelgroep gerekend, omdat dit in relatief weinig scholen wordt aangeboden en slechts een zeer kleine minderheid van de leerlingen in Vlaanderen deze onderwijsvorm volgt. We beschouwen de leerlingen uit het katholiek onderwijs en uit het gemeenschapsonderwijs tot de doelgroep. De ene onderwijsvorm heeft een christelijk, katholiek profiel, de andere een eerder 'neutraal' kader[77]. Andere vormen van vrij gesubsidieerd on-

76. De vragenlijst van de leerlingen handelt over geloofsvisies en geloofsbeleving bij jongeren. De vragen zijn in de eerste plaats vanuit een katholiek kader opgesteld. Dat heeft te maken met de specifieke onderzoeksvragen: we peilen naar geloofsopvoeding binnen een christelijk (katholiek) kader en binnen het vak rooms-katholieke godsdienst. We maken ook gebruik van bestaande schalen, die vanuit een katholiek kader zijn opgesteld (met name de post-kritische-geloofsschaal). Het is niet haalbaar en ook niet wenselijk om een gelijkaardige schaal op te stellen voor elke specifieke traditie (vooral islam) apart. Bij eigen geformuleerde schalen hebben we getracht om, daar waar mogelijk, de vragen te verbreden zodat leerlingen met een andere levensbeschouwelijke traditie zich ook in de vraag konden herkennen.

77. In het pedagogisch project van het gemeenschapsonderwijs wordt gezegd dat dit onderwijs 'neutraal en pluralistisch' is. Daarbij wordt volgende kwalificering gegeven: "Als neutraal onderwijs hier zou betekenen dat leraren geen eigen standpunten mogen vertolken of dat leerlingen niet voor hun persoonlijke mening mogen uitkomen, dan was het Gemeenschapsonderwijs juist allesbehalve neutraal. Problemen in verband met politieke, filosofische, godsdienstige of ethische overtuigingen worden immers niet uit de weg gegaan, maar objectief en respectvol behandeld, met het oog op wederzijds begrip en verdraagzaamheid. Neutraliteit sluit sociaal of politiek engagement van leerkrachten of leerlingen niet uit, maar verbiedt wel uitdrukkelijk elke vorm van morele druk en het opdringen van eigen voorkeuren. (...) Het Gemeenschapsonderwijs stelt het pluralisme als een fundamentele waarde voorop en verbindt zich ertoe om die waarde aan zijn leerlingen en studenten door te geven". Zie

derwijs zoals methodescholen (Freinetscholen, Steinerscholen, ...) hebben vaak een heel ander levensbeschouwelijk profiel, dat we in dit onderzoek niet verder bevragen.

Tijdens het schooljaar 2001-2002 telde de derde graad van het secundair onderwijs in het totaal 135 244 leerlingen, waarvan er 35,8% in het ASO, 33,1% in het TSO, 29,2% in het BSO en 1,9% in het KSO zaten[78]. Tijdens datzelfde schooljaar volgden in het totaal 343 766 leerlingen van het gewone secundaire onderwijs het vak rooms-katholieke godsdienst en dit op een totale leerlingenpopulatie van 414 079 leerlingen – procentueel berekend betekent dit 83% van de totale leerlingenpopulatie. In Vlaanderen heeft ongeveer 5% van de leerlingen niet de Belgische nationaliteit[79]. Er zitten ongeveer evenveel meisjes als jongens in de derde graad van het secundair onderwijs.

3.3.2. *Steekproeftrekking*

Uit de totale populatie werd een steekproef geselecteerd: telkens werd een leerkracht en één (of twee) van zijn of haar klasgroepen bevraagd. De steekproeftrekking had voornamelijk betrekking op de scholen.

We hadden de bedoeling om de steekproef zoveel mogelijk representatief voor heel Vlaanderen (waarbij ook Nederlandstalige scholen in Brussel) te laten zijn. We wilden vermijden dat niet te controleren achtergrondkenmerken de resultaten van de bevraging zouden beïnvloeden, zoals bijvoorbeeld het geval zou zijn wanneer we enkel scholen in en rond Antwerpen zouden bevragen.

Bij de steekproeftrekking (selectie van de scholen) werd rekening gehouden met vier elementen: (1) het aanbod van richtingen in een bepaalde school, (2) het onderscheid tussen een katholieke school en een gemeenschapsschool, (3) de verspreiding over heel Vlaanderen en Brussel, (4) de ligging in een stad, de stadsrand of eerder in een landelijk gebied.

Er zijn verschillende 'types' scholen te onderscheiden op basis van het aanbod van richtingen in de school. Een school waar enkel ASO wordt aangeboden profileert zich anders dan een technische school,

http://www.gemeenschapsonderwijs.be/pedagogisch_project/main0.html#TC4 (toegang op 23 mei 2003).

78. Voor de cijfergegevens van de leerlingen baseren we ons op de meest recente publicatie van het 'Statische jaarboek van het Vlaams onderwijs' (MINISTERIE VAN DE VLAAMSE GEMEENSCHAP, *Statistisch jaarboek van het Vlaams onderwijs*, Brussel, 2002).

79. J. HOOGE et al. (red.), *Inleiding*, in DE WITTE, HOOGE, WALGRAVE (red.), *Jongeren in Vlaanderen: gemeten en geteld*, 17-33, p. 22.

waar enkel TSO- en BSO-richtingen zijn. Van de 120 aangeschreven scholen waren 30 ASO-scholen, 12 ASO/TSO-scholen, 30 ASO/BSO/TSO-scholen, 1 ASO/KSO-school, 1 ASO/BSO/KSO/TSO-school, 25 BSO/TSO-scholen, 2 ASO/BSO-scholen, 1 TSO-school en 1 BSO/KSO/TSO-school.

Wat de onderwijsnetten betreft hebben wij ons beperkt tot het onderscheid tussen katholiek onderwijs en gemeenschapsonderwijs. In het totaal werden er 24 gemeenschapsscholen en 80 katholieke scholen aangeschreven. Dat is een 30/70% verhouding. Deze verhouding is een benadering van het percentage van de Vlaamse leerlingenpopulatie dat naar katholieke (ongeveer 75%) of naar gemeenschapsscholen gaat (ongeveer 15%)[80].

Gezien het opzet van het onderzoek was een vrij representatief beeld te krijgen van het Vlaamse godsdienstonderwijslandschap werd de steekproef afgenomen in scholen verspreid over het hele Vlaamse landschap. De katholieke scholen vallen onder de bevoegdheid van het VSKO (Vlaams Secretariaat Katholiek Onderwijs), dat de scholen onderverdeelt per bisdom. De bisdommen vallen vrijwel volledig samen met de Vlaamse provincies, op uitzondering van de streek rond Mechelen. De scholen uit het Mechelse hebben we bij 'Vlaams-Brabant' (provincie) gerekend en zo de bisdom-indeling gevolgd. Brussel en de randsteden hebben we als een aparte streek genomen, gezien de specifieke multiculturele en multireligieuze situatie van deze grootstad. In de verschillende regio's werden telkens 19 scholen geselecteerd. We selecteerden 5 scholen in het Brusselse.

De 19 scholen die we per regio selecteerden, werden vervolgens onderverdeeld volgens de graad van verstedelijking. We kozen telkens voor drie scholen uit de provinciehoofdstad (die doorgaans samenvalt met de hoofdstad van het bisdom, op uitzondering van Vlaams-Brabant waar we meer scholen uit het Leuvense (provinciehoofdstad) dan uit Mechelen (bisdomstad) selecteerden). Daarnaast selecteerden we drie scholen uit de randgemeenten van deze grote stad. Verder opteerden we nog telkens voor zes scholen uit enkele kleinere provinciesteden en voor zeven scholen uit dorpen. Op die manier hebben we getracht te zorgen voor een spreiding zowel over het hele Vlaamse landschap als over verschillende soorten gebieden. Deze spreiding hangt samen met het idee dat een school in een West-Vlaams dorp

80. De andere 10% gaat naar scholen van het officieel gesubsidieerd onderwijs. Deze cijfers zijn afkomstig uit het document '*Onderwijs in Vlaanderen. Een brede kijk op het Vlaamse onderwijslandschap*' van het Ministerie van de Vlaamse Gemeenschap, Departement onderwijs, 2001.

verschilt van een school in Turnhout bijvoorbeeld, en ook van een school in de Brusselse randgemeente Anderlecht of van een school in het centrum van Antwerpen.

Nadat op die manier de scholen geselecteerd waren, werd bepaald in welke scholen ASO-klassen zouden worden bevraagd en in welke scholen TSO-klassen. Daarbij hadden we een 50/50 verhouding op het oog. Er werd gezorgd dat in elk bisdom ongeveer evenveel TSO- als ASO-klassen bevraagd werden. Vervolgens werden 20 scholen geselecteerd waar ook een BSO-klas bevraagd zou worden. In sommige scholen werden dus twee klassen (meestal een TSO-klas en een BSO-klas) bevraagd, die soms dezelfde leerkracht hadden, soms ook niet.

3.3.3. *Afname van de vragenlijsten*

Nadat de geselecteerde scholen waren vastgelegd, werd door de onderzoek(st)ers in de periode eind september – begin oktober 2002 telefonisch contact opgenomen met de directies van de scholen. Aan hen werd de vraag naar toestemming tot deelname aan het onderzoek voorgelegd. In bepaalde gevallen werd aan de directie een schriftelijk verzoek tot deelname gericht.

Enkele keren weigerden scholen deelname aan het onderzoek[81]. Dat heeft ervoor gezorgd dat de door ons op voorhand geselecteerde scholen hier en daar vervangen moesten worden. Hierbij hebben we telkens getracht om als vervangingsschool een school, die voldeed aan dezelfde criteria als de afgehaakte school, te contacteren, om op die manier onze steekproef zo gediversifieerd mogelijk te houden.

Indien de vraag tot deelname positief beantwoord werd, werden door de directie de contactgegevens van een godsdienstleerkracht in de derde graad van de school doorgegeven. Deze leerkracht moest lesgeven in de geselecteerde onderwijsvorm (ASO/TSO/BSO). Verder werd de leerkracht door de directie zelf aangeduid. In sommige gevallen zal hierbij ongetwijfeld de persoonlijke positieve beoordeling van deze leerkrachten door de directie meegespeeld hebben, in vele andere gevallen, vooral bij kleinere scholen, had de directie weinig keuze in het aanduiden van een godsdienstleerkracht in de geselecteerde onderwijsvorm in de derde graad.

In de tweede helft van september 2002 werden deze leerkrachten telefonisch gecontacteerd door de onderzoek(st)ers. De doelstelling en de werkwijze van het onderzoek werden uitgelegd. De leerkracht kon

81. De voornaamste reden van weigering om aan het onderzoek deel te nemen was dat de school overspoeld werd door tal van empirische onderzoeken.

zelf een klas kiezen waarin het onderzoek zou worden afgenomen (rekening houdend met de onderwijsvorm, en een klas uit het eerste of tweede jaar van de derde graad). De klasgroep moest minstens tien leerlingen tellen, zodat toch minstens een duizendtal leerlingen bevraagd konden worden.

Per post werden dan de nodige vragenlijsten en een begeleidende brief met instructies opgestuurd. De leerkracht kon zelf een moment zoeken (binnen een vrij beperkte tijd) om de vragenlijst door de leerlingen (binnen de tijd van één lesuur) te laten invullen. De leerkracht moest ook een vragenlijst invullen op een moment dat hij of zij zelf verkoos. De onderzoek(st)er sprak met de leerkracht een moment af waarop hij of zij de ingevulde vragenlijsten kon gaan ophalen in de scholen. Half november 2002 waren alle ingevulde vragenlijsten binnen op het *Centrum Academische Lerarenopleiding*, Faculteit Godgeleerdheid.

Ondanks de toestemming van leerkrachten en directie hebben we bij de verzameling van de vragenlijsten een aantal keer moeten vaststellen dat de leerkrachten de vragenlijsten niet of onvolledig hadden ingevuld. Ook leerlingen hadden de vragenlijsten vaak onvolledig ingevuld. De reden dat de lijsten niet volledig ingevuld raakten, werd door de leerkrachten gelegd bij de lengte en de moeilijkheid van de lijsten. Bij ons is, op basis van de commentaren van de leerkrachten, het vermoeden gerezen dat het ook voor een deel te wijten was aan het feit dat bepaalde vragen in de lijsten een aanzet waren tot discussie in de klas, waar door leerkrachten in bepaalde gevallen op ingegaan werd. Vele leerkrachten vertelden ons dat de leerlingen en ook zijzelf langer dan een uur aan de vragenlijsten gewerkt hadden.

In het totaal werden ongeveer 120 leerkrachten en een 2000-tal leerlingen aangeschreven, verspreid over 104 scholen. De gegevens van 98 leerkrachten en 1416 leerlingen (1224 leerlingen uit ASO en TSO en 198 leerlingen uit BSO) werden uiteindelijk verwerkt. Van elke klas werd er een aantal lijsten geselecteerd, die ingevoerd zijn in het databestand. De lijsten die uiteindelijk niet werden weerhouden voor het verwerkingsproces, zijn lijsten die onzorgvuldig of onvolledig waren ingevuld.

3.3.4. *Verwerking van de gegevens*

Teneinde de invoer van de gegevens uit de vragenlijsten in een databestand mogelijk te maken, werd een codeboek opgesteld. Aan de hand daarvan werden de gecodeerde gegevens ingevoerd in een uitgebreid bestand. Vervolgens werd dit aan de hand van het statistische programma SAS geanalyseerd. Hiervoor konden we een beroep doen op de expertise van de heer Rob Stroobants, verbonden aan het Departement Psychologie van de K.U.Leuven. De resultaten van de verschillende uitgevoerde analyses worden in het vervolg van deze publicatie weergegeven.

4. Resultaten

4.1. Leerkrachten

4.1.1. *Leerkrachtenscores op de aangeboden vragen en items*

1. Enkele vragen over uzelf

1. Leeftijd (LKR1.1)

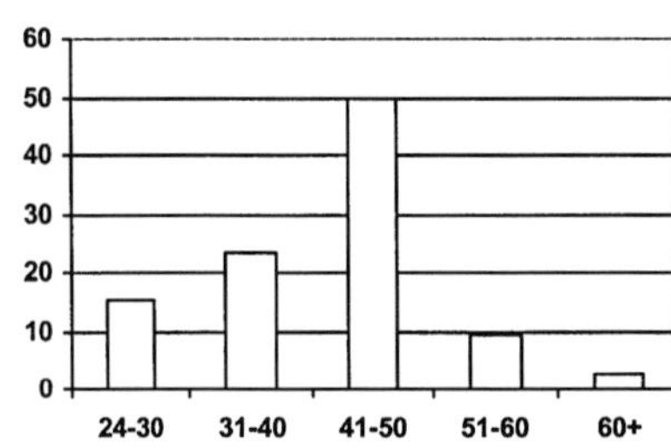

N=98
24-30=15 (15,31%)
31-40=23 (23,47%)
41-50=49 (50%)
51-60=9 (9,18%)
60+=2 (2,04%)
$\bar{x}$=40.7653061

2. Geslacht (LKR1.2)

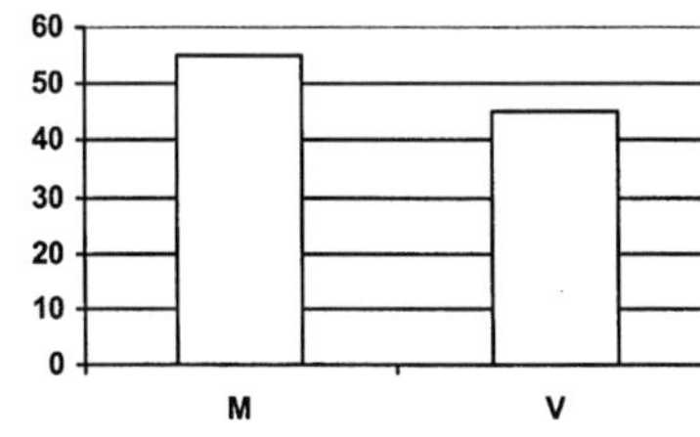

N=98
man=54 (55,10%)
vrouw=44 (44,90%)

3. Welke diploma's hebt u behaald? *(meerdere antwoorden zijn mogelijk)* (LKR1.3)

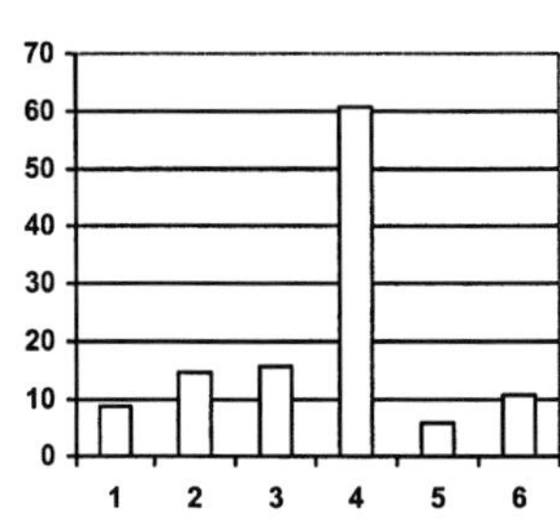

N=98
1:regentaat=9
2:graduaat Godsdienstwetenschappen=15
3:kand. in de Godsdienstwetenschappen=16
4:lic. in de Godsdienstwetenschappen=62
5:lic. in de Godgeleerdheid=6
6:Hoger Instituut voor Godsdienstwetenschappen (bisdom)=11
7:andere: doctoraat (std), bijscholing en cursus (niet in de grafiek opgenomen)

4. Indien u licentiaat in de Godsdienstwetenschappen/Godgeleerdheid bent, beschikt u over een diploma van *Geaggregeerde voor het secundair onderwijs – Godsdienstwetenschappen*? (LKR1.4)

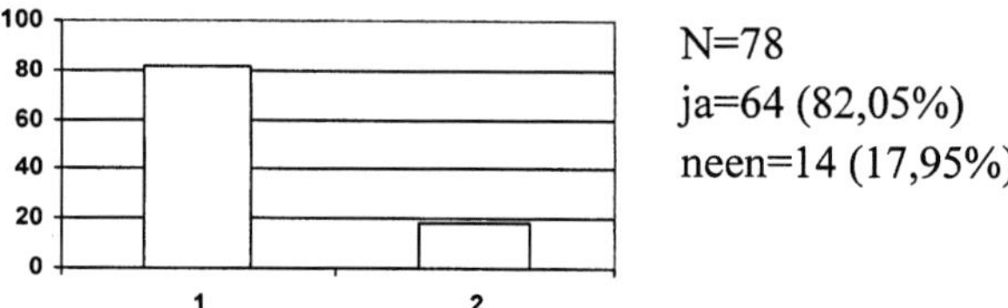

N=78
ja=64 (82,05%)
neen=14 (17,95%)

5. Hoeveel jaar geeft u reeds les? (LKR1.5)

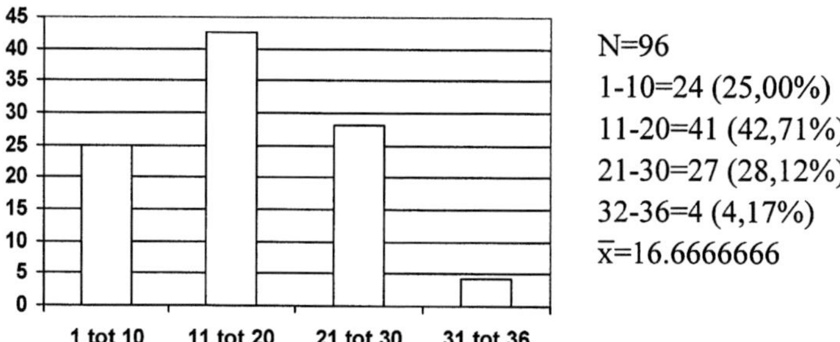

N=96
1-10=24 (25,00%)
11-20=41 (42,71%)
21-30=27 (28,12%)
32-36=4 (4,17%)
$\bar{x}$=16.6666666

2. Hieronder enkele vragen over school

1. In welke jaren van het secundair onderwijs geeft u op dit moment les? *(meerdere antwoorden zijn mogelijk)* (LKR2.1)

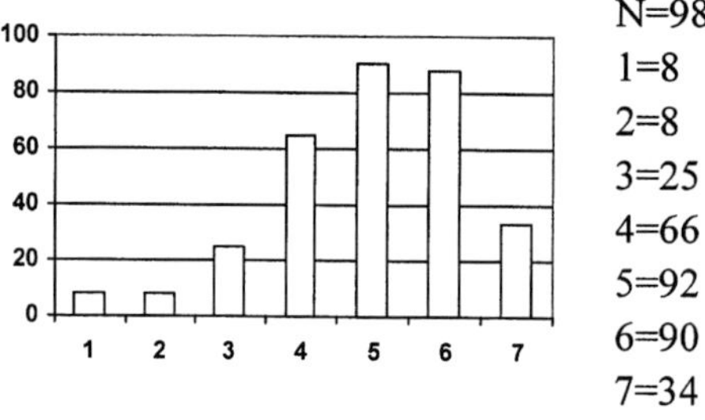

N=98
1=8
2=8
3=25
4=66
5=92
6=90
7=34

2. Geeft u godsdienstles in het … *(meerdere antwoorden zijn mogelijk)* (LKR2.2)

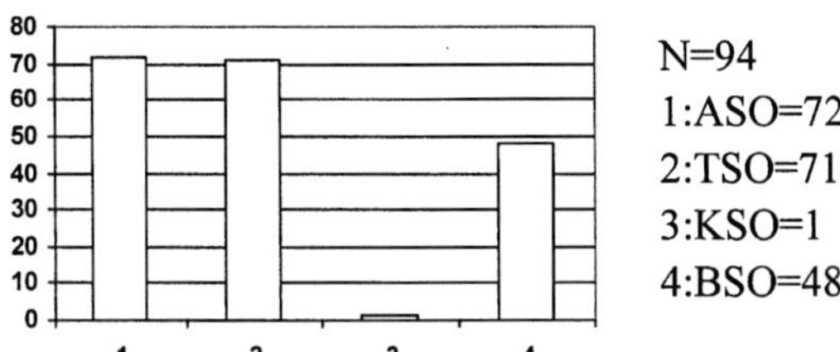

N=94
1:ASO=72
2:TSO=71
3:KSO=1
4:BSO=48

3. Geeft u voornamelijk godsdienstles in het … *(slechts één antwoord is hier mogelijk)* (LKR2.3)

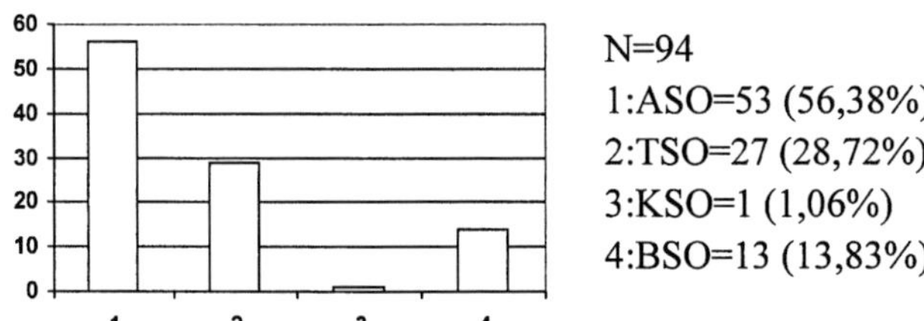

N=94
1:ASO=53 (56,38%)
2:TSO=27 (28,72%)
3:KSO=1 (1,06%)
4:BSO=13 (13,83%)

4. Geeft u voornamelijk les in … *(meerdere antwoorden zijn mogelijk)* (LKR2.4)

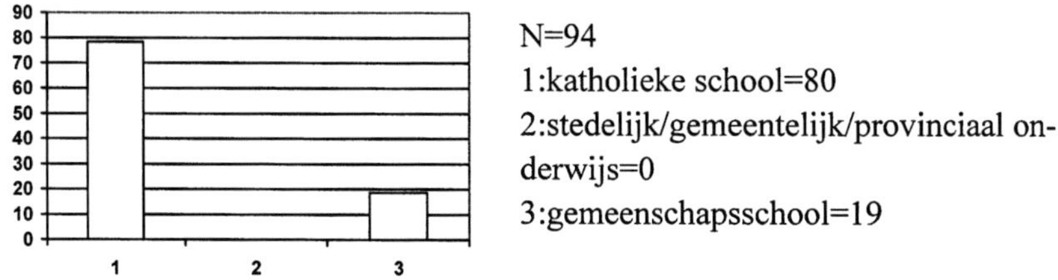

N=94
1:katholieke school=80
2:stedelijk/gemeentelijk/provinciaal onderwijs=0
3:gemeenschapsschool=19

5. De klas waarbij deze vragenlijst wordt afgenomen is een klas uit het … (LKR2.5)

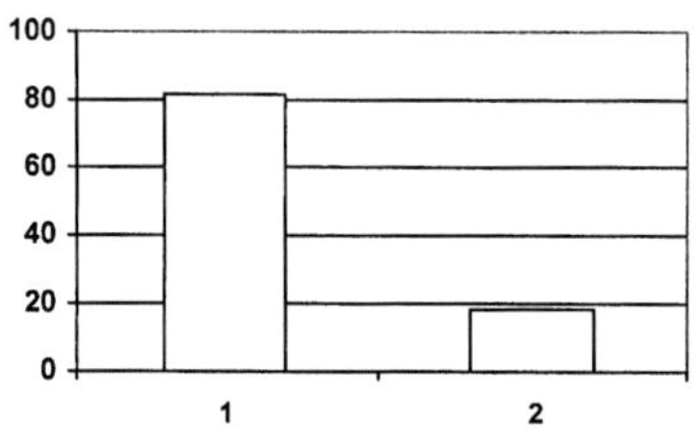

N=98
1:katholiek onderwijs=80 (81,63%)
2:gemeenschapsonderwijs=18 (18,37%)

6. Hoeveel uur per week geeft u godsdienstles? (LKR2.6)

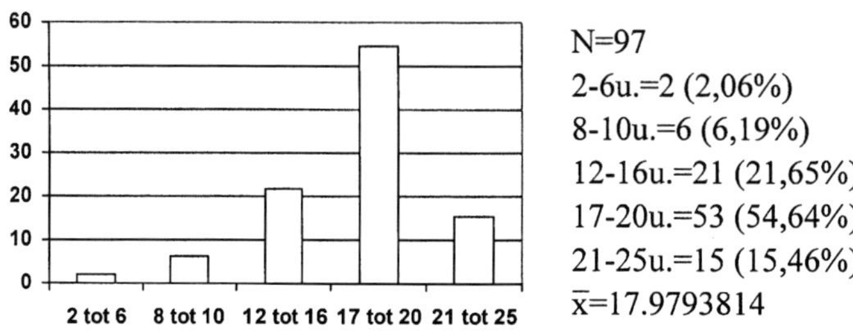

N=97
2-6u.=2 (2,06%)
8-10u.=6 (6,19%)
12-16u.=21 (21,65%)
17-20u.=53 (54,64%)
21-25u.=15 (15,46%)
$\bar{x}$=17.9793814

7. Hoeveel leerlingen zitten er in de klas waar deze vragenlijst afgenomen wordt? (LKR2.7)

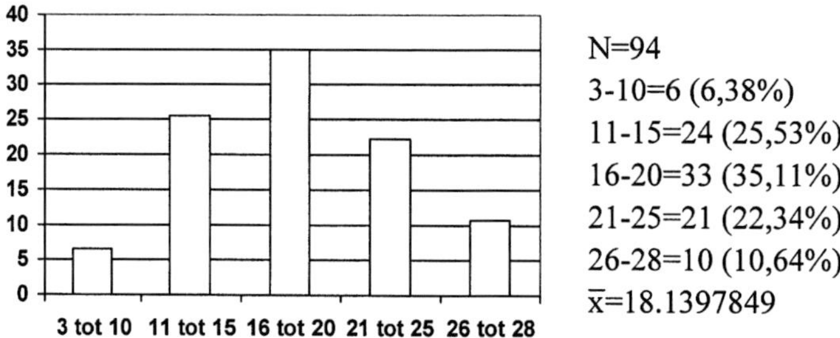

N=94
3-10=6 (6,38%)
11-15=24 (25,53%)
16-20=33 (35,11%)
21-25=21 (22,34%)
26-28=10 (10,64%)
$\bar{x}$=18.1397849

8. Hoeveel allochtone leerlingen zitten er in de klas waarbij deze vragenlijst afgenomen wordt? ... allochtone leerlingen op een totaal van ... leerlingen. (LKR2.8)
overzicht allochtone leerlingen/klas (LKR 2.8.1)

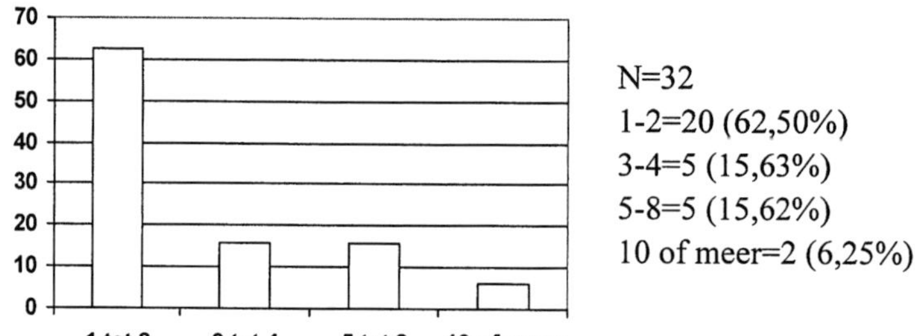

N=32
1-2=20 (62,50%)
3-4=5 (15,63%)
5-8=5 (15,62%)
10 of meer=2 (6,25%)

algemeen overzicht leerlingen/klas (LKR2.8.2)[82]

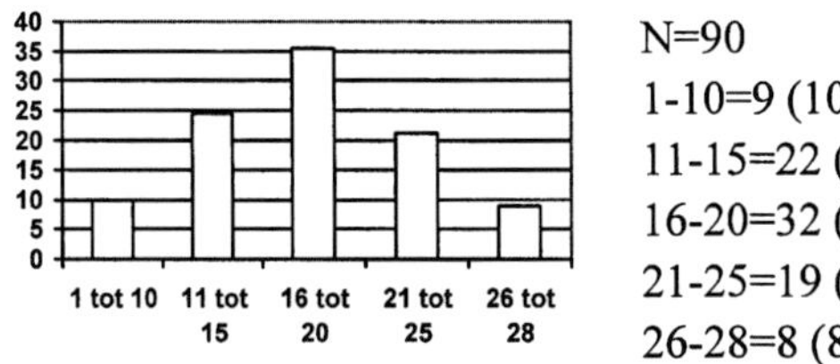

N=90
1-10=9 (10,00%)
11-15=22 (24,44%)
16-20=32 (35,56%)
21-25=19 (21,11%)
26-28=8 (8,89%)

9. Hoeveel leerlingen uit de klas waar deze vragenlijst afgenomen wordt, zijn volgens u ...[83] (LKR2.9)

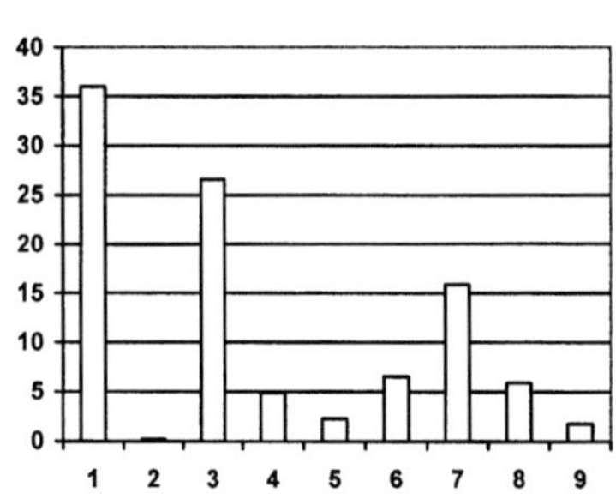

1:katholiek=32 (36,02%)
2:protestants=0 (0,17%)
3:christelijk=24 (26,57%)
4:islamitisch=4 (4,87%)
5:vrijzinnig=2 (2,29%)
6:atheïstisch=5 (6,52%)
7:zonder religie=14 (15,89%)
8:met een combinatie van geloofselementen uit verschillende religies=5 (6,52%)
9:andere: [Celestijnse belofte, alle zonder religie (met christelijke vonkjes)]=1 (1,78%)

82. Deze cijfers verschillen ten opzichte van de cijfers die teruggevonden worden bij vraag 2.7, hoewel hier naar hetzelfde gevraagd wordt, maar in een andere context.

83. De cijfers en de percentages die hier worden weergegeven, zijn het resultaat van een complexe berekening. Per leerkracht werd nagegaan hoeveel procent van de leerlingen hij of zij als katholiek, protestants, christelijk, enzovoort beschouwt. Een leerkracht met bijvoorbeeld 5 katholieke, 5 christelijke, 5 islamitische en 5 leerlingen zonder religie, werd in de cijfergegevens verwerkt als 0.25 bij 'katholiek', 0.25 bij 'christelijk', 0.25 bij 'islamitisch' en 0.25 bij 'zonder religie'. Bij de antwoordcategorie 'katholiek' kwamen dan scores zoals 0.25, 0.45, 0.60 enzovoort, die telkens aangaven hoeveel procent van de leerlingen uit de klas door de leerkracht als katholiek gepercipieerd werden. De som van deze (proportionele) scores komt overeen met het totaal aantal leerkrachten. Vervolgens werden procenten berekend, die in het algemeen aangeven in welke mate de leerkrachten de leerlingen van hun klas eerder als katholiek, islamtisch, christelijk, enzovoort zien. Deze procenten zijn in de grafiek af te lezen.

3. Enkele vragen over uw gezinssituatie

1. Duid aan wat op u van toepassing is (LKR3.1). Bent u:

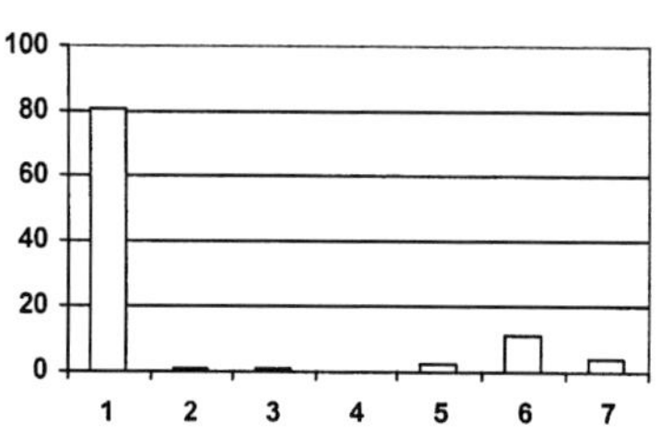

N=98
1:gehuwd=79 (80,61%)
2:ongehuwd samenwonend=1 (1,02%)
3:gescheiden=1 (1,02%)
4:weduw(e)(naar)=0 (0,00%)
5:hertrouwd of samenwonend met nieuwe partner=2 (2,04%)
6:alleenstaand=11 (11,22%)
7:priester of religieuze=4 (4,08%)

2. Hebt u kinderen? (LKR3.2)

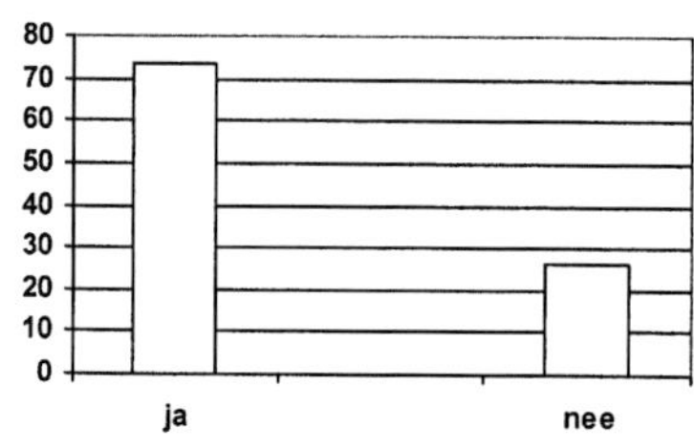

N=98
1:ja=72 (73,47%)
2:neen=26 (26,53%)

3. Hoeveel kinderen hebt u? *(vul in)* (LKR3.3)

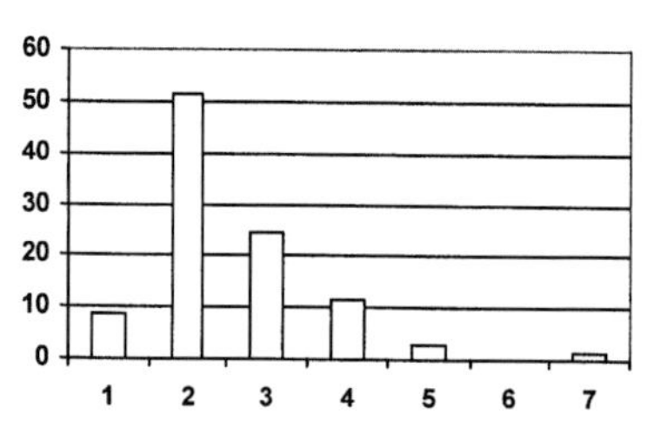

N=70
1=6 (8,57%)
2=36 (51,43%)
3=17 (24,29%)
4=8 (11,43%)
5=2 (2,86%)
6=0 (0,00%)
7=1 (1,43%)

pleeg- en adoptiekinderen: 1 op alle bevraagden;
stiefkinderen: 1 op alle bevraagden.

4. Wonen al uw kinderen voor het grootste deel van de tijd bij u? (LKR3.4)

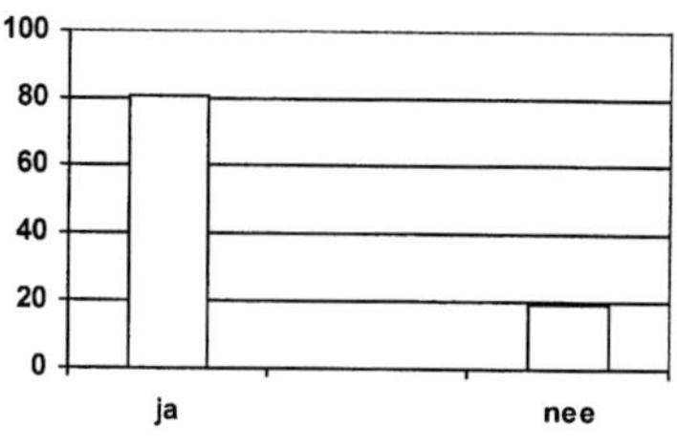

N=73
ja=59 (80,82%)
neen=14 (19,18%)

5. Indien neen, omschrijf de gezinssituatie waarin u leeft: (LKR3.5)

'Mijn zoon, 25 jaar, woont samen. Andere kinderen thuis'; 'Drie kinderen wonen thuis, één elders en werkt'; 'Kind op kot'; 'Feitelijk gescheiden'; 'Momenteel verwikkeld in een scheiding'; 'Alle kinderen het huis uit'; 'Co-ouderschap'

6. Geef de leeftijd aan van uw jongste en uw oudste kind? (LKR3.6)
Jongste (LKR3.6.1) …

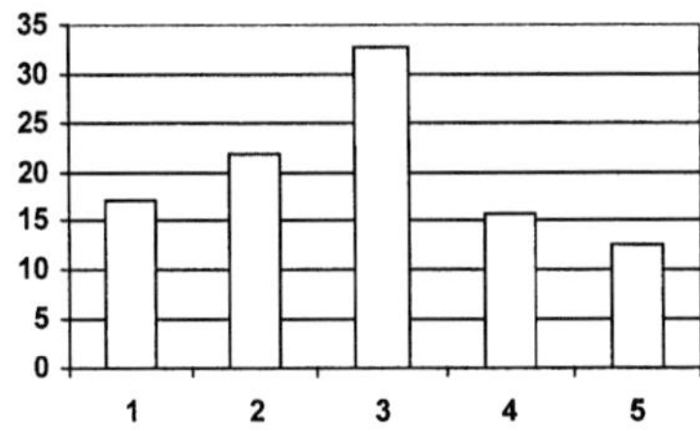

N=64
1:1-5=11 (17,19%)
2:6-10=14 (21,87%)
3:11-15=21 (32,82%)
4:16-20=10 (15,62%)
5:21-30=8 (12,50%)

Oudste (LKR3.6.2) …

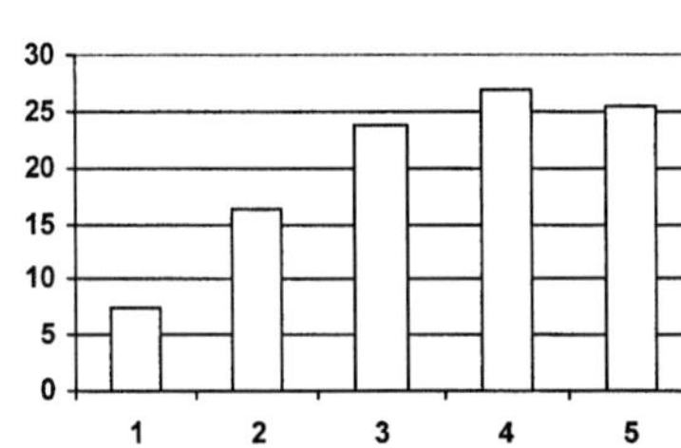

N=67
1:1-5=5 (7,46%)
2:6-10=11 (16,42%)
3:11-15=16 (23,88%)
4:16-20=18 (26,87%)
5:21-31=17 (25,37%)

4. Enkele vragen over uw relatie met uw eigen kinderen

Denk bij het invullen van de volgende vragen aan uw oudste kind. Indien dit kind ouder is dan 18, denk dan aan dit kind toen hij/zij de leeftijd van ongeveer 16 had.
Wanneer hieronder sprake is over 'uw kind', denk dan steeds aan hetzelfde kind. Geef hier aan over welk kind u spreekt:
Leeftijd: … (LKR4.1)

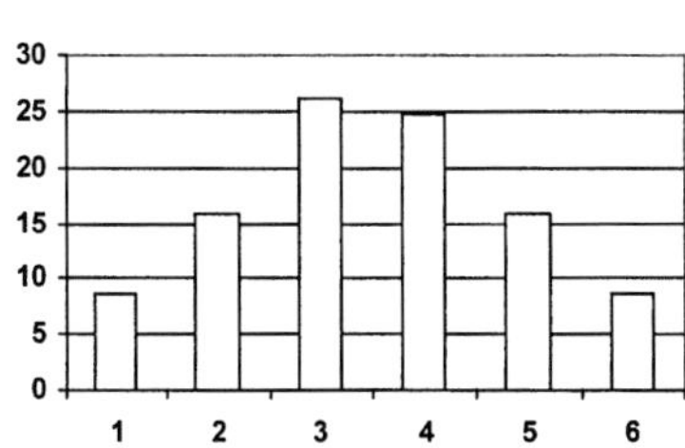

N=69
1:1-5=6 (8,70%)
2:6-10=11 (15,94%)
3:11-15=18 (26,08%)
4:16-20=17 (24,64%)
5:21-25=11 (15,94%)
6:26-32=6 (8,70%)

Geslacht: … (LKR4.2)

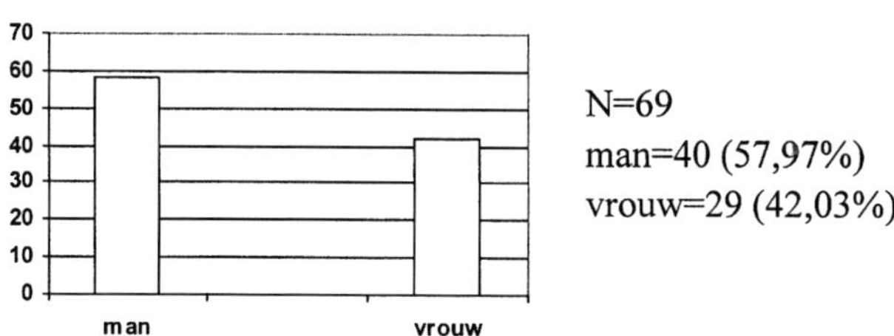

N=69
man=40 (57,97%)
vrouw=29 (42,03%)

Duid aan in welke mate volgende uitspraken van toepassing zijn op u en uw kind.

1. Ik kan goed met mijn kind praten over alles. (LKR04_3_01)

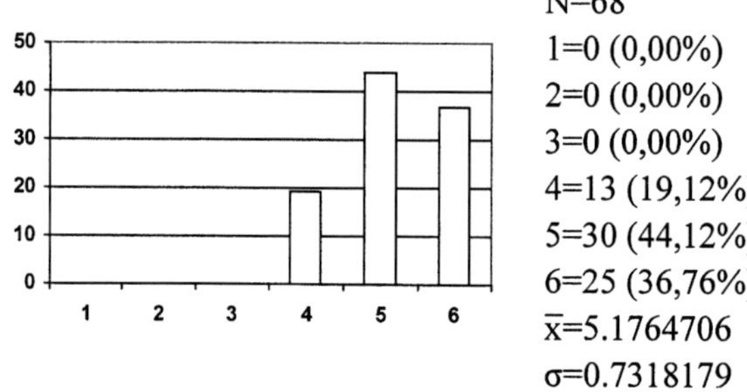

N=68
1=0 (0,00%)
2=0 (0,00%)
3=0 (0,00%)
4=13 (19,12%)
5=30 (44,12%)
6=25 (36,76%)
$\bar{x}$=5.1764706
σ=0.7318179

2. Ik wil dat mijn kind doet wat ik zeg, zelfs als hij/zij het niet met mijn argumenten eens is. (LKR04_3_02)

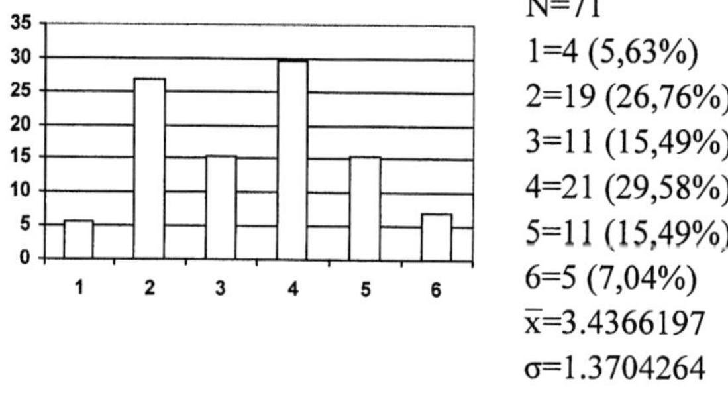

N=71
1=4 (5,63%)
2=19 (26,76%)
3=11 (15,49%)
4=21 (29,58%)
5=11 (15,49%)
6=5 (7,04%)
$\bar{x}$=3.4366197
σ=1.3704264

3. Ik laat mijn kind veel nieuwe dingen uitproberen, ook al is de afloop van deze dingen heel onzeker. (LKR04_3_03)

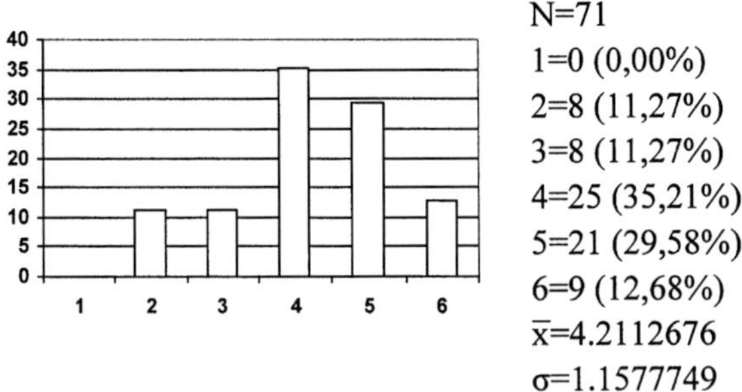

N=71
1=0 (0,00%)
2=8 (11,27%)
3=8 (11,27%)
4=25 (35,21%)
5=21 (29,58%)
6=9 (12,68%)
$\bar{x}$=4.2112676
σ=1.1577749

4. Als het niet zo goed gaat met mijn kind, dan lukt het mij om hem/haar te troosten. (LKR04_3_04)

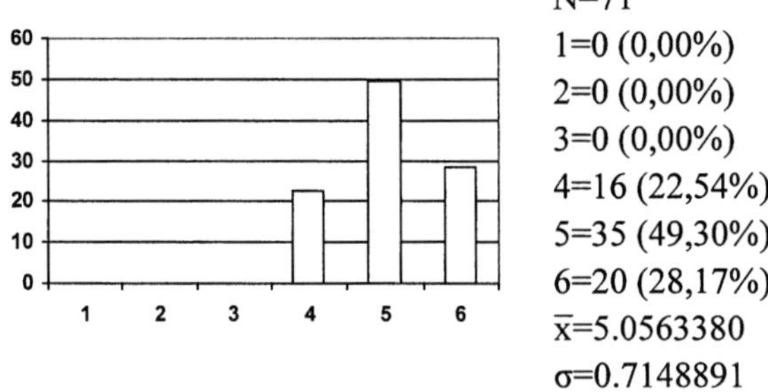

N=71
1=0 (0,00%)
2=0 (0,00%)
3=0 (0,00%)
4=16 (22,54%)
5=35 (49,30%)
6=20 (28,17%)
$\bar{x}$=5.0563380
σ=0.7148891

5. Ik moedig mijn kind aan om onafhankelijk van mij te zijn. (LKR04_3_05)

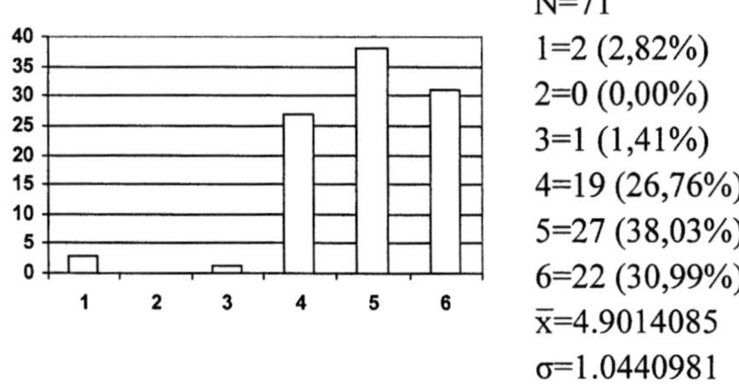

N=71
1=2 (2,82%)
2=0 (0,00%)
3=1 (1,41%)
4=19 (26,76%)
5=27 (38,03%)
6=22 (30,99%)
$\bar{x}$=4.9014085
σ=1.0440981

6. Als mijn kind verdrietig is of ergens mee zit, dan heb ik dat in de gaten. (LKR04_3_06)

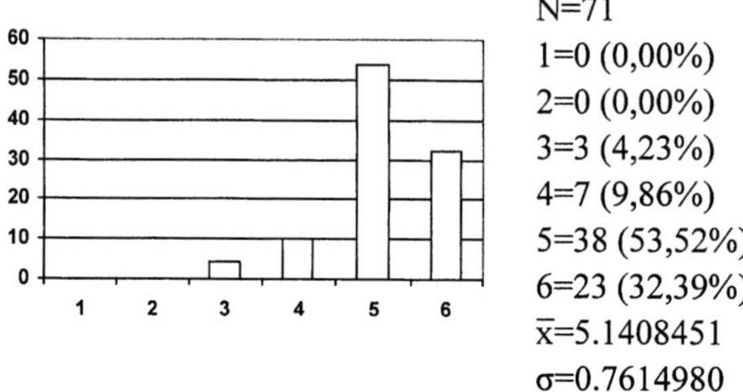

N=71
1=0 (0,00%)
2=0 (0,00%)
3=3 (4,23%)
4=7 (9,86%)
5=38 (53,52%)
6=23 (32,39%)
x̄=5.1408451
σ=0.7614980

7. Ik word boos als mijn kind zegt dat hij/zij het niet met mij eens is, terwijl er vrienden van mij bij zijn. (LKR04_3_07)

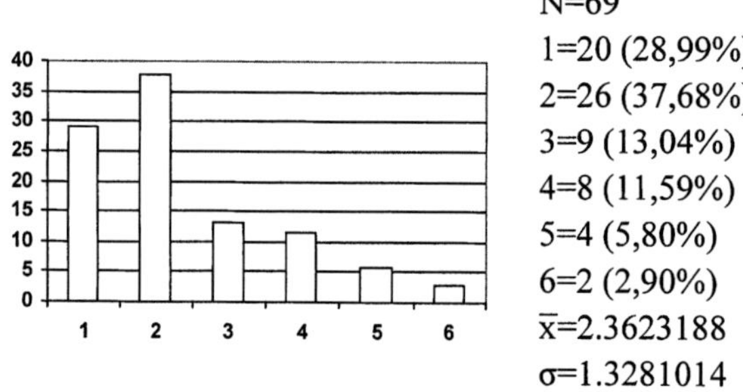

N=69
1=20 (28,99%)
2=26 (37,68%)
3=9 (13,04%)
4=8 (11,59%)
5=4 (5,80%)
6=2 (2,90%)
x̄=2.3623188
σ=1.3281014

8. Ik laat mijn kind zelf veel beslissingen nemen. (LKR04_3_08)

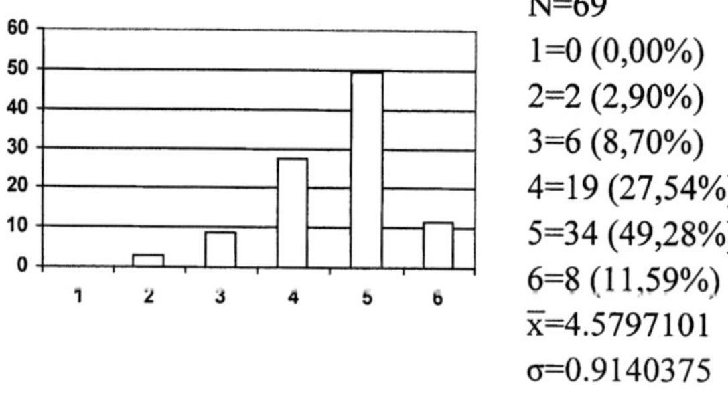

N=69
1=0 (0,00%)
2=2 (2,90%)
3=6 (8,70%)
4=19 (27,54%)
5=34 (49,28%)
6=8 (11,59%)
x̄=4.5797101
σ=0.9140375

9. Ik zeg regelmatig tegen mijn kind dat hij/zij dingen zelf moet onderzoeken. (LKR04_3_09)

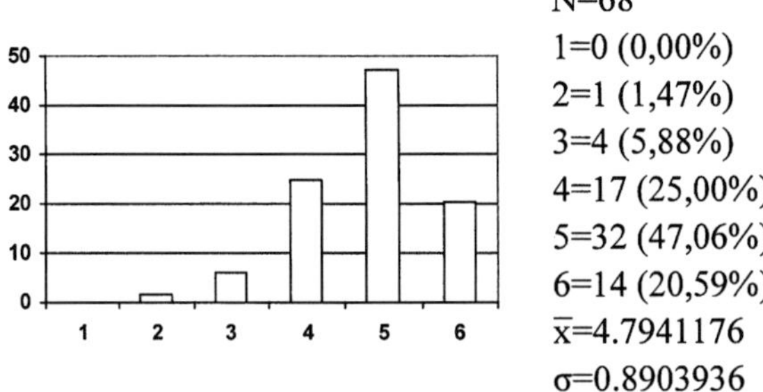

N=68
1=0 (0,00%)
2=1 (1,47%)
3=4 (5,88%)
4=17 (25,00%)
5=32 (47,06%)
6=14 (20,59%)
$\bar{x}$=4.7941176
σ=0.8903936

10. Als mijn kind ergens over piekert of verdrietig is, dan begrijp ik wat er aan de hand is. (LKR04_3_10)

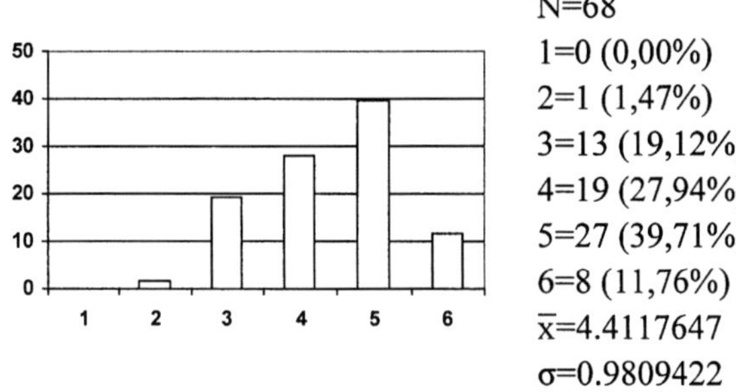

N=68
1=0 (0,00%)
2=1 (1,47%)
3=13 (19,12%)
4=19 (27,94%)
5=27 (39,71%)
6=8 (11,76%)
$\bar{x}$=4.4117647
σ=0.9809422

11. Ik ben niet erg streng. (LKR04_3_11)

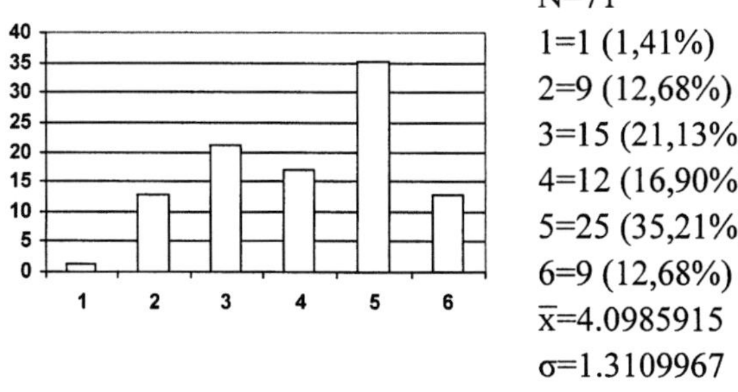

N=71
1=1 (1,41%)
2=9 (12,68%)
3=15 (21,13%)
4=12 (16,90%)
5=25 (35,21%)
6=9 (12,68%)
$\bar{x}$=4.0985915
σ=1.3109967

12. Ik weet heel goed wat mijn kind wil of voelt. (LKR04_3_12)

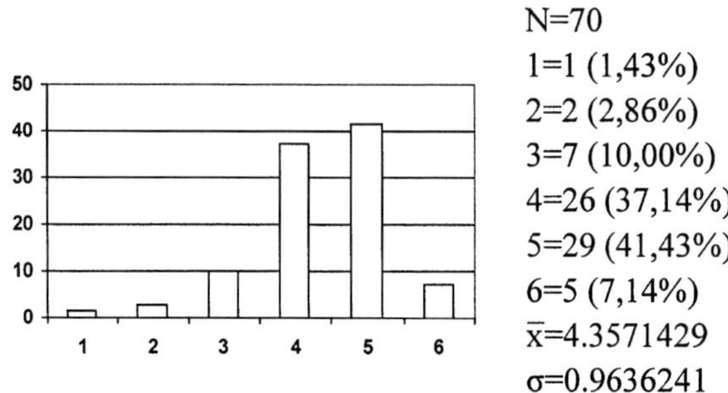

N=70
1=1 (1,43%)
2=2 (2,86%)
3=7 (10,00%)
4=26 (37,14%)
5=29 (41,43%)
6=5 (7,14%)
x̄=4.3571429
σ=0.9636241

13. Voor de meeste dingen die mijn kind doet, moet hij/zij mij om toestemming vragen. (LKR04_3_13)

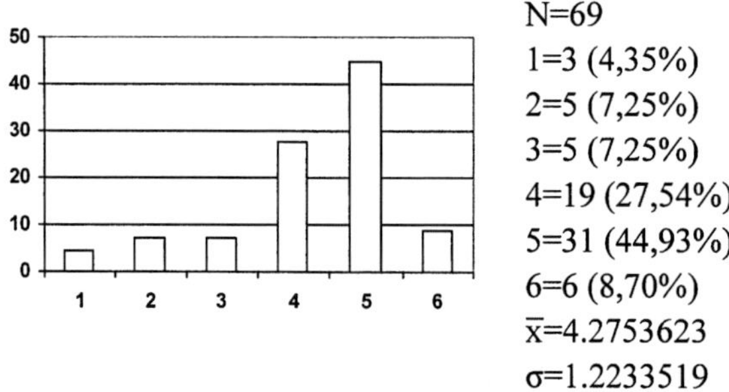

N=69
1=3 (4,35%)
2=5 (7,25%)
3=5 (7,25%)
4=19 (27,54%)
5=31 (44,93%)
6=6 (8,70%)
x̄=4.2753623
σ=1.2233519

14. Ik weet precies wanneer mijn kind het ergens moeilijk mee heeft. (LKR04_3_14)

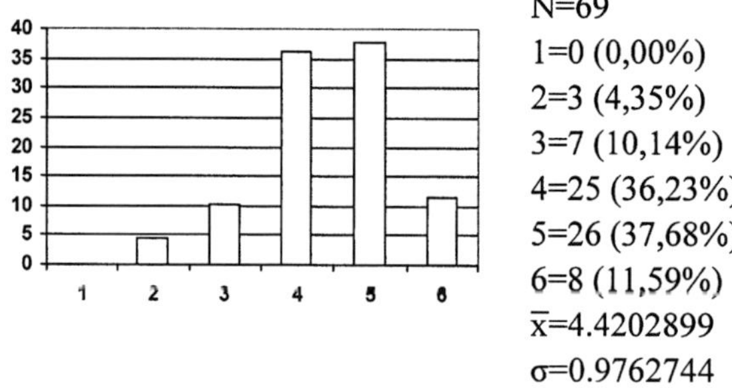

N=69
1=0 (0,00%)
2=3 (4,35%)
3=7 (10,14%)
4=25 (36,23%)
5=26 (37,68%)
6=8 (11,59%)
x̄=4.4202899
σ=0.9762744

15. Ik zeg vaak dat mijn kind zelf na moet denken over het leven. (LKR04_3_15)

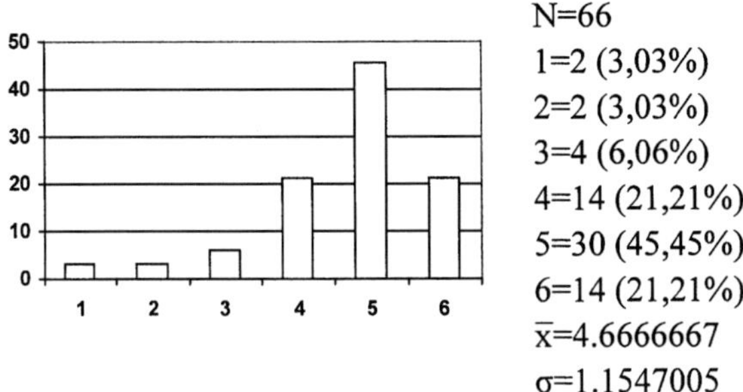

N=66
1=2 (3,03%)
2=2 (3,03%)
3=4 (6,06%)
4=14 (21,21%)
5=30 (45,45%)
6=14 (21,21%)
$\bar{x}$=4.6666667
σ=1.1547005

16. Ik zeg mijn kind dat hij/zij zelf verantwoordelijk is voor wat er met hem/haar gebeurt. (LKR04_3_16)

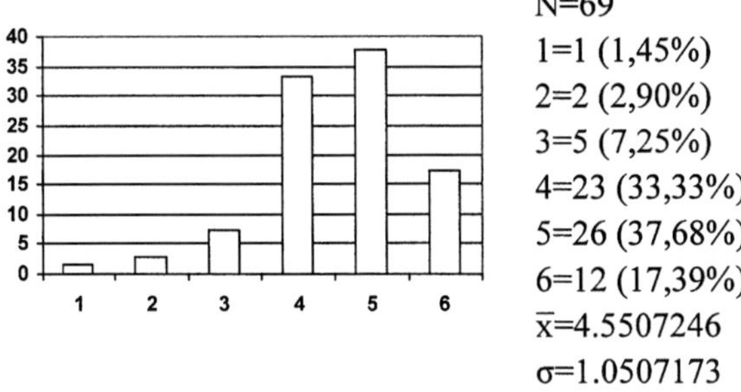

N=69
1=1 (1,45%)
2=2 (2,90%)
3=5 (7,25%)
4=23 (33,33%)
5=26 (37,68%)
6=12 (17,39%)
$\bar{x}$=4.5507246
σ=1.0507173

5. De volgende vragen gaan over hoeveel u van uw kind weet

Hoeveel weet u over:

1. Wie de vrienden zijn van uw kind. (LKR05_1)

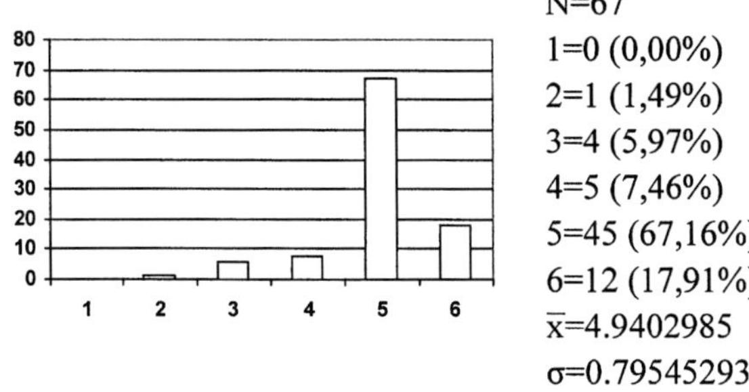

N=67
1=0 (0,00%)
2=1 (1,49%)
3=4 (5,97%)
4=5 (7,46%)
5=45 (67,16%)
6=12 (17,91%)
$\bar{x}$=4.9402985
σ=0.79545293

2. Waar uw kind zijn/haar geld aan uitgeeft. (LKR05_2)

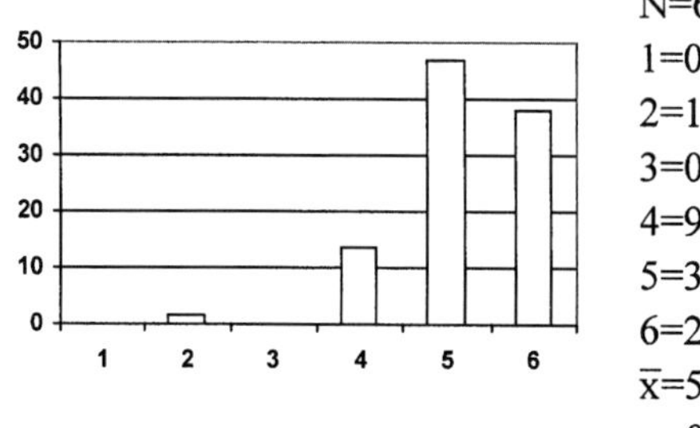

N=66
1=0 (0,00%)
2=1 (1,52%)
3=0 (0,00%)
4=9 (13,64%)
5=31 (46,97%)
6=25 (37,88%)
$\bar{x}$=5.1969697
σ=0.78876138

3. Waar uw kind is na schooltijd. (LKR05_3)

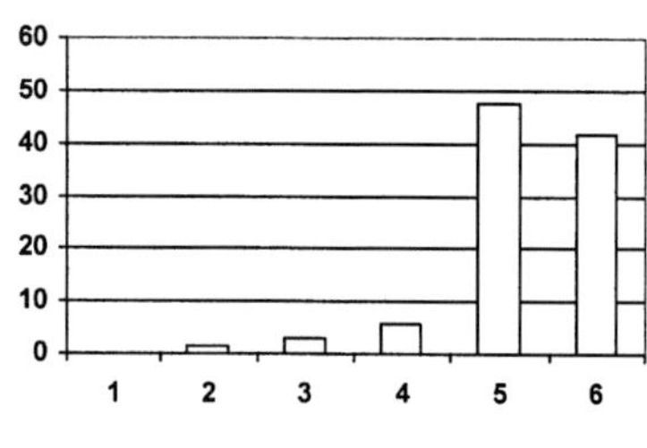

N=67
1=0 (0,00%)
2=1 (1,49%)
3=2 (2,99%)
4=4 (5,97%)
5=32 (47,76%)
6=28 (41,79%)
$\bar{x}$=5.2537313
σ=0.82284215

4. Waar u kind naar toe gaat als hij/zij uitgaat. (LKR05_4)

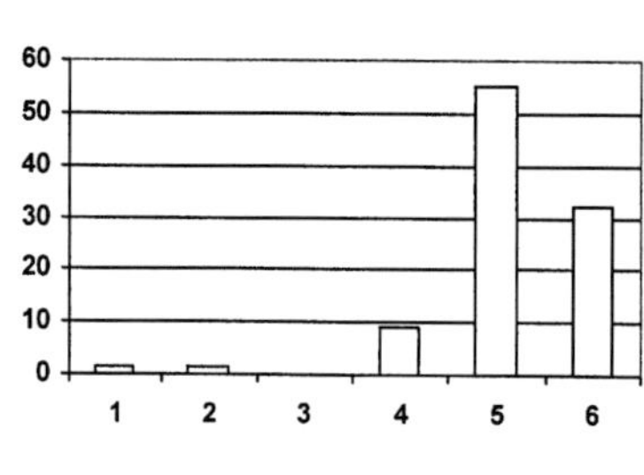

N=65
1=1 (1,54%)
2=1 (1,54%)
3=0 (0,00%)
4=6 (9,23%)
5=36 (55,38%)
6=21 (32,31%)
$\bar{x}$=5.1230769
σ=0.89281319

5. Wat uw kind doet in zijn/haar vrije tijd. (LKR05_5)

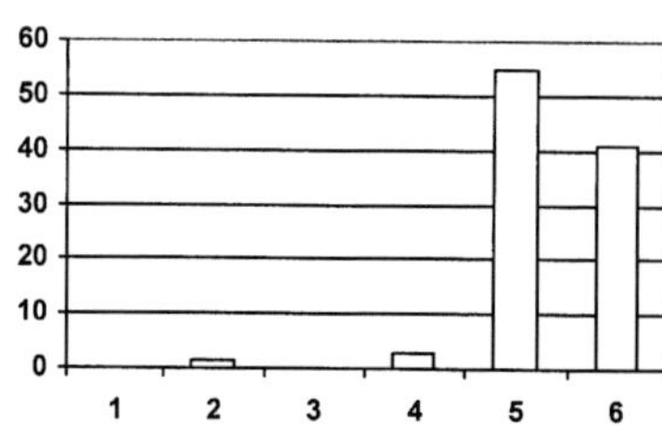

N=66
1=0 (0,00%)
2=1 (1,52%)
3=0 (0,00%)
4=2 (3,03%)
5=36 (54,55%)
6=27 (40,91%)
$\bar{x}$=5.3333333
σ=0.68687326

6. Wat voor cijfers uw kind op school krijgt. (LKR05_6)

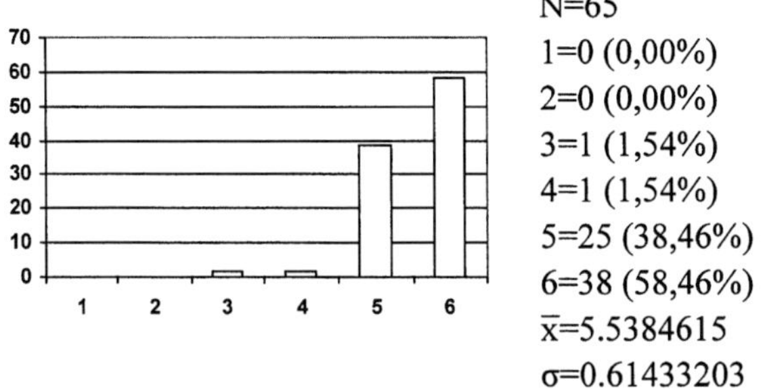

N=65
1=0 (0,00%)
2=0 (0,00%)
3=1 (1,54%)
4=1 (1,54%)
5=25 (38,46%)
6=38 (58,46%)
x̄=5.5384615
σ=0.61433203

6. Enkele vragen over uw relatie met uw partner en het algemene gezinsklimaat

Duid aan in welke mate u het eens bent met volgende uitspraken (indien u een partner hebt).

1. Ik praat vaak met mijn partner over persoonlijke problemen. (LKR06_01)

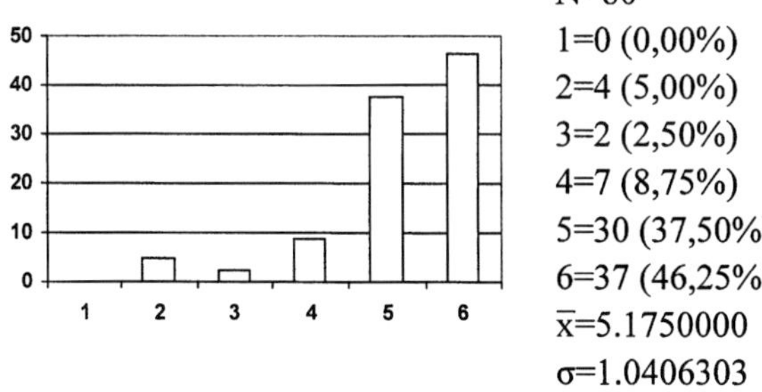

N=80
1=0 (0,00%)
2=4 (5,00%)
3=2 (2,50%)
4=7 (8,75%)
5=30 (37,50%)
6=37 (46,25%)
x̄=5.1750000
σ=1.0406303

2. Ik praat vaak met mijn partner over dingen waarin we beiden geïnteresseerd zijn. (LKR06_02)

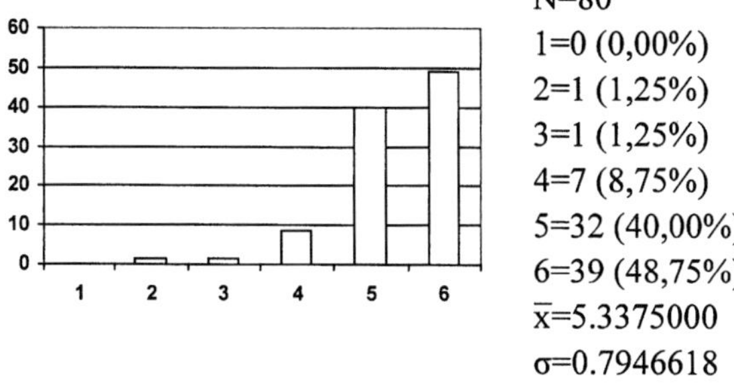

N=80
1=0 (0,00%)
2=1 (1,25%)
3=1 (1,25%)
4=7 (8,75%)
5=32 (40,00%)
6=39 (48,75%)
x̄=5.3375000
σ=0.7946618

3. Ik praat vaak met mijn partner over leuke dingen die er die dag gebeurd zijn. (LKR06_03)

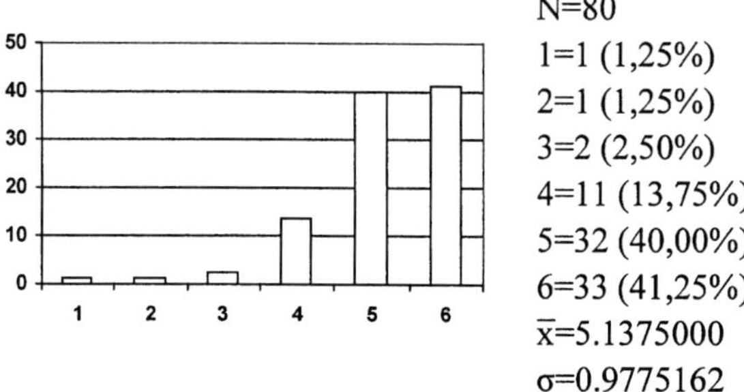

N=80
1=1 (1,25%)
2=1 (1,25%)
3=2 (2,50%)
4=11 (13,75%)
5=32 (40,00%)
6=33 (41,25%)
$\bar{x}$=5.1375000
σ=0.9775162

4. Zoals we nu met elkaar omgaan, zou ik altijd wel bij mijn partner willen blijven. (LKR06_04)

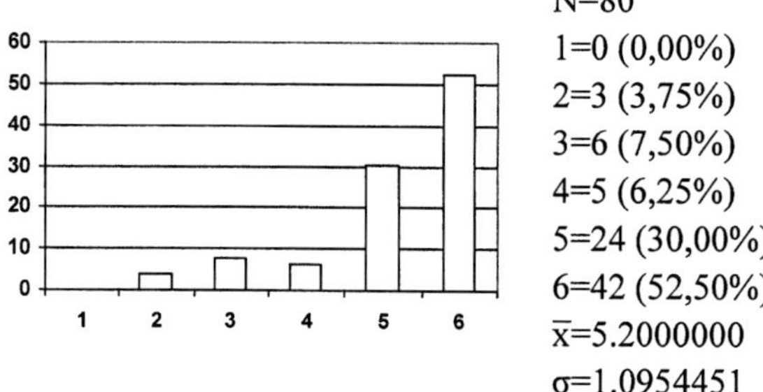

N=80
1=0 (0,00%)
2=3 (3,75%)
3=6 (7,50%)
4=5 (6,25%)
5=24 (30,00%)
6=42 (52,50%)
$\bar{x}$=5.2000000
σ=1.0954451

5. Ik ben nu minder tevreden over hoe mijn partner en ik met elkaar omgaan dan vroeger. (LKR06_05)

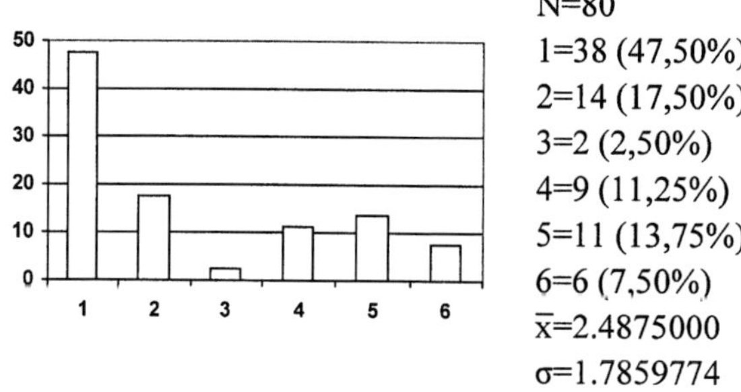

N=80
1=38 (47,50%)
2=14 (17,50%)
3=2 (2,50%)
4=9 (11,25%)
5=11 (13,75%)
6=6 (7,50%)
$\bar{x}$=2.4875000
σ=1.7859774

6. Ik had meer van de relatie met mijn partner verwacht. (LKR06_06)

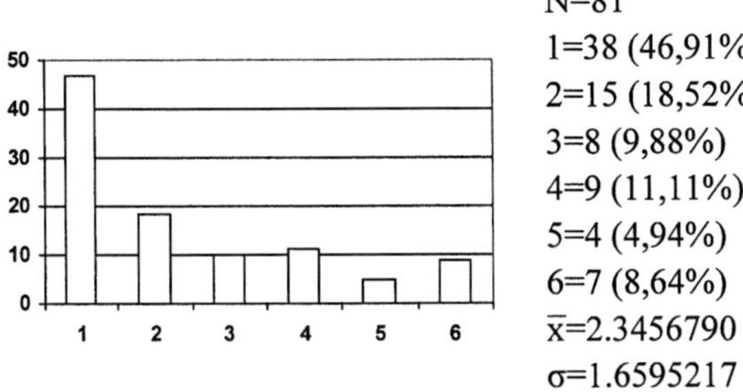

N=81
1=38 (46,91%)
2=15 (18,52%)
3=8 (9,88%)
4=9 (11,11%)
5=4 (4,94%)
6=7 (8,64%)
$\bar{x}$=2.3456790
σ=1.6595217

7. De relatie met mijn partner vind ik in weinig opzichten geslaagd. (LKR06_07)

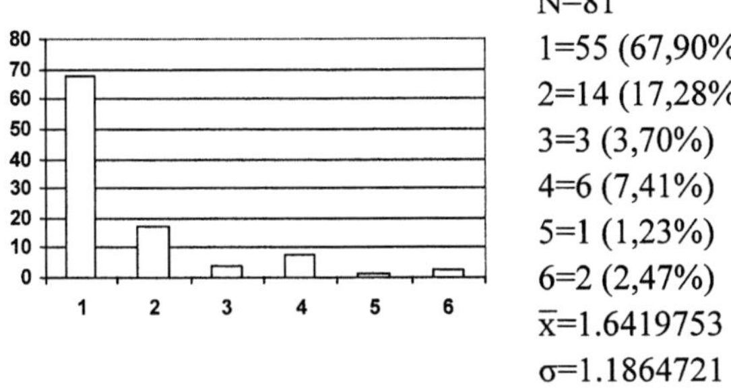

N=81
1=55 (67,90%)
2=14 (17,28%)
3=3 (3,70%)
4=6 (7,41%)
5=1 (1,23%)
6=2 (2,47%)
$\bar{x}$=1.6419753
σ=1.1864721

8. Als ik opnieuw zou mogen kiezen, zou ik dezelfde partner kiezen. (LKR06_08)

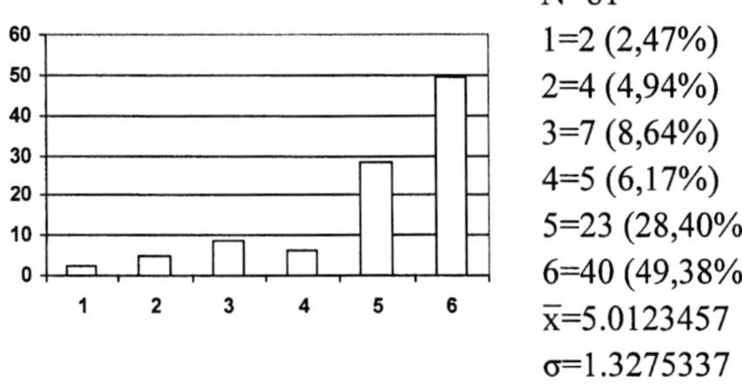

N=81
1=2 (2,47%)
2=4 (4,94%)
3=7 (8,64%)
4=5 (6,17%)
5=23 (28,40%)
6=40 (49,38%)
$\bar{x}$=5.0123457
σ=1.3275337

9. Ik vind eigenlijk dat de relatie met mijn partner beter zou moeten zijn. (LKR06_09)

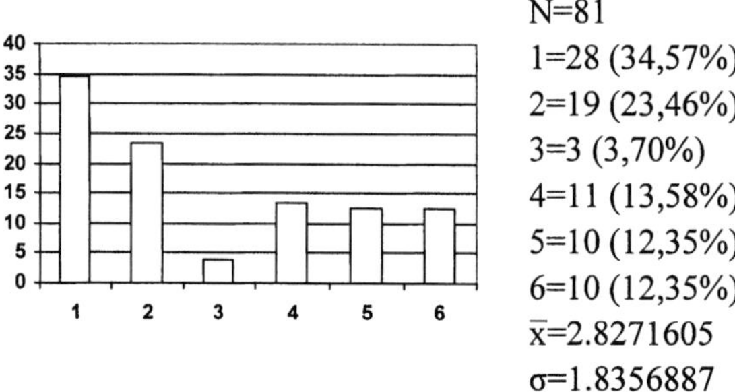

N=81
1=28 (34,57%)
2=19 (23,46%)
3=3 (3,70%)
4=11 (13,58%)
5=10 (12,35%)
6=10 (12,35%)
$\bar{x}$=2.8271605
σ=1.8356887

10. Ik ben in het algemeen ontevreden over de relatie met mijn partner. (LKR06_10)

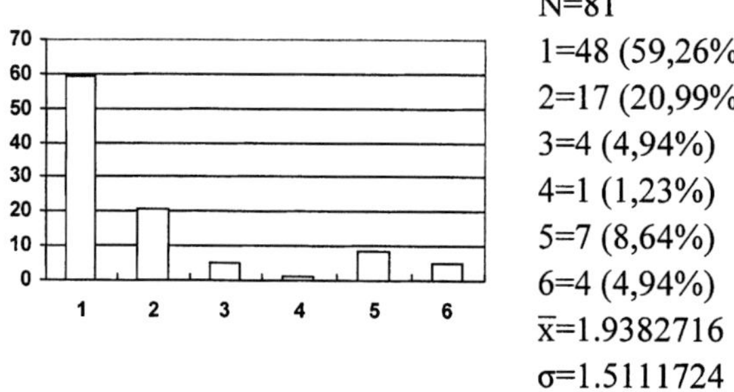

N=81
1=48 (59,26%)
2=17 (20,99%)
3=4 (4,94%)
4=1 (1,23%)
5=7 (8,64%)
6=4 (4,94%)
$\bar{x}$=1.9382716
σ=1.5111724

11. Als we weg gaan, vertellen we de anderen thuis wat we gaan doen. (LKR06_11)

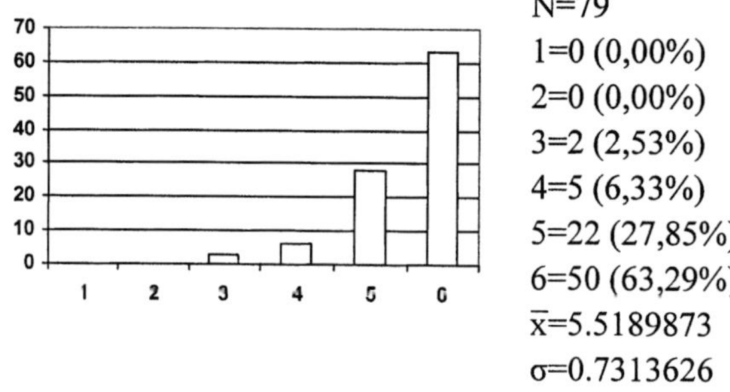

N=79
1=0 (0,00%)
2=0 (0,00%)
3=2 (2,53%)
4=5 (6,33%)
5=22 (27,85%)
6=50 (63,29%)
$\bar{x}$=5.5189873
σ=0.7313626

12. We kunnen in ons gezin echt goed met elkaar opschieten. (LKR06_12)

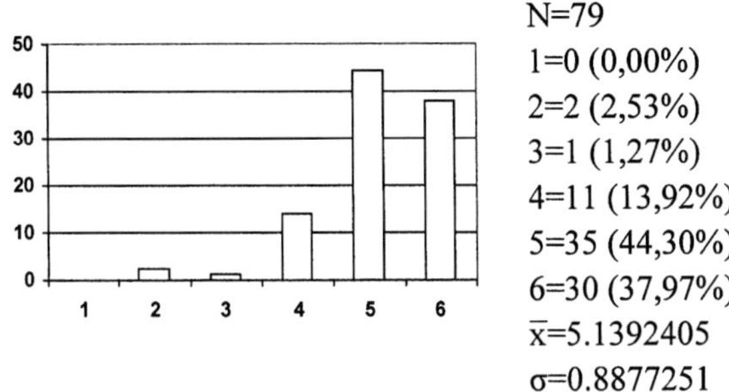

N=79
1=0 (0,00%)
2=2 (2,53%)
3=1 (1,27%)
4=11 (13,92%)
5=35 (44,30%)
6=30 (37,97%)
$\bar{x}$=5.1392405
σ=0.8877251

13. We steunen elkaar hoe dan ook. (LKR06_13)

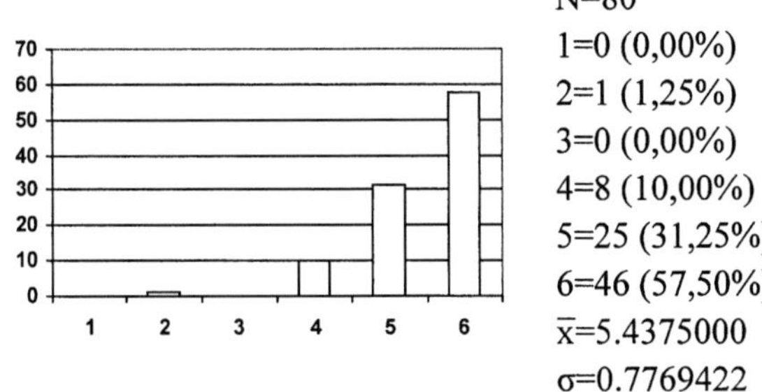

N=80
1=0 (0,00%)
2=1 (1,25%)
3=0 (0,00%)
4=8 (10,00%)
5=25 (31,25%)
6=46 (57,50%)
$\bar{x}$=5.4375000
σ=0.7769422

14. We steken veel energie in wat we thuis doen. (LKR06_14)

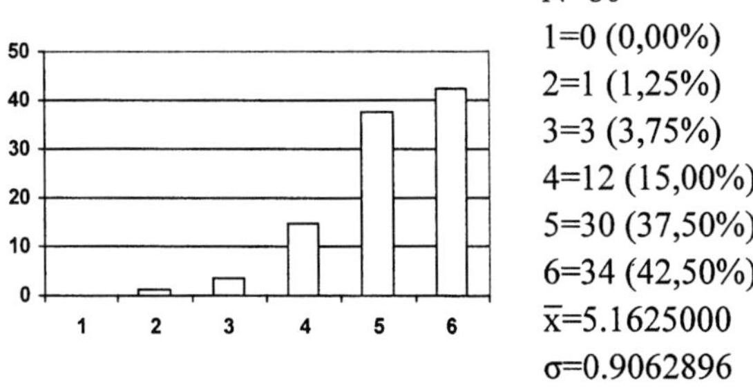

N=80
1=0 (0,00%)
2=1 (1,25%)
3=3 (3,75%)
4=12 (15,00%)
5=30 (37,50%)
6=34 (42,50%)
$\bar{x}$=5.1625000
σ=0.9062896

15. Bij ons thuis kunnen we niet zonder elkaar. (LKR06_15)

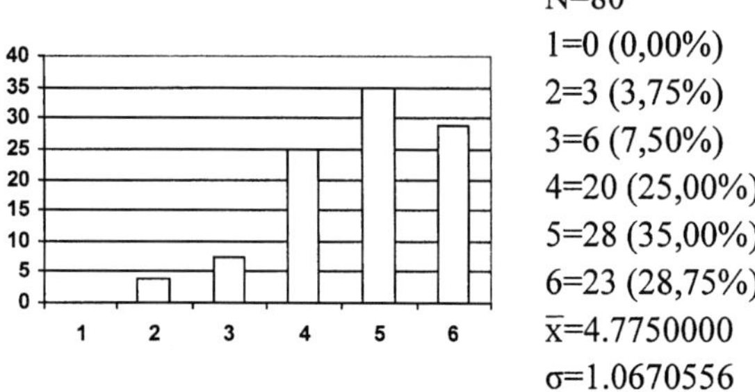

N=80
1=0 (0,00%)
2=3 (3,75%)
3=6 (7,50%)
4=20 (25,00%)
5=28 (35,00%)
6=23 (28,75%)
$\bar{x}$=4.7750000
σ=1.0670556

16. We vinden dat we zoveel mogelijk samen moeten doen. (LKR06_16)

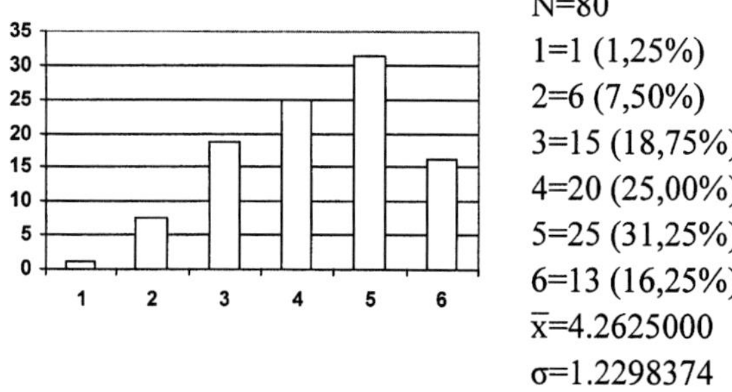

N=80
1=1 (1,25%)
2=6 (7,50%)
3=15 (18,75%)
4=20 (25,00%)
5=25 (31,25%)
6=13 (16,25%)
$\bar{x}$=4.2625000
σ=1.2298374

17. In ons gezin is er voor iedereen genoeg tijd en aandacht. (LKR06_17)

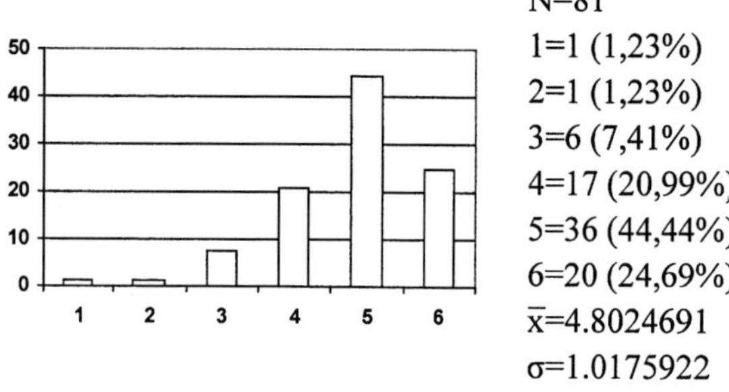

N=81
1=1 (1,23%)
2=1 (1,23%)
3=6 (7,41%)
4=17 (20,99%)
5=36 (44,44%)
6=20 (24,69%)
$\bar{x}$=4.8024691
σ=1.0175922

18. Leden van het gezin hebben vaak kritiek op elkaar. (LKR06_18)

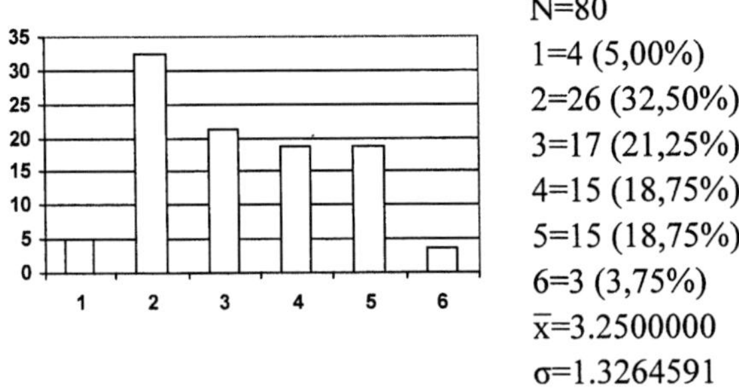

N=80
1=4 (5,00%)
2=26 (32,50%)
3=17 (21,25%)
4=15 (18,75%)
5=15 (18,75%)
6=3 (3,75%)
$\bar{x}$=3.2500000
σ=1.3264591

19. We maken thuis veel ruzie. (LKR06_19)

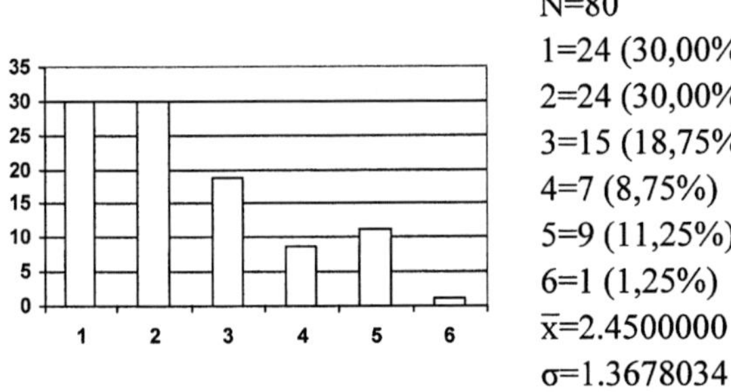

N=80
1=24 (30,00%)
2=24 (30,00%)
3=15 (18,75%)
4=7 (8,75%)
5=9 (11,25%)
6=1 (1,25%)
$\bar{x}$=2.4500000
σ=1.3678034

20. Als er bij ons thuis ruzie is, heeft altijd dezelfde het gedaan. (LKR06_20)

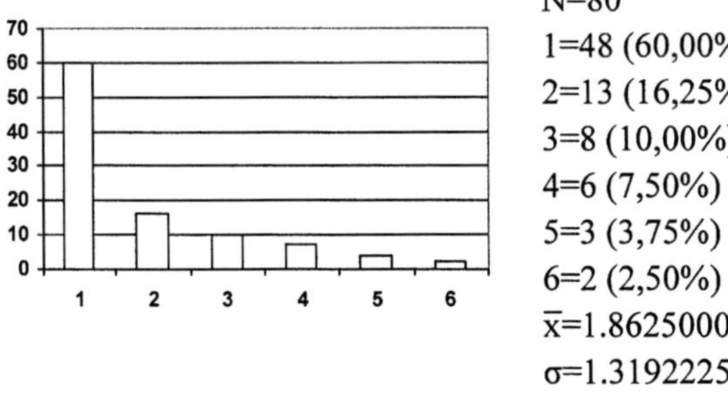

N=80
1=48 (60,00%)
2=13 (16,25%)
3=8 (10,00%)
4=6 (7,50%)
5=3 (3,75%)
6=2 (2,50%)
$\bar{x}$=1.8625000
σ=1.3192225

21. Het gebeurt soms dat er één zo kwaad is, dat hij/zij met dingen gaat gooien. (LKR06_21)

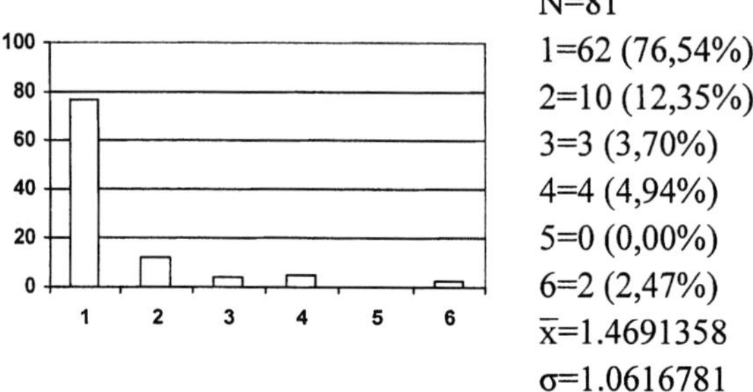

N=81
1=62 (76,54%)
2=10 (12,35%)
3=3 (3,70%)
4=4 (4,94%)
5=0 (0,00%)
6=2 (2,47%)
$\bar{x}$=1.4691358
σ=1.0616781

22. Er is bij ons thuis bijna altijd ruzie tijdens het eten. (LKR06_22)

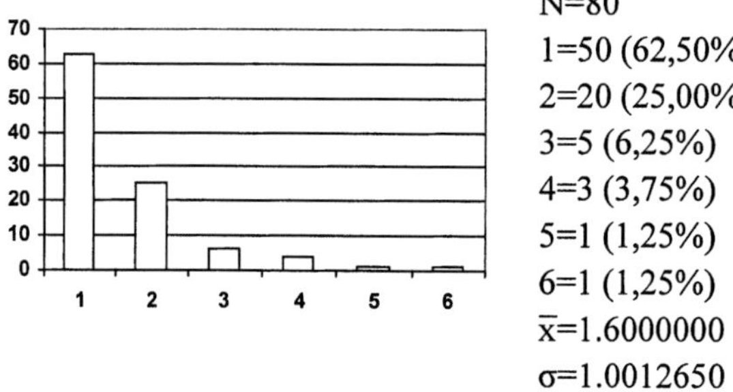

N=80
1=50 (62,50%)
2=20 (25,00%)
3=5 (6,25%)
4=3 (3,75%)
5=1 (1,25%)
6=1 (1,25%)
$\bar{x}$=1.6000000
σ=1.0012650

7. Enkele uitspraken over opvattingen in verband met gezin en relaties in het algemeen

Duid aan in welke mate u het eens bent met volgende uitspraken.

1. De beste gezinsvorm voor de kinderen is nog altijd twee getrouwde ouders met hun eigen kinderen. (LKR07_01)

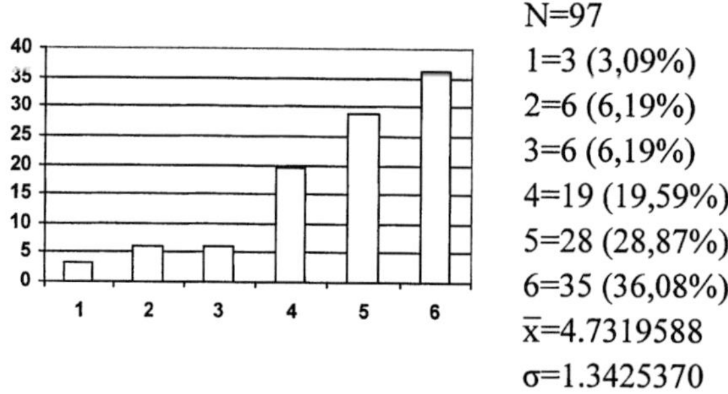

N=97
1=3 (3,09%)
2=6 (6,19%)
3=6 (6,19%)
4=19 (19,59%)
5=28 (28,87%)
6=35 (36,08%)
$\bar{x}$=4.7319588
σ=1.3425370

2. Wanneer iemand gescheiden is, is het aanvaardbaar dat die persoon hertrouwt. (LKR07_02)

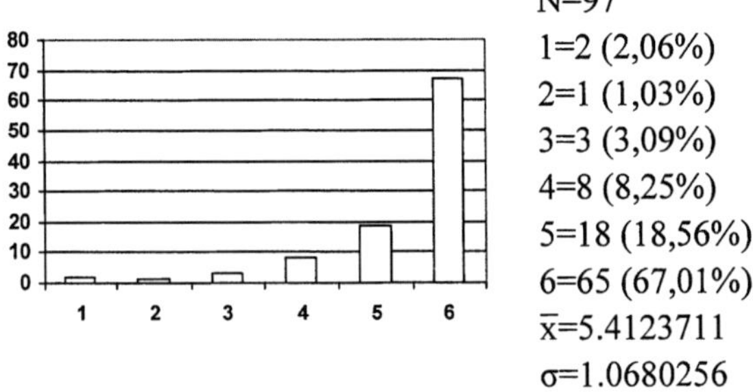

N=97
1=2 (2,06%)
2=1 (1,03%)
3=3 (3,09%)
4=8 (8,25%)
5=18 (18,56%)
6=65 (67,01%)
$\overline{x}$=5.4123711
σ=1.0680256

3. In een nieuw-samengesteld gezin kunnen kinderen een goede opvoeding krijgen. (LKR07_03)

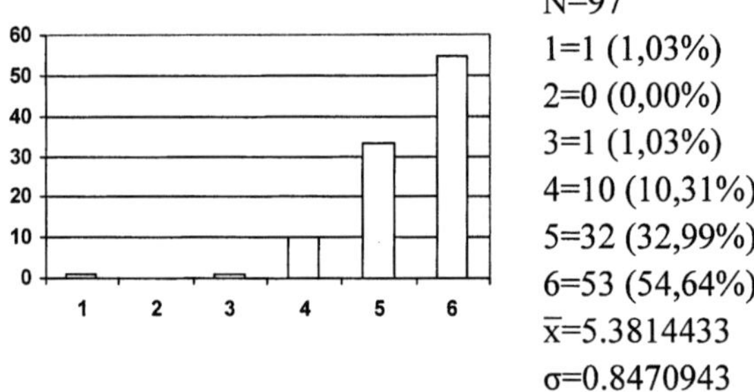

N=97
1=1 (1,03%)
2=0 (0,00%)
3=1 (1,03%)
4=10 (10,31%)
5=32 (32,99%)
6=53 (54,64%)
$\overline{x}$=5.3814433
σ=0.8470943

4. Een gezin met één ouder kan net zo goed zijn als een gezin met twee ouders. (LKR07_04)

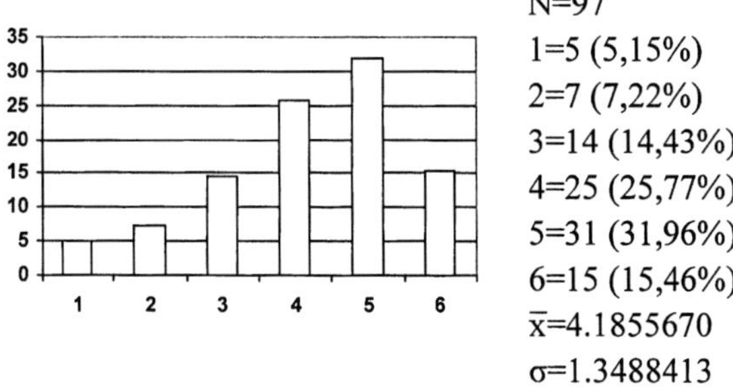

N=97
1=5 (5,15%)
2=7 (7,22%)
3=14 (14,43%)
4=25 (25,77%)
5=31 (31,96%)
6=15 (15,46%)
$\overline{x}$=4.1855670
σ=1.3488413

5. Twee vrouwen of twee mannen kunnen net zo goed een kind opvoeden als een man en een vrouw. (LKR07_05)

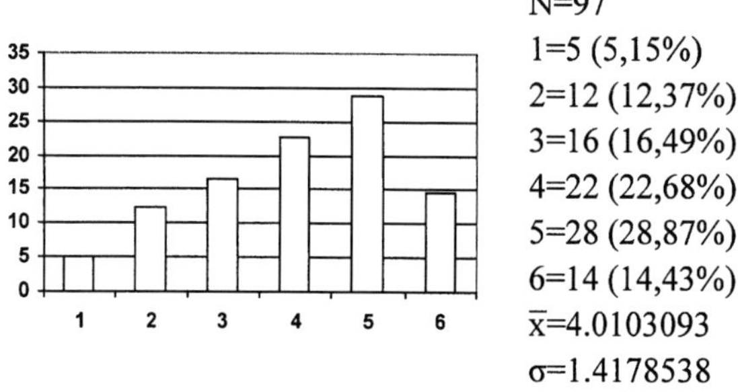

N=97
1=5 (5,15%)
2=12 (12,37%)
3=16 (16,49%)
4=22 (22,68%)
5=28 (28,87%)
6=14 (14,43%)
$\bar{x}$=4.0103093
σ=1.4178538

6. Om een goed gezin te hebben, moet je huwen. (LKR07_06)

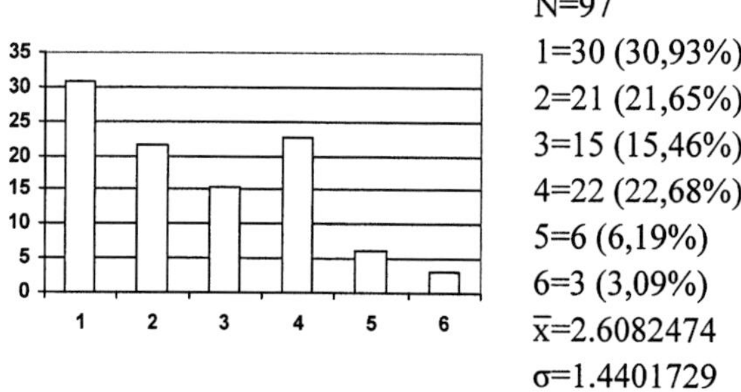

N=97
1=30 (30,93%)
2=21 (21,65%)
3=15 (15,46%)
4=22 (22,68%)
5=6 (6,19%)
6=3 (3,09%)
$\bar{x}$=2.6082474
σ=1.4401729

7. Een tweede huwelijk binnen de kerk zou moeten mogelijk zijn. (LKR07_07)

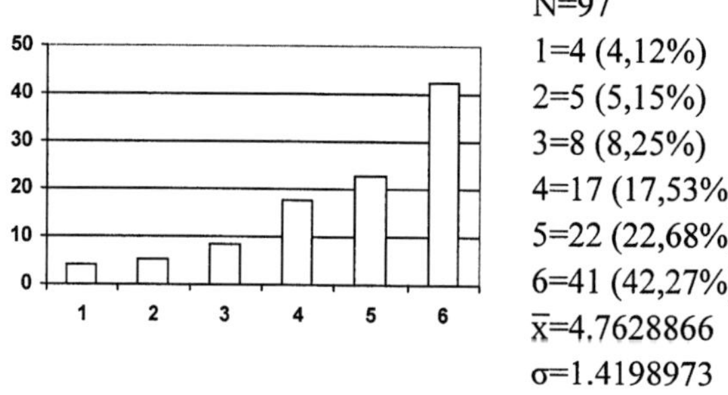

N=97
1=4 (4,12%)
2=5 (5,15%)
3=8 (8,25%)
4=17 (17,53%)
5=22 (22,68%)
6=41 (42,27%)
$\bar{x}$=4.7628866
σ=1.4198973

8. Kinderverzorging is evengoed de verantwoordelijkheid van de man als van de vrouw. (LKR07_08)

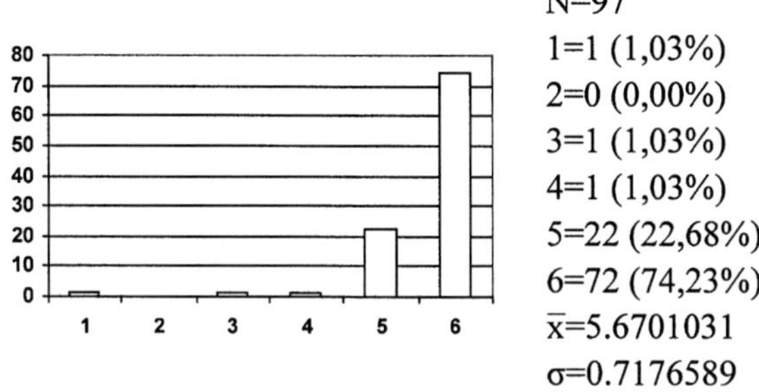

N=97
1=1 (1,03%)
2=0 (0,00%)
3=1 (1,03%)
4=1 (1,03%)
5=22 (22,68%)
6=72 (74,23%)
$\bar{x}$=5.6701031
σ=0.7176589

9. Man en vrouw moeten het huishoudelijk werk gelijk onder elkaar verdelen. (LKR07_09)

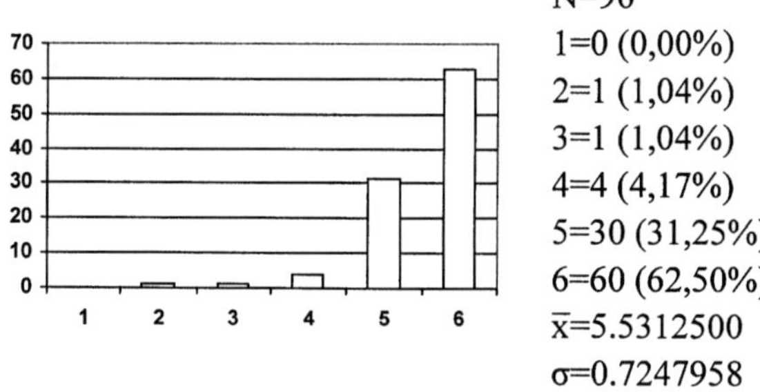

N=96
1=0 (0,00%)
2=1 (1,04%)
3=1 (1,04%)
4=4 (4,17%)
5=30 (31,25%)
6=60 (62,50%)
$\bar{x}$=5.5312500
σ=0.7247958

10. Een vrouw is geschikter om kleine kinderen op te voeden dan een man. (LKR07_10)

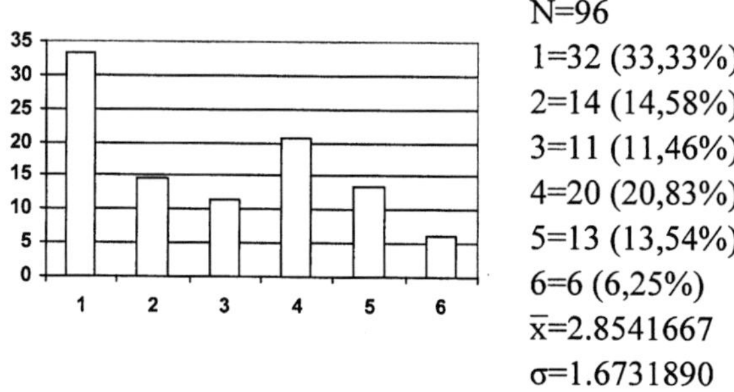

N=96
1=32 (33,33%)
2=14 (14,58%)
3=11 (11,46%)
4=20 (20,83%)
5=13 (13,54%)
6=6 (6,25%)
$\bar{x}$=2.8541667
σ=1.6731890

11. Het is logisch dat een man minder in het huishouden doet dan een vrouw. (LKR07_11)

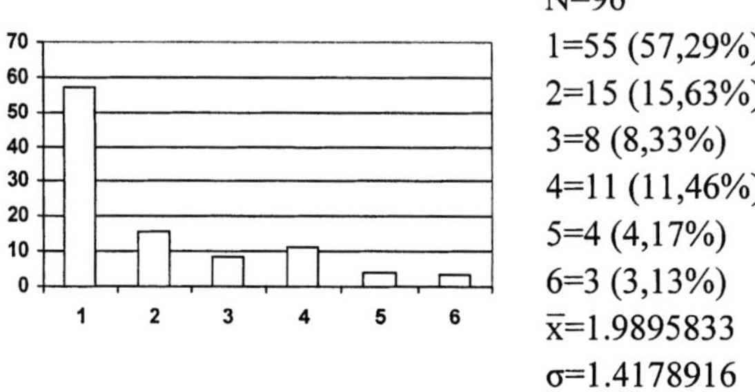

N=96
1=55 (57,29%)
2=15 (15,63%)
3=8 (8,33%)
4=11 (11,46%)
5=4 (4,17%)
6=3 (3,13%)
x̄=1.9895833
σ=1.4178916

12. Ik vind het belangrijk dat mijn kinderen huwen voor de kerk. (LKR07_12)

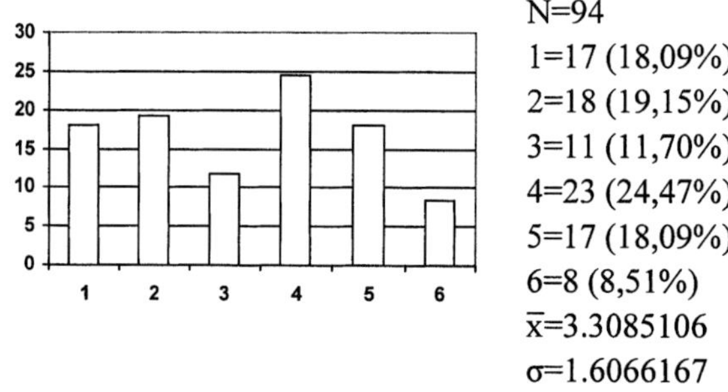

N=94
1=17 (18,09%)
2=18 (19,15%)
3=11 (11,70%)
4=23 (24,47%)
5=17 (18,09%)
6=8 (8,51%)
x̄=3.3085106
σ=1.6066167

8. Hieronder enkele uitspraken over uw geloof en dat van uw (eventuele) partner

1. Hoe bent u opgevoed, wat betreft levensbeschouwing? (LKR8.1)

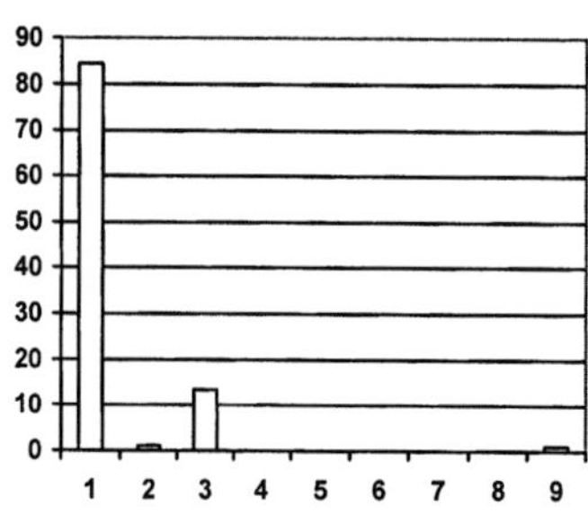

N=97
1:katholiek=82 (84,54%)
2:protestants=1 (1,03%)
3:christelijk=13 (13,40%)
4:islamitisch=0 (0,00%)
5:vrijzinnig=0 (0,00%)
6:atheïstisch=0 (0,00%)
7:zonder religie=0 (0,00%)
8:combinatie geloofselementen=0 (0,00%)
9:andere =1 (1,03%)

2. Hoe beschrijft u uzelf nu op godsdienstig vlak? (LKR8.2)

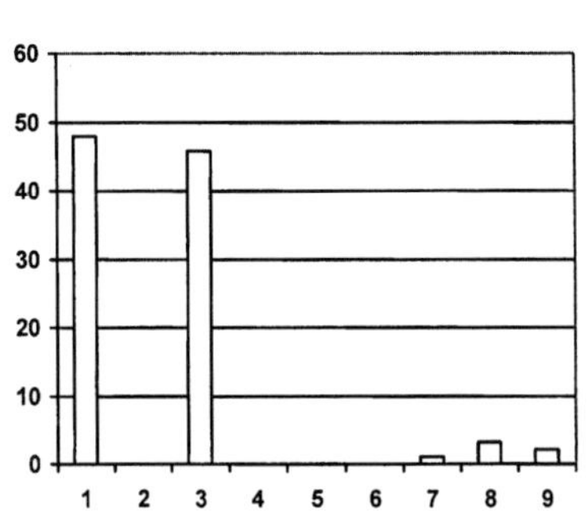

N=96
1:katholiek=46 (47,92%)
2:protestants=0 (0,00%)
3:christelijk=44 (45,83%)
4:islamitisch=0 (0,00%)
5:vrijzinnig=0 (0,00%)
6:atheïstisch=0 (0,00%)
7:zonder religie=1 (1,04%)
8:elementen uit verschillende religies=3 (3,13%)
9:andere=2 (2,08%)

3. Hoe beschrijft uw partner zich wat betreft levensbeschouwing? *(indien u een partner hebt)* (LKR8.3)

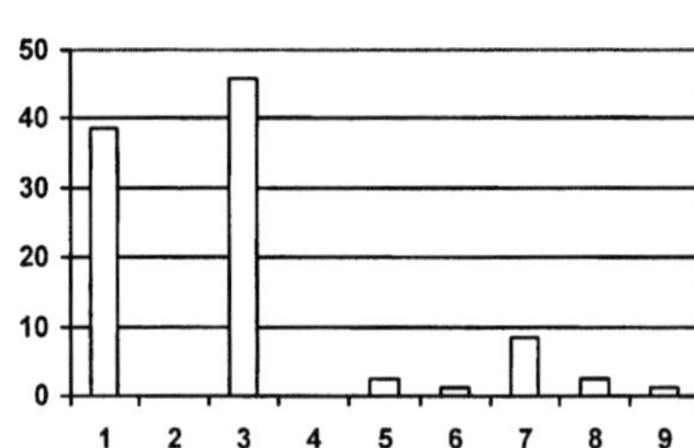

N=83
1:katholiek=32 (38,55%)
2:protestants=0 (0,00%)
3:christelijk=38 (45,78%)
4:islamitisch=0 (0,00%)
5:vrijzinnig=2 (2,41%)
6:atheïstisch=1 (1,20%)
7:zonder religie=7 (8,43%)
8:verschillende elementen=2 (2,41%)
9:andere=1 (1,20%)

4. Noemt u uzelf gelovig? (LKR8.4)

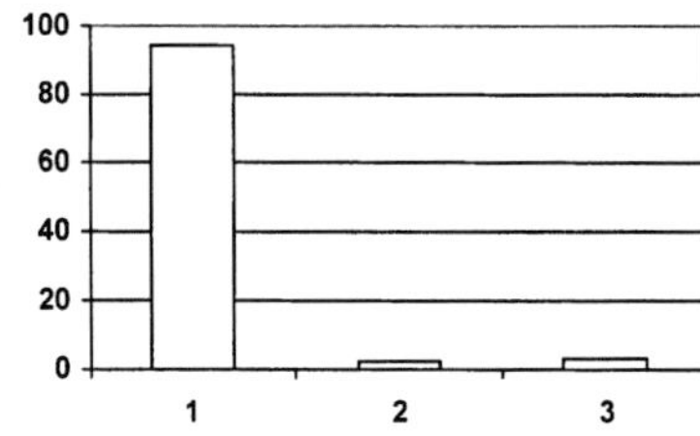

N=96
1:ja=91 (94,79%)
2:neen=2 (2,08%)
3:ik twijfel=3 (3,12%)

5. Hoe vaak gaat u naar een (eucharistie)viering, zonder rekening te houden met begrafenissen, huwelijken, e.d.? *(Omcirkel het passende antwoord)* (LKR8.5)

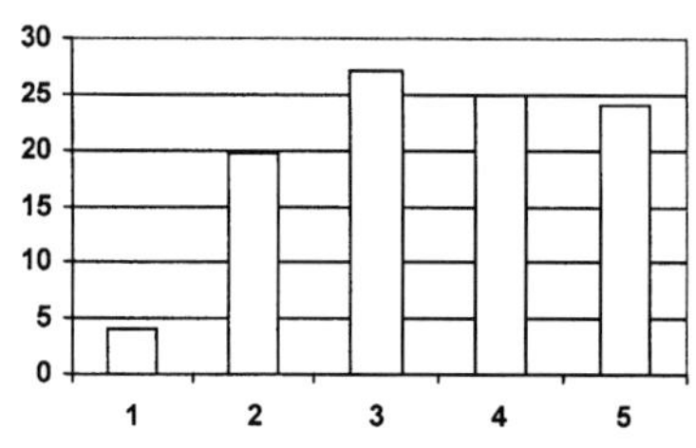

N=96
1:nooit=4 (4,17%)
2:zelden=19 (19,79%)
3:maandelijks=26 (27,08%)
4:meerdere keren per maand=24 (25,00%)
5:wekelijks=23 (23,96%)

6. In welke mate zijn geloof en levensbeschouwing belangrijk voor u? *(Omcirkel het passende antwoord)* (LKR8.6)

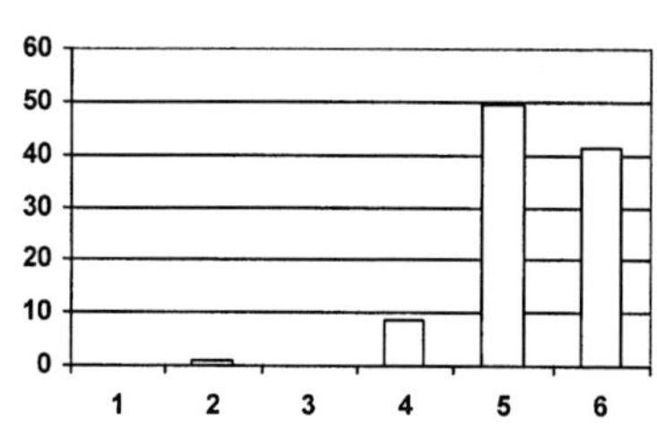

N=95
1=0 (0,00%)
2=1 (1,05%)
3=0 (0,00%)
4=8 (8,42%)
5=47 (49,47%)
6=39 (41,05%)
$\bar{x}$=5.2947368
σ=0.7127066

7. Bidt u wel eens? (LKR8.7)

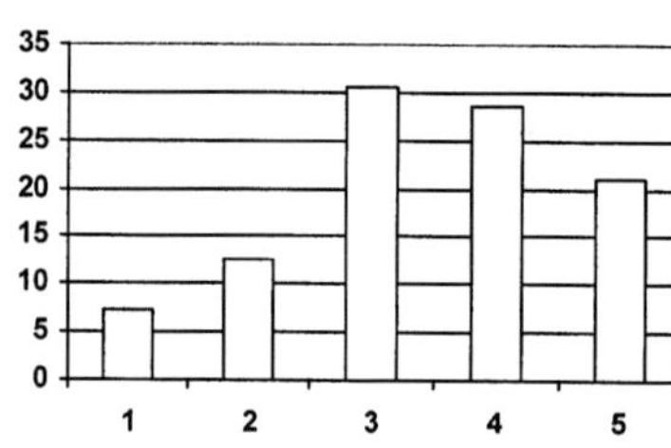

N=95
1:nooit=7 (7,37%)
2:zelden=12 (12,63%)
3:soms=29 (30,53%)
4:regelmatig=27 (28,42%)
5:dagelijks=20 (21,05%)

8. Praat u wel eens met uw partner over geloof? *(Indien u een partner heeft)* (LKR8.8)

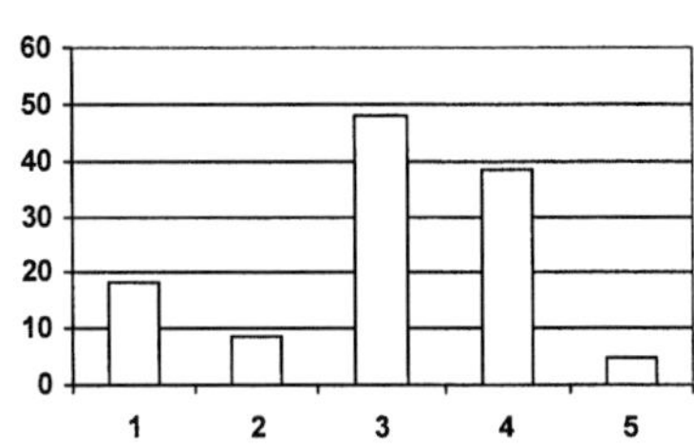

N=83
1:nooit=0 (0,00%)
2:zelden=7 (8,43%)
3:soms=40 (48,19%)
4:regelmatig=32 (38,55%)
5:dagelijks=4 (4,82%)

9. Bent u door uw ouders godsdienstig opgevoed? (LKR8.9)

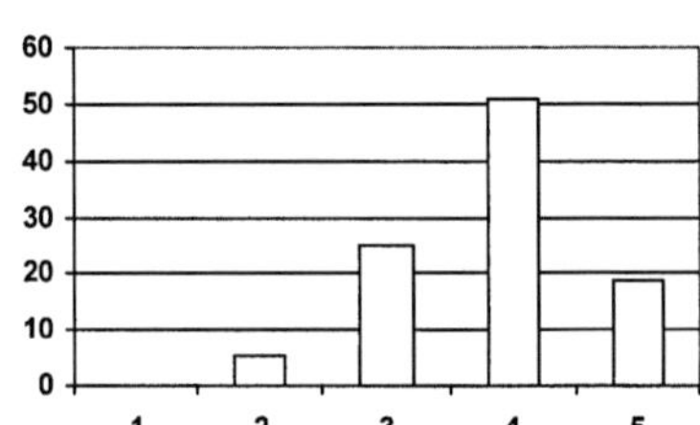

N=96
1:helemaal niet=0 (0,00%)
2:in zeer beperkte mate=5 (5,21%)
3:matig=24 (25,00%)
4:sterk=49 (51,04%)
5:zeer sterk=18 (18,75%)

9. Enkele vragen over de godsdienstige opvoeding van uw kinderen

1. Praat u wel eens met uw kind over geloof? *(Enkel indien u een kind heeft)* (LKR9.1)

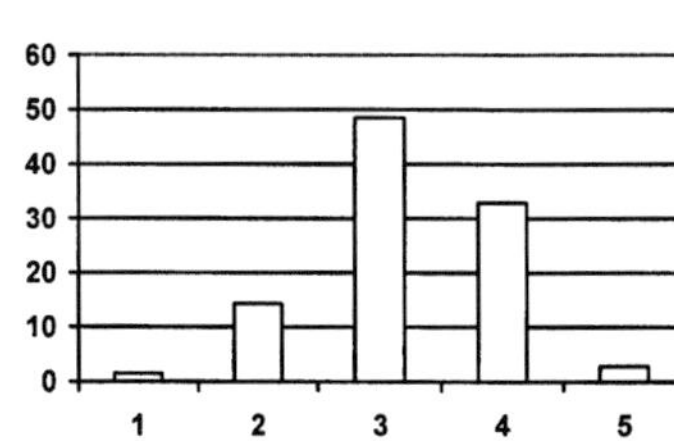

N=83
1:nooit=1 (1,43%)
2:zelden=10 (14,29%)
3:soms=34 (48,57%)
4:regelmatig=23 (32,86%)
5:dagelijks=2 (2,86%)

2 Noemt uw kind zich … *(Enkel indien u een kind heeft)* (LKR9.2)

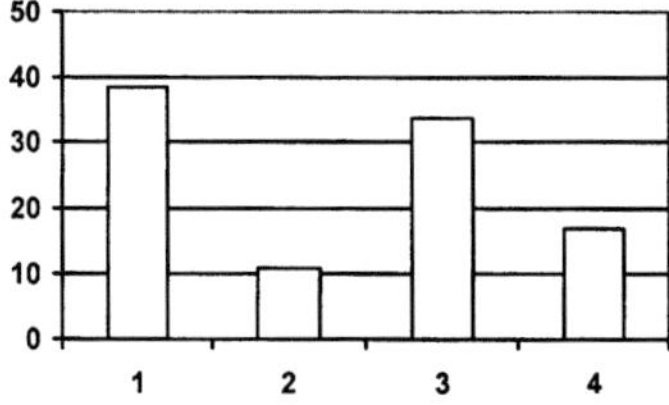

N=70
1:gelovig=25 (38,46%)
2:ongelovig=7 (10,77%)
3:hij/zij twijfelt=22 (33,85%)
4:ik weet het niet=11 (16,92%)

3. In welke mate voedt u uw eigen kind godsdienstig op? *(Enkel indien u een kind heeft)* (LKR9.3)

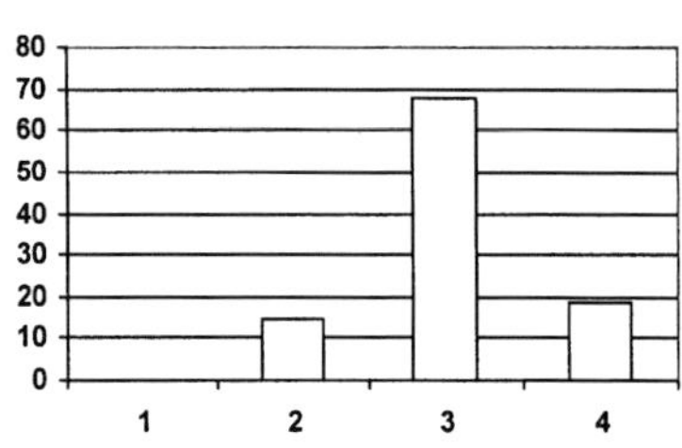

N=71
1:helemaal niet=0 (0,00%)
2:in zeer beperkte mate=10 (14,08%)
3:matig=48 (67,61%)
4:sterk=13 (18,31%)

4. In welke religie of levensbeschouwing voedt u uw kind op? *(Enkel indien u een kind heeft)* (LKR9.4)

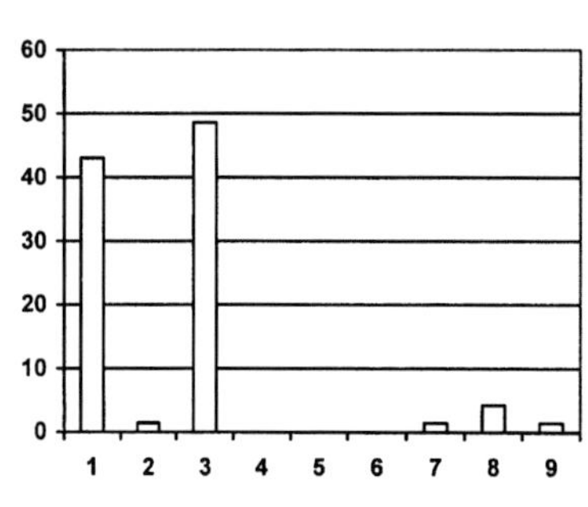

N=72
1:katholiek=31 (43,06%)
2:protestants=1 (1,39%)
3:christelijk=35 (48,61%)
4:islamitisch=0 (0,00%)
5:vrijzinnig=0 (0,00%)
6:atheïstisch=0 (0,00%)
7:zonder religie=1 (1,39%)
8:elementen uit verschillende religies=3 (4,17%)
9:andere=1 (1,39%)

5. Hoe vaak worden/werden volgende zaken in uw gezin gedaan? *(Denk aan de situatie waarbij uw kinderen jonger waren/zijn dan 12) (Enkel indien u een kind heeft)* (LKR9.5)

1. Met het gezin samen bidden aan tafel. (LKR9.5.1)

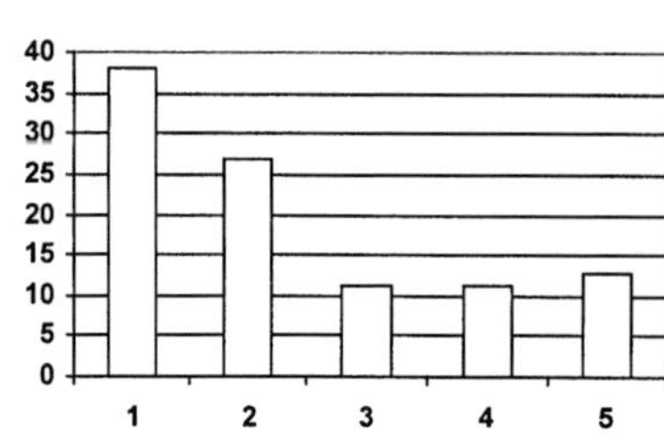

N=70
1:nooit=27 (38,03%)
2:zelden=19 (26,76%)
3:soms=8 (11,27%)
4:regelmatig=8 (11,27%)
5:dagelijks=9 (12,68%)

2. Gezamenlijk met het gezin naar de eucharistieviering gaan. (LKR9.5.2)

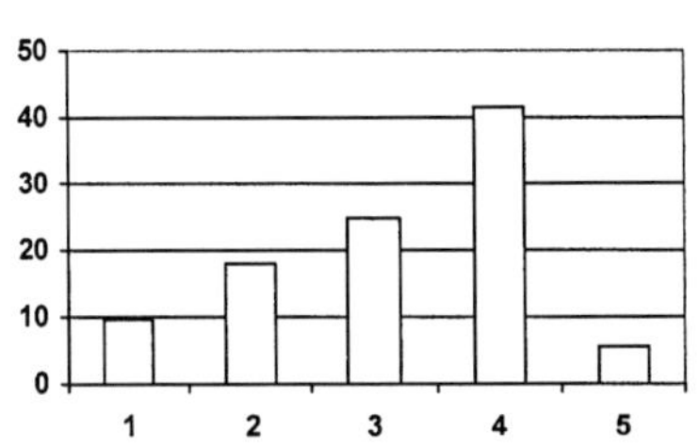

N=72
1:nooit=7 (9,72%)
2:zelden=13 (18,06%)
3:soms=18 (25,00%)
4:regelmatig=30 (41,67%)
5:dagelijks=4 (5,56%)

3. Lezen uit een bijbel (voorlezen of zelf lezen). (LKR9.5.3)

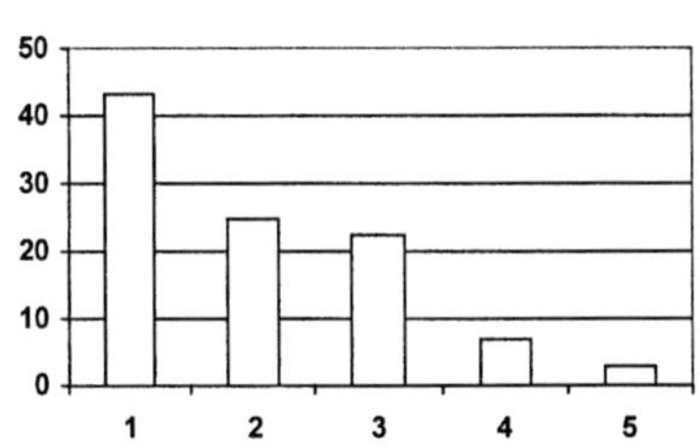

N=72
1:nooit=31 (43,06%)
2:zelden=18 (25,00%)
3:soms=16 (22,22%)
4:regelmatig=5 (6,94%)
5:dagelijks=2 (2,78%)

4. Een kruisje geven/krijgen voor het slapengaan. (LKR9.5.4)

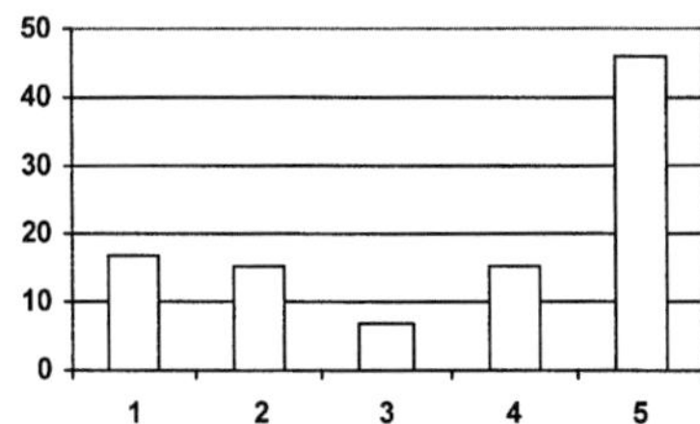

N=72
1:nooit=12 (16,67%)
2:zelden=11 (15,28%)
3:soms=5 (6,94%)
4:regelmatig=11 (15,28%)
5:dagelijks=33 (45,83%)

5. Plaatsen die met godsdienst te maken hebben, bezoeken (kerk, moskee, kerkhof, bedevaartsoord, ...). (LKR9.5.5)

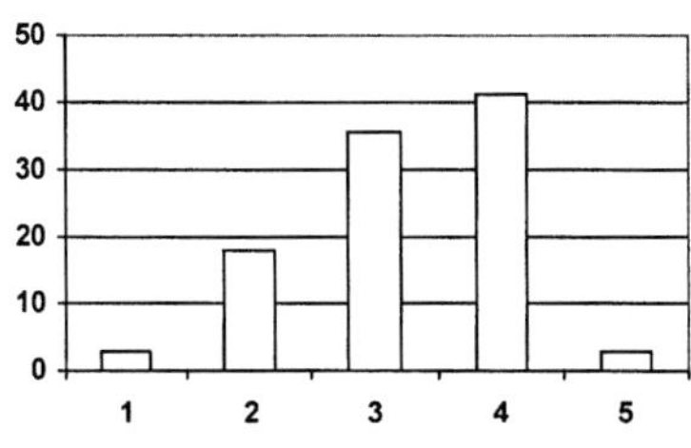

N=73
1:nooit=2 (2,74%)
2:zelden=13 (17,81%)
3:soms=26 (35,62%)
4:regelmatig=30 (41,10%)
5:dagelijks=2 (2,74%)

10. Hieronder enkele vragen over hoe u denkt over religie

Duid aan in welke mate je het eens bent met volgende uitspraken.

1. De bijbel verbergt een diepere waarheid die door eigen zoeken onthuld moet worden. (LKR10_01)

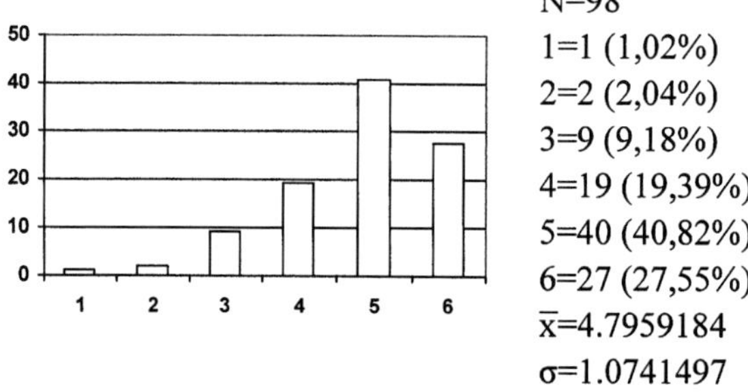

N=98
1=1 (1,02%)
2=2 (2,04%)
3=9 (9,18%)
4=19 (19,39%)
5=40 (40,82%)
6=27 (27,55%)
$\bar{x}$=4.7959184
σ=1.0741497

2. De wonderverhalen uit de bijbel dienen in hun historische context geplaatst te worden, wil men hun betekenis begrijpen. (LKR10_02)

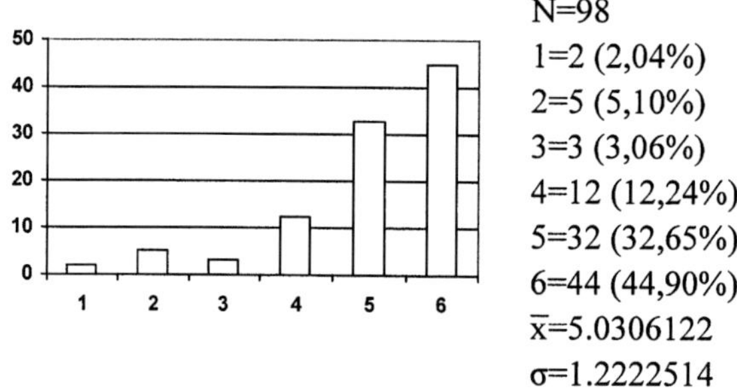

N=98
1=2 (2,04%)
2=5 (5,10%)
3=3 (3,06%)
4=12 (12,24%)
5=32 (32,65%)
6=44 (44,90%)
$\bar{x}$=5.0306122
σ=1.2222514

3. Je kan alleen maar zinvol leven als je gelooft. (LKR10_03)

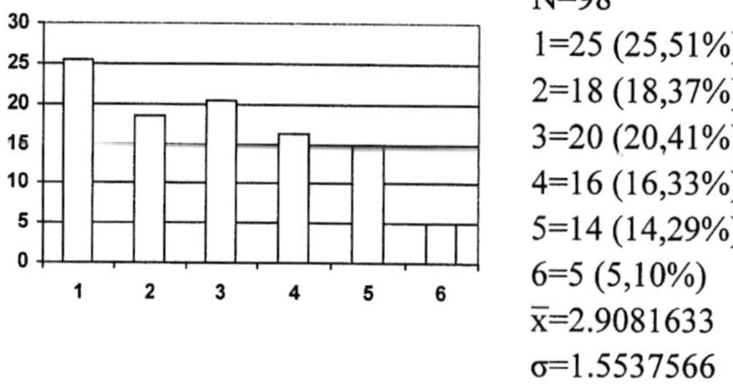

N=98
1=25 (25,51%)
2=18 (18,37%)
3=20 (20,41%)
4=16 (16,33%)
5=14 (14,29%)
6=5 (5,10%)
$\bar{x}$=2.9081633
σ=1.5537566

4. God is eens en voor altijd bepaald en is dus onveranderlijk. (LKR10_04)

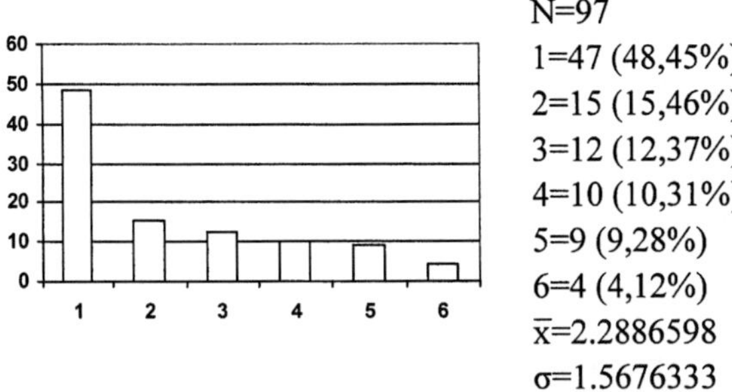

N=97
1=47 (48,45%)
2=15 (15,46%)
3=12 (12,37%)
4=10 (10,31%)
5=9 (9,28%)
6=4 (4,12%)
$\bar{x}$=2.2886598
σ=1.5676333

5. Het geloof is eerder een mooie droom, die een illusie blijkt te zijn als men geconfronteerd wordt met de hardheid van het leven. (LKR10_05)

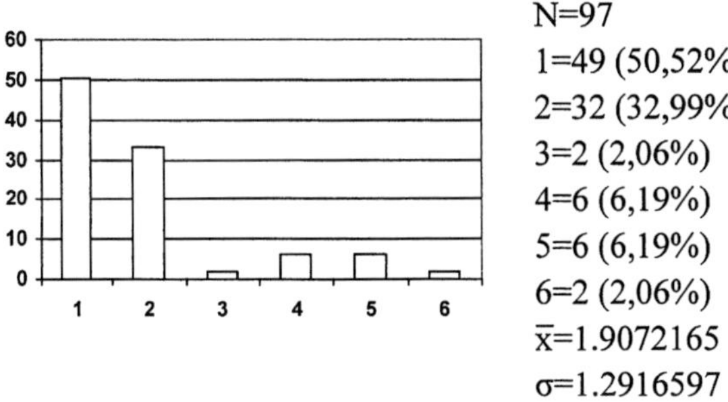

N=97
1=49 (50,52%)
2=32 (32,99%)
3=2 (2,06%)
4=6 (6,19%)
5=6 (6,19%)
6=2 (2,06%)
$\bar{x}$=1.9072165
σ=1.2916597

6. De bijbel is een spoorboek voor het zoeken naar God, en geen historisch verslag. (LKR10_06)

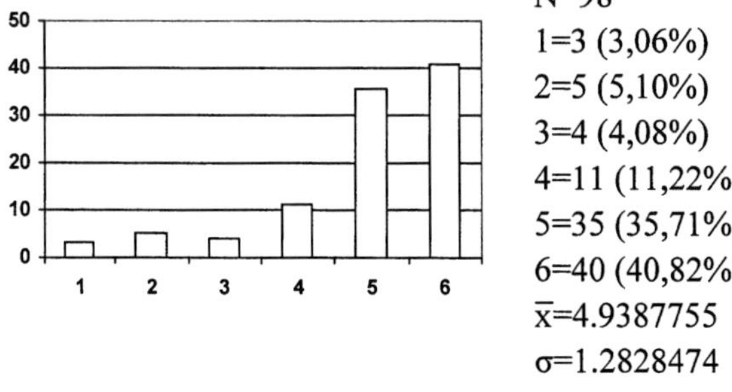

N=98
1=3 (3,06%)
2=5 (5,10%)
3=4 (4,08%)
4=11 (11,22%)
5=35 (35,71%)
6=40 (40,82%)
$\bar{x}$=4.9387755
σ=1.2828474

7. Maria is werkelijk voor, tijdens en na de geboorte van Jezus maagd gebleven, ook al gaat dit in tegen het moderne denken. (LKR10_07)

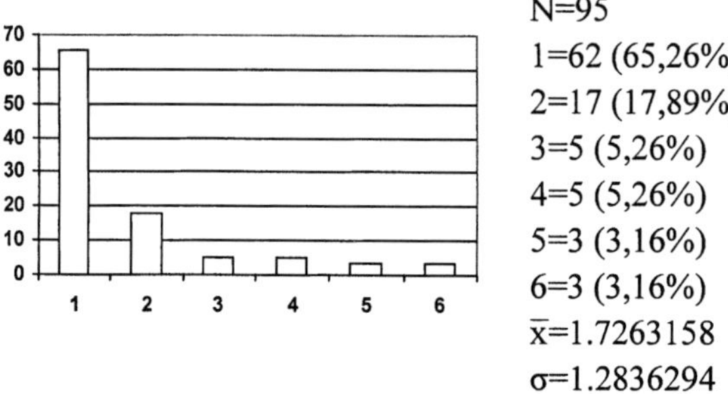

N=95
1=62 (65,26%)
2=17 (17,89%)
3=5 (5,26%)
4=5 (5,26%)
5=3 (3,16%)
6=3 (3,16%)
$\bar{x}$=1.7263158
σ=1.2836294

8. Er zijn teveel mensen in naam van God onderdrukt om nog te kunnen geloven. (LKR10_08)

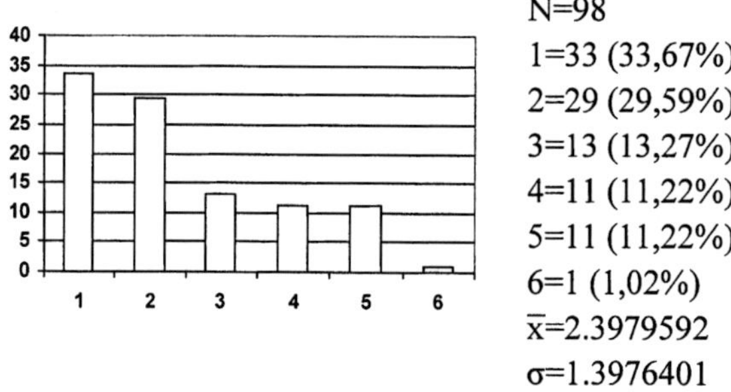

N=98
1=33 (33,67%)
2=29 (29,59%)
3=13 (13,27%)
4=11 (11,22%)
5=11 (11,22%)
6=1 (1,02%)
$\bar{x}$=2.3979592
σ=1.3976401

9. Elke uitspraak over God is bepaald door de tijd waarin ze geformuleerd is. (LKR10_09)

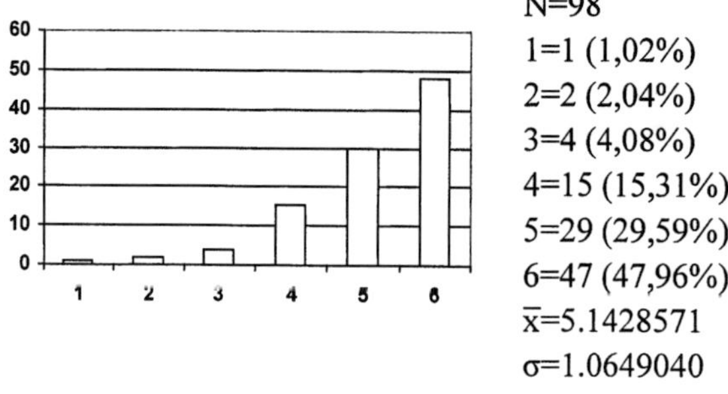

N=98
1=1 (1,02%)
2=2 (2,04%)
3=4 (4,08%)
4=15 (15,31%)
5=29 (29,59%)
6=47 (47,96%)
$\bar{x}$=5.1428571
σ=1.0649040

10. Ondanks het feit dat de bijbel in een geheel andere historische context werd geschreven, bevat hij toch een belangrijke boodschap. (LKR10_10)

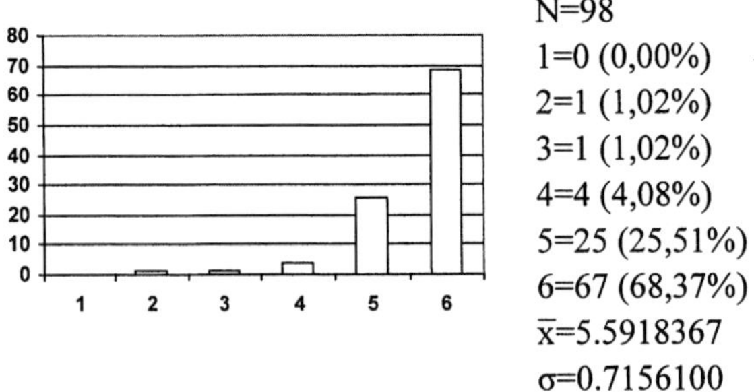

N=98
1=0 (0,00%)
2=1 (1,02%)
3=1 (1,02%)
4=4 (4,08%)
5=25 (25,51%)
6=67 (68,37%)
$\bar{x}$=5.5918367
σ=0.7156100

11. Enkel de grote religieuze tradities bieden een garantie om tot God te komen. (LKR10_11)

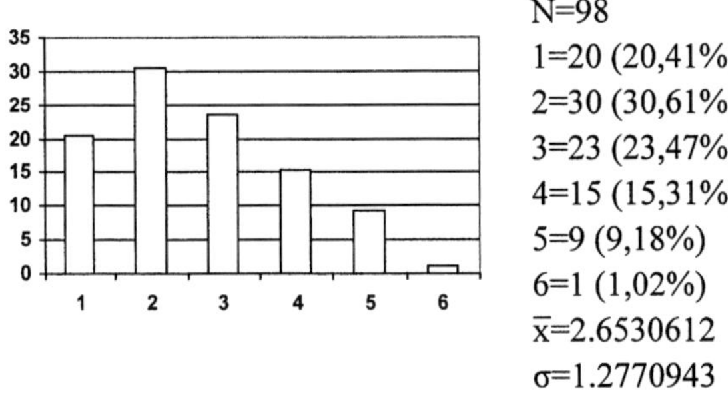

N=98
1=20 (20,41%)
2=30 (30,61%)
3=23 (23,47%)
4=15 (15,31%)
5=9 (9,18%)
6=1 (1,02%)
$\bar{x}$=2.6530612
σ=1.2770943

12. Zelfs al zou blijken dat Jezus als historische figuur nooit heeft bestaan, dan nog zou dit mijn geloof in Jezus niet aantasten. Voor mij is Hij immers vooral een leidraad. (LKR10_12)

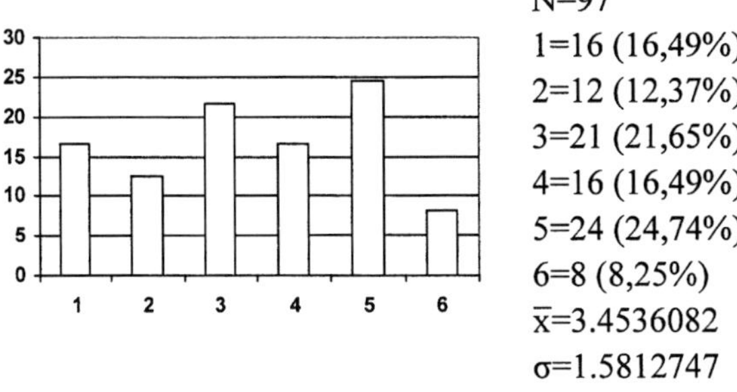

N=97
1=16 (16,49%)
2=12 (12,37%)
3=21 (21,65%)
4=16 (16,49%)
5=24 (24,74%)
6=8 (8,25%)
$\bar{x}$=3.4536082
σ=1.5812747

13. Religie is een engagement zonder absolute zekerheid. (LKR10_13)

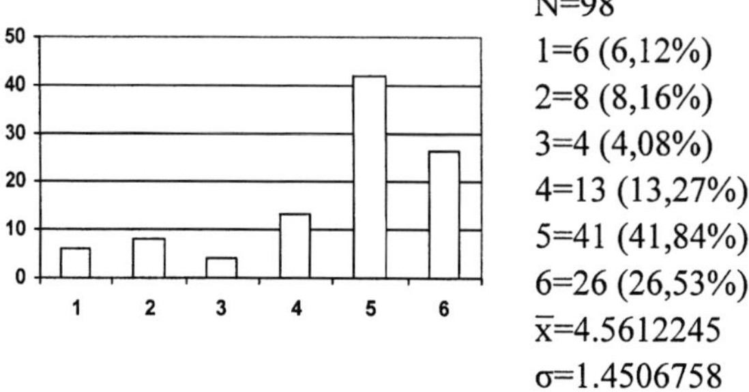

N=98
1=6 (6,12%)
2=8 (8,16%)
3=4 (4,08%)
4=13 (13,27%)
5=41 (41,84%)
6=26 (26,53%)
$\bar{x}$=4.5612245
σ=1.4506758

14. Godsdienst is het enige dat betekenis kan geven aan het leven in al zijn aspecten. (LKR10_14)

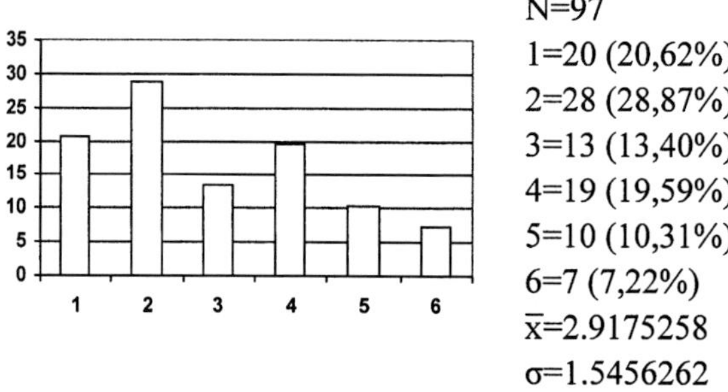

N=97
1=20 (20,62%)
2=28 (28,87%)
3=13 (13,40%)
4=19 (19,59%)
5=10 (10,31%)
6=7 (7,22%)
$\bar{x}$=2.9175258
σ=1.5456262

15. De manier waarop mensen hun relatie tot God ervaren, is altijd gekleurd door de maatschappelijke context. (LKR10_15)

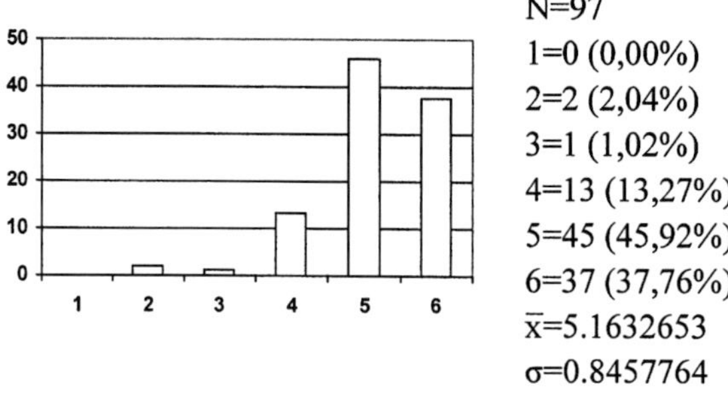

N=97
1=0 (0,00%)
2=2 (2,04%)
3=1 (1,02%)
4=13 (13,27%)
5=45 (45,92%)
6=37 (37,76%)
$\bar{x}$=5.1632653
σ=0.8457764

16. De historische juistheid van de bijbelverhalen is irrelevant voor mijn geloof in God. (LKR10_16)

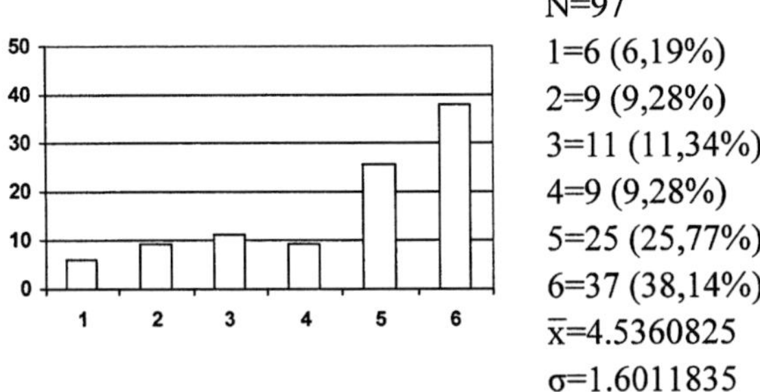

N=97
1=6 (6,19%)
2=9 (9,28%)
3=11 (11,34%)
4=9 (9,28%)
5=25 (25,77%)
6=37 (38,14%)
$\bar{x}$=4.5360825
σ=1.6011835

17. Uiteindelijk bestaat er op elke religieuze vraag maar één juist antwoord. (LKR10_17)

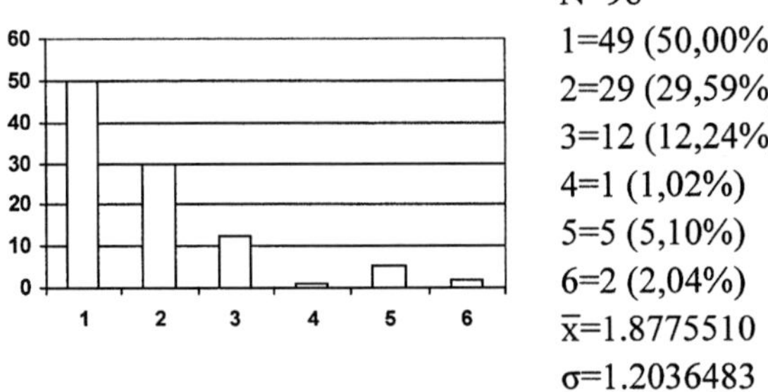

N=98
1=49 (50,00%)
2=29 (29,59%)
3=12 (12,24%)
4=1 (1,02%)
5=5 (5,10%)
6=2 (2,04%)
$\bar{x}$=1.8775510
σ=1.2036483

18. God is slechts een naam die gegeven wordt aan het onverklaarbare. (LKR10_18)

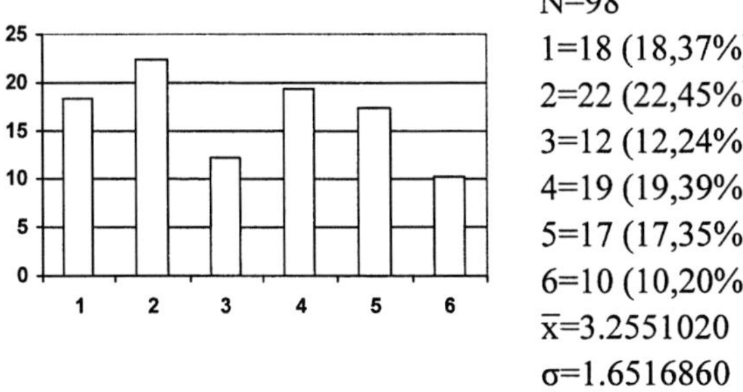

N=98
1=18 (18,37%)
2=22 (22,45%)
3=12 (12,24%)
4=19 (19,39%)
5=17 (17,35%)
6=10 (10,20%)
$\bar{x}$=3.2551020
σ=1.6516860

19. Uitspraken over het absolute, zoals dogma's, blijven altijd relatief omdat ze door mensen en op bepaalde momenten worden uitgesproken. (LKR10_19)

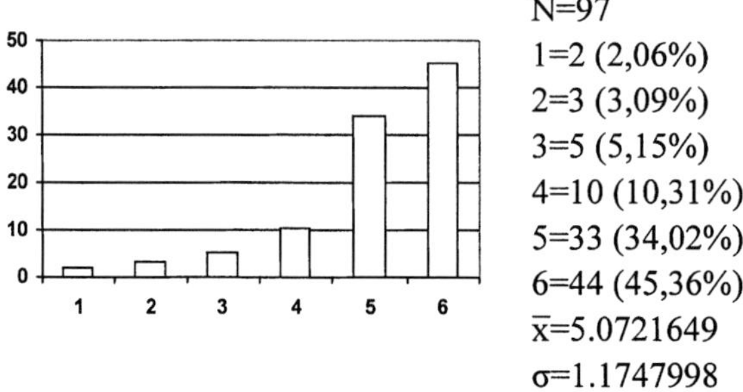

N=97
1=2 (2,06%)
2=3 (3,09%)
3=5 (5,15%)
4=10 (10,31%)
5=33 (34,02%)
6=44 (45,36%)
x̄=5.0721649
σ=1.1747998

20. De wereld van de bijbelverhalen ligt zover van ons af, dat hij nog weinig relevant is. (LKR10_20)

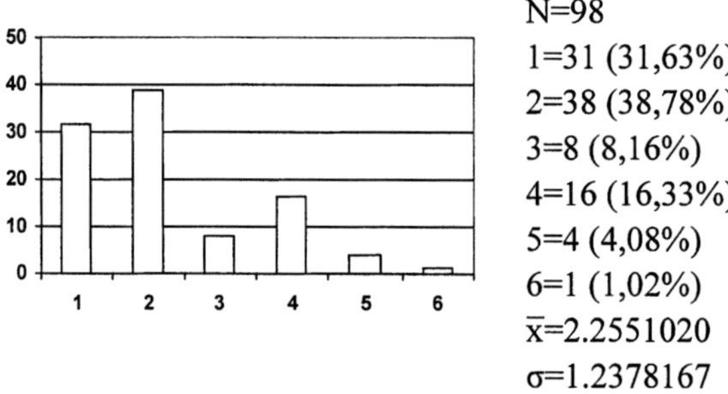

N=98
1=31 (31,63%)
2=38 (38,78%)
3=8 (8,16%)
4=16 (16,33%)
5=4 (4,08%)
6=1 (1,02%)
x̄=2.2551020
σ=1.2378167

21. Alleen een priester/religieuze leider kan op belangrijke godsdienstige vragen een antwoord geven. (LKR10_21)

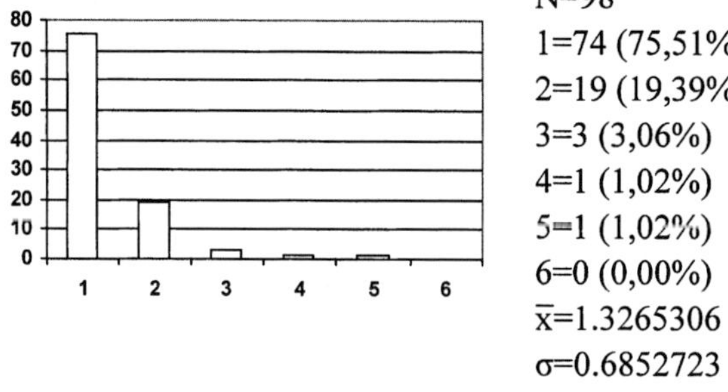

N=98
1=74 (75,51%)
2=19 (19,39%)
3=3 (3,06%)
4=1 (1,02%)
5=1 (1,02%)
6=0 (0,00%)
x̄=1.3265306
σ=0.6852723

22. De wetenschappelijke verklaringen van mens en wereld hebben de religieuze verklaringen overbodig gemaakt. (LKR10_22)

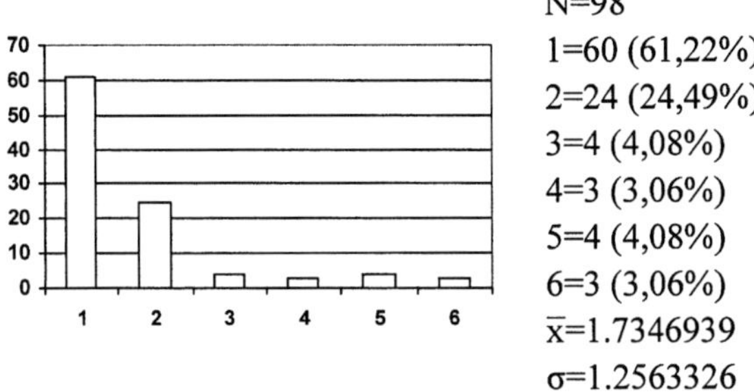

N=98
1=60 (61,22%)
2=24 (24,49%)
3=4 (4,08%)
4=3 (3,06%)
5=4 (4,08%)
6=3 (3,06%)
$\bar{x}$=1.7346939
σ=1.2563326

23. God groeit mee met de mensengeschiedenis en is dus veranderlijk. (LKR10_23)

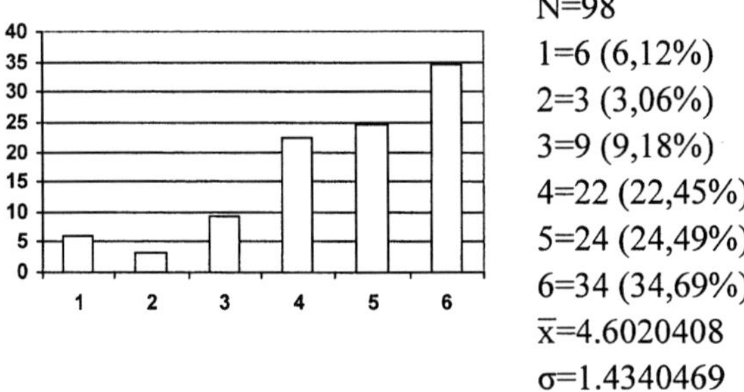

N=98
1=6 (6,12%)
2=3 (3,06%)
3=9 (9,18%)
4=22 (22,45%)
5=24 (24,49%)
6=34 (34,69%)
$\bar{x}$=4.6020408
σ=1.4340469

24. Ik ben er mij van bewust dat mijn levensbeschouwelijke opvatting maar een mogelijkheid is naast zovele andere. (LKR10_24)

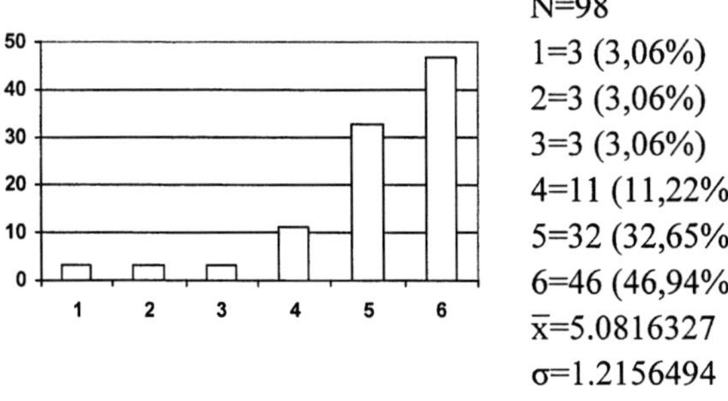

N=98
1=3 (3,06%)
2=3 (3,06%)
3=3 (3,06%)
4=11 (11,22%)
5=32 (32,65%)
6=46 (46,94%)
$\bar{x}$=5.0816327
σ=1.2156494

25. Ik vind dat je bijbelverhalen moet begrijpen zoals het er letterlijk geschreven staat. (LKR10_25)

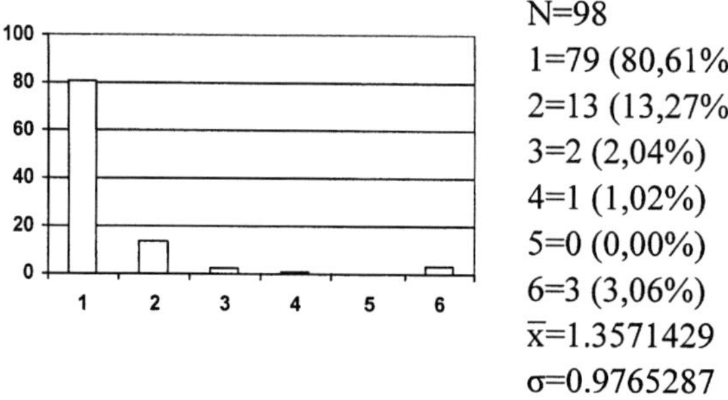

N=98
1=79 (80,61%)
2=13 (13,27%)
3=2 (2,04%)
4=1 (1,02%)
5=0 (0,00%)
6=3 (3,06%)
$\bar{x}$=1.3571429
σ=0.9765287

26. Ondanks het vele onrecht dat het christendom mensen heeft aangedaan, blijft de originele boodschap van Christus waardevol. (LKR10_26)

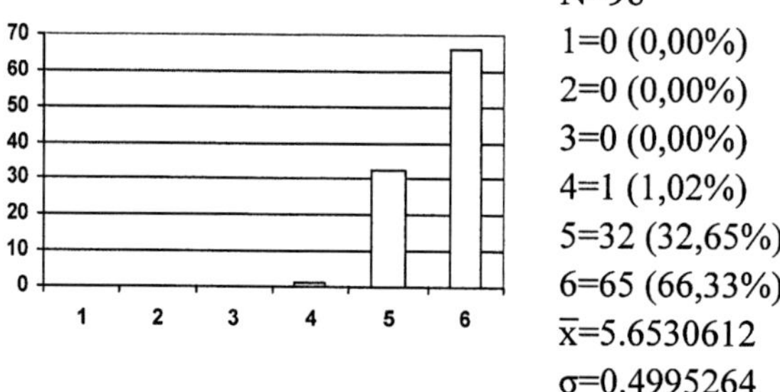

N=98
1=0 (0,00%)
2=0 (0,00%)
3=0 (0,00%)
4=1 (1,02%)
5=32 (32,65%)
6=65 (66,33%)
$\bar{x}$=5.6530612
σ=0.4995264

27. Het geloof is uiteindelijk niet meer dan een vangnet voor onze menselijke angsten. (LKR10_27)

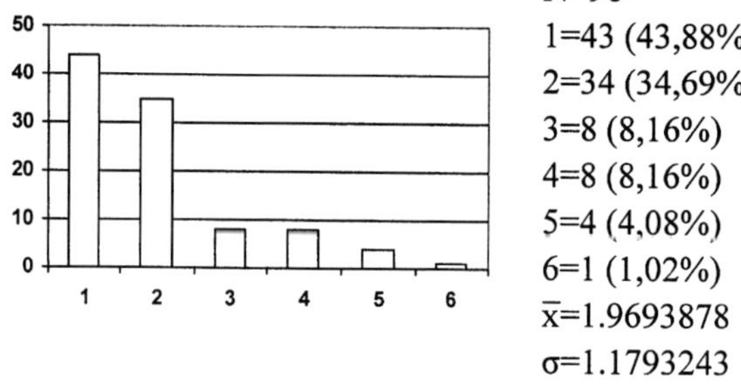

N=98
1=43 (43,88%)
2=34 (34,69%)
3=8 (8,16%)
4=8 (8,16%)
5=4 (4,08%)
6=1 (1,02%)
$\bar{x}$=1.9693878
σ=1.1793243

28. Wereldlijke en religieuze levensbeschouwelijke opvattingen geven even waardevolle antwoorden op belangrijke levensvragen. (LKR10_28)

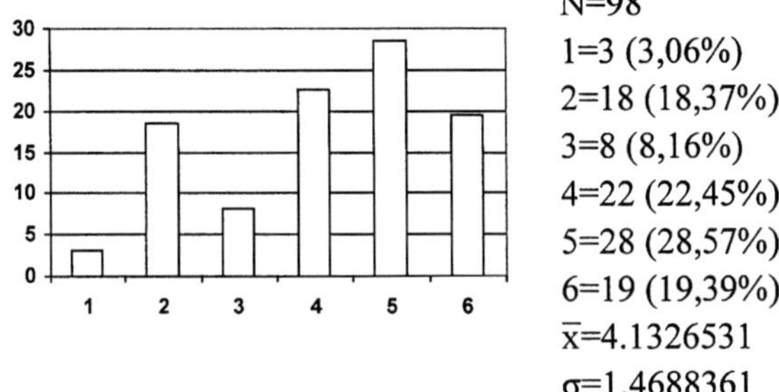

N=98
1=3 (3,06%)
2=18 (18,37%)
3=8 (8,16%)
4=22 (22,45%)
5=28 (28,57%)
6=19 (19,39%)
$\bar{x}$=4.1326531
σ=1.4688361

29. Om te kunnen begrijpen waar religie echt om draait, moet je een buitenstaander zijn. (LKR10_29)

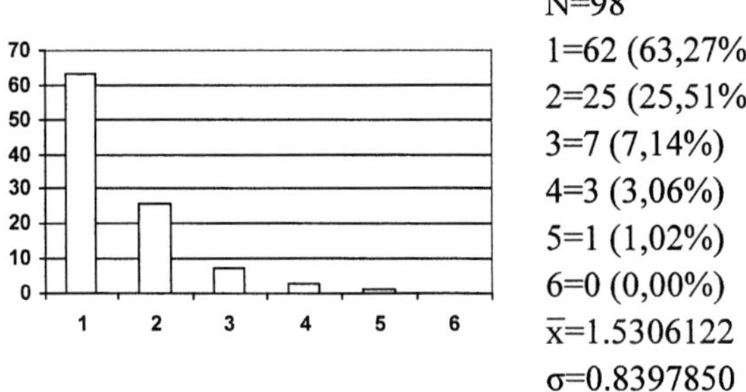

N=98
1=62 (63,27%)
2=25 (25,51%)
3=7 (7,14%)
4=3 (3,06%)
5=1 (1,02%)
6=0 (0,00%)
$\bar{x}$=1.5306122
σ=0.8397850

30. Geloven is een uiting van een zwakke persoonlijkheid. (LKR10_30)

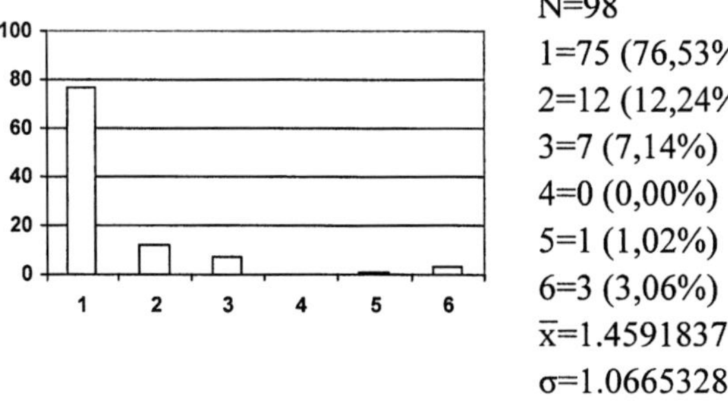

N=98
1=75 (76,53%)
2=12 (12,24%)
3=7 (7,14%)
4=0 (0,00%)
5=1 (1,02%)
6=3 (3,06%)
$\bar{x}$=1.4591837
σ=1.0665328

31. Dé zin van het leven bestaat niet, alleen zingeving, en die is voor iedereen anders. (LKR10_31)

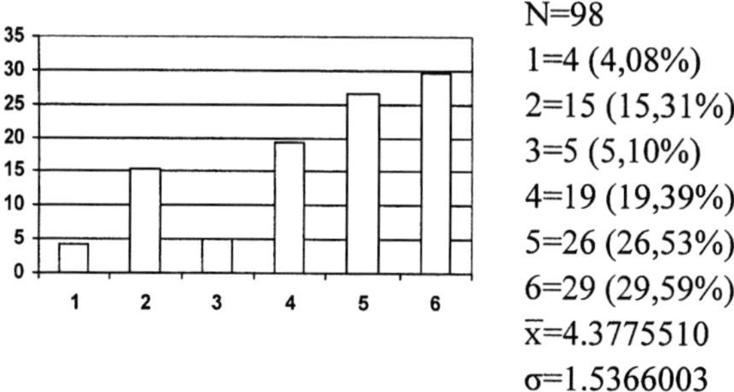

N=98
1=4 (4,08%)
2=15 (15,31%)
3=5 (5,10%)
4=19 (19,39%)
5=26 (26,53%)
6=29 (29,59%)
$\bar{x}$=4.3775510
σ=1.5366003

32. Geloof is vaak een instrument voor machtsverwerving, en dat maakt het verdacht. (LKR10_32)

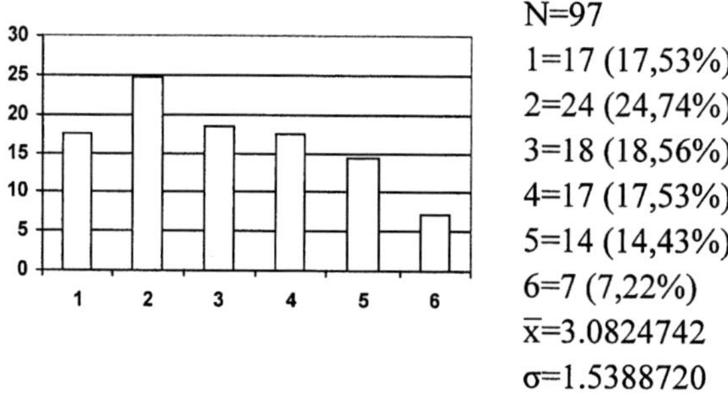

N=97
1=17 (17,53%)
2=24 (24,74%)
3=18 (18,56%)
4=17 (17,53%)
5=14 (14,43%)
6=7 (7,22%)
$\bar{x}$=3.0824742
σ=1.5388720

33. Hoewel er in het verleden vanalles is gebeurd in naam van het christendom waarmee ik niet akkoord ga, noem ik mezelf nog steeds een christen. (LKR10_33)

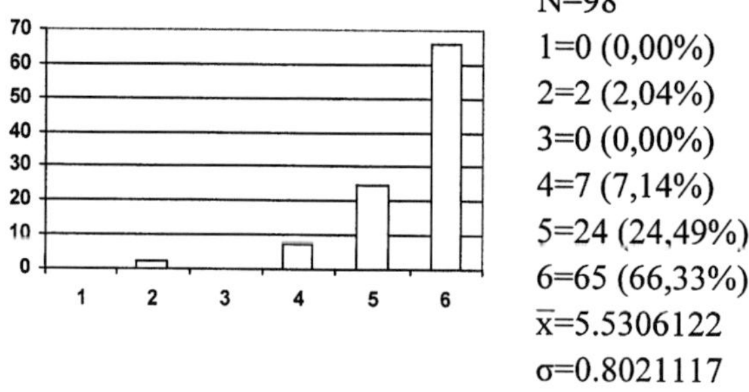

N=98
1=0 (0,00%)
2=2 (2,04%)
3=0 (0,00%)
4=7 (7,14%)
5=24 (24,49%)
6=65 (66,33%)
$\bar{x}$=5.5306122
σ=0.8021117

11. Hieronder peilen wij naar de basisdoelstellingen die u bij het vak rooms-katholieke godsdienst voor ogen heeft

Duid aan in welke mate je het eens bent met volgende uitspraken.

1. Voor mij dient het godsdienstonderricht informatie over de verschillende godsdiensten en levens-beschouwelijke bewegingen te verstrekken als mogelijke opties. (LKR11_01)

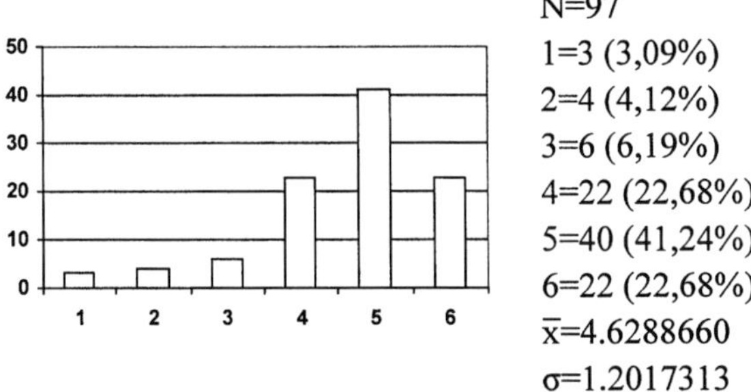

N=97
1=3 (3,09%)
2=4 (4,12%)
3=6 (6,19%)
4=22 (22,68%)
5=40 (41,24%)
6=22 (22,68%)
$\bar{x}$=4.6288660
σ=1.2017313

2. In mijn godsdienstlessen leer ik jongeren kritisch om te gaan met de ontwikkelingen in de samenleving gezien ze daar gestalte moeten geven aan wie ze uiteindelijk willen zijn. (LKR11_02)

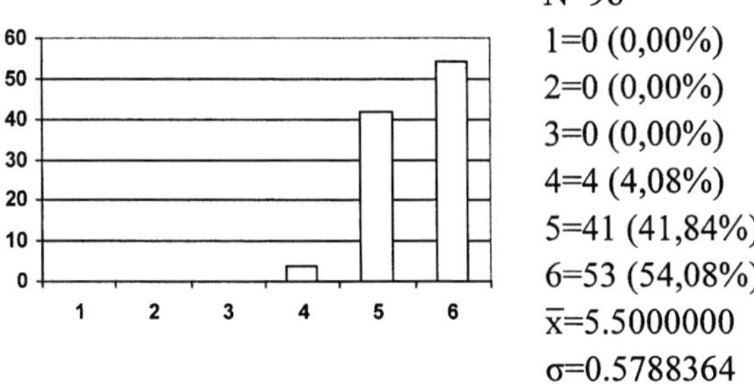

N=98
1=0 (0,00%)
2=0 (0,00%)
3=0 (0,00%)
4=4 (4,08%)
5=41 (41,84%)
6=53 (54,08%)
$\bar{x}$=5.5000000
σ=0.5788364

3. Het godsdienstonderricht dient jongeren uit te dagen om zich een mening te vormen in confrontatie met de opvattingen omtrent het christendom die in de samenleving aanwezig zijn. (LKR11_03)

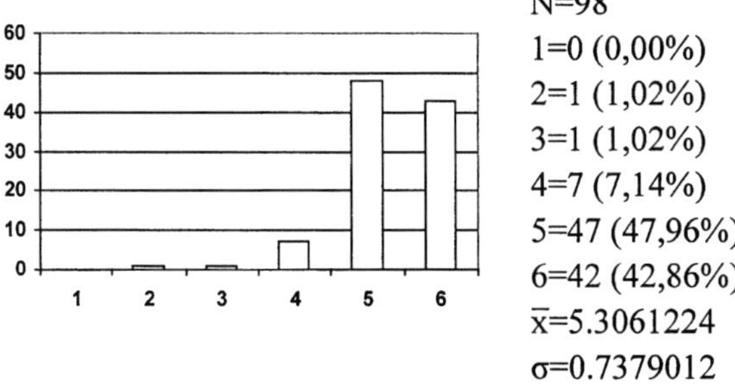

N=98
1=0 (0,00%)
2=1 (1,02%)
3=1 (1,02%)
4=7 (7,14%)
5=47 (47,96%)
6=42 (42,86%)
$\bar{x}$=5.3061224
σ=0.7379012

4. Doorheen mijn godsdienstlessen wil ik jongeren vertrouwd maken met de rituele beleving van het christelijke geloof. (LKR11_04)

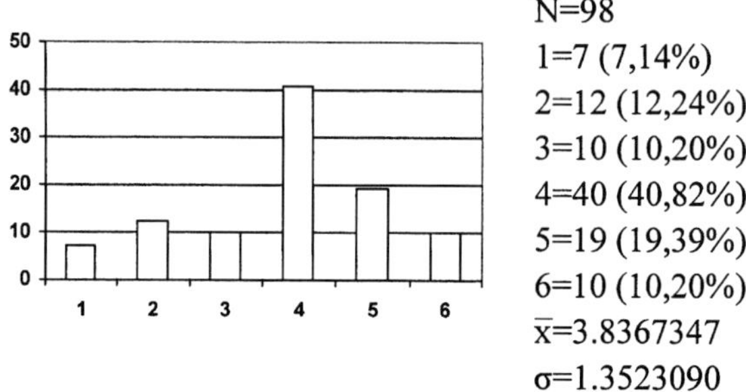

N=98
1=7 (7,14%)
2=12 (12,24%)
3=10 (10,20%)
4=40 (40,82%)
5=19 (19,39%)
6=10 (10,20%)
$\bar{x}$=3.8367347
σ=1.3523090

5. Via mijn godsdienstlessen help ik jongeren inzicht te krijgen in de wijze waarop zij zin geven aan het leven. (LKR11_05)

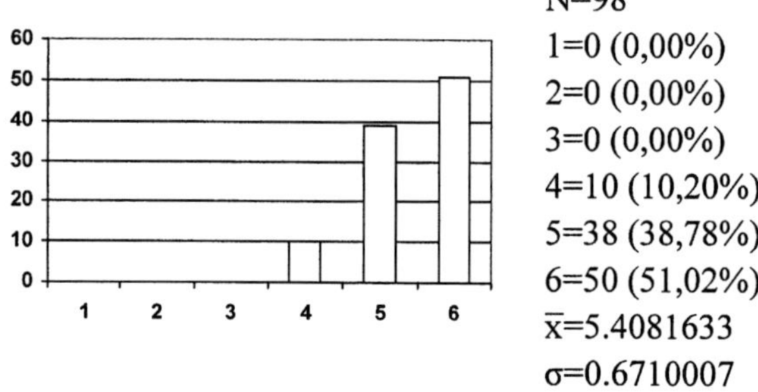

N=98
1=0 (0,00%)
2=0 (0,00%)
3=0 (0,00%)
4=10 (10,20%)
5=38 (38,78%)
6=50 (51,02%)
$\bar{x}$=5.4081633
σ=0.6710007

6. In mijn godsdienstlessen leren jonge mensen wat christelijk engagement voor hun toekomst kan betekenen. (LKR11_06)

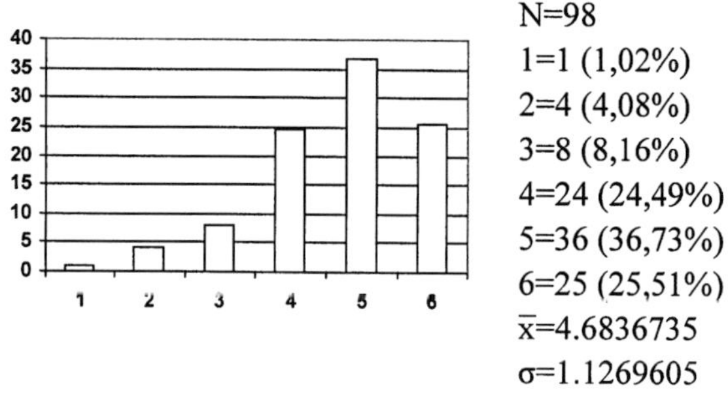

N=98
1=1 (1,02%)
2=4 (4,08%)
3=8 (8,16%)
4=24 (24,49%)
5=36 (36,73%)
6=25 (25,51%)
$\bar{x}$=4.6836735
σ=1.1269605

7. In mijn godsdienstlessen leer ik jonge mensen verantwoordelijkheid nemen voor hun toekomst vanuit levensbeschouwelijke keuzes. (LKR11_07)

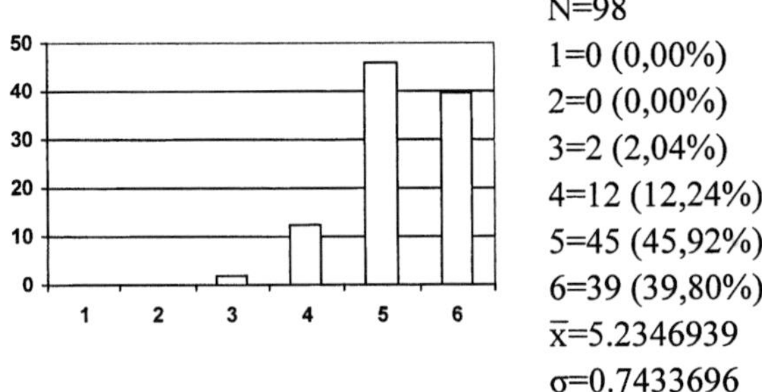

N=98
1=0 (0,00%)
2=0 (0,00%)
3=2 (2,04%)
4=12 (12,24%)
5=45 (45,92%)
6=39 (39,80%)
$\bar{x}$=5.2346939
σ=0.7433696

8. In mijn godsdienstlessen stimuleer ik jongeren om hun houding met betrekking tot een godsdienstige traditie te richten op intrinsieke motivatie, met aandacht voor de boodschap van de godsdienstige traditie. (LKR11_08)

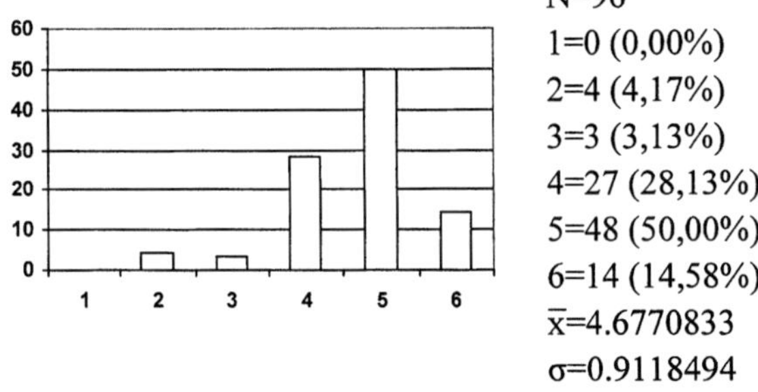

N=96
1=0 (0,00%)
2=4 (4,17%)
3=3 (3,13%)
4=27 (28,13%)
5=48 (50,00%)
6=14 (14,58%)
$\bar{x}$=4.6770833
σ=0.9118494

9. In mijn godsdienstlessen leer ik jonge mensen omgaan met het bevreemdende. (LKR11_09)

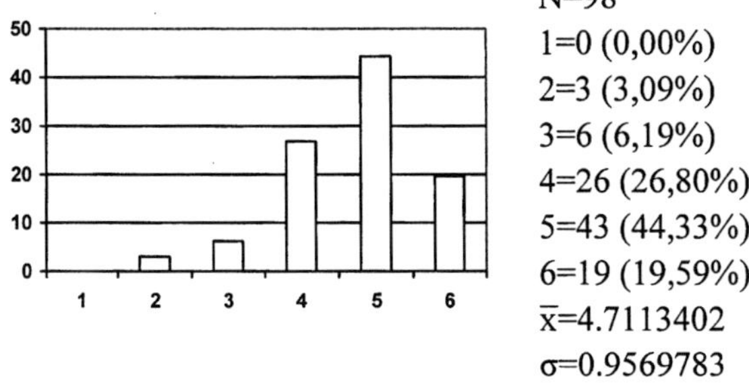

N=98
1=0 (0,00%)
2=3 (3,09%)
3=6 (6,19%)
4=26 (26,80%)
5=43 (44,33%)
6=19 (19,59%)
$\bar{x}$=4.7113402
σ=0.9569783

10. Voor mij is mijn godsdienstonderricht geslaagd als tegen het einde van het schooljaar de leerlingen een gedocumenteerde en verantwoorde mening kunnen formuleren met betrekking tot christelijke thema's. (LKR11_10)

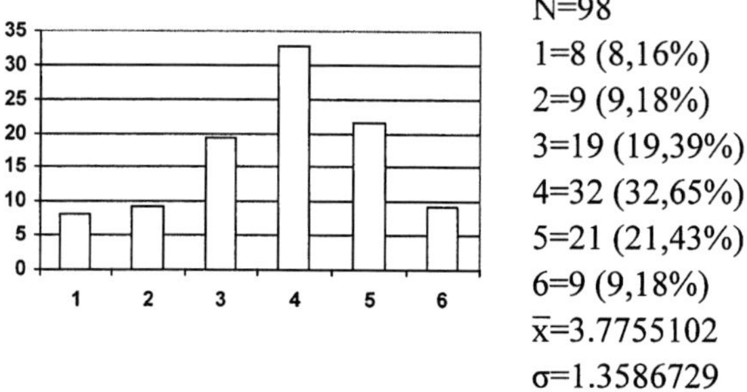

N=98
1=8 (8,16%)
2=9 (9,18%)
3=19 (19,39%)
4=32 (32,65%)
5=21 (21,43%)
6=9 (9,18%)
$\bar{x}$=3.7755102
σ=1.3586729

12. Hieronder peilen we naar uw perceptie van de godsdienstleerkracht

1. Het is belangrijk dat de leerlingen zien dat ik als godsdienstleerkracht volledig achter mijn werk sta. (LKR12_01)

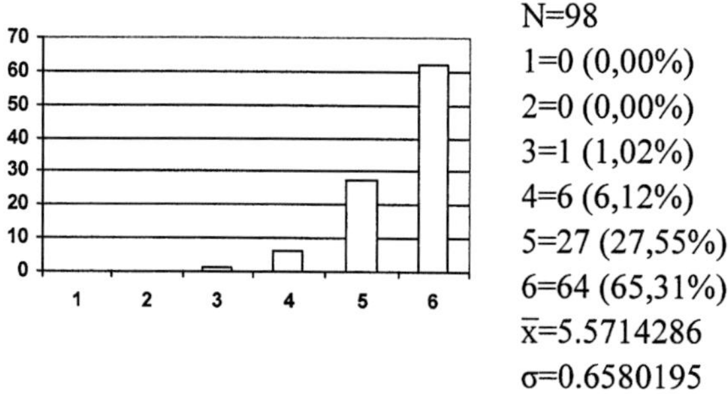

N=98
1=0 (0,00%)
2=0 (0,00%)
3=1 (1,02%)
4=6 (6,12%)
5=27 (27,55%)
6=64 (65,31%)
$\bar{x}$=5.5714286
σ=0.6580195

2. Als godsdienstleerkracht heb ik de verantwoordelijkheid de leerlingen te confronteren met de gevaren van uitwassen van godsdienstig gedrag en praktijken van religieuze bewegingen zoals sekten en media-gebonden wervingscampagnes. (LKR12_02)

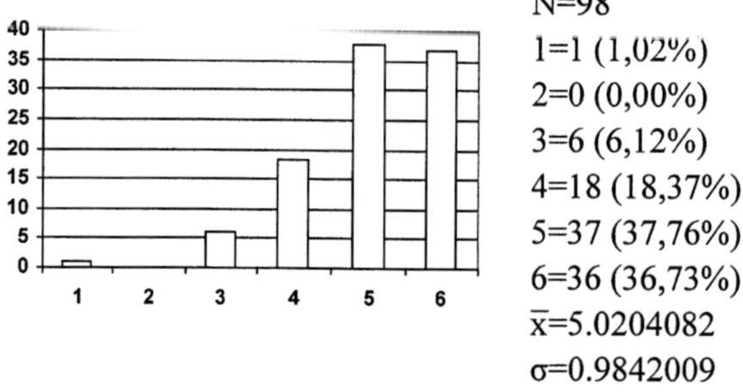

N=98
1=1 (1,02%)
2=0 (0,00%)
3=6 (6,12%)
4=18 (18,37%)
5=37 (37,76%)
6=36 (36,73%)
$\bar{x}$=5.0204082
σ=0.9842009

3. In mijn lessen besteed ik veel aandacht aan de spanning tussen het oproepen van een historische werkelijkheid, fictieve verhalen en een gelovige visie. (LKR12_03)

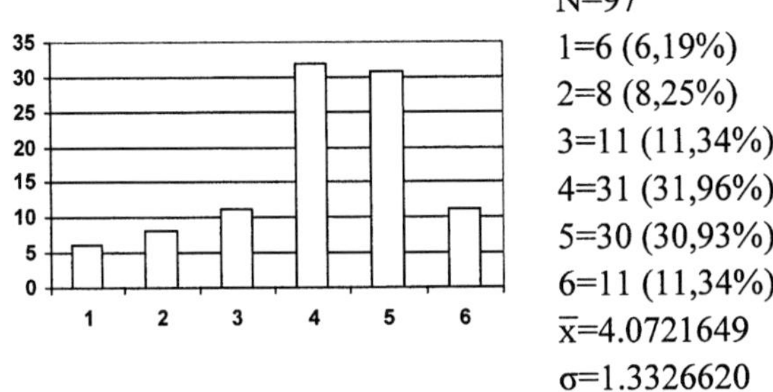

N=97
1=6 (6,19%)
2=8 (8,25%)
3=11 (11,34%)
4=31 (31,96%)
5=30 (30,93%)
6=11 (11,34%)
$\bar{x}$=4.0721649
σ=1.3326620

4. In de huidige omstandigheden is het niet meer nodig dat een godsdienstleerkracht zich als een christen engageert. (LKR12_04)

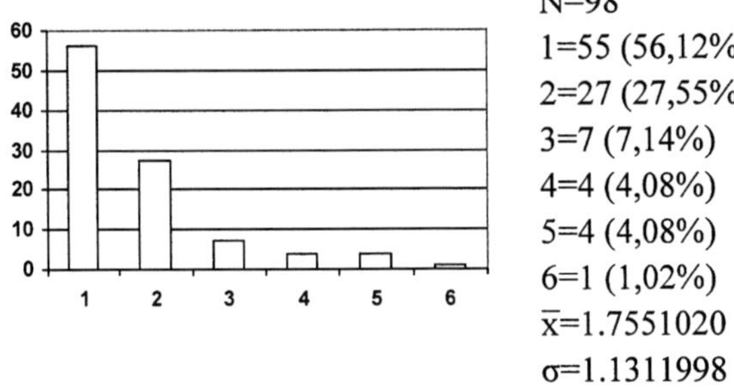

N=98
1=55 (56,12%)
2=27 (27,55%)
3=7 (7,14%)
4=4 (4,08%)
5=4 (4,08%)
6=1 (1,02%)
$\bar{x}$=1.7551020
σ=1.1311998

5. Ik integreer in mijn lessen de verhalen van leerlingen over hun omgang met godsdienst omdat daardoor hun groei naar godsdienstige volwassenheid uitdrukkelijk aandacht krijgt en verrijkt kan worden. (LKR12_05)

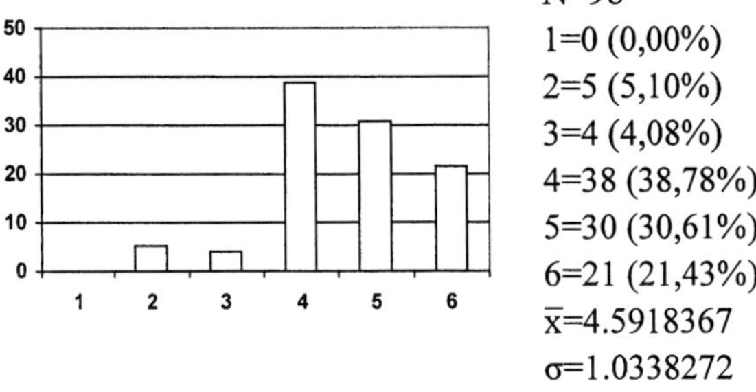

N=98
1=0 (0,00%)
2=5 (5,10%)
3=4 (4,08%)
4=38 (38,78%)
5=30 (30,61%)
6=21 (21,43%)
$\bar{x}$=4.5918367
σ=1.0338272

6. Door de onverschillige houding van een groot deel van mijn leerlingen kan ik mijn taak als godsdienstleerkracht niet meer waar maken. (LKR12_06)

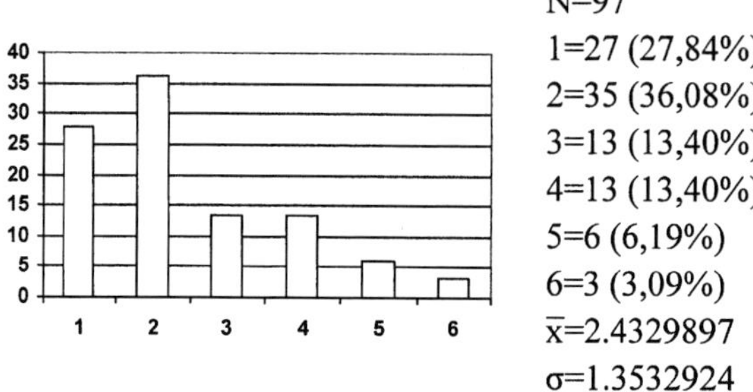

N=97
1=27 (27,84%)
2=35 (36,08%)
3=13 (13,40%)
4=13 (13,40%)
5=6 (6,19%)
6=3 (3,09%)
$\bar{x}$=2.4329897
σ=1.3532924

7. De persoonlijke opstelling van de godsdienstleerkracht tegenover godsdiensten, beïnvloedt de godsdienstige levenshouding van de leerlingen. (LKR12_07)

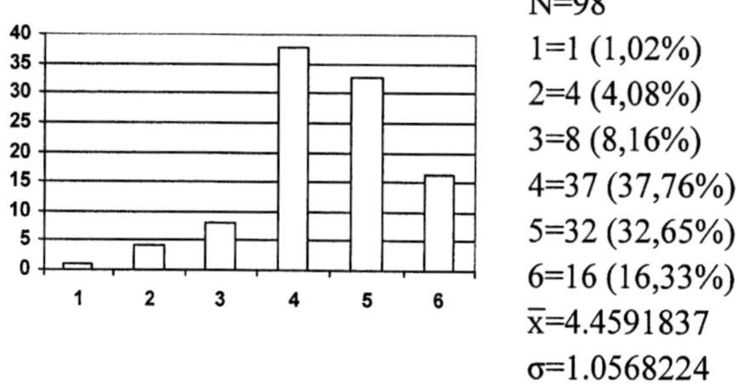

N=98
1=1 (1,02%)
2=4 (4,08%)
3=8 (8,16%)
4=37 (37,76%)
5=32 (32,65%)
6=16 (16,33%)
$\bar{x}$=4.4591837
σ=1.0568224

8. De voornaamste bron van mijn inspiratie als godsdienstleerkracht is Christus. (LKR12_08)

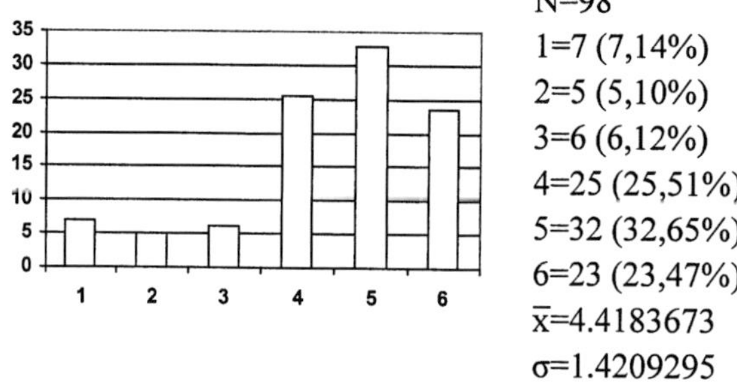

N=98
1=7 (7,14%)
2=5 (5,10%)
3=6 (6,12%)
4=25 (25,51%)
5=32 (32,65%)
6=23 (23,47%)
$\bar{x}$=4.4183673
σ=1.4209295

9. Een godsdienstleerkracht heeft een verantwoordelijkheid ten opzichte van de geloofsgemeenschap. (LKR12_09)

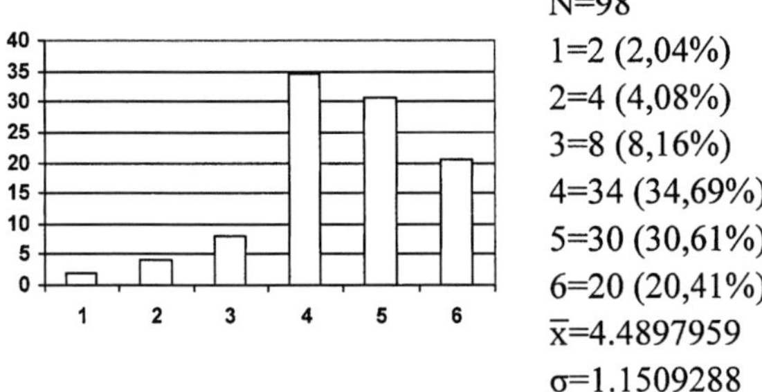

N=98
1=2 (2,04%)
2=4 (4,08%)
3=8 (8,16%)
4=34 (34,69%)
5=30 (30,61%)
6=20 (20,41%)
x̄=4.4897959
σ=1.1509288

10. Een school is beter gediend met een ongelovige, theologisch geschoolde godsdienstleerkracht dan met een gelovige, niet-theologisch geschoolde leerkracht. (LKR12_10)

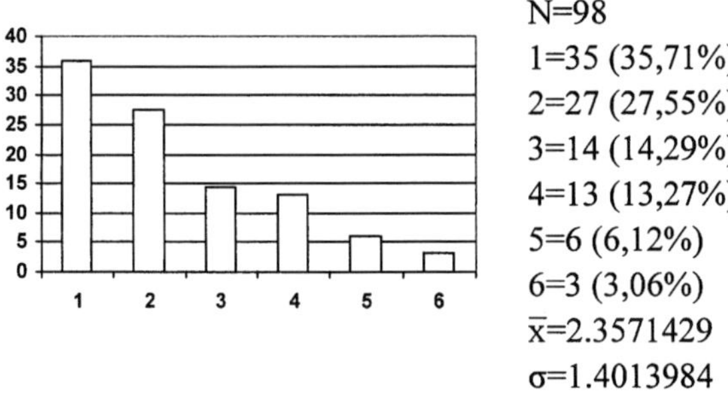

N=98
1=35 (35,71%)
2=27 (27,55%)
3=14 (14,29%)
4=13 (13,27%)
5=6 (6,12%)
6=3 (3,06%)
x̄=2.3571429
σ=1.4013984

13. Hieronder peilen wij naar de betrokkenheid van de leerlingen bij het godsdienstonderricht

1. Ik betrek de leerlingen bij de keuze van de inhoud van de lessen, want het gaat tenslotte om de wisselwerking tussen hun leven en godsdienstige en levensbeschouwelijke inzichten en engagement. (LKR13_01)

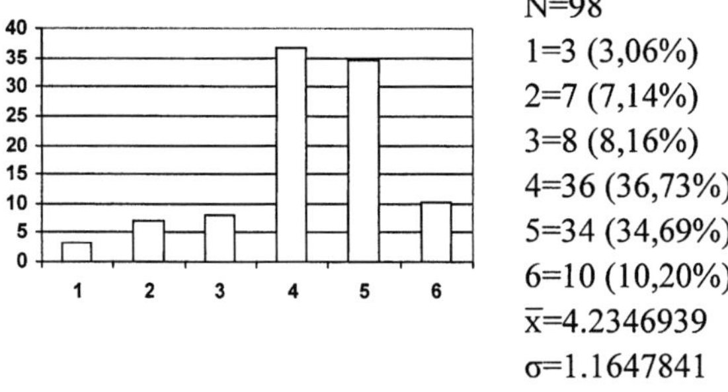

N=98
1=3 (3,06%)
2=7 (7,14%)
3=8 (8,16%)
4=36 (36,73%)
5=34 (34,69%)
6=10 (10,20%)
x̄=4.2346939
σ=1.1647841

2. Ik betrek de leerlingen actief bij het leerproces door middel van groepswerk, klasgesprek, creatieve opdrachten. (LKR13_02)

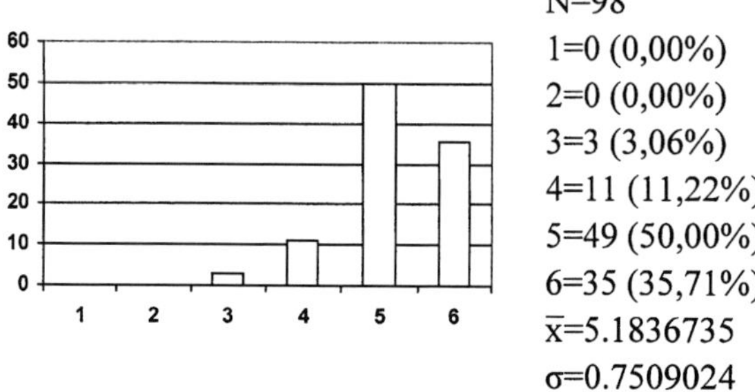

N=98
1=0 (0,00%)
2=0 (0,00%)
3=3 (3,06%)
4=11 (11,22%)
5=49 (50,00%)
6=35 (35,71%)
$\bar{x}$=5.1836735
σ=0.7509024

3. Voor mij staat de klasgroep als groep centraal, omdat de diversiteit aan opvattingen tussen de leerlingen mij toelaat om in interactie met de leerlingen een thema inhoudelijk uit te diepen. (LKR13_03)

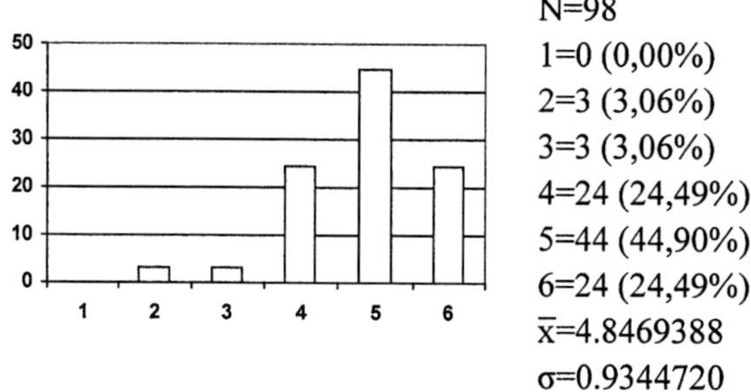

N=98
1=0 (0,00%)
2=3 (3,06%)
3=3 (3,06%)
4=24 (24,49%)
5=44 (44,90%)
6=24 (24,49%)
$\bar{x}$=4.8469388
σ=0.9344720

4. In mijn lessen integreer ik elementen van de jeugdcultuur (vb. muziek, film, etc.) en aspecten uit de actualiteit die de leerlingen mij suggereren. (LKR13_04)

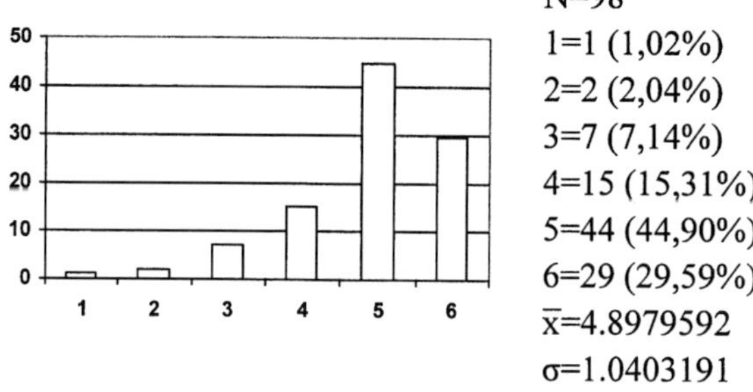

N=98
1=1 (1,02%)
2=2 (2,04%)
3=7 (7,14%)
4=15 (15,31%)
5=44 (44,90%)
6=29 (29,59%)
$\bar{x}$=4.8979592
σ=1.0403191

5. Ik tracht steeds te achterhalen waarop de opvattingen van leerlingen gebaseerd zijn. (LKR13_05)

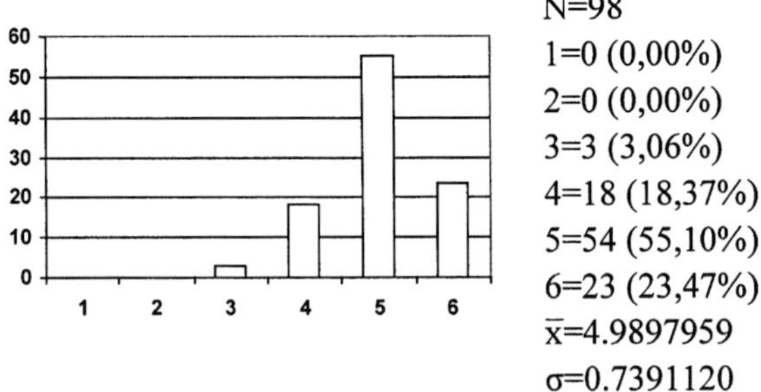

N=98
1=0 (0,00%)
2=0 (0,00%)
3=3 (3,06%)
4=18 (18,37%)
5=54 (55,10%)
6=23 (23,47%)
$\bar{x}$=4.9897959
σ=0.7391120

6. Met betrekking tot eenzelfde thema liggen de meningen van leerlingen soms zo ver uiteen dat de nood tot discussie zich opdringt. (LKR13_06)

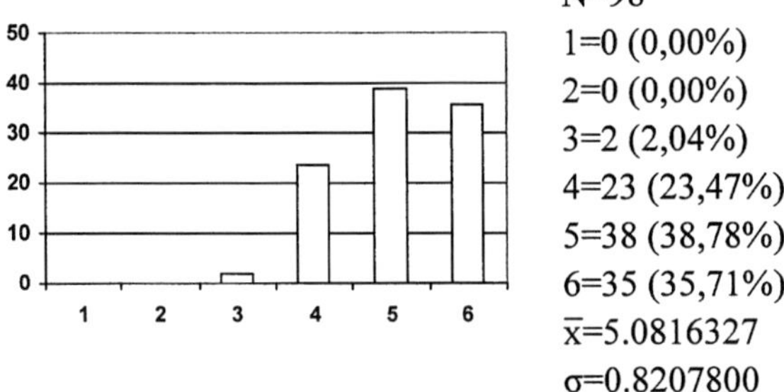

N=98
1=0 (0,00%)
2=0 (0,00%)
3=2 (2,04%)
4=23 (23,47%)
5=38 (38,78%)
6=35 (35,71%)
$\bar{x}$=5.0816327
σ=0.8207800

7. In mijn lessen voel ik dat mijn leerlingen en ik aan mekaar gewaagd zijn. (LKR13_07)

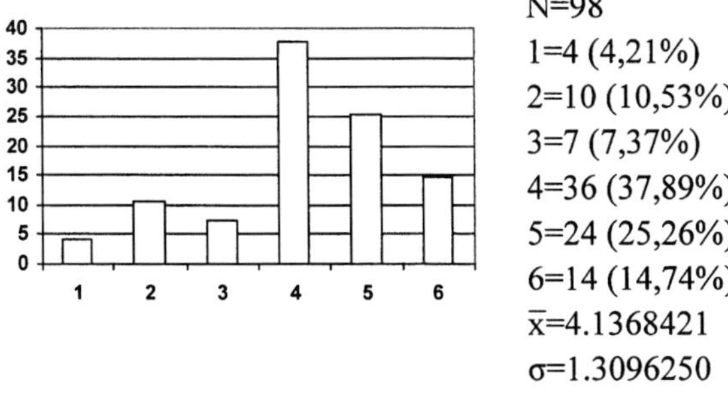

N=98
1=4 (4,21%)
2=10 (10,53%)
3=7 (7,37%)
4=36 (37,89%)
5=24 (25,26%)
6=14 (14,74%)
$\bar{x}$=4.1368421
σ=1.3096250

8. Ik maak gebruik van groepswerk om de levensbeschouwelijke en godsdienstige taalvaardigheid van jongeren te ontwikkelen, zodat zij ook op dit gebied dialoogvaardig worden. (LKR13_08)

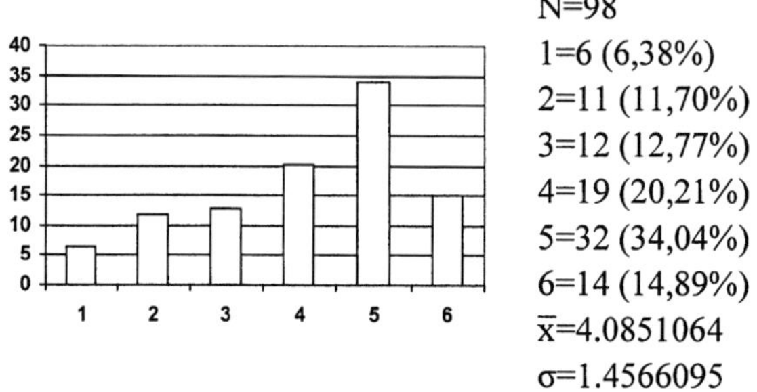

N=98
1=6 (6,38%)
2=11 (11,70%)
3=12 (12,77%)
4=19 (20,21%)
5=32 (34,04%)
6=14 (14,89%)
$\bar{x}$=4.0851064
σ=1.4566095

9. Op levensbeschouwelijk vlak zijn een aantal van mijn leerlingen nog een onbeschreven blad. (LKR13_09)

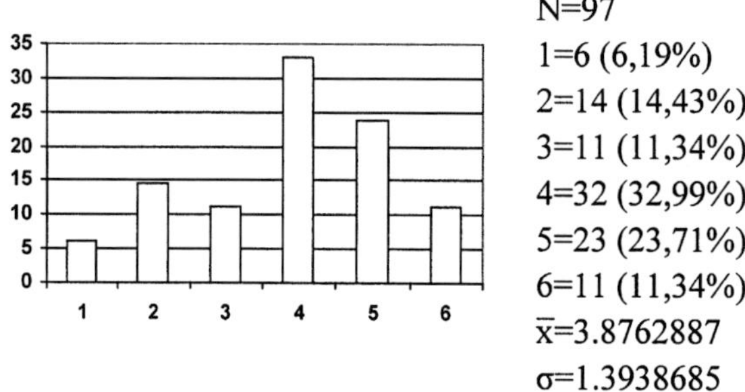

N=97
1=6 (6,19%)
2=14 (14,43%)
3=11 (11,34%)
4=32 (32,99%)
5=23 (23,71%)
6=11 (11,34%)
$\bar{x}$=3.8762887
σ=1.3938685

10. Ik vind het moeilijk om ieder uur opnieuw de volle aandacht te schenken aan alle leerlingen. (LKR13_10)

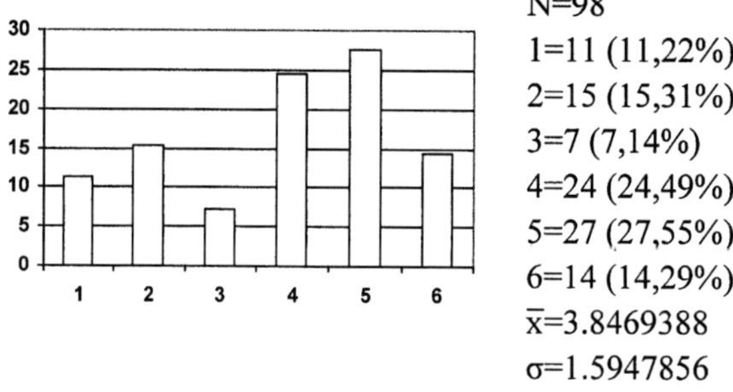

N=98
1=11 (11,22%)
2=15 (15,31%)
3=7 (7,14%)
4=24 (24,49%)
5=27 (27,55%)
6=14 (14,29%)
$\bar{x}$=3.8469388
σ=1.5947856

14. Hieronder peilen wij naar conflicten waarmee u als godsdienstleerkracht geconfronteerd wordt

1. De huidige context waarin de leerlingen leven maakt het praktisch onmogelijk om de eigen invalshoek van godsdiensten ten aanzien van de zin van het leven en de eindbestemming van de mens te laten begrijpen. (LKR14_01)

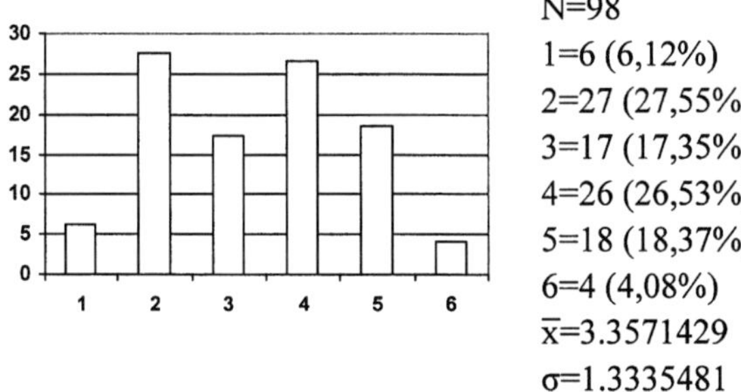

N=98
1=6 (6,12%)
2=27 (27,55%)
3=17 (17,35%)
4=26 (26,53%)
5=18 (18,37%)
6=4 (4,08%)
$\bar{x}$=3.3571429
σ=1.3335481

2. De vele negatieve signalen in de media over godsdienst hebben een zodanig grote invloed op de beeldvorming van jongeren dat het onmogelijk is deze beeldvorming in het godsdienstonderricht nog positief om te buigen. (LKR14_02)

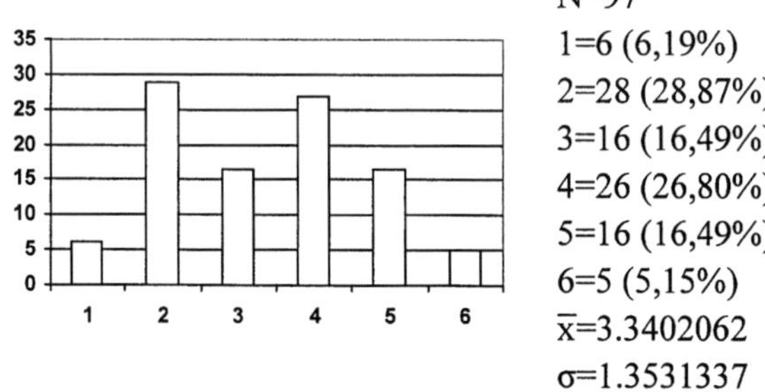

N=97
1=6 (6,19%)
2=28 (28,87%)
3=16 (16,49%)
4=26 (26,80%)
5=16 (16,49%)
6=5 (5,15%)
$\bar{x}$=3.3402062
σ=1.3531337

3. Mijn lessen beperken zich tot de ethische component van godsdiensten en levensbeschouwingen. (LKR14_03)

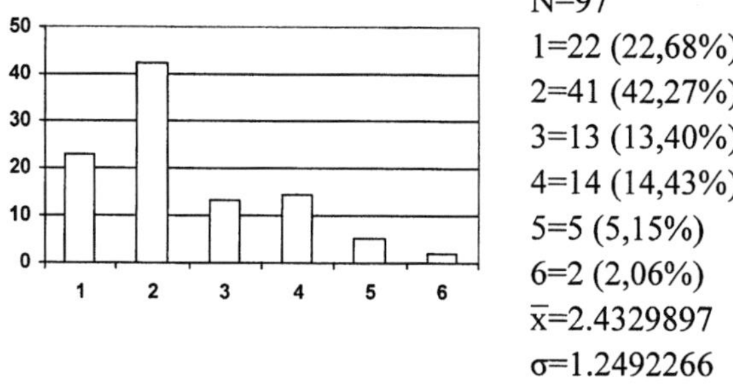

N=97
1=22 (22,68%)
2=41 (42,27%)
3=13 (13,40%)
4=14 (14,43%)
5=5 (5,15%)
6=2 (2,06%)
$\bar{x}$=2.4329897
σ=1.2492266

4. Bijbelteksten vermijd ik in mijn lessen omdat ze niet langer begrijpbaar zijn voor mijn leerlingen. (LKR14_04)

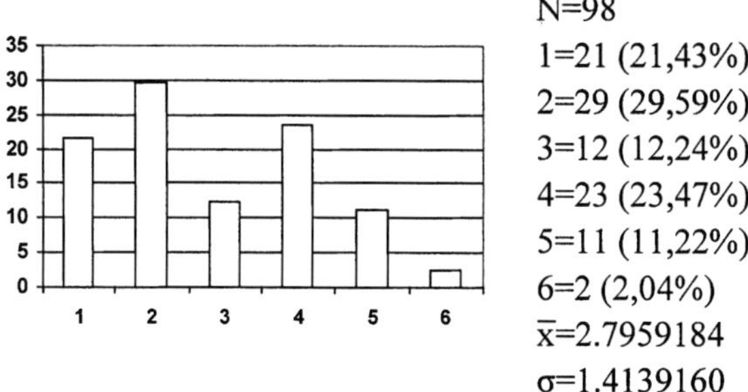

N=98
1=21 (21,43%)
2=29 (29,59%)
3=12 (12,24%)
4=23 (23,47%)
5=11 (11,22%)
6=2 (2,04%)
$\bar{x}$=2.7959184
σ=1.4139160

5. Het standpunt van de Kerk met betrekking tot seksualiteit heb ik bewust in mijn lessenreeks over relatievorming opgenomen, omdat dit onderwerp zich ertoe leent inzicht te geven in de wijze waarop de Kerk een standpunt opbouwt en verantwoordt. (LKR14_05)

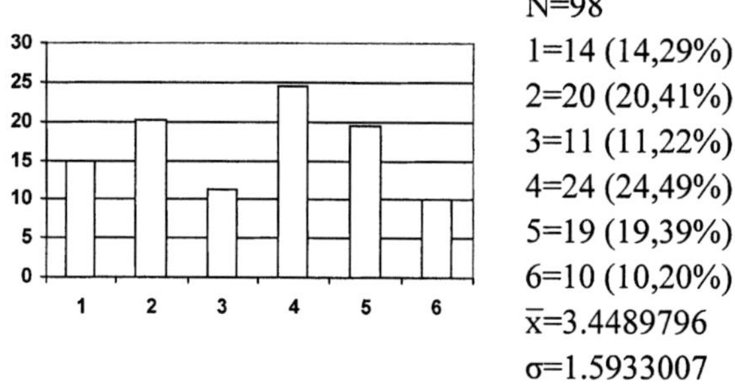

N=98
1=14 (14,29%)
2=20 (20,41%)
3=11 (11,22%)
4=24 (24,49%)
5=19 (19,39%)
6=10 (10,20%)
$\bar{x}$=3.4489796
σ=1.5933007

6. Wanneer ik leerlingen vrijuit laat vertellen over het leven, merk ik dat het religieuze hierin op een persoonlijk ingevulde wijze nog steeds aanwezig is. (LKR14_06)

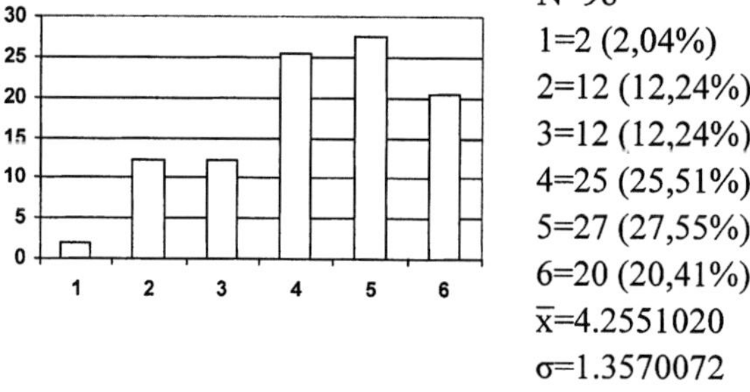

N=98
1=2 (2,04%)
2=12 (12,24%)
3=12 (12,24%)
4=25 (25,51%)
5=27 (27,55%)
6=20 (20,41%)
$\bar{x}$=4.2551020
σ=1.3570072

7. Ik integreer anti-christelijke uitlatingen van leerlingen in mijn lessen. (LKR14_07)

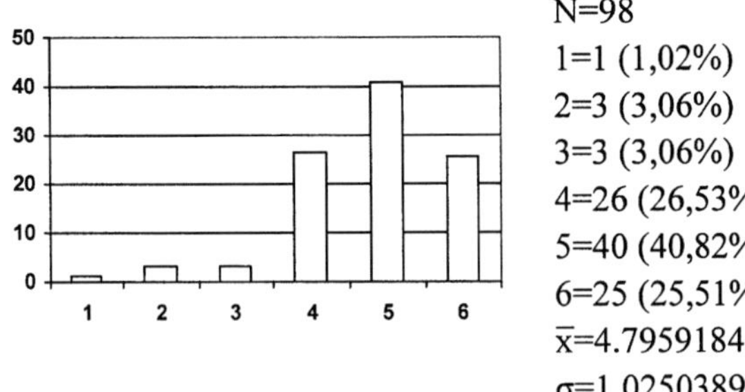

N=98
1=1 (1,02%)
2=3 (3,06%)
3=3 (3,06%)
4=26 (26,53%)
5=40 (40,82%)
6=25 (25,51%)
$\bar{x}$=4.7959184
σ=1.0250389

8. Opmerkingen van leerlingen sturen de les vaak naar een onverwachte richting. (LKR14_08)

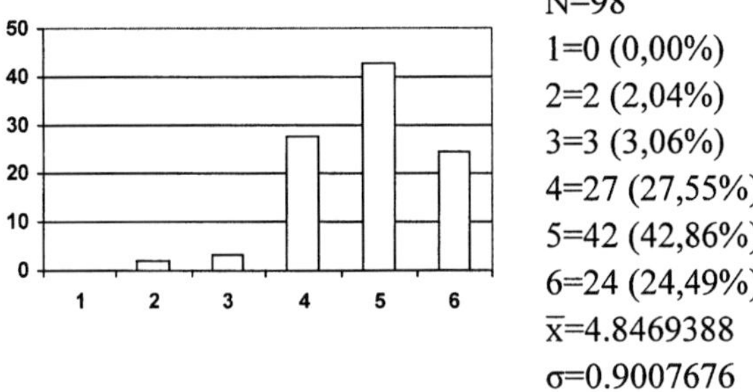

N=98
1=0 (0,00%)
2=2 (2,04%)
3=3 (3,06%)
4=27 (27,55%)
5=42 (42,86%)
6=24 (24,49%)
$\bar{x}$=4.8469388
σ=0.9007676

9. Tijdens het klasgesprek tracht ik steeds de onderliggende vooronderstellingen van de leerlingen te verwoorden en op te nemen in het leerproces. (LKR14_09)

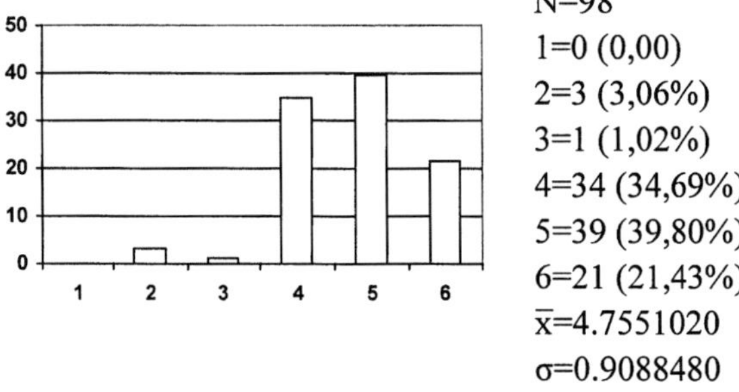

N=98
1=0 (0,00)
2=3 (3,06%)
3=1 (1,02%)
4=34 (34,69%)
5=39 (39,80%)
6=21 (21,43%)
$\bar{x}$=4.7551020
σ=0.9088480

10. In mijn lessen tracht ik ondoordachte vooroordelen van mijn leerlingen, standpunten in de publieke opinie of beeldvorming over historische gebeurtenissen te nuanceren door literatuurstudie en documentatie. (LKR14_10)

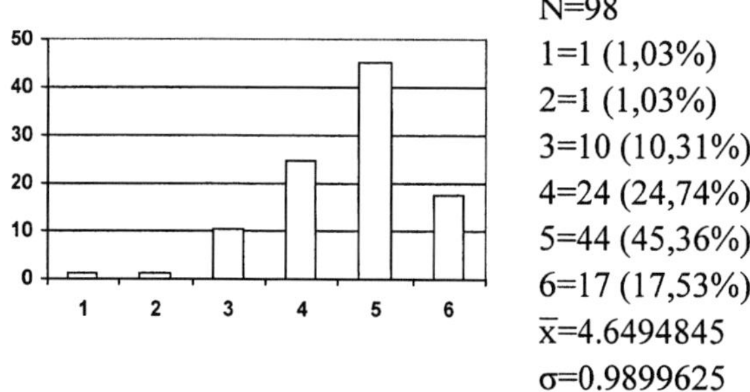

N=98
1=1 (1,03%)
2=1 (1,03%)
3=10 (10,31%)
4=24 (24,74%)
5=44 (45,36%)
6=17 (17,53%)
$\overline{x}$=4.6494845
σ=0.9899625

15. Waar haalt u de (achtergrond)informatie voor de opbouw van uw lessen

1. Oude leerplan (LKR15.1)

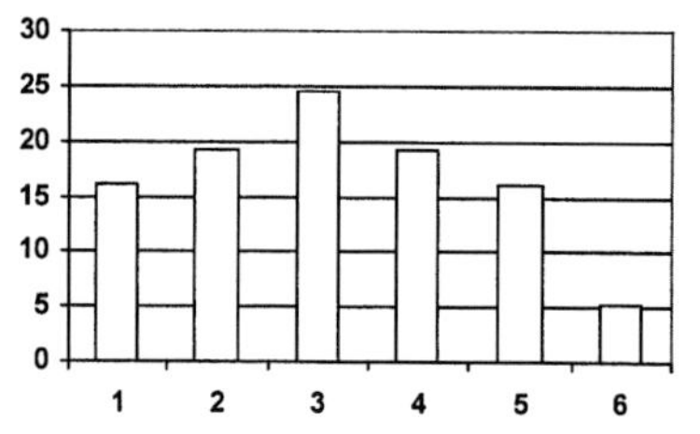

N=94
1:nooit=15 (15,96%)
2:zelden=18 (19,15%)
3:soms=23 (24,47%)
4:regelmatig=18 (19,15%)
5:vaak=15 (15,96%)
6:zeer vaak=5 (5,32%)
$\overline{x}$=3.1595745
σ=1.4613530

2. Nieuwe leerplan (LKR15.2)

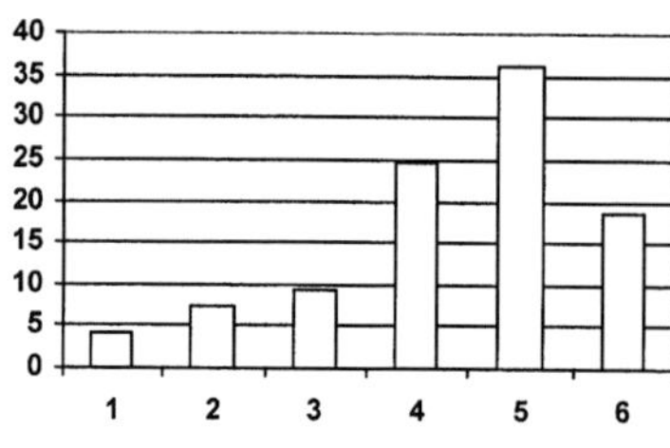

N=97
1:nooit=4 (4,12%)
2:zelden=7 (7,22%)
3:soms=9 (9,28%)
4:regelmatig=24 (24,74%)
5:vaak=35 (36,08%)
6:zeer vaak=18 (18,56%)
$\overline{x}$=4.3711340
σ=1.3175070

3. Handboeken (LKR15.3)

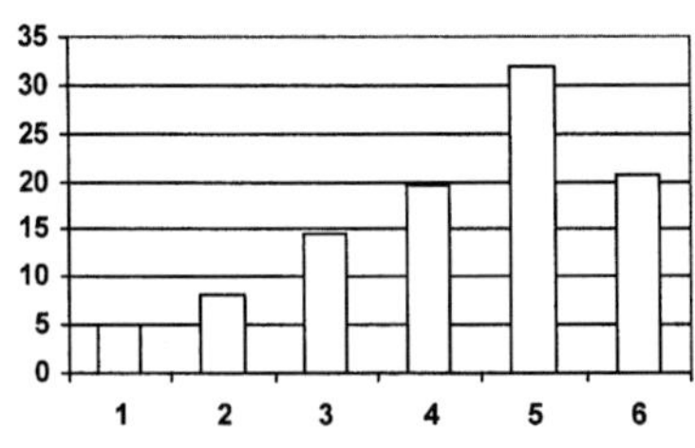

N=97
1:nooit=5 (5,15%)
2:zelden=8 (8,25%)
3:soms=14 (14,43%)
4:regelmatig=19 (19,59%)
5:vaak=31 (31,96%)
6:zeer vaak=20 (20,62%)
$\bar{x}$=4.2680412
σ=1.4253323

4. Theologische tijdschriften (vb. Collationes) (LKR15.4)

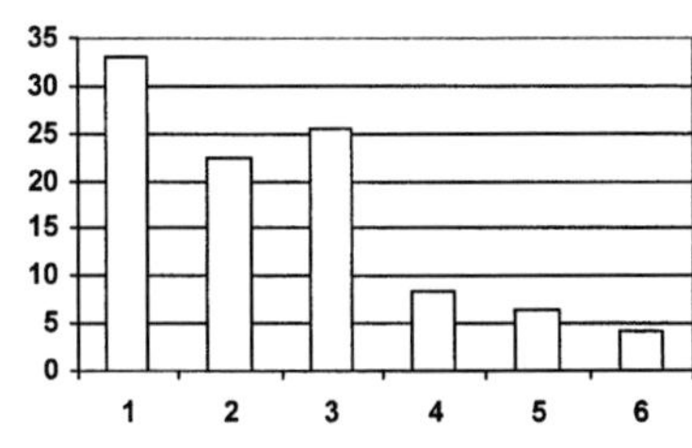

N=94
1:nooit=31 (32,98%)
2:zelden=21 (22,34%)
3:soms=24 (25,53%)
4:regelmatig=8 (8,51%)
5:vaak=6 (6,38%)
6:zeer vaak=4 (4,26%)
$\bar{x}$=2.4574478
σ=1.4116633

5. Godsdienstpedagogische tijdschriften (vb. Catechetische service) (LKR15.5)

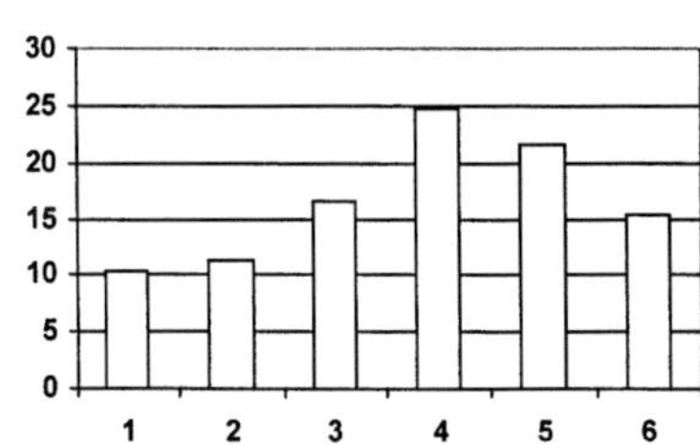

N=97
1:nooit=10 (10,31%)
2:zelden=11 (11,34%)
3:soms=16 (16,49%)
4:regelmatig=24 (24,74%)
5:vaak=21 (21,65%)
6:zeer vaak=15 (15,46%)
$\bar{x}$=3.8247423
σ=1.5411732

6. Kerk en Leven (LKR15.6)

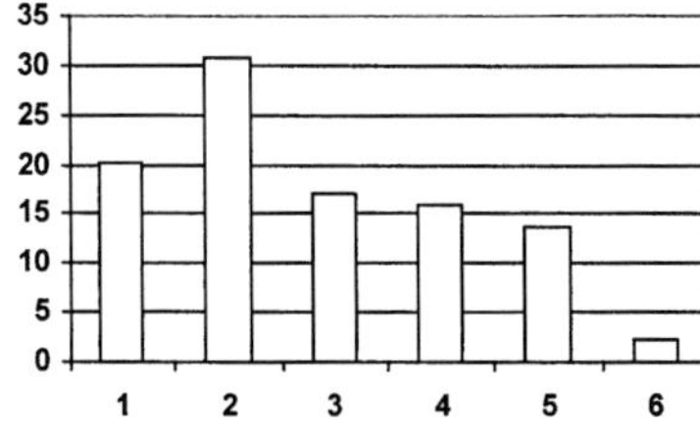

N=94
1:nooit=19 (20,21%)
2:zelden=29 (30,85%)
3:soms=16 (17,02%)
4:regelmatig=15 (15,96%)
5:vaak=13 (13,83%)
6:zeer vaak=2 (2,13%)
$\bar{x}$=2.7872340
σ=1.4132426

7. Tertio (LKR15.7)

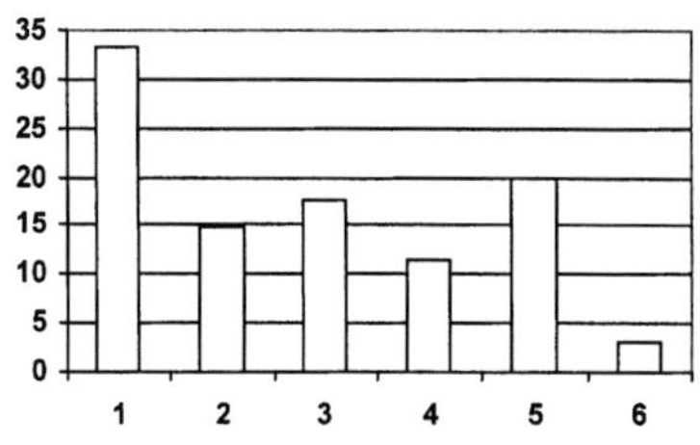

N=96
1:nooit=32 (33,33%)
2:zelden=14 (14,58%)
3:soms=17 (17,71%)
4:regelmatig=11 (11,46%)
5:vaak=19 (19,79%)
6:zeer vaak=3 (3,13%)
$\bar{x}$=2.7916677
σ=1.6281515

8. Internet (LKR15.8)

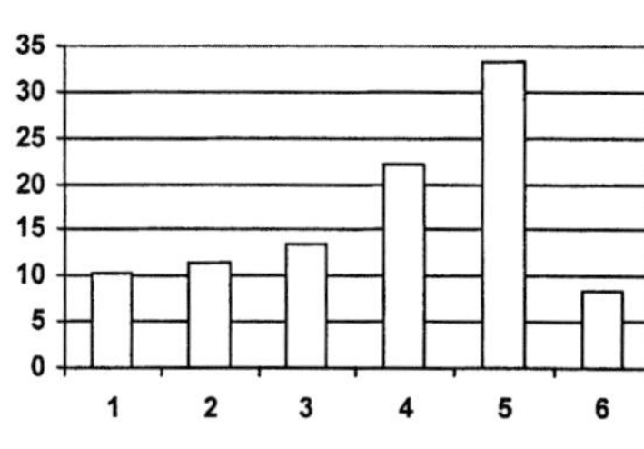

N=96
1:nooit=10 (10,42%)
2:zelden=11 (11,46%)
3:soms=13 (13,54%)
4:regelmatig=22 (22,92%)
5:vaak=32 (33,33%)
6:zeer vaak=8 (8,33%)
$\bar{x}$=3.8229167
σ=1.4796500

9. Thomas (www.kuleuven.ac.be/thomas) (LKR15.9)

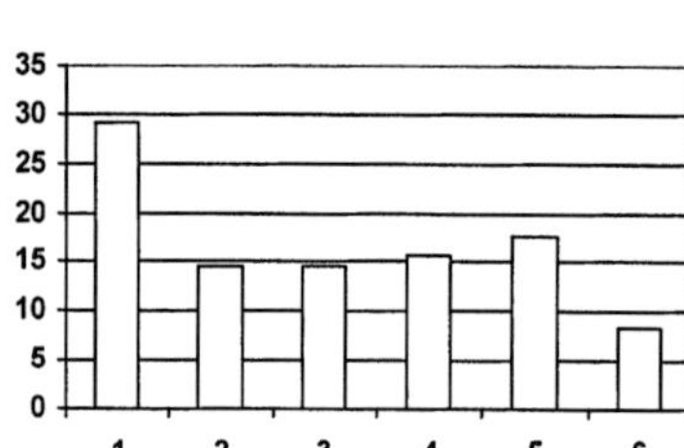

N=96
1:nooit=28 (29,17%)
2:zelden=14 (14,58%)
3:soms=14 (14,58%)
4:regelmatig=15 (15,63%)
5:vaak=17 (17,71%)
6:zeer vaak =8 (8,33%)
$\bar{x}$=3.0312500
σ=1.7195662

10. Weekbladen (vb. Humo, Knack, P-magazine, e.d.) (LKR15.10)

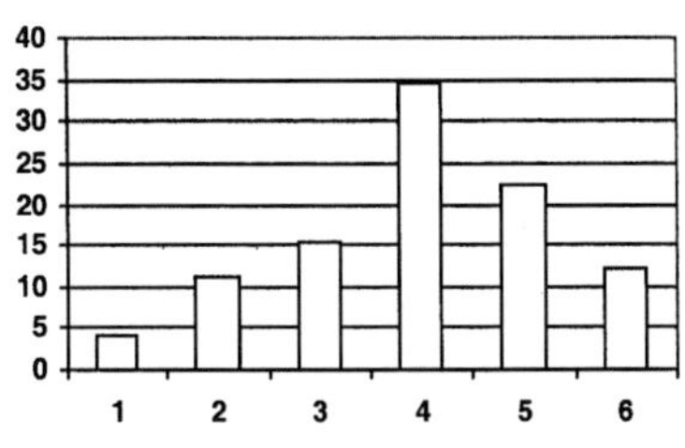

N=98
1:nooit=4 (4,08%)
2:zelden=11 (11,22%)
3:soms=15 (15,31%)
4:regelmatig=34 (34,69%)
5:vaak=22 (22,45%)
6:zeer vaak=12 (12,24%)
$\bar{x}$=3.9693878
σ=1.3038728

11. Kranten (LKR15.11)

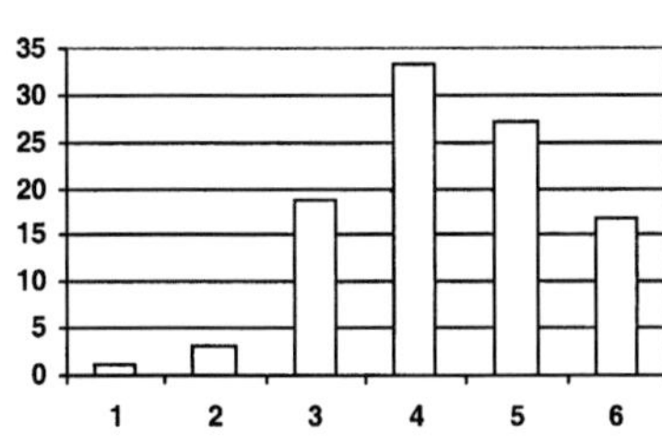

N=96
1:nooit=1 (1,04%)
2:zelden=3 (3,13%)
3:soms=18 (18,75%)
4:regelmatig=32 (33,33%)
5:vaak=26 (27,08%)
6:zeer vaak=16 (16,67%)
$\bar{x}$=4.3229167
σ=1.1191613

12. Andere (LKR15.12)

'Literatuur (romans) etc., boeken'
'Reflector'
'TV (canvas, RTBF, Ned., Fr. 2)'
'collega's'
'boeken'
'theologische uitgaven/literatuur'
'boeken (ook romans), eigen inspiratie, (na)vorming'
'uitwisselingen met collega's'
'samenkomst met collega-godsdienstleerkrachten'

16. Hieronder peilen we naar de wijze waarop u tegenover het nieuwe leerplan staat

1. De komst van het nieuwe leerplan is een verademing voor het godsdienstonderricht. (LKR16_1)

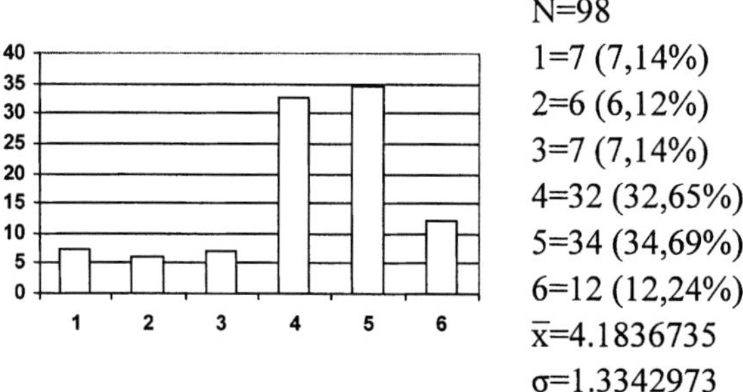

N=98
1=7 (7,14%)
2=6 (6,12%)
3=7 (7,14%)
4=32 (32,65%)
5=34 (34,69%)
6=12 (12,24%)
$\bar{x}$=4.1836735
σ=1.3342973

2. Ik werk al jaren volgens de logica van het nieuwe leerplan. (LKR16_2)

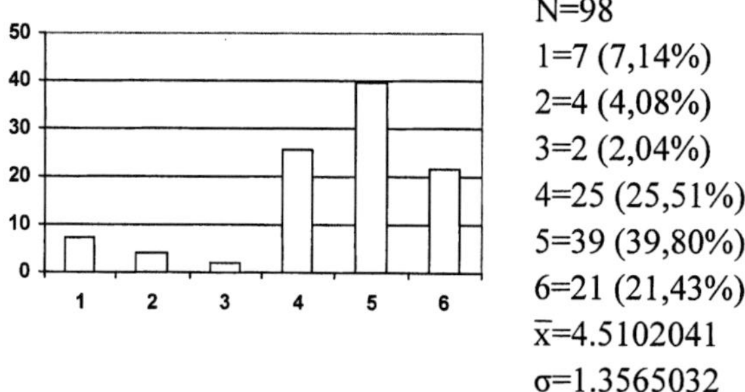

N=98
1=7 (7,14%)
2=4 (4,08%)
3=2 (2,04%)
4=25 (25,51%)
5=39 (39,80%)
6=21 (21,43%)
$\bar{x}$=4.5102041
σ=1.3565032

3. Het nieuwe leerplan is misschien van opzet wel verruimd naar andere godsdiensten en levensbeschouwingen toe maar wat de voorgestelde ingrediënten betreft blijft het nog zeer katholiek. (LKR16_3)

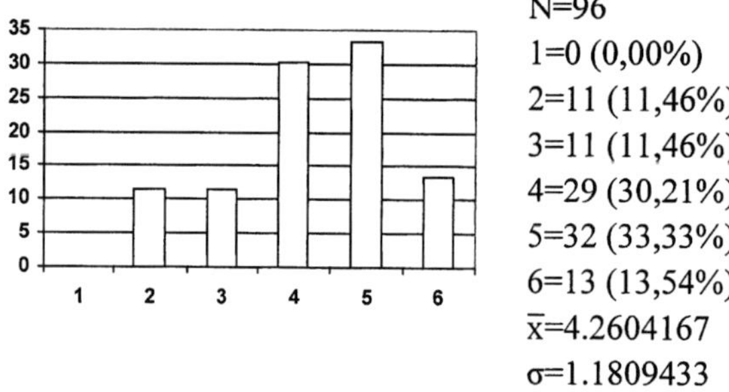

N=96
1=0 (0,00%)
2=11 (11,46%)
3=11 (11,46%)
4=29 (30,21%)
5=32 (33,33%)
6=13 (13,54%)
$\bar{x}$=4.2604167
σ=1.1809433

4. Het nieuwe leerplan is zodanig vaag dat het geen enkel houvast meer biedt voor de godsdienstleerkracht. (LKR16_4)

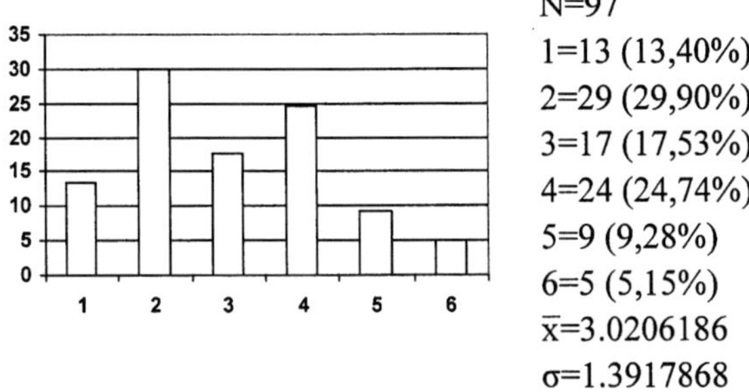

N=97
1=13 (13,40%)
2=29 (29,90%)
3=17 (17,53%)
4=24 (24,74%)
5=9 (9,28%)
6=5 (5,15%)
$\overline{x}$=3.0206186
σ=1.3917868

5. Het nieuwe leerplan gaat zover mee met de beginsituatie van de leerlingen dat het haast onmogelijk wordt om in de les nog tot de specificiteit van het christelijk geloof te komen. (LKR16_5)

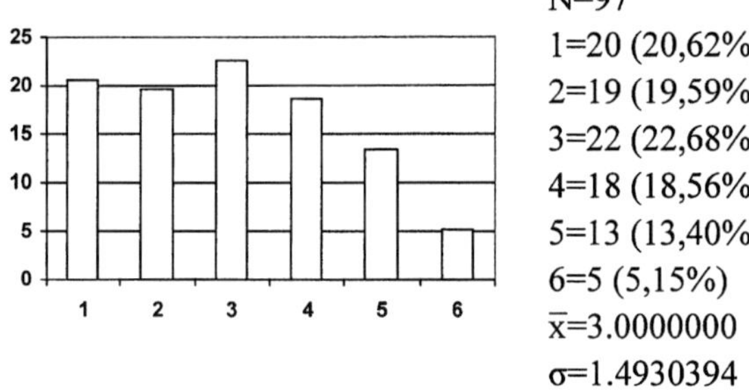

N=97
1=20 (20,62%)
2=19 (19,59%)
3=22 (22,68%)
4=18 (18,56%)
5=13 (13,40%)
6=5 (5,15%)
$\overline{x}$=3.0000000
σ=1.4930394

6. Ik ben nog helemaal niet vertrouwd met het nieuwe leerplan godsdienst. (LKR16_6)

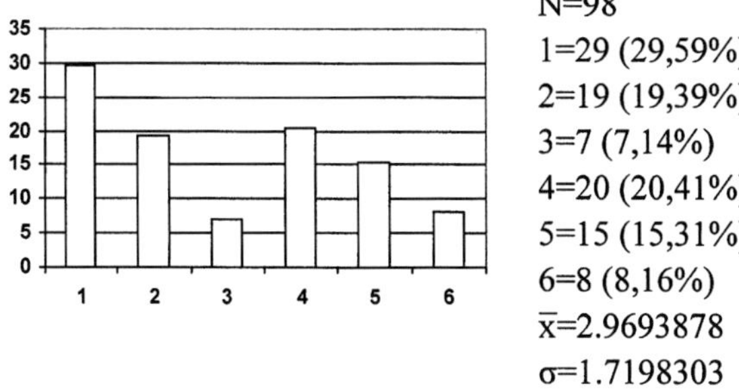

N=98
1=29 (29,59%)
2=19 (19,39%)
3=7 (7,14%)
4=20 (20,41%)
5=15 (15,31%)
6=8 (8,16%)
$\overline{x}$=2.9693878
σ=1.7198303

7. Ik wacht om volgens het nieuwe leerplan godsdienst te werken tot de nieuwe handboeken beschikbaar zijn. (LKR16_7)

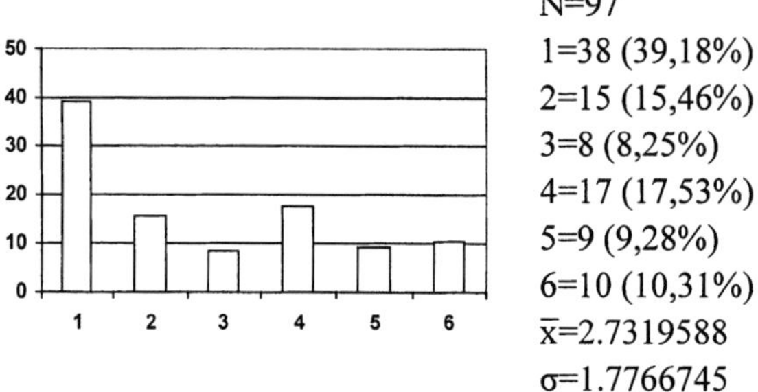

N=97
1=38 (39,18%)
2=15 (15,46%)
3=8 (8,25%)
4=17 (17,53%)
5=9 (9,28%)
6=10 (10,31%)
$\bar{x}$=2.7319588
σ=1.7766745

8. Indien ik het aanbod zou krijgen om het godsdienstonderricht te ruilen voor meer maatschappelijke vakken, zou ik voor het laatste opteren. (LKR16_8)

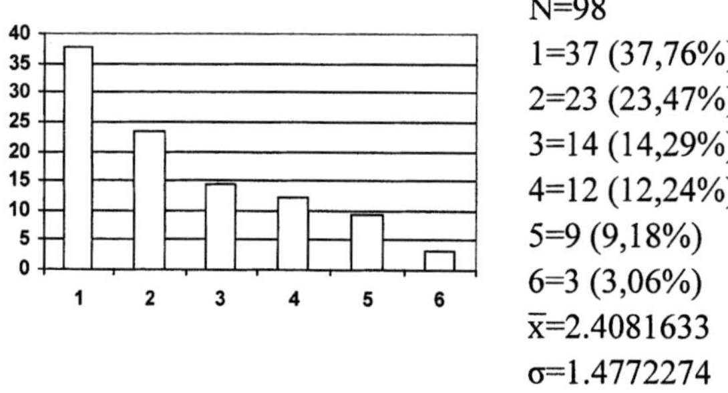

N=98
1=37 (37,76%)
2=23 (23,47%)
3=14 (14,29%)
4=12 (12,24%)
5=9 (9,18%)
6=3 (3,06%)
$\bar{x}$=2.4081633
σ=1.4772274

17. Hieronder peilen we naar de wijze waarop het christelijk traditiemateriaal in uw lessen een plaats en invulling krijgt

1. Ik benadruk dat de christelijke traditie een complexe traditie is, zodat bepaalde tegenstellingen, eigen aan de evolutie van historische godsdiensten, voor leerlingen begrijpbaar worden. (LKR17_01)

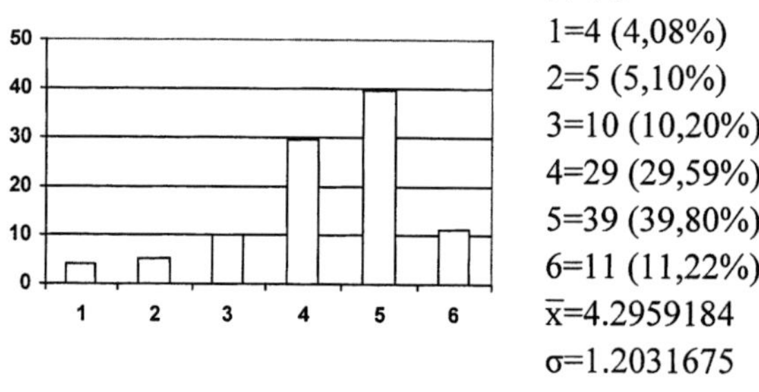

N=98
1=4 (4,08%)
2=5 (5,10%)
3=10 (10,20%)
4=29 (29,59%)
5=39 (39,80%)
6=11 (11,22%)
$\bar{x}$=4.2959184
σ=1.2031675

2. Ik beroep mij regelmatig op historische en hedendaagse geloofsgetuigenissen als essentieel gegeven voor het godsdienstonderricht. (LKR17_02)

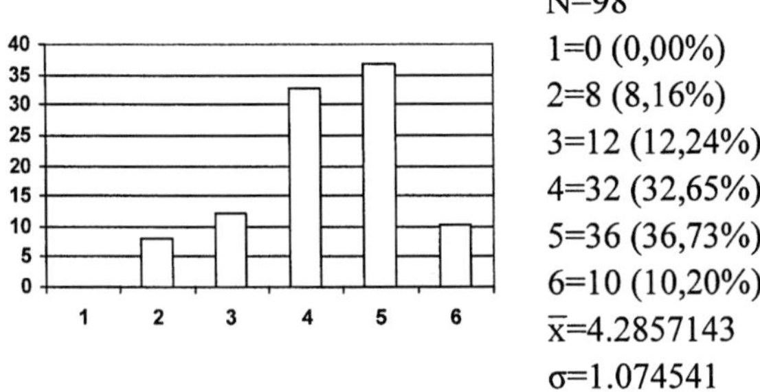

N=98
1=0 (0,00%)
2=8 (8,16%)
3=12 (12,24%)
4=32 (32,65%)
5=36 (36,73%)
6=10 (10,20%)
$\bar{x}$=4.2857143
σ=1.074541

3. Ik gebruik evenzeer ideeëngoed van kerkvaders als van hedendaagse theologen in mijn lessen. (LKR17_03)

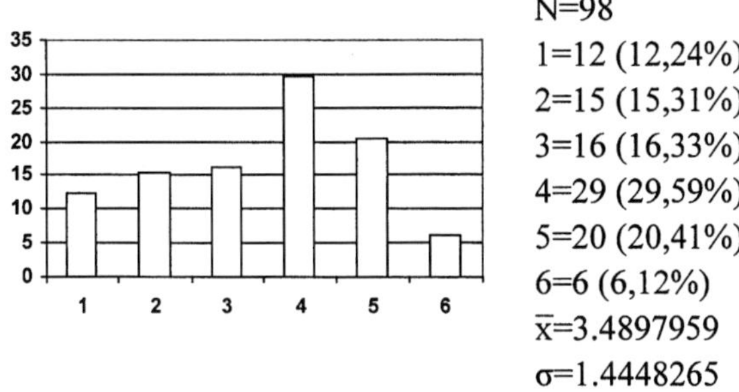

N=98
1=12 (12,24%)
2=15 (15,31%)
3=16 (16,33%)
4=29 (29,59%)
5=20 (20,41%)
6=6 (6,12%)
$\bar{x}$=3.4897959
σ=1.4448265

4. Ik vermijd theologisch moeilijke onderwerpen (vb. verrijzenisgeloof) omdat veel leerlingen dan afhaken. (LKR17_04)

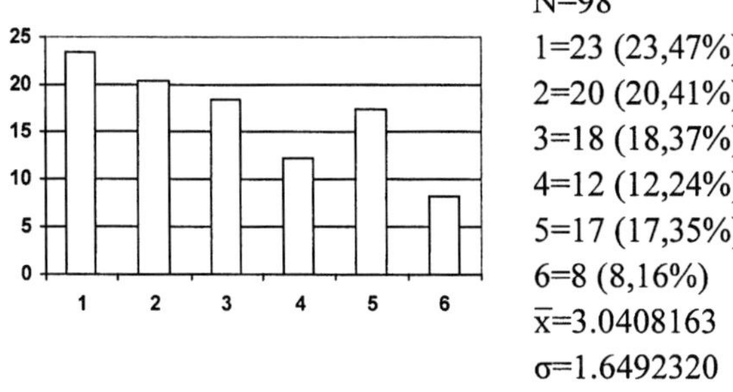

N=98
1=23 (23,47%)
2=20 (20,41%)
3=18 (18,37%)
4=12 (12,24%)
5=17 (17,35%)
6=8 (8,16%)
$\bar{x}$=3.0408163
σ=1.6492320

5. In mijn lessen spelen verhalen uit de bijbel een centrale rol, opdat de leerlingen aan de hand daarvan het verhalend karakter van de joods-christelijke godsdienst kunnen begrijpen. (LKR17_05)

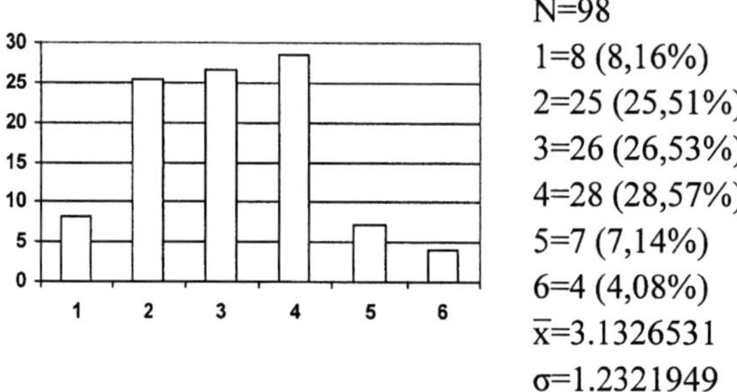

N=98
1=8 (8,16%)
2=25 (25,51%)
3=26 (26,53%)
4=28 (28,57%)
5=7 (7,14%)
6=4 (4,08%)
$\bar{x}$=3.1326531
σ=1.2321949

6. Ik maak liever gebruik van hedendaagse literatuur dan van bijbelverhalen. (LKR17_06)

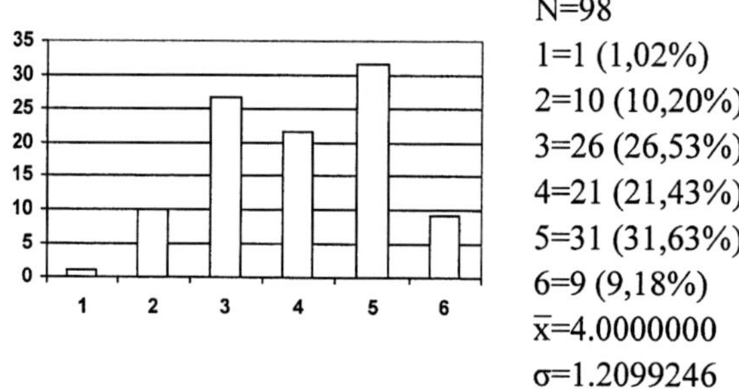

N=98
1=1 (1,02%)
2=10 (10,20%)
3=26 (26,53%)
4=21 (21,43%)
5=31 (31,63%)
6=9 (9,18%)
$\bar{x}$=4.0000000
σ=1.2099246

7. Al zijn kerkelijke documenten moeilijk toegankelijk voor jonge mensen vandaag, toch behandel ik ze in mijn lessen. (LKR07_07)

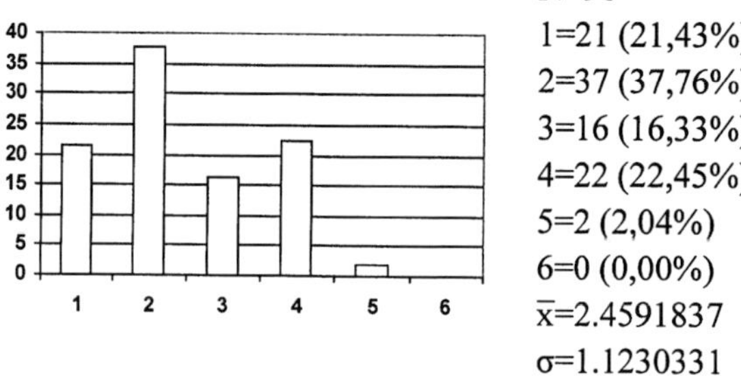

N=98
1=21 (21,43%)
2=37 (37,76%)
3=16 (16,33%)
4=22 (22,45%)
5=2 (2,04%)
6=0 (0,00%)
$\bar{x}$=2.4591837
σ=1.1230331

8. Ook in het godsdienstonderricht wordt de traditie niet alleen doorgegeven in woorden maar evenzeer in daden. (LKR17_08)

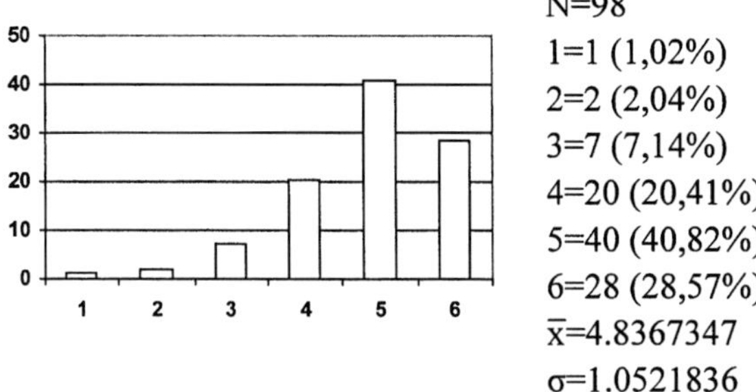

N=98
1=1 (1,02%)
2=2 (2,04%)
3=7 (7,14%)
4=20 (20,41%)
5=40 (40,82%)
6=28 (28,57%)
$\bar{x}$=4.8367347
σ=1.0521836

9. Ik tracht in de mate van het mogelijke het liturgisch leven van de kerk in mijn lessen te verwerken. (LKR17_09)

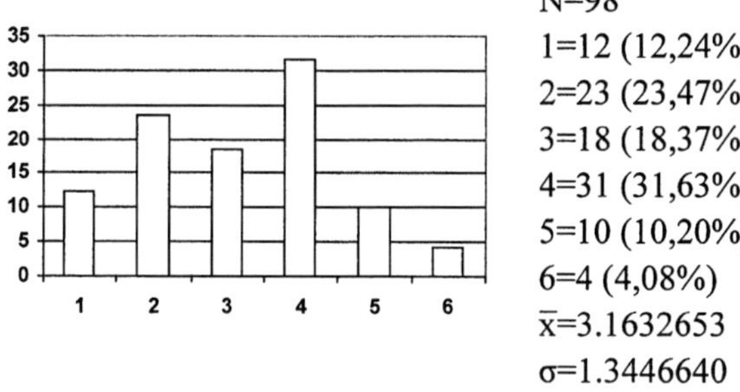

N=98
1=12 (12,24%)
2=23 (23,47%)
3=18 (18,37%)
4=31 (31,63%)
5=10 (10,20%)
6=4 (4,08%)
$\bar{x}$=3.1632653
σ=1.3446640

10. In mijn lessen illustreer ik dat godsdienstige tradities ontwikkelen doorheen de geschiedenis. (LKR17_10)

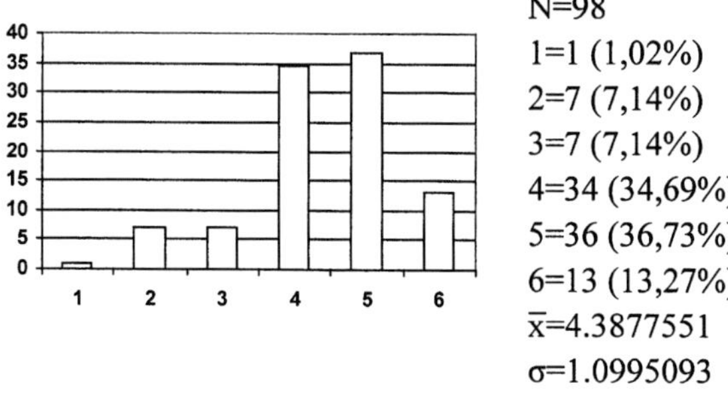

N=98
1=1 (1,02%)
2=7 (7,14%)
3=7 (7,14%)
4=34 (34,69%)
5=36 (36,73%)
6=13 (13,27%)
$\bar{x}$=4.3877551
σ=1.0995093

18. Hieronder peilen wij naar de wijze waarop de communicatie in het concrete lesgebeuren verloopt

1. Indien het onderwerp het toelaat maak in mijn lessen steeds ruimte vrij voor een gesprek met de leerlingen. (LKR18_01)

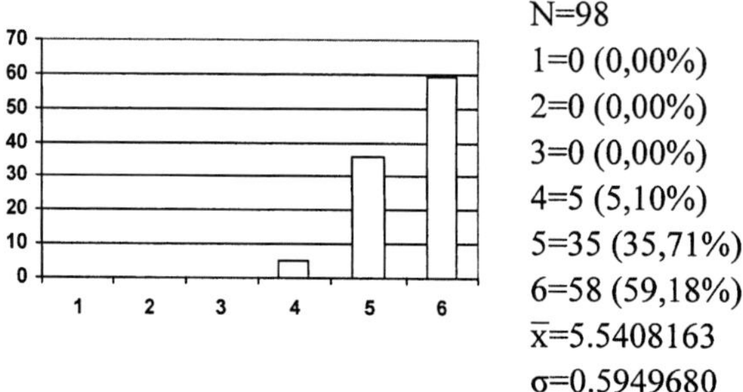

N=98
1=0 (0,00%)
2=0 (0,00%)
3=0 (0,00%)
4=5 (5,10%)
5=35 (35,71%)
6=58 (59,18%)
$\overline{x}$=5.5408163
σ=0.5949680

2. Tijdens klasgesprekken treed ik vooral op als moderator, door de inbreng van de leerlingen samen te brengen en te verwerken. (LKR18_02)

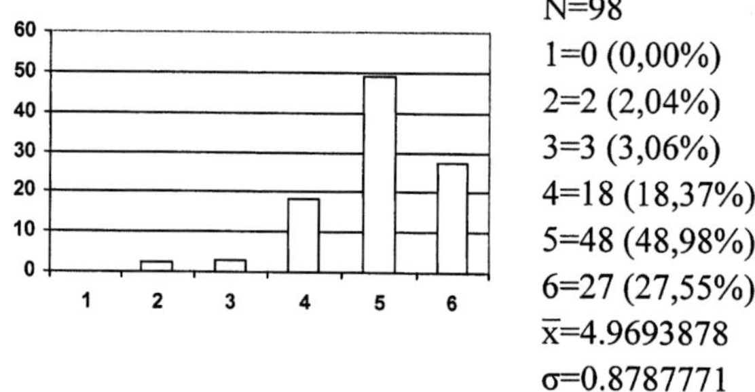

N=98
1=0 (0,00%)
2=2 (2,04%)
3=3 (3,06%)
4=18 (18,37%)
5=48 (48,98%)
6=27 (27,55%)
$\overline{x}$=4.9693878
σ=0.8787771

3. Na een klasgesprek ben ik vaak ontgoocheld omdat leerlingen er in klasverband niet in blijken te slagen naar elkaar te luisteren en op mekaars standpunten en argumenten voort te bouwen. (LKR18_03)

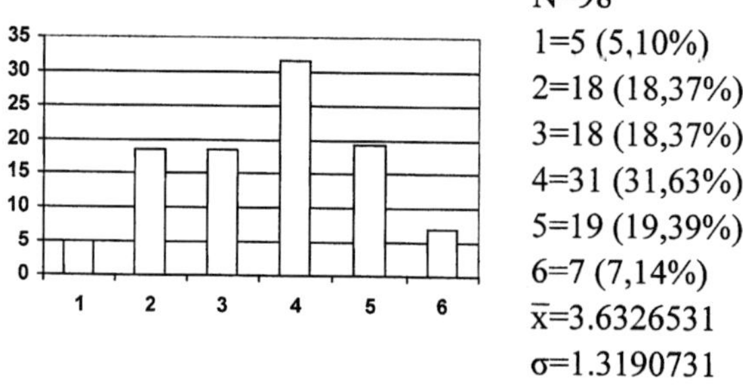

N=98
1=5 (5,10%)
2=18 (18,37%)
3=18 (18,37%)
4=31 (31,63%)
5=19 (19,39%)
6=7 (7,14%)
$\overline{x}$=3.6326531
σ=1.3190731

4. De vragen die ik aan de leerlingen voorleg sluiten nauw aan bij de vragen die ik mezelf stel. (LKR18_04)

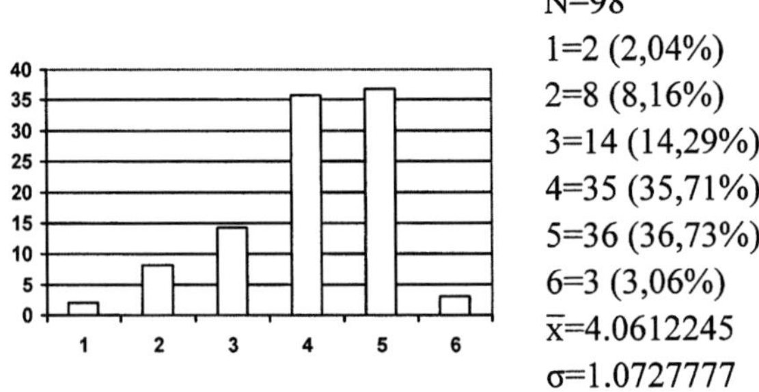

N=98
1=2 (2,04%)
2=8 (8,16%)
3=14 (14,29%)
4=35 (35,71%)
5=36 (36,73%)
6=3 (3,06%)
$\bar{x}$=4.0612245
σ=1.0727777

5. Mijn leerlingen willen weten waarom ik nog met godsdienst bezig ben. (LKR18_05)

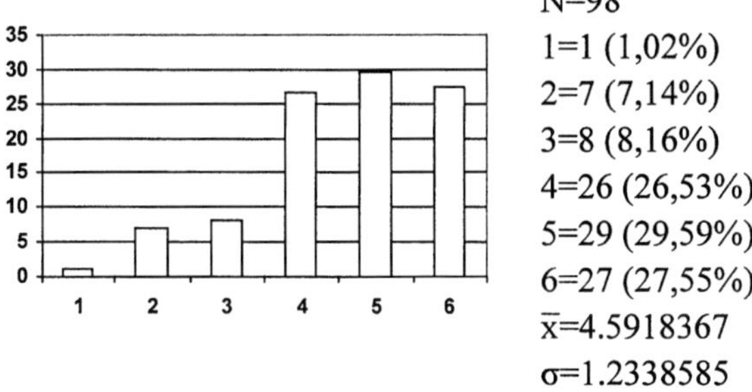

N=98
1=1 (1,02%)
2=7 (7,14%)
3=8 (8,16%)
4=26 (26,53%)
5=29 (29,59%)
6=27 (27,55%)
$\bar{x}$=4.5918367
σ=1.2338585

6. Tijdens klasgesprekken komen de onderlinge (machts)verhoudingen tussen de leerlingen naar boven, wat het communicatieproces complexer maar ook levensechter maakt. (LKR18_06)

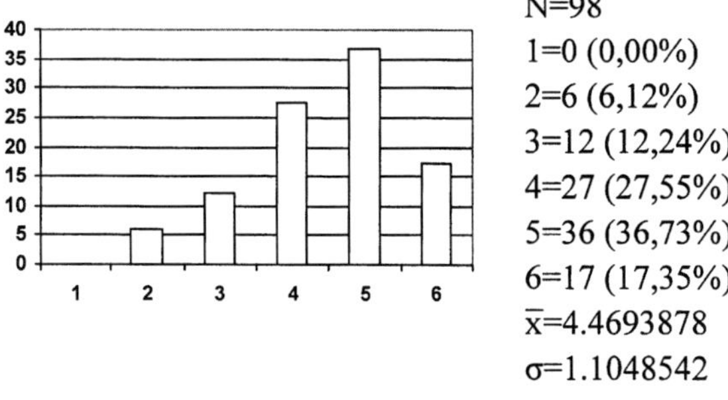

N=98
1=0 (0,00%)
2=6 (6,12%)
3=12 (12,24%)
4=27 (27,55%)
5=36 (36,73%)
6=17 (17,35%)
$\bar{x}$=4.4693878
σ=1.1048542

7. Tijdens klasgesprekken dagen de leerlingen mekaar uit in hun positiebepalingen. (LKR18_07)

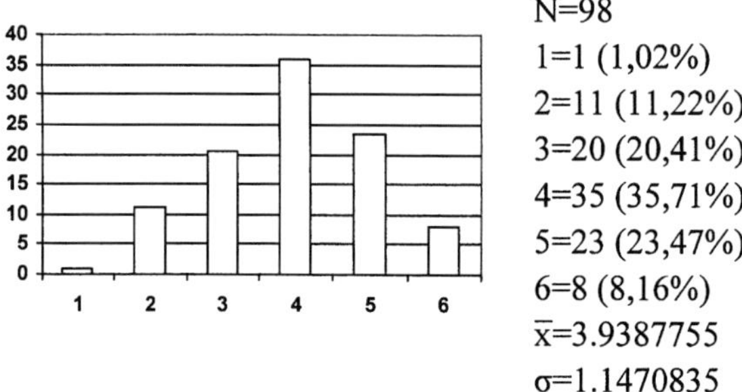

N=98
1=1 (1,02%)
2=11 (11,22%)
3=20 (20,41%)
4=35 (35,71%)
5=23 (23,47%)
6=8 (8,16%)
x̄=3.9387755
σ=1.1470835

8. Ik waag mij niet te vaak aan klasgesprekken omdat die vaak op delicaat terrein eindigen. (LKR18_08)

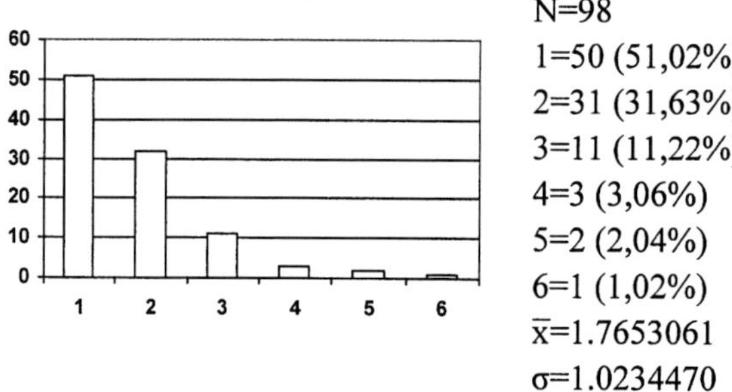

N=98
1=50 (51,02%)
2=31 (31,63%)
3=11 (11,22%)
4=3 (3,06%)
5=2 (2,04%)
6=1 (1,02%)
x̄=1.7653061
σ=1.0234470

9. De communicatie tussen leerkracht en leerlingen en tussen leerlingen onderling in het godsdienst-onderricht schept voorwaarden om de christelijke traditie voor jonge mensen toegankelijk te maken. (LKR18_09)

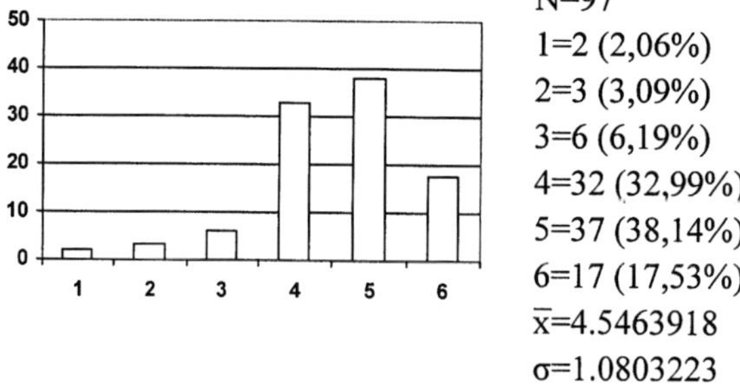

N=97
1=2 (2,06%)
2=3 (3,09%)
3=6 (6,19%)
4=32 (32,99%)
5=37 (38,14%)
6=17 (17,53%)
x̄=4.5463918
σ=1.0803223

10. Veel leerlingen vermijden het om zich in klasverband te laten kennen. (LKR18_10)

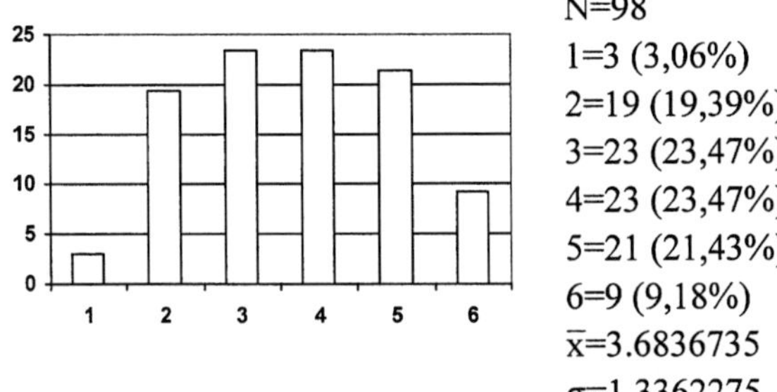

N=98
1=3 (3,06%)
2=19 (19,39%)
3=23 (23,47%)
4=23 (23,47%)
5=21 (21,43%)
6=9 (9,18%)
$\bar{x}$=3.6836735
σ=1.3362275

19. Enkele vragen rond uw gelovige visie

1. Er zijn naast het christendom ook andere ware religies. (LKR19_01)

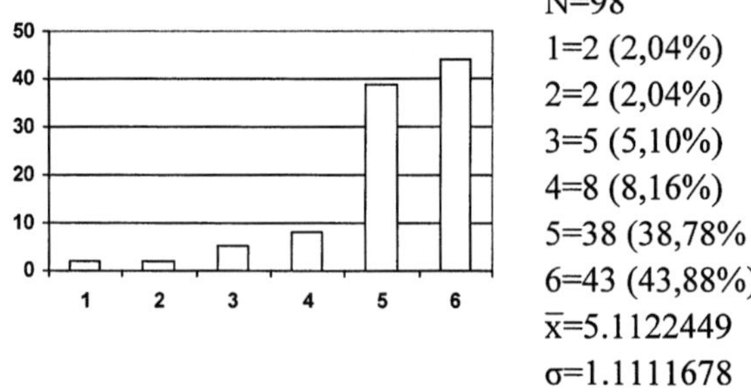

N=98
1=2 (2,04%)
2=2 (2,04%)
3=5 (5,10%)
4=8 (8,16%)
5=38 (38,78%
6=43 (43,88%)
$\bar{x}$=5.1122449
σ=1.1111678

2. De interreligieuze dialoog is een instrument om de leerlingen met een ander geloof, kennis te laten maken met het christendom, vooral voor hen is dit dus interessant. (LKR19_02)

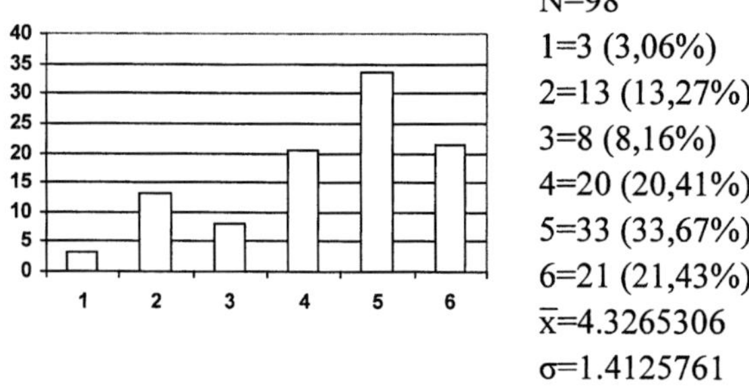

N=98
1=3 (3,06%)
2=13 (13,27%)
3=8 (8,16%)
4=20 (20,41%)
5=33 (33,67%)
6=21 (21,43%)
$\bar{x}$=4.3265306
σ=1.4125761

3. Interreligieuze dialoog mag er nooit toe leiden dat het christendom in vraag wordt gesteld. (LKR19_03)

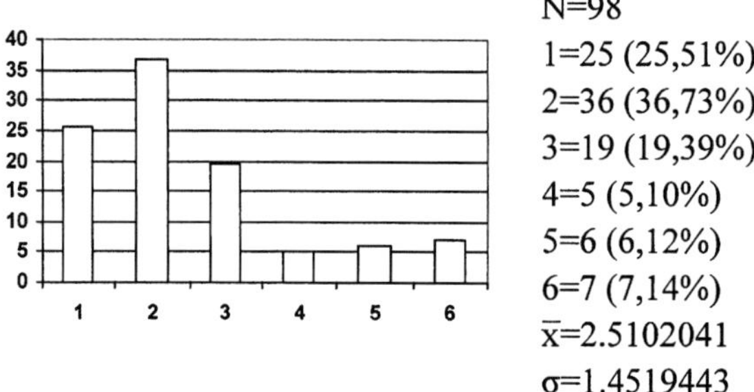

N=98
1=25 (25,51%)
2=36 (36,73%)
3=19 (19,39%)
4=5 (5,10%)
5=6 (6,12%)
6=7 (7,14%)
$\bar{x}$=2.5102041
σ=1.4519443

4. Wanneer ik het thema van de wereldgodsdiensten aanbreng, dan zie ik het als mijn gelovige plicht om de superioriteit van de christelijke religie zowel op spiritueel, ethisch als doctrineel vlak aan te tonen. (LKR19_04)

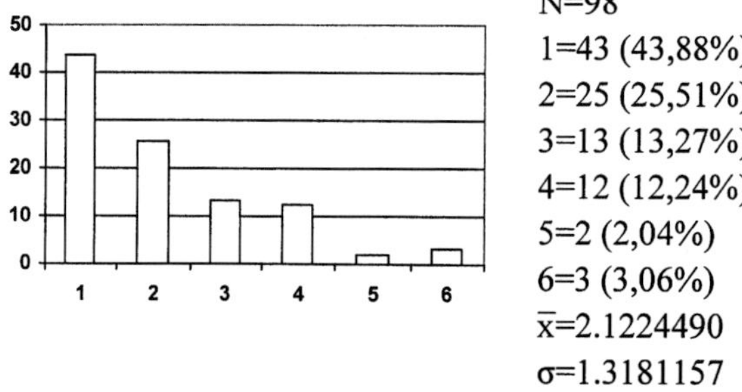

N=98
1=43 (43,88%)
2=25 (25,51%)
3=13 (13,27%)
4=12 (12,24%)
5=2 (2,04%)
6=3 (3,06%)
$\bar{x}$=2.1224490
σ=1.3181157

5. Omdat God voor mij fundamenteel Liefde is, lijkt het mij onwaarschijnlijk dat zij die niet in Christus geloven, niet gered zullen worden. (LKR19_05)

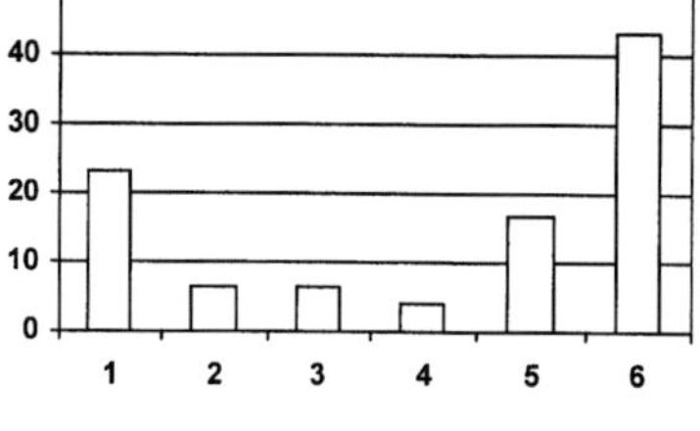

N=95
1=22 (23,16%)
2=6 (6,32%)
3=6 (6,32%)
4=4 (4,21%)
5=16 (16,84%)
6=41 (43,16%)
$\bar{x}$=4.1473684
σ=2.0780946

6. Volgens mij is de Geest van Christus ook werkzaam aanwezig in andere godsdiensten. (LKR19_06)

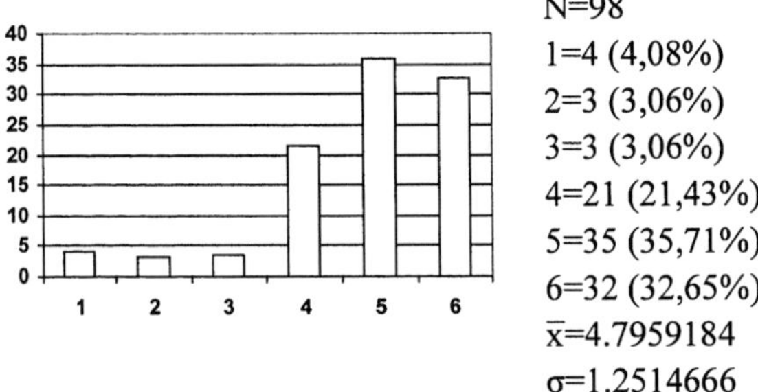

N=98
1=4 (4,08%)
2=3 (3,06%)
3=3 (3,06%)
4=21 (21,43%)
5=35 (35,71%)
6=32 (32,65%)
$\bar{x}$=4.7959184
σ=1.2514666

7. Hoewel ik er persoonlijk van overtuigd ben dat niet-christenen ook door Christus' genade gered worden, zal ik deze overtuiging niet luidop verkondigen uit respect voor de eigenheid van de andersgelovigen. (LKR19_07)

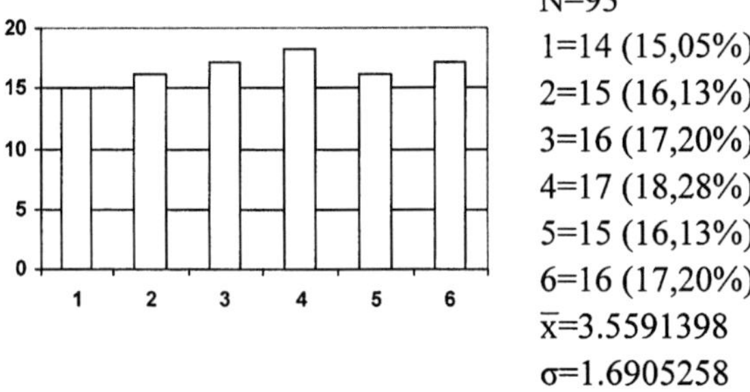

N=93
1=14 (15,05%)
2=15 (16,13%)
3=16 (17,20%)
4=17 (18,28%)
5=15 (16,13%)
6=16 (17,20%)
$\bar{x}$=3.5591398
σ=1.6905258

8. Ook niet-christenen kunnen een hoogstaand ethisch leven leiden. (LKR19_08)

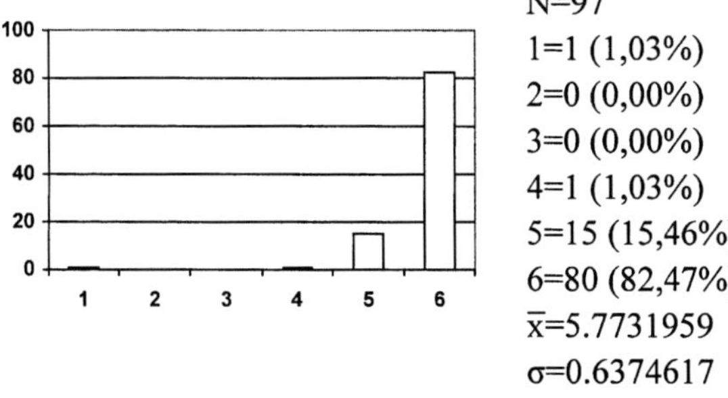

N=97
1=1 (1,03%)
2=0 (0,00%)
3=0 (0,00%)
4=1 (1,03%)
5=15 (15,46%)
6=80 (82,47%)
$\bar{x}$=5.7731959
σ=0.6374617

9. Of iemand een hoogstaand ethisch leven leidt, kom ik te weten door het te spiegelen aan het idee van de christelijke naastenliefde. (LKR19_09)

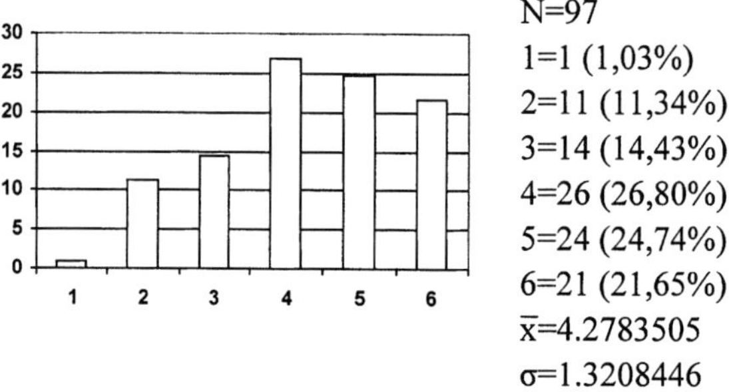

N=97
1=1 (1,03%)
2=11 (11,34%)
3=14 (14,43%)
4=26 (26,80%)
5=24 (24,74%)
6=21 (21,65%)
$\bar{x}$=4.2783505
σ=1.3208446

10. De naastenliefde is voor mij de norm en leidraad, om elke ethische beslissing te beoordelen, ook die van niet-christenen. (LKR19_10)

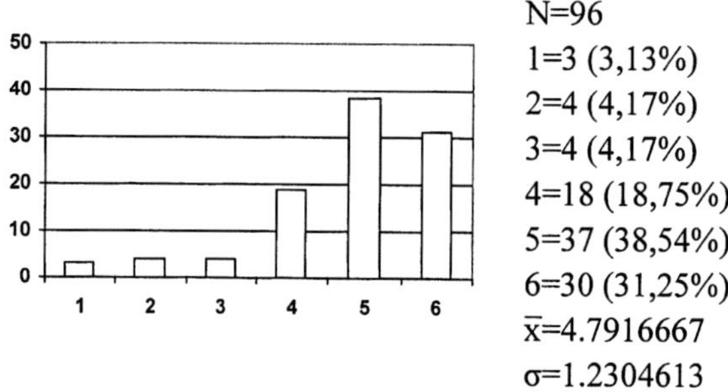

N=96
1=3 (3,13%)
2=4 (4,17%)
3=4 (4,17%)
4=18 (18,75%)
5=37 (38,54%)
6=30 (31,25%)
$\bar{x}$=4.7916667
σ=1.2304613

11. We moeten de leerlingen met een ander geloof niet benaderen als mensen die nog bekeerd moeten worden, maar als gelovigen waarvan ook wij veel kunnen leren. (LKR19_11)

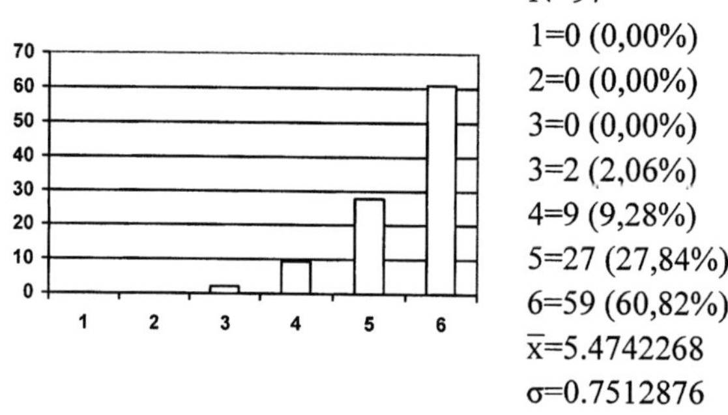

N=97
1=0 (0,00%)
2=0 (0,00%)
3=0 (0,00%)
3=2 (2,06%)
4=9 (9,28%)
5=27 (27,84%)
6=59 (60,82%)
$\bar{x}$=5.4742268
σ=0.7512876

12. Alle religies zijn historisch-cultureel bepaalde interpretaties van de éne mysterieuze Ultieme werkelijkheid. (LKR19_12)

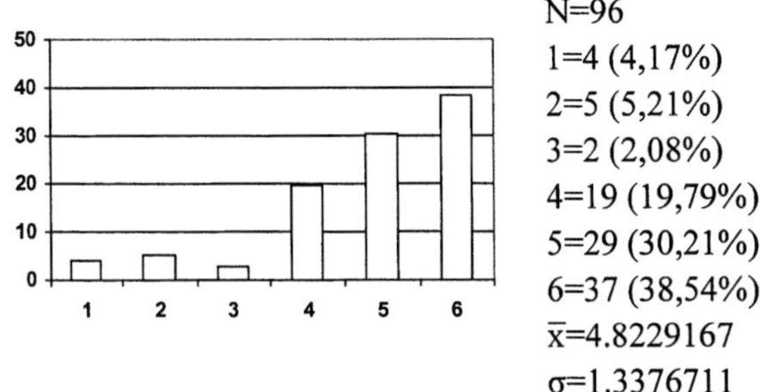

N=96
1=4 (4,17%)
2=5 (5,21%)
3=2 (2,08%)
4=19 (19,79%)
5=29 (30,21%)
6=37 (38,54%)
$\bar{x}$=4.8229167
σ=1.3376711

13. Hun historisch-cultureel bepaalde karakter maakt dat alle godsdiensten relatief zijn. (LKR19_13)

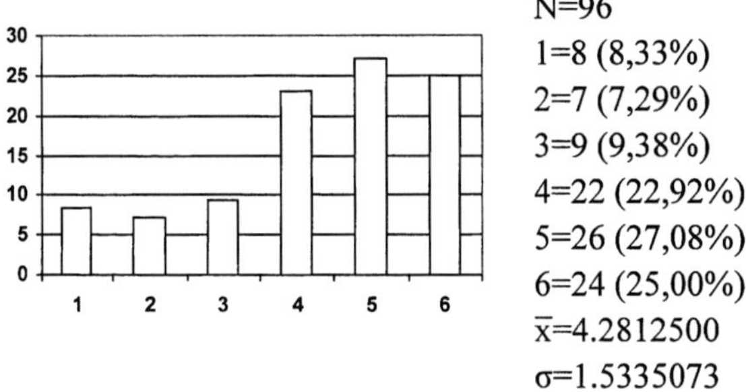

N=96
1=8 (8,33%)
2=7 (7,29%)
3=9 (9,38%)
4=22 (22,92%)
5=26 (27,08%)
6=24 (25,00%)
$\bar{x}$=4.2812500
σ=1.5335073

14. Alle godsdiensten zijn uiteindelijk even waar en werkelijkheidsgetrouw. (LKR19_14)

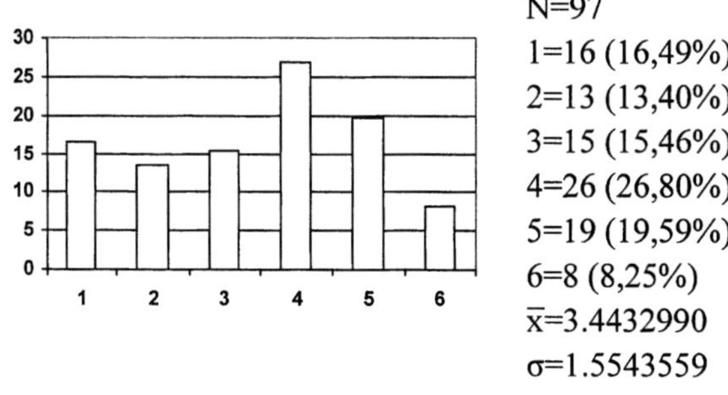

N=97
1=16 (16,49%)
2=13 (13,40%)
3=15 (15,46%)
4=26 (26,80%)
5=19 (19,59%)
6=8 (8,25%)
$\bar{x}$=3.4432990
σ=1.5543559

15. Alle religies zijn complementair. Ze vormen stuk voor stuk partiële interpretaties van de Ultieme goddelijke werkelijkheid. (LKR19_15)

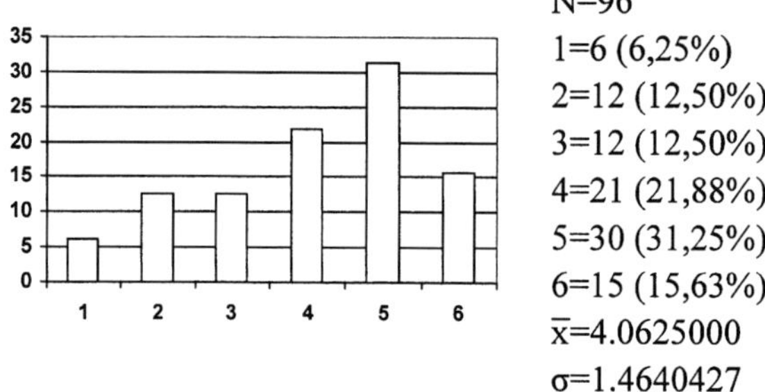

N=96
1=6 (6,25%)
2=12 (12,50%)
3=12 (12,50%)
4=21 (21,88%)
5=30 (31,25%)
6=15 (15,63%)
$\bar{x}$=4.0625000
σ=1.4640427

16. Omdat alle godsdiensten complementair zijn, is de interreligieuze dialoog het uitgelezen instrument om de verschillende en uiteenlopende aspecten van Ultieme werkelijkheid, bron en doel van alle godsdiensten, samen te passen tot één geheel. (LKR19_16)

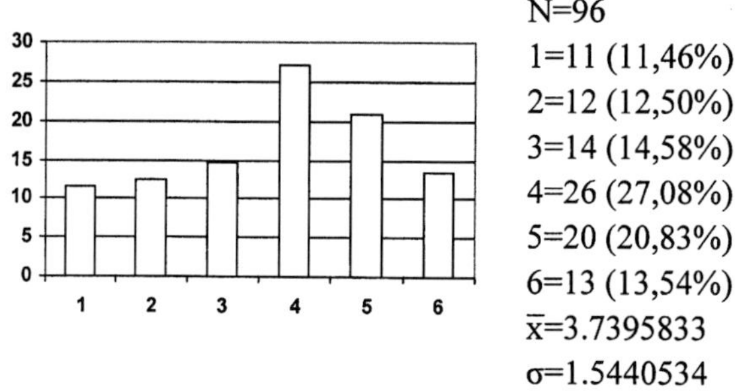

N=96
1=11 (11,46%)
2=12 (12,50%)
3=14 (14,58%)
4=26 (27,08%)
5=20 (20,83%)
6=13 (13,54%)
$\bar{x}$=3.7395833
σ=1.5440534

17. Aangezien alle godsdiensten uiteindelijk leiden tot hetzelfde doel, met name het Ultieme, maakt het uiteindelijk niet uit of je nu christen, jood of boeddhist bent. Het nettoresultaat is hetzelfde: heil. (LKR19_17)

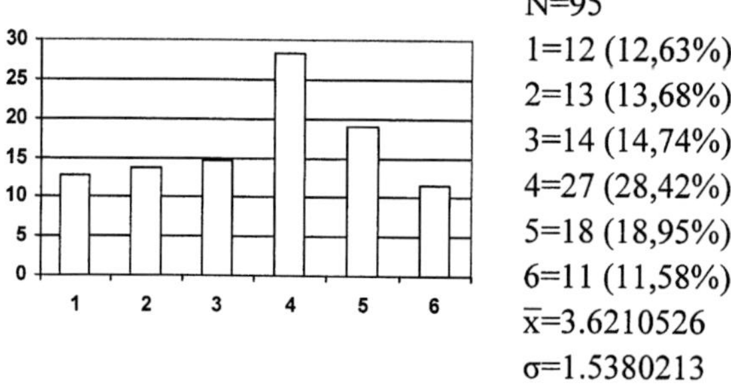

N=95
1=12 (12,63%)
2=13 (13,68%)
3=14 (14,74%)
4=27 (28,42%)
5=18 (18,95%)
6=11 (11,58%)
$\bar{x}$=3.6210526
σ=1.5380213

18. Als godsdienstleerkracht is het mijn plicht om de leerlingen aan te sporen tot engagement. (LKR19_18)

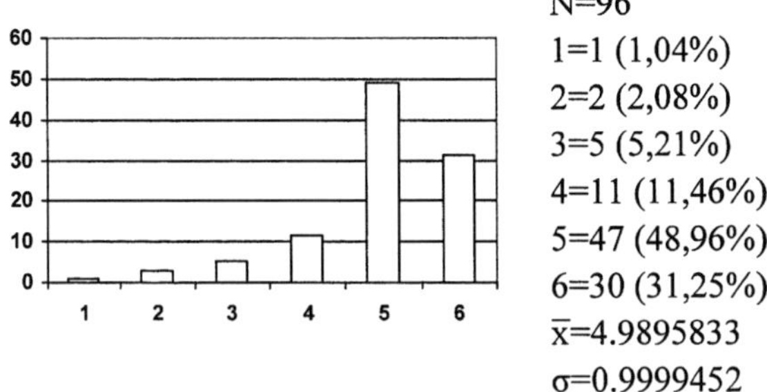

N=96
1=1 (1,04%)
2=2 (2,08%)
3=5 (5,21%)
4=11 (11,46%)
5=47 (48,96%)
6=30 (31,25%)
$\bar{x}$=4.9895833
σ=0.9999452

19. De godsdienstles is een uitgelezen plaats om de leerlingen te laten proeven van de verschillende mogelijke religieuze perspectieven. De godsdienstleerkracht biedt als het ware de mogelijkheden aan, of de leerlingen kiezen of waarvoor ze kiezen, is minder belangrijk. (LKR19_19)

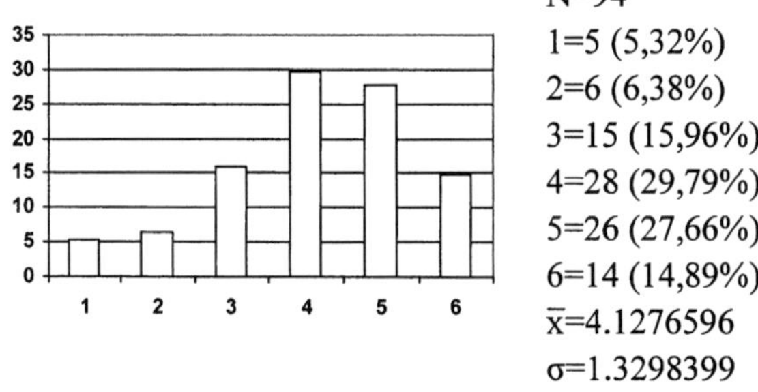

N=94
1=5 (5,32%)
2=6 (6,38%)
3=15 (15,96%)
4=28 (29,79%)
5=26 (27,66%)
6=14 (14,89%)
$\bar{x}$=4.1276596
σ=1.3298399

20. Ik geloof niet dat de verschillende godsdiensten uiteindelijk teruggaan op eenzelfde mysterieuze Ultieme werkelijkheid. Daarvoor zijn de onderlinge verschillen tussen de religieuze systemen te groot en te conflictueus. (LKR19_20)

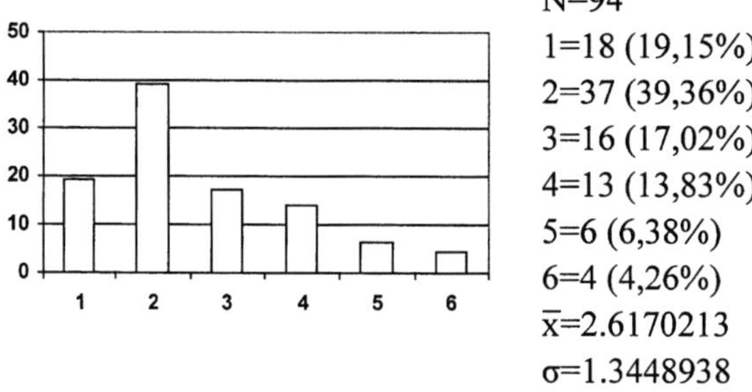

N=94
1=18 (19,15%)
2=37 (39,36%)
3=16 (17,02%)
4=13 (13,83%)
5=6 (6,38%)
6=4 (4,26%)
$\bar{x}$=2.6170213
σ=1.3448938

21. Het christendom kan zich nooit opwerpen alsof het de absolute en totale waarheid kent, omdat het zich immers altijd verhoudt tot *deus semper major*. (LKR19_21)

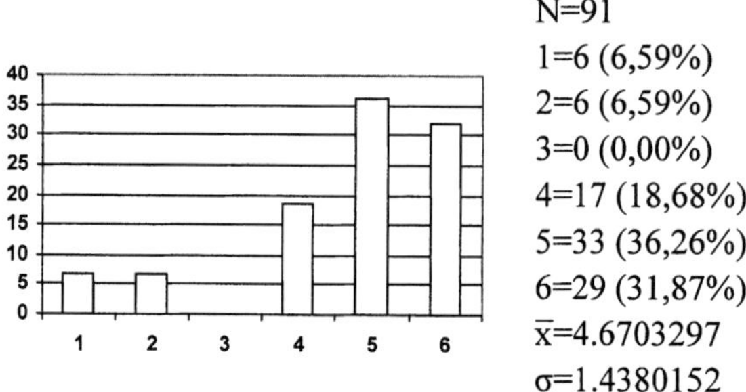

N=91
1=6 (6,59%)
2=6 (6,59%)
3=0 (0,00%)
4=17 (18,68%)
5=33 (36,26%)
6=29 (31,87%)
$\bar{x}$=4.6703297
σ=1.4380152

22. Religieuze waarheid heeft niets te maken met geloofspropositie en leerstellingen, maar met een authentieke gelovige verhouding tot de God die altijd groter is. Waarheid wordt een zaak van gelovig engagement en de gedurige erkenning dat we God niet kunnen grijpen en vatten. (LKR19_22)

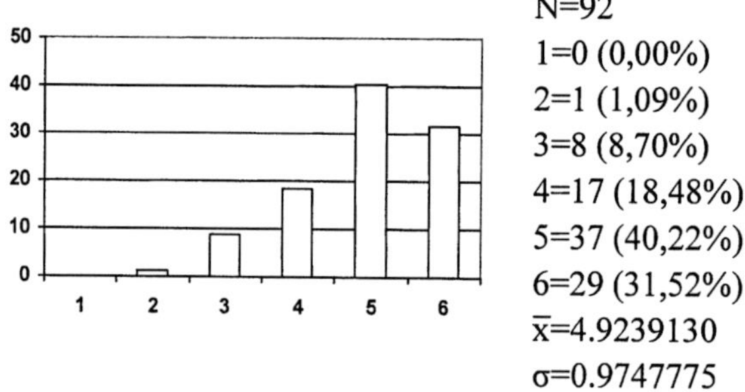

N=92
1=0 (0,00%)
2=1 (1,09%)
3=8 (8,70%)
4=17 (18,48%)
5=37 (40,22%)
6=29 (31,52%)
$\bar{x}$=4.9239130
σ=0.9747775

23. Het maakt wel degelijk een verschil of je nu een christen of een boeddhist bent. Je hele beleving van de werkelijkheid is anders. (LKR19_23)

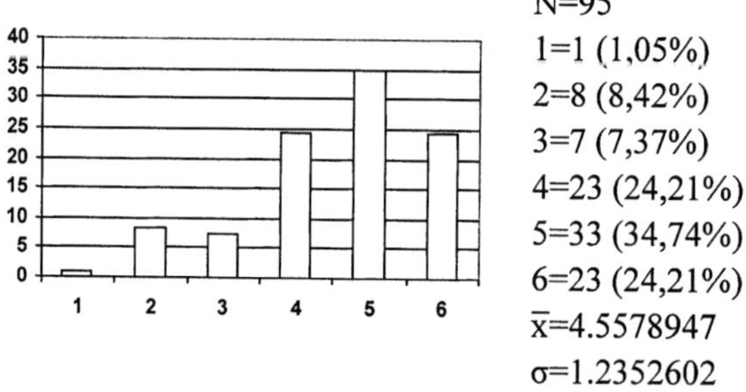

N=95
1=1 (1,05%)
2=8 (8,42%)
3=7 (7,37%)
4=23 (24,21%)
5=33 (34,74%)
6=23 (24,21%)
$\bar{x}$=4.5578947
σ=1.2352602

24. Ondanks het feit van religieuze pluraliteit, particulariteit en contingentie, ben ik een christen. Deze gegevenheid wijst mij niet zozeer op de relativiteit van het christelijke verhaal, als wel op het unieke en bewuste karakter van mijn christelijke keuze. Deze keuze toon ik en beleef ik door mij diepgaand te engageren. (LKR19_24)

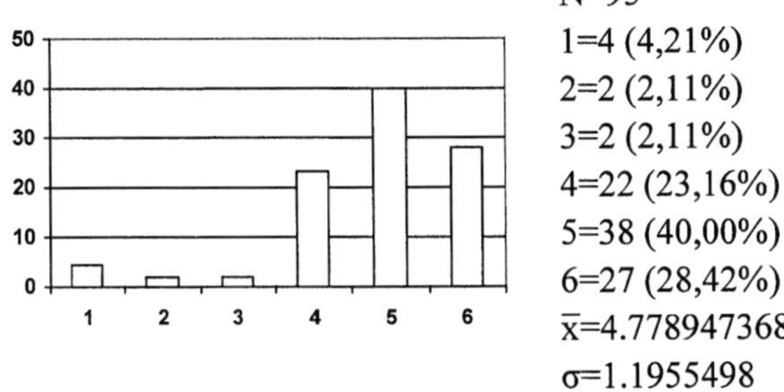

N=95
1=4 (4,21%)
2=2 (2,11%)
3=2 (2,11%)
4=22 (23,16%)
5=38 (40,00%)
6=27 (28,42%)
$\bar{x}$=4.778947368
σ=1.1955498

20. Enkele vragen rond uw gevoelens t.o.v. mensen met een ander geloof

Mijn affectieve houding t.o.v. religieuze pluraliteit wordt bepaald door:

Bij de weergave van de resultaten worden de scores 1 tot en met 3 en 4 tot en met 6 samengenomen met het oog op overzichtelijkheid en vergelijking tussen de scores op de tien verschillende positieve en negatieve gevoelens (aangeboden items).

Hoge scores (4-6):

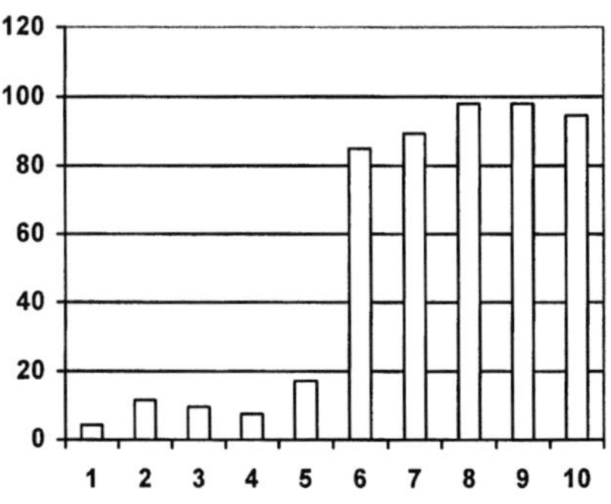

1:Vrees=4 (4,25%) (N=94)
2:Onrust=11 (11,70%) (N=94)
3:Ergernis=9 (9,57%) (N=94)
4:Ongevoeligheid=7 (7,53%) (N=93)
5:Onzekerheid=16 (17,20%) (N=93)
6:Samenwerking=79 (84,95%) (N=93)
7:Verbondenheid=84 (89,36%) (N=94)
8:Respect=92 (97,87%) (N=94)
9:Openheid=92 (97,87%) (N=94)
10:Wil tot dialoog=88 (94,62%) (N=93)

Lage scores (1-3):

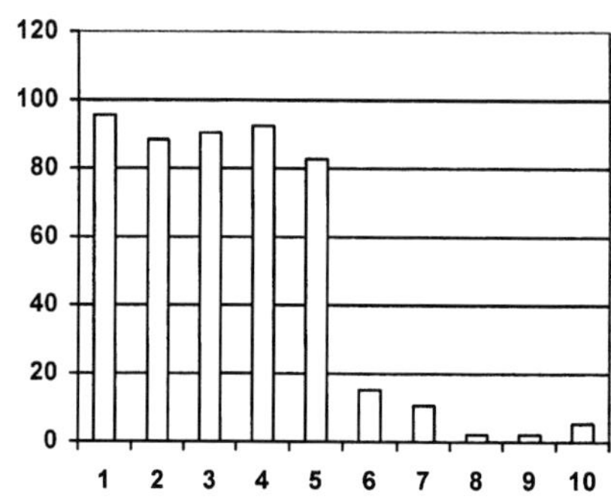

1:Vrees=90 (95,74%) (N=94)
2:Onrust=83 (88,30%) (N=94)
3:Ergernis=85 (90,43%) (N=94)
4:Ongevoeligheid=86 (92,47%) (N=93)
5:Onzekerheid=77 (82,80%) (N=93)
6:Samenwerking=14 (15,05%) (N=93)
7:Verbondenheid=10 (10,64%) (N=94)
8:Respect=2 (2,13%) (N=94)
9:Openheid=2 (2,13%) (N=94)
10:Wil tot dialoog=5 (5,38%) (N=93)

gemiddelde ($\bar{x}$):
1: Vrees=1.4255319
2: Onrust=1.8404255
3: Ergernis=1.6170213
4: Ongevoeligheid=1.5913978
5: Onzekerheid=2.0537634
6: Samenwerking=4.4193548
7: Verbondenheid=4.5957447
8: Respect=5.3723404
9: Openheid=5.3297872
10: Wil tot dialoog=5.2258065

standaarddeviatie (σ)
1: Vrees=0.7688752
2: Onrust=1.2640879
3: Ergernis=0.9628183
4: Ongevoeligheid=1.0240219
5: Onzekerheid=1.2191015
6: Samenwerking=1.1732765
7: Verbondenheid=1.1852058
8: Respect=0.7757624
9: Openheid=0.7813457
10: Wil tot dialoog=0.9104351

21. Enkele vragen rond uw visie over de verhouding tussen de leerlingen en de multireligieuze samenleving

Deze vragen gaan over hoe u de verhouding ziet tussen de leerlingen en de multireligieuze samenleving waarin zij opgroeien. We willen graag weten in welke mate u zich al dan niet aansluit bij de onderstaande stellingen.

1. Godsdienstonderricht moet de leerlingen resoluut helpen op te groeien in een multiculturele en multireligieuze samenleving. (LKR21_01)

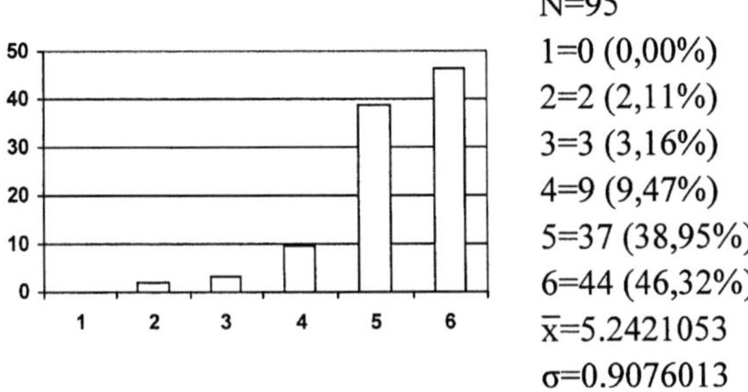

N=95
1=0 (0,00%)
2=2 (2,11%)
3=3 (3,16%)
4=9 (9,47%)
5=37 (38,95%)
6=44 (46,32%)
$\bar{x}$=5.2421053
σ=0.9076013

2. De kennismaking met de andere godsdiensten is vandaag een voorwaarde om zijn identiteit als christen te helpen verwerven. (LKR21_02)

N=95

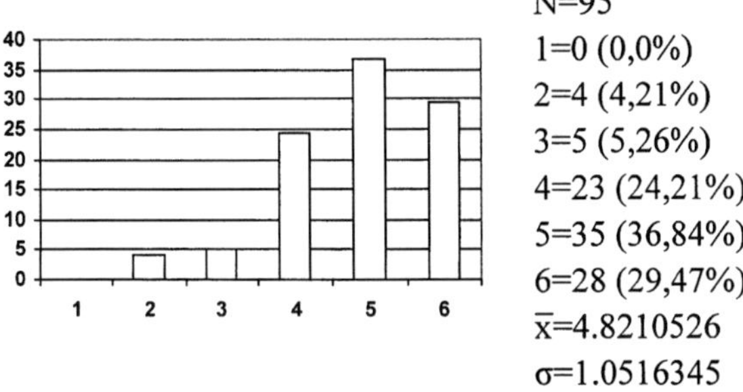

1=0 (0,0%)
2=4 (4,21%)
3=5 (5,26%)
4=23 (24,21%)
5=35 (36,84%)
6=28 (29,47%)
$\bar{x}$=4.8210526
σ=1.0516345

3. Het vak godsdienst op school dient er naar te streven een christelijke geloofshouding en praxis van de leerlingen te wekken of te verdiepen. (LKR21_03)

N=95

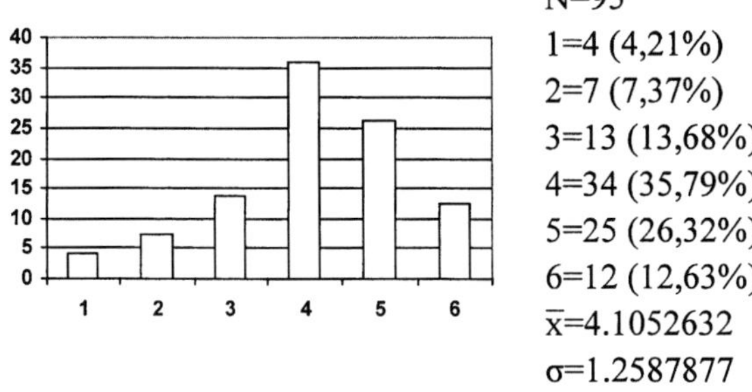

1=4 (4,21%)
2=7 (7,37%)
3=13 (13,68%)
4=34 (35,79%)
5=25 (26,32%)
6=12 (12,63%)
$\bar{x}$=4.1052632
σ=1.2587877

4. Naarmate het aantal moslims in de godsdienstles toeneemt, dient men het godsdienstonderricht meer als een interreligieuze dialoog uit te bouwen. (LKR21_04)

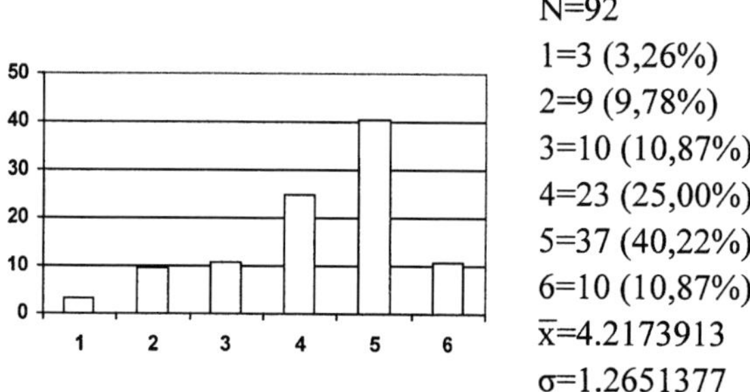

N=92
1=3 (3,26%)
2=9 (9,78%)
3=10 (10,87%)
4=23 (25,00%)
5=37 (40,22%)
6=10 (10,87%)
$\bar{x}$=4.2173913
σ=1.2651377

5. Het is best de moslimleerlingen tijdens de godsdienstlessen apart te nemen en ze een bijzondere leergang moraal te laten volgen. Deze leergang steunt wel op christelijke waarden, maar er wordt geen expliciete christelijke duiding en verkondiging aan gekoppeld. (LKR21_05)

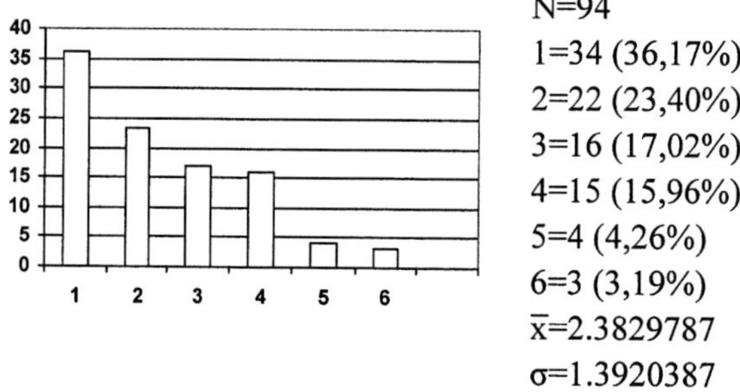

N=94
1=34 (36,17%)
2=22 (23,40%)
3=16 (17,02%)
4=15 (15,96%)
5=4 (4,26%)
6=3 (3,19%)
$\bar{x}$=2.3829787
σ=1.3920387

6. Moslimleerlingen moeten tijdens de godsdienstles apart genomen worden en hun eigen islam-onderricht krijgen. (LKR21_06)

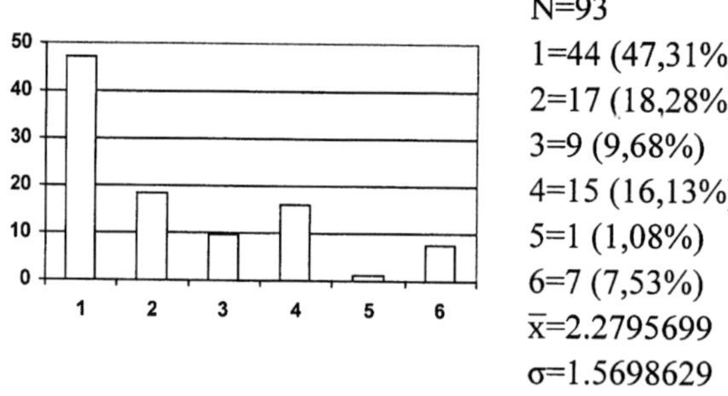

N=93
1=44 (47,31%)
2=17 (18,28%)
3=9 (9,68%)
4=15 (16,13%)
5=1 (1,08%)
6=7 (7,53%)
$\bar{x}$=2.2795699
σ=1.5698629

7. Moslimleerlingen moeten gewoon het vak godsdienst volgen indien ze voor het katholieke onderwijs hebben gekozen. (LKR21_07)

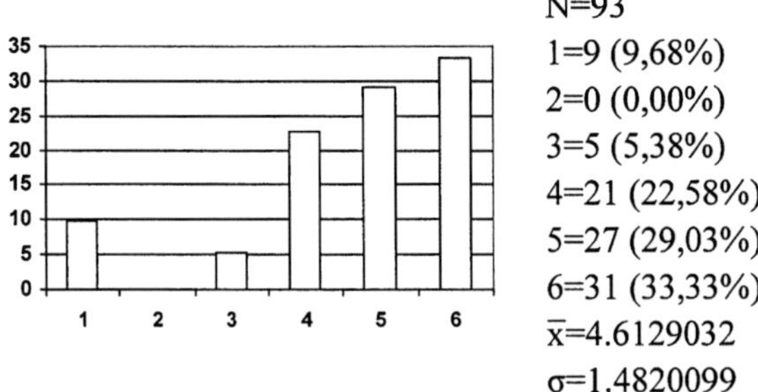

N=93
1=9 (9,68%)
2=0 (0,00%)
3=5 (5,38%)
4=21 (22,58%)
5=27 (29,03%)
6=31 (33,33%)
$\bar{x}$=4.6129032
σ=1.4820099

8. Moslimleerlingen kunnen best het vak godsdienst volgen als het niet als geloofsverkondiging opgevat wordt en ruimschoots in dialoog treedt. (LKR21_08)

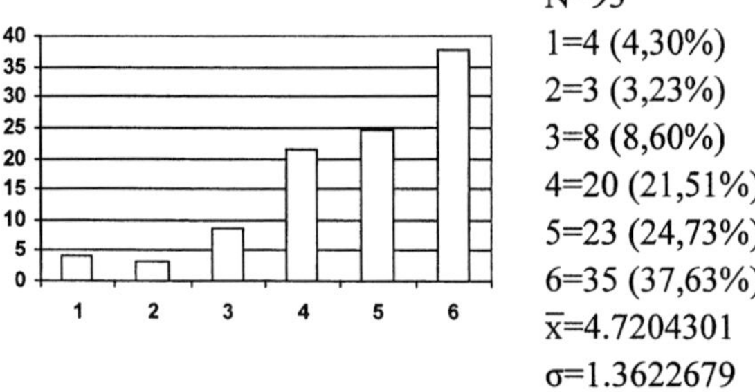

N=93
1=4 (4,30%)
2=3 (3,23%)
3=8 (8,60%)
4=20 (21,51%)
5=23 (24,73%)
6=35 (37,63%)
$\bar{x}$=4.7204301
σ=1.3622679

9. Jongeren zijn geïnteresseerd in lessen over wereldgodsdiensten. (LKR21_09)

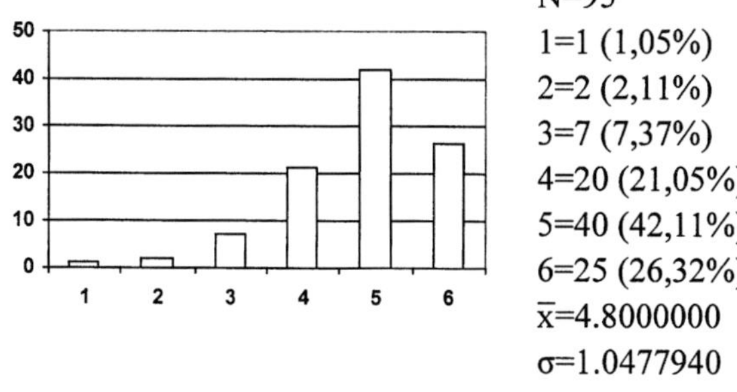

N=95
1=1 (1,05%)
2=2 (2,11%)
3=7 (7,37%)
4=20 (21,05%)
5=40 (42,11%)
6=25 (26,32%)
$\bar{x}$=4.8000000
σ=1.0477940

10. Een katholieke school is een school van katholieken voor katholieken. (LKR21_10)

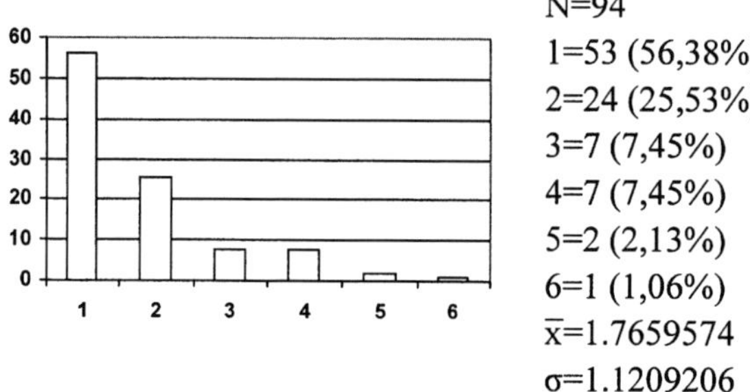

N=94
1=53 (56,38%)
2=24 (25,53%)
3=7 (7,45%)
4=7 (7,45%)
5=2 (2,13%)
6=1 (1,06%)
$\bar{x}$=1.7659574
σ=1.1209206

11. Als er leerlingen met een ander geloof in de klas zitten dan tracht ik hen ervan te overtuigen dat Christus de enige reddende weg naar God is. (LKR21_11)

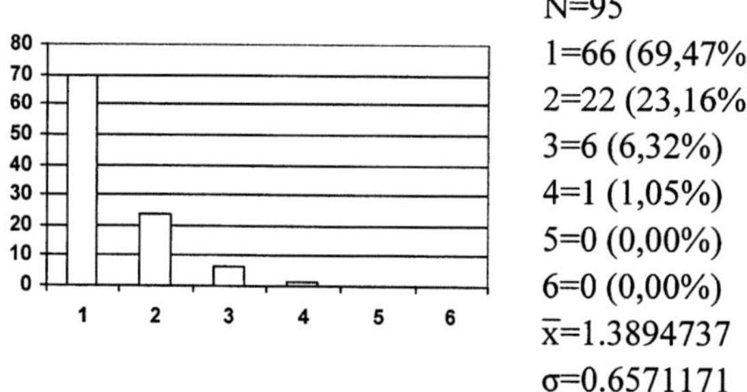

N=95
1=66 (69,47%)
2=22 (23,16%)
3=6 (6,32%)
4=1 (1,05%)
5=0 (0,00%)
6=0 (0,00%)
$\bar{x}$=1.3894737
σ=0.6571171

12. Jongeren moeten op school eerst voldoende in de eigen christelijke traditie geïnitieerd worden, alvorens met andere godsdiensten nader in contact gebracht te worden. (LKR21_12)

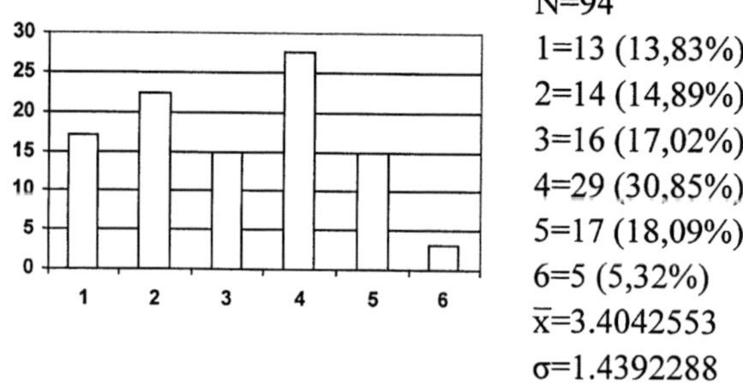

N=94
1=13 (13,83%)
2=14 (14,89%)
3=16 (17,02%)
4=29 (30,85%)
5=17 (18,09%)
6=5 (5,32%)
$\bar{x}$=3.4042553
σ=1.4392288

13. Het godsdienstonderricht dient eerder als een dienst aan de menswording van jonge mensen, dan als een dienst aan de kerk te worden beschouwd. (LKR21_13)

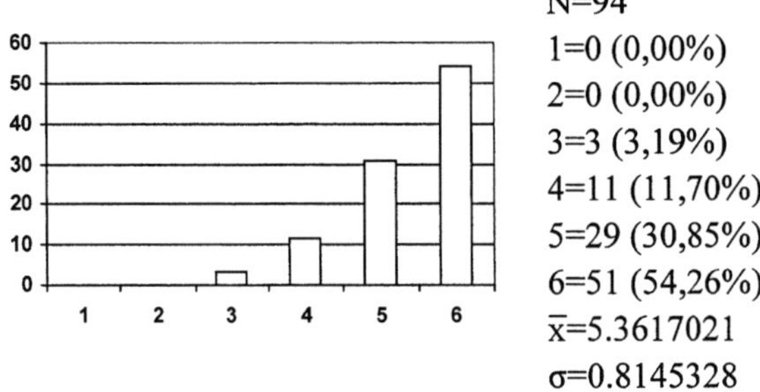

N=94
1=0 (0,00%)
2=0 (0,00%)
3=3 (3,19%)
4=11 (11,70%)
5=29 (30,85%)
6=51 (54,26%)
$\bar{x}$=5.3617021
σ=0.8145328

14. In een klas waarin een godsdienstleerkracht sterk met de pluraliteit van zijn leerlingen rekening houdt, blijven zeer gelovige leerlingen op hun honger zitten. (LKR21_14)

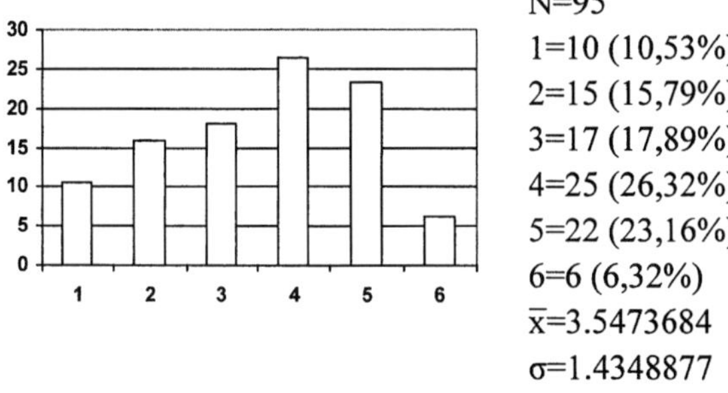

N=95
1=10 (10,53%)
2=15 (15,79%)
3=17 (17,89%)
4=25 (26,32%)
5=22 (23,16%)
6=6 (6,32%)
$\bar{x}$=3.5473684
σ=1.4348877

15. De tijd die men zou kunnen besteden aan een kennismaking met andere godsdiensten kan men beter gebruiken om de leerlingen nader met het katholieke geloof in contact te brengen. (LKR21_15)

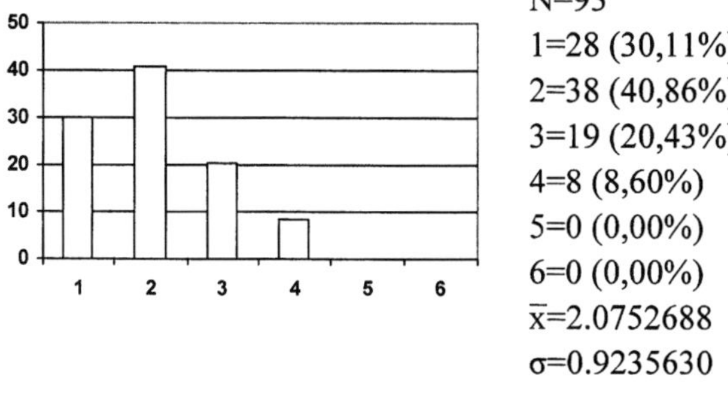

N=93
1=28 (30,11%)
2=38 (40,86%)
3=19 (20,43%)
4=8 (8,60%)
5=0 (0,00%)
6=0 (0,00%)
$\bar{x}$=2.0752688
σ=0.9235630

16. Als leerkracht r.k.-godsdienst is het voor mij een onmogelijke opdracht om godsdienst te geven aan een klas waarin ook moslims zitten. (LKR21_16)

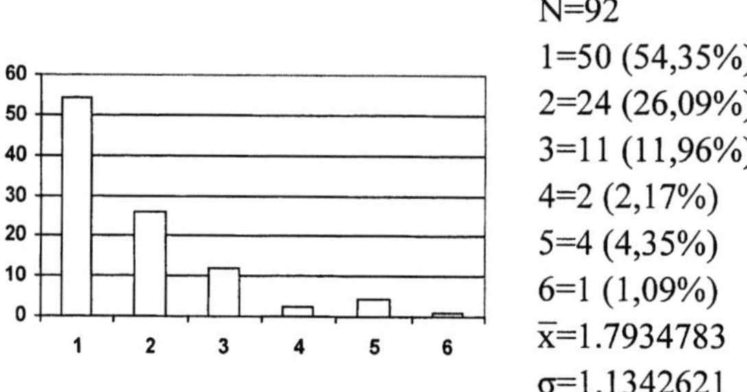

N=92
1=50 (54,35%)
2=24 (26,09%)
3=11 (11,96%)
4=2 (2,17%)
5=4 (4,35%)
6=1 (1,09%)
$\bar{x}$=1.7934783
σ=1.1342621

17. Vanaf welke leeftijd denkt u dat leerlingen er klaar voor zijn om andere godsdiensten te bestuderen zonder dat daarbij verwarring optreedt in hun (religieuze) identiteitsopbouw? … jaar. (LKR21.17)

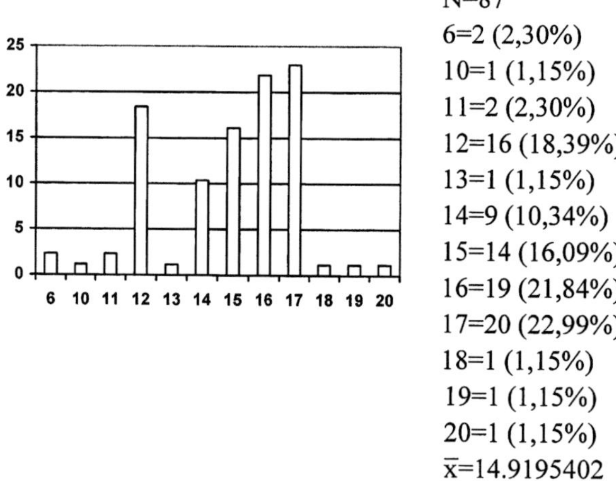

N=87
6=2 (2,30%)
10=1 (1,15%)
11=2 (2,30%)
12=16 (18,39%)
13=1 (1,15%)
14=9 (10,34%)
15=14 (16,09%)
16=19 (21,84%)
17=20 (22,99%)
18=1 (1,15%)
19=1 (1,15%)
20=1 (1,15%)
$\bar{x}$=14.9195402

22. Enkele vragen rond uw onderwijsstrategie

Deze stellingen willen peilen naar de manier waarop u kijkt naar de rol die u als leerkracht katholieke godsdienst invult en vanuit welke filosofie u dit doet.

1. In de klas heb ik het recht om andere godsdiensten te interpreteren of aan te brengen vanuit de overtuiging dat ze zijn ontstaan in een cultuur die inferieur is aan de onze. (LKR22_1)

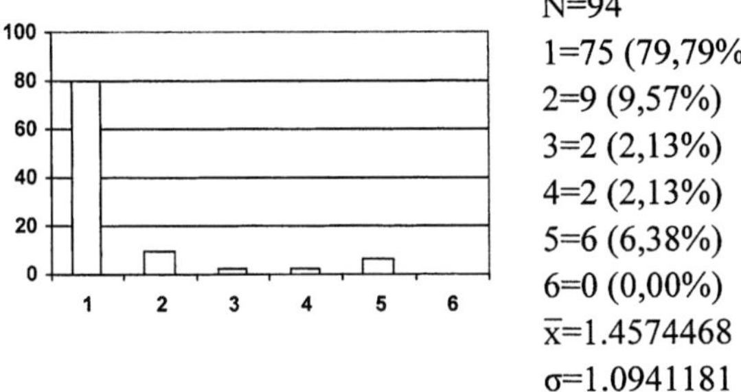

N=94
1=75 (79,79%)
2=9 (9,57%)
3=2 (2,13%)
4=2 (2,13%)
5=6 (6,38%)
6=0 (0,00%)
$\bar{x}$=1.4574468
σ=1.0941181

2. Aangezien ik les katholieke godsdienst geef, voel ik me niet verplicht aandacht te besteden aan andere godsdiensten. (LKR22_2)

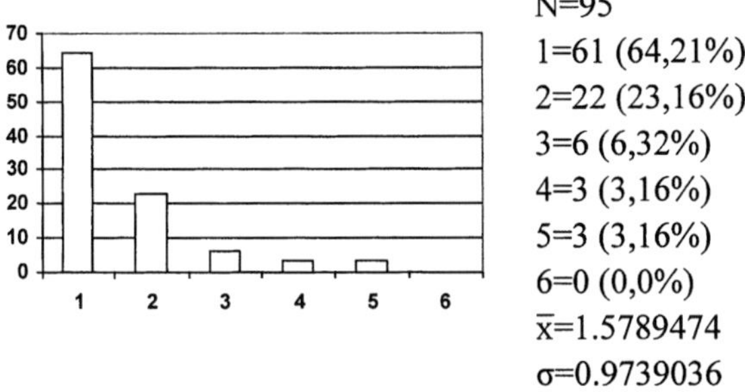

N=95
1=61 (64,21%))
2=22 (23,16%)
3=6 (6,32%)
4=3 (3,16%)
5=3 (3,16%)
6=0 (0,0%)
$\bar{x}$=1.5789474
σ=0.9739036

3. Het is niet de taak van katholieke scholen om andere godsdiensten aan te brengen. (LKR22_3)

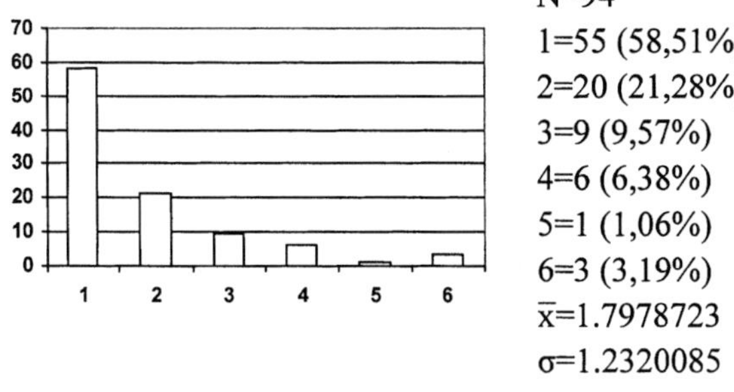

N=94
1=55 (58,51%)
2=20 (21,28%)
3=9 (9,57%)
4=6 (6,38%)
5=1 (1,06%)
6=3 (3,19%)
$\bar{x}$=1.7978723
σ=1.2320085

4. De centraliteit van het katholicisme staat in mijn lessen buiten kijf. (LKR22_4)

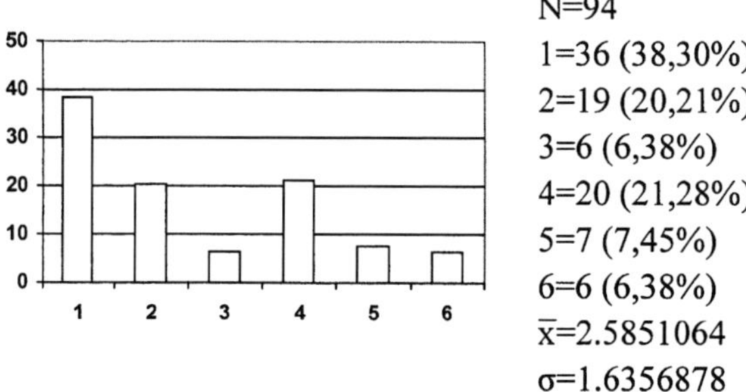

N=94
1=36 (38,30%)
2=19 (20,21%)
3=6 (6,38%)
4=20 (21,28%)
5=7 (7,45%)
6=6 (6,38%)
$\bar{x}$=2.5851064
σ=1.6356878

5. Alle andere godsdiensten zijn evenwaardig aan ons eigen katholieke geloof. (LKR22_5)

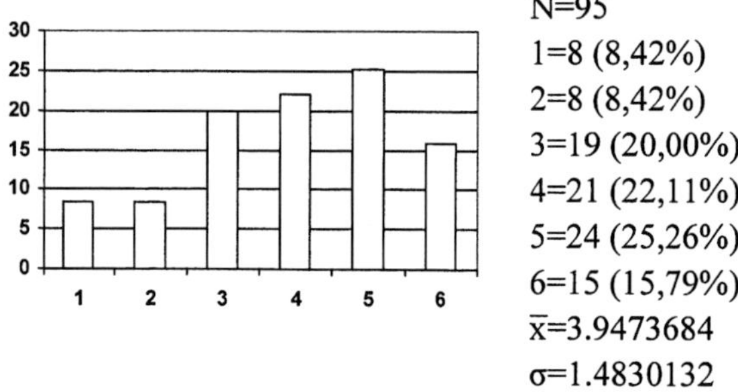

N=95
1=8 (8,42%)
2=8 (8,42%)
3=19 (20,00%)
4=21 (22,11%)
5=24 (25,26%)
6=15 (15,79%)
$\bar{x}$=3.9473684
σ=1.4830132

6. Leerlingen kunnen zelf kiezen uit het aanbod van godsdiensten dat hen wordt aangeboden. Daartoe zijn ze zelf in staat en als leerkracht behoort het niet tot mijn taak om hen te 'sturen'. (LKR22_6)

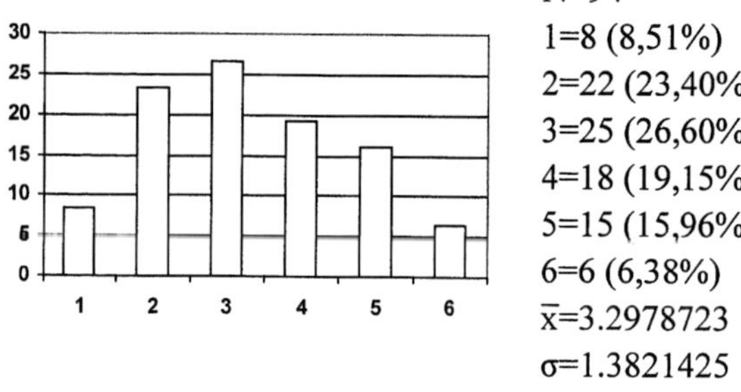

N=94
1=8 (8,51%)
2=22 (23,40%)
3=25 (26,60%)
4=18 (19,15%)
5=15 (15,96%)
6=6 (6,38%)
$\bar{x}$=3.2978723
σ=1.3821425

7. Ik zie het als godsdienstleerkracht als mijn taak om de leerlingen te leren openstaan voor veranderingen en verschillen zonder dat ze zich daardoor bedreigd hoeven te voelen. (LKR22_7)

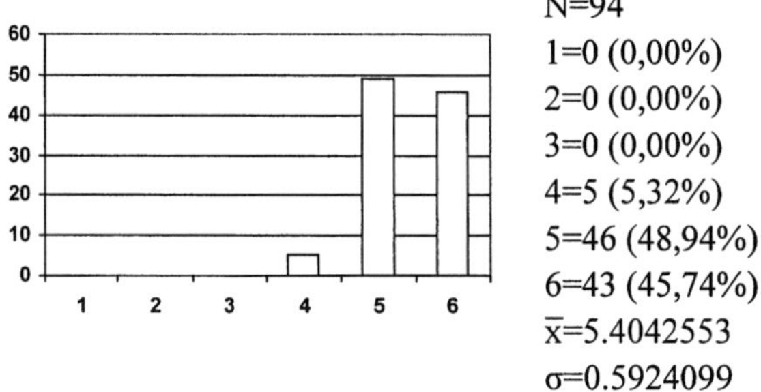

N=94
1=0 (0,00%)
2=0 (0,00%)
3=0 (0,00%)
4=5 (5,32%)
5=46 (48,94%)
6=43 (45,74%)
$\bar{x}$=5.4042553
σ=0.5924099

23. Enkele vragen rond de visie van uzelf als leerkracht op uw eigen rol in het onderwijsproces

Volgende stellingen gaan nog meer specifiek over de manier waarop u vandaag reeds u rol als godsdienstleerkracht invult.

1. Ik licht in mijn lessen niet enkel de katholieke godsdienst toe, maar laat nu reeds een licht schijnen op de andere wereldgodsdiensten en besteed daar ruim tijd aan. (LKR23_01)

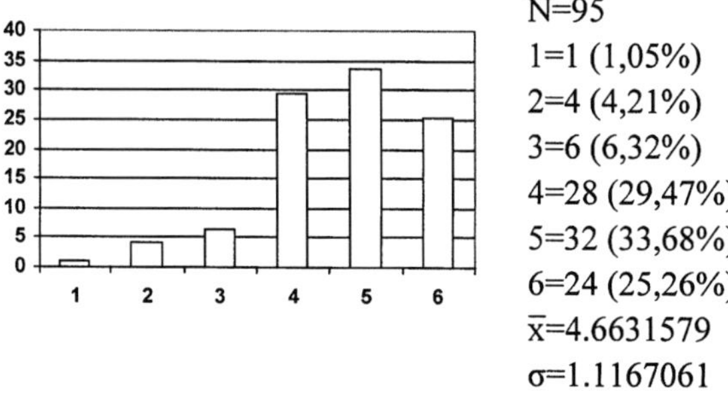

N=95
1=1 (1,05%)
2=4 (4,21%)
3=6 (6,32%)
4=28 (29,47%)
5=32 (33,68%)
6=24 (25,26%)
$\bar{x}$=4.6631579
σ=1.1167061

2. De openheid voor de opvattingen van andersdenkenden sluit bij de godsdienstleerkracht het eigen geloofsgetuigenis niet uit. (LKR23_02)

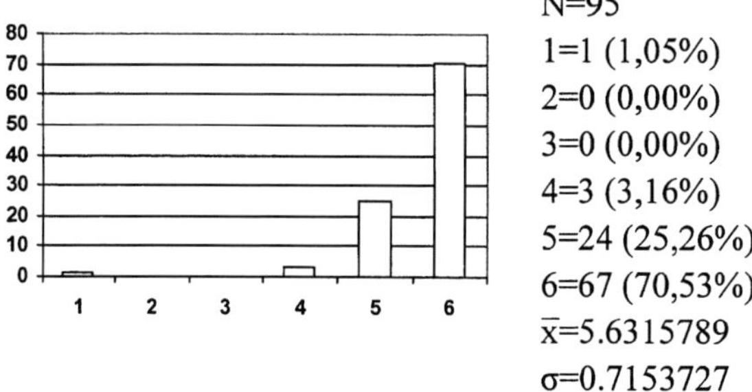

N=95
1=1 (1,05%)
2=0 (0,00%)
3=0 (0,00%)
4=3 (3,16%)
5=24 (25,26%)
6=67 (70,53%)
$\bar{x}$=5.6315789
σ=0.7153727

3. Godsdienstonderricht dat jongeren rechtstreeks voor het katholiek geloof tracht te winnen, is vandaag niet langer verantwoord. (LKR23_03)

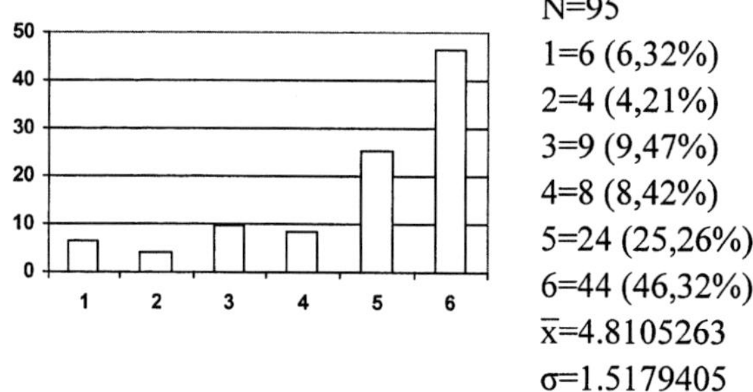

N=95
1=6 (6,32%)
2=4 (4,21%)
3=9 (9,47%)
4=8 (8,42%)
5=24 (25,26%)
6=44 (46,32%)
$\bar{x}$=4.8105263
σ=1.5179405

4. Een godsdienstleerkracht moet in het gesprek met de leerlingen telkens het standpunt van de kerkelijke leiding bijtreden. (LKR23_04)

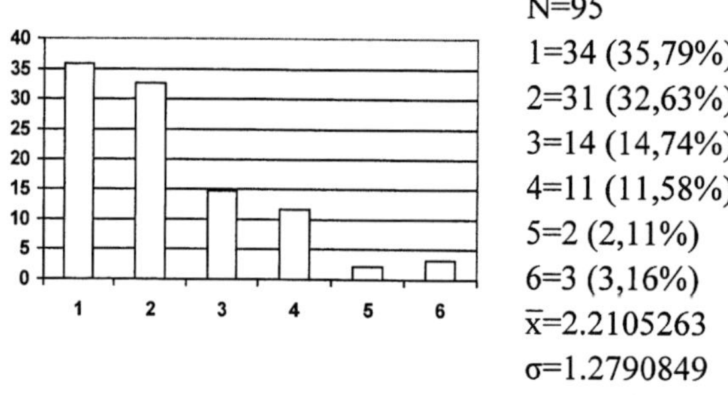

N=95
1=34 (35,79%)
2=31 (32,63%)
3=14 (14,74%)
4=11 (11,58%)
5=2 (2,11%)
6=3 (3,16%)
$\bar{x}$=2.2105263
σ=1.2790849

5. Als ik het thema pluralisme aankaart in de godsdienstles stel ik de hedendaagse situatie van religieuze diversiteit voor als een permanente bron van rijkdom. (LKR23_05)

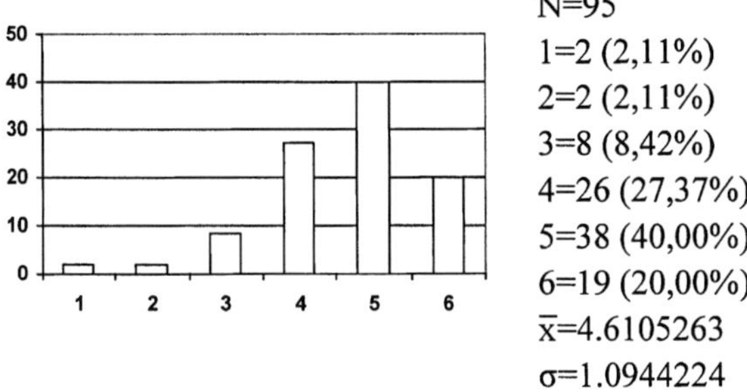

N=95
1=2 (2,11%)
2=2 (2,11%)
3=8 (8,42%)
4=26 (27,37%)
5=38 (40,00%)
6=19 (20,00%)
$\bar{x}$=4.6105263
σ=1.0944224

6. Ik wijs mijn leerlingen erop dat de aanwezigheid van mensen met een ander geloof een bedreiging voor onze maatschappij inhoudt. (LKR23_06)

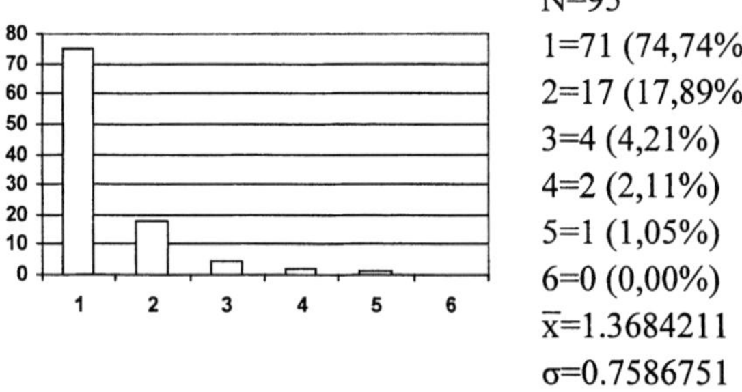

N=95
1=71 (74,74%)
2=17 (17,89%)
3=4 (4,21%)
4=2 (2,11%)
5=1 (1,05%)
6=0 (0,00%)
$\bar{x}$=1.3684211
σ=0.7586751

7. Hoewel ik in de godsdienstles de leerlingen wijs op de morele waarde en waarheid aanwezig in de andere godsdiensten, stel ik de christelijke visie steeds voor als norm. (LKR23_07)

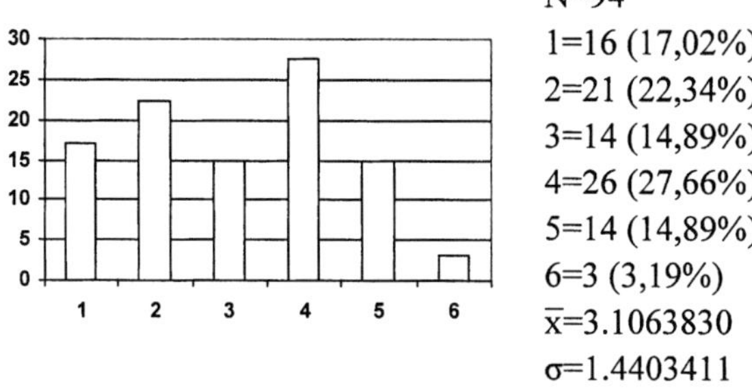

N=94
1=16 (17,02%)
2=21 (22,34%)
3=14 (14,89%)
4=26 (27,66%)
5=14 (14,89%)
6=3 (3,19%)
$\bar{x}$=3.1063830
σ=1.4403411

8. De godsdienstles is een instrument om jongeren te overtuigen van de waarheid die in het christendom ligt. (LKR23_08)

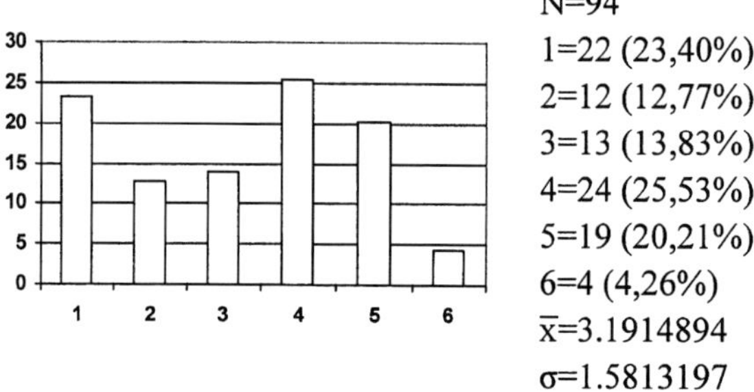

N=94
1=22 (23,40%)
2=12 (12,77%)
3=13 (13,83%)
4=24 (25,53%)
5=19 (20,21%)
6=4 (4,26%)
$\bar{x}$=3.1914894
σ=1.5813197

9. De godsdienst waartoe je behoort, is bepaald door je afkomst en berust dus op toeval. Daarom acht ik het noodzakelijk om de leerlingen inzicht te doen krijgen in het relatieve van de religieuze overtuiging. (LKR23_09)

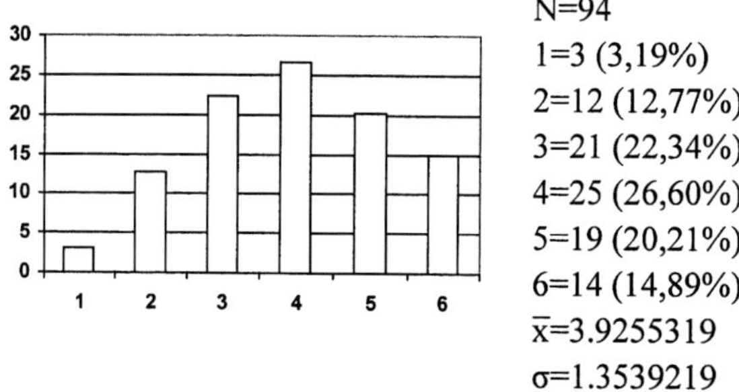

N=94
1=3 (3,19%)
2=12 (12,77%)
3=21 (22,34%)
4=25 (26,60%)
5=19 (20,21%)
6=14 (14,89%)
$\bar{x}$=3.9255319
σ=1.3539219

10. In de lessen godsdienst zie ik me eerder als een neutrale moderator dan als iemand die zijn eigen godsdienstige visie heeft en die ook uitdraagt. (LKR23_10)

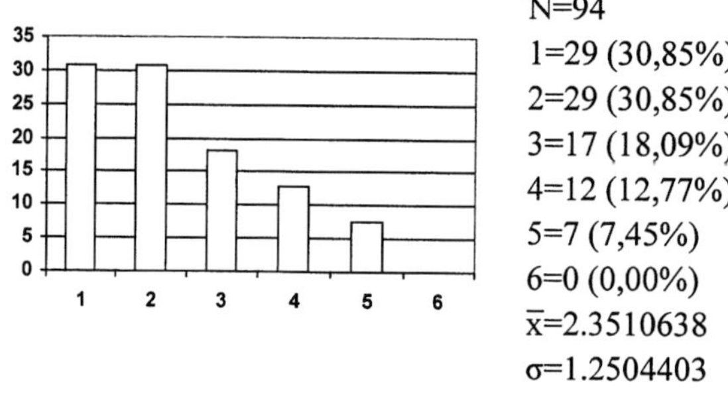

N=94
1=29 (30,85%)
2=29 (30,85%)
3=17 (18,09%)
4=12 (12,77%)
5=7 (7,45%)
6=0 (0,00%)
$\bar{x}$=2.3510638
σ=1.2504403

24. Enkele vragen rond uw visie op de rol van een katholieke school vanuit het besef van multireligiositeit

Deze vragen spitsen zich toe op uw ideeën omtrent de rol die een katholieke school moet vervullen in een multireligieuze maatschappij als de onze.

1. Katholieke scholen blijven ook vandaag een verkondigende boodschap hebben. (LKR24_1)

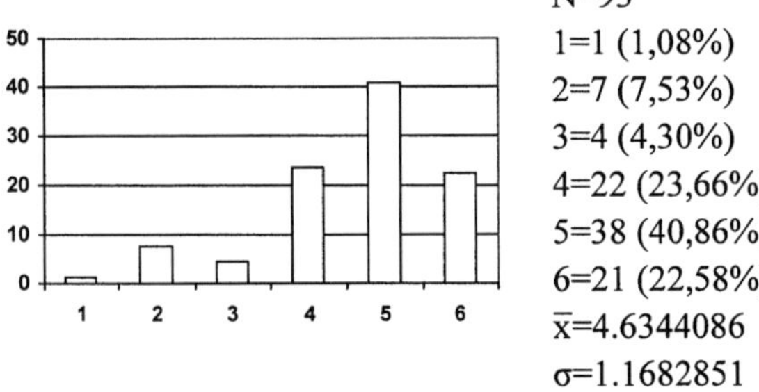

N=93
1=1 (1,08%)
2=7 (7,53%)
3=4 (4,30%)
4=22 (23,66%)
5=38 (40,86%)
6=21 (22,58%)
$\bar{x}$=4.6344086
σ=1.1682851

2. Meer dan ooit hebben katholieke scholen nood aan leerkrachten die zich nog openlijk christen durven te noemen. (LKR24_2)

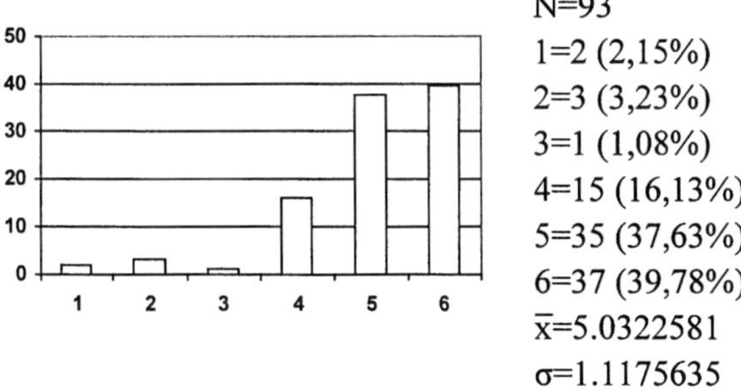

N=93
1=2 (2,15%)
2=3 (3,23%)
3=1 (1,08%)
4=15 (16,13%)
5=35 (37,63%)
6=37 (39,78%)
$\bar{x}$=5.0322581
σ=1.1175635

3. Hoewel de God van de andere religies dezelfde is als de God van de bijbel kunnen en moeten we toch uitgaan van de uitzonderlijke waarde van de godsopenbaring in Jezus Christus. (LKR24_3)

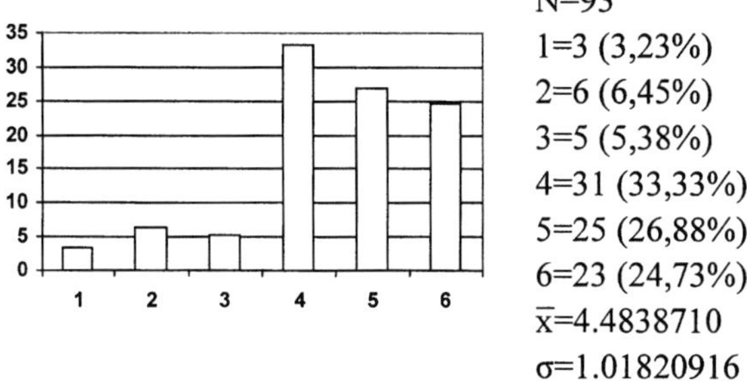

N=93
1=3 (3,23%)
2=6 (6,45%)
3=5 (5,38%)
4=31 (33,33%)
5=25 (26,88%)
6=23 (24,73%)
$\bar{x}$=4.4838710
σ=1.01820916

4. Het godsdienstonderwijs dient steeds meer te steunen op een dialoog tussen leerkrachten en leerlingen over de verschillende geloofsovertuigingen van de religies. (LKR24_4)

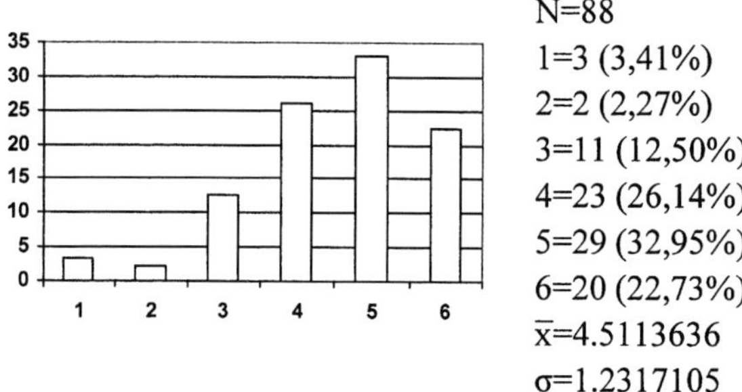

N=88
1=3 (3,41%)
2=2 (2,27%)
3=11 (12,50%)
4=23 (26,14%)
5=29 (32,95%)
6=20 (22,73%)
$\bar{x}$=4.5113636
σ=1.2317105

5. De aanwezigheid van leerlingen met een ander geloof en minder gelovige of ongelovige leerlingen of leerkrachten biedt nieuwe kansen voor een eigentijdse christelijke uitbouw van de school. (LKR24_5)

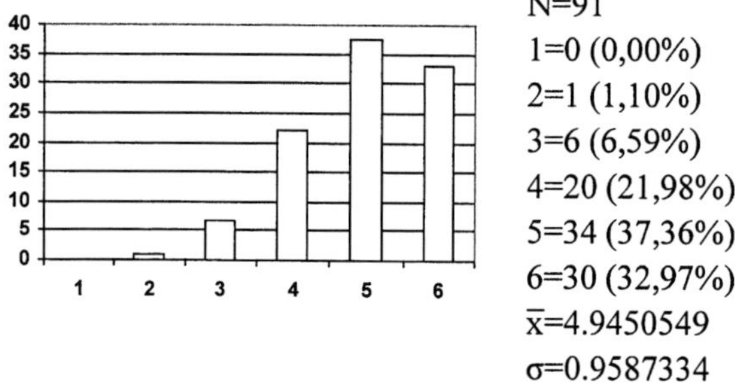

N=91
1=0 (0,00%)
2=1 (1,10%)
3=6 (6,59%)
4=20 (21,98%)
5=34 (37,36%)
6=30 (32,97%)
$\bar{x}$=4.9450549
σ=0.9587334

25. Enkele vragen rond uw houding als godsdienstleerkracht naar interreligieus leren toe

Onderstaande stellingen draaien om één centrale vraag, namelijk hoe staat u als leerkracht ten opzichte van het project 'interreligieus leren'?

1. Binnen het leerplan is er volgens mij te weinig ruimte voor interreligieus leren. (LKR25_1)

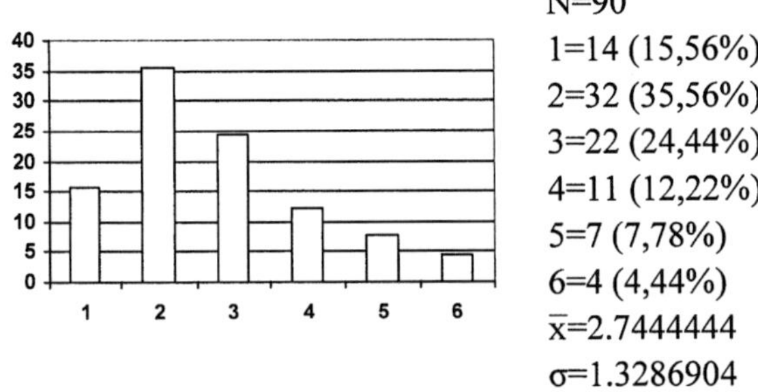

N=90
1=14 (15,56%)
2=32 (35,56%)
3=22 (24,44%)
4=11 (12,22%)
5=7 (7,78%)
6=4 (4,44%)
$\bar{x}$=2.7444444
σ=1.3286904

2. Interreligieus leren is zinloos als er geen leerlingen met een ander geloof in de klas aanwezig zijn. (LKR25_2)

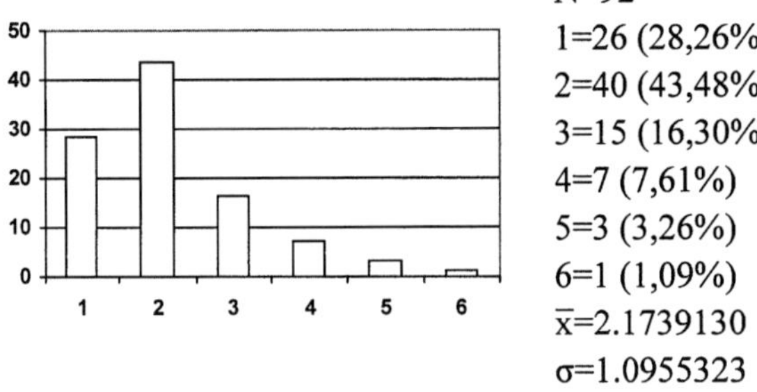

N=92
1=26 (28,26%)
2=40 (43,48%)
3=15 (16,30%)
4=7 (7,61%)
5=3 (3,26%)
6=1 (1,09%)
$\bar{x}$=2.1739130
σ=1.0955323

3. Interreligieus leren zal ervoor zorgen dat er vanuit de leerlingen nog minder interesse zal zijn voor de katholieke godsdienst als nu reeds het geval is. (LKR25_3)

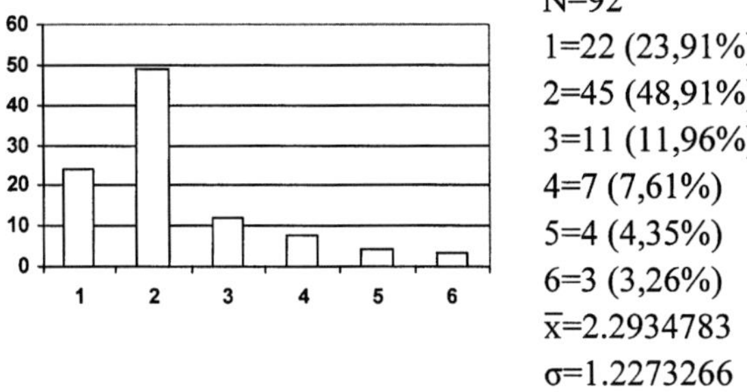

N=92
1=22 (23,91%)
2=45 (48,91%)
3=11 (11,96%)
4=7 (7,61%)
5=4 (4,35%)
6=3 (3,26%)
$\bar{x}$=2.2934783
σ=1.2273266

4. Leerlingen beschikken niet over genoeg 'bagage' om de dialoog met andere godsdiensten aan te gaan, deze aanpak zal enkel verwarrend voor hen zijn. (LKR25_4)

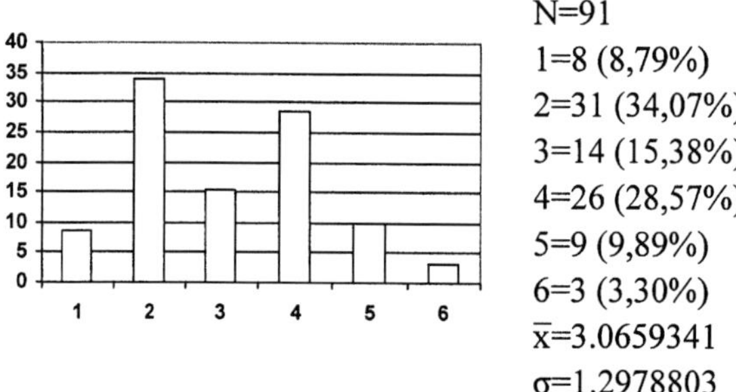

N=91
1=8 (8,79%)
2=31 (34,07%)
3=14 (15,38%)
4=26 (28,57%)
5=9 (9,89%)
6=3 (3,30%)
$\bar{x}$=3.0659341
σ=1.2978803

5. Interreligieus leren dreigt voor een overbelasting te zorgen voor ons als godsdienstleerkrachten. Zowel praktisch als intellectueel overvraagt dit project ons. (LKR25_5)

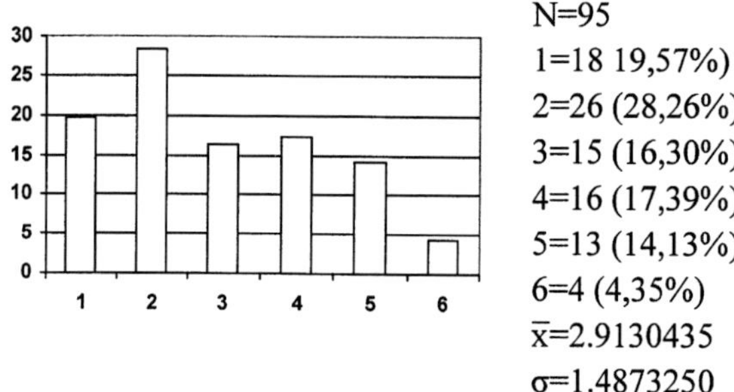

N=95
1=18 19,57%)
2=26 (28,26%)
3=15 (16,30%)
4=16 (17,39%)
5=13 (14,13%)
6=4 (4,35%)
$\bar{x}$=2.9130435
σ=1.4873250

6. Ik kan interreligieus leren praktisch en intellectueel niet alleen aan. (LKR25_6)

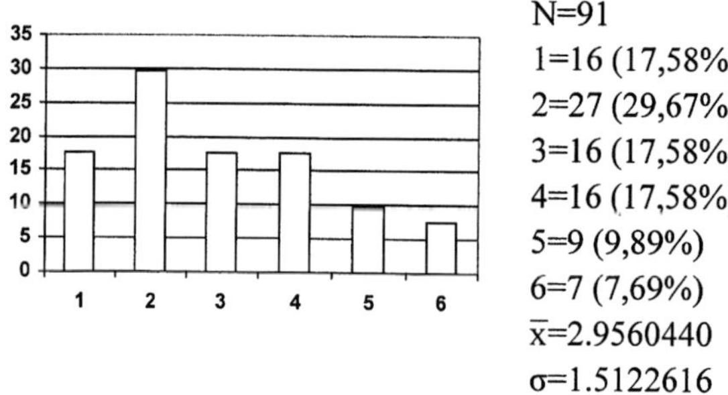

N=91
1=16 (17,58%)
2=27 (29,67%)
3=16 (17,58%)
4=16 (17,58%)
5=9 (9,89%)
6=7 (7,69%)
$\bar{x}$=2.9560440
σ=1.5122616

7. Het zou een verrijking zijn mochten vertegenwoordigers van andere godsdiensten mij bij die lessen komen bijstaan. (LKR25_7)

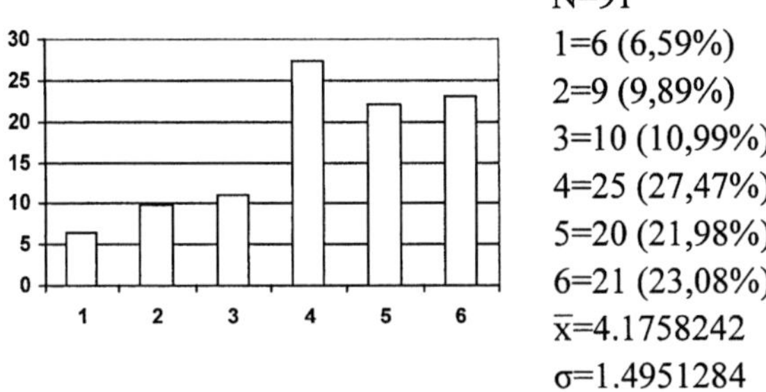

N=91
1=6 (6,59%)
2=9 (9,89%)
3=10 (10,99%)
4=25 (27,47%)
5=20 (21,98%)
6=21 (23,08%)
$\bar{x}$=4.1758242
σ=1.4951284

26. Enkele vragen rond de lesstijl die u bij interreligieus leren denkt te moeten hanteren

Welke lesstijl(en) past/passen er volgens u het best bij het toepassen van het 'interreligieus leren'?

1. Ik voel me verplicht om, vanwege de onwetendheid van de leerlingen met betrekking tot de godsdiensten, veel te doceren. (LKR26_1)

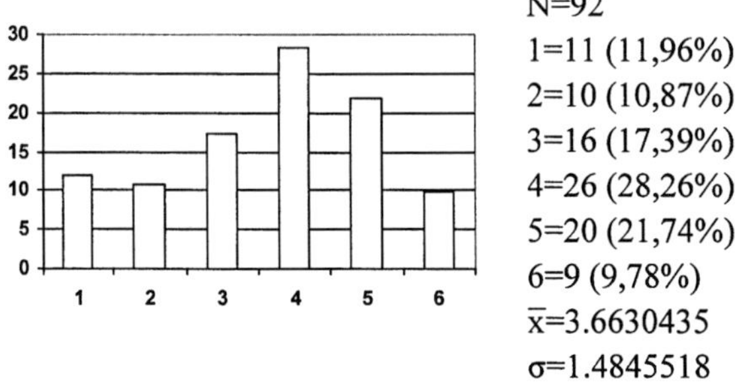

N=92
1=11 (11,96%)
2=10 (10,87%)
3=16 (17,39%)
4=26 (28,26%)
5=20 (21,74%)
6=9 (9,78%)
$\bar{x}$=3.6630435
σ=1.4845518

2. Ik gun de leerlingen de tijd om in interactie te treden en hen op die manier dingen te laten ontdekken. (LKR26_2)

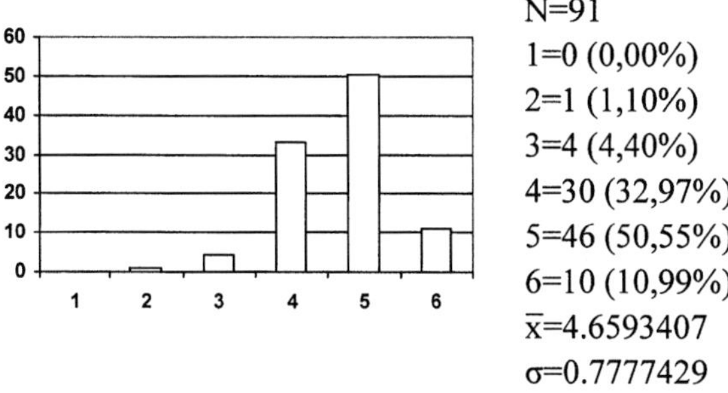

N=91
1=0 (0,00%)
2=1 (1,10%)
3=4 (4,40%)
4=30 (32,97%)
5=46 (50,55%)
6=10 (10,99%)
$\bar{x}$=4.6593407
σ=0.7777429

3. Ik aarzel niet om de leerlingen zelf of in groepjes dingen te laten bespreken, op te zoeken en uit te werken, dat biedt hen ook de mogelijkheid om op zelfstandige wijze kennis te vergaren en van daaruit een dialoog te starten. (LKR26_3)

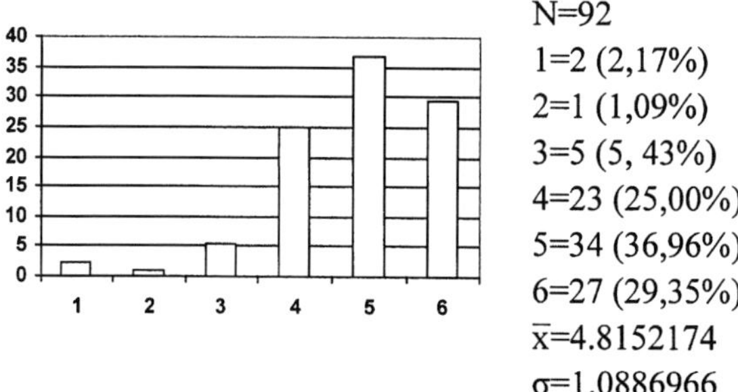

N=92
1=2 (2,17%)
2=1 (1,09%)
3=5 (5, 43%)
4=23 (25,00%)
5=34 (36,96%)
6=27 (29,35%)
$\bar{x}$=4.8152174
σ=1.0886966

4.1.2. *Schalen en schaalscores bij de leerkrachten*

4.1.2.1. Omschrijving en samenstelling van de schalen

Telkens wordt eerst een inhoudelijke omschrijving van de schaal gegeven, en vervolgens een lijst met items die tot de schaal (of factor) behoren. Deze items zijn weergegeven in de volgorde van factorlading, met andere woorden, volgens de mate waarin ze bepalend zijn voor de factor. Enkel de items met een voldoende hoge lading (hoger dan 0.35) worden hier vermeld (op enkele uitzonderingen na, waar het item omwille van theoretische redenen toch opgenomen werd). De items die negatief laden op de factor staan onderaan.

Vraag 4. Enkele vragen over uw relatie met uw eigen kinderen

Responsiviteit (LKR04_3A) is een schaal die een specifieke vorm van 'ondersteuning' meet. Met ondersteuning wordt "gedrag waarmee een ouder warmte, acceptatie en begrip toont", bedoeld[84]. Vandoorne, Decaluwe en Vandemeulebroecke omschrijven 'responsiviteit' als "de mate waarin het kind ervaart dat de ouders ontvankelijk zijn voor zijn of haar signalen, behoeften en gesteldheid. Concreet betekent dit bijvoorbeeld dat de jongere met zijn of haar ouders kan praten over persoonlijke problemen en beslommeringen en daarbij het gevoel heeft begrepen of geholpen te worden"[85].

84. VANDOORNE, DECALUWE, VANDEMEULEBROECKE, *Het gezin*, p. 60.
85. *Ibid.*, p. 65.

LKR04_3_14. Ik weet precies wanneer mijn kind het ergens moeilijk mee heeft. (0.78878)

LKR04_3_12. Ik weet heel goed wat mijn kind wil of voelt. (0.75748)

LKR04_3_01. Ik kan goed met mijn kind praten over alles. (0.63406)

LKR04_3_06. Als mijn kind verdrietig is of ergens mee zit, dan heb ik dat in de gaten. (0.63251)

LKR04_3_10. Als mijn kind ergens over piekert of verdrietig is, dan begrijp ik wat er aan de hand is. (0.63089)

Autonomie (LKR04_3B) is een schaal die peilt naar de mate en de vorm van controle die ouders uitoefenen op hun kinderen. Onder 'controle' wordt verstaan: "gedrag waarmee de ouder probeert het gedrag van het kind te beïnvloeden"[86]. Autonomie meet met name de mate van 'democratische controle'. Deze vorm van controle wordt gekenmerkt door overleg, actieve inbreng van het kind, beroep op verantwoordelijkheid en vrijwillige instemming van het kind. De schaal 'autonomie' zelf kan als volgt omschreven worden: "Wanneer kinderen aangeven dat ze in de opvoeding door en in de omgang met hun ouders duidelijke aanmoedigingen en accenten ervaren om zelfstandig en onder eigen verantwoordelijkheid op te treden, besluiten we dat ze van hun ouders autonomie krijgen. Concreet betekent dit dat de jongeren vertrouwen ervaren in de opvoedingsrelatie, en aangezet worden om dingen zelf te onderzoeken of uit te proberen, om zelf beslissingen te nemen en problemen op te lossen, om onafhankelijk te zijn en verantwoordelijk voor wat er met hen gebeurt, om zelf na te denken over het leven. De ervaren autonomie maakt deel uit van de controledimensie in het opvoedingsgedrag. Deze autonomie is geen onderdeel van de autoritaire, restrictieve controle, wel van de zogenaamde democratische controle. Dat wil zeggen dat de ouders hun verwachtingen en normen aanpassen aan de capaciteiten van het kind en een actieve rol van het kind stimuleren"[87].

LKR04_3_09. Ik zeg regelmatig tegen mijn kind dat hij/zij dingen zelf moet onderzoeken. (0.78606)

LKR04_3_15. Ik zeg vaak dat mijn kind zelf na moet denken over het leven. (0.66053)

LKR04_3_16. Ik zeg mijn kind dat hij/zij zelf verantwoordelijk is voor wat er met hem/haar gebeurt. (0.60431)

LKR04_3_08. Ik laat mijn kind zelf veel beslissingen nemen. (0.53156)

86. VANDOORNE, DECALUWE, VANDEMEULEBROECKE, *Het gezin*, p. 60.
87. *Ibid.*, p. 67-68.

LKR04_3_03. Ik laat mijn kind veel nieuwe dingen uitproberen, ook al is de afloop van deze dingen heel onzeker. (0.35159)

Striktheid (LKR04_3C) is een schaal die een aspect van 'autoritaire controle' meet. Onder autoritaire controle verstaan we: "[het] gebruik van macht en gezag, door strikte regels te stellen, het kind weinig bewegingsvrijheid te geven, zijn of haar gedrag af te keuren of te straffen"[88]. Striktheid als dusdanig meet de "mate waarin ouders zichzelf als streng ervaren in de opvoeding van hun kind(eren)"[89].

LKR04_3_02. Ik wil dat mijn kind doet wat ik zeg, zelfs als hij/zij het niet met mijn argumenten eens is. (0.76743)

LKR04_3_13. Voor de meeste dingen die mijn kind doet, moet hij/zij mij om toestemming vragen. (0.64631)

LKR04_3_07. Ik word boos als mijn kind zegt dat hij/zij het niet met mij eens is, terwijl er vrienden van mij bij zijn. (0.31781)

LKR04_3_11. (inversie) Ik ben niet erg streng. (-0.33905)

Vraag 5. De volgende vragen gaan over hoeveel u van uw kind weet

De schaal ***opvolging*** (LKR05) kan ook omschreven als 'supervisie', 'toezicht houden' of 'monitoring'. Deze termen geven echter de indruk dat het hier ook om een vorm van 'controle' gaat, terwijl dat niet het geval is. 'Opvolging' meet "de mate waarin de ouder meent dat hij of zij op de hoogte is van, betrokken is bij of geïnteresseerd is in de bezigheden van de jongere"[90].

LKR05_5. Hoeveel weet u over wat uw kind doet in zijn/haar vrije tijd. (0.92886)

LKR05_2. Hoeveel weet u over waar uw kind zijn/haar geld aan uitgeeft. (0.86757)

LKR05_3. Hoeveel weet u over waar uw kind is na schooltijd. (0.78504)

LKR05_1. Hoeveel weet u over wie de vrienden zijn van uw kind. (0.73074)

LKR05 6. Hoeveel weet u over wat voor cijfers uw kind op school krijgt. (0.71841)

LKR05_4. Hoeveel weet u over waar u kind naar toe gaat als hij/zij uitgaat. (0.58458)

88. VANDOORNE, DECALUWE, VANDEMEULEBROECKE, *Het gezin*, p. 61.
89. VAN AMMERS et al., *Opvoeden in Nederland. Schalenboek*, p. 254.
90. VANDOORNE, DECALUWE, VANDEMEULEBROECKE, *Het gezin*, p. 69.

Vraag 6. Enkele vragen over uw relatie met uw partner en het algemene gezinsklimaat

De schaal ***relatiesatisfactie*** (LKR06A) meet de tevredenheid van de respondent (in dit geval de leerkracht) met zijn of haar partner. Deze schaal is in dit onderzoek een combinatie van de schalen 'huwelijkssatisfactie' (hier 'relatiesatisfactie' genoemd) en 'positieve communicatie'[91]. 'Positieve communicatie' wijst op de ervaring van een goede en persoonlijke communicatie met de partner over gezamenlijke interesses, over belevenissen en problemen.

LKR06_08. Als ik opnieuw zou mogen kiezen, zou ik dezelfde partner kiezen. (0.80254)

LKR06_04. Zoals we nu met elkaar omgaan, zou ik altijd wel bij mijn partner willen blijven. (0.77072)

LKR06_02. Ik praat vaak met mijn partner over dingen waarin we beiden geïnteresseerd zijn. (0.65202)

LKR06_03. Ik praat vaak met mijn partner over leuke dingen die er die dag gebeurd zijn. (0.62430)

LKR06_01. Ik praat vaak met mijn partner over persoonlijke problemen. (0.58503)

LKR06_10. (inversie) Ik ben in het algemeen ontevreden over de relatie met mijn partner. (-0.48756)

LKR06_05. (inversie) Ik ben nu minder tevreden over hoe mijn partner en ik met elkaar omgaan dan vroeger. (-0.58598)

LKR06_09. (inversie) Ik vind eigenlijk dat de relatie met mijn partner beter zou moeten zijn. (-0.74017)

LKR06_06. (inversie) Ik had meer van de relatie met mijn partner verwacht. (-0.81145)

LKR06_07. (inversie) De relatie met mijn partner vind ik in weinig opzichten geslaagd. (-0.82270)

De schaal ***conflict*** (LKR06B) peilt naar het ervaren gezinsklimaat. Deze schaal meet de mate waarin de respondent (hier: de leerkracht) in het eigen gezin conflicten ervaart met de partner, met de kinderen of tussen de kinderen onderling. Het gaat hierbij vooral om de uiting van boosheid en agressie in het gezin[92].

LKR06_22. Er is bij ons thuis bijna altijd ruzie tijdens het eten. (0.78664)

LKR06_19. We maken thuis veel ruzie. (0.72690)

91. J.H.A. GROENENDAAL, M. DEKOVIC, M.J. NOOM, *Gezinskenmerken*, in J. RISPENS, J.M.A. HERMANNS, W.H.J. MEEUS (red.), *Opvoeden in Nederland*, Assen, 1996, 95-113.

92. VAN AMMERS et al., *Opvoeden in Nederland. Schalenboek*, p. 35.

LKR06_20. Als er bij ons thuis ruzie is, heeft altijd dezelfde het gedaan. (0.56111)

LKR06_21. Het gebeurt soms dat er één zo kwaad is, dat hij/zij met dingen gaat gooien. (0.54858)

LKR06_18. Leden van ons gezin hebben vaak kritiek op elkaar. (0.49360)

De schaal ***cohesie*** (LKR06C) meet bij de respondent (hier: de leerkracht) de ervaring van betrokkenheid op elkaar binnen het gezin. Met deze schaal wordt de samenhang en de gebondenheid in het gezin, die blijkt uit veel met elkaar praten, elkaar nodig hebben, steunen, ... bevraagd[93].

LKR06_15. Bij ons thuis kunnen we niet zonder elkaar. (0.74207)

LKR06_16. We vinden dat we zoveel mogelijk samen moeten doen. (0.69940)

LKR06_14. We steken veel energie in wat we thuis doen. (0.60849)

LKR06_12. We kunnen in ons gezin echt goed met elkaar opschieten. (0.54745)

LKR06_13. We steunen elkaar hoe dan ook. (0.45755)

LKR06_11. Als we weg gaan vertellen we de anderen thuis wat we gaan doen. (0.34610)

LKR06_17. In ons gezin is er voor iedereen genoeg tijd en aandacht. (0.18294)[94]

Vraag 7. Enkele uitspraken over opvattingen in verband met gezin en relaties in het algemeen[95]

De schaal ***niet-traditioneel gezinsdenken*** (LKR07A) meet in welke mate de respondent tolerant staat ten opzichte van eenoudergezinnen, nieuw-samengestelde gezinnen en homo- of lesbisch ouderschap. Deze schaal peilt tevens naar de mate waarin de respondent meent dat de opvoeding van kinderen binnen deze gezinsvormen goed kan verlopen. Daarnaast gaat deze schaal over de man-vrouw-rolverdeling in het gezin en meer specifiek over de opvatting dat een gelijke taakverdeling noodzakelijk is.

LKR07_02. Wanneer iemand gescheiden is, is het aanvaardbaar dat die persoon hertrouwt. (0.70090)

93. VAN AMMERS et al., *Opvoeden in Nederland. Schalenboek*, p. 45.

94. Om theoretische redenen wordt LKR06_17 niet bij de schaal 'relatiesatisfactie' opgenomen, maar wel bij de schaal 'cohesie'.

95. Deze dimensie heeft na factoranalyse geresulteerd in één factor. Er werden twee schalen onderscheiden op basis van enerzijds een positieve lading en anderzijds een negatieve lading op de factor: de items met een positieve lading hebben we bij de schaal 'niet-traditioneel gezinsdenken' geplaatst; de items met een negatieve lading bij de schaal 'traditioneel gezinsdenken'.

LKR07_03. In een nieuw-samengesteld gezin kunnen kinderen een goede opvoeding krijgen. (0.63116)

LKR07_05. Twee vrouwen of twee mannen kunnen net zo goed een kind opvoeden als een man en een vrouw. (0.62635)

LKR07_04. Een gezin met één ouder kan net zo goed zijn als een gezin met twee ouders. (0.55197)

LKR07_07. Een tweede huwelijk binnen de kerk zou moeten mogelijk zijn. (0.49616)

LKR07_09. Man en vrouw moeten het huishoudelijk werk gelijk onder elkaar verdelen. (0.42029)

LKR07_08. Kinderverzorging is evengoed de verantwoordelijkheid van de man als van de vrouw. (0.32190)

De schaal ***traditioneel gezinsdenken*** (LKR07B) verwijst naar het ethische denken over het gezin. Deze schaal peilt enerzijds naar de positieve waarde die gehecht wordt aan het huwelijk en anderzijds naar de taakverdeling binnen het gezin. 'Traditioneel gezinsdenken' meet de mate waarin de respondenten vinden dat een vrouw meer in het huishouden en bij de opvoeding van de kinderen zou moeten doen dan de man.

LKR07_11. Het is logisch dat een man minder in het huishouden doet dan een vrouw. (-0.34974)

LKR07_12. Ik vind het belangrijk dat mijn kinderen huwen voor de kerk. (-0.51515)

LKR07_10. Een vrouw is geschikter om kleine kinderen op te voeden dan een man. (-0.55580)

LKR07_06. Om een goed gezin te hebben, moet je huwen. (-0.55959)

Vraag 10. Hieronder enkele vragen over hoe u denkt over religie

Hier werden de items volgens een theoretisch concept en op basis van eerder onderzoek met de Post Kritische Geloofs-schaal (PKG-schaal) ingedeeld bij de respectievelijke subschalen. Bijgevolg zijn bij deze schalen de factorladingen niet opgenomen.

De schaal ***tweede naïviteit*** (LKR10A) meet de religieuze houding van de respondent. Deze schaal meet de mate waarin het geloofsverstaan van de respondent een symbolisch affirmatief geloofsverstaan is. Dit kan ook gezien worden als een hermeneutisch geloofsverstaan (*resto-*

rative interpretation)[96]. “Ondanks-toch-gelovigen of post-kritisch-gelovigen zijn gelovig en denken symbolisch. Fundamenteel zijn zij zich bewust van het feit dat de geloofsverhalen moeten worden geïnterpreteerd en dat ze nog enkel maar na interpretatie geloofd kunnen worden. Dat induceert een zekere vorm van onzekerheid, maar zij kunnen ermee leven. Zij zijn zich goed bewust van de vele kritieken die op geloof en gelovigen kunnen worden uitgebracht, maar desondanks blijven zij op zoek gaan naar wat geloven voor hen kan betekenen. Zij staan open voor andere religieuze visies en gewoonten en zijn er zich van bewust dat er verschillende manieren zijn om met religieuze vragen om te gaan. Zij staan ook open voor verandering en beseffen dat elke geloofsuitspraak vervat is in een historische vormgeving, die dus kan veranderen. Hun manier van geloven geeft hun een positief gevoel, zij voelen zich goed in hun vel”[97].

LKR10_10. Ondanks het feit dat de bijbel in een geheel andere historische context werd geschreven, bevat hij toch een belangrijke boodschap.

LKR10_26. Ondanks het vele onrecht dat het christendom mensen heeft aangedaan, blijft de originele boodschap van Christus waardevol.

LKR10_01. De bijbel verbergt een diepere waarheid die door eigen zoeken onthuld moet worden.

LKR10_06. De bijbel is een spoorboek voor het zoeken naar God, en geen historisch verslag.

LKR10_02. De wonderverhalen uit de bijbel dienen in hun historische context geplaatst te worden, wil men hun betekenis begrijpen.

LKR10_16. De historische juistheid van de bijbelverhalen is irrelevant voor mijn geloof in God.

LKR10_13. Religie is een engagement zonder absolute zekerheid.

LKR10_33. Hoewel er in het verleden vanalles is gebeurd in naam van het christendom waarmee ik niet akkoord ga, noem ik mezelf nog steeds een christen.

De schaal ***relativisme*** (LKR10B) meet de religieuze houding van de respondent. Het meet de mate waarin het geloofsverstaan van de respondent een symbolisch disaffirmatief geloofsverstaan is (*reductive*

96. Deze benaming werd overgenomen van D. Wulff. Cf. D. HUTSEBAUT, *Post-Critical Belief. A New Approach to the Religious Attitude Problem*, in *Journal of Empirical Theology* 9 (1996) 2, 48-66, p. 50.

97. D. HUTSEBAUT, *Leidt godsdienst tot onverdraagzaamheid?*, in B. PATTYN & J. WOUTERS (red.), *Schokgolven. Terrorisme, fundamentalisme en 11 september*, Leuven, 2002, 214-220, p. 218.

interpretation)[98]. "Relativisten denken symbolisch, maar zijn geneigd tot ongeloof. Naar hun mening is al dan niet geloven afhankelijk van de context waarin je bent grootgebracht. Het is je nu eenmaal aangeboden of niet; er was de mogelijkheid om erop in te gaan of niet. Relativisten staan duidelijk open voor verschillende geloofstradities. Zij nemen immers aan dat het feit dat mensen dit of dat geloven, een of andere God aanbidden, of deze of gene rituelen voltrekken, afhankelijk is van de cultuur waarin ze zijn grootgebracht. Hoe men gelooft is in die zin afhankelijk van toevallige omstandigheden. De initiële geloofshouding, die door een contingente context wordt bepaald, kan worden overstegen. Het is dan ook niet verwonderlijk dat deze positie vaak door jongeren en jongvolwassenen wordt ingenomen"[99].

LKR10_15. De manier waarop mensen hun relatie tot God ervaren, is altijd gekleurd door de maatschappelijke context.

LKR10_28. Wereldlijke en religieuze levensbeschouwelijke opvattingen geven even waardevolle antwoorden op belangrijke levensvragen.

LKR10_24. Ik ben er mij van bewust dat mijn levensbeschouwelijke opvatting maar een mogelijkheid is naast zovele anderen.

LKR10_23. God groeit mee met de mensengeschiedenis en is dus veranderlijk.

LKR10_09. Elke uitspraak over God is bepaald door de tijd waarin ze geformuleerd is.

LKR10_19. Uitspraken over het absolute, zoals dogma's, blijven altijd relatief omdat ze door mensen en op bepaalde momenten worden uitgesproken.

LKR10_31. Dé *zin van het leven* bestaat niet, alleen zingeving, en die is voor iedereen anders.

LKR10_12. Zelfs al zou blijken dat Jezus als historische figuur nooit heeft bestaan, dan nog zou dit mijn geloof in Jezus niet aantasten. Voor mij is Hij immers vooral een leidraad.

De schaal ***externe kritiek*** (LKR10C) meet de religieuze houding van de respondent. Het meet de mate waarin het geloofsverstaan van de respondent een letterlijke ongeloofshouding is. "'Externe kritiek'-denkers denken letterlijk en zijn ongelovig. Zij kunnen niet geloven omdat de geloofsinhouden niet kunnen worden bewezen en aangezien zij letterlijk denken (...) komen zij in de problemen met de voorgestelde inhouden. Wat er verhaald wordt, is eigenlijk niet mogelijk, dus geloven ze niet. Zij zijn ongelovig omdat het geloof geen absolute ze-

98. Deze benaming werd overgenomen van D. Wulff. Cf. HUTSEBAUT, *Post-Critical Belief*, p. 50.

99. HUTSEBAUT, *Leidt godsdienst tot onverdraagzaamheid?*, p. 218.

kerheid biedt, en het is dat wat zij zoeken: zekerheid, net zoals de positieve wetenschappen – in een bepaalde en wat achterhaalde opvatting hierover – dat zouden bieden. Daar is het immers te bewijzen en duidelijk. Hun manier om met geloven om te gaan genereert voornamelijk negatieve gevoelens. Hun ongeloof is vooral een verwerping van het geloof en die verwerping schijnt toch niet zo makkelijk te zijn. Ik meen dat we hier ook zouden kunnen spreken van een ongelovig fundamentalisme"[100].

LKR10_05. Het geloof is eerder een mooie droom, die een illusie blijkt te zijn als men geconfronteerd wordt met de hardheid van het leven.
LKR10_30. Geloven is een uiting van een zwakke persoonlijkheid.
LKR10_29. Om te kunnen begrijpen waar religie echt om draait, moet je een buitenstaander zijn.
LKR10_27. Het geloof is uiteindelijk niet meer dan een vangnet voor onze menselijke angsten.
LKR10_20. De wereld van de bijbelverhalen ligt zover van af, dat hij nog weinig relevant is.
LKR10_22. De wetenschappelijke verklaringen van mens en wereld hebben de religieuze verklaringen overbodig gemaakt.
LKR10_08. Er zijn teveel mensen in naam van God onderdrukt om nog te kunnen geloven.
LKR10_32. Geloof is vaak een instrument voor machtsverwerving, en dat maakt het verdacht.
LKR10_18. God is slechts een naam die gegeven wordt aan het verklaarbare.

De schaal ***orthodoxie*** (LKR10D) meet de religieuze houding van de respondent. Het meet de mate waarin het geloofsverstaan van de respondent een letterlijk affirmatief geloofsverstaan is, dat aanleunt bij fundamentalisme. "Orthodox-gelovigen, letterlijk-denkend en gelovig, zijn mensen die de betekenis en inhoud van hun geloof ontlenen aan de (kerkelijke) autoriteit. Zij willen het precies weten, zij gaan ervan uit dat de geloofsinhoud niet veranderd is en zelfs niet kan veranderen. Zij hebben de neiging moeilijke vragen uit de weg te gaan, zijn in zekere zin behoudsgezind, vinden dat alles moet blijven zoals het is. Letterlijk-denken betekent ook dat zij geen interpretatie toelaten, het staat er zoals het er staat, er moet niet te veel over gedacht worden. Interpreteren brengt onzekerheid, want er zijn altijd verschillende interpretaties mogelijk. Zij zijn in die zin erg zeker van hun geloof. Hun

100. HUTSEBAUT, *Post-Critical Belief*, p. 217.

manier van geloven geeft hen een positief gevoel, maar ook gevoelens van schuld en angst"[101].

LKR10_07. Maria is werkelijk voor, tijdens en na de geboorte van Jezus maagd gebleven, ook al gaat dit in tegen het moderne denken.

LKR10_21. Alleen een priester/religieuze leider kan op belangrijke godsdienstige vragen een antwoord geven.

LKR10_14. Godsdienst is het enige dat betekenis kan geven aan het leven in al zijn aspecten.

LKR10_11. Enkel de grote religieuze tradities bieden een garantie om tot God te komen.

LKR10_17. Uiteindelijk bestaat er op elke religieuze vraag maar één juist antwoord.

LKR10_04. God is eens en voor altijd bepaald en is dus onveranderlijk.

LKR10_25. Ik vind dat je bijbelverhalen moet begrijpen zoals het er letterlijk geschreven staat.

LKR10_03. Je kan alleen maar zinvol leven als je gelooft.

Vraag 11. Hieronder peilen wij naar de basisdoelstellingen die u bij het vak rooms-katholieke godsdienst voor ogen heeft

De schaal ***hermeneutisch-communicatief*** (LKR11A) meet de mate waarin leerkrachten hun doelstellingen stellen in termen van het hermeneutisch-communicatieve model, met een bijzondere aandacht voor identiteitsvorming. Het doel van het godsdienstonderricht wordt ingevuld vanuit zowel de interne logica van de (christelijke) godsdienst als vanuit de menswording.

LKR11_06. In mijn godsdienstlessen leren jonge mensen wat christelijk engagement voor hun toekomst kan betekenen. (0.72040)

LKR11_08. In mijn godsdienstlessen stimuleer ik jongeren om hun houding met betrekking tot een godsdienstige traditie te richten op intrinsieke motivatie, met aandacht voor de boodschap van de godsdienstige traditie. (0.68572)

LKR11_07. In mijn godsdienstlessen leer ik jonge mensen verantwoordelijkheid nemen voor hun toekomst vanuit levensbeschouwelijke keuzes. (0.67043)

LKR11_05. Via mijn godsdienstlessen help ik jongeren inzicht te krijgen in de wijze waarop zij zin geven aan het leven. (0.48787)

LKR11_04. Doorheen mijn godsdienstlessen wil ik jongeren vertrouwd maken met de rituele beleving van het christelijke geloof. (0.45515)

101. HUTSEBAUT, *Post-Critical Belief*, p. 217.

LKR11_09. In mijn godsdienstlessen leer ik jonge mensen omgaan met het bevreemdende. (0.41200)

LKR11_03. Het godsdienstonderricht dient jongeren uit te dagen om zich een mening te vormen in confrontatie met de opvattingen omtrent het christendom die in de samenleving aanwezig zijn. (0.37103)

LKR11_10. Voor mij is mijn godsdienstonderricht geslaagd als tegen het einde van het schooljaar de leerlingen een gedocumenteerde en verantwoorde mening kunnen formuleren met betrekking tot christelijke thema's. (0.33773)

LKR11_02. In mijn godsdienstlessen leer ik jongeren kritisch om te gaan met de ontwikkelingen in de samenleving gezien ze daar gestalte moeten geven aan wie ze uiteindelijk willen zijn. (0.31443)

Vraag 12. Hieronder peilen we naar uw perceptie van de godsdienstleerkracht

De schaal ***biografische leerkracht*** (LKR12A) meet de mate waarin de leerlingen hun leerkracht percipiëren als een leerkracht die zich duidelijk een christelijke narratieve identiteit aanmeet en een geëngageerde houding aanneemt. De schaal meet de mate waarin de leerkracht zijn of haar christelijke identiteit mee opneemt in de taak als godsdienstleerkracht en er een specifieke verantwoordelijkheid aan koppelt.

LKR12_09. Een godsdienstleerkracht heeft een verantwoordelijkheid ten opzichte van de geloofsgemeenschap. (0.70783)

LKR12_08. De voornaamste bron van mijn inspiratie als godsdienstleerkracht is Christus. (0.60181)

LKR12_03. In mijn lessen besteed ik veel aandacht aan de spanning tussen het oproepen van een historische werkelijkheid, fictieve verhalen en een gelovige visie. (0.55744)

LKR12_02. Als godsdienstleerkracht heb ik de verantwoordelijkheid de leerlingen te confronteren met de gevaren van uitwassen van godsdienstig gedrag en praktijken van religieuze bewegingen zoals sekten en media-gebonden wervingscampagnes. (0.42223)

Vraag 13. Hieronder peilen wij naar de betrokkenheid van de leerlingen bij het godsdienstonderricht

De schaal ***klasdiscours*** (LKR13A) meet de mate waarin de leerkracht de leerlingen (en hun leefwereld) actief betrekt in het lesgebeuren en in de opbouw van de lessen enerzijds en de mate waarin hij of zij de diversiteit in de klasgroep ervaart als een verrijking voor het leerproces.

LKR13_03. Voor mij staat de klasgroep als groep centraal, omdat de diversiteit aan opvattingen tussen de leerlingen mij toelaat om in interactie met de leerlingen een thema inhoudelijk uit te diepen. (0.65139)

LKR13_02. Ik betrek de leerlingen actief bij het leerproces door middel van groepswerk, klasgesprek, creatieve opdrachten. (0.58717)

LKR13_04. In mijn lessen integreer ik elementen van de jeugdcultuur (vb. muziek, film, etc.) en aspecten uit de actualiteit die de leerlingen mij suggereren. (0.55486)

LKR13_07. In mijn lessen voel ik dat mijn leerlingen en ik aan mekaar gewaagd zijn. (0.54294)

LKR13_01. Ik betrek de leerlingen bij de keuze van de inhoud van de lessen, want het gaat tenslotte om de wisselwerking tussen hun leven en godsdienstige en levensbeschouwelijke inzichten en engagement. (0.47827)

LKR13_05. Ik tracht steeds te achterhalen waarop de opvattingen van leerlingen gebaseerd zijn. (0.43130)

LKR13_06. Met betrekking tot eenzelfde thema liggen de meningen van leerlingen soms zo ver uiteen dat de nood tot discussie zich opdringt. (0.41805)

Vraag 14. Hieronder peilen wij naar conflicten waarmee u als godsdienstleerkracht geconfronteerd wordt

De schaal ***hermeneutische verlamming*** (LKR14A) meet de mate waarin de leerkracht van mening is dat het godsdienstonderricht in de huidige geseculariseerde samenleving zeer moeilijk tot onmogelijk geworden is enerzijds en de mate waarin hij of zij, vanuit die negatieve ervaring zijn/haar lessen beperkt tot datgene wat jongeren zondermeer aanvaarden.

LKR14_02. De vele negatieve signalen in de media over godsdienst hebben een zodanig grote invloed op de beeldvorming van jongeren dat het onmogelijk is deze beeldvorming in het godsdienstonderricht nog positief om te buigen. (0.80535)

LKR14_01. De huidige context waarin de leerlingen leven maakt het praktisch onmogelijk om de eigen invalshoek van godsdiensten ten aanzien van de zin van het leven en de eindbestemming van de mens te laten begrijpen. (0.63679)

LKR14_04. Bijbelteksten vermijd ik in mijn lessen omdat ze niet langer begrijpbaar zijn voor mijn leerlingen. (0.63043)

LKR14_03. Mijn lessen beperken zich tot de ethische component van godsdiensten en levensbeschouwingen. (0.60658)

De schaal ***hermeneutische competentie*** (LKR14B) meet de mate waarin de leerkracht tracht om de meningen van leerlingen – zoals ze zich in de sociale context reeds gevormd hebben – op het spoor te komen en te integreren in de opbouw van het leerproces.

LKR14_09. Tijdens het klasgesprek tracht ik steeds de onderliggende vooronderstellingen van de leerlingen te verwoorden en op te nemen in het leerproces. (0.76317)

LKR14_08. Opmerkingen van leerlingen sturen de les vaak naar een onverwachte richting. (0.56029)

LKR14_06. Wanneer ik leerlingen vrijuit laat vertellen over het leven, merk ik dat het religieuze hierin op een persoonlijk ingevulde wijze nog steeds aanwezig is. (0.40565)

LKR14_07. Ik integreer anti-christelijke uitlatingen van leerlingen in mijn lessen. (0.38759)

LKR14_10. In mijn lessen tracht ik ondoordachte vooroordelen van mijn leerlingen, standpunten in de publieke opinie of beeldvorming over historische gebeurtenissen te nuanceren door literatuurstudie en documentatie. (0.34639)

Vraag 16. Hieronder peilen we naar de wijze waarop u tegenover het nieuwe leerplan staat

De schaal ***leerplan: negatief*** (LKR16A) meet de mate waarin de leerkracht zich negatief opstelt ten opzichte van het nieuwe leerplan 'rooms-katholieke godsdienst voor het secundair onderwijs'.

LKR16_5. Het nieuwe leerplan gaat zover mee met de beginsituatie van de leerlingen dat het haast onmogelijk wordt om in de les nog tot de specificiteit van het christelijk geloof te komen. (0.62095)

LKR16_4. Het nieuwe leerplan is zodanig vaag dat het geen enkel houvast meer biedt voor de godsdienstleerkracht. (0.58088)

LKR16_3. (inversie) Het nieuwe leerplan is misschien van opzet wel verruimd naar andere godsdiensten en levensbeschouwingen maar wat de voorgestelde ingrediënten betreft blijft het nog zeer katholiek. (-0.36579)

LKR16_2. (inversie) Ik werk al jaren volgens de logica van het nieuwe leerplan. (-0.36910)

LKR16_1. (inversie) De komst van het nieuwe leerplan is een verademing voor het godsdienstonderricht. (-0.47864)

De schaal ***leerplan: terughoudend*** (LKR16B) meet de mate waarin leerkrachten een eerder terughoudende houding aannemen ten opzichte van het nieuwe leerplan 'rooms-katholieke godsdienst voor het secundair onderwijs' vanuit een al dan niet vertrouwd zijn met het nieuwe leerplan.

LKR16_7. Ik wacht om volgens het nieuwe leerplan godsdienst te werken tot de nieuwe handboeken beschikbaar zijn. (0.64909)

LKR16_6. Ik ben nog helemaal niet vertrouwd met het nieuwe leerplan godsdienst. (0.62991)

Vraag 17. Hieronder peilen we naar de wijze waarop het christelijk traditiemateriaal in uw lessen een plaats en invulling krijgt

De schaal ***traditie-irrelevantie*** (LKR17A) meet de mate waarin de leerkracht moeite heeft om met de zogenaamde tijdskloof tussen de christelijke traditie en de hedendaagse context om te gaan enerzijds en de mate waarin hij/zij ervoor opteert om de christelijke elementen te vervangen door die elementen waarvan hij denkt dat ze leerlingen vandaag nog zouden kunnen aanspreken.

LKR17_06. Ik maak liever gebruik van hedendaagse literatuur dan van bijbelverhalen. (0.79152)

LKR17_04. Ik vermijd theologisch moeilijke onderwerpen (vb. verrijzenisgeloof) omdat veel leerlingen dan afhaken. (0.39179)

LKR17_03. (inversie) Ik gebruik evenzeer ideeëngoed van kerkvaders als van hedendaagse theologen in mijn lessen. (-0.42699)

LKR17_05. (inversie) In mijn lessen spelen verhalen uit de bijbel een centrale rol, opdat de leerlingen aan de hand daarvan het verhalend karakter van de joods-christelijke godsdienst kunnen begrijpen. (-0.61177)

De schaal ***traditie-relevantie*** (LKR17B) meet de mate waarin de leerkracht tracht om de traditie in haar totaliteit (in de zin van '*tradere*': datgene wat doorgegeven wordt doorheen de geschiedenis en in de loop van de geschiedenis groeit en zich ontwikkelt) te benaderen, opdat de relevantie ervan voor gelovigen vandaag (en door de eeuwen heen) duidelijk wordt.

LKR17_09. Ik tracht in de mate van het mogelijke het liturgisch leven van de kerk in mijn lessen te verwerken. (0.64056)

LKR17_02. Ik beroep mij regelmatig op historische en hedendaagse geloofsgetuigenissen als essentieel gegeven voor het godsdienstonderricht. (0.57452)

LKR17_07. Al zijn kerkelijke documenten moeilijk toegankelijk voor jonge mensen vandaag, toch behandel ik ze in mijn lessen. (0.37233)

LKR17_10. In mijn lessen illustreer ik dat godsdienstige tradities ontwikkelen doorheen de geschiedenis. (0.33366)

Vraag 18. Hieronder peilen wij naar de wijze waarop de communicatie in het concrete lesgebeuren verloopt

De schaal ***moderator*** (LKR18A) meet de mate waarin de leerkracht openstaat voor klasgesprekken enerzijds en de mate waarin hij/zij tijdens deze gesprekken optreedt als moderator of gespreksleid(st)er. Dit impliceert ook betrokkenheid van de leerlingen.

LKR18_07. Tijdens klasgesprekken dagen de leerlingen mekaar uit in hun positiebepalingen. (0.56094)

LKR18_05. Mijn leerlingen willen weten waarom ik nog met godsdienst bezig ben. (0.53071)

LKR18_02. Tijdens klasgesprekken treed ik vooral op als moderator, door de inbreng van de leerlingen samen te brengen en te verwerken. (0.47856)

LKR18_01. Indien het onderwerp het toelaat maak in mijn lessen steeds ruimte vrij voor een gesprek met de leerlingen. (0.44805)

LKR18_09. De communicatie tussen leerkracht en leerlingen en tussen leerlingen onderling in het godsdienstonderricht schept voorwaarden om de christelijke traditie voor jonge mensen toegankelijk te maken. (0.41000)

De schaal ***scepticus*** (LKR18B) meet de mate waarin de leerkracht een negatieve houding aanneemt ten opzichte van klasgesprekken, vanuit negatieve ervaringen in het verleden.

LKR18_03. Na een klasgesprek ben ik vaak ontgoocheld omdat leerlingen er in klasverband niet in blijken te slagen naar elkaar te luisteren en op mekaars standpunten en argumenten voort te bouwen. (0.58033)

LKR18_10. Veel leerlingen vermijden het om zich in klasverband te laten kennen. (0.50233)

LKR18 08. Ik waag mij niet te vaak aan klasgesprekken omdat die vaak op delicaat terrein eindigen. (0.49730)

Vraag 19. Enkele vragen rond uw gelovige visie

Om de schaal ***pluralisme*** (LKR19A) te benoemen, is de term uit de context van de theologie van de godsdiensten overgenomen: "Pluralistische theologen leggen er de nadruk op dat er meerdere onafhankelijke en min of meer gelijkwaardige heilswegen zijn"[102].

LKR19_15. Alle religies zijn complementair. Ze vormen stuk voor stuk partiële interpretaties van de Ultieme goddelijke werkelijkheid. (0.79857)

LKR19_16. Omdat alle godsdiensten complementair zijn, is de interreligieuze dialoog het uitgelezen instrument om de verschillende en uiteenlopende aspecten van Ultieme werkelijkheid, bron en doel van alle godsdiensten, samen te passen tot één geheel. (0.75071)

LKR19_17. Aangezien alle godsdiensten uiteindelijk leiden tot hetzelfde doel, met name het Ultieme, maakt het uiteindelijk niet uit of je nu christen, jood of boeddhist bent. Het nettoresultaat is hetzelfde: heil. (0.64775)

LKR19_14. Alle godsdiensten zijn uiteindelijk even waar en werkelijkheidsgetrouw. (0.64196)

LKR19_01. Er zijn naast het christendom ook andere ware religies. (0.61355)

LKR19_12. Alle religies zijn historisch-cultureel bepaalde interpretaties van de éne mysterieuze Ultieme werkelijkheid. (0.59159)

LKR19_13. Hun historisch-cultureel bepaalde karakter maakt dat alle godsdiensten relatief zijn. (0.55294)

LKR19_19. De godsdienstles is een uitgelezen plaats om de leerlingen te laten proeven van de verschillende mogelijke religieuze perspectieven. De godsdienstleerkracht biedt als het ware de mogelijkheden aan, of de leerlingen kiezen of waarvoor ze kiezen, is minder belangrijk. (0.51402)

LKR19_11. We moeten de leerlingen met een ander geloof niet benaderen als mensen die nog bekeerd moeten worden, maar als gelovigen waarvan ook wij veel kunnen leren. (0.43409)

LKR19_04. (inversie) Wanneer ik het thema van de wereldgodsdiensten aanbreng, dan zie ik het als mijn gelovige plicht om de superioriteit van de christelijke religie zowel op spiritueel, ethische als doctrineel vlak aan te tonen. (-0.45346)

102. T. MERRIGAN, *Gods heilshandelen in de geschiedenis en de hedendaagse theologie van de godsdiensten*, in J. HAERS, T. MERRIGAN, P. DE MEY (red.), *Volk van God en gemeenschap van de gelovigen. Pleidooien voor een zorgzame Kerkopbouw*, Averbode, 1999, 570-583, p. 572.

De schaal ***(exclusivisme) inclusivisme*** (LKR19B) is op zich geen courant theologisch model. Exclusivisme en inclusivisme zijn twee verschillende modellen uit de theologie van de godsdiensten. Deze twee modellen worden hieronder gedefinieerd maar empirisch wordt vastgesteld dat de items van beide geloofsmodellen in één factor samenvallen.

Exclusivisme kan omschreven worden als: "(...) Het exclusivisme wordt gekenmerkt door haar radicale afwijzing van andere tradities. Het heil wordt afhankelijk gemaakt van een expliciete Christusbelijdenis (wat voor sommige exclusivisten ook mogelijk is na de dood)"[103].

Inclusivisme kan als volgt omschreven worden: "Zonder te insisteren op een expliciete Christusbelijdenis of lidmaatschap van de Kerk, poneert het inclusivisme dat Christus toch altijd betrokken is bij Gods heilshandelen en dat het christelijk geloof de voltooiing is van het religieuze leven"[104].

LKR19_18. Als godsdienstleerkracht is het mijn plicht om de leerlingen aan te sporen tot engagement. (0.56013)

LKR19_05. Omdat God voor mij fundamenteel Liefde is, lijkt het mij onwaarschijnlijk dat zij die niet in Christus geloven, niet gered zullen worden. (0.52299)

LKR19_09. Of iemand een hoogstaand ethisch leven leidt, kom ik te weten door het te spiegelen aan het idee van de christelijke naastenliefde. (0.512073)

LKR19_07. Hoewel ik er persoonlijk van overtuigd ben dat niet-christenen ook door Christus' genade gered worden, zal ik deze overtuiging niet luidop verkondigen uit respect voor de eigenheid van de andersgelovigen. (0.50419)

LKR19_06. Volgens mij is de Geest van Christus ook werkzaam aanwezig in andere godsdiensten. (0.39886)

103. MERRIGAN, *Gods heilshandelen in de geschiedenis en de hedendaagse theologie van de godsdiensten*, p. 571.

104. *Ibid.*, p. 571-572.

Vraag 20. Enkele vragen rond uw gevoelens t.o.v. mensen met een ander geloof[105]

De schaal ***negatieve gevoelens t.o.v. andersgelovigen*** (LKR202A) meet de mate waarin de leerkracht onrust, vrees, ergernis tegenover andersgelovigen voelt en een attitude van onzekerheid en ongevoeligheid heeft ten opzichte van mensen met een ander geloof.

LKR20_02. Onrust. (-0.43353)
LKR20_03. Ergernis. (-0.36206)
LKR20_04. Ongevoeligheid. (-0.34111)

De schaal ***positieve gevoelens t.o.v. andersgelovigen*** (LKR202B) meet de mate waarin de leerkracht een open houding en een respectvolle attitude tegenover andersgelovigen heeft. Er is een wil tot dialoog en samenwerking en een gevoel van verbondenheid met andersgelovigen.

LKR20_10. Dialoogvorming. (0.90177)
LKR20_09. Openheid. (0.81973)
LKR20_07. Verbondenheid. (0.70438)
LKR20_06. Samenwerking. (0.66723)
LKR20_08. Respect. (0.54120)

Vraag 21. Enkele vragen rond uw visie over de verhouding tussen de leerlingen en de multireligieuze samenleving[106]

De schaal ***dialoog in de les*** (LKR21A) meet de mate waarin de leerkracht ervan overtuigd is dat het godsdienstonderricht er is voor de jongeren. De leerlingen moeten in hun leerproces in deze multiculturele maatschappij geholpen worden en daarom kan in de godsdienstles best aandacht besteed worden aan andere religies naast het christendom.

105. Deze dimensie heeft na factoranalyse geresulteerd in één factor. Er werden twee schalen onderscheiden op basis van enerzijds een positieve lading en anderzijds een negatieve lading op de factor: de items met een positieve lading hebben we bij de schaal 'positieve gevoelens t.o.v. andersgelovigen' geplaatst; de items met een negatieve lading bij de schaal 'negatieve gevoelens t.o.v. andersgelovigen'.

106. Deze dimensie resulteerde na factoranalyse in twee factoren. Factor 1 werd op basis van positieve en negatieve lading op deze factor opgedeeld in twee schalen, met name de schalen 'dialoog in de les' en 'voorwaardelijke dialoog'. De items met een positieve lading werden geplaatst onder de schaal 'dialoog in de les'. De items met een negatieve lading werden geplaatst onder de schaal 'voorwaardelijke dialoog'.

LKR21_13. Het godsdienstonderricht dient eerder als een dienst aan de menswording van jonge mensen, dan als een dienst aan de kerk te worden beschouwd. (0.57103)

LKR21_01. Godsdienstonderricht moet de leerlingen resoluut helpen op te groeien in een multiculturele en multireligieuze samenleving. (0.57101)

LKR21_08. Moslimleerlingen kunnen best het vak godsdienst volgen als het niet als geloofsverkondiging opgevat wordt en ruimschoots in dialoog treedt. (0.47216)

LKR21_02. De kennismaking met de andere godsdiensten is vandaag een voorwaarde om zijn identiteit als christen te helpen verwerven. (0.43328)

LKR21_04. Naarmate het aantal moslims in de godsdienstles toeneemt, dient men het godsdienstonderricht meer als een interreligieuze dialoog uit te bouwen. (0.41305)

LKR21_09. Jongeren zijn geïnteresseerd in lessen over wereldgodsdiensten. (0.37804)

De schaal ***geen dialoog*** (LKR21B) meet de mate waarin de leerkracht de nadruk legt op de eigen christelijke traditie. Er is een expliciete christelijke houding en verkondiging. Er is geen plaats voor andersgelovigen in de klas en geen openheid naar andere religies.

LKR21_05. Het is best de moslimleerlingen tijdens de godsdienstlessen apart te nemen en ze een bijzondere leergang moraal te laten volgen. Deze leergang steunt wel op christelijke waarden, maar er wordt geen expliciete christelijke duiding en verkondiging aan gekoppeld. (0.78477)

LKR21_06. Moslimleerlingen moeten tijdens de godsdienstles apart genomen worden en hun eigen islamonderricht krijgen. (0.70769)

LKR21_07. (inversie) Moslimleerlingen moeten gewoon het vak godsdienst volgen indien ze voor het katholieke onderwijs hebben gekozen. (-0.50097)

De schaal ***voorwaardelijke dialoog*** (LKR21C) meet de mate waarin de leerkracht plaats maakt voor andere religies en wereldgodsdiensten op voorwaarde dat de eigen traditie en de christelijke waarden door iedereen gekend zijn. Initiatie in de christelijke traditie is een voorwaarde om over andere godsdiensten te kunnen dialogeren.

LKR21_03. Het vak godsdienst op school dient er naar te streven een christelijke geloofshouding en praxis van de leerlingen te wekken of te verdiepen. (-0.37781)

LKR21_12. Jongeren moeten op school eerst voldoende in de eigen christelijke traditie geïnitieerd worden, alvorens met andere godsdiensten nader in contact gebracht te worden. (-0.41694)

LKR21_11. Als er leerlingen met een ander geloof in de klas zitten dan tracht ik hen ervan te overtuigen dat Christus de enige reddende weg naar God is. (-0.50713)

LKR21_10. Een katholieke school is een school van katholieken voor katholieken. (-0.51994)

LKR21_15. De tijd die men zou kunnen besteden aan een kennismaking met andere godsdiensten kan men beter gebruiken om de leerlingen nader met het katholieke geloof in contact te brengen. (-0.53031)

Vraag 22. Enkele vragen rond uw onderwijsstrategie

De schaal ***monoreligieus leren*** (LKR22A) meet de mate waarin de (rooms-katholieke) leerkracht het niet als zijn of haar taak ziet om ook aan andere godsdiensten aandacht te besteden. In de school en de les staat het katholieke geloof centraal.

LKR22_2. Aangezien ik les katholieke godsdienst geef, voel ik me niet verplicht aandacht te besteden aan andere godsdiensten. (0.82852)

LKR22_3. Het is niet de taak van katholieke scholen om andere godsdiensten aan te brengen. (0.74597)

LKR22_4. De centraliteit van het katholicisme staat in mijn lessen buiten kijf. (0.56982)

LKR22_5. (inversie) Alle andere godsdiensten zijn evenwaardig aan ons eigen katholieke geloof. (-0.40580)

Vraag 23. Enkele vragen rond de visie van uzelf als leerkracht op uw eigen rol in het onderwijsproces

De schaal ***monoreligieuze godsdienstleerkracht*** (LKR23A) meet de mate waarin de leerkracht ervan overtuigd is dat de leerlingen in het katholieke geloof geïnitieerd moeten worden. Voor andere religies is geen plaats in de les. Deze zijn een bedreiging voor het christelijk geloof.

LKR23_07. Hoewel ik in de godsdienstles de leerlingen wijs op de morele waarde en waarheid aanwezig in de andere godsdiensten, stel ik de christelijke visie steeds voor als norm. (0.66033)

LKR23_08. De godsdienstles is een instrument om jongeren te overtuigen van de waarheid die in het christendom ligt. (0.65100)

LKR23_06. Ik wijs mijn leerlingen erop dat de aanwezigheid van mensen met een ander geloof een bedreiging voor onze maatschappij inhoudt. (0.54522)

LKR23_03. (inversie) Godsdienstonderricht dat jongeren rechtstreeks voor het katholiek geloof tracht te winnen, is vandaag niet langer verantwoord. (-0.48574)

Vraag 24. Enkele vragen rond uw visie op de rol van een katholieke school vanuit het besef van multireligiositeit

De schaal ***expliciet (christelijke) profilering*** (LKR24A) meet de mate waarin de leerkracht benadrukt dat de school zich een christelijke school moet noemen en dat de school nood heeft aan leerkrachten die zich ook christelijk noemen.

LKR24_2. Meer dan ooit hebben katholieke scholen nood aan leerkrachten die zich nog openlijk christen durven te noemen. (0.85242)

LKR24_1. Katholieke scholen blijven ook vandaag een verkondigende boodschap hebben. (0.70494)

LKR24_3. Hoewel de God van de andere religies dezelfde is als de God van de bijbel kunnen en moeten we toch uitgaan van de uitzonderlijke waarde van de godsopenbaring in Jezus Christus. (0.65919)

De schaal ***gematigde profilering*** (LKR24B) meet de mate waarin de leerkracht de aanwezigheid van andersgelovigen in de school niet ziet als een bedreiging maar als een meerwaarde voor de identiteit van de school.

LKR24_5. De aanwezigheid van leerlingen met een ander geloof en minder gelovige of ongelovige leerlingen of leerkrachten biedt nieuwe kansen voor een eigentijdse christelijke uitbouw van de school. (0.69269)

LKR24_4. Het godsdienstonderwijs dient steeds meer te steunen op een dialoog tussen leerkrachten en leerlingen over de verschillende geloofsovertuigingen van de religies. (0.62307)

Vraag 25. Enkele vragen rond uw houding als godsdienstleerkracht naar interreligieus leren toe

De schaal ***IRL-onhaalbaarheid*** (LKR25A) peilt bij de leerkracht naar praktische, inhoudelijke en intentionele onhaalbaarheid om interreligieus leren (IRL) mogelijk te maken in de klas. De onhaalbaarheid van IRL wordt eerder bevraagd door middel van vooronderstellingen van de concrete klaspraktijk dan vanuit een theoretisch kader. Een hoge score op deze schaal betekent dat de respondent interreligieus leren eerder niet haalbaar ziet. Een lage score wil zeggen dat de respondent weinig praktische bezwaren ziet om interreligieus leren in de klaspraktijk toe te passen.

LKR25_5. Interreligieus leren dreigt voor een overbelasting te zorgen voor ons als godsdienstleerkrachten. Zowel praktisch als intellectueel overvraagt dit project ons. (0.79335)

LKR25_4. Leerlingen beschikken niet over genoeg 'bagage' om de dialoog met andere godsdiensten aan te gaan, deze aanpak zal enkel verwarrend voor hen zijn. (0.72312)

LKR25_3. Interreligieus leren zal ervoor zorgen dat er vanuit de leerlingen nog minder interesse zal zijn voor de katholieke godsdienst als nu reeds het geval is. (0.69008)

LKR25_2. Interreligieus leren is zinloos als er geen leerlingen met een ander geloof in de klas aanwezig zijn. (0.53001)

LKR25_6. Ik kan interreligieus leren praktisch en intellectueel niet alleen aan. (0.46930)

4.1.2.2. Gemiddelde scores, standaarddeviatie en betrouwbaarheid schalen

Schaal	*N*	*Min.*	*Max.*	$\bar{x}$	σ	*Cronbach* α
Responsiviteit (LKR04_3A)	71	3.00000	6.00000	4.70423	0.70659	0.815538
Autonomie (LKR04_3B)	71	2.20000	6.00000	4.57676	0.72155	0.717305
Striktheid (LKR04_3C)	71	1.50000	5.50000	3.25352	0.87881	0.546042
Opvolging (LKR05)	67	2.16667	6.00000	5.23582	0.61713	0.889054
Relatiesatisfactie (LKR06A)	81	1.00000	6.00000	4.93704	1.07674	0.907671
Conflict (LKR06B)	81	1.00000	4.80000	2.11358	0.89663	0.779910
Cohesie (LKR06C)	80	1.80000	6.00000	4.95250	0.76390	0.831439
Niet-traditioneel gezinsdenken (LKR07A)	97	2.33333	6.00000	4.98871	0.71945	0.746163
Traditioneel gezinsdenken (LKR07B)	97	1.00000	6.00000	2.69330	1.11897	0.680273
Tweede naïviteit (LKR10A)	98	2.75000	6.00000	5.08127	0.56975	0.571096

Relativisme (LKR10B)	98	1.75000	5.75000	4.63120	0.70448	0.643174
Externe kritiek (LKR10C)	98	1.00000	5.00000	2.17701	0.73417	0.734018
Orthodoxie (LKR10D)	98	1.00000	4.12500	2.13034	0.71453	0.676947
Hermeneutisch-communicatief (LKR11A)	98	3.00000	6.00000	4.70669	0.59464	0.724221
Biografische leerkracht (LKR12A)	98	1.40000	6.00000	4.65306	0.83261	0.713429
Klasdiscours (LKR13A)	98	2.71429	6.00000	4.76822	0.59590	0.713091
Hermeneutische verlamming (LKR14A)	98	1.00000	5.25000	2.98980	1.03007	0.763465
Hermeneutische competentie (LKR14B)	98	2.40000	6.00000	4.66122	0.63856	0.575212
Leerplan: negatief (LKR16A)	98	1.00000	5.50000	2.83418	0.93675	0.596595
Leerplan: terughoudend (LKR16B)	98	1.00000	5.33333	2.70408	1.20697	0.555889
Traditie-irrelevantie (LKR17A)	98	1.50000	5.75000	3.60459	0.93811	0.595718
Traditie-relevantie (LKR17B)	98	1.50000	5.25000	3.57398	0.77094	0.571582
Moderator (LKR18A)	98	3.00000	6.00000	4.71786	0.63230	0.610442
Scepticus (LKR18B)	98	1.33333	6.00000	3.02721	0.90521	0.569882
Pluralisme (LKR19A)	98	1.40000	6.00000	4.37239	0.89372	0.847399
(Exclusivisme) inclusivisme (LKR19B)	98	1.66667	6.00000	4.35051	0.94963	0.590745
Negatieve gevoelens (LKR202A)	94	1.00000	4.00000	1.68262	0.75336	0.453623
Positieve gevoelens (LKR202B)	94	2.00000	6.00000	4.99220	0.77264	0.846506
Dialoog in de les (LKR21A)	95	2.83333	6.00000	4.86632	0.65441	0.635020
Geen dialoog (LKR21B)	94	1.00000	6.00000	2.34752	1.17614	0.711557
Voorwaardelijke dialoog (LKR21C)	95	1.20000	4.40000	2.55632	0.68051	0.575091
Monoreligieus leren (LKR22A)	95	1.00000	4.75000	2.25702	0.97134	0.685867
Monoreligieuze godsdienstleer-kracht (LKR23A)	95	1.00000	5.50000	2.46842	0.97184	0.672557
Expliciet (christelijke) profilering (LKR24A)	93	1.33333	6.00000	4.71685	0.99144	0.778101
Gematigde profilering (LKR24B)	92	2.00000	6.00000	4.70652	0.93806	0.582025
IRL-onhaalbaarheid (LKR25A)	92	1.00000	5.60000	2.67609	0.96253	0.771048

4.1.3. *Correlaties tussen de verschillende schalen bij de leerkrachten*[107]

Gebruikte afkortingen:

AUT: Autonomie (LKR04_3B)
BIO: Biografische leerkracht (LKR12A)
COH: Cohesie (LKR06C)
CON: Conflict (LKR06B)
DIA: Dialoog in de les (LKR21A)
EPR: Expliciet (christelijke) profilering (LKR24A)
EXK: Externe kritiek (LKR10C)
GDI: Geen dialoog (LKR21B)
GPR: Gematigde profilering (LKR24B)
HCO: Hermeneutische competentie (LKR14B)
HEC: Hermeneutisch-communicatief (LKR11A)
HEV: Hermeneutische verlamming (LKR14A)
INC: (Exclusivisme) inclusivisme (LKR19B)
IRL: IRL-onhaalbaarheid (LKR25A)
KLD: Klasdiscours (LKR13A)
LPN: Leerplan: negatief (LKR16A)
LPT: Leerplan: terughoudend (LKR16B)
MLK: Monoreligieuze godsdienstleerkracht (LKR23A)
MOD: Moderator (LKR18A)
MRL: Monoreligieus leren (LKR22A)
NGE: Negatieve gevoelens (LKR202A)
NTG: Niet-traditioneel gezinsdenken (LKR07A)
OPV: Opvolging (LKR05)
ORT: Orthodoxie (LKR10D)
PGE: Positieve gevoelens (LKR202B)
PLU: Pluralisme (LKR19A)
REL: Relativisme (LKR10B)
RES: Responsiviteit (LKR04_3A)
RSA: Relatiesatisfactie (LKR06A)
SCE: Scepticus (LKR18B)
STR: Striktheid (LKR04_3C)
TGD: Traditioneel gezinsdenken (LKR07B)
TNA: Tweede naïviteit (LKR10A)
TRI: Traditie-irrelevantie (LKR17A)
TRR: Traditie-relevantie (LKR17B)
VWD: Voorwaardelijke dialoog (LKR21C)

107. In de tabellen zijn enkel de significante correlaties opgenomen ($p<0.05$).

Significantie: p < 0.0001 =*** ; p < 0.01 =** ; p < 0.05 =*

	LKR04_3A (RES)	LKR04_3B (AUT)	LKR04_3C (STR)	LKR05 (OPV)	LKR06A (RSA)
LKR04_3A (RES)	+++			0.40436**	0.24351**
LKR04_3B (AUT)		+++			
LKR04_3C (STR)			+++		
LKR05 (OPV)	0.40436**			+++	
LKR06A (RSA)	0.24351*				+++
LKR06B (CON)					-0.39698**
LKR06C (COH)					0.61321***
LKR07A (NTG)		0.35896**		0.26105*	
LKR07B (TGD)					
LKR10A (TNA)					
LKR10B (REL)					
LKR10C (EXK)					
LKR10D (ORT)					
LKR11A (HEC)					
LKR12A (BIO)					
LKR13A (KLD)					0.25645*
LKR14A (HEV)					
LKR14B (HCO)	0.27521*				
LKR16A (LPN)		-0.28609*			
LKR16B (LPT)			-0.31019**		
LKR17A (TRI)					
LKR17B (TRR)					
LKR18A (MOD)					
LKR18B (SCE)					
LKR19A (PLU)					
LKR19B (INC)					
LKR202A (NGE)					
LKR202B (PGE)					
LKR21A (DIA)				0.25548*	
LKR21B (GDI)					
LKR21C (VWD)					
LKR22A (MRL)					
LKR23A (MLK)		-0.29175*			
LKR24A (EPR)					
LKR24B (GPR)					
LKR25A (IRL)					

	LKR06B (CON)	LKR06C (COH)	LKR07A (NTG)	LKR07B (TGD)	LKR10A (TNA)
LKR04_3A (RES)					
LKR04_3B (AUT)			0.35896**		
LKR04_3C (STR)					
LKR05 (OPV)			0.26105*		
LKR06A (RSA)	-0.39698**	0.61321***			
LKR06B (CON)	+++	-0.33228**	0.25880*		
LKR06C (COH)	-0.33228**	+++		0.27052*	
LKR07A (NTG)	0.25880*		+++	-0.51529***	
LKR07B (TGD)		0.27052*	-0.51529***	+++	
LKR10A (TNA)					+++
LKR10B (REL)		-0.26670*	0.22108*	-0.23882*	0.38609***
LKR10C (EXK)			0.26303**	-0.21997*	-0.27200**
LKR10D (ORT)			-0.27393**	0.32301**	-0.45959***
LKR11A (HEC)		0.25577*			
LKR12A (BIO)	-0.23146*	0.23248*		0.26180**	
LKR13A (KLD)		0.25101*	0.32620**		
LKR14A (HEV)	0.33019**		0.21828*		
LKR14B (HCO)					
LKR16A (LPN)					
LKR16B (LPT)			0.24072*		
LKR17A (TRI)			0.20215*		
LKR17B (TRR)	-0.30386**		-0.25566*		
LKR18A (MOD)	-0.23563*				
LKR18B (SCE)			-0.24693*		
LKR19A (PLU)	0.32973**		0.43570***	-0.30537**	
LKR19B (INC)		0.22948*			0.26028**
LKR202A (NGE)			-0.30031**	0.30284**	
LKR202B (PGE)			0.32829**	-0.32230**	
LKR21A (DIA)			0.46897***		
LKR21B (GDI)					
LKR21C (VWD)			-0.25210*	0.30083**	
LKR22A (MRL)			-0.25328*	0.27420**	
LKR23A (MLK)			-0.32863**	0.33451**	
LKR24A (EPR)				0.27828**	
LKR24B (GPR)			0.24645*		
LKR25A (IRL)					

	LKR10B (REL)	LKR10C (EXK)	LKR10D (ORT)	LKR11A (HEC)	LKR12A (BIO)
LKR04_3A (RES)					
LKR04_3B (AUT)					
LKR04_3C (STR)					
LKR05 (OPV)					
LKR06A (RSA)					
LKR06B (CON)					-0.23146*
LKR06C (COH)	-0.26670*			0.25577*	0.23248*
LKR07A (NTG)	0.22108*	0.26303**	-0.27393**		
LKR07B (TGD)	-0.23882*	-0.21997*	0.32301**		0.26180**
LKR10A (TNA)	0.38609***	-0.27200**	-0.45959***		
LKR10B (REL)	+++		-0.66525***		-0.28617**
LKR10C (EXK)		+++			-0.34814**
LKR10D (ORT)	-0.66525***		+++	0.20732*	0.30131**
LKR11A (HEC)			0.20732*	+++	0.60351***
LKR12A (BIO)	-0.28617**	-0.34814**	0.30131**	0.60351***	+++
LKR13A (KLD)		0.25527*			
LKR14A (HEV)	0.27293**	0.32301**			
LKR14B (HCO)					
LKR16A (LPN)					
LKR16B (LPT)		0.40579***			
LKR17A (TRI)	0.37409**	0.49451***			-0.33979**
LKR17B (TRR)	-0.20126*	-0.20533*	0.21890*	0.45137***	0.41863***
LKR18A (MOD)				0.25839*	
LKR18B (SCE)					
LKR19A (PLU)	0.57580***	0.39774***	-0.42785***		-0.28199**
LKR19B (INC)		-0.32135**			0.42798***
LKR202A (NGE)					
LKR202B (PGE)					
LKR21A (DIA)	0.27093**		-0.42260***		-0.26396**
LKR21B (GDI)					
LKR21C (VWD)	-0.26828**		0.35500**	0.28606**	0.52010***
LKR22A (MRL)	-0.26553**		0.36105**		0.25164*
LKR23A (MLK)			0.24667*		0.20505*
LKR24A (EPR)		-0.34087**		0.40241***	0.66380***
LKR24B (GPR)	0.27536**		-0.34389**		
LKR25A (IRL)		0.23209*			

	LKR13A (KLD)	LKR14A (HEV)	LKR14B (HCO)	LKR16A (LPN)	LKR16B (LPT)
LKR04_3A (RES)			0.27521*		
LKR04_3B (AUT)				-0.28609*	
LKR04_3C (STR)					-0.31019**
LKR05 (OPV)					
LKR06A (RSA)	0.25645*				
LKR06B (CON)		0.33019**			
LKR06C (COH)	0.25101*				
LKR07A (NTG)	0.32620**	0.21828*			0.24072*
LKR07B (TGD)					
LKR10A (TNA)					
LKR10B (REL)		0.27293**			
LKR10C (EXK)	0.25527*	0.32301**			0.40579***
LKR10D (ORT)					
LKR11A (HEC)					
LKR12A (BIO)					
LKR13A (KLD)	+++		0.44162***	-0.46323***	
LKR14A (HEV)		+++			0.40870***
LKR14B (HCO)	0.44162***		+++	-0.22672*	
LKR16A (LPN)	-0.46323***		-0.22672*	+++	
LKR16B (LPT)		0.40870***			+++
LKR17A (TRI)	0.30716**	0.43964***			0.35160**
LKR17B (TRR)			-0.26478**		
LKR18A (MOD)	0.39643***		0.43754***	-0.31716**	
LKR18B (SCE)	-0.34237**		-0.21218*		
LKR19A (PLU)		0.47049***			0.24250*
LKR19B (INC)					
LKR202A (NGE)					
LKR202B (PGE)	0.26054*				
LKR21A (DIA)	0.40566***		0.20295*	-0.21595*	
LKR21B (GDI)					
LKR21C (VWD)	-0.20284*				
LKR22A (MRL)	-0.21630*		-0.23032*		
LKR23A (MLK)	-0.20241*		-0.29103**		
LKR24A (EPR)					
LKR24B (GPR)	0.27405**		0.22403*		
LKR25A (IRL)		0.26516*	-0.25790*		0.39915***

	LKR17A (TRI)	LKR17B (TRR)	LKR18A (MOD)	LKR18B (SCE)	LKR19A (PLU)
LKR04_3A (RES)					
LKR04_3B (AUT)					
LKR04_3C (STR)					
LKR05 (OPV)					
LKR06A (RSA)					
LKR06B (CON)		-0.30386**	-0.23563*		0.32973**
LKR06C (COH)					
LKR07A (NTG)	0.20215*	-0.25566*		-0.24693*	0.43570***
LKR07B (TGD)					-0.30537**
LKR10A (TNA)					
LKR10B (REL)	0.37409**	-0.20126*			0.57580***
LKR10C (EXK)	0.49451***	-0.20533*			0.39774***
LKR10D (ORT)		0.21890*			-0.42785***
LKR11A (HEC)		0.45137***	0.25839*		
LKR12A (BIO)	-0.33979**	0.41863***			-0.28199**
LKR13A (KLD)	0.30716**		0.39643***	-0.34237**	
LKR14A (HEV)	0.43964***				0.47049***
LKR14B (HCO)		-0.26478**	0.43745***	-0.21218*	
LKR16A (LPN)			-0.31716**		
LKR16B (LPT)	0.35160**				0.24250*
LKR17A (TRI)	+++				0.45321***
LKR17B (TRR)		+++		0.21006*	
LKR18A (MOD)			+++	-0.24371*	
LKR18B (SCE)		0.21006*	-0.24371*	+++	
LKR19A (PLU)	0.45321***				+++
LKR19B (INC)	-0.23233*		0.24915*	0.20253*	
LKR202A (NGE)					
LKR202B (PGE)					
LKR21A (DIA)	0.23483*			-0.22597*	0.45448***
LKR21B (GDI)					
LKR21C (VWD)		0.29430**		0.26936**	-0.34179**
LKR22A (MRL)					-0.53887***
LKR23A (MLK)		0.21325*		0.26424**	
LKR24A (EPR)	-0.22646*	0.32381**	0.24486*	0.29713**	-0.24328*
LKR24B (GPR)				-0.29436**	0.39944***
LKR25A (IRL)				0.24369*	

	LKR19B (INC)	LKR202A (NGE)	LKR202B (PGE)	LKR21A (DIA)	LKR21B (GDI)
LKR04_3A (RES)					
LKR04_3B (AUT)					
LKR04_3C (STR)					
LKR05 (OPV)				0.25548*	
LKR06A (RSA)					
LKR06B (CON)					
LKR06C (COH)	0.22948*				
LKR07A (NTG)		-0.30031**	0.32829**	0.46897***	
LKR07B (TGD)		0.30284**	-0.32230**		
LKR10A (TNA)	0.26028**				
LKR10B (REL)				0.27093**	
LKR10C (EXK)	-0.32135**				
LKR10D (ORT)				-0.42260***	
LKR11A (HEC)					
LKR12A (BIO)	0.42798***			-0.26396**	
LKR13A (KLD)			0.26054*	0.40566***	
LKR14A (HEV)					
LKR14B (HCO)				0.20295*	
LKR16A (LPN)				-0.21595*	
LKR16B (LPT)					
LKR17A (TRI)	-0.23233*			0.23483*	
LKR17B (TRR)					
LKR18A (MOD)	0.24915*				
LKR18B (SCE)	0.20253*			-0.22597*	
LKR19A (PLU)				0.45448***	
LKR19B (INC)	+++				
LKR202A (NGE)		+++	-0.43780***		
LKR202B (PGE)		-0.43780***	+++	0.25071*	
LKR21A (DIA)			0.25071*	+++	
LKR21B (GDI)					+++
LKR21C (VWD)	0.22350*		-0.22745*	-0.49480***	
LKR22A (MRL)			-0.28426**	-0.43636***	
LKR23A (MLK)				-0.32968**	
LKR24A (EPR)	0.39385***			-0.20833*	
LKR24B (GPR)				0.36675**	
LKR25A (IRL)		0.23268*	-0.27812**		

	LKR21C (VWD)	LKR22A (MRL)	LKR23A (MLK)	LKR24A (EPR)	LKR24B (GPR)
LKR04_3A (RES)					
LKR04_3B (AUT)			-0.29175*		
LKR04_3C (STR)					
LKR05 (OPV)					
LKR06A (RSA)					
LKR06B (CON)					
LKR06C (COH)					
LKR07A (NTG)	-0.25210*	-0.25328*	-0.32863**		0.24645*
LKR07B (TGD)	0.30083**	0.27420**	0.33451**	0.27828**	
LKR10A (TNA)					
LKR10B (REL)	-0.26828**	-0.26553**			0.27536**
LKR10C (EXK)				-0.34087**	
LKR10D (ORT)	0.35500**	0.36105**	0.24667*		-0.34389**
LKR11A (HEC)	0.28606**			0.40241***	
LKR12A (BIO)	0.52010***	0.25164*	0.20505*	0.66380***	
LKR13A (KLD)	-0.20284*	-0.21630*	-0.20241*		0.27405**
LKR14A (HEV)					
LKR14B (HCO)		-0.23032*	-0.29103**		0.22403*
LKR16A (LPN)					
LKR16B (LPT)					
LKR17A (TRI)				-0.22646*	
LKR17B (TRR)	0.29430**		0.21325*	0.32381**	
LKR18A (MOD)				0.24486*	
LKR18B (SCE)	0.26936**		0.26424**	0.29713**	-0.29436**
LKR19A (PLU)	-0.34179**	-0.53887***		-0.24328*	0.39944***
LKR19B (INC)	0.22350*			0.39385***	
LKR202A (NGE)					
LKR202B (PGE)	-0.22745*	-0.28426**			
LKR21A (DIA)	-0.49480***	-0.43636***	-0.32968**	-0.20833*	0.36675**
LKR21B (GDI)					
LKR21C (VWD)	+++	0.60299***	0.50680***	0.57727***	-0.41576***
LKR22A (MRL)	0.60299***	+++	0.47403***	0.25887*	-0.46049***
LKR23A (MLK)	0.50680***	0.47403***	+++	0.36550**	-0.38856**
LKR24A (EPR)	0.57727***	0.25887*	0.36550**	+++	
LKR24B (GPR)	-0.41576***	-0.46049***	-0.38856**		+++
LKR25A (IRL)	0.40326***	0.41274***	0.32539**	0.21174*	-0.26810*

	LKR25A (IRL)		LKR25A (IRL)
LKR04_3A (RES)		LKR16A (LPN)	
LKR04_3B (AUT)		LKR16B (LPT)	0.39915***
LKR04_3C (STR)		LKR17A (TRI)	
LKR05 (OPV)		LKR17B (TRR)	
LKR06A (RSA)		LKR18A (MOD)	
LKR06B (CON)		LKR18B (SCE)	0.24369*
LKR06C (COH)		LKR19A (PLU)	
LKR07A (NTG)		LKR19B (INC)	
LKR07B (TGD)		LKR202A (NGE)	0.23268*
LKR10A (TNA)		LKR202B (PGE)	-0.27812**
LKR10B (REL)		LKR21A (DIA)	
LKR10C (EXK)	0.23209*	LKR21B (GDI)	
LKR10D (ORT)		LKR21C (VWD)	0.40326***
LKR11A (HEC)		LKR22A (MRL)	0.41274***
LKR12A (BIO)		LKR23A (MLK)	0.32539**
LKR13A (KLD)		LKR24A (EPR)	0.21174*
LKR14A (HEV)	0.26516*	LKR24B (GPR)	-0.26810*
LKR14B (HCO)	-0.25790*	LKR25A (IRL)	+++

4.1.4. *Samenhang tussen achtergrondvariabelen en schalen*

Legende: De significantiegrens bij de berekende samenhangen tussen achtergrondvariabelen en schalen en tussen achtergrondvariabelen onderling bedraagt p<0.05. Samenhangen met een significantie op het niveau van p>0.05 zijn niet opgenomen.
Ondanks de significantie die blijkt uit de statistische berekening is voorzichtigheid geboden bij de interpretatie wegens het soms zeer kleine aantal subjecten (minder dan 25)[108].

- Samenhang met 1.1 leeftijd

Leeftijd (LKR1.1)		*Striktheid (LKR04_3C)*		
	N	$\bar{x}$	σ	*Variabelen met significant verschil*
24-29	3	3.1666	0.7637	30-39 – 40-49 (0.9615)
30-39	19	4.0000	0.7637	30-39 – 50- (1.3000)
40-49	39	3.0384	0.7598	
50-	10	2.7000	0.7434	

p <0.0001

108. Het overzicht van samenhang tussen achtergrondvariabelen en schalen is beperkt tot die samenhangen die berekend en significant (p<0.05) zijn.

Leeftijd (LKR1.1)		*Opvolging (LKR05)*		
	N	$\bar{x}$	σ	*Variabelen met significant verschil*
24-29	1	5.000	-	30-39 – 40-49 (0.6312)
30-39	16	5.6854	0.3373	
40-49	40	5.0541	0.6584	
50-	10	5.2666	0.4594	

p=0.0049

Leeftijd (LKR1.1)		*Traditioneel gezinsdenken (LKR07B)*		
	N	$\bar{x}$	σ	*Variabelen met significant verschil*
24-29	14	3.2678	1.2765	Geen significante verschillen
30-39	22	2.3750	0.8082	
40-49	48	2.5572	1.0123	
50-	13	3.1153	1.5021	

p=0.0427

Leeftijd (LKR1.1)		*Biografische leerkracht (LKR12A)*		
	N	$\bar{x}$	σ	*Variabelen met significant verschil*
24-29	14	4.5714	0.7477	30-39 – 50- (-0.8027)
30-39	23	4.2434	1.0017	
40-49	48	4.7666	0.7452	
50-	13	5.0461	0.6590	

p=0.0210

Leeftijd (LKR1.1)		*Moderator (LKR18A)*		
	N	$\bar{x}$	σ	*Variabelen met significant verschil*
24-29	14	4.9857	0.5627	24-29 – 40-49 (0.4826)
30-39	23	4.8869	0.5715	
40-49	48	4.5031	0.6128	
50-	13	4.9230	0.6710	

p=0.0096

Leeftijd (LKR1.1)		*Pluralisme (LKR19A)*		
	N	$\bar{x}$	σ	*Variabelen met significant verschil*
24-29	14	3.7714	0.9392	24-29 – 30-39 (-0.7754)
30-39	23	4.5468	0.8251	24-29 – 50 (-0.9055)
40-49	48	4.3815	0.8805	
50-	13	4.6769	0.7970	

p=0.0306

Leeftijd (LKR1.1)		*Negatieve gevoelens (LKR202A)*		
	N	$\bar{x}$	σ	*Variabelen met significant verschil*
24-29	13	2.3076	1.0042	24-29 – 30-39 (0.8910)
30-39	22	1.4166	0.6336	24-29 – 40-49 (0.7280)
40-49	46	1.5797	0.6143	
50-	13	1.8717	0.7997	

p=0.0028

- Samenhang met 1.2 geslacht

	Geslacht (LKR1.2)			
Variabele	*Geslacht*	$\bar{x}$	σ	*p-waarde*
Opvolging (LKR05)	Man Vrouw	5.0946 5.41	0.681 0.4839	0.0365 (pooled)
	Verschil	-0.315	0.6011	
Relatiesatisfactie (LKR06A)	Man Vrouw	4.7174 5.2257	1.1517 0.9063	0.0345 (pooled)
	Verschil	-0.508	1.0531	

- Samenhang tussen items met betrekking tot de gezinsopvattingen (zie de schalen 'traditioneel gezinsdenken' en 'niet-traditioneel gezinsdenken') en het geslacht van de respondent (leerkracht)

Variabele	*Geslacht*	$\bar{x}$	σ	*p-waarde*
Een gezin met één ouder kan net zo goed zijn als een gezin met twee ouders (LKR07_04)	Man Vrouw	3.8333 4.6279	1.4504 1.0696	0.0025 (satterthwai-te)
	Verschil	-0.7950	1.2959	

- Samenhang met 1.3 diploma

	Diploma (LKR1.3)			
Variabele	*Diploma*	$\bar{x}$	σ	*p-waarde*
Relativisme (LKR10B)	HOBU Universiteit	4.3554 4.7606	0.7501 0.661	0.0090 (pooled)
	Verschil	-0.4052	0.6897	
Orthodoxie (LKR10D)	HOBU Universiteit	2.5097 1.9486	0.7338 0.6463	0.0003 (pooled)
	Verschil	0.5611	0.6745	
Biografische leerkracht (LKR12A)	HOBU Universiteit	5.0267 4.497	0.5959 0.8772	0.0009 (satterthwai-te)
	Verschil	0.5297	0.8011	
Pluralisme (LKR19A)	HOBU Universiteit	4.0139 4.5451	1.0351 0.7877	0.0068 (pooled)
	Verschil	-0.5312	0.8715	
Dialoog in de les (LKR21A)	HOBU Universiteit	4.5923 4.9905	0.6786 0.6197	0.0069 (pooled)
	Verschil	-0.398	0.6378	
Voorwaardelijke dialoog (LKR21C)	HOBU Universiteit	2.8821 2.4054	0.7071 0.627	0.0017 (pooled)
	Verschil	0.4768	0.6518	
Gematigde profilering (LKR24B)	HOBU Universiteit	4.0278 4.6053	0.9129 0.9368	0.0372 (pooled)
	Verschil	-0.5775	0.9298	
IRL-onhaalbaarheid (LKR25A)	HOBU Universiteit	2.6519 2.2787	1.0859 0.8724	0.0084 (pooled)
	Verschil	0.1531	0.9406	

- Samenhang met 1.4 aggregatie

Aggregatie (LKR1.4)	*Diploma (LKR1.3)*		
	HOBU	*Universiteit*	Totaal
Ja	2 *3,23%*	60 *96,7%*	62
Neen	9 *64,29%*	5 *35,71%*	14
Totaal	11	65	76

Chi-Square=34.3985 p<.0001

- Samenhang met 1.5 lesjaren

Aantal lesjaren (LKR1.5)		*Moderator (LKR18A)*		
	N	$\bar{x}$	σ	*Variabelen met significant verschil*
00-10	24	5.0416	0.4252	Geen significante verschillen
11-20	41	4.0926	0.6133	
21	31	4.5080	0.6743	

p=0.0054

Aantal lesjaren (LKR1.5)		*IRL-onhaalbaarheid (LKR25A)*		
	N	$\bar{x}$	σ	*Variabelen met significant verschil*
00-10	22	2.4454	0.6261	Geen significante verschillen
11-20	38	2.4894	1.0077	
21	30	3.1133	0.9919	

p=0.0104

Aantal lesjaren (LKR1.5)	*Leeftijd (LKR1.1)*				
	24-29	*30-39*	*40-49*	*50-62*	Totaal
00-10	13 *54,17%*	8 *33,33%*	3 *12,50%*	0 *0,00%*	24
11-20	0 *0,00%*	14 *34,15%*	25 *60,98%*	2 *4,88%*	41
21-	0 *0,00%*	0 *0,00%*	20 *64,52%*	11 *35,48%*	31
Totaal	13	22	48	13	96

Chi-Square=28.3722 p<.0001

- Samenhang met 2.4 welke school voornamelijk

Geen significante samenhang

- Samenhang met 2.5 welke school klas

Variabele	*Welke school/klas (LKR2.5)*			
		$\bar{x}$	*σ*	*p-waarde*
Hermeneutische competentie (LKR14B)	Katholieke school	2.9747	1.0637	0.0384
	Gemeenschapsschool	3.1389	0.8411	(pooled)
	Verschil	-0.164	1.0274	
Traditie-relevantie (LKR17B)	Katholieke school	3.6646	0.716	0.0230
	Gemeenschapsschool	3.2083	0.9166	(pooled)
	Verschil	0.4562	0.7558	

- Samenhang met 2.7 aantal leerlingen per klas

Leerlingen per klas (LKR2.7)		*Traditie-relevantie (LKR17B)*		
	N	$\bar{x}$	*σ*	*Variabelen met significant verschil*
03-15	29	3.8362	0.6888	Geen significante verschillen
16-20	33	3.4545	0.7767	
21-28	31	3.3790	0.7769	

p=0.0463

- Samenhang met 2.8 allochtone leerlingen

Variabele	*Allochtone leerlingen (LKR2.8)*			
		$\bar{x}$	*σ*	*p-waarde*
Leerplan: terughoudend (LKR16B)	Geen	2.8737	1.2121	0.0451
	Ja	2.3542	1.1357	(pooled)
	Verschil	0.5196	1.188	
Voorwaardelijke dialoog (LKR21C)	Geen	2.6738	0.6118	0.0174
	Ja	2.325	0.7565	(pooled)
	Verschil	0.3488	0.6636	

Allochtonen (LKR2.8)	*Geef je voornamelijk les in? (LKR2.3)*				
	ASO	*TSO*	*KSO*	*BSO*	Totaal
Ja	36 *57,14%*	22 *34,92%*	1 *1,59%*	4 *6,35%*	63
Nee	18 *58,06%*	5 *16,13%*	*0* *0,00%*	8 *25,81%*	31
Totaal	54	27	1	12	94

Chi-Square=9.2109 p=0.0266

- Samenhang met 3.1 gezinssituatie

Gezinssituatie (LKR3.1)		*Striktheid (LKR04_3C)*		
	N	$\bar{x}$	σ	*Variabelen met significant verschil*
Gehuwd	69	3.2898	0.8634	Geen significante verschillen
Andere (gescheiden, samenwonend)	2	2.0000	0.3535	

p=0.0398

- Samenhang met 3.2 kinderen

	Leeftijd (LKR1.1)				
Kinderen (LKR3.2)	*24-29*	*30-39*	*40-49*	*50-*	Totaal
Ja	3 *4,17%*	19 *26,39%*	40 *55,56%*	10 *13,89%*	72
Nee	11 *42,31%*	4 *15,38%*	8 *30,77%*	3 *11,54%*	26
Totaal	14	23	48	13	98

Chi-Square=22.9131 p<.0001

	Kinderen (LKR3.2)			
Variabele		$\bar{x}$	σ	*p-waarde*
Conflict (LKR06B)	Ja	2.2114	0.8937	0.0123 (pooled)
	Nee	1.4909	0.6534	
	Verschil	0.7205	0.867	
Niet traditioneel gezinsdenken (LKR07A)	Ja	5.084	0.6846	0.0261 (pooled)
	Nee	4.7143	0.7604	
	Verschil	0.3697	0.7045	

- Samenhang met 3.3 aantal kinderen

Aantal kinderen (LKR3.3)		*Opvolging (LKR05)*		
	N	$\bar{x}$	σ	*Variabelen met significant verschil*
1-2	39	5.4008	0.5133	1-2 – 4- (0.6281)
3	17	5.1568	0.3885	
4-	11	4.7727	0.9582	

p=0.0079

Aantal kinderen (LKR3.3)		*Traditioneel gezinsdenken (LKR07B)*		
	N	$\bar{x}$	σ	*Variabelen met significant verschil*
1-2	44	2.4829	1.0432	1-2 – 4- (-1.3352) 3 – 4- (-1.5094)
3	17	2.3088	0.8174	
4-	11	3.8181	1.1730	

p=0.0004

- Samenhang met 3.6 leeftijd jongste kind

Leeftijd jongste kind (LKR3.6)		*Autonomie (LKR04_3B)*		
	N	$\bar{x}$	*σ*	*Variabelen met significant verschil*
00-08	21	4.3142	0.7656	00-08 – 20-29 (-0.8357)
09-14	22	4.7159	0.5008	15-19 – 20-29 (-0.7654)
15-19	13	4.3846	0.5800	
20-29	8	5.1500	0.5631	

p=0.0083

Leeftijd jongste kind (LKR3.6)		*Striktheid (LKR04_3C)*		
	N	$\bar{x}$	*σ*	*Variabelen met significant verschil*
00-08	21	3.8690	0.7009	00-08 – 09-14 (0.9145)
09-14	22	2.9545	0.5958	00-08 – 15-19 (0.7537)
15-19	13	3.1153	0.9388	00-08 – 20-29 (1.2753)
20-29	8	2.5937	0.6114	

p<.0001

- Samenhang met 3.6 leeftijd oudste kind

Leeftijd oudste kind (LKR3.6)		*Striktheid (LKR04_3C)*		
	N	$\bar{x}$	*σ*	*Variabelen met significant verschil*
00-08	11	3.7272	0.6933	00-08 – 20-31 (0.8589)
09-14	15	3.5000	1.0394	
15-19	21	3.0119	0.5672	
20-31	19	2.8684	0.8634	

p=0.0151

Leeftijd oudste kind (LKR3.6)		*Opvolging (LKR05)*		
	N	$\bar{x}$	*σ*	*Variabelen met significant verschil*
00-08	8	5.6208	0.3728	Geen significante verschillen
09-14	16	5.4895	0.4450	
15-19	21	5.0714	0.5179	
20-31	19	5.0000	0.8031	

p=0.0172

Leeftijd oudste kind (LKR3.6)		*Traditioneel gezinsdenken (LKR07B)*		
	N	$\bar{x}$	*σ*	*Variabelen met significant verschil*
00-08	11	2.3863	0.9705	15-19 – 20-31 (-1.2018)
09-14	16	2.7812	0.7739	
15-19	21	2.1666	1.0226	
20-31	19	3.3684	1.2593	

p=0.0043

- Samenhang met 4.1 leeftijd kind

Leeftijd kind (LKR4.1)	*Striktheid (LKR04_3C)*			
	N	$\bar{x}$	σ	*Variabelen met significant verschil*
00-08	12	3.7916	0.6811	00-08 – 20-32 (0.9496)
09-14	18	3.3750	0.9898	
15-19	20	3.1500	0.5758	
20-32	19	2.8421	0.8424	

p=0.0143

Leeftijd kind (LKR4.1)	*Traditioneel gezinsdenken (LKR07B)*			
	N	$\bar{x}$	σ	*Variabelen met significant verschil*
00-08	12	2.3750	0.9564	15-19 – 20-32 (-0.9875)
09-14	18	2.6388	0.8711	
15-19	20	2.2625	1.0775	
20-32	19	3.2500	1.3488	

p=0.0371

Leeftijd kind (LKR4.1)	*Opvolging (LKR05)*			
	N	$\bar{x}$	σ	*Variabelen met significant verschil*
00-08	8	5.6416	0.3476	Geen significante verschillen
09-14	18	5.4722	0.4473	
15-19	20	5.1083	0.5360	
20-32	19	4.9912	0.7982	

p=0.0177

- Samenhang met 8.1 aard godsdienstige opvoeding

	Aard godsdienstige opvoeding (LKR8.1)			
Variabele		$\bar{x}$	σ	*p-waarde*
Cohesie (LKR06C)	Katholiek	5.0145	0.7343	0.0313
	Christelijk	4.46	0.8383	(pooled)
	Verschil	0.5545	0.7472	
Biografische leerkracht (LKR12A)	Katholiek	4.778	0.7125	0.0255
	Christelijk	4	1.0832	(satterthwai-
	Verschil	0.778	0.7704	te)

- Samenhang met 8.2 levensbeschouwelijke zelfperceptie

Levensbeschouwelijke zelfperceptie (LKR8.2)	*Geef je voornamelijk les in? (LKR2.3)*				
	ASO	*TSO*	*KSO*	*BSO*	Totaal
Katholiek	21 *48,84%*	11 *25,58%*	0 *0,00%*	11 *25,58%*	43
Christelijk	28 *65,12%*	13 *30,23%*	1 *2,33%*	1 *2,33%*	43
Totaal	49	24	1	12	86

Chi-Square=10.5000 p=0.0148

Levensbeschouwelijke zelfperceptie (LKR8.2)	*Aard religieuze opvoeding (LKR8.1)*		
	Katholiek	*Christelijk*	Totaal
Katholiek	44 *95,65%*	2 *4,35%*	46
Christelijk	35 *79,55%*	9 *20,45%*	44
Totaal	79	11	90

Chi-Square=5.4381 p=0.0197

	Levensbeschouwelijke zelfperceptie (LKR8.2)			
Variabele		$\bar{x}$	σ	*p-waarde*
Cohesie (LKR06C)	Katholiek	5.1778	0.804	0.0236
	Christelijk	4.7684	0.7181	(pooled)
	Verschil	0.4094	0.7611	
Relativisme (LKR10B)	Katholiek	4.4969	0.6705	0.0491
	Christelijk	4.7926	0.7353	(pooled)
	Verschil	-0.296	0.7029	
Orthodoxie (LKR10D)	Katholiek	2.2443	0.6799	0.0371
	Christelijk	1.9355	0.7041	(pooled)
	Verschil	0.3088	0.6918	
Biografische leerkracht (LKR12A)	Katholiek	5.013	0.552	<.0001
	Christelijk	4.3864	0.7923	(satterthwaite)
	Verschil	0.6267	0.6801	
Traditie-relevantie (LKR17B)	Katholiek	3.7772	0.6917	0.0267
	Christelijk	3.4318	0.7613	(pooled)
	Verschil	0.3454	0.7265	
Pluralisme (LKR19A)	Katholiek	4.1117	0.9525	0.0154
	Christelijk	4.574	0.8142	(pooled)
	Verschil	-0.462	0.8876	
Voorwaardelijke dialoog (LKR21C)	Katholiek	2.8011	0.6788	0.0019
	Christelijk	2.3581	0.6072	(pooled)
	Verschil	0.443	0.6444	

- Samenhang met 8.3 levensbeschouwing partner

Levensbeschouwing partner (LKR8.3)	*Levensbeschouwelijke zelfperceptie (LKR8.2)*		
	Katholiek	*Christelijk*	Totaal
Katholiek	25 *86,21%*	4 *13,79%*	29
Christelijk	6 *16,22%*	31 *83,78%*	37
Andere	6 *60,00%*	4 *40,00%*	10
Totaal	37	39	76

Chi-Square=32.4686 p<.0001

Levensbeschouwing partner (LKR8.3)		*Traditioneel gezinsdenken (LKR07B)*		
	N	$\bar{x}$	σ	*Variabelen met significant verschil*
Katholiek	32	2.9140	1.2485	Katholiek – andere (0.9077)
Christelijk	38	2.6513	0.9907	
Andere	13	2.0064	1.0526	

p=0.0500

Levensbeschouwing partner (LKR8.3)		*Biografische leerkracht (LKR12A)*		
	N	$\bar{x}$	σ	*Variabelen met significant verschil*
Katholiek	32	4.8812	0.7428	Katholiek – andere (0.6966)
Christelijk	38	4.5842	0.7688	
Andere	13	4.1846	1.3075	

p=0.0485

Levensbeschouwing partner (LKR8.3)		*Hermeneutische competentie (LKR14B)*		
	N	$\bar{x}$	σ	*Variabelen met significant verschil*
Katholiek	32	4.4312	0.6930	Katholiek – christelijk (-0.3740)
Christelijk	38	4.8052	0.5250	
Andere	13	4.9076	0.8470	

p=0.0252

Levensbeschouwing partner (LKR8.3)		*Traditie-relevantie (LKR17B)*		
	N	$\bar{x}$	σ	*Variabelen met significant verschil*
Katholiek	32	3.8281	0.7578	Katholiek – andere (0.8089)
Christelijk	38	3.4671	0.7401	
Andere	13	3.0192	0.7936	

p=0.0053

Levensbeschouwing partner (LKR8.3)		*Moderator (LKR18A)*		
	N	$\bar{x}$	σ	*Variabelen met significant verschil*
Katholiek	32	4.7750	0.5896	Katholiek – andere (0.5442)
Christelijk	38	4.8513	0.6337	Christelijk – andere (0.6205)
Andere	13	4.2307	0.6725	

p=0.0092

- Samenhang met 8.4 eigen geloof

Eigen geloof (LKR8.4)	*Gezinssituatie (LKR3.1)*			
	Gehuwd	*Priester/religieus*	*Andere*	Totaal
Ja	76 *92,68%*	3 *3,66%*	3 *3,66%*	82
Nee	1 *50,00%*	0 *0,00%*	1 *50,00%*	2
Ik twijfel	2 *100,00%*	0 *0,00%*	0 *0,00%*	2
Totaal	79	3	4	86

Chi-Square=9.6581 p=0.0466

Eigen geloof (LKR8.4)		*Relatiesatisfactie (LKR06A)*		
	N	$\bar{x}$	σ	*Variabelen met significant verschil*
Ja	77	5.0090	1.0349	Ja – nee (1.9591)
Nee	2	3.0500	0.2121	
Ik twijfel	2	4.0500	1.4849	

p=0.0179

Eigen geloof (LKR8.4)		*Conflict (LKR06B)*		
	N	$\bar{x}$	σ	*Variabelen met significant verschil*
Ja	77	2.0467	0.8478	Ja – ik twijfel (-1.7532)
Nee	2	3.0000	1.4142	
Ik twijfel	2	3.8000	0.2828	

p=0.0074

Eigen geloof (LKR8.4)		*Externe kritiek (LKR10C)*		
	N	$\bar{x}$	σ	*Variabelen met significant verschil*
Ja	91	2.1259	0.6924	Ja – ik twijfel (-1.2074)
Nee	2	3.0555	0.7071	
Ik twijfel	2	3.3333	1.2570	

p=0.0133

Eigen geloof (LKR8.4)		*Hermeneutisch-communicatief (LKR11A)*		
	N	$\bar{x}$	σ	*Variabelen met significant verschil*
Ja	91	4.7349	0.57622	Ja – ik twijfel (0.98496)
Nee	2	3.8750	0.3535	
Ik twijfel	2	3.7500	0.5303	

p=0.0089

Eigen geloof (LKR8.4)		*Biografische leerkracht (LKR12A)*		
	N	$\bar{x}$	σ	*Variabelen met significant verschil*
Ja	91	4.7120	0.7883	Ja – nee (1.9121)
Nee	2	2.8000	0.5656	
Ik twijfel	2	3.5000	0.9899	

p=0.0007

Eigen geloof (LKR8.4)		*Traditie-relevantie (LKR17B)*		
	N	$\bar{x}$	σ	*Variabelen met significant verschil*
Ja	91	3.6126	0.7530	Geen significante verschillen
Nee	2	2.3750	1.2374	
Ik twijfel	2	3.0000	1.0606	

p=0.0478

Eigen geloof (LKR8.4)		*Negatieve gevoelens (LKR202A)*		
	N	$\bar{x}$	σ	*Variabelen met significant verschil*
Ja	87	1.6417	0.7186	Ja – nee (-1.5249)
Nee	2	3.1666	0.2357	
Ik twijfel	2	2.0000	0.9428	

p=0.0125

- Samenhang met 8.5 religieuze praktijk

Religieuze praktijk (LKR8.5)	*Levensbeschouwelijke zelfperceptie (LKR8.2)*		
	Katholiek	*Christelijk*	Totaal
Nooit/zelden	2 *10,53%*	17 *89,47%*	19
Maandelijks	11 *45,83%*	13 *54,17%*	24
Meerdere keren/maand	18 *78,26%*	5 *21,74%*	23
Wekelijks	14 *60,87%*	9 *39,13%*	23
Totaal	45	44	89

Chi-Square=20.4349 p=0.0001

Religieuze praktijk (LKR8.5)	*Eigen geloof (LKR8.4)*			
	Ja	*Nee*	*Ik twijfel*	Totaal
Nooit/zelden	19 *82,61%*	2 *8,70%*	2 *8,70%*	23
Maandelijks	26 *100,00%*	0 *0,00%*	0 *0,00%*	26
Meerdere keren per maand	23 *100,00%*	0 *0,00%*	0 *0,00%*	23
Wekelijks	23 *100,00%*	0 *0,00%*	0 *0,00%*	23
Totaal	91	2	2	95

Chi-Square=13.0721 p=0.0419

Religieuze praktijk (LKR8.5)		*Traditioneel gezinsdenken (LKR07B)*		
	N	$\bar{x}$	σ	*Variabelen met significant verschil*
Nooit/zelden	23	2.1956	0.9383	Nooit/zelden – meerdere keren per maand (-0.8703)
Maandelijks	26	2.6217	1.1528	
Meerdere keren per maand	24	3.0659	1.1591	
Wekelijks	23	2.9130	1.0860	

p=0.0403

Religieuze praktijk (LKR8.5)		*Externe kritiek (LKR10C)*		
	N	$\bar{x}$	σ	*Variabelen met significant verschil*
Nooit/zelden	23	2.6714	0.7931	Nooit/zelden – meerdere keren per maand (0.7224)
Maandelijks	26	2.2612	0.7065	Nooit/zelden – wekelijks (0.8599)
Meerdere keren per maand	24	1.9490	0.4371	
Wekelijks	23	1.8115	0.6369	

p=0.0001

Religieuze praktijk (LKR8.5)		*Hermeneutisch-communicatief (LKR11A)*		
	N	$\bar{x}$	σ	*Variabelen met significant verschil*
Nooit/zelden	23	4.2065	0.5978	Nooit/zelden – maandelijks (-0.6639)
Maandelijks	26	4.8704	0.5134	Nooit/zelden – meerdere keren per maand (-0.5747)
Meerdere keren per maand	24	4.7812	0.4851	Nooit/zelden – wekelijks (-0.6902)
Wekelijks	23	4.8967	0.5351	

p<.0001

Religieuze praktijk (LKR8.5)		*Biografische leerkracht (LKR12A)*		
	N	$\bar{x}$	σ	*Variabelen met significant verschil*
Nooit/zelden	23	3.8173	0.9684	Nooit/zelden – maandelijks (-0.9672)
Maandelijks	26	4.7846	0.6168	Nooit/zelden – meerdere keren per maand (-1.0909)
Meerdere keren per maand	24	4.9083	0.4826	Nooit/zelden – wekelijks (-1.2435)
Wekelijks	23	5.0608	0.6672	

p<.0001

Religieuze praktijk (LKR8.5)		*Hermeneutische competentie (LKR14B)*		
	N	$\bar{x}$	σ	*Variabelen met significant verschil*
Nooit/zelden	23	4.9739	0.6531	Nooit/zelden – meerdere keren per maand (0.5989)
Maandelijks	26	4.6384	0.5571	
Meerdere keren per maand	24	4.3750	0.6732	
Wekelijks	23	4.6956	0.5873	

p=0.0144

Religieuze praktijk (LKR8.5)		*Traditie-irrelevantie (LKR17A)*		
	N	$\bar{x}$	σ	*Variabelen met significant verschil*
Nooit/zelden	23	4.0434	0.8907	Nooit/zelden – wekelijks (0.7283)
Maandelijks	26	3.5192	0.8914	
Meerdere keren per maand	24	3.4687	0.9788	
Wekelijks	23	3.3152	0.8568	

p=0.0432

Religieuze praktijk (LKR8.5)		*Traditie-relevantie (LKR17B)*		
	N	$\bar{x}$	σ	*Variabelen met significant verschil*
Nooit/zelden	23	2.8913	0.7680	Nooit/zelden – maandelijks (-0.6568)
Maandelijks	26	3.5480	0.6596	Nooit/zelden – meerdere keren per
Meerdere keren per maand	24	3.9062	0.6461	maand (-1.0149)
Wekelijks	23	3.9239	0.5956	Nooit/zelden – wekelijks (-1.0326)

p<.0001

- Samenhang met 8.6 belang geloof

Aard godsdienstige opvoeding (LKR8.1)		*Belang geloof (LKR8.6)*		
	N	$\bar{x}$	σ	*Variabelen met significant verschil*
Katholiek	81	5.3580	0.5980	Geen significante verschillen
Christelijk	12	4.9166	1.1645	

p=0.0420

Eigen geloof (LKR8.4)		*Belang geloof (LKR8.6)*		
	N	$\bar{x}$	σ	*Variabelen met significant verschil*
Ja	89	5.3258	0.6178	Ja – ik twijfel (1.3258)
Neen	2	5.5000	0.7071	
Ik twijfel	2	4.0000	2.8284	

p=0.0269

Bidden (LKR8.7)		*Belang geloof (LKR8.6)*		
	N	$\bar{x}$	σ	*Variabelen met significant verschil*
Nooit/zelden	19	5.0000	1.0000	Nooit/zelden – dagelijks (-0.7895)
Soms	27	5.2962	0.5417	Regelmatig – dagelijks (-0.6413)
Regelmatig	27	5.1481	0.6015	
Dagelijks	19	5.7894	0.4188	

p=0.0021

	Belang geloof (LKR8.6)			
Variabele		$\bar{x}$	σ	*p-waarde*
Geloofscommunicatie met partner (LKR8.8)	Nooit/zelden/soms	5.0667	0.7198	0.0298 (pooled)
	Regelmatig/dagelijks	5.4167	0.6918	
	Verschil	-0.3500	0.7076	

Mate van eigen ervaren godsdienstige opvoeding (LKR8.9)		*Belang geloof (LKR8.6)*		
	N	$\bar{x}$	σ	*Variabelen met significant verschil*
In zeer beperkte mate/matig	29	5.0344	0.9056	In zeer beperkte mate/matig – zeer sterk (-0.6322)
Sterk	47	5.3404	0.5223	
Zeer sterk	18	5.6666	0.5940	

p=0.0089

Mate geloofsopvoeding kind (LKR9.3)		*Belang geloof (LKR8.6)*		
	N	$\bar{x}$	σ	*Variabelen met significant verschil*
Helemaal niet/in zeer beperkte mate	10	5.2000	1.2292	Helemaal niet/in zeer beperkte mate – sterk/zeer sterk (-0.7231)
Matig	47	5.0425	0.5499	Matig – sterk/zeer sterk (-0.8805)
Sterk/zeer sterk	13	5.9230	0.2773	

p=0.0089

	Belang geloof (LKR8.6)
Responsiviteit (LKR04_3A)	
Autonomie (LKR04_3B)	
Striktheid (LKR04_3C)	
Opvolging (LKR05)	
Relatiesatisfactie (LKR06A)	
Conflict (LKR06B)	
Cohesie (LKR06C)	0.33330**
Niet-traditioneel gezinsdenken (LKR07A)	-0.30487**
Traditioneel gezinsdenken (LKR07B)	0.23709*
Tweede Naïviteit (LKR10A)	
Relativisme (LKR10B)	-0.27515**
Externe kritiek (LKR10C)	-0.33797**
Orthodoxie (LKR10D)	
Hermeneutisch communicatief (LKR11A)	0.21945*
Biografische leerkracht (LKR12A)	
Klasdiscours (LKR13A)	
Hermeneutische verlamming (LKR14A)	-0.29510**
Hermeneutische competentie (LKR14B)	
Leerplan negatief (LKR16A)	
Leerplan terughoudend (LKR16B)	-0.40349***
Traditie-irrelevantie (LKR17A)	-0.30137**
Traditie-relevantie (LKR17B)	
Moderator (LKR18A)	
Scepticus (LKR18B)	

- Samenhang met 8.7 bidden

Bidden (LKR8.7)	*Levensbeschouwelijke zelfperceptie (LKR8.2)*		
	Katholiek	*Christelijk*	Totaal
Nooit/zelden	1 *6,25%*	15 *93,75%*	16
Soms	13 *50,00%*	13 *50,00%*	26
Regelmatig	18 *66,67%*	9 *33,33%*	27
Dagelijks	13 *68,42%*	6 *31,58%*	19
Totaal	45	43	88

Chi-Square=17.7927 p=0.0005

Bidden (LKR8.7)	*Levensbeschouwing partner (LKR8.3)*			
	Katholiek	*Christelijk*	*Andere*	Totaal
Nooit/zelden	1 *5,26%*	14 *73,68%*	4 *21,05%*	19
Soms	11 *45,83%*	9 *37,50%*	4 *16,67%*	24
Regelmatig	10 *45,45%*	7 *31,82%*	5 *22,73%*	22
Dagelijks	9 *56,25%*	7 *43,75%*	*0* *0,00%*	16
Totaal	31	37	13	81

Chi-Square=15.4488 p=0.0170

Bidden (LKR8.7)	*Religieuze praktijk (LKR8.5)*				
	Nooit/zelden	*Maandelijks*	*Meerdere keren per maand*	*Wekelijks*	Totaal
Nooit/zelden	12 *63,16%*	7 *36,84%*	0 *0,00%*	0 *0,00%*	19
Soms	8 *28,57%*	11 *39,29%*	8 *28,57%*	1 *3,57%*	28
Regelmatig	2 *7,41%*	7 *25,93%*	10 *37,04%*	8 *29,63%*	27
Dagelijks	1 *5,26%*	0 *0,00%*	4 *21,05%*	14 *73,68%*	19
Totaal	23	25	22	23	93

Chi-Square=60.4392 p<.0001

Bidden (LKR8.7)		*Cohesie (LKR06C)*		
	N	$\bar{x}$	*σ*	*Variabelen met significant verschil*
Nooit/zelden	18	4.3777	0.8888	Nooit/zelden – soms (-0.7472)
Soms	24	5.1250	0.6482	Nooit/zelden – dagelijks (-0.9556)
Regelmatig	22	4.9454	0.6299	
Dagelijks	15	5.3333	0.6218	

p=0.0010

Bidden (LKR8.7)		*Traditioneel gezinsdenken (LKR07B)*		
	N	$\bar{x}$	*σ*	*Variabelen met significant verschil*
Nooit/zelden	19	2.1710	0.8938	Nooit/zelden – dagelijks (-1.1711)
Soms	29	2.7327	1.1667	
Regelmatig	27	2.5771	1.0106	
Dagelijks	19	3.3421	1.1672	

p=0.0109

Bidden (LKR8.7)		*Externe kritiek (LKR10C)*		
	N	$\bar{x}$	*σ*	*Variabelen met significant verschil*
Nooit/zelden	19	2.6842	0.8952	Nooit/zelden – regelmatig (0.7104)
Soms	29	2.3199	0.7157	Nooit/zelden – dagelijks (0.9883)
Regelmatig	27	1.9737	0.5593	Soms – dagelijks (0.6240)
Dagelijks	19	1.6959	0.3471	

p<.0001

Bidden (LKR8.7)		*Biografische leerkracht (LKR12A)*		
	N	$\bar{x}$	*σ*	*Variabelen met significant verschil*
Nooit/zelden	19	3.9263	0.9314	Nooit/zelden – soms (-0.6254)
Soms	29	4.5517	0.8842	Nooit/zelden – regelmatig (-0.9996)
Regelmatig	27	4.9259	0.5523	Nooit/zelden – dagelijks (-1.1789)
Dagelijks	19	5.1052	0.5093	

p<.0001

Bidden (LKR8.7)		*Traditie-relevantie (LKR17B)*		
	N	$\bar{x}$	*σ*	*Variabelen met significant verschil*
Nooit/zelden	19	3.0526	0.5175	Nooit/zelden – regelmatig (-0.6603)
Soms	29	3.4655	0.8653	Nooit/zelden – dagelijks (-0.9605)
Regelmatig	27	3.7129	0.6818	
Dagelijks	19	4.0131	0.6794	

p=0.0006

- Samenhang met 8.8 geloofscommunicatie met partner

Geloofscommunicatie partner (LKR8.8)	*Bidden (LKR8.7)*				
	Nooit/zelden	*Soms*	*Regelmatig*	*Dagelijks*	Totaal
Nooit/zelden/soms	14 *29,79%*	18 *38,80%*	11 *23,40%*	4 *8,51%*	47
Regelmatig/dagelijks	5 *14,71%*	6 *17,65%*	11 *32,35%*	12 *35,29%*	34
Totaal	19	24	22	16	81

Chi-Square=12.4987 p=0.0059

Variabele	*Geloofscommunicatie met partner (LKR8.8)*			
		$\bar{x}$	σ	*p-waarde*
Cohesie (LKR06C)	Nooit/zelden/soms	4.8043	0.7792	0.0429
	Regelmatig/dagelijks	5.1529	0.7051	(pooled)
	Verschil	-0.349	0.7487	
Traditioneel gezins-denken (LKR07B)	Nooit/zelden/soms	2.3883	1.0318	0.0148
	Regelmatig/dagelijks	2.9954	1.184	(pooled)
	Verschil	-0.607	1.1002	
Relativisme (LKR10B)	Nooit/zelden/soms	4.8305	0.5617	0.0084
	Regelmatig/dagelijks	4.4132	0.7762	(satterthwaite)
	Verschil	0.4174	0.633	

- Samenhang met 8.9 mate van eigen ervaren godsdienstige opvoeding

Mate van eigen ervaren godsdienstige opvoeding (LKR8.9)	*Aard godsdienstige opvoeding (LKR8.1)*		
	Katholiek	*Christelijk*	Totaal
In zeer beperkte mate/matig	21 *72,41%*	8 *27,59%*	29
Sterk	44 *91,67%*	4 *8,33%*	48
Zeer sterk	17 *94,44%*	1 *5,56%*	18
Totaal	82	13	95

Chi-Square=6.9155 p=0.0315

Mate van eigen ervaren godsdienstige opvoeding (LKR8.9)	*Bidden (LKR8.7)*				
	Nooit/zelden	*Soms*	*Regelmatig*	*Dagelijks*	Totaal
In zeer beperkte mate/matig	5 *17,24%*	13 *44,83%*	10 *34,48%*	1 *3,45%*	29
Sterk	8 *16,67%*	15 *31,25%*	14 *29,17%*	11 *22,92%*	48
Zeer sterk	6 *35,29%*	1 *5,88%*	3 *17,65%*	7 *41,18%*	17
Totaal	19	29	27	19	94

Chi-Square=16.5787 p=0.0110

- Samenhang met 9.1 geloofscommunicatie met eigen kind

Geloofscommunicatie met eigen kind (LKR9.1)	*Levensbeschouwelijke zelfperceptie (LKR8.2)*		
	Katholiek	*Christelijk*	Totaal
Zelden/soms	16 *39,02%*	25 *60,98%*	41
Regelmatig	16 *72,73%*	6 *27,27%*	22
Dagelijks	0 *0,00%*	0 *0,00%*	0
Totaal	32	31	63

Chi-Square=6.5068 p=0.0107

Geloofscommunicatie met eigen kind (LKR9.1)	*Eigen geloof (LKR8.4)*			
	Ja	*Nee*	*Ik twijfel*	Totaal
Zelden/soms	42 *95,45%*	0 *0,00%*	2 *4,55%*	44
Regelmatig	23 *100,00%*	0 *0,00%*	0 *0,00%*	23
Dagelijks	0 *0,00%*	1 *100,00%*	0 *0,00%*	1
Totaal	65	1	2	68

Chi-Square=69.0937 p<.0001

Geloofscommunicatie met eigen kind (LKR9.1)	*Geloofscommunicatie met partner (LKR8.8)*		
	Nooit/zelden/soms	*Regelmatig/dagelijks*	Totaal
Zelden/soms	31 *72,09%*	12 *27,91%*	43
Regelmatig	6 *26,09%*	17 *73,91%*	23
Dagelijks	0 *0,00%*	1 *100,00%*	1
Totaal	37	30	67

Chi-Square=14.0786 p=0.0009

Geloofscommunicatie met eigen kind (LKR9.1)		*Tweede naïviteit (LKR10A)*		
	N	$\bar{x}$	σ	*Variabelen met significant verschil*
Zelden/soms	44	5.2520	0.6185	Geen significante verschillen
Regelmatig	23	4.9728	0.4246	
Dagelijks	1	4.0000	-	

p=0.0236

Geloofscommunicatie met eigen kind (LKR9.1)		*Relativisme (LKR10B)*		
	N	$\bar{x}$	σ	*Variabelen met significant verschil*
Zelden/soms	44	4.8218	0.5520	Zelden/soms – dagelijks (1.4468)
Regelmatig	23	4.4782	0.6211	
Dagelijks	1	3.3750	-	

p=0.0074

- Samenhang met 9.2 geloof kind

Geloof kind (LKR9.2)	*Geslacht kind (LKR4.2)*		
	Man	*Vrouw*	Totaal
Gelovig	9 *36,00%*	16 *64,00%*	25
Ongelovig	6 *100,00%*	0 *0,00%*	6
Hij/zij twijfelt	10 *47,62%*	11 *52,38%*	21
Ik weet niet hoe mijn kind zichzelf ziet	9 *81,82%*	2 *18,18%*	11
Totaal	34	29	63

Chi-Square=12.1418 p=0.0069

Geloof kind (LKR9.2)	*Levensbeschouwelijke zelfperceptie (LKR8.2)*		
	Katholiek	*Christelijk*	Totaal
Gelovig	15 *60,00%*	10 *40,00%*	25
Ongelovig	3 *60,00%*	2 *40,00%*	5
Hij/zij twijfelt	14 *70,00%*	6 *30,00%*	20
Ik weet niet hoe mijn kind zichzelf ziet	1 *10,00%*	9 *90,00%*	10
Totaal	33	27	60

Chi-Square=10.3030 p=0.0162

Geloof kind (LKR9.2)	*Geloofscommunicatie met partner (LKR8.8)*		
	Nooit/zelden/soms	*Regelmatig/dagelijks*	*Totaal*
Gelovig	8 *33,33%*	16 *66,67%*	24
Ongelovig	6 *85,71%*	1 *14,29%*	7
Hij/zij twijfelt	13 *61,90%*	8 *38,10%*	21
Ik weet niet hoe mijn kind zichzelf ziet	7 *63,64%*	4 *36,36%*	11
Totaal	34	29	63

Chi-Square=7.8997 p=0.0481

Geloof kind (LKR9.2)	*Geloofscommunicatie met eigen kind (LKR9.1)*			
	Nooit/zelden/soms	*Regelmatig*	*Dagelijks*	Totaal
Gelovig	11 *45,83%*	13 *54,17%*	0 *0,00%*	24
Ongelovig	6 *85,71%*	0 *0,00%*	1 *14,29%*	7
Hij/zij twijfelt	15 *68,18%*	7 *31,82%*	0 *0,00%*	22
Ik weet niet hoe mijn kind zichzelf ziet	8 *72,73%*	3 *27,27%*	0 *0,00%*	11
Totaal	40	23	1	64

Chi-Square=15.1793 p=0.0189

Geloof kind (LKR9.2)		*Relativisme (LKR10B)*		
	N	$\bar{x}$	σ	*Variabelen met significant verschil*
Gelovig	25	4.4050	0.6646	Gelovig – hij/zij twijfelt (-0.5057)
Ongelovig	7	4.4107	0.6154	Gelovig – ik weet niet hoe mijn
Hij/zij twijfelt	22	4.9107	0.3639	kind zichzelf ziet (-0.5382)
Ik weet niet hoe mijn kind zichzelf ziet	11	4.9431	0.5195	

p=0.0046

Geloof kind (LKR9.2)		*Orthodoxie (LKR10D)*		
	N	$\bar{x}$	σ	*Variabelen met significant verschil*
Gelovig	25	2.1600	0.5923	Ongelovig – hij/zij twijfelt (0.7546) Ongelovig – ik weet niet hoe mijn kind zichzelf ziet (0.8847)
Ongelovig	7	2.7142	0.7420	
Hij/zij twijfelt	22	1.9596	0.6035	
Ik weet niet hoe mijn kind zichzelf ziet	11	1.8295	0.4752	

p=0.0158

- Samenhang met 9.3 mate geloofsopvoeding kind

Mate geloofsopvoeding kind (LKR9.3)	*Eigen geloof (LKR8.4)*			
	Ja	*Nee*	*Ik twijfel*	Totaal
Helemaal niet/in zeer beperkte mate	8 *80,00%*	1 *10,00%*	1 *10,00%*	10
Matig	48 *100,00%*	0 *0,00%*	0 *0,00%*	48
Sterk/zeer sterk	12 *92,31%*	0 *0,00%*	1 *7,69%*	13
Totaal	68	1	2	71

Chi-Square=10.7464 p=0.0296

Mate geloofsopvoeding kind (LKR9.3)	*Religieuze praktijk (LKR8.5)*				
	Nooit/zelden	*Maandelijks*	*Meerdere keren per maand*	*Wekelijks*	Totaal
Helemaal niet/in zeer beperkte mate	7 *70,00%*	2 *20,00%*	1 *10,00%*	0 *0,00%*	10
Matig	9 *18,75%*	18 *37,50%*	11 *22,92%*	10 *20,83%*	48
Sterk/zeer sterk	2 *15,38%*	2 *15,38%*	3 *23,08%*	6 *46,15%*	13
Totaal	18	22	15	16	71

Chi-Square=17.4812 p=0.0077

Mate geloofsopvoeding kind (LKR9.3)	*Bidden (LKR8.7)*				
	Nooit/zelden	*Soms*	*Regelmatig*	*Dagelijks*	Totaal
Helemaal niet/in zeer beperkte mate	5 *50,00%*	3 *30,00%*	1 *10,00%*	1 *10,00%*	10
Matig	9 *19,15%*	15 *31,91%*	17 *36,17%*	6 *12,77%*	47
Sterk/zeer sterk	2 *15,38%*	2 *15,38%*	1 *7,69%*	8 *61,54%*	13
Totaal	16	20	19	15	70

Chi-Square=21.1271 p=0.0017

Mate geloofsopvoeding kind (LKR9.2)	*Geloofscommunicatie met partner (LKR8.8)*		
	Nooit/zelden/soms	*Regelmatig/dagelijks*	Totaal
Helemaal niet/in zeer beperkte mate	5 *50,00%*	5 *50,00%*	10
Matig	32 *68,09%*	15 *31,91%*	47
Sterk/zeer sterk	2 *16,67%*	10 *83,33%*	12
Totaal	39	30	69

Chi-Square=10.4868 p=0.0053

Mate geloofsopvoeding kind (LKR9.3)	*Geloofscommunicatie met eigen kind (LKR9.1)*			
	Zelden/soms	*Regelmatig*	*Dagelijks*	Totaal
Helemaal niet/in zeer beperkte mate	4 *50,00%*	3 *37,50%*	1 *12,50%*	8
Matig	37 *77,08%*	11 *22,92%*	0 *0,00%*	48
Sterk/zeer sterk	3 *25,00%*	9 *75,00%*	0 *0,00%*	12
Totaal	44	23	1	68

Chi-Square=19.5632 p=0.0006

Mate geloofsopvoeding kind (LKR9.3)	*Geloof kind (LKR9.2)*				
	Gelovig	*Ongelovig*	*Hij/zij twijfelt*	*Ik weet niet hoe mijn kind zichzelf ziet*	Totaal
Helemaal niet/in zeer beperkte mate	2 *25,00%*	2 *25,00%*	1 *12,50%*	3 *37,50%*	8
Matig	15 *34,09%*	4 *9,09%*	21 *47,73%*	4 *9,09%*	44
Sterk/zeer sterk	8 *61,54%*	1 *7,69%*	0 *0,00%*	4 *30,77%*	13
Totaal	25	7	22	11	65

Chi-Square=17.1804 p=0.0086

Mate geloofsopvoeding kind (LKR9.3)		*Externe kritiek (LKR10C)*		
	N	$\bar{x}$	σ	*Variabelen met significant verschil*
Helemaal niet/in zeer beperkte mate	10	2.7444	1.1037	Helemaal niet/in zeer beperkte mate – sterk/zeer sterk (0.8299)
Matig	48	2.2086	0.6381	
Sterk/zeer sterk	13	1.9145	0.5312	

p=0.0223

- Samenhang met 9.4 aard religieuze opvoeding kind

Aard religieuze opvoeding kind (LKR9.4)	*Leeftijd kind (LKR4.1)*				
	00-08	*09-14*	*15-19*	*20-32*	Totaal
Katholiek	1 *3,33%*	7 *23,33%*	12 *40,00%*	10 *33,33%*	30
Christelijk	10 *29,41%*	10 *29,41%*	5 *14,71%*	9 *26,47%*	34
Totaal	11	17	17	19	64

Chi-Square=10.6195 p=0.0140

Aard religieuze opvoeding kind (LKR9.4)	*Levensbeschouwelijke zelfperceptie (LKR8.2)*		
	Katholiek	*Christelijk*	Totaal
Katholiek	28 *90,32%*	3 *9,68%*	31
Christelijk	5 *14,71%*	29 *85,29%*	34
Totaal	33	32	65

Chi-Square=37.0959 p<.0001

Aard religieuze opvoeding kind (LKR9.4)	*Levensbeschouwing partner (LKR8.3)*			
	Katholiek	*Christelijk*	*Andere*	Totaal
Katholiek	22 *73,33%*	5 *16,67%*	3 *10,00%*	30
Christelijk	5 *14,71%*	25 *73,53%*	4 *11,76%*	34
Totaal	27	30	7	64

Chi-Square=24.0237 p<.0001

Aard religieuze opvoeding kind (LKR9.4)	*Religieuze praktijk (LKR8.5)*				
	Nooit/ zelden	*Maandelijks*	*Meerdere keren per maand*	*Wekelijks*	Totaal
Katholiek	2 *6,45%*	8 *25,81%*	10 *32,26%*	11 *35,48%*	31
Christelijk	13 *37,14%*	13 *37,14%*	4 *11,43%*	5 *14,29%*	35
Totaal	15	21	14	16	66

Chi-Square=13.8872 p=0.0031

Aard religieuze opvoeding kind (LKR9.4)	*Bidden (LKR8.7)*				
	Nooit/zelden	*Soms*	*Regelmatig*	*Dagelijks*	Totaal
Katholiek	2 *6,67%*	7 *23,33%*	9 *30,00%*	12 *40,00%*	30
Christelijk	12 *34,29%*	10 *28,57%*	10 *28,57%*	3 *8,57%*	35
Totaal	14	17	19	15	65

Chi-Square=12.8161 p=0.0051

Aard religieuze opvoeding kind (LKR9.4)	*Mate van eigen ervaren godsdienstige opvoeding (LKR8.9)*			
	In zeer beperkte mate/matig	*Sterk*	*Zeer sterk*	Totaal
Katholiek	3 *9,68%*	19 *61,29%*	9 *29,03%*	31
Christelijk	13 *37,14%*	16 *45,71%*	6 *17,14%*	35
Totaal	16	35	15	66

Chi-Square=6.8900 p=0.0319

Aard religieuze opvoeding kind (LKR9.4)	*Geloofscommunicatie met eigen kind (LKR9.1)*			
	Zelden/soms	*Regelmatig*	*Dagelijks*	Totaal
Katholiek	13 *43,33%*	17 *56,67%*	0 *0,00%*	30
Christelijk	27 *84,38%*	5 *15,63%*	0 *0,00%*	32
Totaal	40	22	0	62

Chi-Square=11.3928 p=0.0007

- Samenhang met 9.5 vormen godsdienstige opvoeding

Levensbeschouwing partner (LKR8.3)		*Vormen godsdienstige opvoeding (LKR9.5)*		
	N	$\bar{x}$	σ	*Variabelen met significant verschil*
Katholiek	29	3.0528	0.7078	Katholiek – andere (0.7620)
Christelijk	31	2.7629	0.8119	
Andere	11	2.2909	1.0251	

p=0.0315

Religieuze praktijk (LKR8.5)		*Vormen godsdienstige opvoeding (LKR9.5)*		
	N	$\bar{x}$	σ	*Variabelen met significant verschil*
Nooit/zelden	20	2.2400	0.7583	Nooit/zelden – maandelijks (-0.6297)
Maandelijks	22	2.8696	0.7800	Nooit/zelden – meerdere keren per maand (-0.8567)
Meerdere keren per maand	15	3.0966	0.6730	Nooit/zelden – wekelijks (-1.0475)
Wekelijks	16	3.2875	0.7998	

p=0.0005

Bidden (LKR8.7)		*Vormen godsdienstige opvoeding (LKR9.5)*		
	N	$\bar{x}$	σ	*Variabelen met significant verschil*
Nooit/zelden	17	2.5411	0.8881	Nooit/zelden – dagelijks (-0.8622)
Soms	21	2.5777	0.7812	Soms – dagelijks (-0.8256)
Regelmatig	19	2.8842	0.8146	
Dagelijks	15	3.4033	0.6325	

p=0.0094

	Geloofscommunicatie met de partner (LKR8.8)			
Variabele		$\bar{x}$	σ	*p-waarde*
Vormen godsdienstige opvoeding (LKR9.5)	Nooit/zelden/soms Regelmatig/dagelijks	2.561 3.1461	0.8823 0.6431	0.0030 (pooled)
	Verschil	-0.585	0.7906	

Geloofscommunicatie met eigen kind (LKR9.1)		*Vormen godsdienstige opvoeding (LKR9.5)*		
	N	$\bar{x}$	σ	*Variabelen met significant verschil*
Nooit/zelden	44	2.6905	0.8060	Zelden/soms – regelmatig (-0.5877)
Regelmatig	23	3.2782	0.6487	
Dagelijks	1	1.6000	-	

p=0.0041

Mate geloofsopvoeding kind (LKR9.3)		*Vormen godsdienstige opvoeding (LKR9.5)*		
	N	$\bar{x}$	σ	*Variabelen met significant verschil*
Helemaal niet In zeer beperkte mate	10	2.4600	0.7244	Helemaal niet/in zeer beperkte mate – sterk/zeer sterk (-1.0669)
Matig	48	2.7944	0.7713	Matig – sterk/zeer sterk (-0.7325)
Sterk Zeer sterk	13	3.5269	0.6603	

p=0.0021

	Aard religieuze opvoeding kind (LKR9.4)			
Variabele		$\bar{x}$	σ	*p-waarde*
Vormen godsdienstige opvoeding (LKR9.5)	Katholiek Christelijk	3.1204 2.7214	0.6817 0.8826	0.0459 (pooled)
	Verschil	0.399	0.7948	

	Bidden aan tafel (LKR9.5.1)	*Eucharistie (LKR9.5.2)*	*Bijbel lezen (LKR9.5.3)*	*Kruisje (LKR9.5.4)*	*Religieuze plaatsen bezoeken (LKR9.5.5)*	*Vormen godsdienstige opvoeding (LKR9.5)*
Conflict (LKR06B)		-0.25455*	-0.24910*			
Tweede naïviteit (LKR10A)				0.28740*		
Externe kritiek (LKR10C)	-0.31259**	-0.30039*		-0.44685***		-0.43617**
Orthodoxie (LKR10D)					0.24528*	

Significantie: p < 0.0001 =*** ; p < 0.01 =** ; p < 0.05 =*

9.5.1 met het gezin samen bidden aan tafel

	Levensbeschouwelijke zelfperceptie (LKR8.2)			
Variabele		$\bar{x}$	σ	*p-waarde*
Bidden aan tafel (LKR9.5.1)	Katholiek Christelijk	2.6875 2	1.5748 1.1726	0.0498 (pooled)
	Verschil	0.6875	1.3852	

Levensbeschouwing partner (LKR8.3)	*Bidden aan tafel (LKR9.5.1)*			
	N	$\bar{x}$	σ	*Variabelen met significant verschil*
Katholiek	27	2.8518	1.5115	Geen significante verschillen
Christelijk	30	2.0000	1.2317	
Andere	11	1.7272	1.1908	

p=0.0227

Religieuze praktijk (LKR8.5)	*Bidden aan tafel (LKR9.5.1)*			
	N	$\bar{x}$	σ	*Variabelen met significant verschil*
Nooit/zelden	19	1.6315	1.0116	Nooit/zelden – wekelijks
Maandelijks	21	2.0476	1.3219	(-1.4309)
Meerdere keren per maand	14	2.7142	1.5898	
Wekelijks	16	3.0625	1.2893	

p=0.0082

Bidden (LKR8.7)	*Bidden aan tafel (LKR9.5.1)*			
	N	$\bar{x}$	σ	*Variabelen met significant verschil*
Nooit/zelden	17	1.8235	1.2366	Nooit/zelden – dagelijks (-1.4622)
Soms	19	1.9473	1.2681	Soms – dagelijks (-1.3383)
Regelmatig	19	2.2631	1.4079	
Dagelijks	14	3.2857	1.2666	

p=0.0126

Geloofscommunicatie met eigen kind (LKR9.1)	*Bidden aan tafel (LKR9.5.1)*			
	N	$\bar{x}$	σ	*Variabelen met significant verschil*
Nooit/zelden	42	1.9285	1.1559	Nooit/zelden – regelmatig
Regelmatig	23	3.1739	1.4666	(-1.2453)
Dagelijks	1	1.0000	-	

p=0.0010

	Aard religieuze opvoeding kind (LKR9.4)			
Variabele		$\bar{x}$	σ	*p-waarde*
Bidden aan tafel (LKR9.5.1)	Katholiek Christelijk	2.8 2	1.4716 1.2792	0.0233 (pooled)
	Verschil	0.8	1.3725	

9.5.2 gezamenlijk met het gezin naar de eucharistie gaan

Variabele	*Geslacht (LKR1.2)*			
		$\bar{x}$	σ	*p-waarde*
Eucharistie (LKR9.5.2)	Man	2.875	1.1589	0.0151 (pooled)
	vrouw	3.5	0.1958	
	Verschil	-0.625	1.0581	

Levensbeschouwing partner (LKR8.3)	*Eucharistie (LKR9.5.2)*			
	N	$\bar{x}$	σ	*Variabelen met significant verschil*
Katholiek	28	3.2500	1.0046	Christelijk – andere (0.9267)
Christelijk	31	3.2903	1.1013	
Andere	11	2.3636	1.1200	

p=0.0404

Eigen geloof (LKR8.4)		*Eucharistie (LKR9.5.2)*		
	N	$\bar{x}$	σ	*Variabelen met significant verschil*
Ja	69	3.2173	1.0692	Geen significante verschillen
Nee	1	1.0000	-	
Ik twijfel	2	2.0000	0.0000	

p=0.0404

Religieuze praktijk (LKR8.5)		*Eucharistie (LKR9.5.2)*		
	N	$\bar{x}$	σ	*Variabelen met significant verschil*
Nooit/zelden	19	2.1578	0.8342	Nooit/zelden – maandelijks (-1.2057)
Maandelijks	22	3.3636	0.7895	
Meerdere keren per maand	15	3.7333	0.7037	Nooit/zelden – meerdere keren per maand (-1.5754)
Wekelijks	16	3.5000	1.3165	Nooit/zelden – wekelijks (-1.3421)

p <.0001

Geloofscommunicatie met eigen kind (LKR9.1)		*Eucharistie (LKR9.5.2)*		
	N	$\bar{x}$	σ	*Variabelen met significant verschil*
Nooit/zelden	44	3.04545	1.0987	Geen significante verschillen
Regelmatig	23	3.4782	1.0387	
Dagelijks	1	1.0000	-	

p=0.0450

Mate geloofsopvoeding kind (LKR9.3)		*Eucharistie (LKR9.5.2)*		
	N	$\bar{x}$	*σ*	*Variabelen met significant verschil*
Helemaal niet In zeer beperkte mate	10	2.2000	1.0327	Helemaal niet/in zeer beperkte mate – matig (-1.0083)
Matig	48	3.2083	1.0305	Helemaal niet/in zeer beperkte mate –
Sterk/zeer sterk	13	3.7692	0.9268	sterk/zeer sterk (-1.5692)

p=0.0019

9.5.3 lezen uit de bijbel

	Geloofscommunicatie met de partner (LKR8.8)			
Variabele		$\bar{x}$	*σ*	*p-waarde*
Bijbel lezen (LKR9.5.3)	Nooit/zelden/soms	1.625	0.9251	0.0031
	Regelmatig/dagelijks	2.3448	1.0098	(pooled)
	Verschil	-0.72	0.9614	

Mate geloofsopvoeding kind (LKR9.3)		*Bijbel lezen (LKR9.5.3)*		
	N	$\bar{x}$	*σ*	*Variabelen met significant verschil*
Helemaal niet/in zeer beperkte mate	10	1.5000	1.2692	Geen significante verschillen
Matig	47	1.8297	0.8677	
Sterk/zeer sterk	13	2.9230	0.9540	

p=0.0006

9.5.4 een kruisje geven/krijgen voor het slapengaan

Levensbeschouwing partner (LKR8.3)		*Kruisje geven (LKR9.5.4)*		
	N	$\bar{x}$	*σ*	*Variabelen met significant verschil*
Katholiek	27	4.0740	1.3279	Katholiek – andere (1.8013)
Christelijk	31	3.4838	1.6303	
Andere	11	2.2727	1.4206	

p=0.0049

	Geloofscommunicatie met de partner (LKR8.8)			
Variabele		$\bar{x}$	*σ*	*p-waarde*
Kruisje geven (LKR9.5.4)	Nooit/zelden/soms	3.175	1.6469	0.0320
	Regelmatig/dagelijks	4	1.3887	(pooled)
	Verschil	-0.825	1.5442	

9.5.5 plaatsen die met godsdienst te maken hebben bezoeken

	Geloofscommunicatie met de partner (LKR8.8)			
Variabele		$\bar{x}$	σ	*p-waarde*
Religieuze plaatsen bezoeken (LKR9.5.5)	Nooit/zelden/soms	2.9756	0.908	0.0072
	Regelmatig/dagelijks	3.5333	0.7303	(pooled)
	Verschil	-0.558	0.8379	

Geloofscommunicatie met eigen kind (LKR9.1)		*Religieuze plaatsen bezoeken (LKR9.5.5)*		
	N	$\bar{x}$	σ	*Variabelen met significant verschil*
Nooit/zelden	44	3.0909	0.8844	Nooit/zelden – regelmatig (-0.5613)
Regelmatig	23	3.6521	0.6472	
Dagelijks	1	3.0000	-	

p=0.0309

Mate geloofsopvoeding kind (LKR9.3)		*Religieuze plaatsen bezoeken (LKR9.5.5)*		
	N	$\bar{x}$	σ	*Variabelen met significant verschil*
Helemaal niet In zeer beperkte mate	10	3.2000	0.9189	Geen significante verschillen
Matig	48	3.1458	0.8502	
Sterk Zeer sterk	13	3.8461	0.3755	

p=0.0227

		Aard religieuze opvoeding kind (LKR9.4)		
Variabele		$\bar{x}$	σ	*p-waarde*
Religieuze plaatsen bezoeken (LKR9.5.5)	Katholiek	3.5484	0.7229	0.0245
	Christelijk	3.0857	0.8869	(pooled)
	Verschil	0.4627	0.8141	

- Samenhang met 15 bronnenmateriaal

LKR15.01 oude leerplan

Geen significante samenhang

LKR15.02 nieuwe leerplan

	Geslacht (LKR1.2)			
Variabele		$\bar{x}$	σ	*p-waarde*
Nieuwe leerplannen (LKR15.2)	Man	4.0727	1.2889	0.0100
	Vrouw	4.7619	1.2651	(pooled)
	Verschil	-0.689	1.2787	

LKR15.03 handboeken

Geen significante samenhang

LKR15.04 theologische tijdschriften

Geen significante samenhang

LKR15.05 godsdienstpedagogische tijdschriften

	Geslacht (LKR1.2)			
Variabele		$\bar{x}$	σ	*p-waarde*
Godsdienstpedagogische tijdschriften (LKR15.5)	Man	3.4182	1.5238	0.0025
	Vrouw	4.3571	1.4111	(pooled)
	Verschil	-0.939	1.4762	

LKR15.06 kerk en leven

	Geslacht (LKR1.2)			
Variabele		$\bar{x}$	σ	*p-waarde*
Kerk en leven (LKR15.2)	Man	2.4259	1.1912	0.0035
	Vrouw	3.275	1.5523	(pooled)
	Verschil	-0.849	1.3561	

LKR15.07 Tertio

Geen significante samenhang

LKR15.08 internet

Leeftijd (LKR1.1)		Internet (LKR15.08)		
	N	$\bar{x}$	σ	*Variabelen met significant verschil*
24-29	14	4.714	1.2838	Geen significante verschillen
30-39	22	3.6363	1.5597	
40-49	47	3.9574	1.2846	
50-	13	2.8461	1.7722	

p=0.0164

LKR15.09 Thomas

	Geslacht (LKR1.2)			
Variabele		$\bar{x}$	σ	*p-waarde*
Thomas (LKR15.9)	Man	2.6727	1.6673	0.0172
	Vrouw	3.5122	1.69	(pooled)
	Verschil	-0.839	1.677	

	Welke school voornamelijk (LKR2.4)			
Variabele		$\bar{x}$	σ	*p-waarde*
Thomas (LKR15.9)	Katholieke school	3.2308	1.6743	0.0216
	Gemeenschapsschool	2.1765	1.7405	(pooled)
	Verschil	1.0543	1.6859	

LKR15.10 weekbladen
Geen significante samenhang

LKR15.11 kranten
Geen significante samenhang

LKR15.12 andere
Geen significante samenhang

	Oude leerplannen (LKR15.1)	*Nieuwe leerplannen (LKR15.2)*	*Handboeken (LKR15.3)*	*Theologische tijdschriften (LKR15.4)*	*Godsdienst-pedagogische tijdschriften (LKR15.5)*
Hermeneutisch-communicatief (LKR11A)		0.25316*			0.28477**
Biografische leerkracht (LKR12A)	0.29278**		0.23519*	0.22289*	0.33568**
Klasdiscours (LKR13A)					
Hermeneutische verlamming (LKR14A)					
Hermeneutische competentie (LKR14B)					
Leerplan: negatief (LKR16A)		-0.27003**			
Leerplan: terughoudend (LKR16B)		-0.31227**			
Traditie-irrelevantie (LKR17A)				-0.21194*	
Traditie-relevantie (LKR17B)	0.26339*	0.21601*			0.27706**
Moderator (LKR18A)					
Scepticus (LKR18B)					
Pluralisme (LKR19A)					

(Exclusivisme) inclusivisme (LKR19B)					
Dialoog in de les (LKR21A)					0.23820*
Geen dialoog (LKR21B)					0.22167*
Voorwaardelijke dialoog (LKR21C)					
IRL-onhaalbaarheid (LKR25A)	0.22489*		0.28855**		

	Kerk en leven (LKR15.6)	*Tertio* (LKR15.7)	*Internet* (LKR15.8)	*Thomas* (LKR15.9)	*Weekbladen* (LKR15.10)	*Kranten* (LKR15.11)
Hermeneutisch-communicatief (LKR11A)	0.27819**			0.20184*		
Biografische leerkracht (LKR12A)	0.39003**					
Klasdiscours (LKR13A)						
Hermeneutische verlamming (LKR14A)						
Hermeneutische competentie (LKR14B)						
Leerplan: negatief (LKR16A)						
Leerplan: terughoudend (LKR16B)		-0.27164**		-0.24359*		
Traditie-irrelevantie (LKR17A)	-0.20953*	-0.23456*				
Traditie-relevantie (LKR17B)	0.36186**					

Moderator (LKR18A)						
Scepticus (LKR18B)						
Pluralisme (LKR19A)						
(Exclusi-visme) inclu-sivisme (LKR19B)						
Dialoog in de les (LKR21A)						
Geen dialoog (LKR21B)						
Voorwaarde-lijke dialoog (LKR21C)	0.21471*					
IRL-onhaal-baarheid (LKR25A)						

4.1.5. *Typologie van de leerkrachten*

Vanuit de eerste factoranalyse op de verschillende dimensies kunnen bij de leerkrachten 36 schalen onderscheiden worden over de gehele vragenlijst. Bij de leerlingen ASO/TSO werden 38 schalen en bij de leerlingen BSO 32 schalen onderscheiden over de drie onderzoeken heen. In een tweede fase werd over die verschillende schalen voor een tweede maal een factoranalyse doorgevoerd, om op die manier clusteringen over de drie onderzoeken heen te kunnen vormen. Aan de hand hiervan trachten wij een aantal typen of modellen van godsdienstonderwijs te onderscheiden voor de leerlingen en voor de leerkrachten.

Bij de leerkrachten onderscheiden we vier typen of modellen: het geëngageerd christelijk model, het tolerantie-model, het discontinuïteitsmodel en het samenwerkingsmodel.

1. Het geëngageerd christelijk model

Dit model bestaat uit acht schalen, in volgorde van lading: 'biografische leerkracht' (0.75105), 'expliciet christelijke profilering' (0.74794), 'voorwaardelijke dialoog' (0.69506), 'monoreligieuze leerkracht' (0.49747), '(exclusivisme) inclusivisme' (0.48826), 'hermeneutisch-communicatief' (0.48197), 'traditie-relevantie' (0.43934) en 'scepticus' (0.37599).

Leerkrachten die sterk aanleunen bij dit model komen duidelijk uit voor hun christelijke identiteit. Dit blijkt uit de hoge lading op de schalen 'biografische leerkracht', 'expliciet christelijke profilering' en 'monoreligieuze leerkracht'. Volgens de logica van dit model is een godsdienstleerkracht niet iemand die uitsluitend inhouden aanleert, maar iemand die, zowel binnen de school, als binnen de christelijke gemeenschap een verantwoordelijkheid draagt en deze ook expliciet beleeft. De verantwoordelijkheid binnen de school impliceert dat de leerlingen leren wat de christelijke godsdienst en traditie inhoudt ('expliciet christelijke profilering'). Daarbij wijst de leerkracht ook duidelijk op het belang van een geëngageerde keuze voor het christelijk geloof en wordt de aandacht voor andere godsdiensten eerder beperkt ('monoreligieuze leerkracht'). De verantwoordelijkheid is ook gericht op het ondersteunen/begeleiden van de leerlingen in de ontwikkeling van een godsdienstige/levensbeschouwelijke identiteit ('biografische leerkracht'). Vanuit de plurale en geseculariseerde context, vindt de godsdienstleerkracht binnen dit model dat hij/zij de leerlingen moet laten zien waar het in de christelijke godsdienst uiteindelijk om draait. Het vertrouwen van de leerkracht in de kennis en kunde van de leerlingen op levensbeschouwelijk vlak is eerder gering, juist omwille van het geseculariseerde klimaat waarin velen opgroeien. Vanuit de eigen profilering en het persoonlijk engagement stelt de leerkracht aan de leerlingen eisen die zij niet kunnen waarmaken. De leerkracht heeft dan het gevoel dat de leerlingen niet in staat zijn tot authentieke communicatie in de klas ('scepticus').

De leerkracht lijkt zich een 'volwassen christelijke identiteitsvorming' tot doel van het godsdienstonderricht te stellen (hermeneutisch-communicatief). Vanuit de eigen overtuiging wil de leerkracht de leerlingen tot voorbeeld zijn. Hij of zij wil de leerlingen vertrouwd maken met de christelijke traditie in haar onderscheiden gestalten en onderscheiden geloofsbelevingen. De traditie heeft een bijzondere waarde voor het leven van gelovigen. Vanuit datgene wat de leerkracht in het lesgebeuren aanreikt, tracht hij/zij zichtbaar te maken welke meerwaarde het christelijk geloof geeft aan het leven van gelovigen. In de opvoeding tot een volwassen christelijke identiteit hebben geloofsverhalen een voorbeeldfunctie, aangezien zij identificatiemodellen aanreiken. Vanuit de verbondenheid met de geloofsgemeenschap is traditie voor de leerkracht ook verbonden met het gemeenschapsleven en de kerkelijke institutie ('traditie-relevantie').

Ook in de houding tot andere godsdiensten en naar leerlingen toe die een andere godsdienst belijden, stelt de godsdienstleerkracht zich duidelijk christelijk en, in zekere zin, catechetisch op ('expliciet christelijke profilering'). Hij of zij is sterk overtuigd van het heil in de christelijke traditie. Het referentiepunt voor het godsdienstonderwijs is en blijft de christelijke godsdienst, en van daaruit gaat de leerkracht naar andere godsdiensten kijken. De schaal '(exclusivisme) inclusivisme' wijst op het bijzondere belang dat gehecht wordt aan de eigen christelijke traditie, die door interreligieuze dialoog niet in vraag mag worden gesteld. Men staat wel enigszins open voor andere godsdiensten, aangezien 'Gods Geest' en 'Gods heil' ook in andere godsdiensten aanwezig zijn.

Er is een zekere openheid voor andersgelovigen vast te stellen bij dit type leerkracht, al wijst de 'voorwaardelijke dialoog' er wel op dat de leerkracht eisen zal stellen aan de dialoog die gevoerd wordt in de klas. Deze eisen betreffen voornamelijk de eigenheid van het christelijk geloof, die niet verloren mag gaan en in de lessen ook voldoende duidelijk herkenbaar moet zijn. Leerlingen moeten eerst in het christelijk geloof geïnitieerd worden, alvorens ze met anderen in dialoog kunnen gaan.

2. Het tolerantie-model

Dit model bevat acht schalen, in volgorde van lading: 'positieve gevoelens ten opzichte van anders-gelovigen' (0.71283), 'niet-traditioneel gezinsdenken' (0.51638), 'dialoog' (0.44140), 'tweede naïviteit' (0.35528) en geïnverteerd: 'traditioneel gezinsdenken' (-0.45554), 'monoreligieus leren' (-0.47457), 'orthodoxie' (-0.47973) en 'negatieve gevoelens ten opzichte van anders-gelovigen' (-0.59125). Een inversie duidt op een negatieve correlatie. Bepaalde geïnverteerde schalen zijn op sommige punten inhoudelijk 'tegenpolen' van andere schalen. In die zin is het niet verwonderlijk dat 'niet-traditioneel gezinsdenken' en de inversie van 'traditioneel gezinsdenken' inhoudelijk samen horen, net als 'positieve gevoelens ten opzichte van andersgelovigen' en de inversie van 'negatieve gevoelens ten opzichte van anders-gelovigen'.

Hier wordt een samenhang waargenomen tussen de schaal 'positieve gevoelens (en dus: geen negatieve gevoelens) tegenover andersgelovigen', een vorm van tolerantie dus, en de schaal 'dialoog'. Met 'dialoog in de les' wordt bedoeld dat de leerkracht bewust de leerlingen wil leren leven in een multiculturele en multireligieuze samenleving en daartoe andere wereldgodsdiensten in zijn/haar les ter sprake wil brengen. De eventuele aanwezigheid van moslimleerlingen in de klas biedt daartoe een uitstekende mogelijkheid. De leerkracht ziet de aanwezigheid van anders-gelovige leerlingen niet als een struikelblok voor goed godsdienstonderwijs, integendeel zelfs. Aan de dialoog die hij/zij met anders-gelovige leerlingen voert, worden geen ideologische voorwaarden gesteld. In het godsdienstonderricht mag iedereen zijn of haar eigen levensbeschouwelijke visie naar voren brengen en wordt iedereen daarin gerespecteerd. Andersgelovigen worden door de leerkracht niet enkel in het algemeen positief bekeken, maar ook in functie van de concrete klassituatie, die hier niet gekenmerkt is door 'monoreligieus leren'. De leerkracht ervaart het duidelijk als zijn/haar plicht om leerlingen over andere godsdiensten te leren.

Met betrekking tot de houding ten opzichte van geloof in het algemeen stellen we in het tolerantie-model een verband vast met 'tweede naïviteit' en een inversie van de schaal 'orthodoxie'. Het feit dat dit model bepaald wordt door de geïnverteerde schaal 'orthodoxie' wil zeggen dat de godsdienstleerkracht die binnen het tolerantie-model geplaatst kan worden niet letterlijk gelovig denkt (inversie 'orthodoxie'), maar symbolisch ('tweede naïviteit'). De symbolische geloofshouding blijkt hier samen te gaan met openheid voor anderen. Deze openheid voor anderen geldt zowel op het vlak van gevoelens tegenover andersgelovigen, als tegenover hen die leven in een 'andere' gezinssituatie dan de traditionele. Toch zal men zich, ondanks de eigen doordachte geloofshouding, in dit model niet echt expliciet als christen engageren.

De houding tegenover andersgelovigen, met zijn repercussies op onderwijsopvattingen, hangt nauw samen met de houding tegenover mensen die een 'niet-traditionele gezinsvorm' beleven. De schaal 'niet-traditioneel gezinsdenken' impliceert immers een tolerante houding tegenover gescheidenen, homo's en lesbiennes, eenoudergezinnen, etc. Meer nog, men vindt het aanvaardbaar en mogelijk zelfs goed dat mensen in een dergelijk 'niet-traditioneel' gezin kinderen opvoeden. Men benadrukt ook een gelijkwaardige taakverdeling tussen mannen en vrouwen in het gezin, en dat in tegenstelling tot de factor 'traditioneel gezinsdenken', die hier geïnverteerd is. Met 'traditioneel gezinsdenken' wordt bedoeld dat men de waarde van het huwelijk voor een gezin sterk benadrukt, evenals de zorg van de vrouw voor het gezin, meer dan de zorg van de man. De schaal 'traditioneel gezinsdenken' correleert negatief met de andere schalen, zoals 'positieve gevoelens', 'dialoog', etc. Op het vlak van moreel denken over het gezin staat de leerkracht open voor verscheidenheid, en verdedigt hij/zij niet één absolute morele waarheid, namelijk de noodzaak van het huwelijk om een goed gezin te hebben. Daarmee is evenwel niets gezegd over de keuzes die de leerkracht zelf maakt in zijn of haar leven.

3. Het discontinuïteitsmodel

Het discontinuïteitsmodel bestaat uit acht schalen, namelijk 'hermeneutische verlamming' (0.65872), 'pluralisme' (0.60619), 'leerplan: terughoudend' (0.57776), 'traditie-irrelevantie' (0.57582), 'externe kritiek' (0.55423), 'IRL-onhaalbaarheid' (0.51233), 'relativisme' (0.44109) en 'conflict' (0.38683). 'Traditie-irrelevantie' wijst op het feit dat leerkrachten die hoog scoren op deze schaal, het gevoel hebben dat de traditie nog maar weinig belang heeft voor de leerlingen. Daarom maken zij liever gebruik van hedendaagse literatuur om het levensbeschouwelijke te ontsluiten, dan van teksten uit de christelijke traditie. Ze wijzen erop dat het gebruik van onder andere de bijbel en het aansnijden van theologische thema's, zoals het verrijzenisgeloof, in het godsdienstonderwijs voor hen moeilijk ligt, omdat de leerlingen dan afhaken. De schaal 'hermeneutische verlamming' sluit hierbij aan. Dit kan begrepen worden in de zin van een reductie van religie tot ethiek, omwille van de ervaren moeilijkheid om in de huidige samenleving specifieke theologische thema's en bijbelteksten ter sprake te brengen. Het gevoel van onmacht om de christelijke traditie in het godsdienstonderwijs ter sprake te brengen, hangt samen met een terughoudendheid ten opzichte van het nieuwe leerplan. Dit wil niet noodzakelijk zeggen dat de leerkracht negatief staat tegenover het leerplan (deze factor bevat de schaal 'leerplan: negatief' niet), maar hij/zij aarzelt wel. De leerkracht die zich situeert binnen het discontinuïteitsmodel is nog onvoldoende vertrouwd met het nieuwe leerplan, en wacht daarom op handboeken alvorens de nieuwe leerplannen te gebruiken. Er is ook een samenhang met de schaal 'IRL-onhaalbaarheid'. Dit wijst op een gereserveerde houding ten opzichte van interreligieus leren. De leerkracht ziet veel praktische bezwaren en twijfelt aan de eigen mogelijkheden en aan die van de leerlingen om werkelijk interreligieus te leren. De vier hierboven besproken schalen wijzen in de richting van een twijfel aan de mogelijkheid van het spreken over de christelijke traditie in de actuele context en met jongeren van vandaag.

De twee subschalen ('relativisme' en 'externe kritiek') uit de postkritische geloofsschaal die in het discontinuïteitsmodel zijn opgenomen, wijzen op 'ongeloof'. Terwijl in het tolerantie-model de twee schalen van de pool 'geloof' zijn opgenomen, zitten in het discontinuïteitsmodel de schalen van de pool 'ongeloof' ('externe kritiek' en 'relativisme'). Om verschillende redenen (redenen van buitenaf – 'externe kritiek' – , en redenen van binnenuit – 'relativisme') wijst de leerkracht die zich situeert binnen het discontinuïteitsmodel eerder het geloof af. Vanuit deze eerder ongelovige houding kan ook de aanwezigheid van de schalen 'traditie-irrelevantie' en 'hermeneutische verlamming' in dit discontinuïteitsmodel begrepen worden. De leerkracht weet zelf geen weg meer met het geloof, ziet weinig relevantie van het geloof voor het eigen leven, en weet bijgevolg ook niet hoe over geloof, over de religieuze traditie te praten in een klassituatie. Het geloof is eerder onbelangrijk. Dit hangt samen met de betekenis van de schaal en het begrip 'pluralisme' in de context van deze discontinuïteitsschaal. 'Pluralisme' wijst op een zeer grote openheid ten aanzien van andere religies en het weinig waarde hechten aan de eigenheid en het duidelijk profiel van de eigen religie. We merken op dat 'pluralisme' niet noodzakelijk samengaat met een positieve houding ten opzichte van interreligieus leren. Interreligieus leren vraagt immers een stap meer: het werkelijk bezig zijn met religies, in de klas, en ook duidelijk de waarde van religies inzien. Het zou kunnen dat leerkrachten 'interreligieus leren' opvatten als 'vanuit de eigen traditie in gesprek gaan met andere tradities'. Aangezien de 'eigen traditie' in dit profiel eerder afwezig is, is het dus begrijpelijk dat men een aantal bezwaren heeft bij het interreligieus leren en dit concept eerder als onhaalbaar ziet. 'Pluralisme' krijgt hier de betekenis van 'relativisme' eerder dan van een 'mogelijkheid om in dialoog te gaan met andere religies'.

De schaal 'conflict' hangt samen met de hierboven besproken schalen. Zoals sommige andere schalen van het discontinuïteitsmodel verwijzen naar een negatieve perceptie van traditie en de mogelijkheden van (hermeneutisch) godsdienstonderwijs, verwijst de 'conflict'-schaal naar een eerder negatieve perceptie van de gezinssituatie. 'Conflict' impliceert de ervaring van ruzie en disharmonie tussen de gezinsleden.

4. Het samenwerkingsmodel

Dit model bestaat uit zes schalen, waarvan er één geïnverteerd is: 'klasdiscours' (0.69227), 'moderator' (0.61192), 'cohesie' (0.53652), 'relatie-satisfactie' (0.53191), 'hermeneutische competentie' (0.49144) en 'leerplan: negatief' geïnverteerd (-0.45635). De schaal 'klasdiscours' wijst op de interactie tussen leerkracht en leerling, een grote betrokkenheid van leerlingen bij het lesgebeuren en een positieve houding van de leerkracht tegenover de leerlingen. De leerkracht integreert elementen uit de leefwereld van de jongeren en elementen die de leerlingen zelf aanbrengen in de opbouw van de lessen. Het gaat hier om een leerkracht die luistert naar de leerlingen en met hun verhaal iets doet. Hij/zij is iemand die open staat voor communicatie in de les. De leerkracht moedigt de leerlingen aan om met elkaar in interactie te treden om vanuit de informatie, die hieruit naar boven komt, het onderwijsleerproces uit te bouwen ('moderator'). Maar hij/zij laat zich ook uitdagen en bevragen door de leerlingen. Het is een leerkracht die de leerlingen bekijkt vanuit hun mogelijkheden, hun kansen, hun mens-zijn. Hij/zij stuurt aan op een open leerproces waarin leerlingen en leerkracht een inbreng hebben en waarbij opmerkingen van leerlingen ernstig worden genomen en in de lessen kritisch worden bereflecteerd. Vanuit de diversiteit, die uit dit communicatieproces naar boven komt, wordt het leerproces gestuurd en verrijkt ('hermeneutische competentie'). Hij/zij staat helemaal niet negatief tegenover de mogelijkheden van het nieuwe leerplan ('leerplan: negatief': inversie). De gerichtheid op interactie in de klas en op de confrontatie van de christelijke traditie met de leefwereld van jongeren, staat niet echt in spanning met het (nieuwe) leerplan, want het leerplan biedt juist ondersteuning voor hun godsdienstdidactische aanpak.

Twee schalen in verband met de gezinssituatie horen bij het samenwerkingsmodel, namelijk 'relatiesatisfactie' en 'cohesie'. Met 'relatiesatisfactie' wordt zowel de tevredenheid met de partnerrelatie als de positieve communicatie in deze relatie bedoeld. 'Cohesie' wijst op de ondersteuning die de gezinsleden elkaar bieden en op de hechtheid en warmte binnen het gezin. Dit zijn twee schalen die wijzen op de positieve beleving van de gezinsrelaties. Daarom is het begrijpelijk dat beide onder hetzelfde model ressorteren. Het valt op dat de geïnverteerde schaal 'conflict' niet onder het samenwerkingsmodel maar wel onder een ander model (het discontinuïteitsmodel) thuishoort. Dat zou erop kunnen wijzen dat de positieve beleving van de gezinsrelaties niet noodzakelijk op volledige harmonie wijst, maar dat er ook conflicten mogelijk zijn, ook al beleeft de leerkracht relaties in hoofdzaak positief. De samenhang tussen deze schalen van het onderzoek rond geloofsopvoeding in het gezin en de schalen van het hermeneutisch-communicatieve model kan mogelijk verklaard worden vanuit de 'interactie'-vaardigheid, die in beide gevallen centraal staat. De leerkracht beleeft hier een positieve relatie zowel met zijn/haar partner en kinderen, als met de leerlingen in de klas, met wie heel wat klasgesprekken gevoerd kunnen worden. Het gaat hier dus over een positieve relatiebeleving in het algemeen, maar mogelijk ook over een grote interactievaardigheid in verschillende situaties.

4.2. Leerlingen

4.2.1. *Leerlingenscores op de aangeboden vragen en items*

1. Enkele vragen over jezelf

1. Leeftijd (LLN1.1)

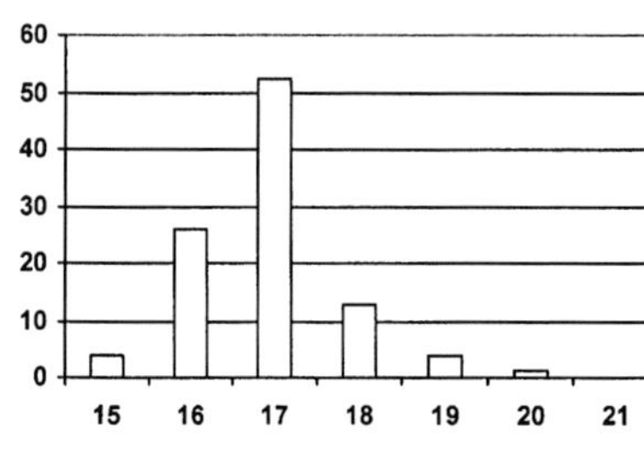

N=1223
15=47 (3,84%)
16=315 (25,76%)
17=640 (52,33%)
18=157 (12,84%)
19=47 (3,84%)
20=15 (1,23%)
21=2 (0,16%)
$\bar{x}$=16.9141455

BSO (BSO1.1) N=192
15=5 (2,60%) 16=43 (22,40%) 17=74 (38,54%)
18=51 (26,56%) 19=13 (6,77%) 20=6 (3,13%)
$\bar{x}$=17.21875

2. Geslacht (LLN1.2)

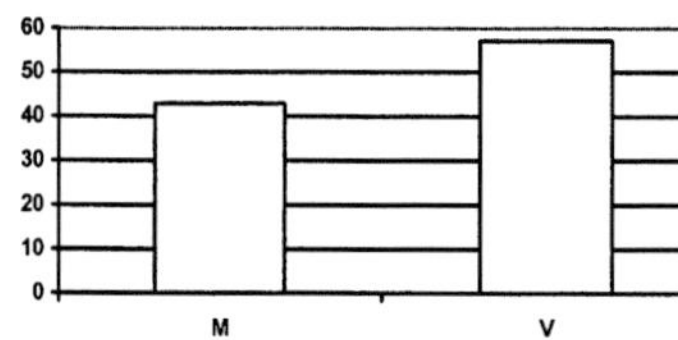

N=1224
man=525 (42,89%)
vrouw=699 (57,11%)

BSO (BSO1.2) N=191
man=88 (46,07%) vrouw=103 (53,93%)

3. Welke nationaliteit heb je? (LLN1.3)

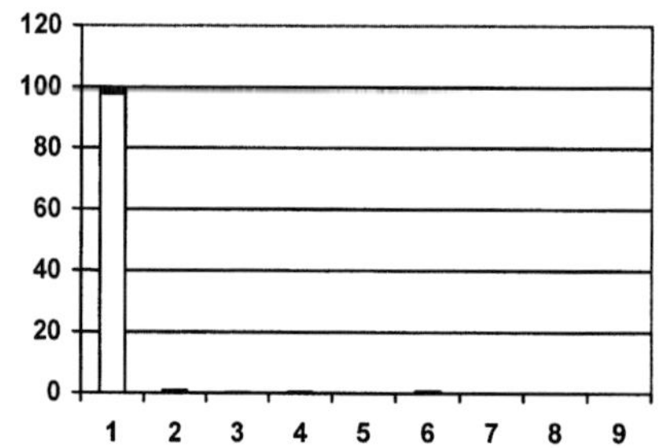

N=1222
1:Belg=1196 (97,87%)
2:Turk=11 (0,90%)
3:Marokkaan=3 (0,25%)
4:Nederlander=4 (0,33%)
5:Zuid-Europeaan=0 (0,00%)
6:Oost-Europeaan=7 (0,57%)
7:Centr.-, W.-, N.-Europeaan=0 (0,00%)
8:Aziaat=0 (0,00%)
9:Afrikaan=1 (0,08%)

BSO (BSO1.3) N=192
Belg=180 (93,75%) Turk=1 (0,52%)
Marokkaan=2 (1,04%) Nederlander=0 (0,00%)
Zuid-Europeaan=0 (0,00%) Oost-Europeaan=7 (3,65%)
Centr.-, W.-, N.-Europeaan=1 (0,52%) Aziaat=1 (0,52%)
Afrikaan=0 (0,00%)

2. Hieronder enkele vragen over school

1. In welk jaar van het secundair onderwijs zit je op dit moment? (LLN2.1)

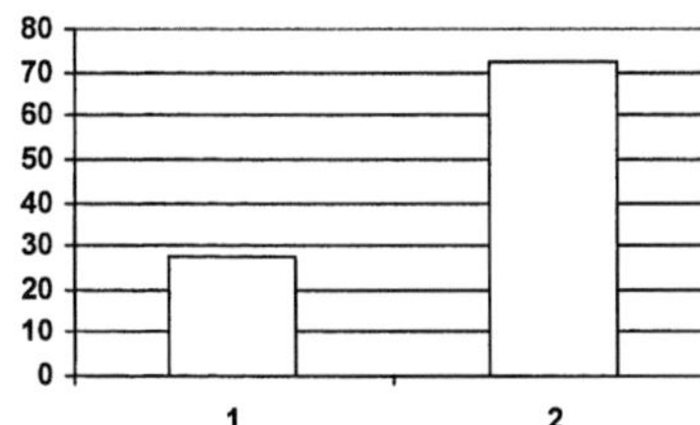

N=1224
1:vijfde jaar=337 (27,53%)
2:zesde jaar=887 (72,47%)

BSO (BSO2.1) N=192
vijfde jaar=60 (31,25%) zesde jaar=132 (68,75%)

2. Zit je in het (LLN2.2)

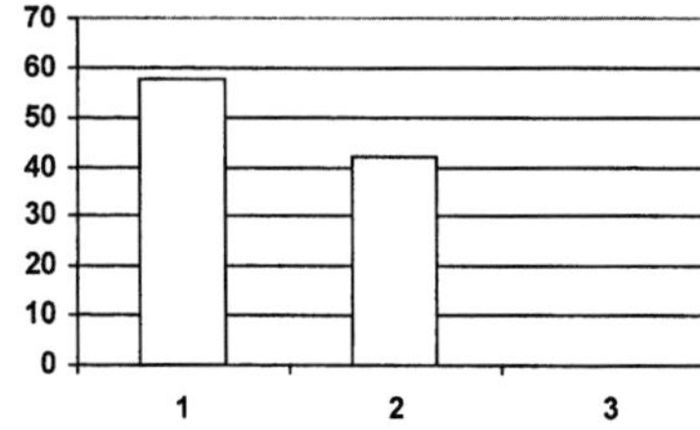

N=1223
1:ASO=706 (57,73%)
2:TSO=517 (42,27%)
3:BSO=0 (0,00%)

BSO (BSO2.2) N=192
ASO=0 (0,00%) TSO=0 (0,00%) BSO=192 (100,00%)

3. Heb je vorig jaar van dezelfde godsdienstleerkracht les gehad als dit jaar? (LLN2.3)

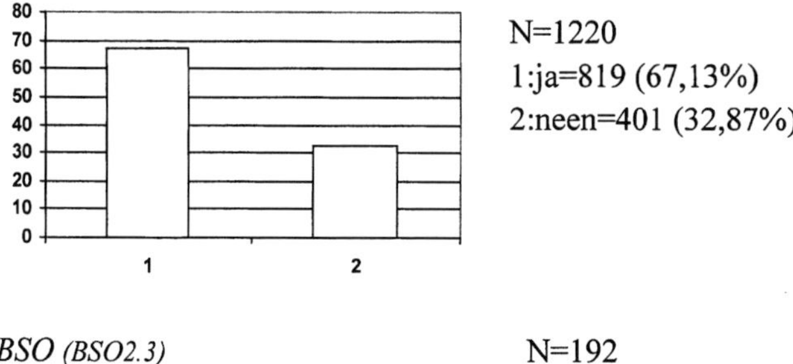

N=1220
1:ja=819 (67,13%)
2:neen=401 (32,87%)

BSO (BSO2.3) N=192
ja=132 (68,75%) neen=60 (31,25%)

3. Enkele vragen over je ouders en je gezinssituatie

1. Hoeveel broers en zussen heb je? (*vul een getal in voor de toepasselijke categorie(ën)*)

Zussen of broers (LLN3.1.1)

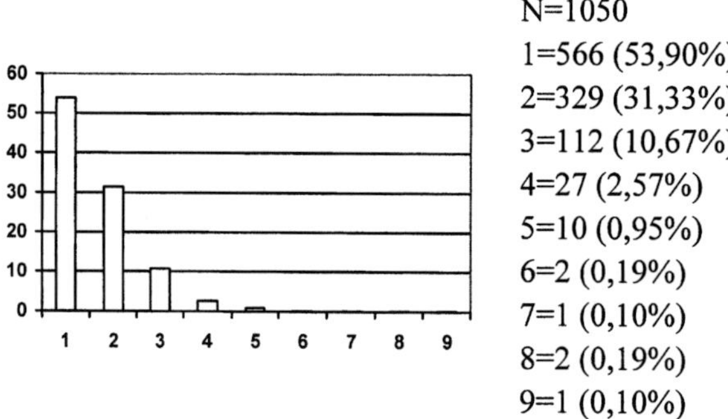

N=1050
1=566 (53,90%)
2=329 (31,33%)
3=112 (10,67%)
4=27 (2,57%)
5=10 (0,95%)
6=2 (0,19%)
7=1 (0,10%)
8=2 (0,19%)
9=1 (0,10%)

Pleeg- en/of adoptiezussen/broers (LLN3.1.2)

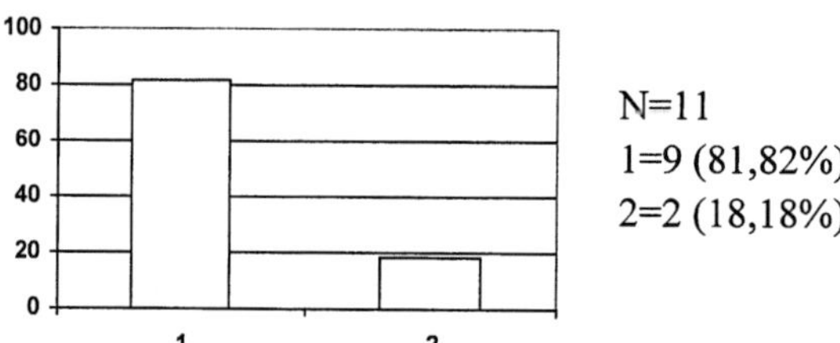

N=11
1=9 (81,82%)
2=2 (18,18%)

Stiefzussen en -broers (LLN3.1.3)

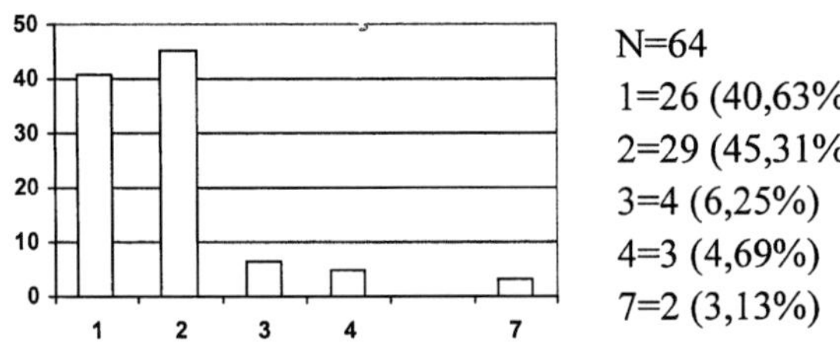

N=64
1=26 (40,63%)
2=29 (45,31%)
3=4 (6,25%)
4=3 (4,69%)
7=2 (3,13%)

Halfzussen en -broers (LLN3.1.4)

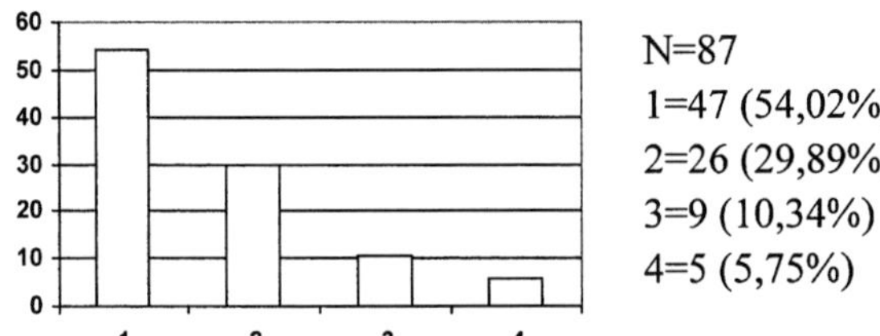

N=87
1=47 (54,02%)
2=26 (29,89%)
3=9 (10,34%)
4=5 (5,75%)

2. In de vragenlijst zullen er vragen gesteld worden over je vader. Wie beschouw jij als je vader? (*slechts één antwoord aanduiden*) (LLN3.2)

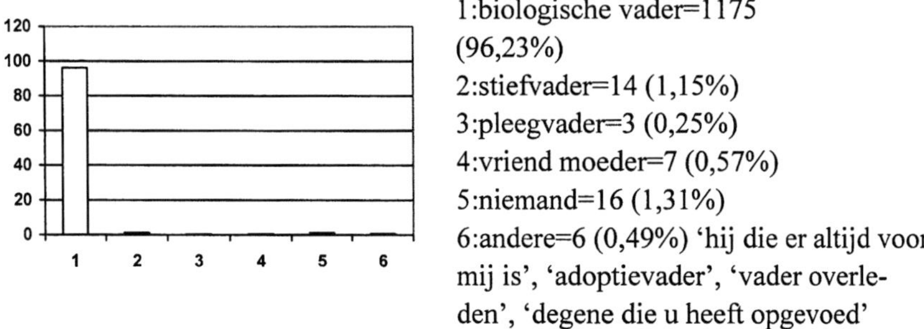

N=1221
1:biologische vader=1175 (96,23%)
2:stiefvader=14 (1,15%)
3:pleegvader=3 (0,25%)
4:vriend moeder=7 (0,57%)
5:niemand=16 (1,31%)
6:andere=6 (0,49%) 'hij die er altijd voor mij is', 'adoptievader', 'vader overleden', 'degene die u heeft opgevoed'

BSO (BSO3.1) N=192
biologische vader=176 (91,67%) stiefvader=4 (2,08%)
pleegvader=1 (0,52%) vriend moeder=3 (1,56%)
niemand=3 (1,56%) andere=5 (2,60%)

Wil je nu telkens wanneer er vragen gesteld worden over je vader aan deze persoon denken!

3. Er zullen ook vragen gesteld worden over je moeder. Wie beschouw jij als je moeder? (slechts één antwoord aanduiden) (LLN3.3)

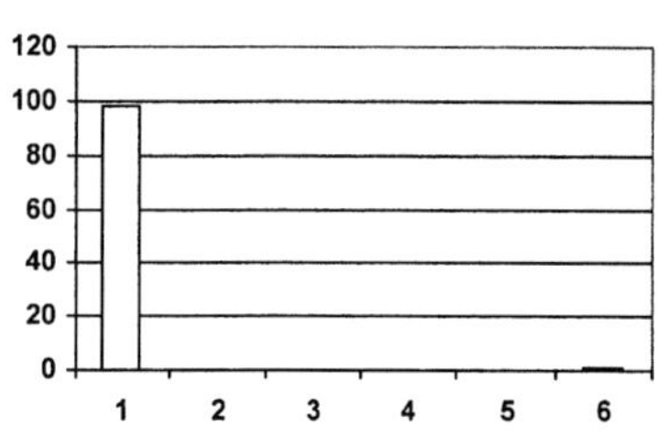

N=1223
1:biologische moeder=1203 (98,36%)
2:stiefmoeder=5 (0,41%)
3:pleegmoeder=3 (0,25%)
4:vriendin vader=2 (0,16%)
5:niemand=4 (0,33%)
6:andere=6 (0,49%) : 'zij die er altijd voor mij is', 'adoptiemoeder',

BSO (BSO3.2) N=192
biologische moeder=184 (95,83%) stiefmoeder=3 (1,56%)
pleegmoeder=1 (0,52%) vriendin vader=0 (0,00%)
niemand=2 (1,04) andere=2 (1,04%)

Wil je nu telkens wanneer er vragen gesteld worden over je moeder aan deze persoon denken!

4. Is één van je ouders overleden? (LLN3.4.1)

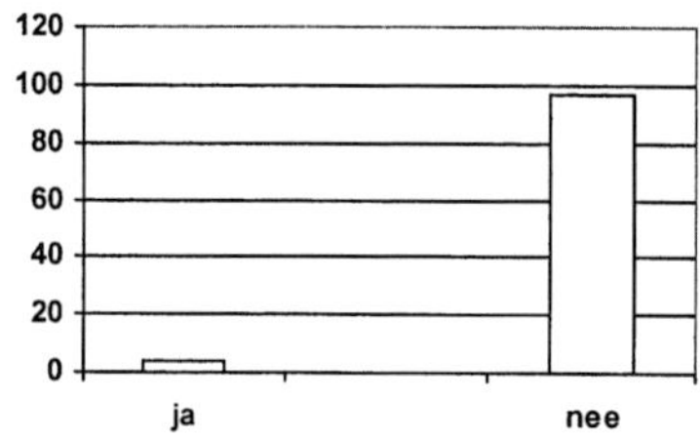

N=1210
1:ja=42 (3,47%)
2:neen=1168 (96,53%)

BSO (BSO3.3.1) N=188
ja=10 (5,32%) neen=178 (94,68%)

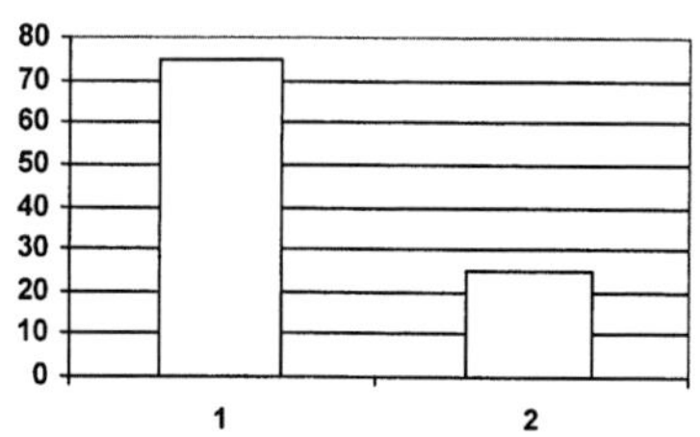

Indien ja, wie? (LLN3.4.2)

N=48
1:vader=36 (75,00%)
2:moeder=12 (25,00%)

BSO (BSO3.3.2) N=11
vader=6 (54,55%) moeder=5 (45,45%)

5. Zijn je ouders (LLN3.5)

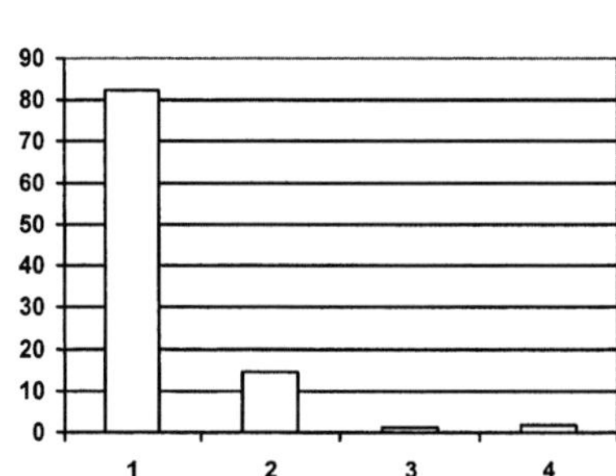

N=1202
1:gehuwd=990 (82,36%)
2:gescheiden=175 (14,56%)
3:ongehuwd samenwonend=16 (1,33%)
4:andere=21 (1,74%) (onder andere: 'zijn van plan te scheiden', 'mijn moeder heeft een vriend met twee dochters, maar woont daar niet mee samen', 'gescheiden en nu weer samen', 'weduwe', 'nooit gehuwd, maar nu uit elkaar')

BSO (BSO3.4) N=188
gehuwd=144 (76,60%) gescheiden=36 (19,15%)
ongehuwd samenwonend=6 (3,19%) andere=2 (1,06%)

Indien je ouders gescheiden zijn, vul dan ook vraag 6-8 in.

6. Hoe oud was je toen je ouders uit mekaar gingen? (LLN3.6)

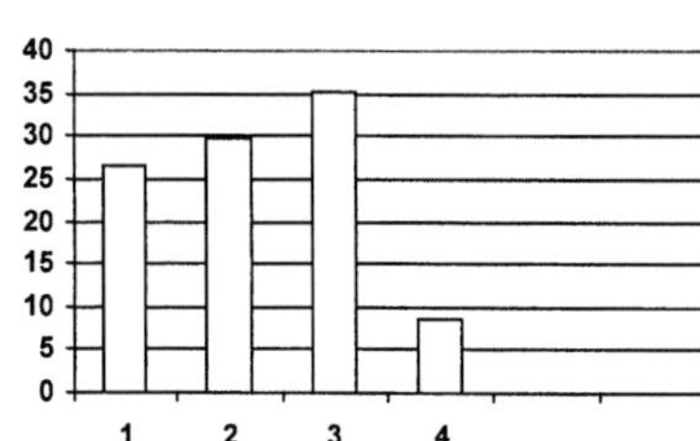

N=185
1:1-5=49 (26,49%)
2:6-10=55 (29,73%)
3:11-15=65 (35,13%)
4:16-18=16 (8,65%)
$\bar{x}$=11.4864864

BSO (BSO3.5) N=37
1:1-5=8 (21,62%) 2:6-10=18 (48,65%)
3:11-15=10 (27,03%) 4:16=1 (2,70%)
$\bar{x}$=8.2162162

7. Kon je na de scheiding nog evenveel op je ouders rekenen als vóór de scheiding? (LLN3.7)

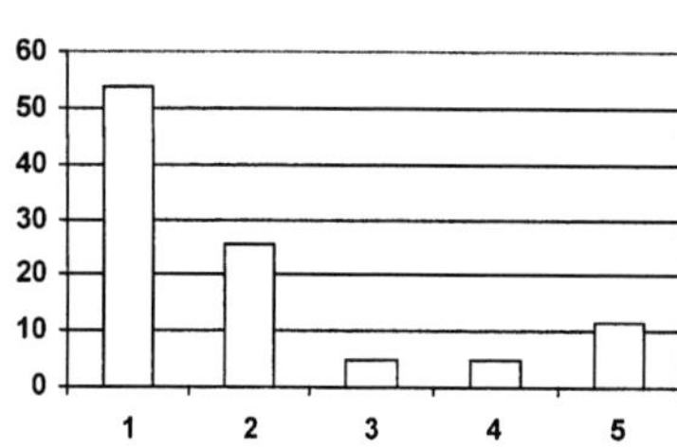

N=186
1:ja, op beiden=100 (53,76%)
2:enkel op moeder=47 (25,27%)
3:enkel op vader=9 (4,84%)
4:neen=9 (4,84%)
5:ik weet niet=21 (11,29%)

BSO (BSO3.6) N=40
ja, op beiden=18 (45,00%) enkel op moeder=11 (27,50%)
enkel op vader=6 (15,00%) neen=3 (7,50%) weet niet=2 (5,00%)

8. Ik woon bij … (LLN3.8)

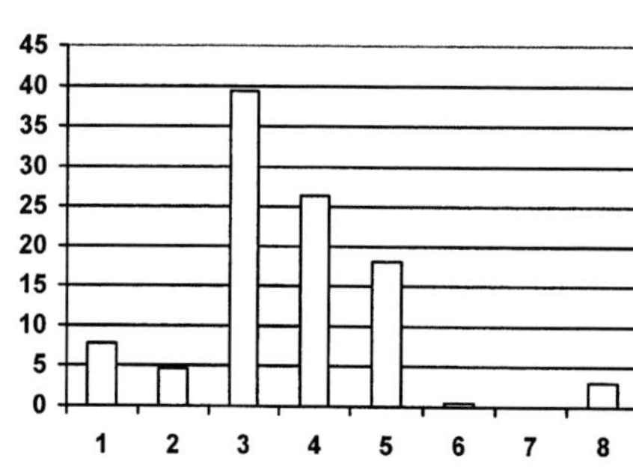

N=193
1:vader=15 (7,77%)
2:vader en partner=9 (4,66%)
3:moeder=76 (39,38%)
4:moeder en partner=51 (26,42%)
5:afwisselend=35 (18,13%)
6:zelfstandig=1 (0,52%)
7:instelling=0 (0,00%)
8:andere=6 (3,11%): 'moeder, weekend vader', 'bij vader in het weekend, bij moeder en partner in week', 'bij vader en oma'.

BSO (BSO3.7) N=42
vader=7 (16,67%) vader en partner=7 (16,67%)
moeder=12 (28,57%) moeder en partner=14 (33,33%)
afwisselend=2 (4,76%) zelfstandig=0 (0,00%)
instelling=0 (0,00%) andere=0 (0,00%)

4. Enkele vragen over je vader

1. Wat is het hoogste diploma dat je vader behaald heeft? (LLN4.1)

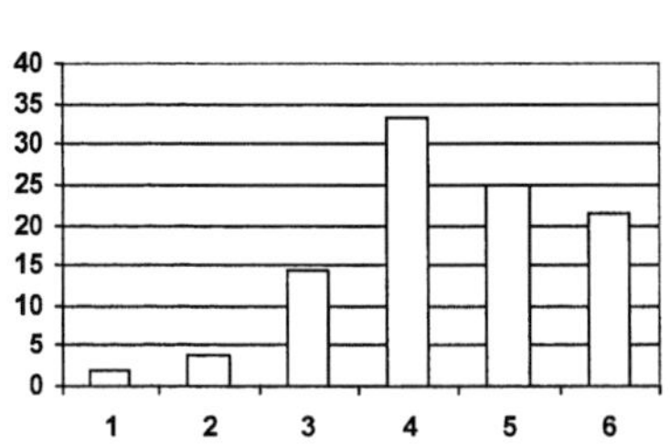

N=1194
1:geen diploma=24 (2,01%)
2:lager onderwijs=45 (3,77%)
3:lager secundair onderwijs=172 (14,41%)
4:hoger secundair onderwijs=399 (33,42%)
5:hoger niet-universitair onderwijs=298 (24,96%)
6:universitair onderwijs=256 (21,44%)

BSO (BSO20.1) N=175
geen diploma=14 (8,00%)
lager onderwijs=24 (13,71%)
lager secundair onderwijs=35 (20,00%)
hoger secundair ond.=63 (36,00%)
hoger niet-universitair ond.=21 (12,00%)
universitair onderwijs=18 (10,29%)

2. Wat deed je vader toen je kind was (tot 12 jaar) (het grootste deel van die tijdsperiode) (LLN4.2)

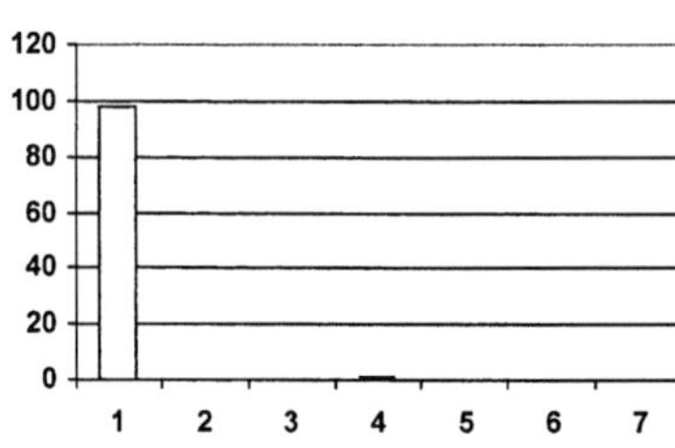

N=1206
1:werkte=1177 (97,60%)
2:werkloos=4 (0,33%)
3:gepensioneerd=5 (0,41%)
4:ziek/invalide=11 (0,91%)
5:overleden=4 (0,33%)
6:huisman=2 (0,17%)
7:andere=3 (0,25%)

BSO (BSO20.2) N=182
werkte=167 (91,76%)
werkloos=1 (0,55%)
gepensioneerd=2 (1,10%)
ziek/invalide=4 (2,20%)
overleden=3 (1,65%)
huisman=3 (1,65%)
andere=2 (1,10%)

3. De volgende vragen gaan over dingen die jouw vader kan doen of kan zeggen. Wij willen graag van jou weten of jouw vader doet wat hier staat. Duid bij elke uitspraak aan in hoeverre jij akkoord gaat met deze uitspraak of niet.

1. Ik kan goed met mijn vader praten over alles. (LLN04_3_01)

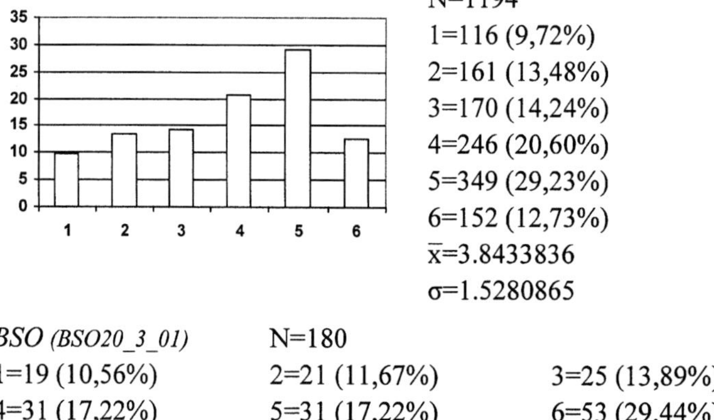

N=1194
1=116 (9,72%)
2=161 (13,48%)
3=170 (14,24%)
4=246 (20,60%)
5=349 (29,23%)
6=152 (12,73%)
$\bar{x}$=3.8433836
σ=1.5280865

BSO (BSO20_3_01)	N=180	
1=19 (10,56%)	2=21 (11,67%)	3=25 (13,89%)
4=31 (17,22%)	5=31 (17,22%)	6=53 (29,44%)
$\bar{x}$=4.0722222	σ=1.7077888	

2. Mijn vader wil dat ik doe wat hij zegt, zelfs als ik het niet met zijn argumenten eens ben. (LLN04_3_02)

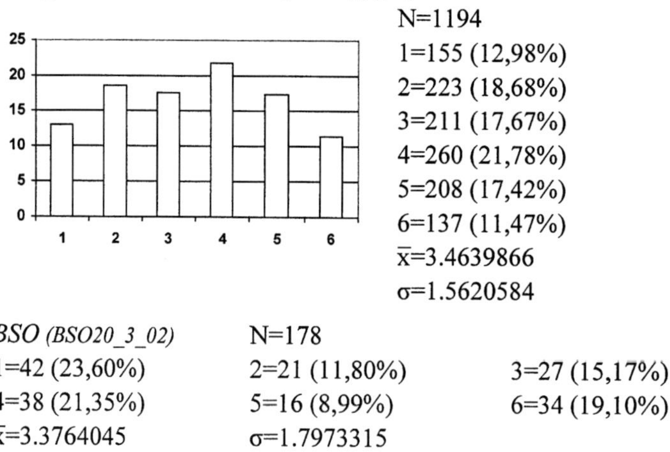

N=1194
1=155 (12,98%)
2=223 (18,68%)
3=211 (17,67%)
4=260 (21,78%)
5=208 (17,42%)
6=137 (11,47%)
$\bar{x}$=3.4639866
σ=1.5620584

BSO (BSO20_3_02)	N=178	
1=42 (23,60%)	2=21 (11,80%)	3=27 (15,17%)
4=38 (21,35%)	5=16 (8,99%)	6=34 (19,10%)
$\bar{x}$=3.3764045	σ=1.7973315	

3. Als ik met mijn vader over mijn problemen praat, dan helpt hij mij echt. (LLN04_3_03)

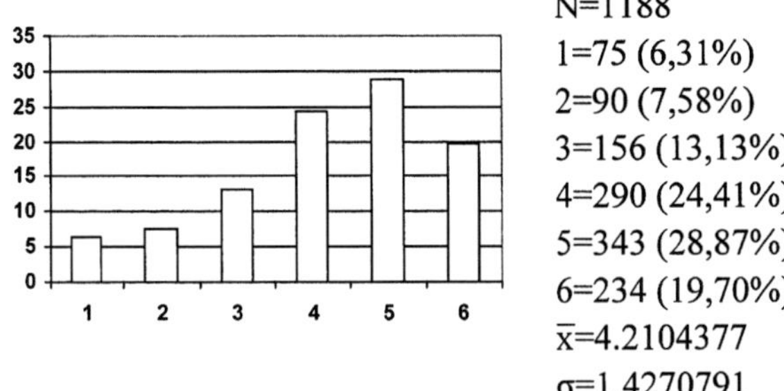

N=1188
1=75 (6,31%)
2=90 (7,58%)
3=156 (13,13%)
4=290 (24,41%)
5=343 (28,87%)
6=234 (19,70%)
$\bar{x}$=4.2104377
σ=1.4270791

BSO (BSO20_3_03)	N=179	
1=26 (14,53%)	2=18 (10,06%)	3=28 (15,64%)
4=27 (15,08%)	5=32 (17,88%)	6=48 (26,82%)
$\bar{x}$=3.9217877	σ=1.7688075	

4. Mijn vader laat mij veel nieuwe dingen uitproberen, ook al weet hij niet zeker wat er zal gebeuren. (LLN04_3_04)

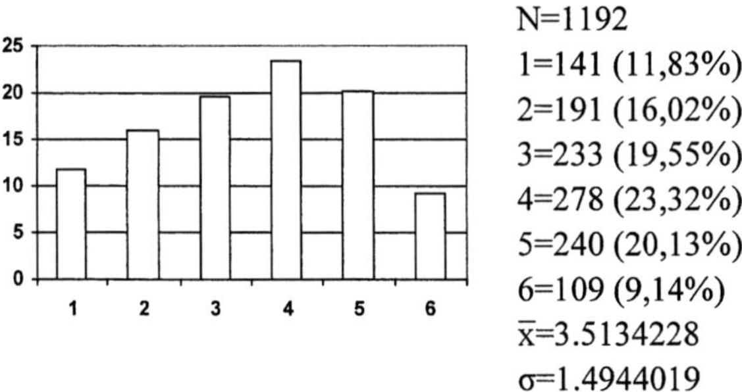

N=1192
1=141 (11,83%)
2=191 (16,02%)
3=233 (19,55%)
4=278 (23,32%)
5=240 (20,13%)
6=109 (9,14%)
$\bar{x}$=3.5134228
σ=1.4944019

BSO (BSO20_3_04)	N=179	
1=24 (13,41%)	2=23 (12,85%)	3=38 (21,23%)
4=40 (22,35%)	5=20 (11,17%)	6=34 (18,99%)
$\bar{x}$=3.6201117	σ=1.6355729	

5. Als het niet zo goed met mij gaat, dan lukt het mijn vader om mij te troosten. (LLN04_3_05)

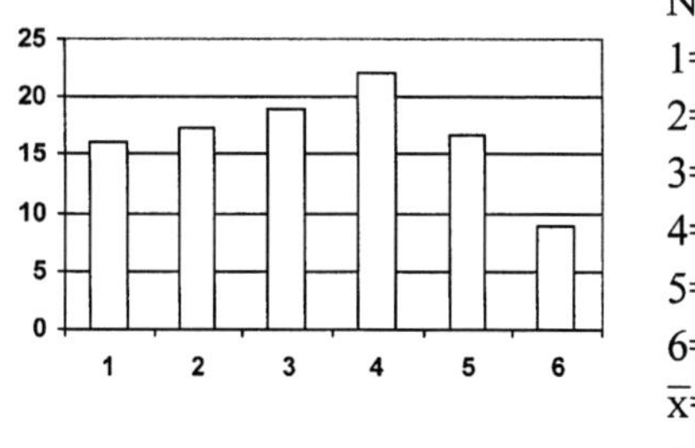

N=1192
1=192 (16,11%)
2=206 (17,28%)
3=226 (18,96%)
4=264 (22,15%)
5=199 (16,69%)
6=105 (8,81%)
$\bar{x}$=3.3246644
σ=1.5478256

BSO (BSO20_3_05)	N=179	
1=36 (20,11%)	2=22 (12,29%)	3=36 (20,11%)
4=28 (15,64%)	5=30 (16,76%)	6=27 (15,08%)
$\bar{x}$=3.4189944	σ=1.7183338	

6. Mijn vader moedigt mij aan om onafhankelijk van hem te zijn. (LLN04_3_06)

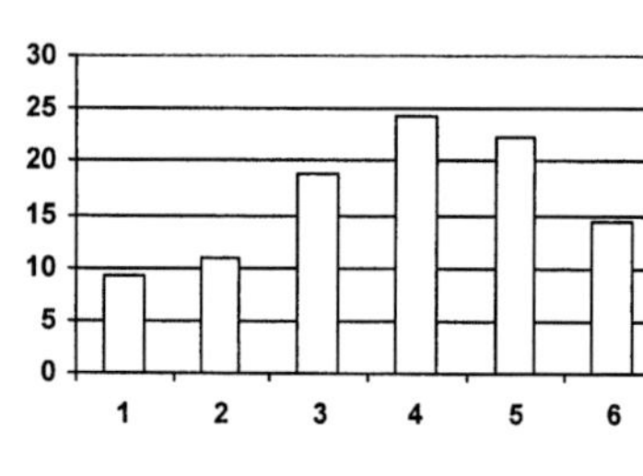

N=1190
1=110 (9,24%)
2=131 (11,01%)
3=224 (18,82%)
4=289 (24,29%)
5=265 (22,27%)
6=171 (14,37%)
$\bar{x}$=3.8243697
σ=1.4929870

BSO (BSO20_3_06)	N=182	
1=30 (16,48%)	2=20 (10,99%)	3=47 (25,82%)
4=30 (16,48%)	5=28 (15,38%)	6=27 (14,84%)
$\bar{x}$=3.4780220	σ=1.6342537	

7. Als ik verdrietig ben of ergens mee zit, dan heeft mijn vader dat in de gaten. (LLN04_3_07)

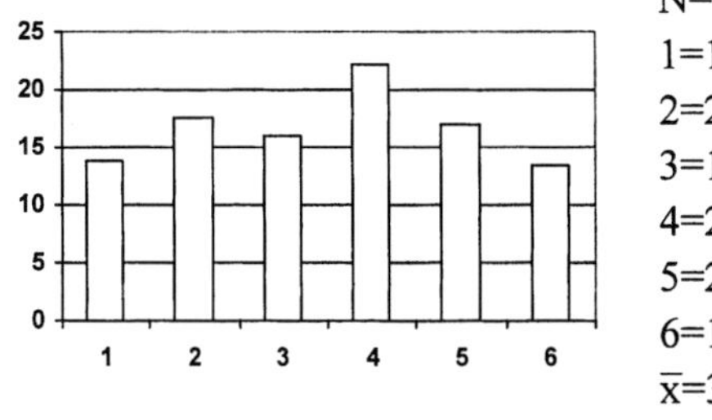

N=1188
1=165 (13,89%)
2=208 (17,51%)
3=189 (15,91%)
4=263 (22,14%)
5=203 (17,09%)
6=160 (13,47%)
$\bar{x}$=3.5143098
σ=1.6078883

BSO (BSO20_3_07)	N=182	
1=30 (16,48%)	2=22 (12,09%)	3=25 (13,74%)
4=28 (15,38%)	5=35 (19,23%)	6=42 (23,08%)
$\bar{x}$=3.7802198	σ=1.7857768	

8. Mijn vader wordt boos als ik zeg dat ik het niet met hem eens ben, terwijl er vrienden van hem bij zijn. (LLN04_3_08)

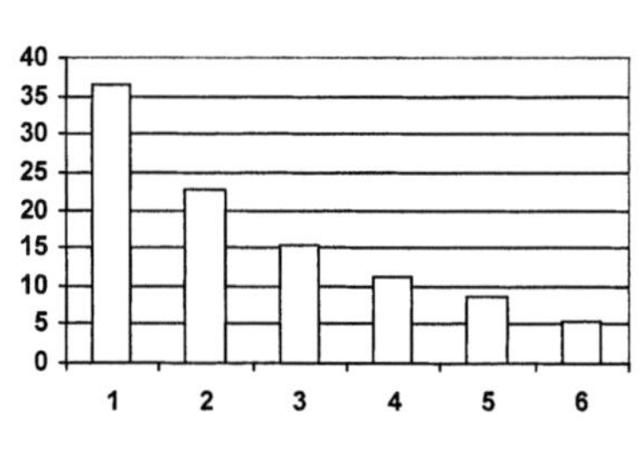

N=1188
1=435 (36,62%)
2=271 (22,81%)
3=182 (15,32%)
4=132 (11,11%)
5=103 (8,67%)
6=65 (5,47%)
$\bar{x}$=2.4852570
σ=1.5410329

BSO (BSO20_3_08)	N=181	
1=62 (34,25%)	2=38 (20,99%)	3=30 (16,57%)
4=21 (11,60%)	5=14 (7,73%)	6=16 (8,84%)
$\bar{x}$=2.6408840	σ=1.6392028	

9. Mijn vader laat mij zelf veel beslissingen nemen. (LLN04_3_09)

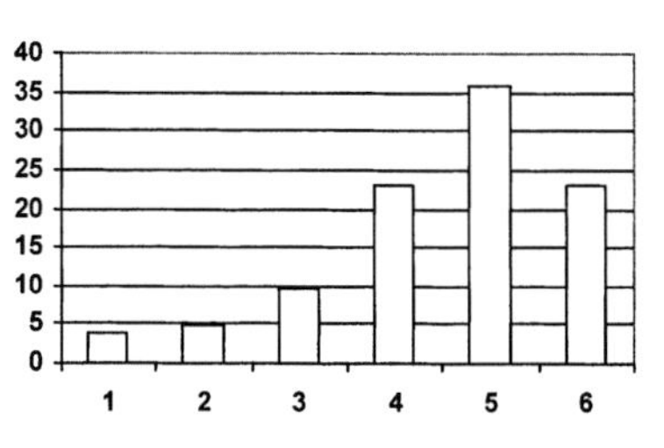

N=1191
1=44 (3,69%)
2=57 (4,79%)
3=113 (9,49%)
4=273 (22,92%)
5=428 (35,94%)
6=276 (23,17%)
$\bar{x}$=4.5201681
σ=1.2783426

BSO (BSO20_3_09) N=182
1=11 (6,04%) 2=9 (4,95%) 3=21 (11,54%)
4=47 (25,82%) 5=38 (20,88%) 6=56 (30,77%)
x̄=4.4285714 σ=1.4576365

10. Mijn vader helpt mij goed als ik het moeilijk heb. (LLN04_3_10)

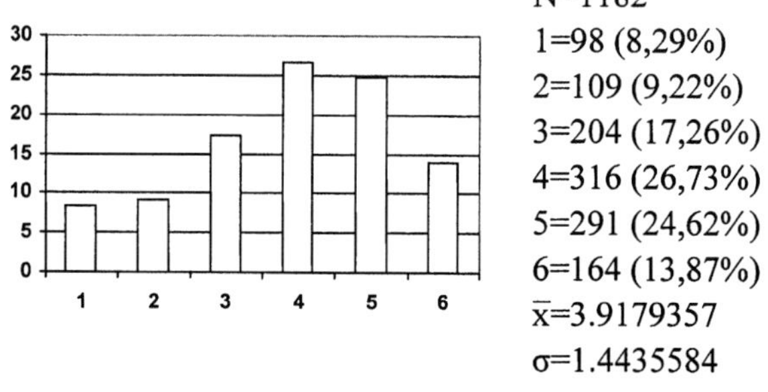

N=1182
1=98 (8,29%)
2=109 (9,22%)
3=204 (17,26%)
4=316 (26,73%)
5=291 (24,62%)
6=164 (13,87%)
x̄=3.9179357
σ=1.4435584

BSO (BSO20_3_10) N=181
1=20 (11,05%) 2=12 (6,63%) 3=40 (22,10%)
4=33 (18,23%) 5=34 (18,78%)
x̄=3.9668508 σ=1.6155513

11. Mijn vader zegt regelmatig tegen mij dat ik dingen zelf moet onderzoeken. (LLN04_3_11)

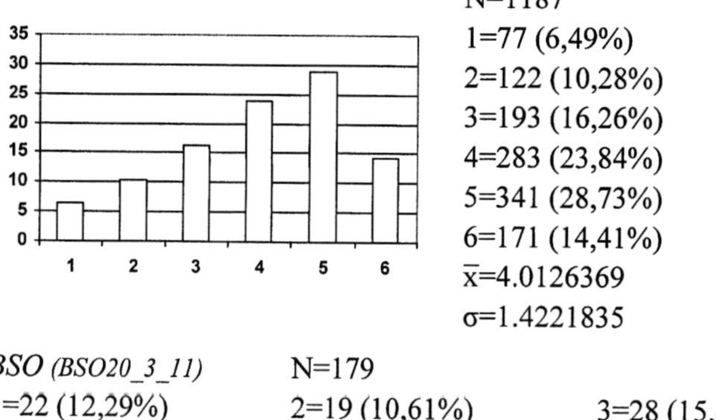

N=1187
1=77 (6,49%)
2=122 (10,28%)
3=193 (16,26%)
4=283 (23,84%)
5=341 (28,73%)
6=171 (14,41%)
x̄=4.0126369
σ=1.4221835

BSO (BSO20_3_11) N=179
1=22 (12,29%) 2=19 (10,61%) 3=28 (15,64%)
4=37 (20,67%) 5=33 (18,44%) 6=40 (22,35%)
x̄=3.8938547 σ=1.6642021

12. Als ik ergens over pieker of verdrietig ben, dan begrijpt mijn vader wat er aan de hand is. (LLN04_3_12)

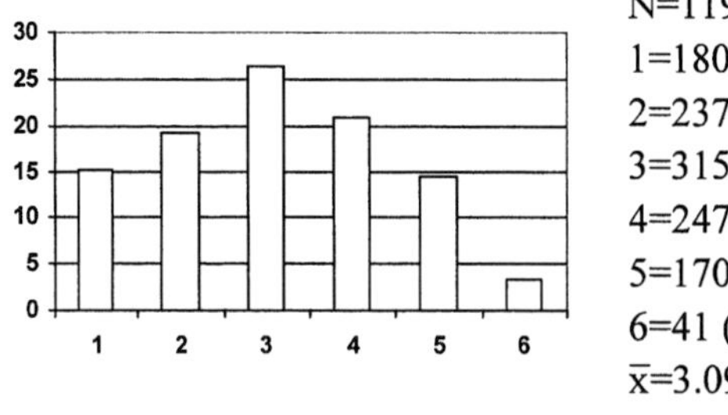

N=1190
1=180 (15,13%)
2=237 (19,92%)
3=315 (26,47%)
4=247 (20,76%)
5=170 (14,29%)
6=41 (3,45%)
$\bar{x}$=3.0949580
σ=1.3732607

BSO (BSO20_3_12) N=181
1=29 (16,02%) 2=25 (13,81%) 3=37 (20,44%)
4=33 (18,23%) 5=23 (12,71%) 6=34 (18,78%)
$\bar{x}$=3.5414365 σ=1.6979387

13. Mijn vader is niet erg streng. (LLN04_3_13)

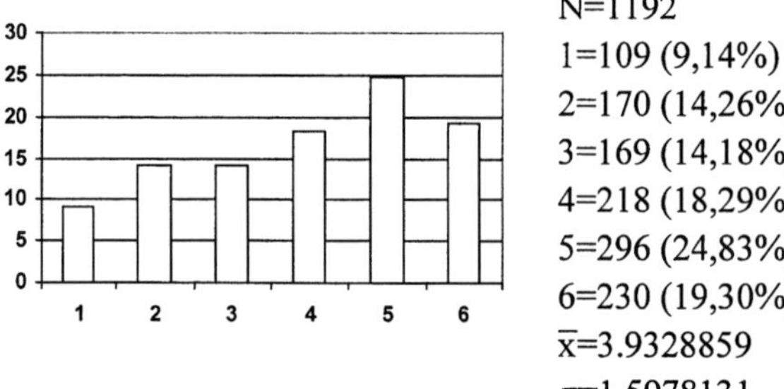

N=1192
1=109 (9,14%)
2=170 (14,26%)
3=169 (14,18%)
4=218 (18,29%)
5=296 (24,83%)
6=230 (19,30%)
$\bar{x}$=3.9328859
σ=1.5978131

BSO (BSO20_3_13) N=180
1=21 (11,67%) 2=21 (11,67%) 3=22 (12,22%)
4=36 (20,00%) 5=25 (13,89%) 6=55 (30,56%)
$\bar{x}$=4.0444444 σ=1.7363103

14. Mijn vader weet heel goed wat ik wil of voel. (LLN04_3_14)

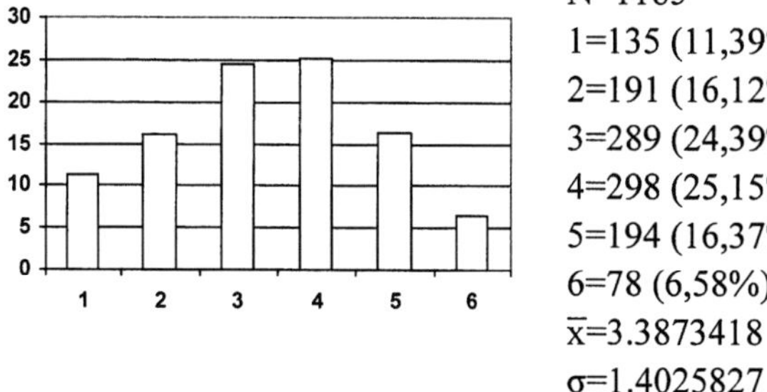

N=1185
1=135 (11,39%)
2=191 (16,12%)
3=289 (24,39%)
4=298 (25,15%)
5=194 (16,37%)
6=78 (6,58%)
$\bar{x}$=3.3873418
σ=1.4025827

BSO (BSO20_3_14)	N=180	
1=18 (10,00%)	2=18 (10,00%)	3=36 (20,00%)
4=43 (23,89%)	5=25 (13,89%)	6=40 (22,22%)
$\bar{x}$=3.8833333	σ=1.5900353	

15. Voor de meeste dingen die ik doe moet ik mijn vader om toestemming vragen. (LLN04_3_15)

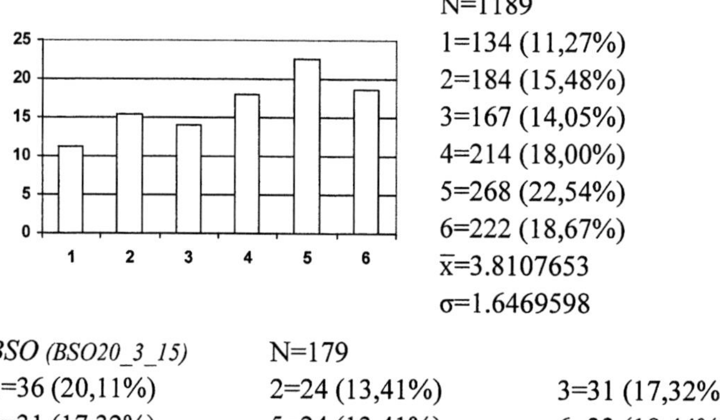

N=1189
1=134 (11,27%)
2=184 (15,48%)
3=167 (14,05%)
4=214 (18,00%)
5=268 (22,54%)
6=222 (18,67%)
$\bar{x}$=3.8107653
σ=1.6469598

BSO (BSO20_3_15)	N=179	
1=36 (20,11%)	2=24 (13,41%)	3=31 (17,32%)
4=31 (17,32%)	5=24 (13,41%)	6=33 (18,44%)
$\bar{x}$=3.4581006	σ=1.7648818	

16. Mijn vader weet precies wanneer ik het ergens moeilijk mee heb. (LLN04_3_16)

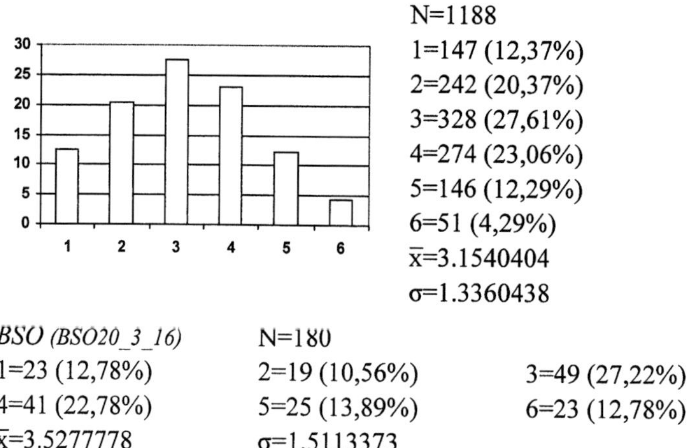

N=1188
1=147 (12,37%)
2=242 (20,37%)
3=328 (27,61%)
4=274 (23,06%)
5=146 (12,29%)
6=51 (4,29%)
$\bar{x}$=3.1540404
σ=1.3360438

BSO (BSO20_3_16)	N=180	
1=23 (12,78%)	2=19 (10,56%)	3=49 (27,22%)
4=41 (22,78%)	5=25 (13,89%)	6=23 (12,78%)
$\bar{x}$=3.5277778	σ=1.5113373	

17. Mijn vader maakt zich vaak zorgen dat ik dingen doe die hem niet bevallen. (LLN04_3_17)

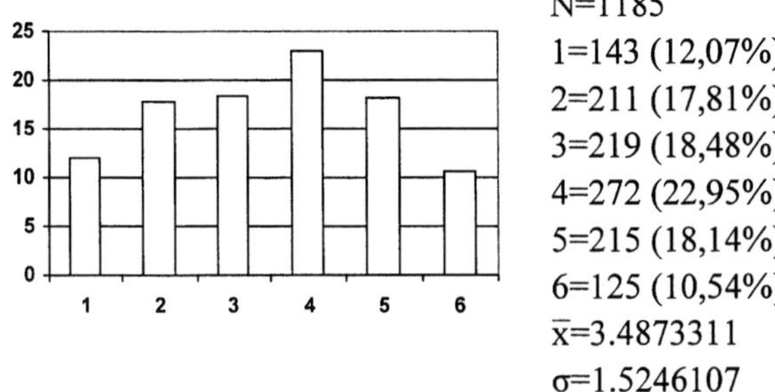

N=1185
1=143 (12,07%)
2=211 (17,81%)
3=219 (18,48%)
4=272 (22,95%)
5=215 (18,14%)
6=125 (10,54%)
$\bar{x}$=3.4873311
σ=1.5246107

BSO (BSO20_3_17)	N=179	
1=21 (11,73%)	2=22 (12,29%)	3=36 (20,11%)
4=27 (15,08%)	5=40 (22,35%)	6=33 (18,44%)
$\bar{x}$=3.7932961	σ=1.6376057	

18. Mijn vader zegt vaak dat ik zelf na moet denken over het leven. (LLN04_3_18)

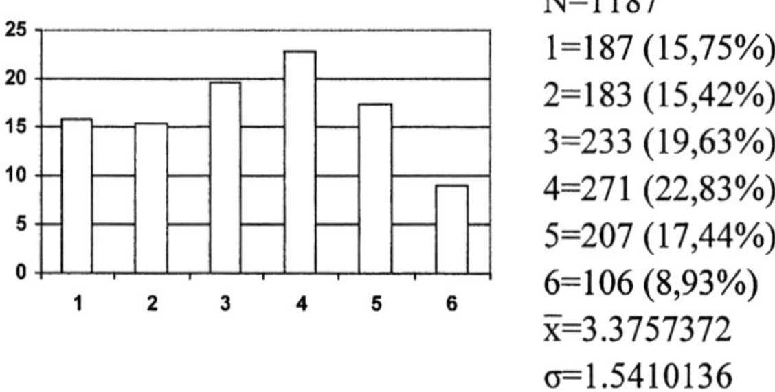

N=1187
1=187 (15,75%)
2=183 (15,42%)
3=233 (19,63%)
4=271 (22,83%)
5=207 (17,44%)
6=106 (8,93%)
$\bar{x}$=3.3757372
σ=1.5410136

BSO (BSO20_3_18)	N=181	
1=23 (12,71%)	2=31 (17,13%)	3=32 (17,68%)
4=43 (23,76%)	5=19 (10,50%)	6=33 (18,23%)
$\bar{x}$=3.5690608	σ=1.6336509	

19. Mijn vader zegt mij dat ik zelf verantwoordelijk ben voor wat er met mij gebeurt. (LLN04_3_19)

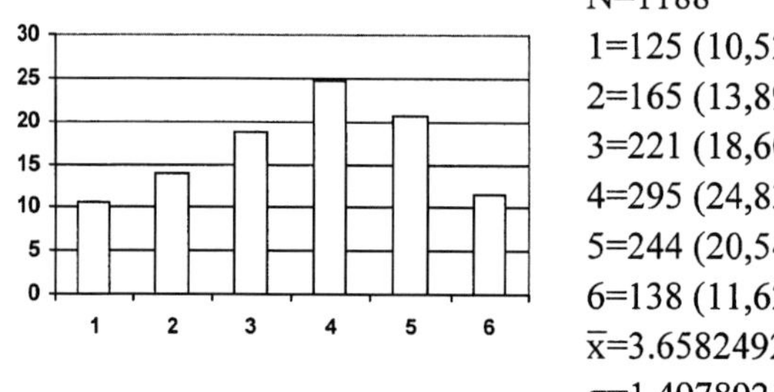

N=1188
1=125 (10,52%)
2=165 (13,89%)
3=221 (18,60%)
4=295 (24,83%)
5=244 (20,54%)
6=138 (11,62%)
$\bar{x}$=3.6582492
σ=1.4978921

BSO (BSO20_3_19)	N=179	
1=20 (11,17%)	2=24 (13,41%)	3=32 (17,88%)
4=38 (21,33%)	5=34 (18,99%)	6=31 (17,32%)
$\bar{x}$=3.7541899	σ=1.5991296	

20. Mijn vader laat mij vaak zelf mijn problemen oplossen. (LLN04_3_20)

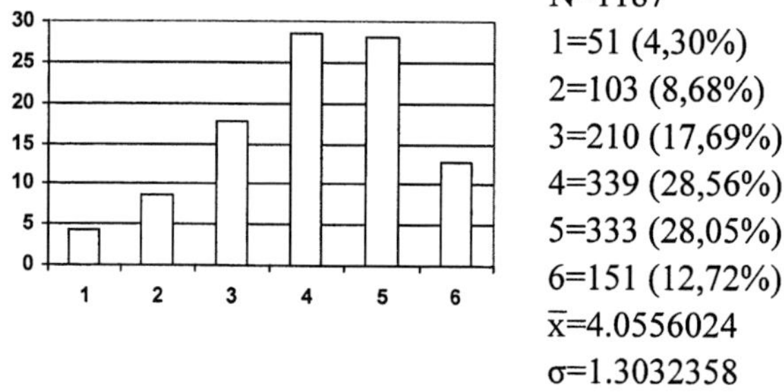

N=1187
1=51 (4,30%)
2=103 (8,68%)
3=210 (17,69%)
4=339 (28,56%)
5=333 (28,05%)
6=151 (12,72%)
$\bar{x}$=4.0556024
σ=1.3032358

BSO (BSO20_3_20)	N=180	
1=14 (7,78%)	2=12 (6,67%)	3=35 (19,44%)
4=46 (25,56%)	5=44 (24,44%)	6=29 (16,11%)
$\bar{x}$=4.0055556	σ=1.4357651	

4. De volgende vragen gaan over hoeveel jouw vader van jou weet. Er zijn geen goede of foute antwoorden, het gaat er om wat jij vindt. Omcirkel het antwoord dat het beste bij jouw mening past.

Hoeveel weet je vader over:

1. Wie je vrienden zijn (LLN04_4_1)

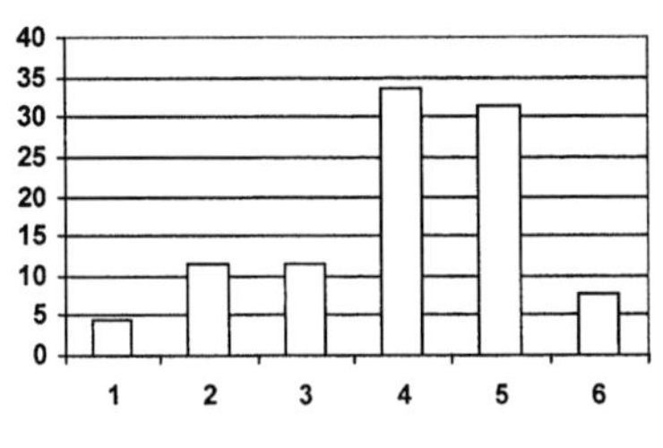

N=1192
1:niets=54 (4,53%)
2:weinig=138 (11,58%)
3:niet erg veel=137 (11,49%)
4:een beetje=399 (33,47%)
5:veel=374 (31,38%)
6:alles=90 (7,55%)
$\bar{x}$=3.9823826
σ=1.2659163

BSO (BSO20_4_1) N=180
niets=18 (10,00%) weinig=18 (10,00%) niet erg veel3=33 (18,33%)
beetje=40 (22,22%) veel=47 (26,11%) alles=24 (13,33%)
$\bar{x}$=3.8444444 σ=1.5053804

2. Waar je je geld aan uitgeeft (LLN04_4_2)

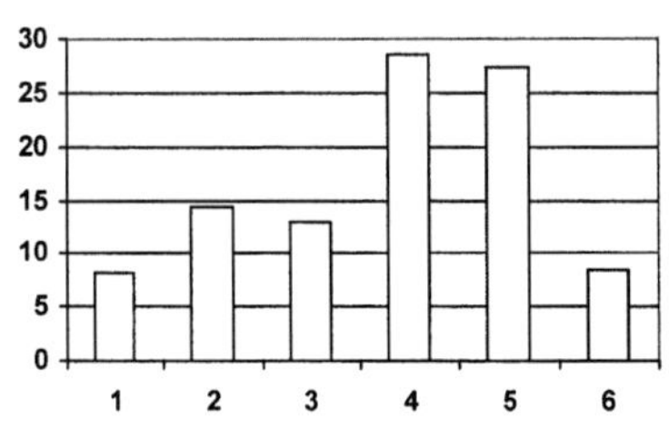

N=1191
1:niets=98 (8,23%)
2:weinig=172 (14,44%)
3:niet erg veel=155 (13,01%)
4:een beetje=340 (28,55%)
5:veel=327 (27,46%)
6:alles=99 (8,31%)
$\bar{x}$=3.7749790
σ=1.4164977

BSO (BSO20_4_2) N=179
niets=25 (13,97%) weinig=21 (11,73%) niet erg veel=26 (14,53%)
beetje=44 (24,58%) veel=35 (19,55%) alles=28 (15,64%)
$\bar{x}$=3.7094972 σ=1.6195676

3. Waar je bent na schooltijd (LLN04_04_3)

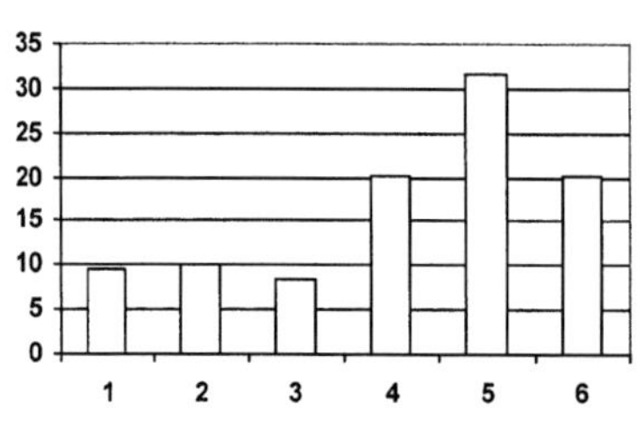

N=1189
1:niets=113 (9,50%)
2:weinig=119 (10,01%)
3:niet erg veel=100 (8,41%)
4:een beetje=241 (20,27%)
5:veel=375 (31,54%)
6:alles=241 (20,27%)
$\bar{x}$=4.1513877
σ=1.5636739

BSO (BSO20_4_3) N=178

niets=26 (14,61%) weinig=14 (7,87%) niet erg veel=19 (10,67%)
beetje=30 (16,85%) veel=41 (23,03%) alles=48 (26,97%)
$\bar{x}$=4.0674157 σ=1.7485927

4. Waar je naar toe gaat als je uitgaat (LLN04_4_4)

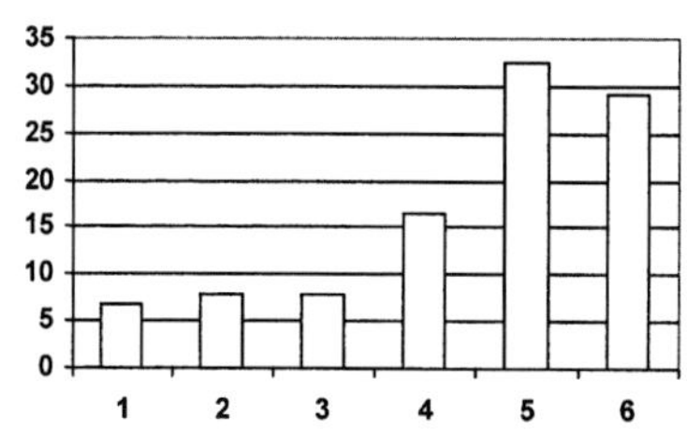

N=1190
1:niets=79 (6,64%)
2:weinig=92 (7,73%)
3:niet erg veel=92 (7,73%)
4:een beetje=195 (16,39%)
5:veel=386 (32,44%)
6:alles=346 (29,08%)
$\bar{x}$=4.4747899
σ=1.4992972

BSO (BSO20_4_4) N=179

niets=29 (16,20%) weinig=15 (8,38%) niet erg veel=8 (4,47%)
beetje=21 (11,73%) veel=46 (25,70%) alles=60 (33,52%)
$\bar{x}$=4.2290503 σ=1.8445318

5. Wat je doet in je vrije tijd (LLN04_4_5)

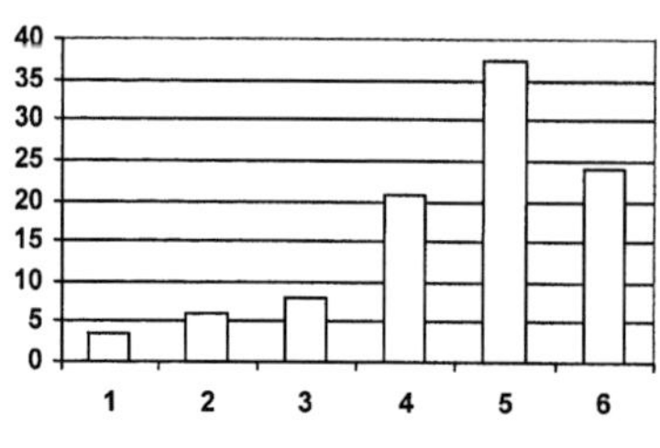

N=1189
1:niets=42 (3,53%)
2:weinig=72 (6,06%)
3:niet erg veel=96 (8,07%)
4:een beetje =247 (20,77%)
5:veel=445 (37,43%)
6:alles=287 (24,14%)
$\bar{x}$=4.5492010
σ=1.2963208

BSO (BSO20_4_5)	N=179	
niets=13 (7,26%)	weinig=17 (9,50%)	niet erg veel=23 (12,85%)
beetje=28 (15,64%)	veel=48 (26,82%)	alles=50 (27,93%)
$\bar{x}$=4.2905028	σ=1.5738271	

6. Wat voor cijfers je op school krijgt (LLN04_4_6)

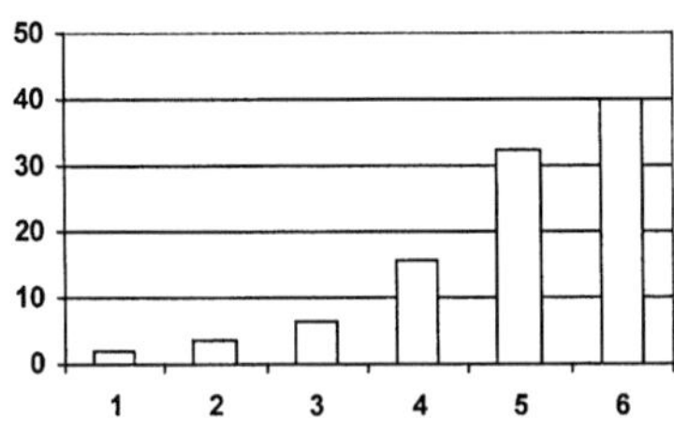

N=1190
1:niets=26 (2,18%)
2:weinig=45 (3,78%)
3:niet erg veel=74 (6,22%)
4:een beetje =185 (15,55%)
5:veel=385 (32,35%)
6:alles=475 (39,92%)
$\bar{x}$=4.9184874
σ=1.2197882

BSO (BSO20_4_6)	N=179	
niets=10 (5,59%)	weinig=9 (5,03%)	niet erg veel3=15 (8,38%)
beetje=27 (15,08%)	veel=28 (15,64%)	alles=90 (50,28%)
$\bar{x}$=4.8100559	σ=1.5205371	

5. Enkele vragen over je moeder

1. Wat is het hoogste diploma dat je moeder behaald heeft? (LLN5.1)

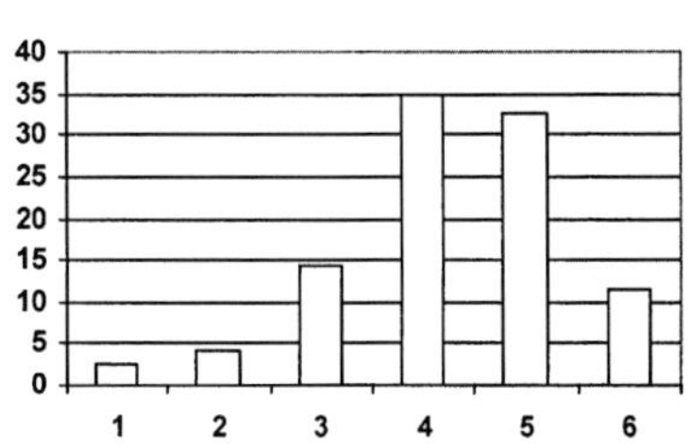

N=1206
1:geen diploma=30 (2,49%)
2:lager onderwijs=50 (4,15%)
3:lager secundair=174 (14,43%)
4:hoger secundair=420 (34,83%)
5:hoger niet-universitair=394 (32,67%)
6:universitair=138 (11,44%)

BSO (BSO21_1)	N=176
geen diploma 23 (13,07%)	lager onderwijs=23 (13,07%)
lager secundair=40 (22,73%)	hoger secundair=59 (33,52%)
hoger niet-universitair=17 (9,66%)	universitair=14 (7,95%)

2. Wat deed je moeder toen je kind was (tot 12 jaar) (het grootste deel van die tijdsperiode) (LLN5.2)

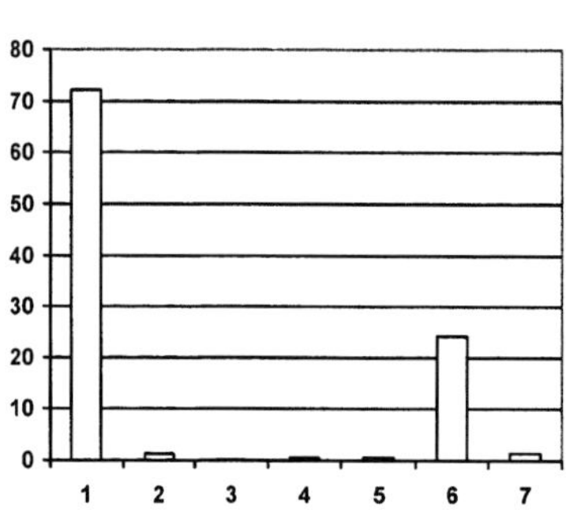

N=1216
1:werkte=877 (72,12%)
2:werkloos=16 (1,32%)
3:gepensioneerd=1 (0,08%)
4:ziek/invalide=6 (0,49%)
5:overleden=6 (0,49%)
6:huisvrouw=293 (24,10%)
7:andere=17 (1,39%): o.a.: 'studeren', 'moeder werkt halftijds en halftijds huisvrouw', 'werkt halftime' (verschillende keren aangegeven), 'enkele dagen per week gaan werken', 'zelfstandige', 'landbouwster'

BSO (BSO21_2) N=180
werkte=104 (57,78%) werkloos=8 (4,44%)
gepensioneerd=0 (0,00%) ziek/invalide=0 (0,00)
overleden=1 (0,56%) huisvrouw=65 (36,11%)
andere=2 (1,11%)

3. De volgende vragen gaan over dingen die jouw moeder kan doen of kan zeggen. Wij willen graag van jou weten of jouw moeder doet wat hier staat. Duid bij elke uitspraak aan in hoeverre jij akkoord gaat met deze uitspraak of niet.

1. Ik kan goed met mijn moeder praten over alles. (LLN05_3_01)

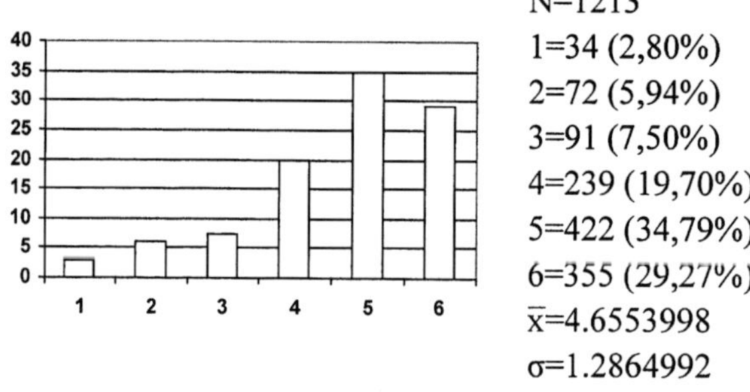

N=1213
1=34 (2,80%)
2=72 (5,94%)
3=91 (7,50%)
4=239 (19,70%)
5=422 (34,79%)
6=355 (29,27%)
$\bar{x}$=4.6553998
σ=1.2864992

BSO (BSO21_3_01) N=180
1=7 (3,89%) 2=7 (3,89%) 3=20 (11,11%)
4=32 (17,78%) 5=31 (17,22%) 6=83 (46,11%)
$\bar{x}$=4.7888889 σ=1.4220486

2. Mijn moeder wil dat ik doe wat zij zegt, zelfs als ik het niet met haar argumenten eens ben. (LLN05_3_02)

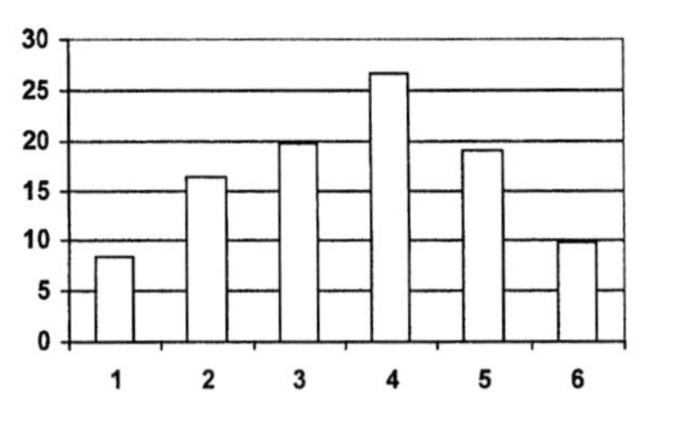

N=1213
1=102 (8,41%)
2=199 (16,41%)
3=239 (19,70%)
4=324 (26,71%)
5=230 (18,96%)
6=119 (9,81%)
$\bar{x}$=3.6084089
σ=1.4284342

BSO (BSO21_3_02)	N=179	
1=32 (17,88%)	2=23 (12,85%)	3=28 (15,64%)
4=49 (27,37%)	5=26 (14,53%)	6=21 (11,73%)
$\bar{x}$=3.4301676	σ=1.6073516	

3. Als ik met mijn moeder over mijn problemen praat, dan helpt zij mij echt. (LLN05_3_03)

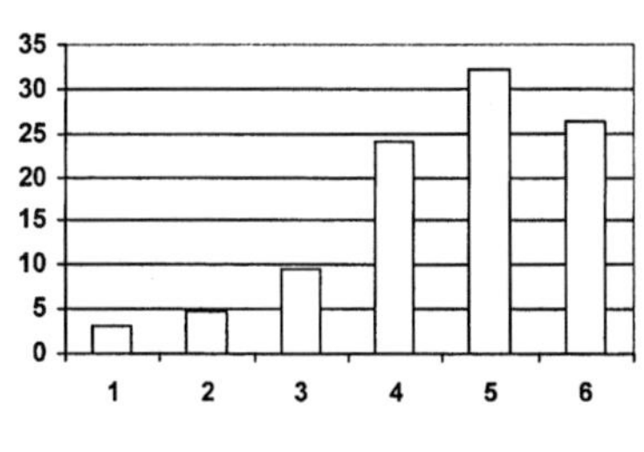

N=1213
1=36 (2,97%)
2=58 (4,78%)
3=117 (9,65%)
4=291 (23,99%)
5=391 (32,33%)
6=320 (26,38%)
$\bar{x}$=4.5688376
σ=1.2689169

BSO (BSO21_3_03)	N=181	
1=4 (2,21%)	2=13 (7,18%)	3=22 (12,15%)
4=33 (18,23%)	5=41 (22,65%)	6=68 (37,57%)
$\bar{x}$=4.6464088	σ=1.3891847	

4. Mijn moeder laat mij veel nieuwe dingen uitproberen, ook al weet zij niet zeker wat er zal gebeuren. (LLN05_3_04)

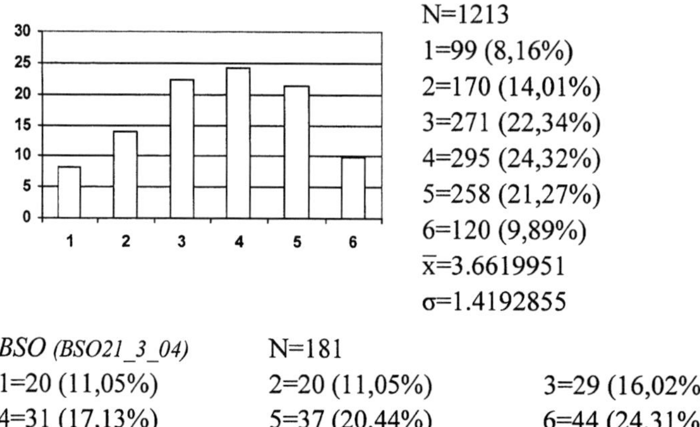

N=1213
1=99 (8,16%)
2=170 (14,01%)
3=271 (22,34%)
4=295 (24,32%)
5=258 (21,27%)
6=120 (9,89%)
$\bar{x}$=3.6619951
σ=1.4192855

BSO (BSO21_3_04) N=181
1=20 (11,05%) 2=20 (11,05%) 3=29 (16,02%)
4=31 (17,13%) 5=37 (20,44%) 6=44 (24,31%)
$\bar{x}$=3.9779006 σ=1.6698496

5. Als het niet zo goed met mij gaat, dan lukt het mijn moeder om mij te troosten. (LLN05_3_05)

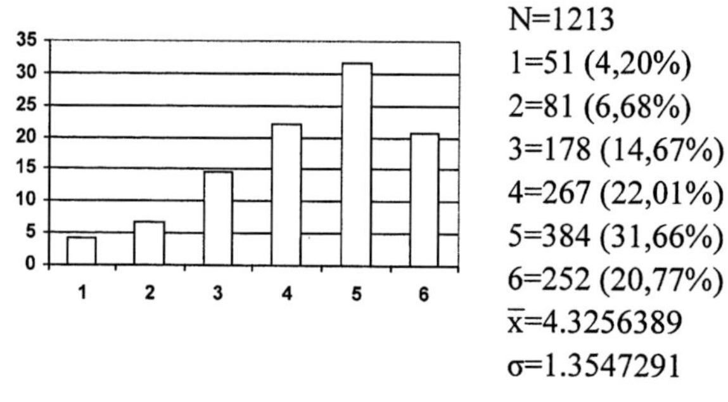

N=1213
1=51 (4,20%)
2=81 (6,68%)
3=178 (14,67%)
4=267 (22,01%)
5=384 (31,66%)
6=252 (20,77%)
$\bar{x}$=4.3256389
σ=1.3547291

BSO (BSO21_3_05) N=181
1=9 (4,97%) 2=12 (6,63%) 3=30 (16,57%)
4=36 (19,89%) 5=32 (17,68%) 6=62 (34,25%)
$\bar{x}$=4.4143646 σ=1.5054026

6. Mijn moeder moedigt mij aan om onafhankelijk van haar te zijn. (LLN05_3_06)

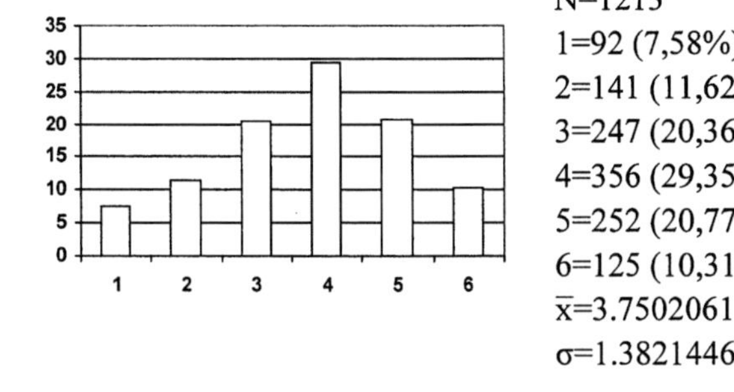

N=1213
1=92 (7,58%)
2=141 (11,62%)
3=247 (20,36%)
4=356 (29,35%)
5=252 (20,77%)
6=125 (10,31%)
$\bar{x}$=3.7502061
σ=1.3821446

BSO (BSO21_3_06)	N=181	
1=17 (9,39%)	2=17 (9,39%)	3=38 (20,99%)
4=47 (25,97%)	5=29 (16,02%)	6=33 (18,23%)
$\bar{x}$=3.8453039	σ=1.5196281	

7. Als ik verdrietig ben of ergens mee zit, dan heeft mijn moeder dat in de gaten. (LLN05_3_07)

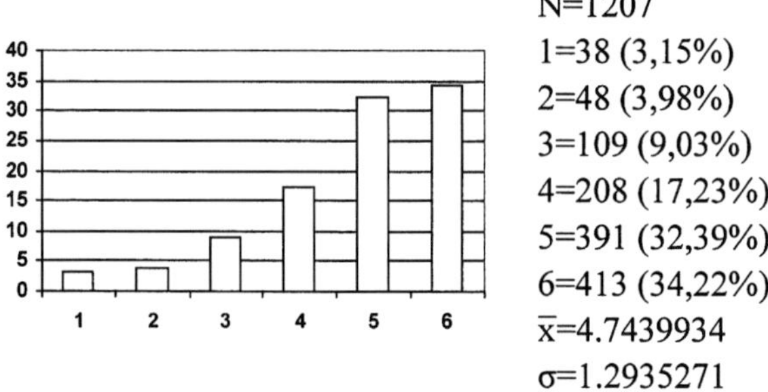

N=1207
1=38 (3,15%)
2=48 (3,98%)
3=109 (9,03%)
4=208 (17,23%)
5=391 (32,39%)
6=413 (34,22%)
$\bar{x}$=4.7439934
σ=1.2935271

BSO (BSO21_3_07)	N=181	
1=6 (3,31%)	2=12 (6,63%)	3=15 (8,29%)
4=38 (20,99%)	5=42 (23,20%)	6=68 (37,57%)
$\bar{x}$=4.6685083	σ=1.3946535	

8. Mijn moeder wordt boos als ik zeg dat ik het niet met haar eens ben, terwijl er vrienden van haar bij zijn. (LLN05_3_08)

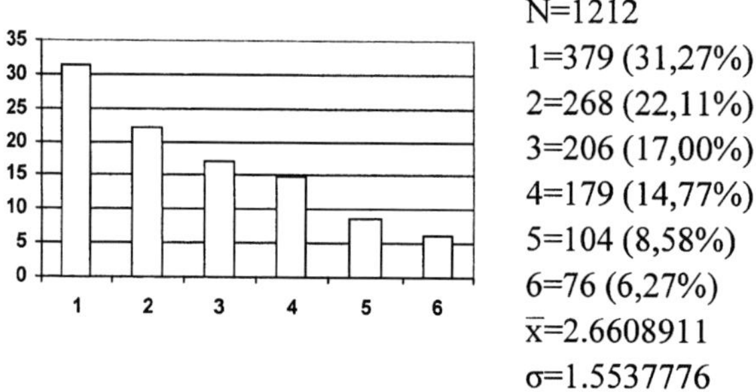

N=1212
1=379 (31,27%)
2=268 (22,11%)
3=206 (17,00%)
4=179 (14,77%)
5=104 (8,58%)
6=76 (6,27%)
x̄=2.6608911
σ=1.5537776

BSO (BSO21_3_08) N=181
1=68 (37,57%) 2=19 (10,50%) 3=31 (17,13%)
4=30 (16,57%) 5=20 (11,05%) 6=13 (7,18%)
x̄=2.7458564 σ=1.6771494

9. Mijn moeder laat mij zelf veel beslissingen nemen. (LLN05_3_09)

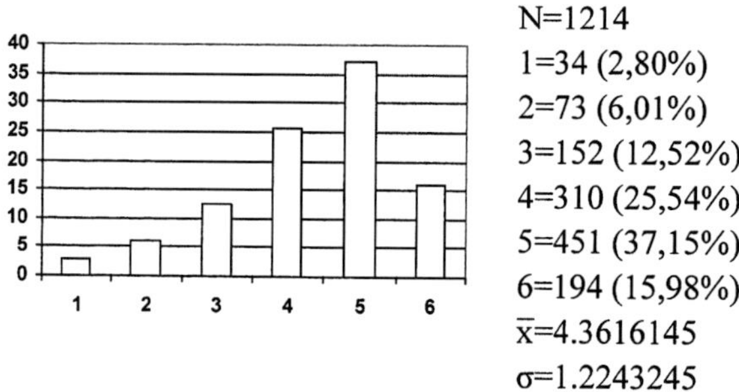

N=1214
1=34 (2,80%)
2=73 (6,01%)
3=152 (12,52%)
4=310 (25,54%)
5=451 (37,15%)
6=194 (15,98%)
x̄=4.3616145
σ=1.2243245

BSO (BSO21_3_09) N=182
1=8 (4,40%) 2=9 (4,95%) 3=20 (10,99%)
4=39 (21,43%) 5=45 (24,73%) 6=61 (33,52%)
x̄=4.5769231 σ=1.4032777

10. Mijn moeder helpt mij goed als ik het moeilijk heb. (LLN05_3_10)

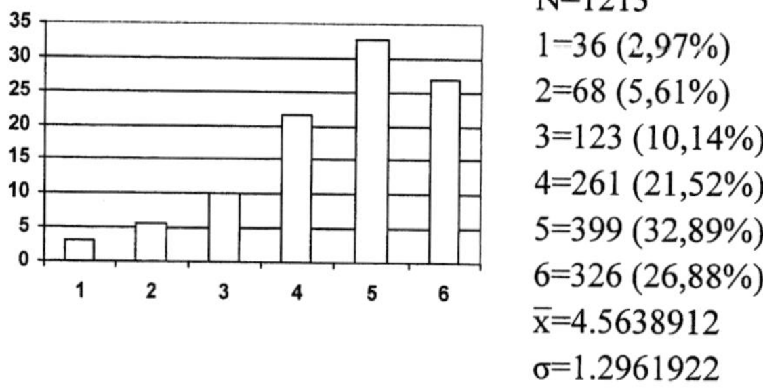

N=1213
1=36 (2,97%)
2=68 (5,61%)
3=123 (10,14%)
4=261 (21,52%)
5=399 (32,89%)
6=326 (26,88%)
x̄=4.5638912
σ=1.2961922

BSO (BSO21_3_10) N=182
1=4 (2,20%) 2=12 (6,59%) 3=27 (14,84%)
4=35 (19,23%) 5=33 (18,13%) 6=71 (39,01%)
x̄=4.6153846 σ=1.4084922

11. Mijn moeder zegt regelmatig tegen mij dat ik dingen zelf moet onderzoeken. (LLN05_3_11)

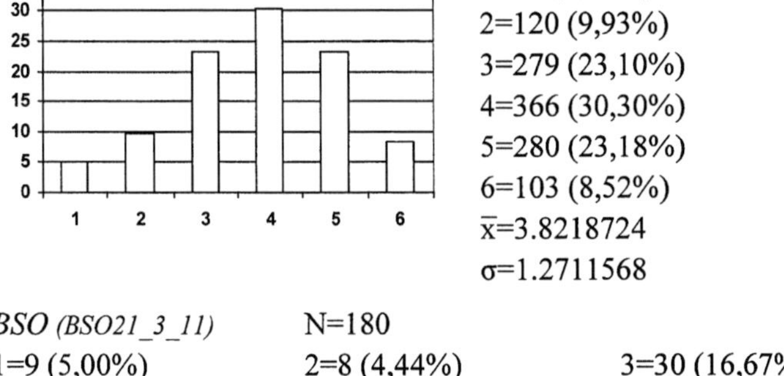

N=1208
1=60 (4,97%)
2=120 (9,93%)
3=279 (23,10%)
4=366 (30,30%)
5=280 (23,18%)
6=103 (8,52%)
x̄=3.8218724
σ=1.2711568

BSO (BSO21_3_11) N=180
1=9 (5,00%) 2=8 (4,44%) 3=30 (16,67%)
4=51 (28,33%) 5=36 (20,00%) 6=46 (25,56%)
x̄=4.3055556 σ=1.3907002

12. Als ik ergens over pieker of verdrietig ben, dan begrijpt mijn moeder wat er aan de hand is. (LLN05_3_12)

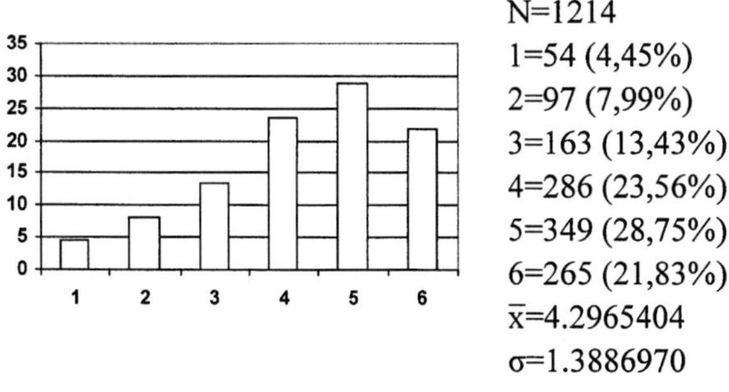

N=1214
1=54 (4,45%)
2=97 (7,99%)
3=163 (13,43%)
4=286 (23,56%)
5=349 (28,75%)
6=265 (21,83%)
x̄=4.2965404
σ=1.3886970

BSO (BSO21_3_12) N=182
1=9 (4,95%) 2=16 (8,79%) 3=24 (13,19%)
4=41 (22,53%) 5=28 (15,38%) 6=64 (35,16%)
x̄=4.4010989 σ=1.5300305

13. Mijn moeder is niet erg streng. (LLN05_3_13)

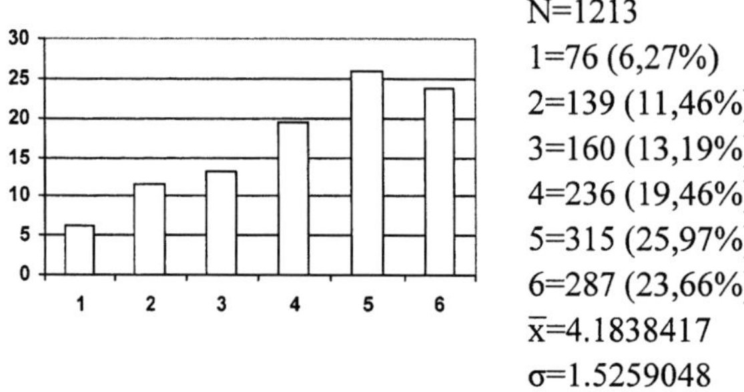

N=1213
1=76 (6,27%)
2=139 (11,46%)
3=160 (13,19%)
4=236 (19,46%)
5=315 (25,97%)
6=287 (23,66%)
x̄=4.1838417
σ=1.5259048

BSO (BSO21_3_13) N=182
1=14 (7,69%) 2=15 (8,24%) 3=24 (13,19%)
4=24 (13,19%) 5=39 (21,43%) 6=66 (36,26%)
x̄=4.4120879 σ=1.6320231

14. Mijn moeder weet heel goed wat ik wil of voel. (LLN05_3_14)

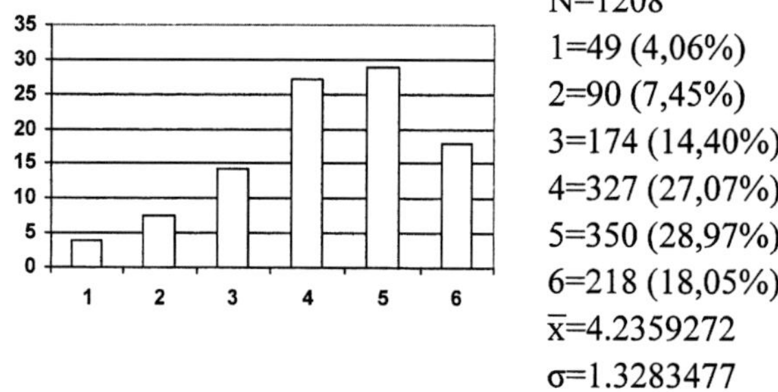

N=1208
1=49 (4,06%)
2=90 (7,45%)
3=174 (14,40%)
4=327 (27,07%)
5=350 (28,97%)
6=218 (18,05%)
x̄=4.2359272
σ=1.3283477

BSO (BSO21_3_14) N=178
1=9 (5,06%) 2=10 (5,62%) 3=24 (13,48%)
4=46 (25,84%) 5=32 (17,98%) 6=57 (32,02%)
x̄=4.4213483 σ=1.4524456

15. Voor de meeste dingen die ik doe moet ik mijn moeder om toestemming vragen. (LLN05_3_15)

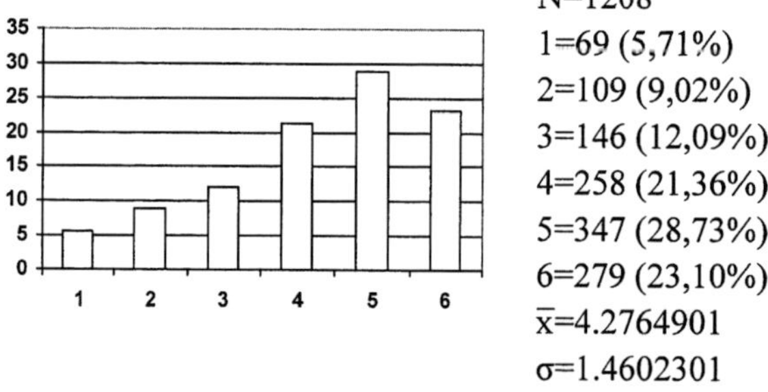

N=1208
1=69 (5,71%)
2=109 (9,02%)
3=146 (12,09%)
4=258 (21,36%)
5=347 (28,73%)
6=279 (23,10%)
x̄=4.2764901
σ=1.4602301

BSO (BSO21_3_15) N=181
1=28 (15,47%) 2=17 (9,39%) 3=37 (20,44%)
4=32 (17,68%) 5=30 (16,57%) 6=37 (20,44%)
$\bar{x}$=3.7182320 σ=1.7007022

16. Mijn moeder weet precies wanneer ik het ergens moeilijk mee heb. (LLN05_3_16)

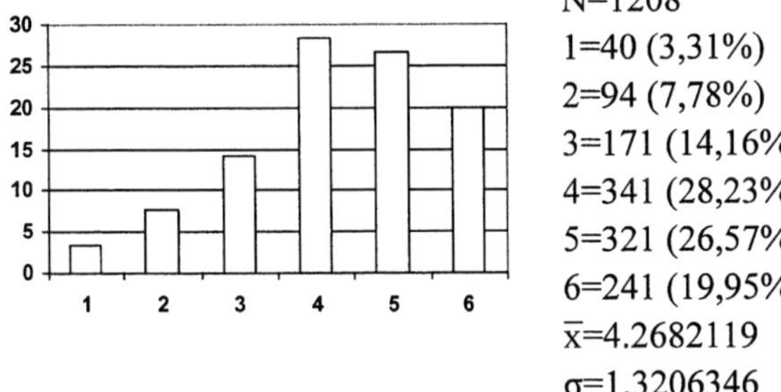

N=1208
1=40 (3,31%)
2=94 (7,78%)
3=171 (14,16%)
4=341 (28,23%)
5=321 (26,57%)
6=241 (19,95%)
$\bar{x}$=4.2682119
σ=1.3206346

BSO (BSO21_3_16) N=181
1=11 (6,08%) 2=7 (3,87%) 3=36 (19,89%)
4=40 (22,10%) 5=28 (15,47%) 6=59 (32,60%)
$\bar{x}$=4.3480663 σ=1.5001330

17. Mijn moeder maakt zich vaak zorgen dat ik dingen doe die haar niet bevallen. (LLN05_3_17)

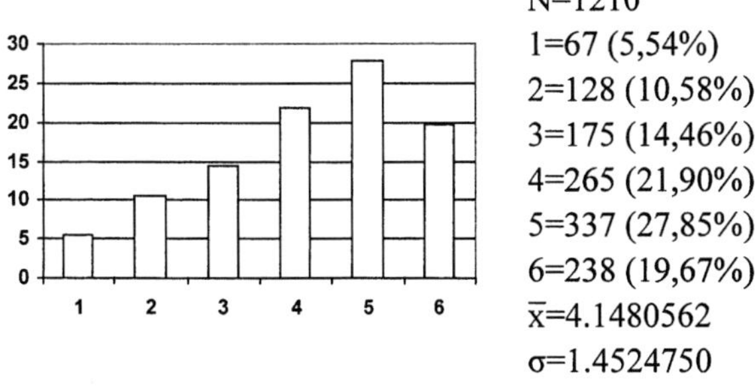

N=1210
1=67 (5,54%)
2=128 (10,58%)
3=175 (14,46%)
4=265 (21,90%)
5=337 (27,85%)
6=238 (19,67%)
$\bar{x}$=4.1480562
σ=1.4524750

BSO (BSO21_3_17) N=182
1=15 (8,24%) 2=16 (8,79%) 3=24 (13,19%)
4=32 (17,58%) 5=46 (25,27%) 6=49 (26,92%)
$\bar{x}$=4.2362637 σ=1.5852230

18. Mijn moeder zegt vaak dat ik zelf na moet denken over het leven. (LLN05_3_18)

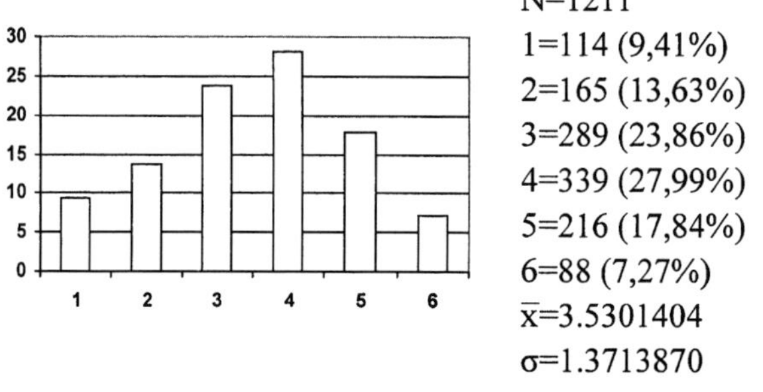

N=1211
1=114 (9,41%)
2=165 (13,63%)
3=289 (23,86%)
4=339 (27,99%)
5=216 (17,84%)
6=88 (7,27%)
$\bar{x}$=3.5301404
σ=1.3713870

BSO (BSO21_3_18)	N=182	
1=15 (8,24%)	2=23 (12,64%)	3=31 (17,03%)
4=40 (21,98%)	5=30 (16,48%)	6=43 (23,63%)
$\bar{x}$=3.9670330	σ=1.5938455	

19. Mijn moeder zegt mij dat ik zelf verantwoordelijk ben voor wat er met mij gebeurt. (LLN05_3_19)

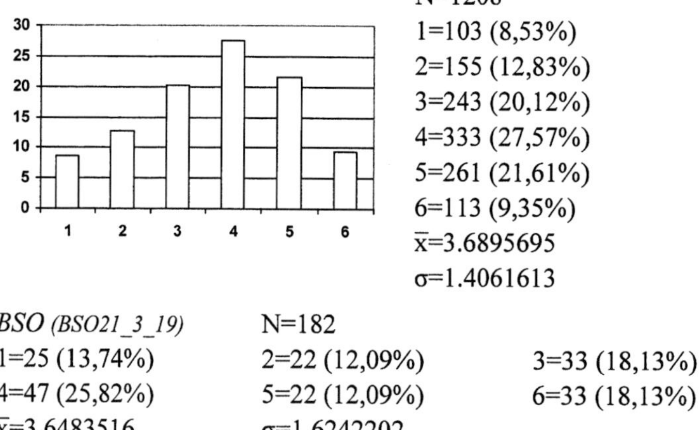

N=1208
1=103 (8,53%)
2=155 (12,83%)
3=243 (20,12%)
4=333 (27,57%)
5=261 (21,61%)
6=113 (9,35%)
$\bar{x}$=3.6895695
σ=1.4061613

BSO (BSO21_3_19)	N=182	
1=25 (13,74%)	2=22 (12,09%)	3=33 (18,13%)
4=47 (25,82%)	5=22 (12,09%)	6=33 (18,13%)
$\bar{x}$=3.6483516	σ=1.6242202	

20. Mijn moeder laat mij vaak zelf mijn problemen oplossen. (LLN05_3_20)

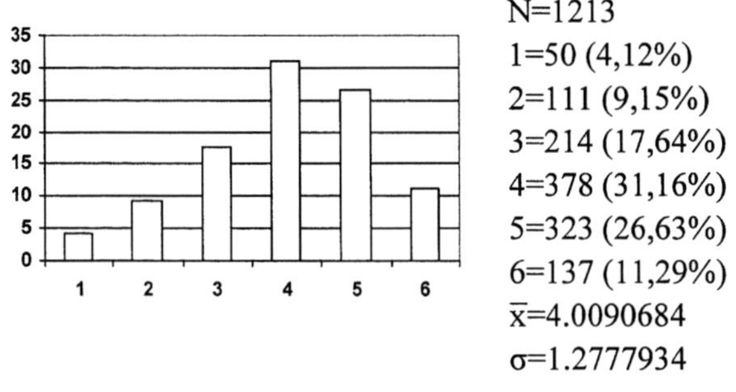

N=1213
1=50 (4,12%)
2=111 (9,15%)
3=214 (17,64%)
4=378 (31,16%)
5=323 (26,63%)
6=137 (11,29%)
$\bar{x}$=4.0090684
σ=1.2777934

BSO (BSO21_3_20)	N=182	
1=17 (9,34%)	2=22 (12,09%)	3=28 (15,38%)
4=47 (25,82%)	5=37 (20,33%)	6=31 (17,03%)
$\bar{x}$=3.8681319	σ=1.5356449	

4. De volgende vragen gaan over hoeveel jouw moeder van jou weet. Er zijn geen goede of foute antwoorden, het gaat er om wat jij vindt. Omcirkel het antwoord dat het beste bij jouw mening past.

Hoeveel weet je moeder over:

1. Wie je vrienden zijn (LLN05_4_1)

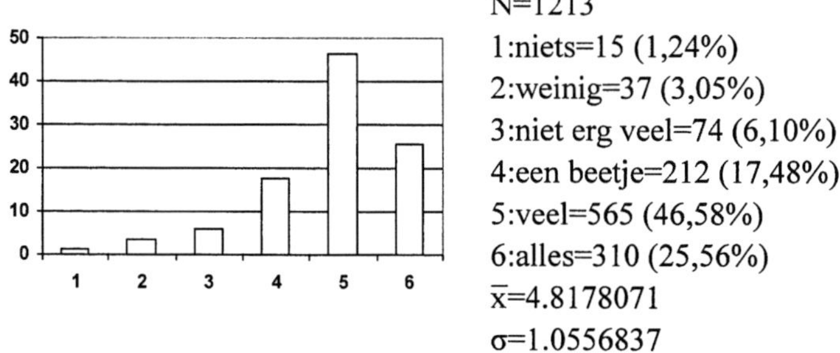

N=1213
1:niets=15 (1,24%)
2:weinig=37 (3,05%)
3:niet erg veel=74 (6,10%)
4:een beetje=212 (17,48%)
5:veel=565 (46,58%)
6:alles=310 (25,56%)
$\bar{x}$=4.8178071
σ=1.0556837

BSO (BSO21_4_1)	N=181	
niets=5 (2,76%)	weinig=5 (2,76%)	niet erg veel=16 (8,84%)
beetje=35 (19,34%)	veel=62 (34,25%)	alles=58 (32,04%)
$\bar{x}$=4.7569061	σ=1.2276985	

2. Waar je je geld aan uitgeeft (LLN05_4_2)

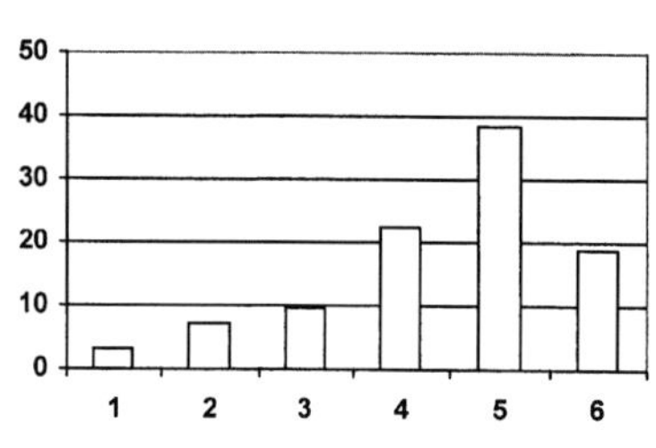

N=1212
1:niets=41 (3,38%)
2:weinig=85 (7,01%)
3:niet veel=118 (9,74%)
4:een beetje=273 (22,52%)
5:veel=465 (38,37%)
6:alles=230 (18,98%)
$\bar{x}$=4.4240924
σ=1.2831939

BSO (BSO21_4_2) N=181
niets=8 (4,42%) weinig=17 (9,39%) niet erg veel=17 (9,39%)
beetje=34 (18,78%) veel=47 (25,97%) alles=58 (32,04%)
$\bar{x}$=4.4861878 σ=1.4780157

3. Waar je bent na schooltijd (LLN05_4_3)

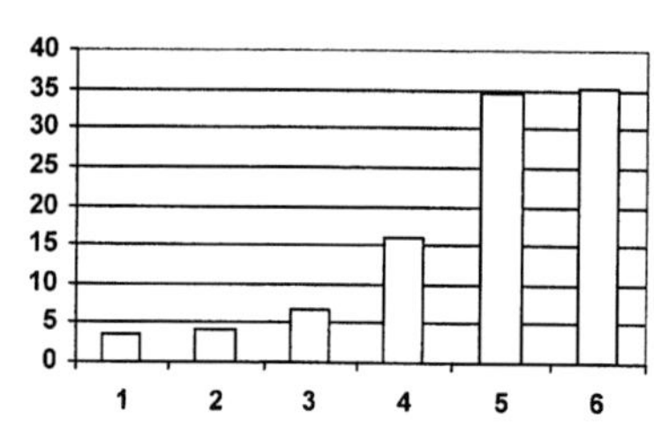

N=1211
1:niets=42 (3,47%)
2:weinig=50 (4,13%)
3:niet veel=82 (6,77%)
4:een beetje=192 (15,85%)
5:veel=420 (34,68%)
6:alles=425 (35,09%)
$\bar{x}$=4.7943848
σ=1.2907176

BSO (BSO21_4_3) N=180
niets=9 (5,00%) weinig=9 (5,00%) niet erg veel=14 (7,78%)
beetje=27 (15,00%) veel=44 (24,44%) alles=77 (42,78%)
$\bar{x}$=4.7722222 σ=1.4486771

4. Waar je naar toe gaat als je uitgaat (LLN05_4_4)

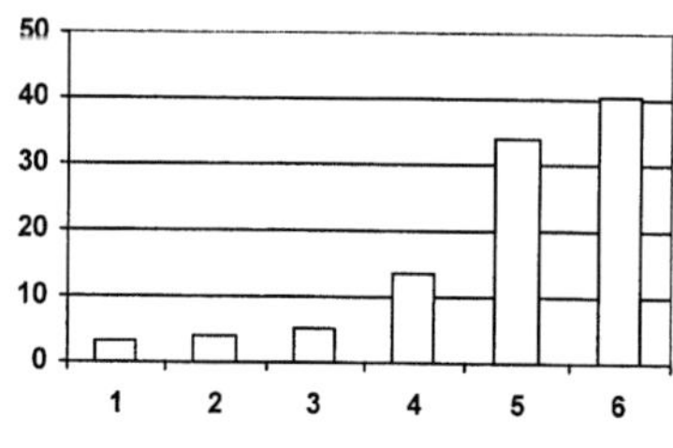

N=1210
1:niets=38 (3,14%)
2:weinig=47 (3,88%)
3:niet erg veel=61 (5,04%)
4:een beetje=164 (13,55%)
5:veel=412 (34,05%)
6:alles=488 (40,33%)
$\bar{x}$=4.9247934
σ=1.2602454

BSO (BSO21_4_4) N=181
niets=14 (7,73%) weinig=9 (4,97%) niet erg veel=7 (3,87%)
beetje=28 (15,47%) veel=41 (22,65%) alles=82 (45,30%)
$\bar{x}$=4.7624309 σ=1.5505994

5. Wat je doet in je vrije tijd (LLN05_4_5)

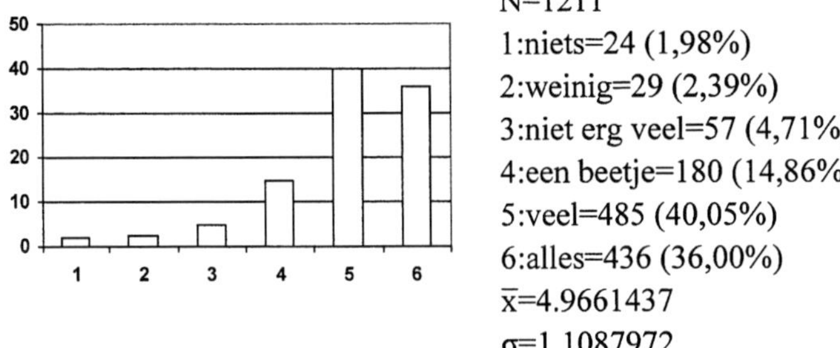

N=1211
1:niets=24 (1,98%)
2:weinig=29 (2,39%)
3:niet erg veel=57 (4,71%)
4:een beetje=180 (14,86%)
5:veel=485 (40,05%)
6:alles=436 (36,00%)
$\bar{x}$=4.9661437
σ=1.1087972

BSO (BSO21_4_5) N=180
niets=6 (3,33%) weinig=7 (3,89%) niet erg veel=11 (6,11%)
beetje=34 (18,89%) veel=42 (23,33%) alles=80 (44,44%)
$\bar{x}$=4.8833333 σ=1.3256178

6. Wat voor cijfers je op school krijgt (LLN05_4_6)

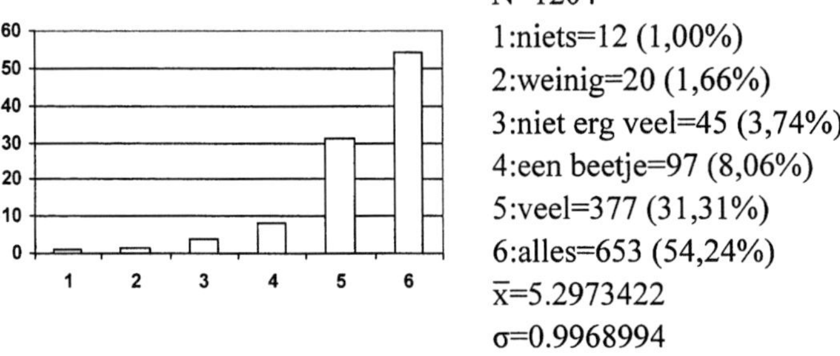

N=1204
1:niets=12 (1,00%)
2:weinig=20 (1,66%)
3:niet erg veel=45 (3,74%)
4:een beetje=97 (8,06%)
5:veel=377 (31,31%)
6:alles=653 (54,24%)
$\bar{x}$=5.2973422
σ=0.9968994

BSO (BSO21_4_6) N=181
niets=3 (1,66%) weinig=7 (3,87%) niet erg veel=14 (7,73%)
beetje=18 (9,94%) veel=36 (19,89%) alles=103 (56,91%)
$\bar{x}$=5.1325967 σ=1.2579032

6. Enkele vragen over je eigen ouders en over je gezin

(denk hierbij aan het gezin waar je het meeste bent, bijvoorbeeld wanneer je ouders gescheiden zijn).
Duid aan in welke mate je het eens bent met volgende uitspraken.

1. Mijn vader en mijn moeder geven elkaar vaak de schuld als ze ruzie hebben met elkaar. (LLN06_01)

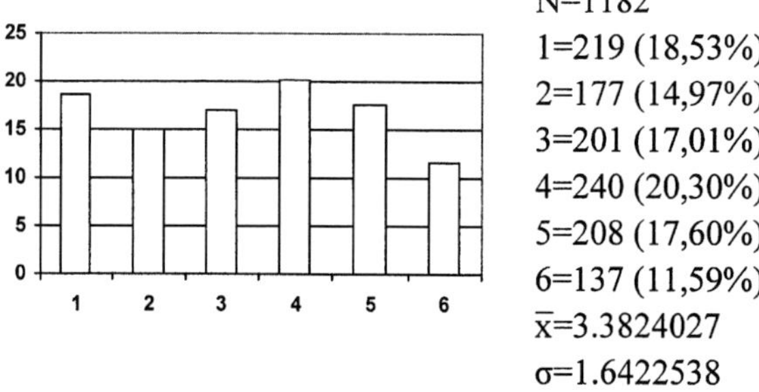

N=1182
1=219 (18,53%)
2=177 (14,97%)
3=201 (17,01%)
4=240 (20,30%)
5=208 (17,60%)
6=137 (11,59%)
$\bar{x}$=3.3824027
σ=1.6422538

2. Als mijn ouders het niet eens zijn, worden ze vaak kwaad op elkaar. (LLN06_02)

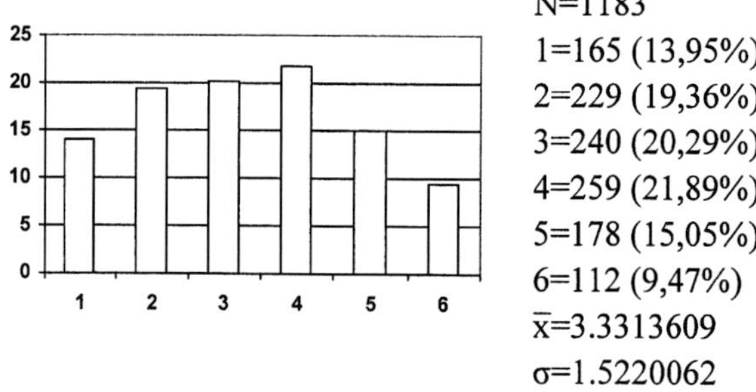

N=1183
1=165 (13,95%)
2=229 (19,36%)
3=240 (20,29%)
4=259 (21,89%)
5=178 (15,05%)
6=112 (9,47%)
$\bar{x}$=3.3313609
σ=1.5220062

3. Mijn ouders vallen elkaar vaak in de rede als ze met elkaar praten. (LLN06_03)

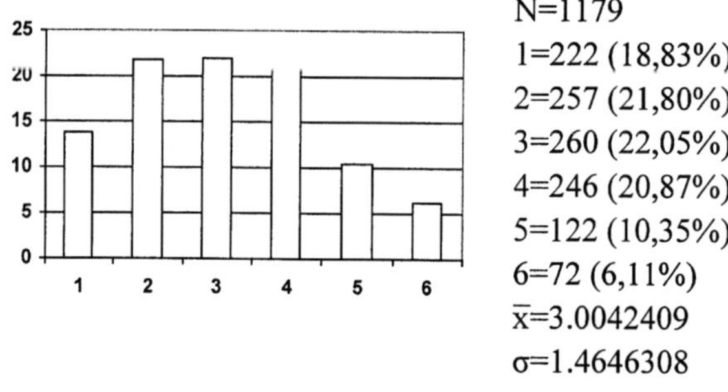

N=1179
1=222 (18,83%)
2=257 (21,80%)
3=260 (22,05%)
4=246 (20,87%)
5=122 (10,35%)
6=72 (6,11%)
$\bar{x}$=3.0042409
σ=1.4646308

4. Mijn ouders zitten vaak op elkaar te vitten. (LLN06_04)

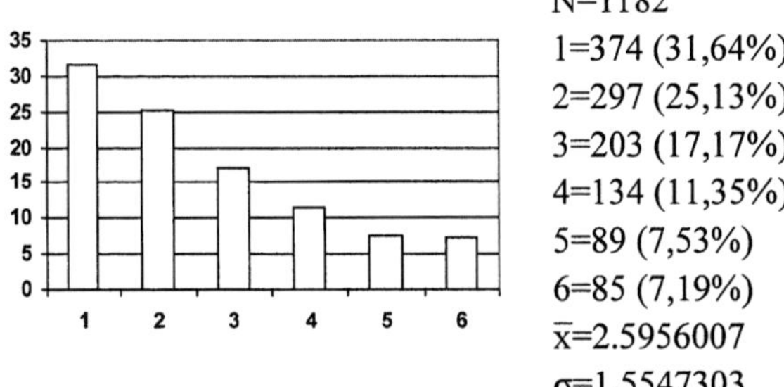

N=1182
1=374 (31,64%)
2=297 (25,13%)
3=203 (17,17%)
4=134 (11,35%)
5=89 (7,53%)
6=85 (7,19%)
$\bar{x}$=2.5956007
σ=1.5547303

5. Als we ergens naar toe gaan in ons gezin vertellen we de anderen wat we gaan doen. (LLN06_05)

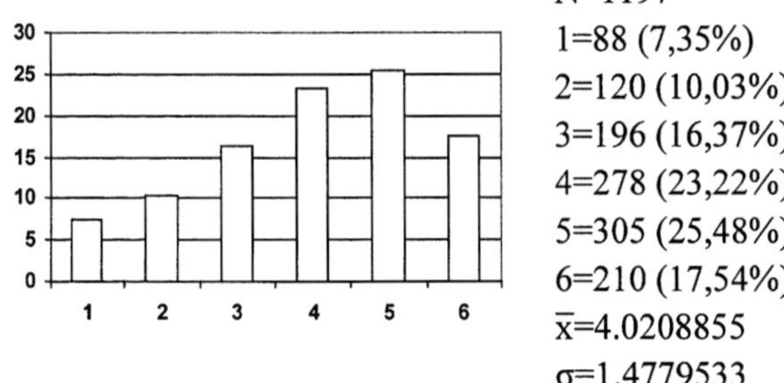

N=1197
1=88 (7,35%)
2=120 (10,03%)
3=196 (16,37%)
4=278 (23,22%)
5=305 (25,48%)
6=210 (17,54%)
$\bar{x}$=4.0208855
σ=1.4779533

6. We kunnen echt goed met elkaar opschieten. (LLN06_06)

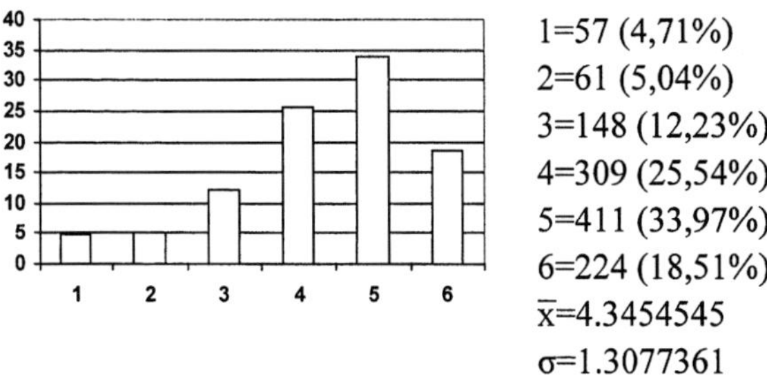

N=1210
1=57 (4,71%)
2=61 (5,04%)
3=148 (12,23%)
4=309 (25,54%)
5=411 (33,97%)
6=224 (18,51%)
$\bar{x}$=4.3454545
σ=1.3077361

7. We steunen elkaar hoe dan ook. (LLN06_07)

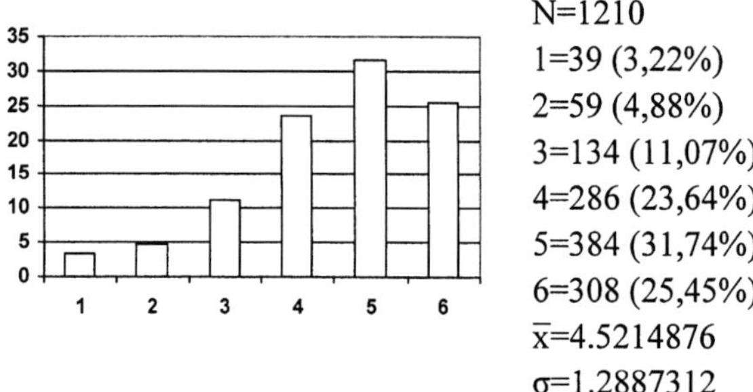

N=1210
1=39 (3,22%)
2=59 (4,88%)
3=134 (11,07%)
4=286 (23,64%)
5=384 (31,74%)
6=308 (25,45%)
$\bar{x}$=4.5214876
σ=1.2887312

8. We steken veel energie in wat we thuis doen. (LLN06_08)

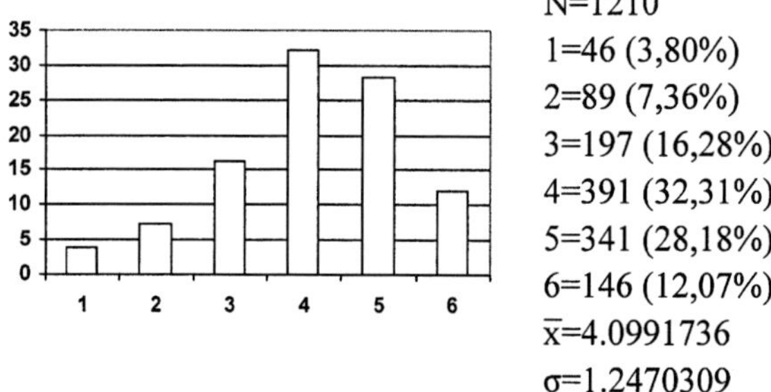

N=1210
1=46 (3,80%)
2=89 (7,36%)
3=197 (16,28%)
4=391 (32,31%)
5=341 (28,18%)
6=146 (12,07%)
$\bar{x}$=4.0991736
σ=1.2470309

9. Bij ons thuis kunnen we niet zonder elkaar. (LLN06_09)

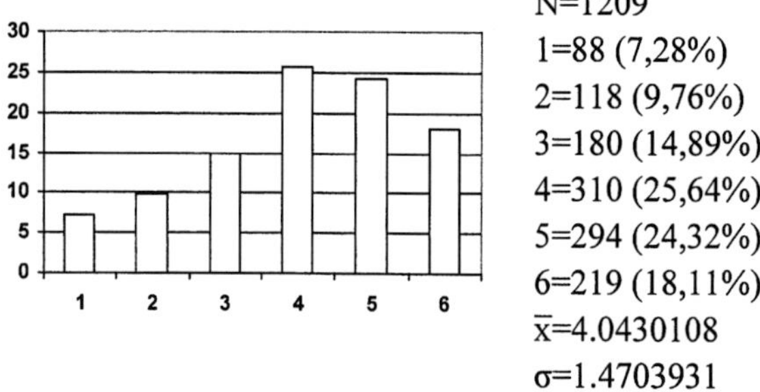

N=1209
1=88 (7,28%)
2=118 (9,76%)
3=180 (14,89%)
4=310 (25,64%)
5=294 (24,32%)
6=219 (18,11%)
$\bar{x}$=4.0430108
σ=1.4703931

10. We vinden dat we zoveel mogelijk samen moeten doen. (LLN06_10)

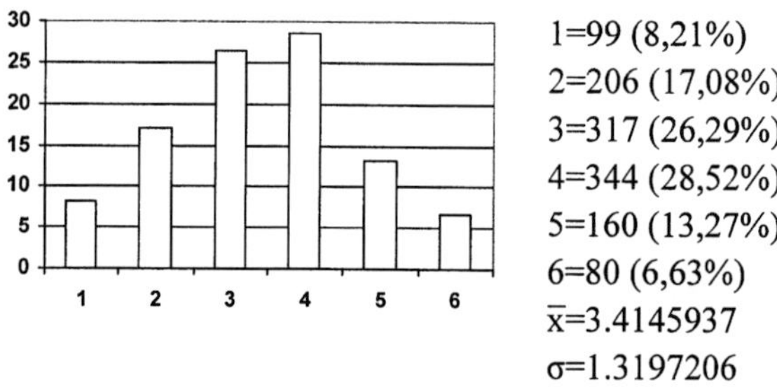

N=1206
1=99 (8,21%)
2=206 (17,08%)
3=317 (26,29%)
4=344 (28,52%)
5=160 (13,27%)
6=80 (6,63%)
$\bar{x}$=3.4145937
σ=1.3197206

11. In ons gezin is er voor iedereen genoeg tijd en aandacht. (LLN06_11)

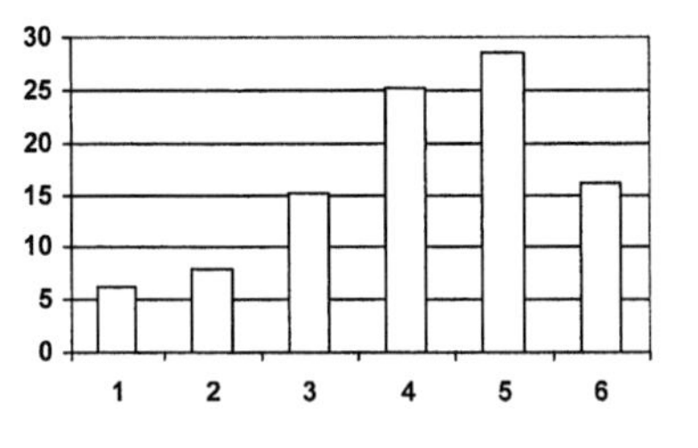

N=1209
1=76 (6,29%)
2=95 (7,86%)
3=182 (15,05%)
4=306 (25,31%)
5=345 (28,54%)
6=205 (16,96%)
$\bar{x}$=4.1282051
σ=1.4069153

12. Leden van ons gezin hebben vaak kritiek op elkaar. (LLN06_12)

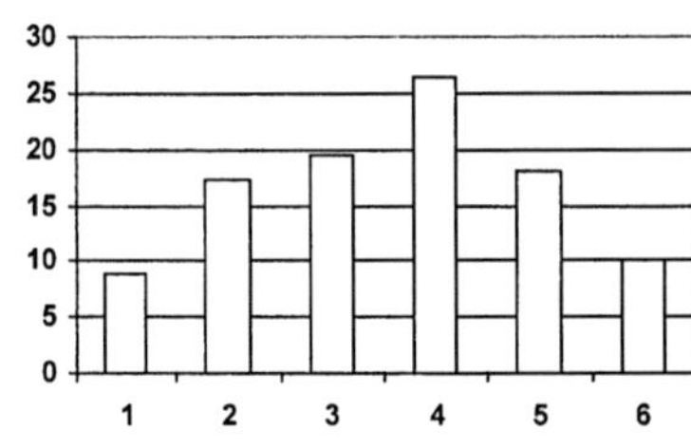

N=1211
1=109 (9,00%)
2=208 (17,18%)
3=235 (19,41%)
4=320 (26,42%)
5=217 (17,92%)
6=122 (10,07%)
$\bar{x}$=3.5730801
σ=1.4466497

13. We maken thuis veel ruzie. (LLN06_13)

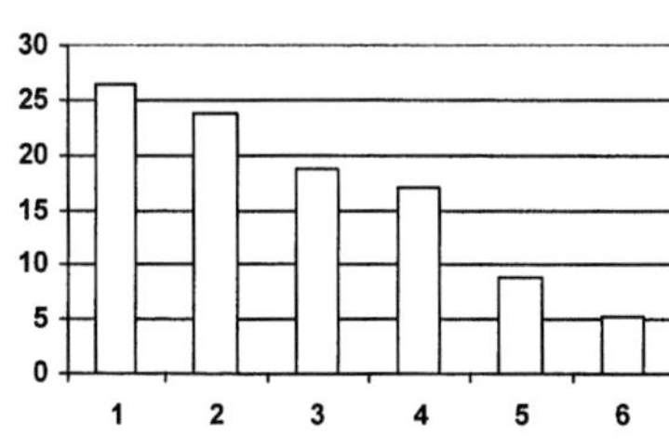

N=1209
1=319 (26,39%)
2=288 (23,82%)
3=227 (18,78%)
4=205 (16,96%)
5=106 (8,77%)
6=64 (5,29%)
$\bar{x}$=2.7377998
σ=1.4911112

14. Als er bij ons thuis ruzie is, heeft altijd dezelfde het gedaan. (LLN06_14)

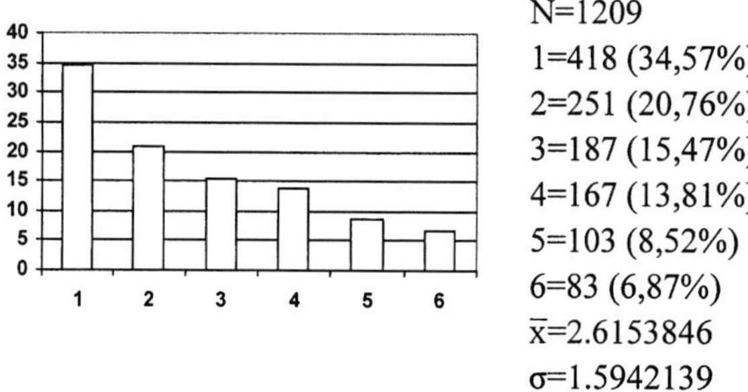

N=1209
1=418 (34,57%)
2=251 (20,76%)
3=187 (15,47%)
4=167 (13,81%)
5=103 (8,52%)
6=83 (6,87%)
$\bar{x}$=2.6153846
σ=1.5942139

15. Het gebeurt soms dat er één zo kwaad is, dat hij/zij met dingen gaat gooien. (LLN06_15)

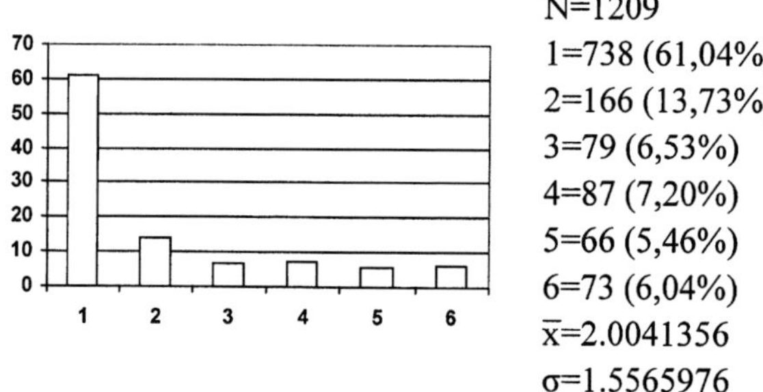

N=1209
1=738 (61,04%)
2=166 (13,73%)
3=79 (6,53%)
4=87 (7,20%)
5=66 (5,46%)
6=73 (6,04%)
$\bar{x}$=2.0041356
σ=1.5565976

16. Er is bij ons thuis bijna altijd ruzie tijdens het eten. (LLN06_16)

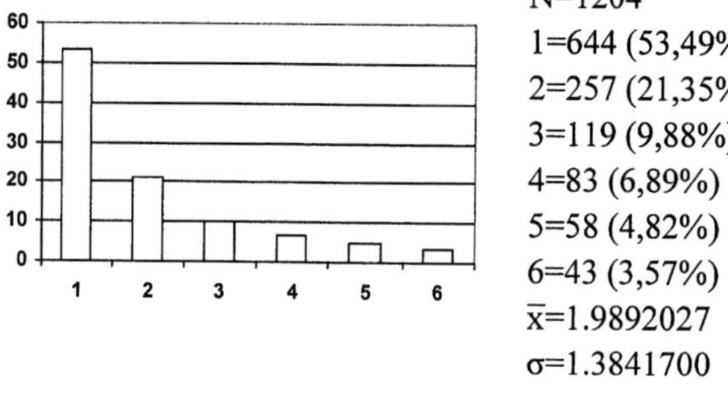

N=1204
1=644 (53,49%)
2=257 (21,35%)
3=119 (9,88%)
4=83 (6,89%)
5=58 (4,82%)
6=43 (3,57%)
$\bar{x}$=1.9892027
σ=1.3841700

7. Enkele uitspraken over opvattingen in verband met gezin en relaties in het algemeen

Duid aan in welke mate je het eens bent met volgende uitspraken

1. De beste gezinsvorm voor de kinderen is nog altijd twee getrouwde ouders met hun eigen kinderen. (LLN07_01)

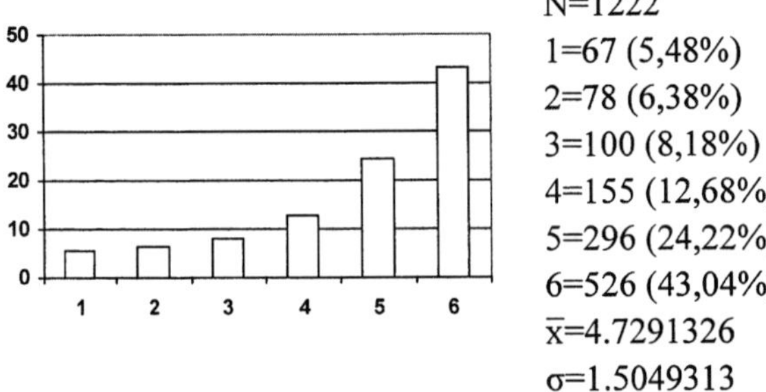

N=1222
1=67 (5,48%)
2=78 (6,38%)
3=100 (8,18%)
4=155 (12,68%)
5=296 (24,22%)
6=526 (43,04%)
$\bar{x}$=4.7291326
σ=1.5049313

2. Wanneer iemand gescheiden is, is het aanvaardbaar dat die persoon hertrouwt. (LLN07_02)

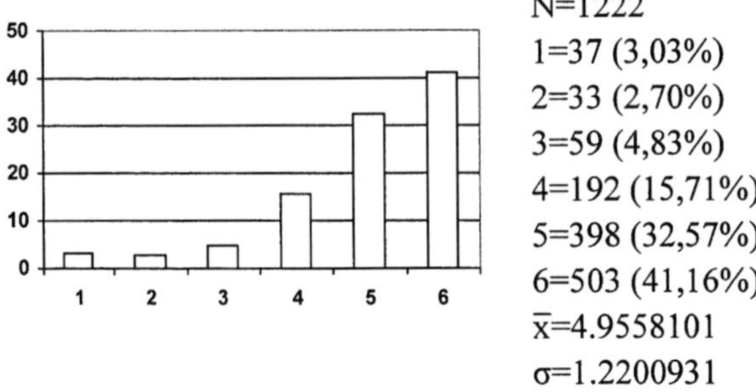

N=1222
1=37 (3,03%)
2=33 (2,70%)
3=59 (4,83%)
4=192 (15,71%)
5=398 (32,57%)
6=503 (41,16%)
$\bar{x}$=4.9558101
σ=1.2200931

3. In een nieuw-samengesteld gezin kunnen kinderen een goede opvoeding krijgen. (LLN07_03)

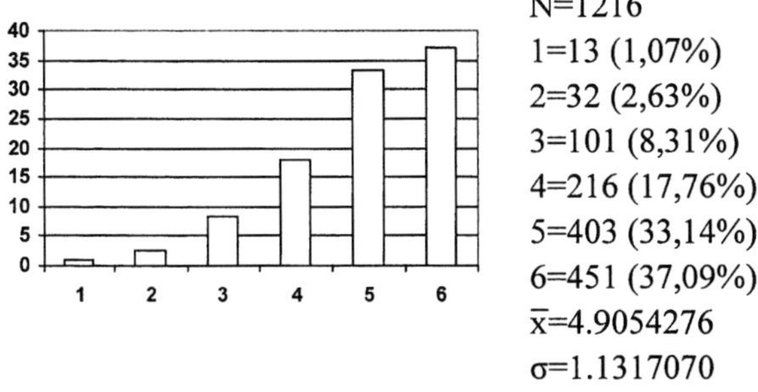

N=1216
1=13 (1,07%)
2=32 (2,63%)
3=101 (8,31%)
4=216 (17,76%)
5=403 (33,14%)
6=451 (37,09%)
$\bar{x}$=4.9054276
σ=1.1317070

4. Een gezin met één ouder kan net zo goed zijn als een gezin met twee ouders. (LLN07_04)

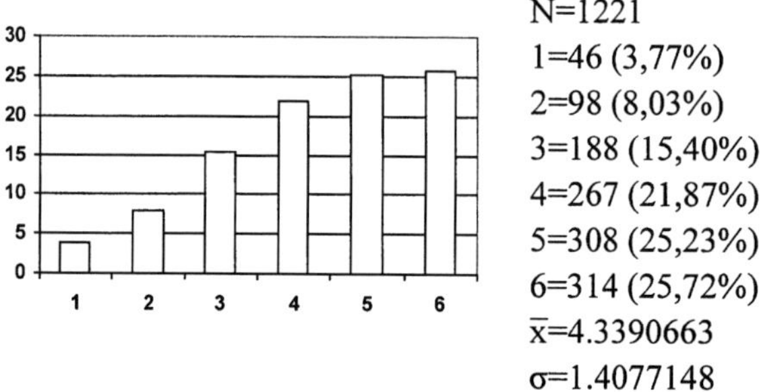

N=1221
1=46 (3,77%)
2=98 (8,03%)
3=188 (15,40%)
4=267 (21,87%)
5=308 (25,23%)
6=314 (25,72%)
$\bar{x}$=4.3390663
σ=1.4077148

5. Twee vrouwen of twee mannen kunnen net zo goed een kind opvoeden als een man en een vrouw. (LLN07_05)

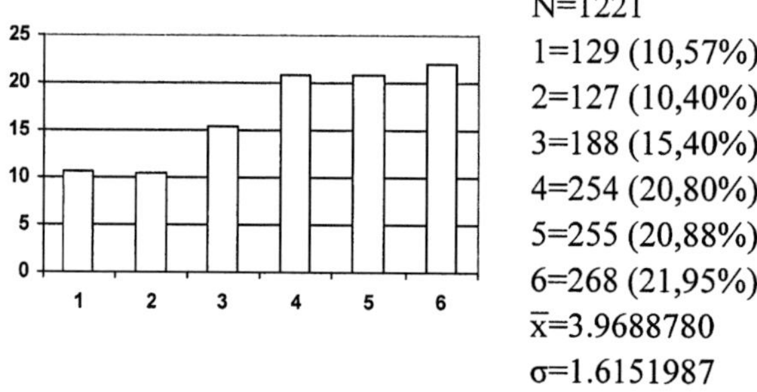

N=1221
1=129 (10,57%)
2=127 (10,40%)
3=188 (15,40%)
4=254 (20,80%)
5=255 (20,88%)
6=268 (21,95%)
$\bar{x}$=3.9688780
σ=1.6151987

6. Om een goed gezin te hebben, moet je huwen. (LLN07_06)

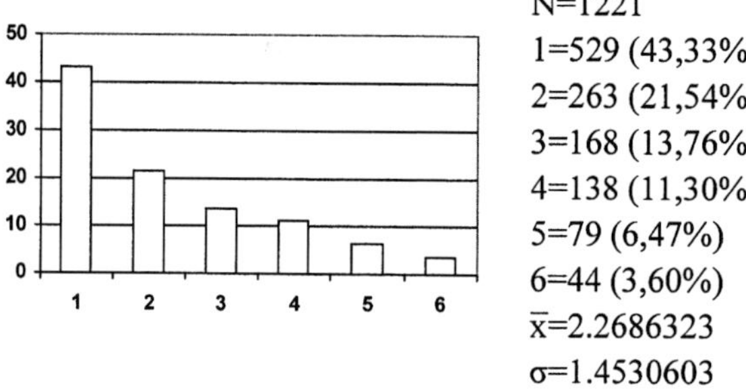

N=1221
1=529 (43,33%)
2=263 (21,54%)
3=168 (13,76%)
4=138 (11,30%)
5=79 (6,47%)
6=44 (3,60%)
$\bar{x}$=2.2686323
σ=1.4530603

7. Ik zou later zelf willen huwen voor de wet. (LLN07_07)

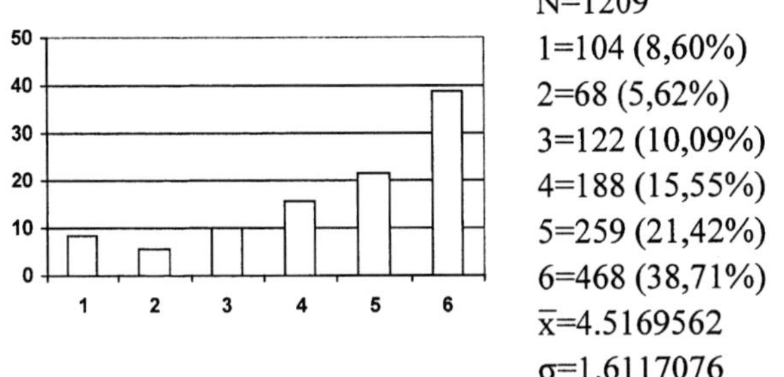

N=1209
1=104 (8,60%)
2=68 (5,62%)
3=122 (10,09%)
4=188 (15,55%)
5=259 (21,42%)
6=468 (38,71%)
$\bar{x}$=4.5169562
σ=1.6117076

8. Ik wil later huwen voor de kerk. (LLN07_08)

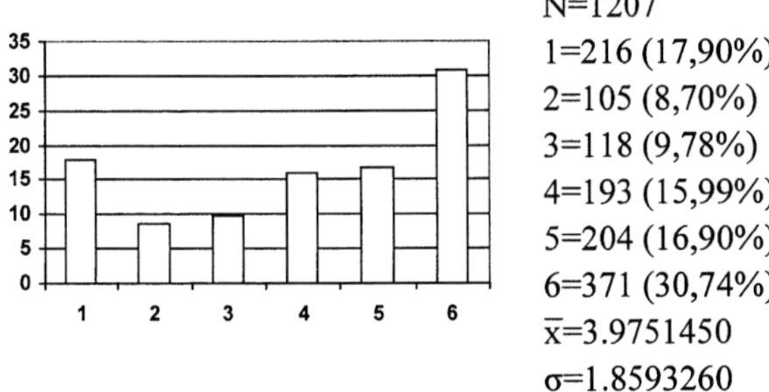

N=1207
1=216 (17,90%)
2=105 (8,70%)
3=118 (9,78%)
4=193 (15,99%)
5=204 (16,90%)
6=371 (30,74%)
$\bar{x}$=3.9751450
σ=1.8593260

9. Kinderverzorging is evengoed de verantwoordelijkheid van de man als van de vrouw. (LLN07_09)

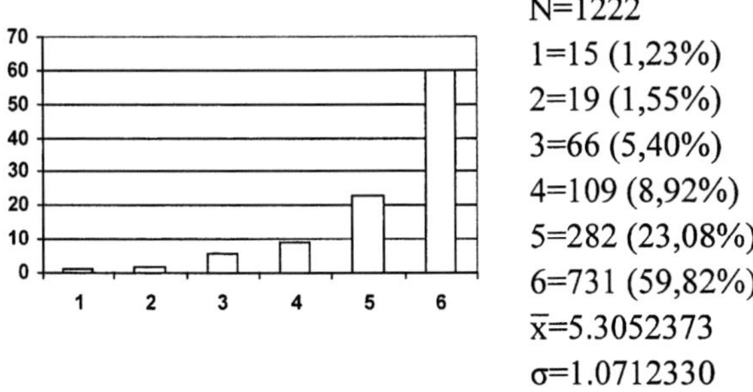

N=1222
1=15 (1,23%)
2=19 (1,55%)
3=66 (5,40%)
4=109 (8,92%)
5=282 (23,08%)
6=731 (59,82%)
$\bar{x}$=5.3052373
σ=1.0712330

10. Man en vrouw moeten het huishoudelijk werk gelijk onder elkaar verdelen. (LLN07_10)

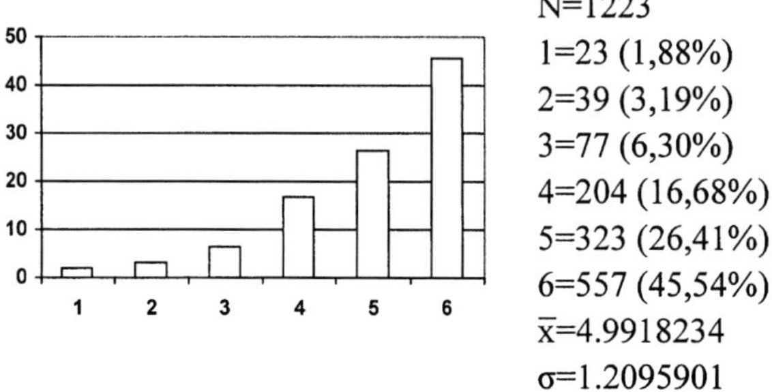

N=1223
1=23 (1,88%)
2=39 (3,19%)
3=77 (6,30%)
4=204 (16,68%)
5=323 (26,41%)
6=557 (45,54%)
$\bar{x}$=4.9918234
σ=1.2095901

11. Het verzorgen van een gezin is voor een vrouw belangrijker dan buitenshuis werken. (LLN07_11)

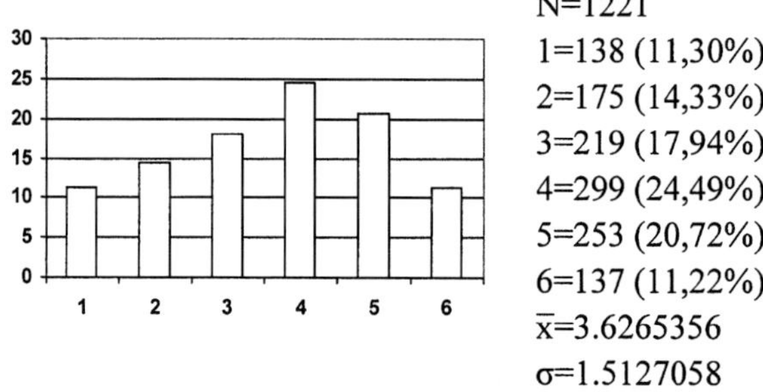

N=1221
1=138 (11,30%)
2=175 (14,33%)
3=219 (17,94%)
4=299 (24,49%)
5=253 (20,72%)
6=137 (11,22%)
$\bar{x}$=3.6265356
σ=1.5127058

12. Het verzorgen van een gezin is voor een man belangrijker dan buitenshuis werken. (LLN07_12)

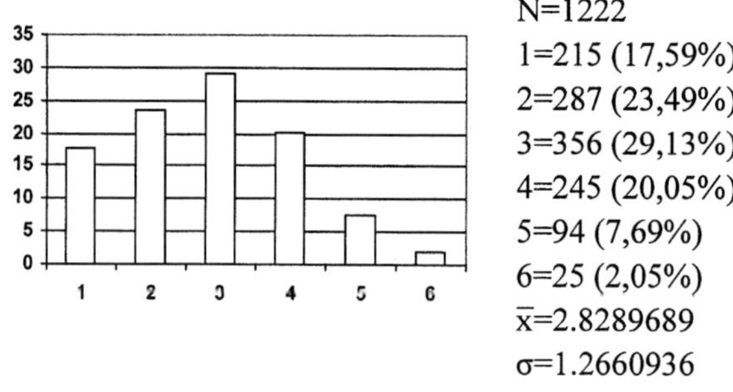

N=1222
1=215 (17,59%)
2=287 (23,49%)
3=356 (29,13%)
4=245 (20,05%)
5=94 (7,69%)
6=25 (2,05%)
$\bar{x}$=2.8289689
σ=1.2660936

13. Een vrouw is geschikter om kleine kinderen op te voeden dan een man. (LLN07_13)

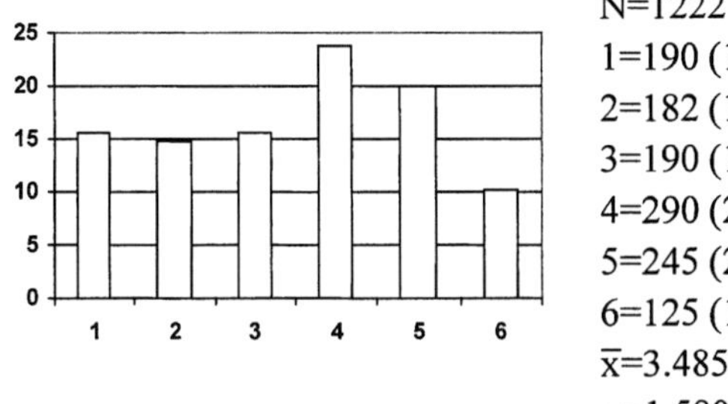

N=1222
1=190 (15,55%)
2=182 (14,89%)
3=190 (15,55%)
4=290 (23,73%)
5=245 (20,05%)
6=125 (10,23%)
$\bar{x}$=3.4852700
σ=1.5802930

14. Het is logisch dat een man minder in het huishouden doet dan een vrouw. (LLN07_14)

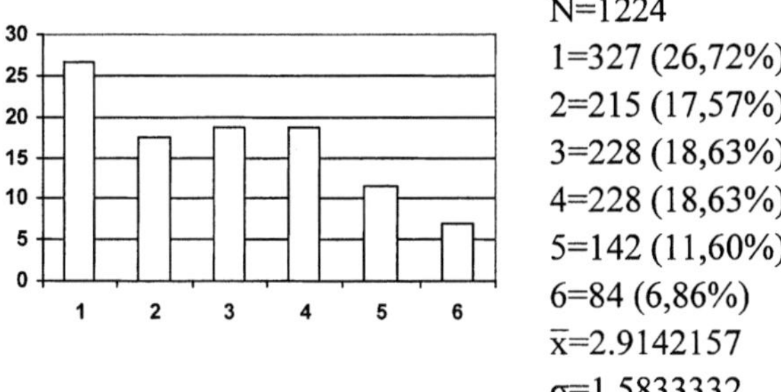

N=1224
1=327 (26,72%)
2=215 (17,57%)
3=228 (18,63%)
4=228 (18,63%)
5=142 (11,60%)
6=84 (6,86%)
$\bar{x}$=2.9142157
σ=1.5833332

15. Ik wil later eventueel zelf deeltijds werken om meer tijd te kunnen besteden aan het gezin. (LLN07_15)

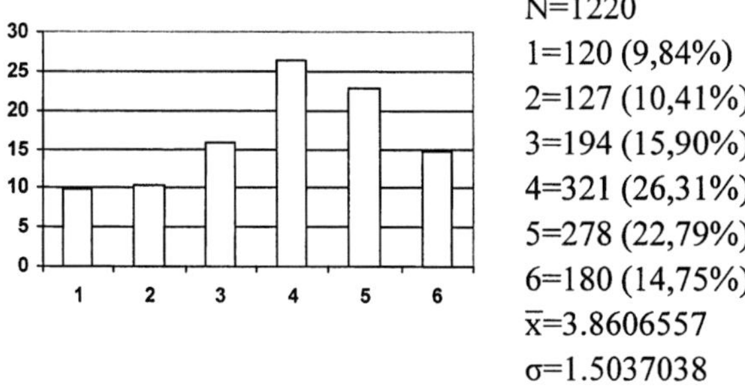

N=1220
1=120 (9,84%)
2=127 (10,41%)
3=194 (15,90%)
4=321 (26,31%)
5=278 (22,79%)
6=180 (14,75%)
$\bar{x}$=3.8606557
σ=1.5037038

8. Hieronder enkele uitspraken over je eigen verhouding tegenover godsdienst

1. Hoe ben je opgevoed, wat levensbeschouwing betreft? (LLN8.1)

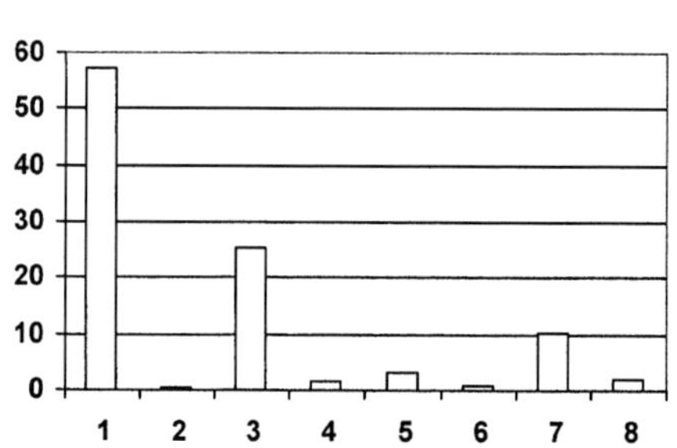

N=1218
1:katholiek=696 (57,14%)
2:protestants=3 (0,25%)
3:christelijk=307 (25,21%)
4:islamitisch=19 (1,56%)
5:vrijzinnig=37 (3,04%)
6:atheïstisch=10 (0,82%)
7:zonder religie=124 (10,18%)
8:met een combinatie van geloofselementen=22 (1,81%)

BSO (BSO4.1) N=191
katholiek=94 (49,21%) protestants=0 (0,00%) christelijk=46 (24,08%)
islamitisch=16 (8,38%) vrijzinnig=17 (8,90%) atheïstisch=2 (1,05%)
zonder religie=15 (7,85%) met een combinatie van geloofselementen=1 (0,52%)

2. Noem je jezelf gelovig? (LLN8.2)

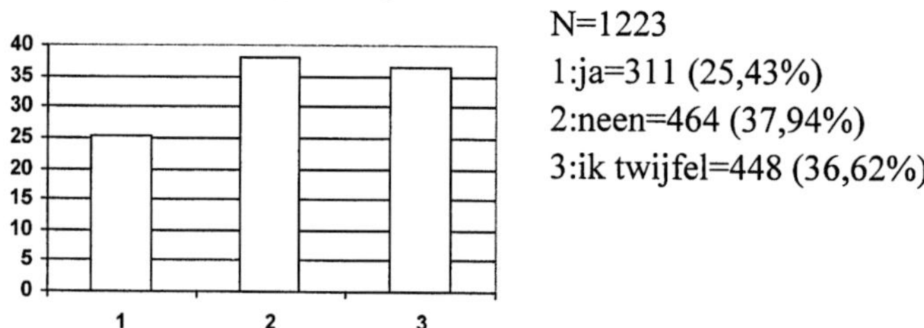

N=1223
1:ja=311 (25,43%)
2:neen=464 (37,94%)
3:ik twijfel=448 (36,62%)

BSO (BSO4.2) N=191
ja=43 (22,51%) neen=85 (44,50%) ik twijfel=63 (32,98%)

3. In welke mate zijn geloof en levensbeschouwing belangrijk voor jou? (LLN8.3) *1=onbelangrijk* *6=zeer belangrijk*

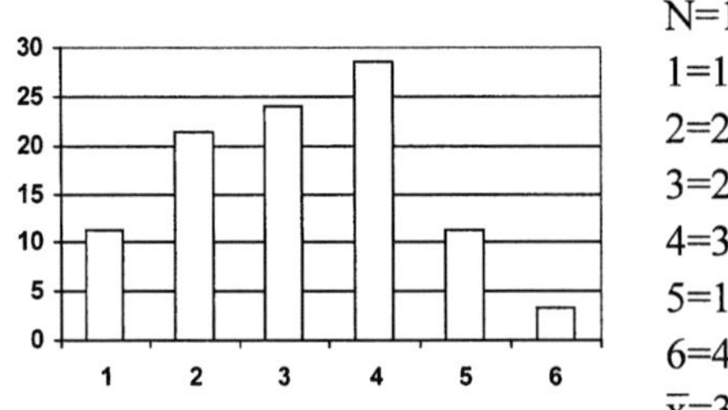

N=1204
1=135 (11,21%)
2=257 (21,35%)
3=290 (24,09%)
4=344 (28,57%)
5=137 (11,38%)
6=41 (3,41%)
x̄=3.1777408

BSO (BSO4.3) N=188
1=32 (17,02%) 2=31 (16,49%) 3=50 (26,60%)
4=49 (26,06%) 5=12 (6,38%) 6=14 (7,45%)
x̄=3.1063829

4. Hoe vaak ga je naar een religieuze dienst (vb. eucharistieviering, gebed in moskee, ...), zonder rekening te houden met begrafenissen, huwelijken, e.d.? (LLN8.4)

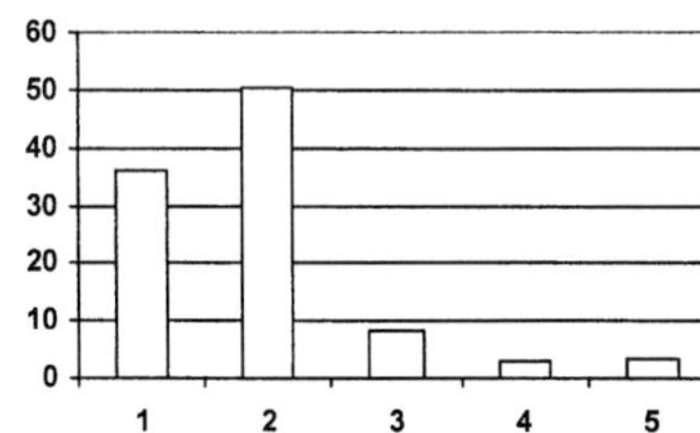

N=1223
1:nooit=438 (35,81%)
2:zelden=615 (50,29%)
3:maandelijks=98 (8,01%)
4:meerdere keren per maand=33 (2,70%)
5:wekelijks=39 (3,19%)

BSO (BSO4.4) N=192
nooit=96 (50%) zelden=82 (42,71%) maandelijks=10 (5,21%)
meerdere keren per maand=3 (1,56%) wekelijks=1 (0,52%)

5. Bid je wel eens? (LLN8.5)

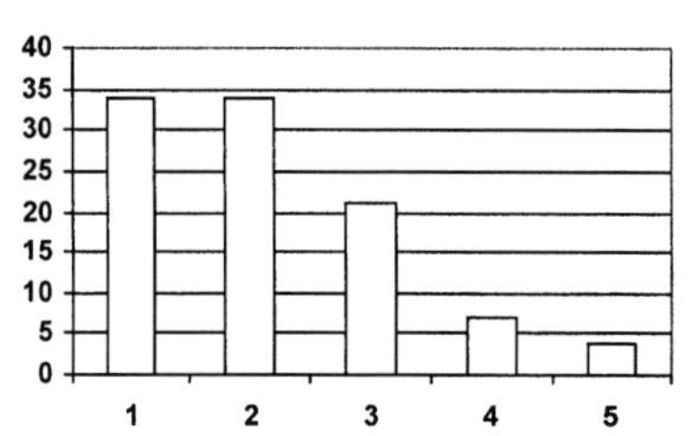

N=1223
1:nooit=414 (33,85%)
2:zelden=414 (33,85%)
3:soms=258 (21,10%)
4:regelmatig=88 (7,20%)
5:dagelijks=49 (4,00%)

BSO (BSO4.5) N=191
nooit=84 (43,98%) zelden=54 (28,27%) soms=39 (20,42%)
regelmatig=7 (3,66%) dagelijks=7 (3,66%)

6. Ben je gedoopt? (LLN8.6)

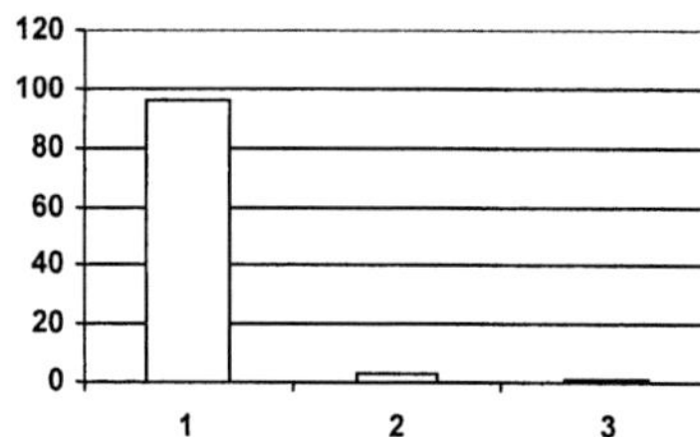

N=1223
1:ja=1178 (96,32%)
2:neen=30 (2,45%)
3:niet van toepassing=15 (1,23%)

7. Heb je het vormsel ontvangen? (LLN8.7)

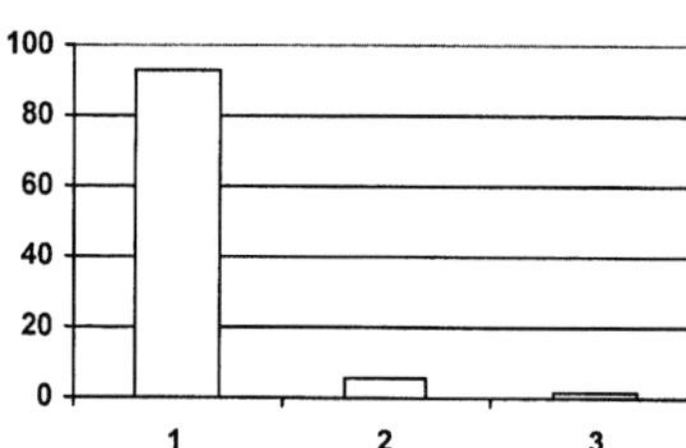

N=1223
1:ja=1136 (92,89%)
2:neen=71 (5,81%)
3:niet van toepassing=164 (1,30%)

8. Duid aan in welke mate je over geloof praat/geloof beleeft samen met volgende personen

1. ouders (LLN8.8.1)

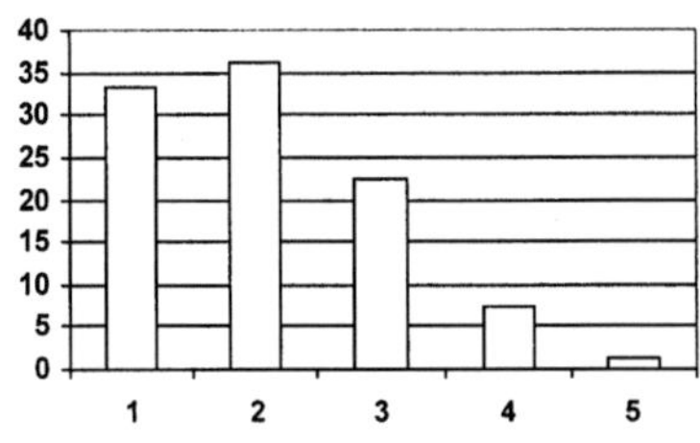

N=1219
1:nooit=404 (33,14%)
2:zelden=439 (36,01%)
3:soms=273 (22,40%)
4:regelmatig=88 (7,22%)
5:dagelijks=15 (1,23%)

2. vrienden (LLN8.8.2)

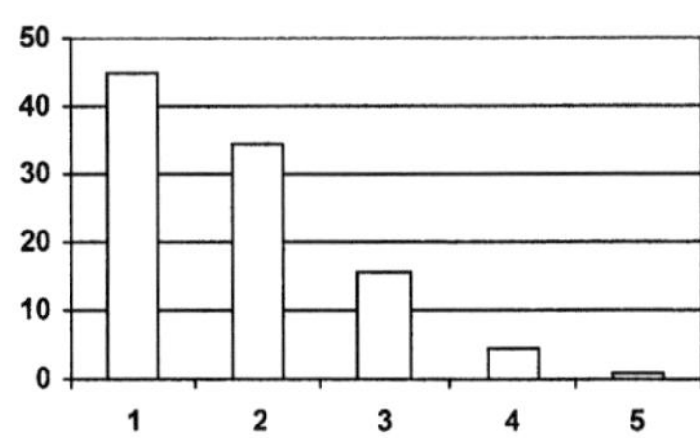

N=1220
1:nooit=545 (44,67%)
2:zelden=420 (34,43%)
3:soms=191 (15,66%)
4:regelmatig=56 (4,59%)
5:dagelijks=8 (0,65%)

3. broer(s)/zus(sen) (LLN8.8.3)

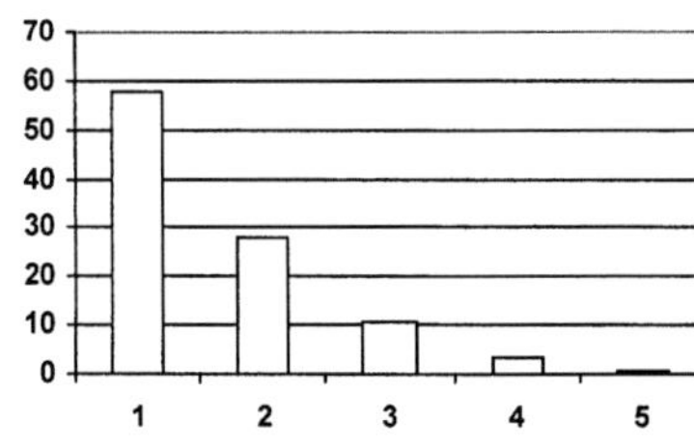

N=1184
1:nooit=681 (57,52%)
2:zelden=334 (28,21%)
3:soms=123 (10,39%)
4:regelmatig=37 (3,13%)
5:dagelijks=9 (0,76%)

4. grootouders (LLN8.8.4)

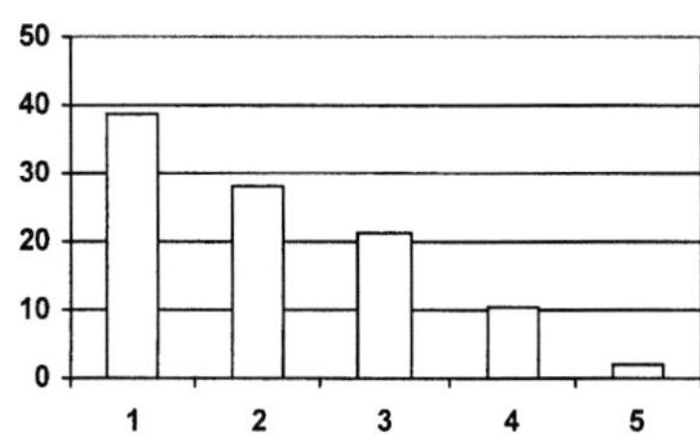

N=1207
1:nooit=466 (38,61%)
2:zelden=337 (27,92%)
3:soms=257 (21,29%)
4:regelmatig=124 (10,27%)
5:dagelijks=23 (1,91%)

5. priester/religieuze (LLN8.8.5)

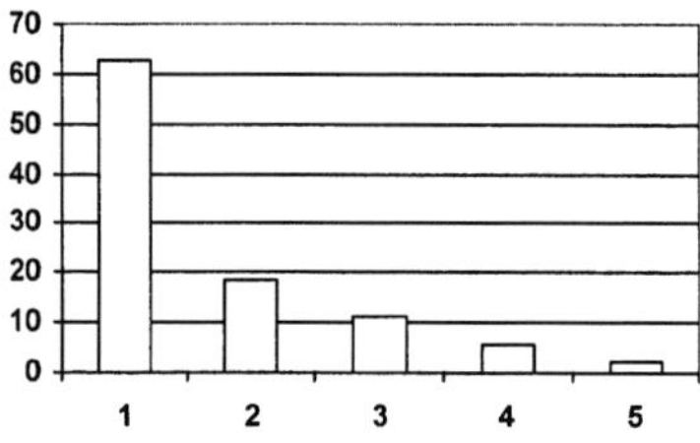

N=1211
1:nooit=757 (62,51%)
2:zelden=225 (18,58%)
3:soms=138 (11,40%)
4:regelmatig=67 (5,53%)
5:dagelijks=24 (1,98%)

6. godsdienstleerkracht (LLN8.8.6)

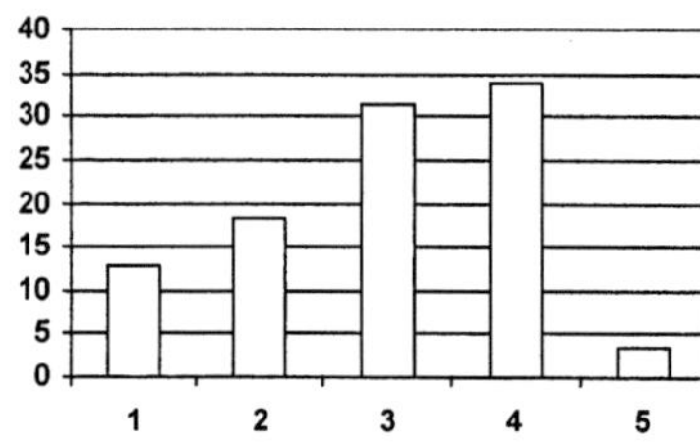

N=1216
1:nooit=156 (12,83%)
2:zelden=222 (18,26%)
3:soms=382 (31,41%)
4:regelmatig=414 (34,05%)
5:dagelijks=42 (3,45%)

7. andere leerkracht (LLN8.8.7)

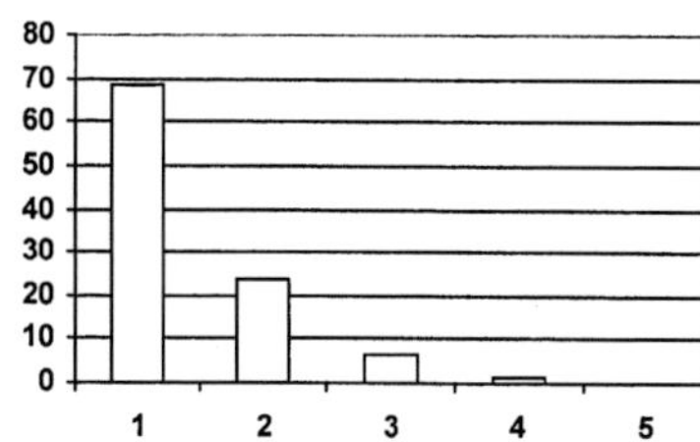

N=1209
1:nooit=828 (68,49%)
2:zelden=290 (23,99%)
3:soms=77 (6,37%)
4:regelmatig=12 (0,99%)
5:dagelijks=2 (0,17%)

8. jeugdpastor, mensen uit jeugdpastorale werking (LLN8.8.8)

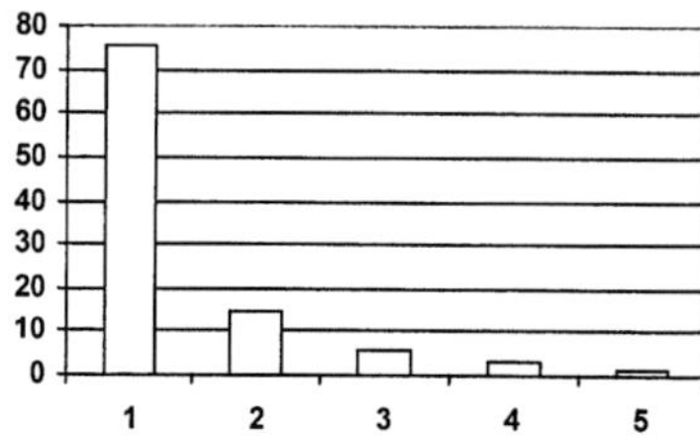

N=1207
1:nooit=915 (75,81%)
2:zelden=174 (14,42%)
3:soms=69 (5,72%)
4:regelmatig=37 (3,07%)
5:dagelijks=12 (0,99%)

9. bredere familie (nicht, neef, tante, ...) (LLN8.8.9)

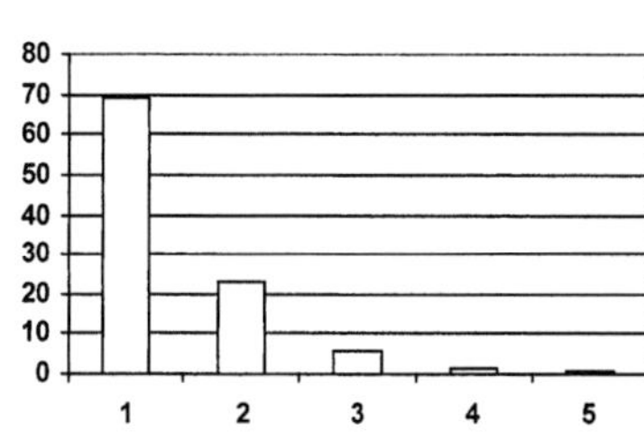

N=1212
1:nooit=840 (69,31%)
2:zelden=279 (23,02%)
3:soms=73 (6,02%)
4:regelmatig=16 (1,32%)
5:dagelijks=4 (0,33%)

10. je lief (*enkel aanduiden indien van toepassing*) (LLN8.8.10)

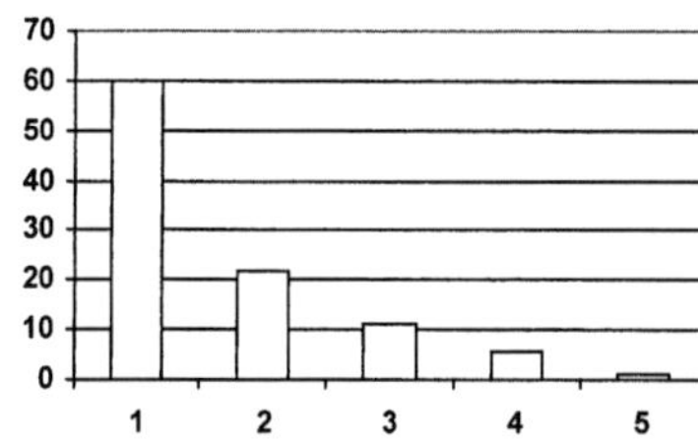

N=909
1:nooit=547 (60,18%)
2:zelden=201 (22,11%)
3:soms=100 (11,00%)
4:regelmatig=50 (5,50%)
5:dagelijks=11 (1,21%)

11. andere: (LLN8.8.11) onder andere: 'schoonzussen', 'klasgenoten', 'buurman', 'beste vrienden', 'scoutsleider, 'jeugdbeweging', 'jeugd waaraan ik catechese geef', 'kennissen van moeder (Getuigen van Jehova)'

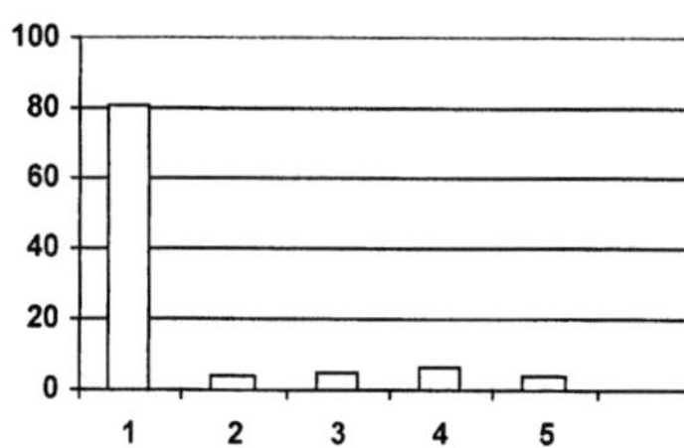

N=151
1:nooit=122 (80,79%)
2:zelden=6 (3,79%)
3:soms=7 (4,64%)
4:zelden=10 (6,62%)
5:dagelijks=6 (3,79%)

9. Hieronder enkele uitspraken over je vader en zijn verhouding tegenover godsdienst

1. Noemt je vader zich (LLN9.1)

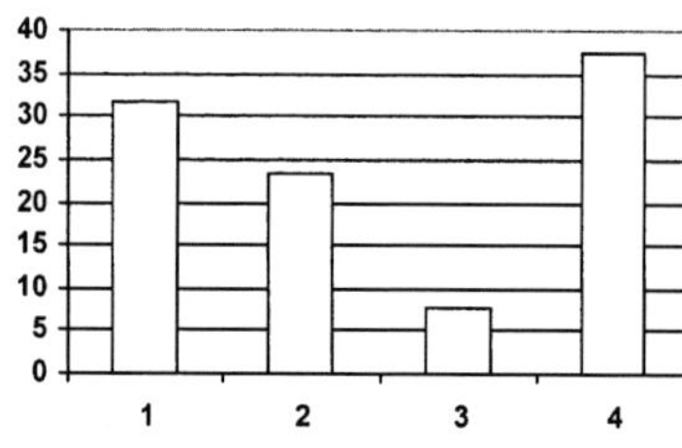

N=1198
1:gelovig=378 (31,55%)
2:ongelovig=279 (23,29%)
3:hij twijfelt=93 (7,76%)
4:ik weet niet hoe mijn vader zichzelf ziet=448 (37,40%)

BSO (BSO5.1) N=191
gelovig=61 (31,94%) ongelovig=58 (30,37%) hij twijfelt=36 (18,85%)
ik weet niet hoe mijn vader zichzelf ziet=36 (18,85%)

2. Hoe vaak gaat je vader naar een religieuze dienst (vb. eucharistieviering, vrijdaggebed in de moskee), zonder rekening te houden met begrafenissen, huwelijken, e.d.? Omcirkel het passende antwoord. (LLN9.2)

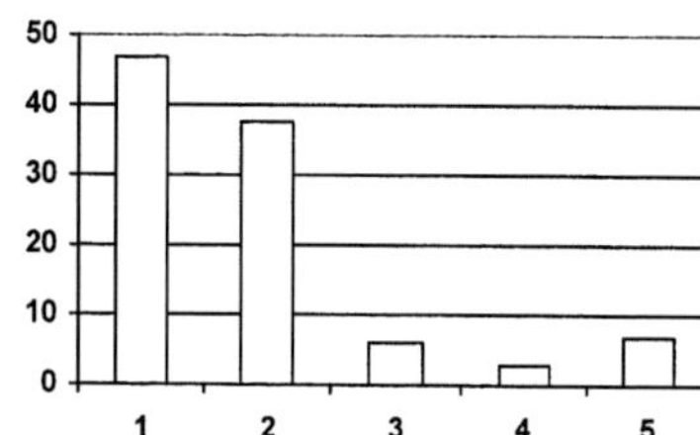

N=1194
1:nooit=561 (46,98%)
2:zelden=447 (37,44%)
3:maandelijks=72 (6,03%)
4:meerdere keren per maand=35 (2,93%)
5:wekelijks=79 (6,61%)

BSO (BSO5.2) N=190
nooit=111 (58,42%) zelden=50 (26,32%) maandelijks=10 (5,26%)
meerdere keren per maand=4 (2,11%) wekelijks=15 (7,89%)

3. Praat je wel eens met je vader over geloof? Omcirkel één antwoord. (LLN9.3)

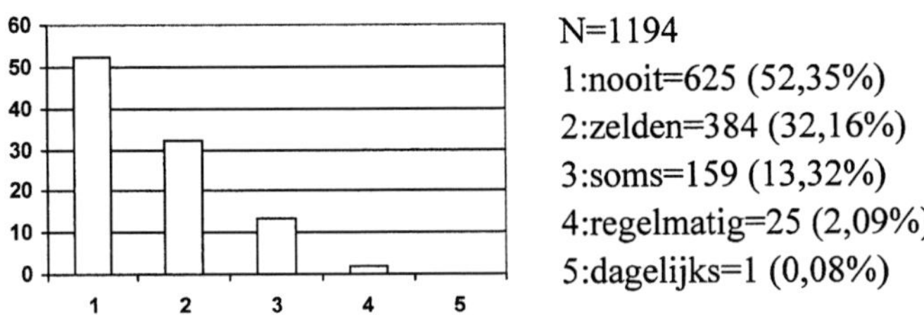

N=1194
1:nooit=625 (52,35%)
2:zelden=384 (32,16%)
3:soms=159 (13,32%)
4:regelmatig=25 (2,09%)
5:dagelijks=1 (0,08%)

BSO (BSO5.3) N=190
nooit=139 (73,16%) zelden=32 (16,84%) soms=9 (4,74%)
regelmatig=10 (5,26%)

4. Duid aan in welke mate volgende uitspraken op je vader van toepassing zijn

1. Als ik met een vraag/twijfel zit omtrent het geloof, dan kan ik hiermee bij mijn vader terecht. (LLN09_04_1)

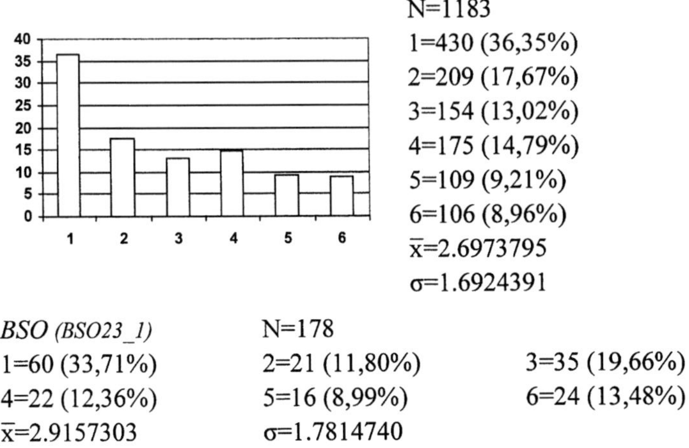

N=1183
1=430 (36,35%)
2=209 (17,67%)
3=154 (13,02%)
4=175 (14,79%)
5=109 (9,21%)
6=106 (8,96%)
$\bar{x}$=2.6973795
σ=1.6924391

BSO (BSO23_1) N=178
1=60 (33,71%) 2=21 (11,80%) 3=35 (19,66%)
4=22 (12,36%) 5=16 (8,99%) 6=24 (13,48%)
$\bar{x}$=2.9157303 σ=1.7814740

2. Mijn vader laat mij zelf beslissingen nemen in verband met geloven. (LLN09_04_2)

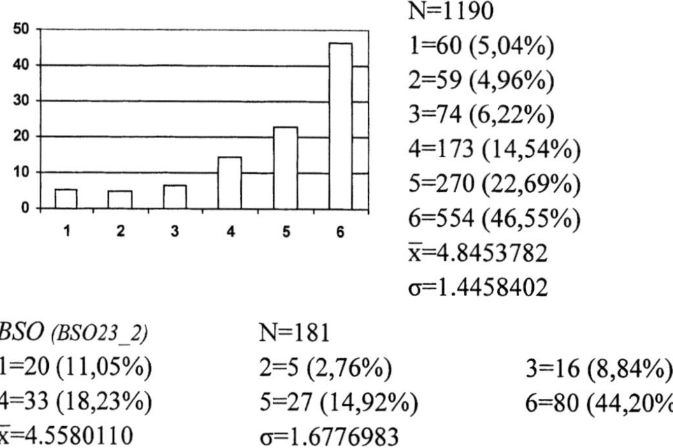

N=1190
1=60 (5,04%)
2=59 (4,96%)
3=74 (6,22%)
4=173 (14,54%)
5=270 (22,69%)
6=554 (46,55%)
$\bar{x}$=4.8453782
σ=1.4458402

BSO (BSO23_2) N=181
1=20 (11,05%) 2=5 (2,76%) 3=16 (8,84%)
4=33 (18,23%) 5=27 (14,92%) 6=80 (44,20%)
$\bar{x}$=4.5580110 σ=1.6776983

3. Ik werd toen ik ouder werd niet verplicht door mijn vader om regelmatig naar de eredienst te gaan. (LLN09_04_3)

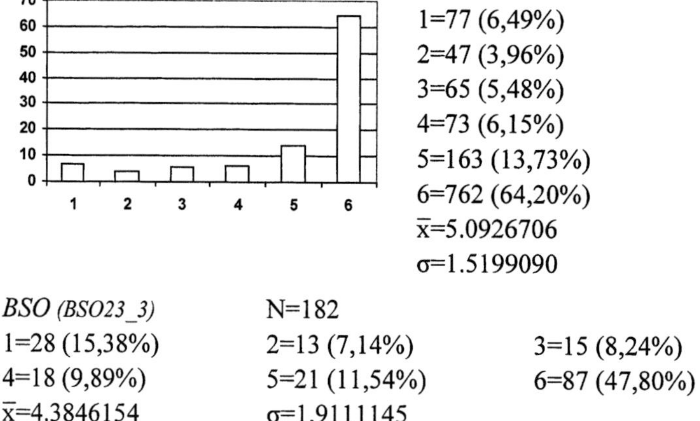

N=1187
1=77 (6,49%)
2=47 (3,96%)
3=65 (5,48%)
4=73 (6,15%)
5=163 (13,73%)
6=762 (64,20%)
$\bar{x}$=5.0926706
σ=1.5199090

BSO (BSO23_3) N=182
1=28 (15,38%) 2=13 (7,14%) 3=15 (8,24%)
4=18 (9,89%) 5=21 (11,54%) 6=87 (47,80%)
$\bar{x}$=4.3846154 σ=1.9111145

4. Mijn vader ondersteunt mij in mijn eigen houding tegenover (on)geloof, zelfs indien deze ingaat tegen zijn eigen houding. (LLN09_04_4)

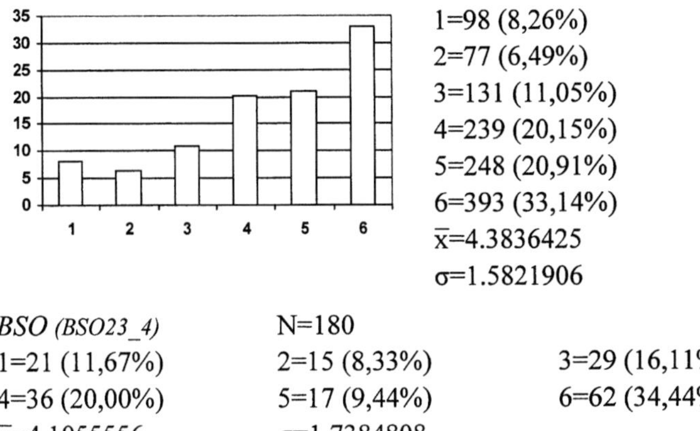

N=1186
1=98 (8,26%)
2=77 (6,49%)
3=131 (11,05%)
4=239 (20,15%)
5=248 (20,91%)
6=393 (33,14%)
x̄=4.3836425
σ=1.5821906

BSO (BSO23_4) N=180
1=21 (11,67%) 2=15 (8,33%) 3=29 (16,11%)
4=36 (20,00%) 5=17 (9,44%) 6=62 (34,44%)
x̄=4.1055556 σ=1.7384808

5. Mijn vader vindt het belangrijk dat ik zijn houding tegenover geloof overneem. (LLN09_04_5)

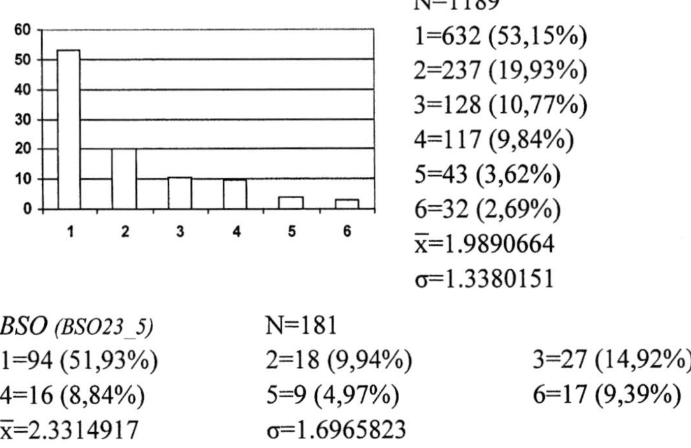

N=1189
1=632 (53,15%)
2=237 (19,93%)
3=128 (10,77%)
4=117 (9,84%)
5=43 (3,62%)
6=32 (2,69%)
x̄=1.9890664
σ=1.3380151

BSO (BSO23_5) N=181
1=94 (51,93%) 2=18 (9,94%) 3=27 (14,92%)
4=16 (8,84%) 5=9 (4,97%) 6=17 (9,39%)
x̄=2.3314917 σ=1.6965823

6. Mijn vader weet zeer goed op welke wijze ik met geloof bezig ben. (LLN09_04_6)

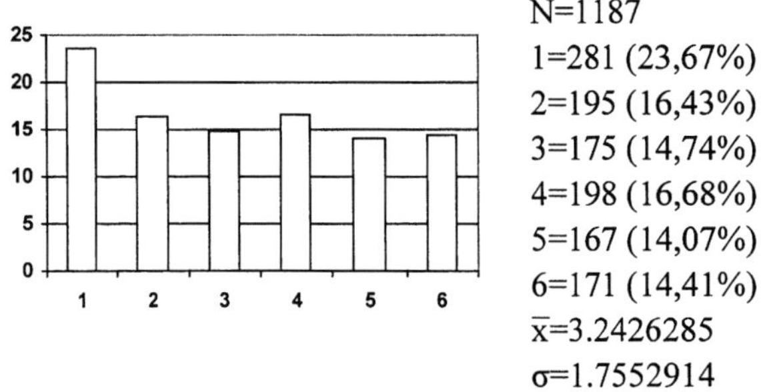

N=1187
1=281 (23,67%)
2=195 (16,43%)
3=175 (14,74%)
4=198 (16,68%)
5=167 (14,07%)
6=171 (14,41%)
$\bar{x}$=3.2426285
σ=1.7552914

BSO (*BSO23_6*)	N=179	
1=30 (16,76%)	2=16 (8,94%)	3=37 (20,67%)
4=21 (11,73%)	5=19 (10,61%)	6=56 (31,28%)
$\bar{x}$=3.8435754	σ=1.8506302	

10. Hieronder enkele vragen over je moeder en haar verhouding tegenover godsdienst

1. Noemt je moeder zich (LLN10.1)

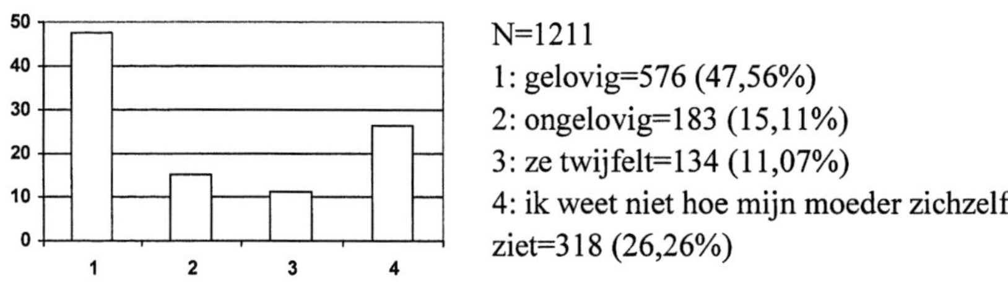

N=1211
1: gelovig=576 (47,56%)
2: ongelovig=183 (15,11%)
3: ze twijfelt=134 (11,07%)
4: ik weet niet hoe mijn moeder zichzelf ziet=318 (26,26%)

BSO (*BSO6.1*) N=191
gelovig=67 (35,08%) ongelovig=32 (16,75%) ze twijfelt=34 (17,80%)
ik weet niet hoe mijn moeder zichzelf ziet=58 (30,37%)

2. Hoe vaak gaat je moeder naar een religieuze dienst (vb. eucharistieviering, vrijdagsgebed in de moskee), zonder rekening te houden met begrafenissen, huwelijken, e.d.? (LLN10.2)

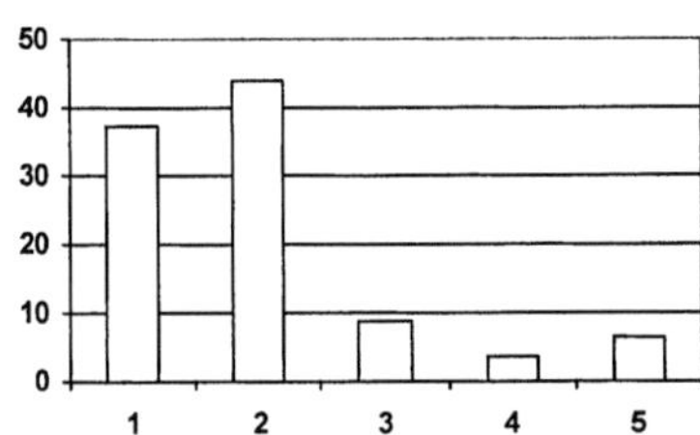

N=1211
1: nooit=451 (37,24%)
2: zelden=532 (43,93%)
3: maandelijks=106 (8,75%)
4: meerdere keren per maand=44 (3,63%)
5: wekelijks=78 (6,44%)

BSO (BSO6.2) N=190
nooit=101 (53,16%) zelden=67 (35,26%) maandelijks=7 (3,68%)
meerdere keren per maand=6 (3,16%) wekelijks=9 (4,74%)

3. Praat je wel eens met je moeder over geloof? Omcirkel één antwoord (LLN10.3)

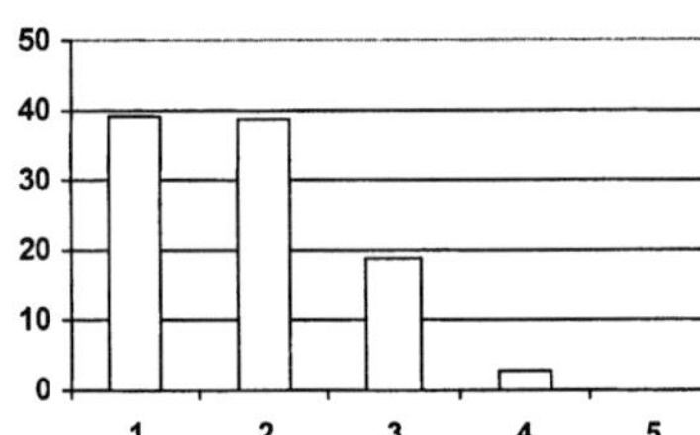

N=1213
1: nooit=477 (39,32%)
2: zelden=471 (38,83%)
3: soms=227 (18,71%)
4: regelmatig=36 (2,97%)
5: dagelijks=2 (0,16%)

BSO (BSO6.3) N=191
nooit=118 (61,78%) zelden=44 (23,04%) soms=18 (9,42%)
regelmatig=10 (5,24%) dagelijks =1 (0,52%)

4. Duid aan in welke mate volgende uitspraken op jou en je moeder van toepassing zijn.

1. Als ik met een vraag/twijfel zit omtrent het geloof, dan kan ik hiermee bij mijn moeder terecht. (LLN10_4_1)

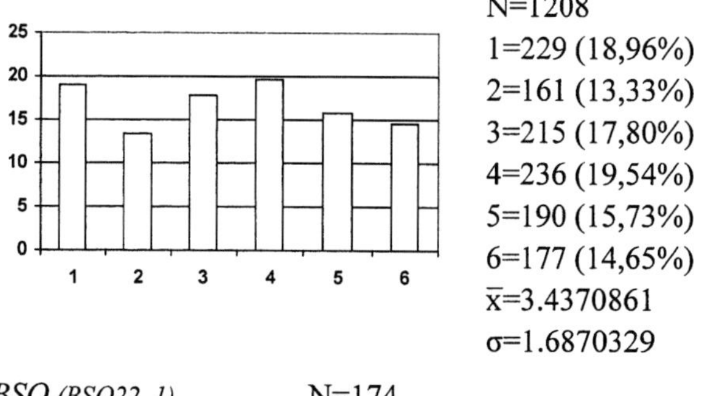

N=1208
1=229 (18,96%)
2=161 (13,33%)
3=215 (17,80%)
4=236 (19,54%)
5=190 (15,73%)
6=177 (14,65%)
x̄=3.4370861
σ=1.6870329

BSO (BSO22_1)	N=174	
1=35 (20,11%)	2=16 (9,20%)	3=25 (14,37%)
4=38 (21,84%)	5=26 (14,94%)	6=34 (19,54%)
x̄=3.6091954	σ=1.7658044	

2. Mijn moeder laat mij zelf beslissingen nemen in verband met geloven. (LLN10_4_2)

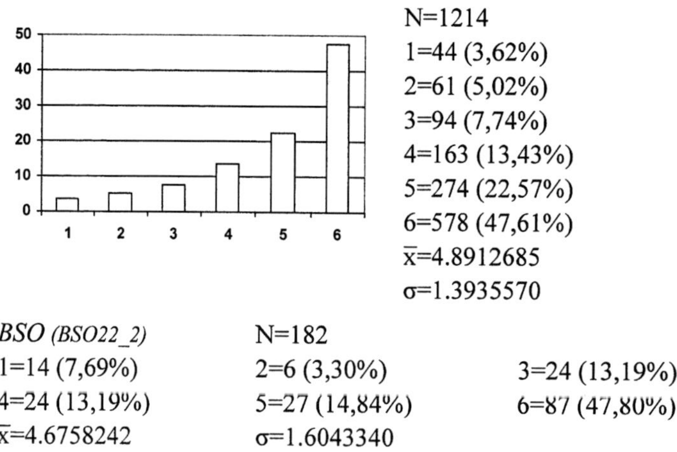

N=1214
1=44 (3,62%)
2=61 (5,02%)
3=94 (7,74%)
4=163 (13,43%)
5=274 (22,57%)
6=578 (47,61%)
x̄=4.8912685
σ=1.3935570

BSO (BSO22_2)	N=182	
1=14 (7,69%)	2=6 (3,30%)	3=24 (13,19%)
4=24 (13,19%)	5=27 (14,84%)	6=87 (47,80%)
x̄=4.6758242	σ=1.6043340	

3. Ik werd toen ik ouder werd niet verplicht door mijn moeder om regelmatig naar de eredienst te gaan. (LLN10_4_3)

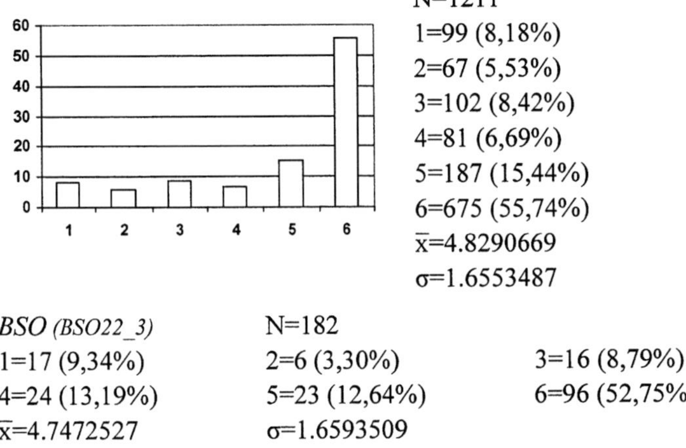

N=1211
1=99 (8,18%)
2=67 (5,53%)
3=102 (8,42%)
4=81 (6,69%)
5=187 (15,44%)
6=675 (55,74%)
$\bar{x}$=4.8290669
σ=1.6553487

BSO (BSO22_3) N=182
1=17 (9,34%) 2=6 (3,30%) 3=16 (8,79%)
4=24 (13,19%) 5=23 (12,64%) 6=96 (52,75%)
$\bar{x}$=4.7472527 σ=1.6593509

4. Mijn moeder ondersteunt mij in mijn eigen houding tegenover (on)geloof, zelfs indien deze ingaat tegen haar eigen houding. (LLN10_4_4)

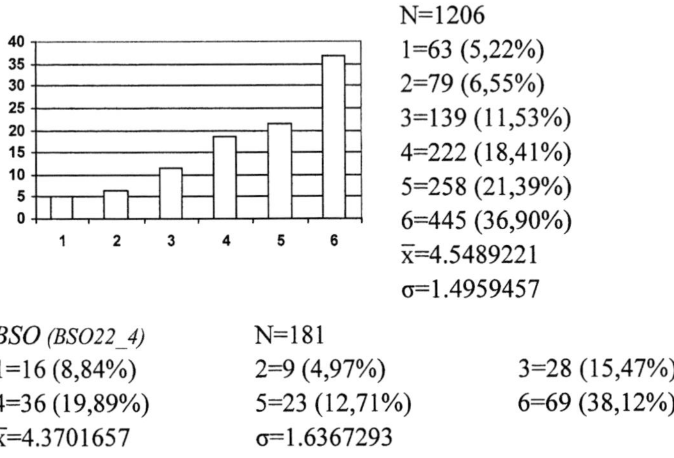

N=1206
1=63 (5,22%)
2=79 (6,55%)
3=139 (11,53%)
4=222 (18,41%)
5=258 (21,39%)
6=445 (36,90%)
$\bar{x}$=4.5489221
σ=1.4959457

BSO (BSO22_4) N=181
1=16 (8,84%) 2=9 (4,97%) 3=28 (15,47%)
4=36 (19,89%) 5=23 (12,71%) 6=69 (38,12%)
$\bar{x}$=4.3701657 σ=1.6367293

5. Mijn moeder vindt het belangrijk dat ik haar houding tegenover geloof overneem. (LLN10_4_5)

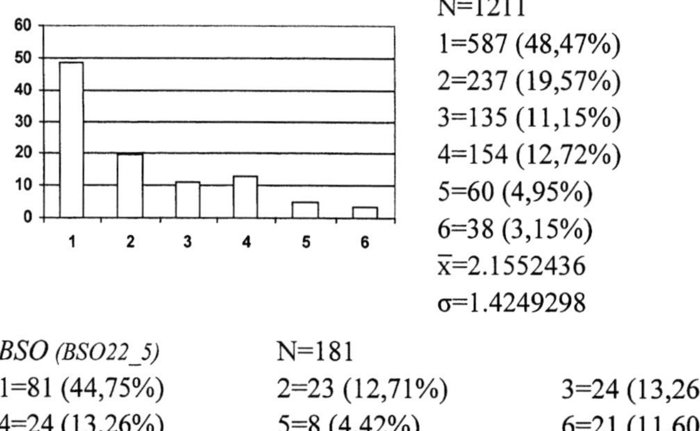

N=1211
1=587 (48,47%)
2=237 (19,57%)
3=135 (11,15%)
4=154 (12,72%)
5=60 (4,95%)
6=38 (3,15%)
$\bar{x}$=2.1552436
σ=1.4249298

BSO (BSO22_5)	N=181	
1=81 (44,75%)	2=23 (12,71%)	3=24 (13,26%)
4=24 (13,26%)	5=8 (4,42%)	6=21 (11,60%)
$\bar{x}$=2.5469613	σ=1.7557063	

6. Mijn moeder weet zeer goed op welke wijze ik met geloof bezig ben. (LLN10_4_6)

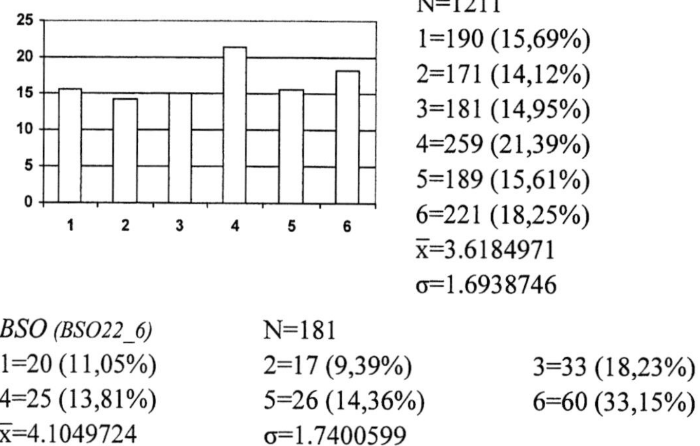

N=1211
1=190 (15,69%)
2=171 (14,12%)
3=181 (14,95%)
4=259 (21,39%)
5=189 (15,61%)
6=221 (18,25%)
$\bar{x}$=3.6184971
σ=1.6938746

BSO (BSO22_6)	N=181	
1=20 (11,05%)	2=17 (9,39%)	3=33 (18,23%)
4=25 (13,81%)	5=26 (14,36%)	6=60 (33,15%)
$\bar{x}$=4.1049724	σ=1.7400599	

11. Hieronder enkele uitspraken over de mate waarin godsdienst een rol speelt/speelde in de opvoeding die je thuis gekregen hebt

1. In welke mate ben je door je ouders godsdienstig opgevoed? (LLN11.1)

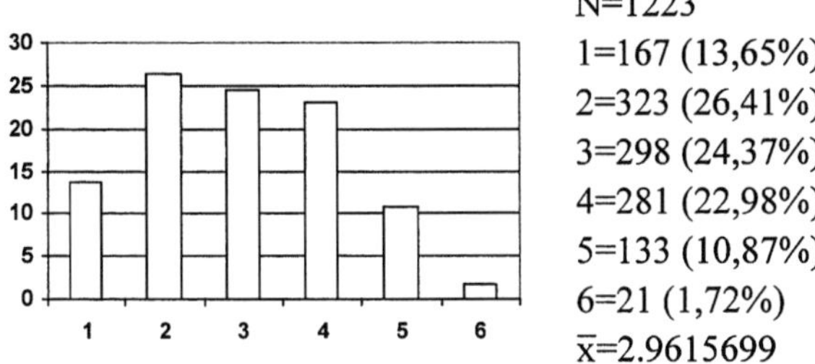

N=1223
1=167 (13,65%)
2=323 (26,41%)
3=298 (24,37%)
4=281 (22,98%)
5=133 (10,87%)
6=21 (1,72%)
$\bar{x}$=2.9615699

BSO (BSO7.1)	N=191	
1=23 (12,04%)	2=47 (24,61%)	3=57 (29,84%)
4=38 (19,90%)	5=20 (10,47%)	6=6 (3,14%)
$\bar{x}$=3.0157068		

2. In welke mate speelden je grootouders een rol in de eventuele godsdienstige opvoeding die je gekregen hebt? (LLN11.2)

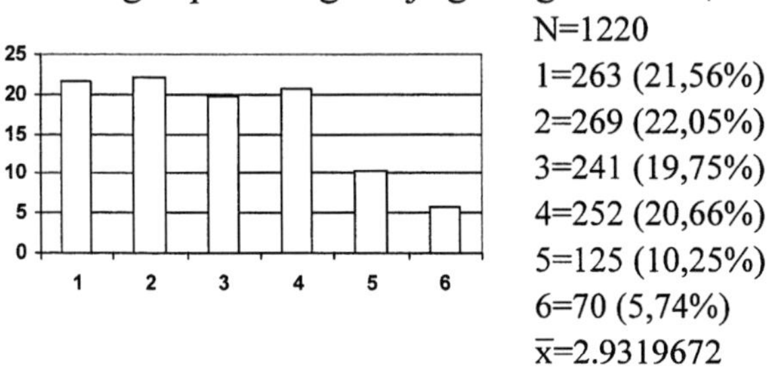

N=1220
1=263 (21,56%)
2=269 (22,05%)
3=241 (19,75%)
4=252 (20,66%)
5=125 (10,25%)
6=70 (5,74%)
$\bar{x}$=2.9319672

BSO (BSO7.2)	N=191	
1=49 (25,65%)	2=29 (15,18%)	3=39 (20,42%)
4=32 (16,75%)	5=25 (13,09%)	6=17 (8,90%)
$\bar{x}$=3.0314136		

11.3 Hoe vaak werden volgende zaken bij je thuis gedaan toen je kind was? (LLN11.3)

1. Met het gezin samen bidden aan tafel. (LLN11.3.1)

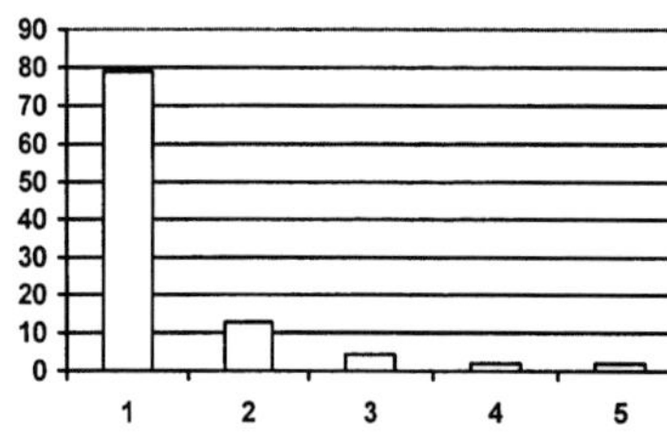

N=1222
1: nooit=964 (78,89%)
2: zelden=155 (12,68%)
3: soms=53 (4,34%)
4: regelmatig =26 (2,13%)
5: dagelijks=24 (1,96%)

2. Gezamenlijk met het gezin naar de eucharistieviering (of viering/gebed in de eigen godsdienst) gaan. (LLN11.3.2)

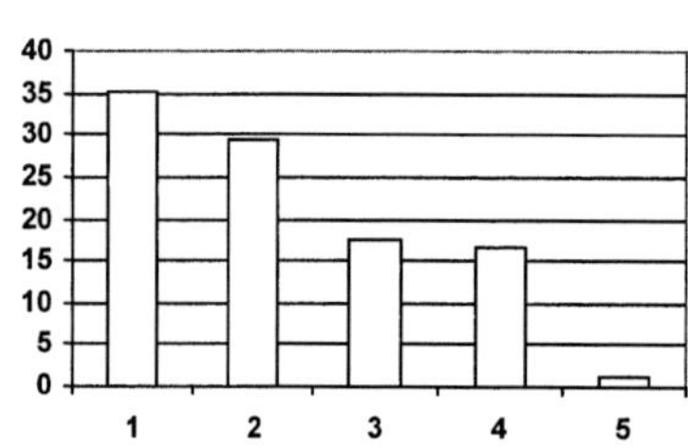

N=1222
1: nooit=432 (35,35%)
2: zelden=358 (29,30%)
3: soms=214 (17,51%)
4: regelmatig=202 (16,53%)
5: dagelijks=16 (1,31%)

3. Lezen uit een bijbel/koran/ander heilig boek (voorlezen of zelf lezen). (LLN11.3.3)

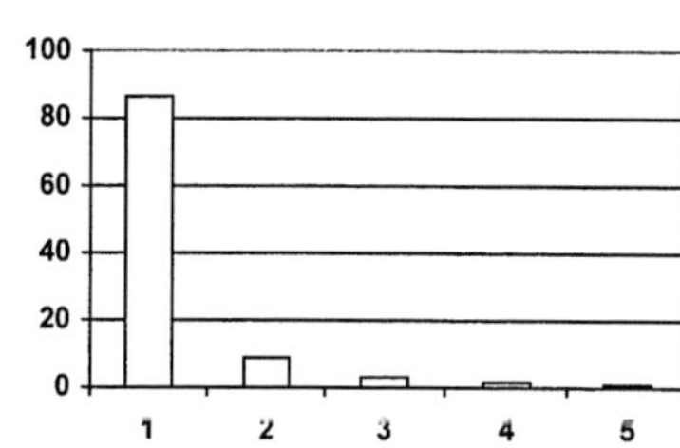

N=1223
1: nooit=1053 (86,10%)
2: zelden=108 (8,83%)
3: soms=35 (2,86%)
4: regelmatig=19 (1,55%)
5: dagelijks=8 (0,65%)

4. Een kruisje geven/krijgen voor het slapengaan. (LLN11.3.4)

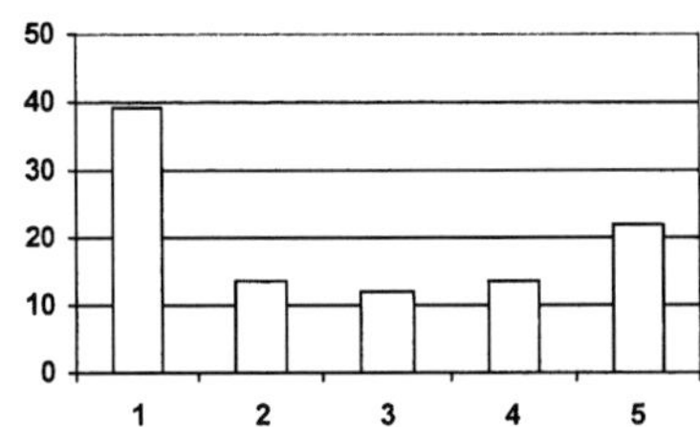

N=1217
1: nooit=476 (39,11%)
2: zelden=166 (13,64%)
3: soms=144 (11,83%)
4: regelmatig=164 (13,48%)
5: dagelijks=267 (21,94%)

5. Plaatsen die met godsdienst te maken hebben, bezoeken (kerk, moskee, kerkhof, bedevaartsoord, ...). (LLN11.3.5)

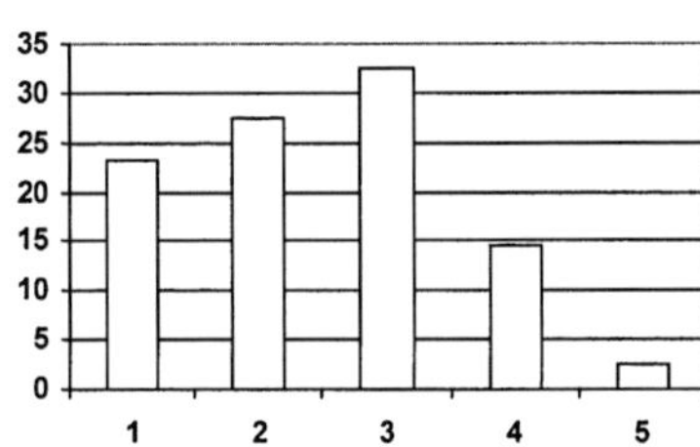

N=1223
1: nooit=283 (23,14%)
2: zelden=336 (27,47%)
3: soms=396 (32,38%)
4: regelmatig=178 (14,55%)
5: dagelijks=30 (2,46%)

12. Hieronder enkele vragen over hoe je denkt over religie

Duid aan in welke mate je het eens bent met volgende uitspraken

1. De bijbel verbergt een diepere waarheid die door eigen zoeken onthuld moet worden. (LLN12_01)

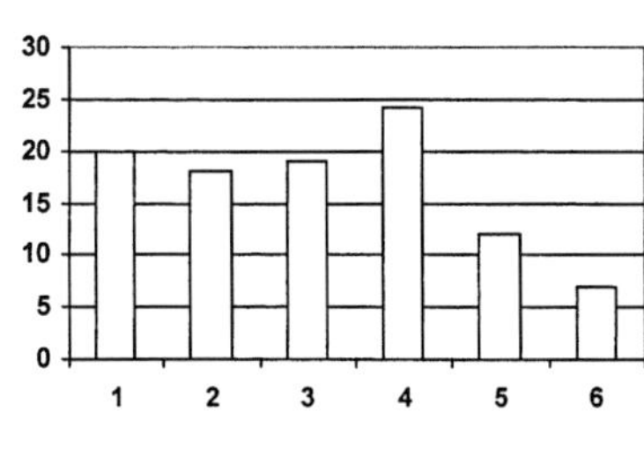

N=1222
1=244 (19,97%)
2=219 (17,92%)
3=233 (19,07%)
4=295 (24,14%)
5=146 (11,95%)
6=85 (6,96%)
$\bar{x}$=3.1104746
σ=1.5208316

BSO (BSO08_01) N=186
1=58 (31,18%) 2=39 (20,97%) 3=41 (22,04%)
4=28 (15,05%) 5=13 (6,99%) 6=7 (3,76%)
$\bar{x}$=2.5698925 σ=1.4324264

2. De wonderverhalen uit de bijbel dienen in hun historische context geplaatst te worden, wil men hun betekenis begrijpen. (LLN12_02)

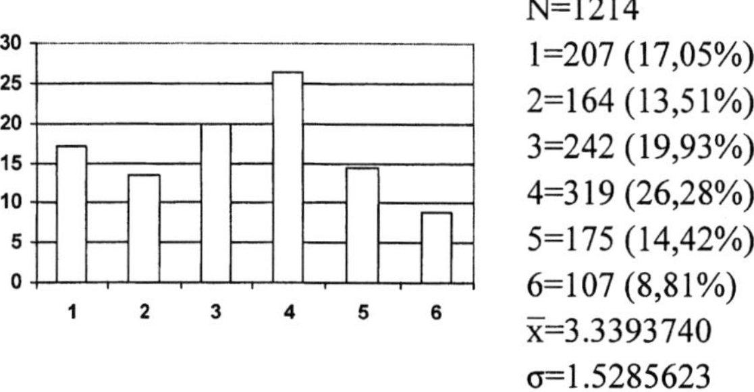

N=1214
1=207 (17,05%)
2=164 (13,51%)
3=242 (19,93%)
4=319 (26,28%)
5=175 (14,42%)
6=107 (8,81%)
x̄=3.3393740
σ=1.5285623

3. Je kan alleen maar zinvol leven als je gelooft. (LLN12_03)

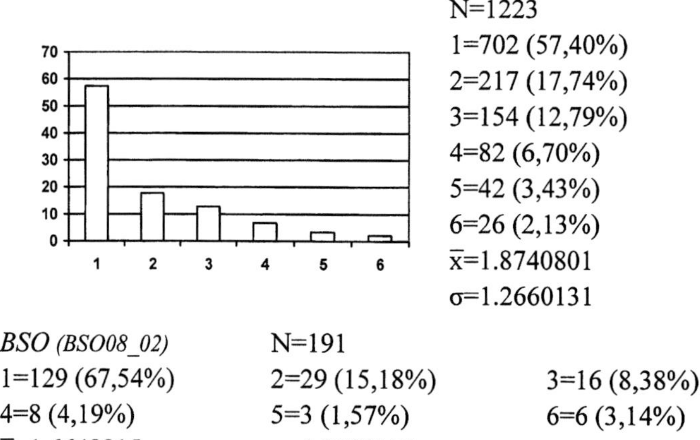

N=1223
1=702 (57,40%)
2=217 (17,74%)
3=154 (12,79%)
4=82 (6,70%)
5=42 (3,43%)
6=26 (2,13%)
x̄=1.8740801
σ=1.2660131

BSO (BSO08_02) N=191
1=129 (67,54%) 2=29 (15,18%) 3=16 (8,38%)
4=8 (4,19%) 5=3 (1,57%) 6=6 (3,14%)
x̄=1.6649215 σ=1.2108174

4. God is eens en voor altijd bepaald en is dus onveranderlijk. (LLN12_04)

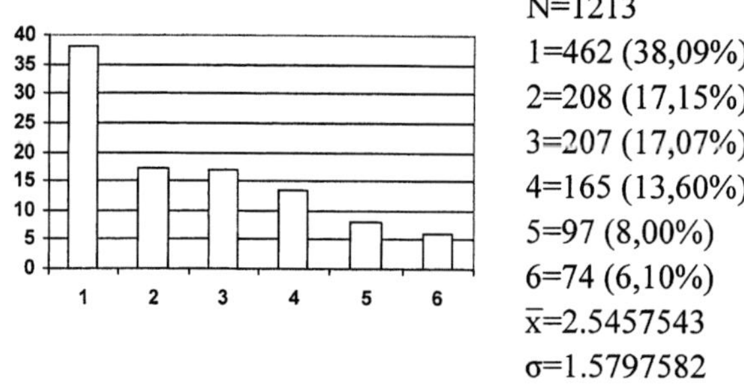

N=1213
1=462 (38,09%)
2=208 (17,15%)
3=207 (17,07%)
4=165 (13,60%)
5=97 (8,00%)
6=74 (6,10%)
x̄=2.5457543
σ=1.5797582

BSO (BSO08_03)	N=189	
1=58 (30,69%)	2=20 (10,58%)	3=34 (17,99%)
4=26 (13,76%)	5=13 (6,88%)	6=38 (20,11%)
$\bar{x}$=3.1587302	σ=1.8839158	

5. Het geloof is eerder een mooie droom, die een illusie blijkt te zijn als men geconfronteerd wordt met de hardheid van het leven. (LLN12_05)

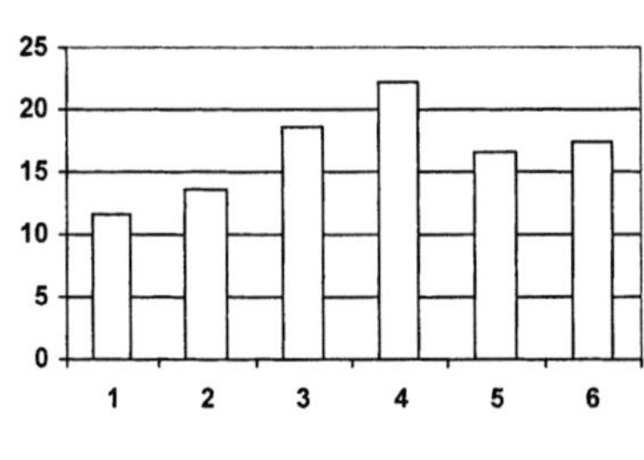

N=1215
1=140 (11,52%)
2=165 (13,58%)
3=225 (18,52%)
4=271 (22,30%)
5=202 (16,63%)
6=212 (17,45%)
$\bar{x}$=3.7127572
σ=1.5966275

BSO (BSO08_03)	N=189	
1=22 (11,64%)	2=27 (14,29%)	3=29 (15,34%)
4=33 (17,46%)	5=31 (16,40%)	6=47 (24,87%)
$\bar{x}$=3.8730159	σ=1.7118989	

6. De bijbel is een spoorboek voor het zoeken naar God, en geen historisch verslag. (LLN12_06)

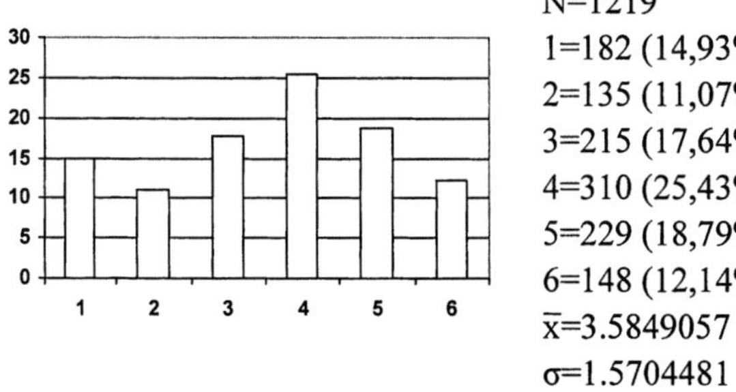

N=1219
1=182 (14,93%)
2=135 (11,07%)
3=215 (17,64%)
4=310 (25,43%)
5=229 (18,79%)
6=148 (12,14%)
$\bar{x}$=3.5849057
σ=1.5704481

BSO (BSO08_05)	N=190	
1=47 (24,74%)	2=34 (17,89%)	3=39 (20,53%)
4=27 (14,21%)	5=18 (9,47%)	6=25 (13,16%)
$\bar{x}$=3.0526316	σ=1.6988538	

7. Maria is werkelijk voor, tijdens en na de geboorte van Jezus maagd gebleven, ook al gaat dit in tegen het moderne denken. (LLN12_07)

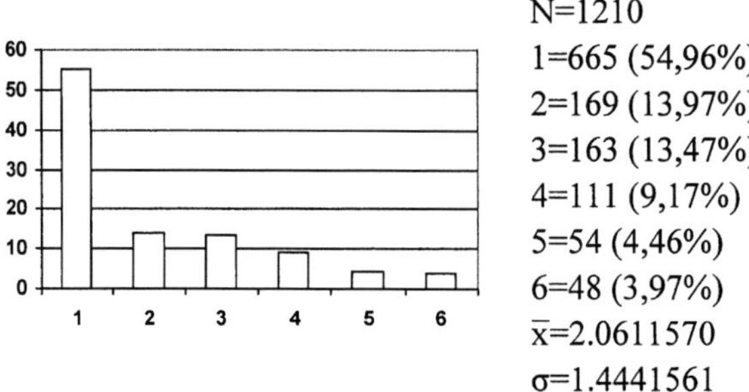

N=1210
1=665 (54,96%)
2=169 (13,97%)
3=163 (13,47%)
4=111 (9,17%)
5=54 (4,46%)
6=48 (3,97%)
$\bar{x}$=2.0611570
σ=1.4441561

8. Er zijn teveel mensen in naam van God onderdrukt om nog te kunnen geloven. (LLN12_08)

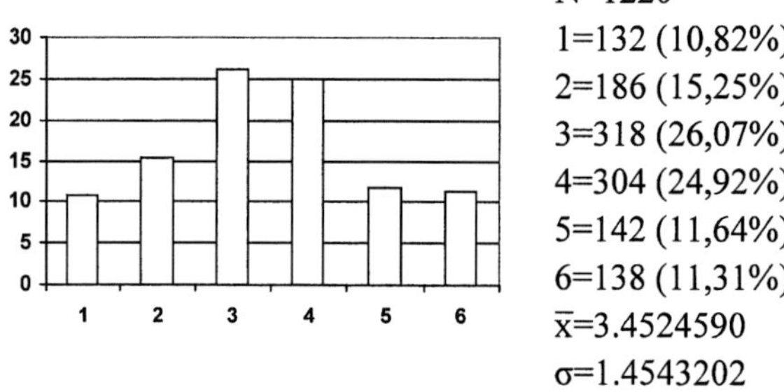

N=1220
1=132 (10,82%)
2=186 (15,25%)
3=318 (26,07%)
4=304 (24,92%)
5=142 (11,64%)
6=138 (11,31%)
$\bar{x}$=3.4524590
σ=1.4543202

9. Elke uitspraak over God is bepaald door de tijd waarin ze geformuleerd is. (LLN12_09)

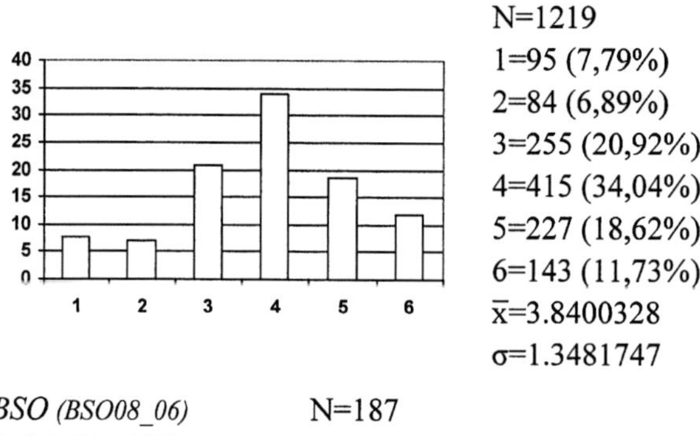

N=1219
1=95 (7,79%)
2=84 (6,89%)
3=255 (20,92%)
4=415 (34,04%)
5=227 (18,62%)
6=143 (11,73%)
$\bar{x}$=3.8400328
σ=1.3481747

BSO (BSO08_06) N=187
1=34 (18,18%) 2=27 (14,44%) 3=44 (23,53%)
4=39 (20,86%) 5=22 (11,76%) 6=21 (11,23%)
$\bar{x}$=3.2727273 σ=1.5812934

10. Ondanks het feit dat de bijbel in een geheel andere historische context werd geschreven, bevat hij toch een belangrijke boodschap. (LLN12_10)

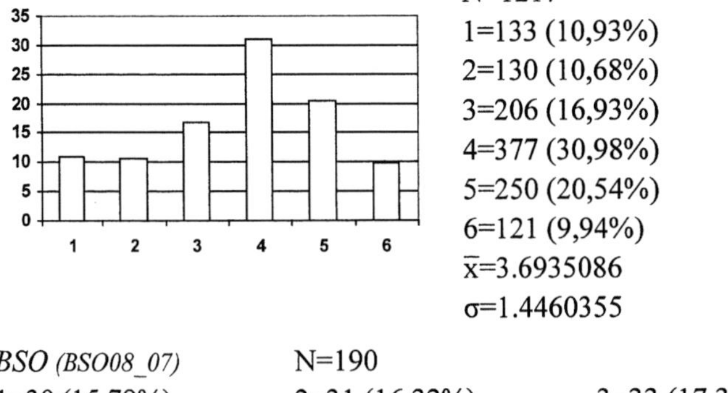

N=1217
1=133 (10,93%)
2=130 (10,68%)
3=206 (16,93%)
4=377 (30,98%)
5=250 (20,54%)
6=121 (9,94%)
$\bar{x}$=3.6935086
σ=1.4460355

BSO (BSO08_07)	N=190	
1=30 (15,79%)	2=31 (16,32%)	3=33 (17,37%)
4=42 (22,11%)	5=25 (13,16%)	6=29 (15,26%)
$\bar{x}$=3.4631579	σ=1.6478977	

11. Enkel de grote religieuze tradities bieden een garantie om tot God te komen. (LLN12_11)

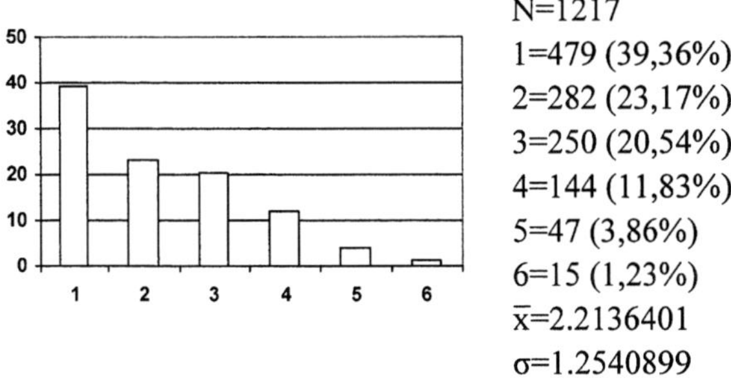

N=1217
1=479 (39,36%)
2=282 (23,17%)
3=250 (20,54%)
4=144 (11,83%)
5=47 (3,86%)
6=15 (1,23%)
$\bar{x}$=2.2136401
σ=1.2540899

BSO (BSO08_08)	N=190	
1=76 (40,00%)	2=32 (16,84%)	3=36 (18,95%)
4=31 (16,32%)	5=7 (3,68%)	6=8 (4,21%)
$\bar{x}$=2.3947368	σ=1.4500406	

12. Zelfs al zou blijken dat Jezus als historische figuur nooit heeft bestaan, dan nog zou dit mijn geloof in Jezus niet aantasten. Voor mij is Hij immers vooral een leidraad. (LLN12_12)

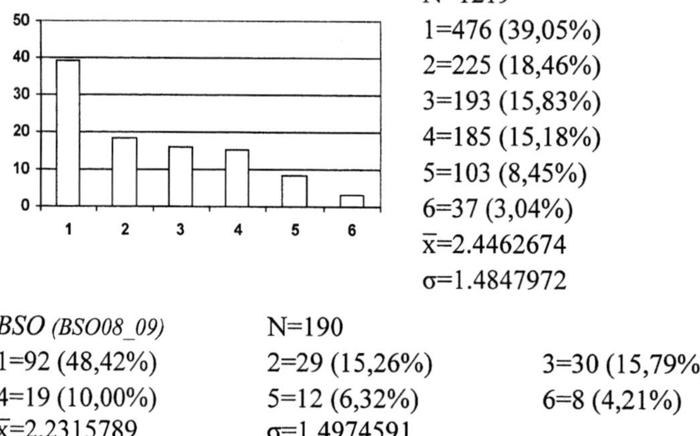

N=1219
1=476 (39,05%)
2=225 (18,46%)
3=193 (15,83%)
4=185 (15,18%)
5=103 (8,45%)
6=37 (3,04%)
$\bar{x}$=2.4462674
σ=1.4847972

BSO (BSO08_09) N=190
1=92 (48,42%) 2=29 (15,26%) 3=30 (15,79%)
4=19 (10,00%) 5=12 (6,32%) 6=8 (4,21%)
$\bar{x}$=2.2315789 σ=1.4974591

13. Religie is een engagement zonder absolute zekerheid. (LLN12_13)

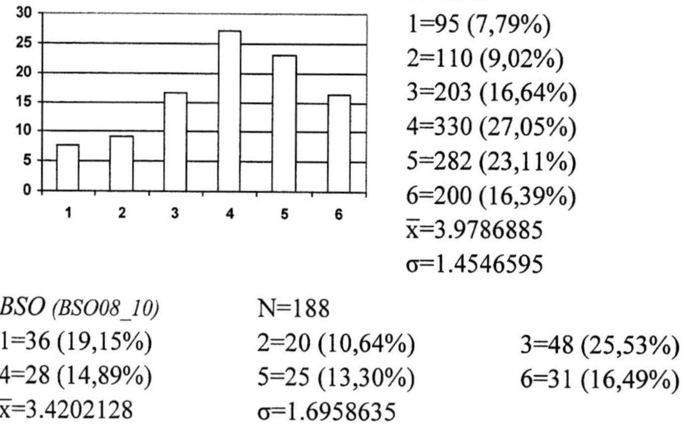

N=1220
1=95 (7,79%)
2=110 (9,02%)
3=203 (16,64%)
4=330 (27,05%)
5=282 (23,11%)
6=200 (16,39%)
$\bar{x}$=3.9786885
σ=1.4546595

BSO (BSO08_10) N=188
1=36 (19,15%) 2=20 (10,64%) 3=48 (25,53%)
4=28 (14,89%) 5=25 (13,30%) 6=31 (16,49%)
$\bar{x}$=3.4202128 σ=1.6958635

14. Godsdienst is het enige dat betekenis kan geven aan het leven in al zijn aspecten. (LLN12_14)

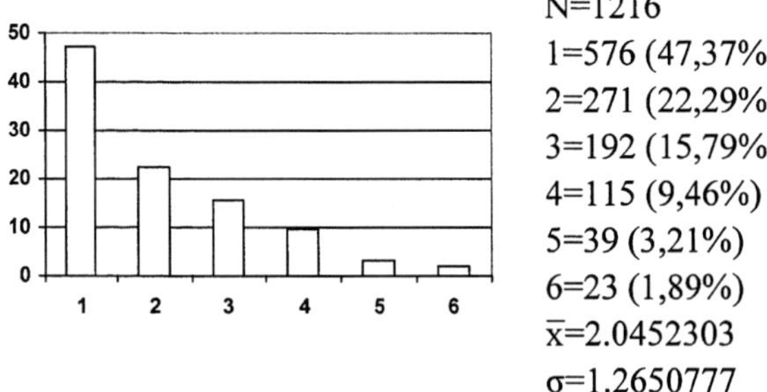

N=1216
1=576 (47,37%)
2=271 (22,29%)
3=192 (15,79%)
4=115 (9,46%)
5=39 (3,21%)
6=23 (1,89%)
$\bar{x}$=2.0452303
σ=1.2650777

15. De manier waarop mensen hun relatie tot God ervaren, is altijd gekleurd door de maatschappelijke context. (LLN12_15)

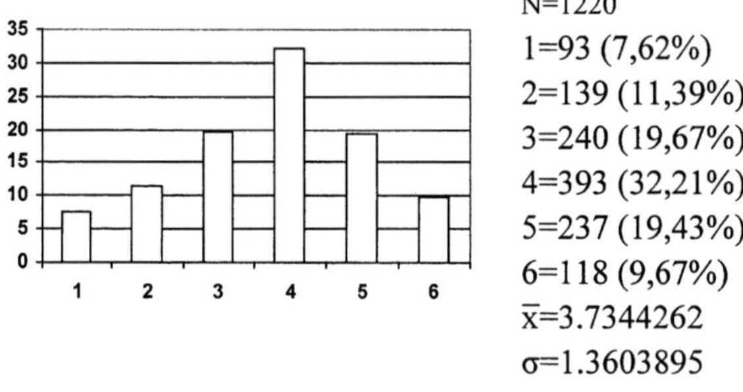

N=1220
1=93 (7,62%)
2=139 (11,39%)
3=240 (19,67%)
4=393 (32,21%)
5=237 (19,43%)
6=118 (9,67%)
$\bar{x}$=3.7344262
σ=1.3603895

BSO (BSO08_11) N=189
1=29 (15,34%) 2=33 (17,46%) 3=51 (26,98%)
4=41 (21,69%) 5=20 (10,58%) 6=15 (7,94%)
$\bar{x}$=3.1851852 σ=1.4559462

16. De historische juistheid van de bijbelverhalen is irrelevant voor mijn geloof in God. (LLN12_16)

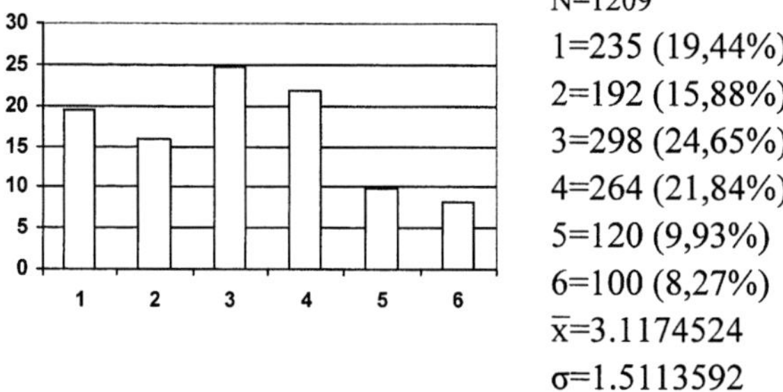

N=1209
1=235 (19,44%)
2=192 (15,88%)
3=298 (24,65%)
4=264 (21,84%)
5=120 (9,93%)
6=100 (8,27%)
$\bar{x}$=3.1174524
σ=1.5113592

BSO (*BSO08_12*) N=187

1=47 (25,13%) 2=47 (25,13%) 3=41 (21,93%)
4=28 (14,97%) 5=11 (5,88%) 6=13 (6,95%)
$\bar{x}$=2.7219251 σ=1.4838560

17. Uiteindelijk bestaat er op elke religieuze vraag maar één juist antwoord. (LLN12_17)

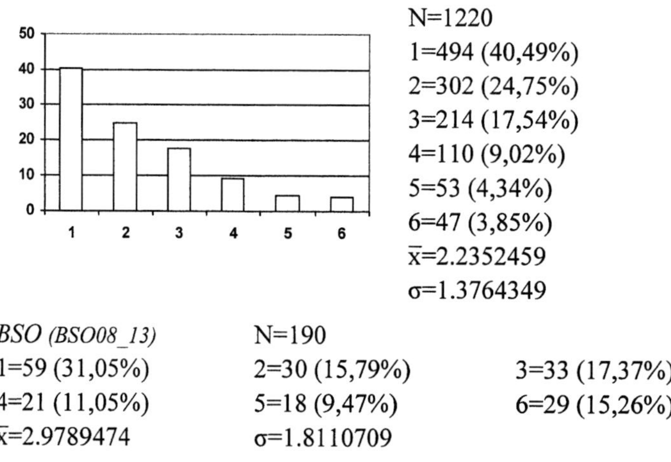

N=1220
1=494 (40,49%)
2=302 (24,75%)
3=214 (17,54%)
4=110 (9,02%)
5=53 (4,34%)
6=47 (3,85%)
$\bar{x}$=2.2352459
σ=1.3764349

BSO (*BSO08_13*) N=190

1=59 (31,05%) 2=30 (15,79%) 3=33 (17,37%)
4=21 (11,05%) 5=18 (9,47%) 6=29 (15,26%)
$\bar{x}$=2.9789474 σ=1.8110709

18. God is slechts een naam die gegeven wordt aan het onverklaarbare. (LLN12_18)

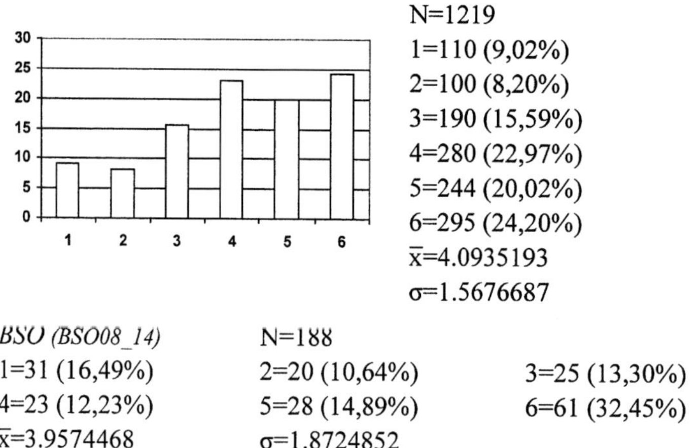

N=1219
1=110 (9,02%)
2=100 (8,20%)
3=190 (15,59%)
4=280 (22,97%)
5=244 (20,02%)
6=295 (24,20%)
$\bar{x}$=4.0935193
σ=1.5676687

BSO (*BSO08_14*) N=188

1=31 (16,49%) 2=20 (10,64%) 3=25 (13,30%)
4=23 (12,23%) 5=28 (14,89%) 6=61 (32,45%)
$\bar{x}$=3.9574468 σ=1.8724852

19. Uitspraken over het absolute, zoals dogma's, blijven altijd relatief omdat ze door mensen en op bepaalde momenten worden uitgesproken. (LLN12_19)

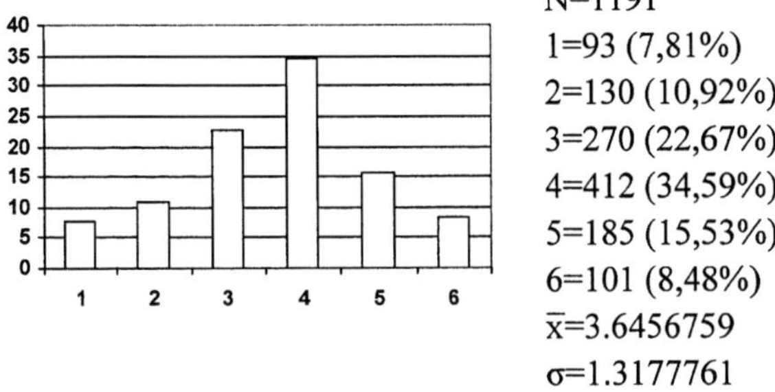

N=1191
1=93 (7,81%)
2=130 (10,92%)
3=270 (22,67%)
4=412 (34,59%)
5=185 (15,53%)
6=101 (8,48%)
$\bar{x}$=3.6456759
σ=1.3177761

20. De wereld van de bijbelverhalen ligt zover van ons af, dat hij nog weinig relevant is. (LLN12_20)

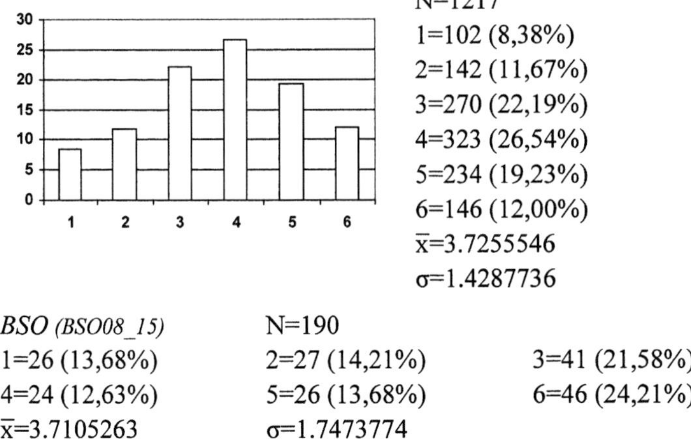

N=1217
1=102 (8,38%)
2=142 (11,67%)
3=270 (22,19%)
4=323 (26,54%)
5=234 (19,23%)
6=146 (12,00%)
$\bar{x}$=3.7255546
σ=1.4287736

BSO (BSO08_15) N=190
1=26 (13,68%) 2=27 (14,21%) 3=41 (21,58%)
4=24 (12,63%) 5=26 (13,68%) 6=46 (24,21%)
$\bar{x}$=3.7105263 σ=1.7473774

21. Alleen een priester/religieuze leider kan op belangrijke godsdienstige vragen een antwoord geven. (LLN12_21)

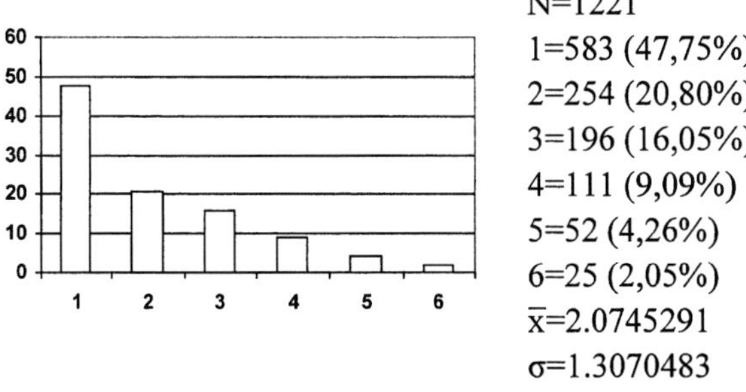

N=1221
1=583 (47,75%)
2=254 (20,80%)
3=196 (16,05%)
4=111 (9,09%)
5=52 (4,26%)
6=25 (2,05%)
$\bar{x}$=2.0745291
σ=1.3070483

BSO (BSO08_16) N=190
1=87 (45,79%) 2=38 (20,00%) 3=19 (10,00%)
4=25 (13,16%) 5=7 (3,68%) 6=14 (7,37%)
$\bar{x}$=2.3105263 σ=1.5847804

22. De wetenschappelijke verklaringen van mens en wereld hebben de religieuze verklaringen overbodig gemaakt. (LLN12_22)

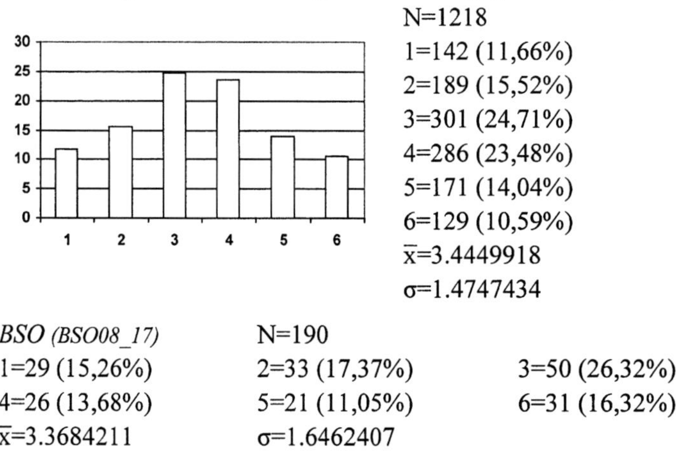

N=1218
1=142 (11,66%)
2=189 (15,52%)
3=301 (24,71%)
4=286 (23,48%)
5=171 (14,04%)
6=129 (10,59%)
$\bar{x}$=3.4449918
σ=1.4747434

BSO (BSO08_17) N=190
1=29 (15,26%) 2=33 (17,37%) 3=50 (26,32%)
4=26 (13,68%) 5=21 (11,05%) 6=31 (16,32%)
$\bar{x}$=3.3684211 σ=1.6462407

23. God groeit mee met de mensengeschiedenis en is dus veranderlijk. (LLN12_23)

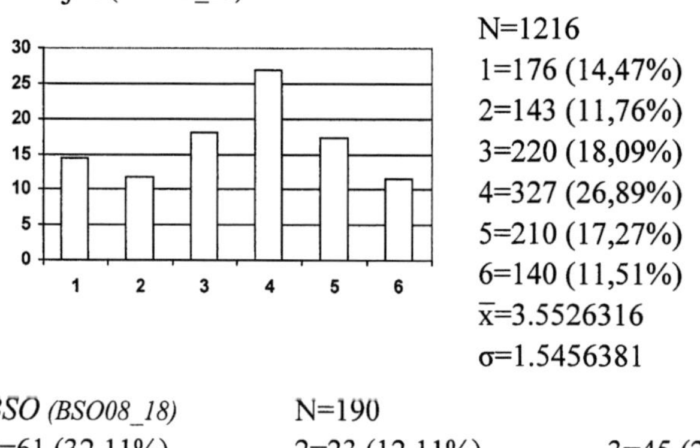

N=1216
1=176 (14,47%)
2=143 (11,76%)
3=220 (18,09%)
4=327 (26,89%)
5=210 (17,27%)
6=140 (11,51%)
$\bar{x}$=3.5526316
σ=1.5456381

BSO (BSO08_18) N=190
1=61 (32,11%) 2=23 (12,11%) 3=45 (23,68%)
4=25 (13,16%) 5=16 (8,42%) 6=20 (10,53%)
$\bar{x}$=2.8526316 σ=1.6775418

24. Ik ben er mij van bewust dat mijn levensbeschouwelijke opvatting maar een mogelijkheid is naast zovele andere. (LLN12_24)

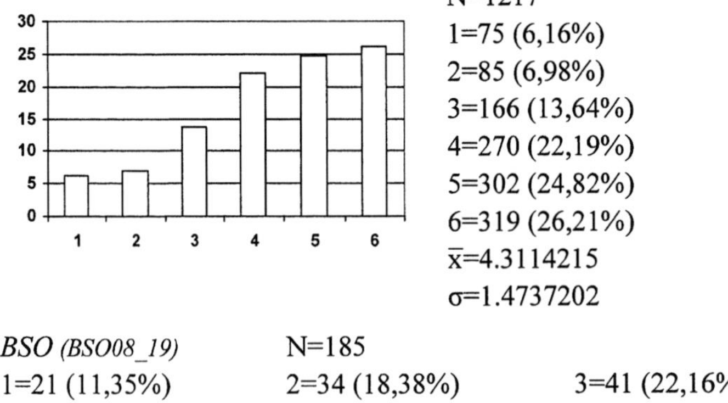

N=1217
1=75 (6,16%)
2=85 (6,98%)
3=166 (13,64%)
4=270 (22,19%)
5=302 (24,82%)
6=319 (26,21%)
$\bar{x}$=4.3114215
σ=1.4737202

BSO (BSO08_19)	N=185	
1=21 (11,35%)	2=34 (18,38%)	3=41 (22,16%)
4=29 (15,68%)	5=19 (10,27%)	6=41 (22,16%)
$\bar{x}$=3.6162162	σ=1.6839255	

25. Ik vind dat je bijbelverhalen moet begrijpen zoals het er letterlijk geschreven staat. (LLN12_25)

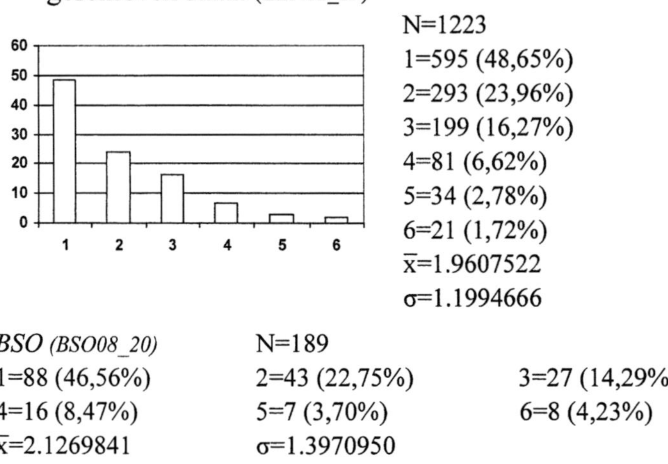

N=1223
1=595 (48,65%)
2=293 (23,96%)
3=199 (16,27%)
4=81 (6,62%)
5=34 (2,78%)
6=21 (1,72%)
$\bar{x}$=1.9607522
σ=1.1994666

BSO (BSO08_20)	N=189	
1=88 (46,56%)	2=43 (22,75%)	3=27 (14,29%)
4=16 (8,47%)	5=7 (3,70%)	6=8 (4,23%)
$\bar{x}$=2.1269841	σ=1.3970950	

26. Ondanks het vele onrecht dat het christendom mensen heeft aangedaan, blijft de originele boodschap van Christus waardevol. (LLN12_26)

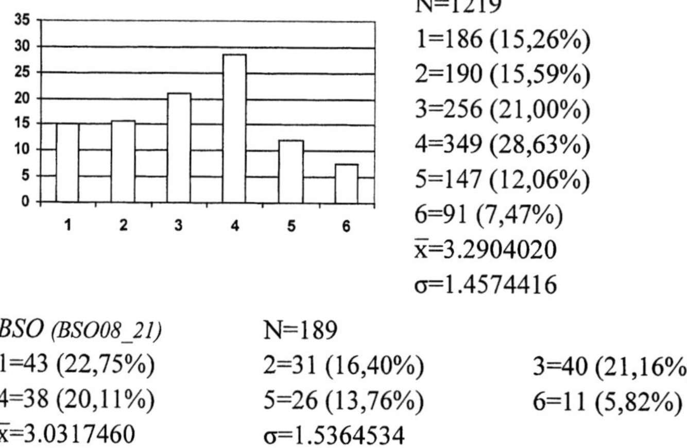

N=1219
1=186 (15,26%)
2=190 (15,59%)
3=256 (21,00%)
4=349 (28,63%)
5=147 (12,06%)
6=91 (7,47%)
x̄=3.2904020
σ=1.4574416

BSO (BSO08_21) N=189
1=43 (22,75%) 2=31 (16,40%) 3=40 (21,16%)
4=38 (20,11%) 5=26 (13,76%) 6=11 (5,82%)
x̄=3.0317460 σ=1.5364534

27. Het geloof is uiteindelijk niet meer dan een vangnet voor onze menselijke angsten. (LLN12_27)

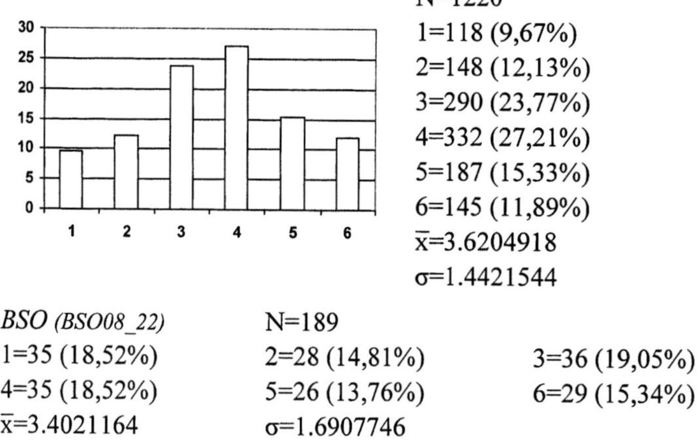

N=1220
1=118 (9,67%)
2=148 (12,13%)
3=290 (23,77%)
4=332 (27,21%)
5=187 (15,33%)
6=145 (11,89%)
x̄=3.6204918
σ=1.4421544

BSO (BSO08_22) N=189
1=35 (18,52%) 2=28 (14,81%) 3=36 (19,05%)
4=35 (18,52%) 5=26 (13,76%) 6=29 (15,34%)
x̄=3.4021164 σ=1.6907746

28. Wereldlijke en religieuze levensbeschouwelijke opvattingen geven even waardevolle antwoorden op belangrijke levensvragen. (LLN12_28)

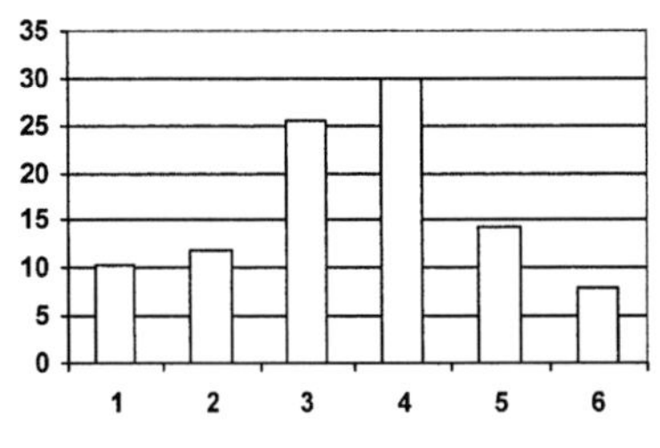

N=1209
1=126 (10,42%)
2=145 (11,99%)
3=308 (25,48%)
4=362 (29,94%)
5=172 (14,23%)
6=96 (7,94%)
$\bar{x}$=3.4937965
σ=1.3702744

29. Om te kunnen begrijpen waar religie echt om draait, moet je een buitenstaander zijn. (LLN12_29)

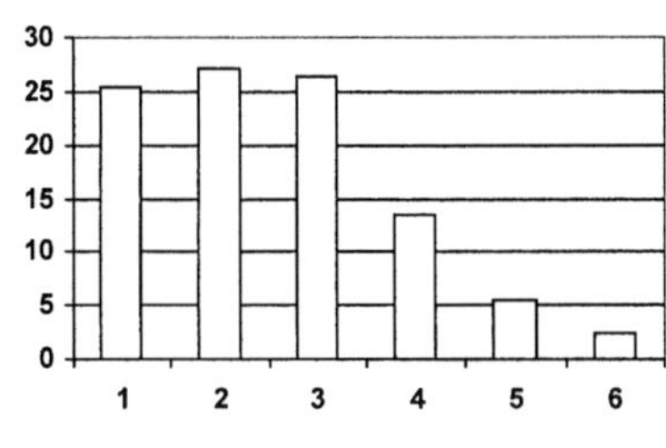

N=1216
1=308 (25,33%)
2=331 (27,22%)
3=321 (26,40%)
4=162 (13,32%)
5=66 (5,43%)
6=28 (2,30%)
$\bar{x}$=2.5320724
σ=1.2748757

BSO (BSO08_23)	N=189	
1=80 (42,33%)	2=42 (22,22%)	3=33 (17,46%)
4=21 (11,11%)	5=5 (2,65%)	6=8 (4,23%)
$\bar{x}$=2.2222222	σ=1.3850775	

30. Geloven is een uiting van een zwakke persoonlijkheid. (LLN12_30)

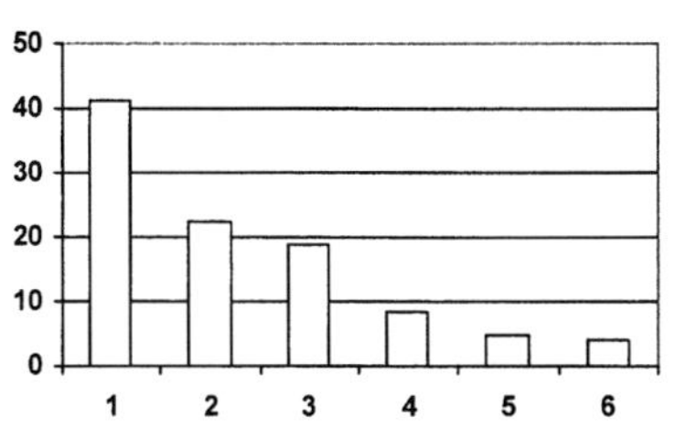

N=1218
1=503 (41,30%)
2=274 (22,50%)
3=228 (18,72%)
4=104 (8,54%)
5=59 (4,84%)
6=50 (4,11%)
$\bar{x}$=2.2545156
σ=1.4040381

BSO *(BSO08_24)*	N=189	
1=98 (51,85%)	2=32 (16,93%)	3=22 (11,64%)
4=20 (10,58%)	5=6 (3,17%)	6=11 (5,82%)
x̄=2.1375661	σ=1.5060574	

31. Dé *zin van het leven* bestaat niet, alleen zingeving, en die is voor iedereen anders. (LLN12_31)

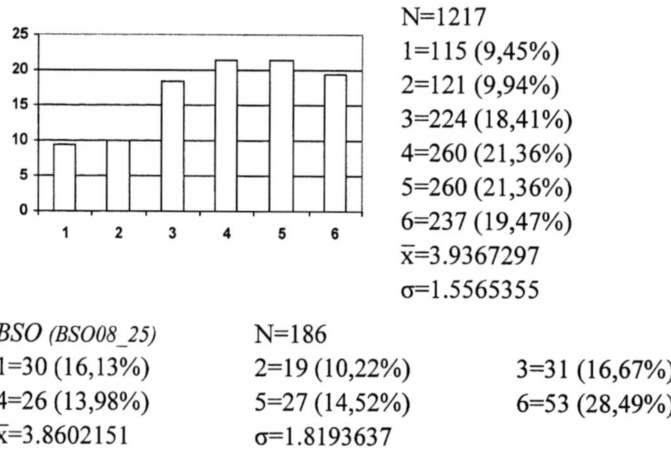

N=1217
1=115 (9,45%)
2=121 (9,94%)
3=224 (18,41%)
4=260 (21,36%)
5=260 (21,36%)
6=237 (19,47%)
x̄=3.9367297
σ=1.5565355

BSO *(BSO08_25)*	N=186	
1=30 (16,13%)	2=19 (10,22%)	3=31 (16,67%)
4=26 (13,98%)	5=27 (14,52%)	6=53 (28,49%)
x̄=3.8602151	σ=1.8193637	

32. Geloof is vaak een instrument voor machtsverwerving, en dat maakt het verdacht. (LLN12_32)

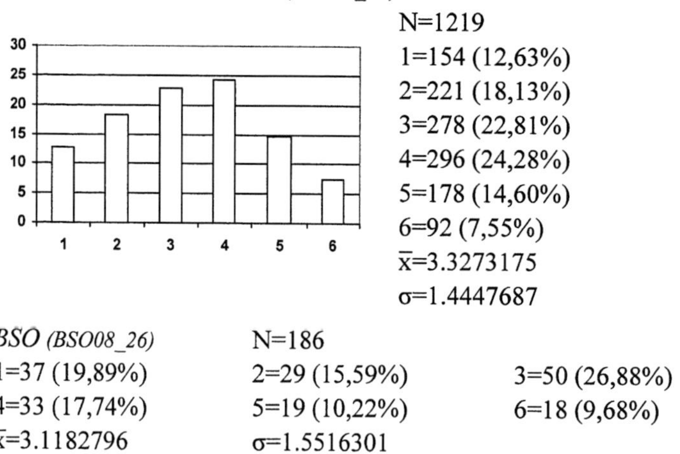

N=1219
1=154 (12,63%)
2=221 (18,13%)
3=278 (22,81%)
4=296 (24,28%)
5=178 (14,60%)
6=92 (7,55%)
x̄=3.3273175
σ=1.4447687

BSO *(BSO08_26)*	N=186	
1=37 (19,89%)	2=29 (15,59%)	3=50 (26,88%)
4=33 (17,74%)	5=19 (10,22%)	6=18 (9,68%)
x̄=3.1182796	σ=1.5516301	

33. Hoewel er in het verleden vanalles is gebeurd in naam van het christendom waarmee ik niet akkoord ga, noem ik mezelf nog steeds een christen. (LLN12_33)

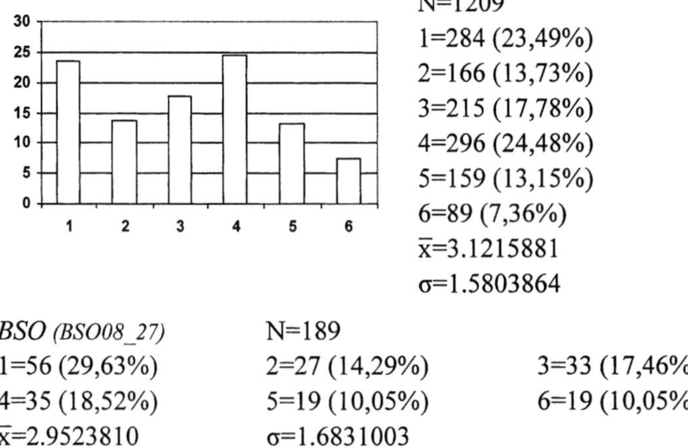

N=1209
1=284 (23,49%)
2=166 (13,73%)
3=215 (17,78%)
4=296 (24,48%)
5=159 (13,15%)
6=89 (7,36%)
x̄=3.1215881
σ=1.5803864

BSO (BSO08_27)	N=189	
1=56 (29,63%)	2=27 (14,29%)	3=33 (17,46%)
4=35 (18,52%)	5=19 (10,05%)	6=19 (10,05%)
x̄=2.9523810	σ=1.6831003	

13. Hieronder gaan we aan de hand van een aantal uitspraken op zoek naar de wijze waarop jij je godsdienstleerkracht ziet

Duid aan in welke mate je het eens bent met volgende uitspraken

1. Onze godsdienstleerkracht spreekt vaak vanuit zijn/haar ervaringen. (LLN13_01)

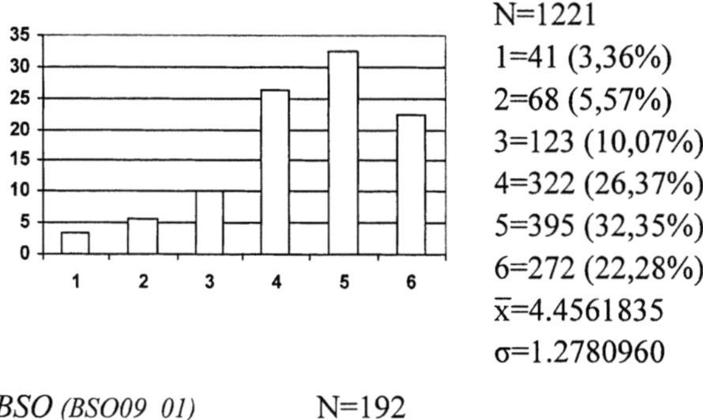

N=1221
1=41 (3,36%)
2=68 (5,57%)
3=123 (10,07%)
4=322 (26,37%)
5=395 (32,35%)
6=272 (22,28%)
x̄=4.4561835
σ=1.2780960

BSO (BSO09_01)	N=192	
1=11 (5,73%)	2=13 (6,77%)	3=20 (10,42%)
4=45 (23,44%)	5=35 (18,23%)	6=68 (25,42%)
x̄=4.4791667	σ=1.5072541	

2. Onze godsdienstleerkracht kent de christelijke traditie door en door. (LLN13_02)

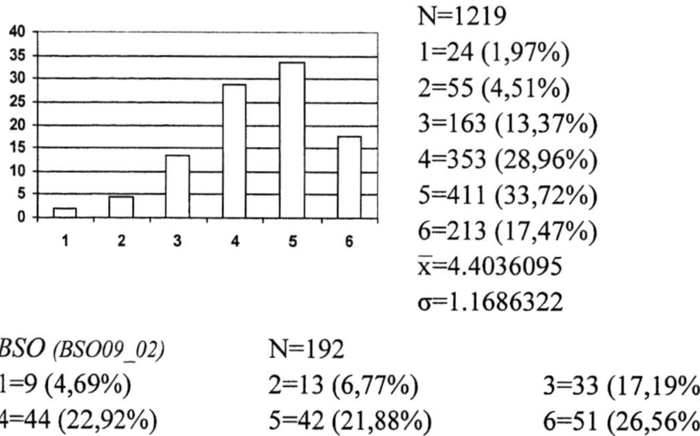

N=1219
1=24 (1,97%)
2=55 (4,51%)
3=163 (13,37%)
4=353 (28,96%)
5=411 (33,72%)
6=213 (17,47%)
$\bar{x}$=4.4036095
σ=1.1686322

BSO (BSO09_02)	N=192	
1=9 (4,69%)	2=13 (6,77%)	3=33 (17,19%)
4=44 (22,92%)	5=42 (21,88%)	6=51 (26,56%)
$\bar{x}$=4.3020833	σ=1.4371277	

3. Onze godsdienstleerkracht gebruikt vaak verhalen in zijn/haar lessen om christelijke thema's uit te leggen. (LLN13_03)

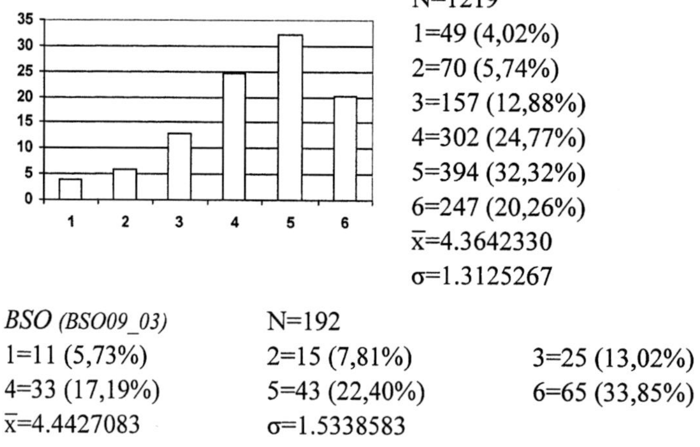

N=1219
1=49 (4,02%)
2=70 (5,74%)
3=157 (12,88%)
4=302 (24,77%)
5=394 (32,32%)
6=247 (20,26%)
$\bar{x}$=4.3642330
σ=1.3125267

BSO (BSO09_03)	N=192	
1=11 (5,73%)	2=15 (7,81%)	3=25 (13,02%)
4=33 (17,19%)	5=43 (22,40%)	6=65 (33,85%)
$\bar{x}$=4.4427083	σ=1.5338583	

4. Ik kan niet zeggen of onze godsdienstleerkracht in God gelooft of niet. (LLN13_04)

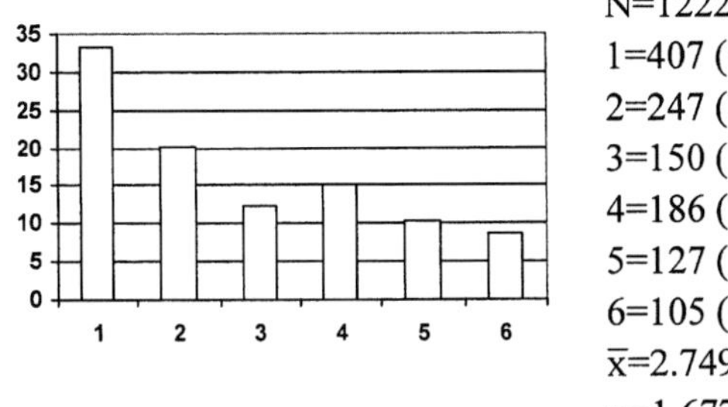

N=1222
1=407 (33,31%)
2=247 (20,21%)
3=150 (12,27%)
4=186 (15,22%)
5=127 (10,39%)
6=105 (8,59%)
$\overline{x}$=2.7495908
σ=1.6778596

BSO (BSO09_04)	N=192	
1=48 (25,00%)	2=20 (10,42%)	3=29 (15,10%)
4=36 (18,75%)	5=18 (9,38%)	6=41 (21,35%)
$\overline{x}$=3.4114583	σ=1.8539540	

5. Onze godsdienstleerkracht weet niet wat ons interesseert. (LLN13_05)

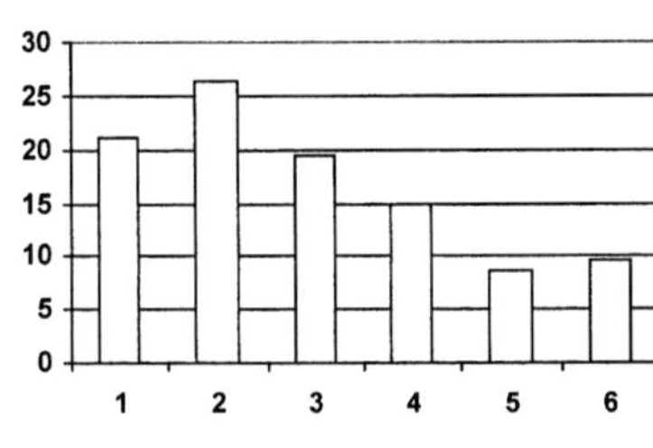

N=1222
1=257 (21,03%)
2=324 (26,51%)
3=237 (19,39%)
4=182 (14,89%)
5=106 (8,67%)
6=116 (9,49%)
$\overline{x}$=2.9214403
σ=1.5660344

BSO (BSO09_05)	N=192	
1=62 (32,29%)	2=32 (16,67%)	3=43 (22,40%)
4=23 (11,98%)	5=16 (8,33%)	6=16 (8,33%)
$\overline{x}$=2.7239583	σ=1.6120778	

6. Onze godsdienstleerkracht neemt de dingen die wij over godsdienst vertellen ernstig. (LLN13_06)

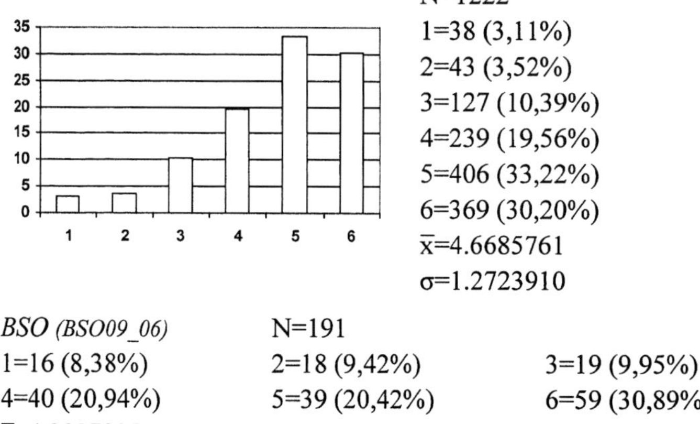

N=1222
1=38 (3,11%)
2=43 (3,52%)
3=127 (10,39%)
4=239 (19,56%)
5=406 (33,22%)
6=369 (30,20%)
x̄=4.6685761
σ=1.2723910

BSO (BSO09_06) N=191
1=16 (8,38%) 2=18 (9,42%) 3=19 (9,95%)
4=40 (20,94%) 5=39 (20,42%) 6=59 (30,89%)
x̄=4.2827225 σ=1.6136474

7. De geloofsovertuiging van onze godsdienstleerkracht heeft mijn visie op godsdienst beïnvloed. (LLN13_07)

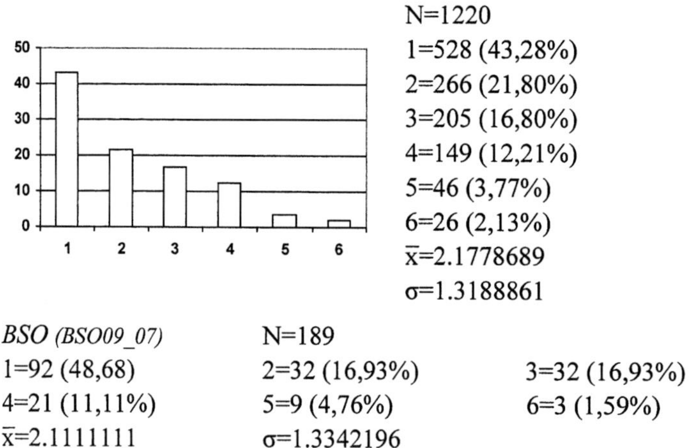

N=1220
1=528 (43,28%)
2=266 (21,80%)
3=205 (16,80%)
4=149 (12,21%)
5=46 (3,77%)
6=26 (2,13%)
x̄=2.1778689
σ=1.3188861

BSO (BSO09_07) N=189
1=92 (48,68) 2=32 (16,93%) 3=32 (16,93%)
4=21 (11,11%) 5=9 (4,76%) 6=3 (1,59%)
x̄=2.1111111 σ=1.3342196

8. Onze godsdienstleerkracht kent maar één waarheid en dat is de christelijke waarheid. (LLN13_08)

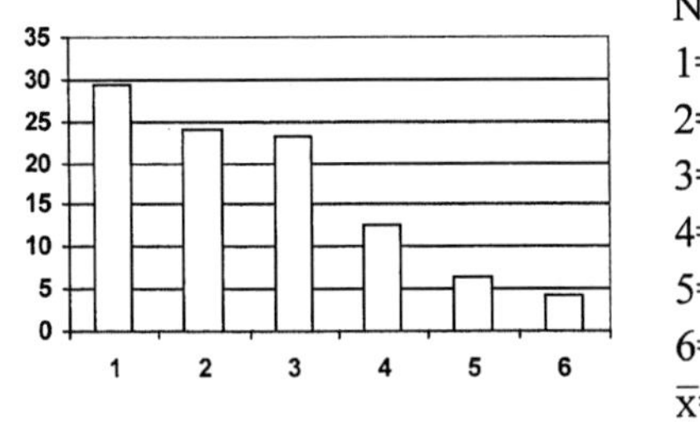

N=1219
1=359 (29,45%)
2=294 (24,12%)
3=282 (23,13%)
4=155 (12,72%)
5=78 (6,40%)
6=51 (4,18%)
$\bar{x}$=2.5504512
σ=1.4065433

BSO (BSO09_08) N=192

1=64 (33,33%) 2=30 (15,63%) 3=49 (25,52%)
4=30 (15,63%) 5=4 (2,08%) 6=15 (7,81%)
$\bar{x}$=2.6093750 σ=1.5138162

9. Ik denk niet dat onze godsdienstleerkracht betrokken is bij het kerkelijk leven. (LLN13_09)

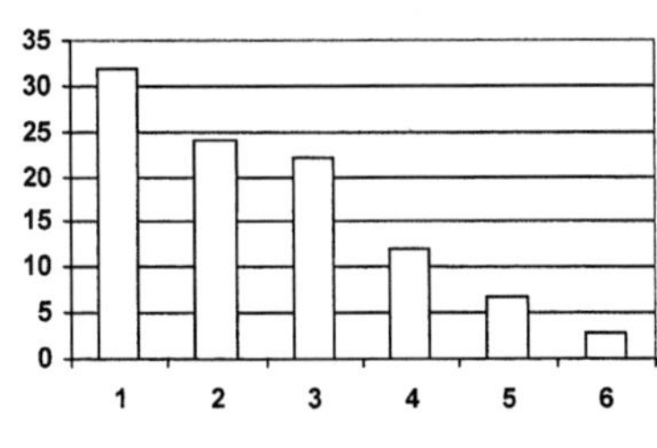

N=1217
1=389 (31,96%)
2=295 (24,14%)
3=270 (22,19%)
4=147 (12,08%)
5=81 (6,66%)
6=35 (2,88%)
$\bar{x}$=2.4585045
σ=1.3693528

BSO (BSO09_09) N=190

1=57 (30,00%) 2=38 (20,00%) 3=33 (17,37%)
4=28 (14,74%) 5=14 (7,37%) 6=20 (10,53%)
$\bar{x}$=2.8105263 σ=1.6637736

10. Onze godsdienstleerkracht houdt zich strikt aan zijn/haar handboek. (LLN13_10)

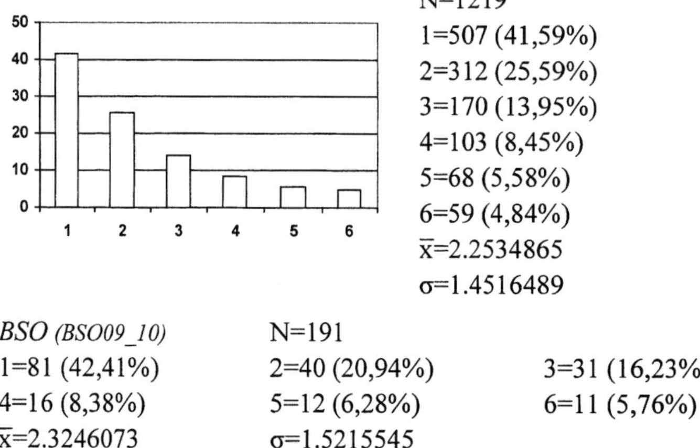

N=1219
1=507 (41,59%)
2=312 (25,59%)
3=170 (13,95%)
4=103 (8,45%)
5=68 (5,58%)
6=59 (4,84%)
x̄=2.2534865
σ=1.4516489

BSO (BSO09_10)	N=191	
1=81 (42,41%)	2=40 (20,94%)	3=31 (16,23%)
4=16 (8,38%)	5=12 (6,28%)	6=11 (5,76%)
x̄=2.3246073	σ=1.5215545	

14. Hieronder peilen we naar de wijze waarop je je als leerling betrokken voelt bij het godsdienstonderricht

1. In onze godsdienstlessen houdt de leerkracht rekening met onze interesses bij de keuze van de leerstof. (LLN14_01)

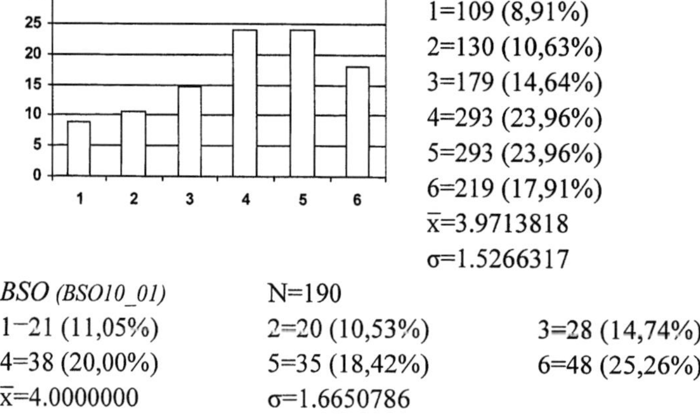

N=1223
1=109 (8,91%)
2=130 (10,63%)
3=179 (14,64%)
4=293 (23,96%)
5=293 (23,96%)
6=219 (17,91%)
x̄=3.9713818
σ=1.5266317

BSO (BSO10_01)	N=190	
1=21 (11,05%)	2=20 (10,53%)	3=28 (14,74%)
4=38 (20,00%)	5=35 (18,42%)	6=48 (25,26%)
x̄=4.0000000	σ=1.6650786	

2. In onze godsdienstlessen hebben wij een persoonlijke inbreng (groepswerk, klasgesprekken, creatieve opdrachten). (LLN14_02)

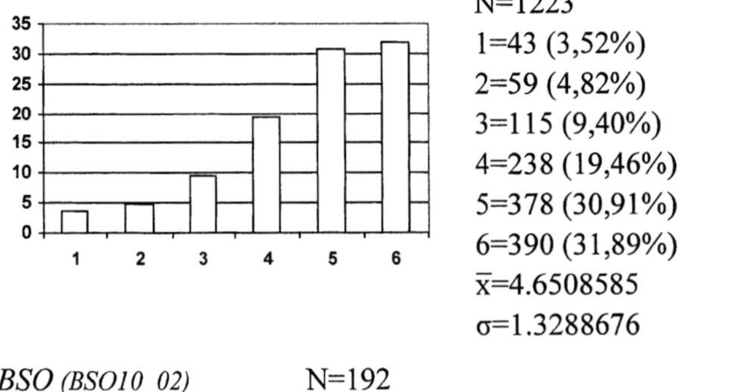

N=1223
1=43 (3,52%)
2=59 (4,82%)
3=115 (9,40%)
4=238 (19,46%)
5=378 (30,91%)
6=390 (31,89%)
$\bar{x}$=4.6508585
σ=1.3288676

BSO (BSO10_02)	N=192	
1=15 (7,81%)	2=7 (3,65%)	3=18 (9,38%)
4=37 (19,27%)	5=40 (20,83%)	6=75 (39,06%)
$\bar{x}$=4.5885417	σ=1.5425803	

3. Ik heb het gevoel dat onze godsdienstleerkracht vaak maar voor een aantal leerlingen les geeft. (LLN14_03)

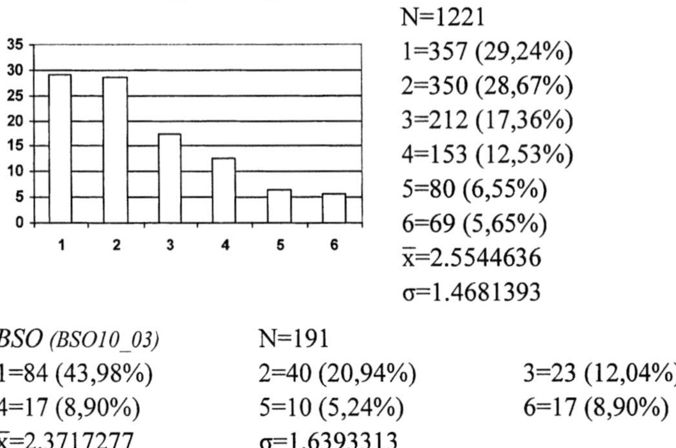

N=1221
1=357 (29,24%)
2=350 (28,67%)
3=212 (17,36%)
4=153 (12,53%)
5=80 (6,55%)
6=69 (5,65%)
$\bar{x}$=2.5544636
σ=1.4681393

BSO (BSO10_03)	N=191	
1=84 (43,98%)	2=40 (20,94%)	3=23 (12,04%)
4=17 (8,90%)	5=10 (5,24%)	6=17 (8,90%)
$\bar{x}$=2.3717277	σ=1.6393313	

4. In de godsdienstlessen bespreken we filmfragmenten, muziek, literatuur, poëzie, dingen uit de actualiteit die wij zelf mogen meebrengen. (LLN14_04)

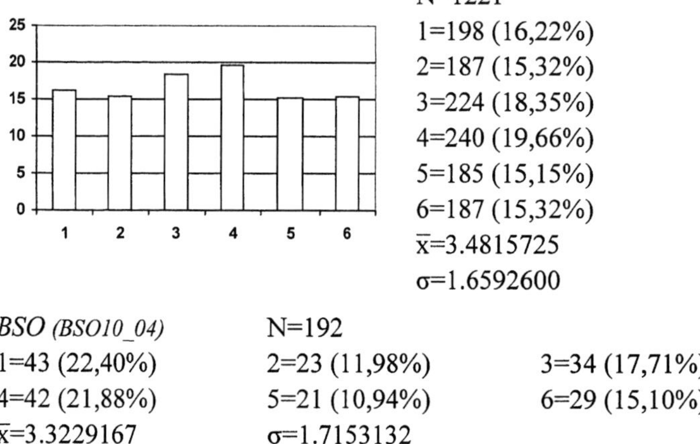

N=1221
1=198 (16,22%)
2=187 (15,32%)
3=224 (18,35%)
4=240 (19,66%)
5=185 (15,15%)
6=187 (15,32%)
$\bar{x}$=3.4815725
σ=1.6592600

BSO (BSO10_04)	N=192	
1=43 (22,40%)	2=23 (11,98%)	3=34 (17,71%)
4=42 (21,88%)	5=21 (10,94%)	6=29 (15,10%)
$\bar{x}$=3.3229167	σ=1.7153132	

5. Wanneer het in de godsdienstles gaat over actuele thema's zoals euthanasie, homoseksualiteit, geweld, etc. kan ik mijn persoonlijke mening uiten. (LLN14_05)

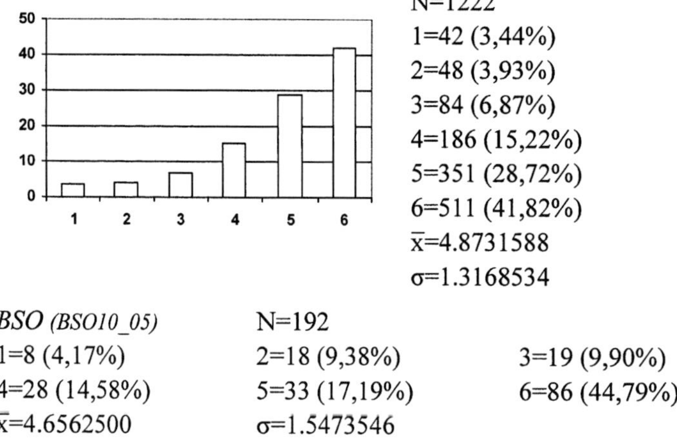

N=1222
1=42 (3,44%)
2=48 (3,93%)
3=84 (6,87%)
4=186 (15,22%)
5=351 (28,72%)
6=511 (41,82%)
$\bar{x}$=4.8731588
σ=1.3168534

BSO (BSO10_05)	N=192	
1=8 (4,17%)	2=18 (9,38%)	3=19 (9,90%)
4=28 (14,58%)	5=33 (17,19%)	6=86 (44,79%)
$\bar{x}$=4.6562500	σ=1.5473546	

6. In de godsdienstlessen leren we onze meningen verantwoorden. (LLN14_06)

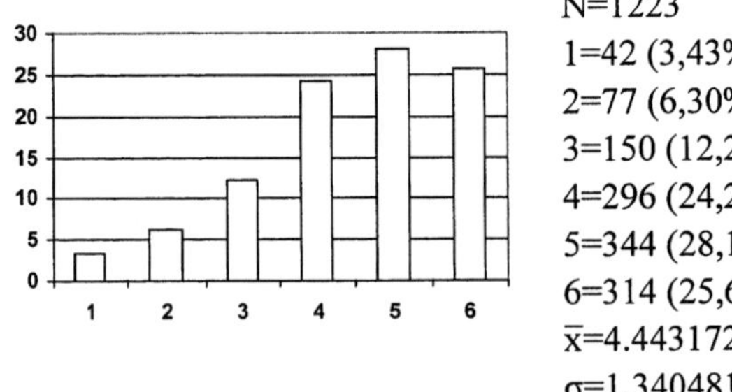

N=1223
1=42 (3,43%)
2=77 (6,30%)
3=150 (12,26%)
4=296 (24,20%)
5=344 (28,13%)
6=314 (25,67%)
$\bar{x}$=4.4431725
σ=1.3404815

BSO (BSO10_06)	N=191	
1=8 (4,19%)	2=10 (5,24%)	3=23 (12,04%)
4=50 (26,18%)	5=37 (19,37%)	6=63 (32,98%)
$\bar{x}$=4.5026178	σ=1.4062804	

7. Soms word ik echt aan het denken gezet over mijn toekomst door wat in de godsdienstlessen aan bod komt. (LLN14_07)

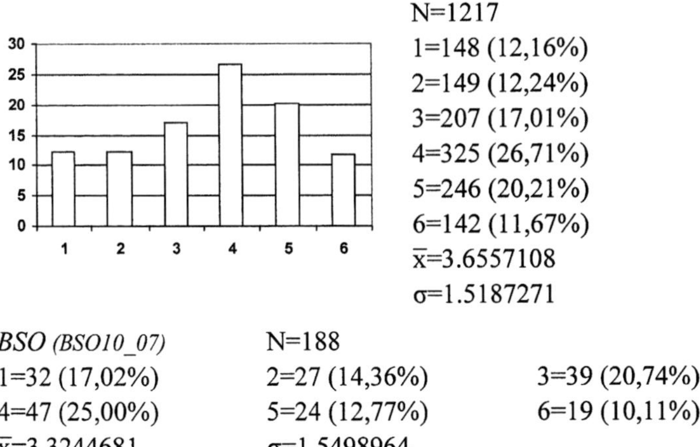

N=1217
1=148 (12,16%)
2=149 (12,24%)
3=207 (17,01%)
4=325 (26,71%)
5=246 (20,21%)
6=142 (11,67%)
$\bar{x}$=3.6557108
σ=1.5187271

BSO (BSO10_07)	N=188	
1=32 (17,02%)	2=27 (14,36%)	3=39 (20,74%)
4=47 (25,00%)	5=24 (12,77%)	6=19 (10,11%)
$\bar{x}$=3.3244681	σ=1.5498964	

8. Het godsdienstonderricht daagt mij uit om een eigen godsdienstige kijk op het leven te ontwikkelen. (LLN14_08)

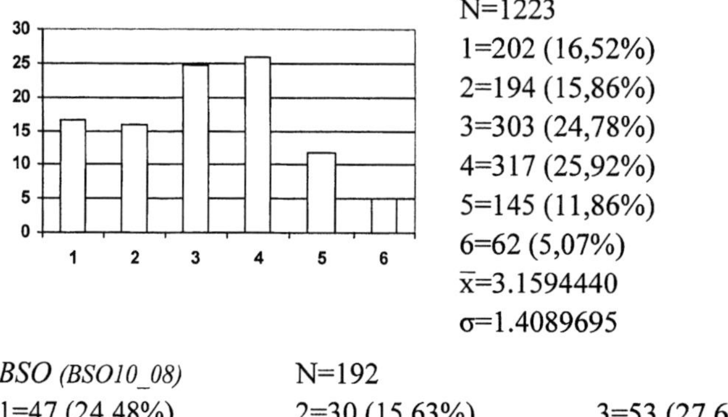

N=1223
1=202 (16,52%)
2=194 (15,86%)
3=303 (24,78%)
4=317 (25,92%)
5=145 (11,86%)
6=62 (5,07%)
$\bar{x}$=3.1594440
σ=1.4089695

BSO (BSO10_08) N=192
1=47 (24,48%) 2=30 (15,63%) 3=53 (27,60%)
4=38 (19,79%) 5=16 (8,33%) 6=8 (4,17%)
$\bar{x}$=2.8437500 σ=1.4240134

9. In de godsdienstlessen mag ik mezelf zijn, met mijn eigen visie op geloof. (LLN14_09)

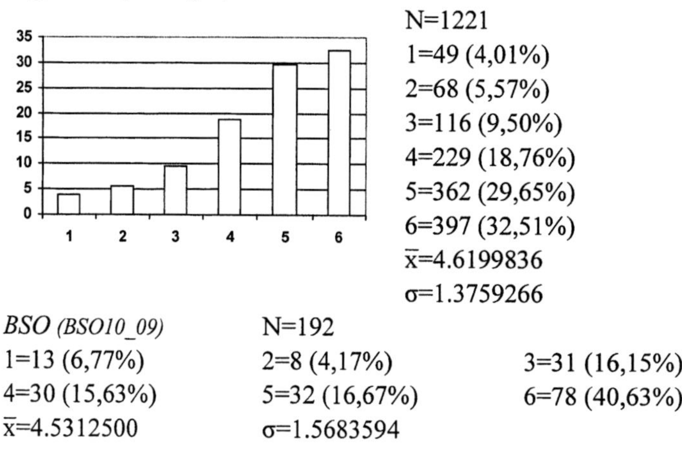

N=1221
1=49 (4,01%)
2=68 (5,57%)
3=116 (9,50%)
4=229 (18,76%)
5=362 (29,65%)
6=397 (32,51%)
$\bar{x}$=4.6199836
σ=1.3759266

BSO (BSO10_09) N=192
1=13 (6,77%) 2=8 (4,17%) 3=31 (16,15%)
4=30 (15,63%) 5=32 (16,67%) 6=78 (40,63%)
$\bar{x}$=4.5312500 σ=1.5683594

10. In de godsdienstles gaat het over dingen die met je leven te maken hebben, waar je niet zomaar op een neutrale manier tegenover staat, zoals bij wiskunde. (LLN14_10)

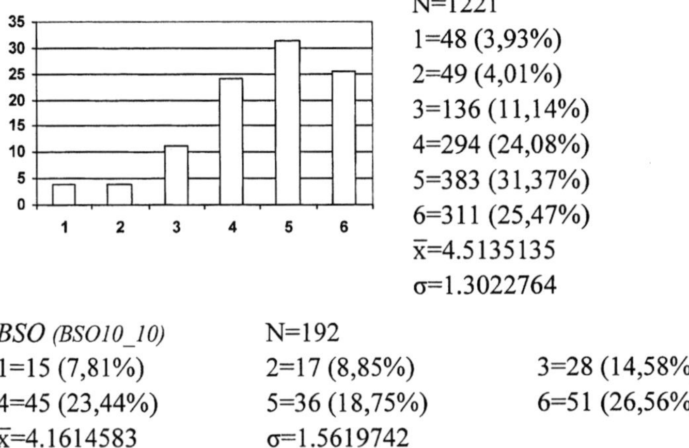

N=1221
1=48 (3,93%)
2=49 (4,01%)
3=136 (11,14%)
4=294 (24,08%)
5=383 (31,37%)
6=311 (25,47%)
x̄=4.5135135
σ=1.3022764

BSO (BSO10_10) N=192
1=15 (7,81%) 2=17 (8,85%) 3=28 (14,58%)
4=45 (23,44%) 5=36 (18,75%) 6=51 (26,56%)
x̄=4.1614583 σ=1.5619742

15. Hieronder peilen we naar jouw mening over godsdienst en godsdienstonderricht

1. Godsdienstlessen waarin het over God, Jezus en de bijbel gaat zijn niet meer van deze tijd. (LLN15_01)

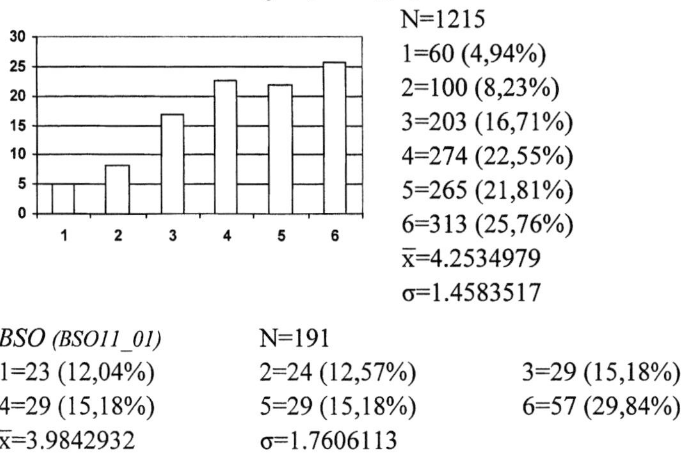

N=1215
1=60 (4,94%)
2=100 (8,23%)
3=203 (16,71%)
4=274 (22,55%)
5=265 (21,81%)
6=313 (25,76%)
x̄=4.2534979
σ=1.4583517

BSO (BSO11_01) N=191
1=23 (12,04%) 2=24 (12,57%) 3=29 (15,18%)
4=29 (15,18%) 5=29 (15,18%) 6=57 (29,84%)
x̄=3.9842932 σ=1.7606113

2. Godsdienst maakt eerder dingen kapot dan dat het goed is voor de mens: kijk maar naar wat zich op 11 september in New York heeft afgespeeld en wat er in Israël allemaal gebeurt. (LLN15_02)

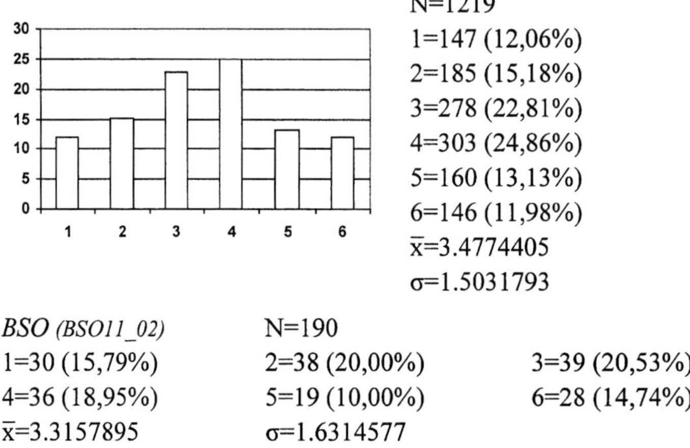

N=1219
1=147 (12,06%)
2=185 (15,18%)
3=278 (22,81%)
4=303 (24,86%)
5=160 (13,13%)
6=146 (11,98%)
$\bar{x}$=3.4774405
σ=1.5031793

BSO (BSO11_02)	N=190	
1=30 (15,79%)	2=38 (20,00%)	3=39 (20,53%)
4=36 (18,95%)	5=19 (10,00%)	6=28 (14,74%)
$\bar{x}$=3.3157895	σ=1.6314577	

3. In onze godsdienstlessen gaat het meer over de actualiteit dan over Jezus, God of de bijbel. (LLN15_03)

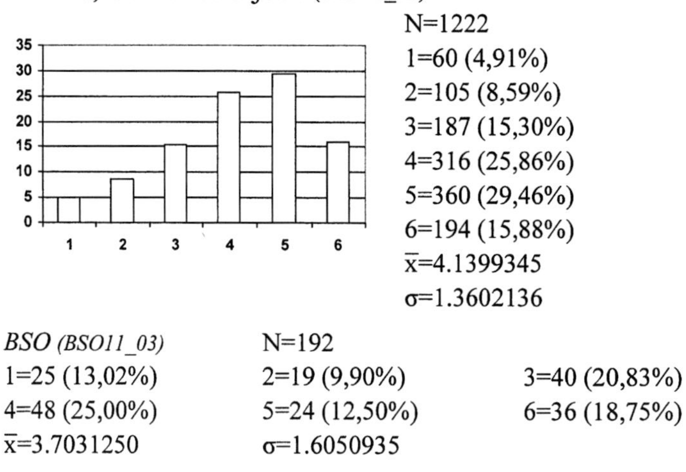

N=1222
1=60 (4,91%)
2=105 (8,59%)
3=187 (15,30%)
4=316 (25,86%)
5=360 (29,46%)
6=194 (15,88%)
$\bar{x}$=4.1399345
σ=1.3602136

BSO (BSO11_03)	N=192	
1=25 (13,02%)	2=19 (9,90%)	3=40 (20,83%)
4=48 (25,00%)	5=24 (12,50%)	6=36 (18,75%)
$\bar{x}$=3.7031250	σ=1.6050935	

4. Verhalen over de broodvermenigvuldiging of Jezus die over het water loopt maken de figuur van Jezus ongeloofwaardig. (LLN15_04)

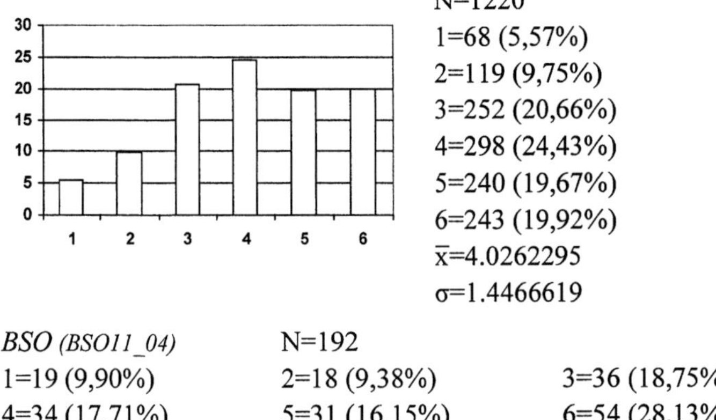

N=1220
1=68 (5,57%)
2=119 (9,75%)
3=252 (20,66%)
4=298 (24,43%)
5=240 (19,67%)
6=243 (19,92%)
x̄=4.0262295
σ=1.4466619

BSO (BSO11_04)	N=192	
1=19 (9,90%)	2=18 (9,38%)	3=36 (18,75%)
4=34 (17,71%)	5=31 (16,15%)	6=54 (28,13%)
x̄=4.0520833	σ=1.6586741	

5. Door het godsdienstonderricht heb ik geleerd waarom de Kerk bepaalde standpunten inneemt (vb. rond seksualiteit, euthanasie, etc.). (LLN15_05)

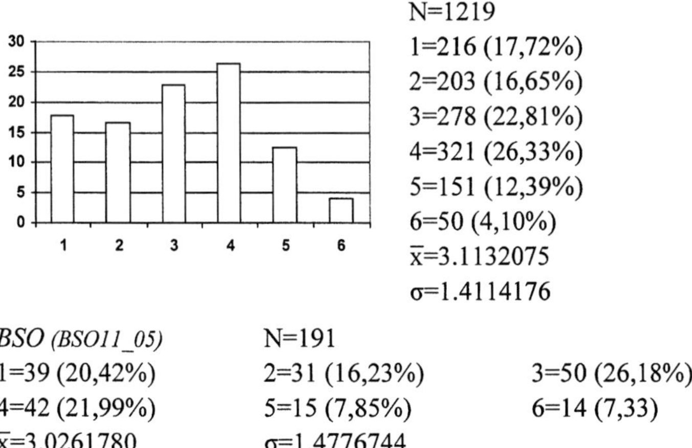

N=1219
1=216 (17,72%)
2=203 (16,65%)
3=278 (22,81%)
4=321 (26,33%)
5=151 (12,39%)
6=50 (4,10%)
x̄=3.1132075
σ=1.4114176

BSO (BSO11_05)	N=191	
1=39 (20,42%)	2=31 (16,23%)	3=50 (26,18%)
4=42 (21,99%)	5=15 (7,85%)	6=14 (7,33)
x̄=3.0261780	σ=1.4776744	

6. Door de godsdienstlessen ben ik mijn persoonlijke betrokkenheid bij het christelijk geloof beter gaan begrijpen. (LLN15_06)

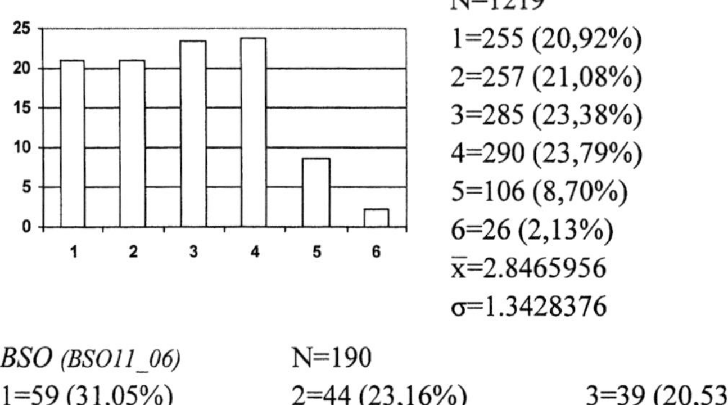

N=1219
1=255 (20,92%)
2=257 (21,08%)
3=285 (23,38%)
4=290 (23,79%)
5=106 (8,70%)
6=26 (2,13%)
$\bar{x}$=2.8465956
σ=1.3428376

BSO (BSO11_06) N=190
1=59 (31,05%) 2=44 (23,16%) 3=39 (20,53%)
4=36 (18,95%) 5=9 (4,74%) 6=3 (1,58%)
$\bar{x}$=2.4789474 σ=1.3161910

7. Ik heb geen mening over dingen die met godsdienst te maken hebben omdat godsdienst mij niet interesseert. (LLN15_07)

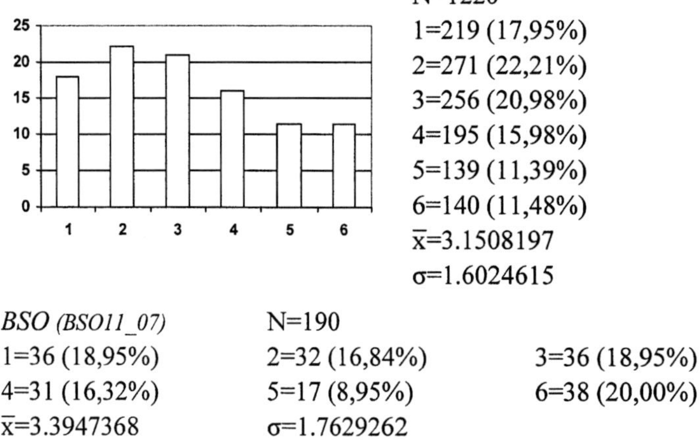

N=1220
1=219 (17,95%)
2=271 (22,21%)
3=256 (20,98%)
4=195 (15,98%)
5=139 (11,39%)
6=140 (11,48%)
$\bar{x}$=3.1508197
σ=1.6024615

BSO (BSO11_07) N=190
1=36 (18,95%) 2=32 (16,84%) 3=36 (18,95%)
4=31 (16,32%) 5=17 (8,95%) 6=38 (20,00%)
$\bar{x}$=3.3947368 σ=1.7629262

8. In discussies wil onze godsdienstleerkracht onze meningen niet aanvaarden, als die niet passen in zijn/haar denkkader. (LLN15_08)

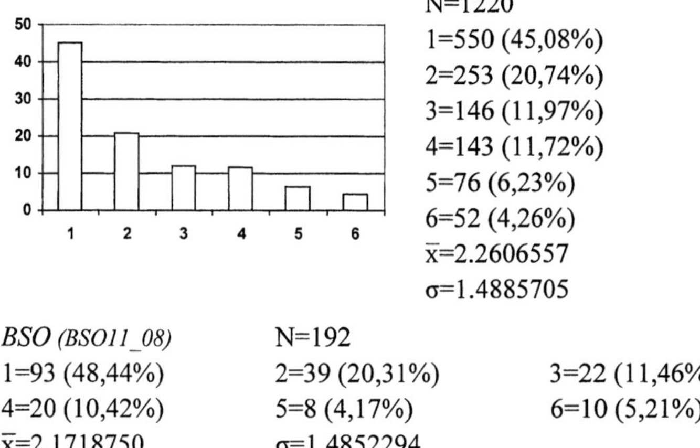

N=1220
1=550 (45,08%)
2=253 (20,74%)
3=146 (11,97%)
4=143 (11,72%)
5=76 (6,23%)
6=52 (4,26%)
$\bar{x}$=2.2606557
σ=1.4885705

BSO (BSO11_08)	N=192	
1=93 (48,44%)	2=39 (20,31%)	3=22 (11,46%)
4=20 (10,42%)	5=8 (4,17%)	6=10 (5,21%)
$\bar{x}$=2.1718750	σ=1.4852294	

9. In de godsdienstlessen krijg je een betere kijk op de betekenis van godsdiensten. (LLN15_09)

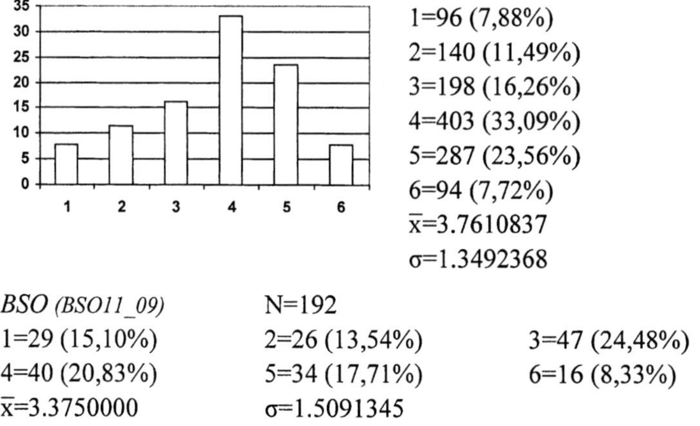

N=1218
1=96 (7,88%)
2=140 (11,49%)
3=198 (16,26%)
4=403 (33,09%)
5=287 (23,56%)
6=94 (7,72%)
$\bar{x}$=3.7610837
σ=1.3492368

BSO (BSO11_09)	N=192	
1=29 (15,10%)	2=26 (13,54%)	3=47 (24,48%)
4=40 (20,83%)	5=34 (17,71%)	6=16 (8,33%)
$\bar{x}$=3.3750000	σ=1.5091345	

10. Godsdienstonderricht wordt in onze school weinig gewaardeerd. (LLN15_10)

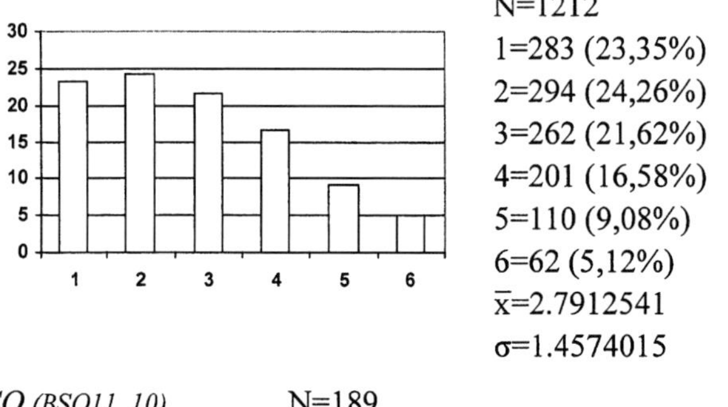

N=1212
1=283 (23,35%)
2=294 (24,26%)
3=262 (21,62%)
4=201 (16,58%)
5=110 (9,08%)
6=62 (5,12%)
x̄=2.7912541
σ=1.4574015

BSO (BSO11_10)	N=189	
1=46 (24,34%)	2=37 (19,58%)	3=42 (22,22%)
4=42 (22,22%)	5=10 (5,29%)	6=12 (6,35%)
x̄=2.8359788	σ=1.4693959	

16. Welk soort tekstmateriaal gebruikt jouw godsdienstleerkracht
1=nooit ; 2=zelden ; 3=soms ; 4=regelmatig ; 5=vaak ; 6=zeer vaak

1. Handboeken (LLN16.1)

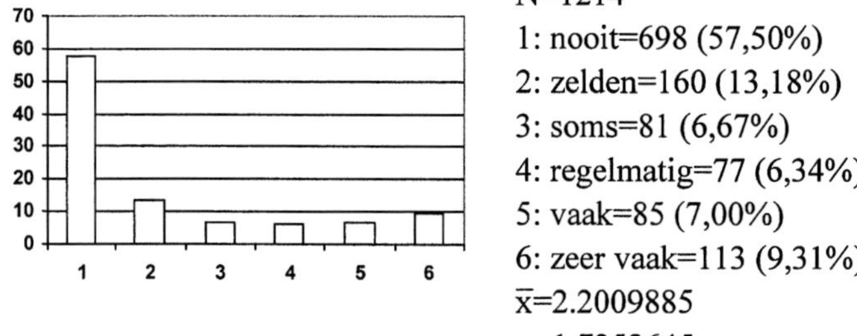

N=1214
1: nooit=698 (57,50%)
2: zelden=160 (13,18%)
3: soms=81 (6,67%)
4: regelmatig=77 (6,34%)
5: vaak=85 (7,00%)
6: zeer vaak=113 (9,31%)
x̄=2.2009885
σ=1.7253645

2. Een zelf gemaakte cursus (LLN16.2)

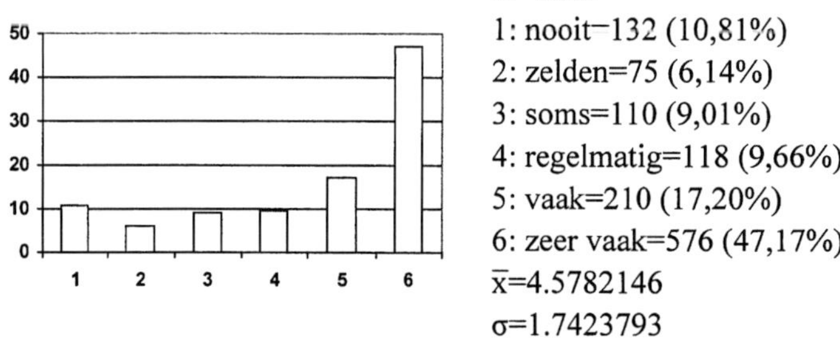

N=1221
1: nooit=132 (10,81%)
2: zelden=75 (6,14%)
3: soms=110 (9,01%)
4: regelmatig=118 (9,66%)
5: vaak=210 (17,20%)
6: zeer vaak=576 (47,17%)
x̄=4.5782146
σ=1.7423793

3. Tijdschriften(LLN16.3)

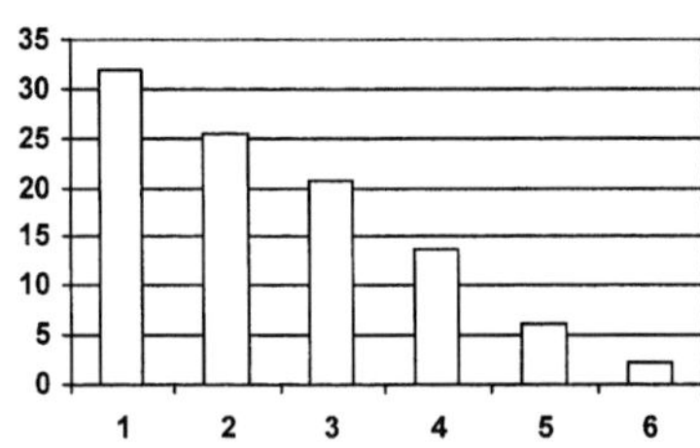

N=1219
1: nooit=389 (31,91%)
2: zelden=309 (25,35%)
3: soms=252 (20,67%)
4: regelmatig=167 (13,70%)
5: vaak=74 (6,07%)
6: zeer vaak=28 (2,30%)
$\bar{x}$=2.4356030
σ=1.3414250

4. Internet (LLN16.4)

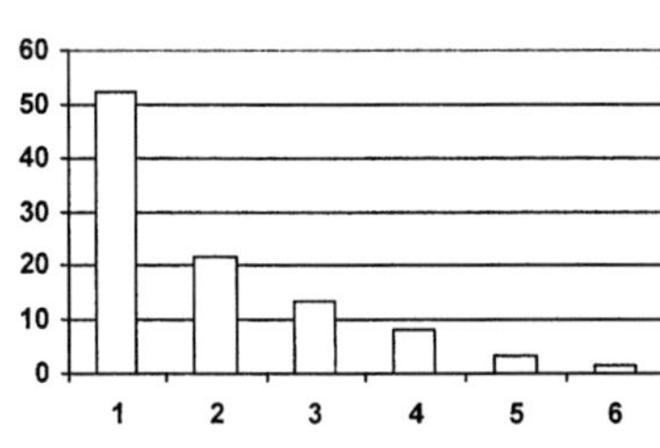

N=1215
1: nooit=635 (52,26%)
2: zelden=260 (21,40%)
3: soms=164 (13,50%)
4: regelmatig=99 (8,15%)
5: vaak=38 (3,13%)
6: zeer vaak=19 (1,56%)
$\bar{x}$=1.9316872
σ=1.2295544

5. Kranten (LLN16.5)

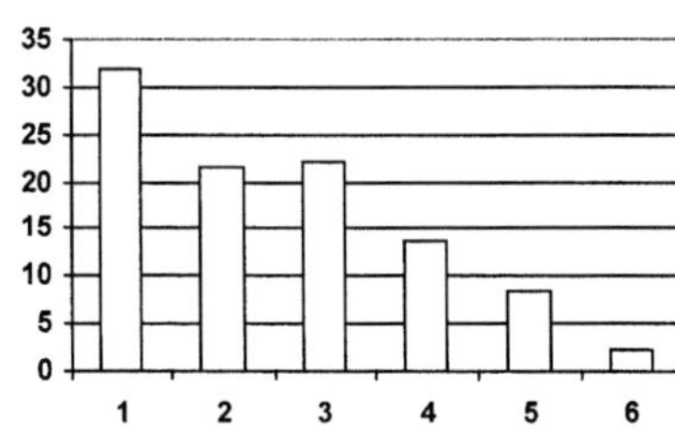

N=1216
1: nooit=389 (31,99%)
2: zelden=261 (21,46%)
3: soms=270 (22,20%)
4: regelmatig=166 (13,65%)
5: vaak=101 (8,31%)
6: zeer vaak=29 (2,38%)
$\bar{x}$=2.5197368
σ=1.3959159

6. Audio-visueel (film, reportage, documentaire, etc.) (LLN16.6)

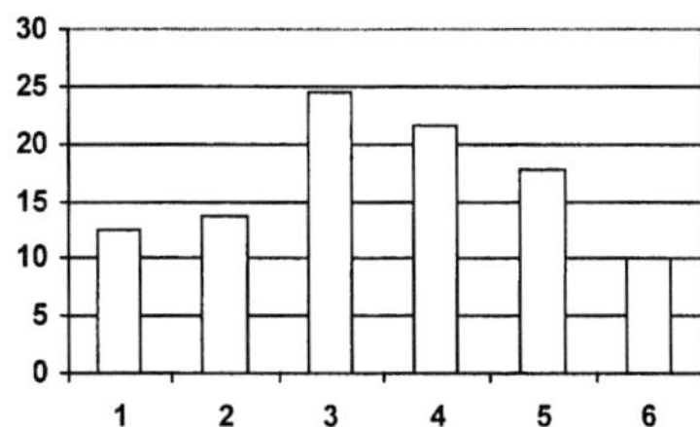

N=1214
1: nooit=151 (12,44%)
2: zelden=167 (13,76%)
3: soms=296 (24,38%)
4: regelmatig=262 (21,58%)
5: vaak=216 (17,79%)
6: zeer vaak=122 (10,05%)
$\bar{x}$=3.4868204
σ=1.4939529

7. Muziek (songteksten, instrumentaal) (LLN16.7)

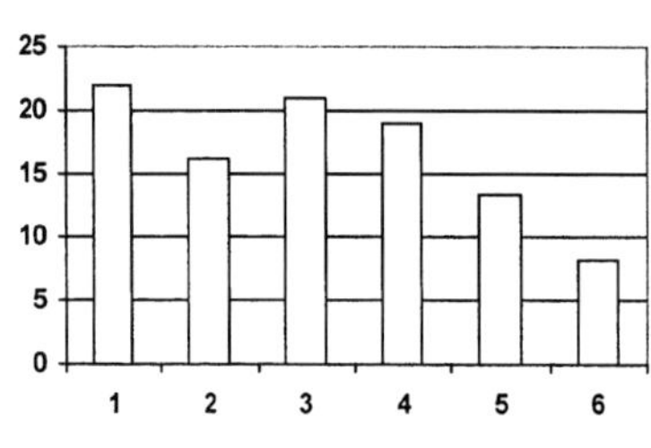

N=1209
1: nooit=267 (22,08%)
2: zelden=197 (16,29%)
3: soms=254 (21,01%)
4: regelmatig=229 (18,94%)
5: vaak=162 (13,40%)
6: zeer vaak=100 (8,27%)
$\bar{x}$=3.1009098
σ=1.5836732

8. Andere: 'verhalen', 'poëzie, teksten uit boeken, verhaaltjes'; 'zelf uitgezochte verhalen met een moraal'; 'het bord'; 'bijbel'; 'zelfnotitie in groepsverband'; 'zelfgemaakte schrift (≠ cursus)'; 'gewoon praten over actuele thema's'; 'klasgesprekken over actuele onderwerpen', 'Tsjechov', 'boeken: bv. de wereld van Sofie', 'literatuurfilosofie'. (LLN16.8)

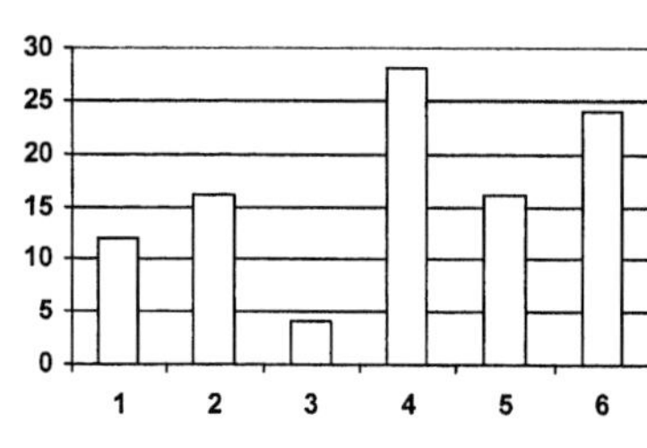

N=25
1: nooit=3 (12,00%)
2: zelden=4 (16,00%)
3: soms=1 (4,00%)
4: regelmatig=7 (28,00%)
5: vaak=4 (16,00%)
6: zeer vaak=6 (24,00%)
$\bar{x}$=3.9200000
σ=1.7301252

17. Hieronder peilen wij naar de wijze waarop jullie godsdienstleerkracht godsdienst ter sprake brengt in de les

1. Door het godsdienstonderricht heb ik ingezien dat het christendom complexer is dan ik dacht. (LLN17_01)

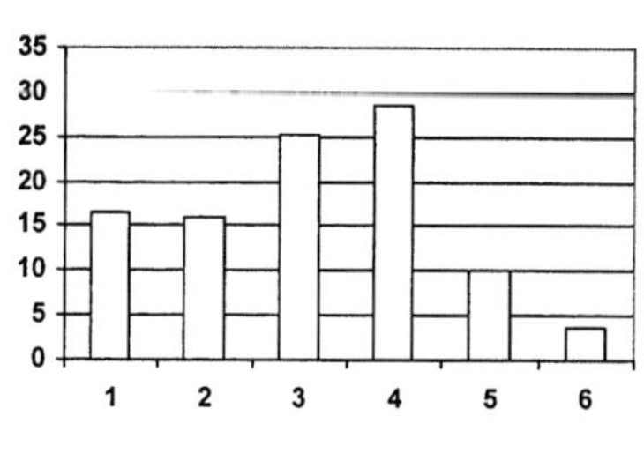

N=1221
1=201 (16,46%)
2=195 (15,97%)
3=307 (25,14%)
4=349 (28,58%)
5=124 (10,16%)
6=45 (3,69%)
$\bar{x}$=3.1105651
σ=1.3532213

BSO (BSO12_01)	N=191	
1=40 (20,94%)	2=29 (15,18%)	3=51 (26,70%)
4=42 (21,99%)	5=17 (8,90%)	6=12 (6,28%)
$\bar{x}$=3.0157068	σ=1.4635085	

2. Onze leerkracht koppelt bijbelteksten aan de inzet van christenen vandaag. (LLN17_02)

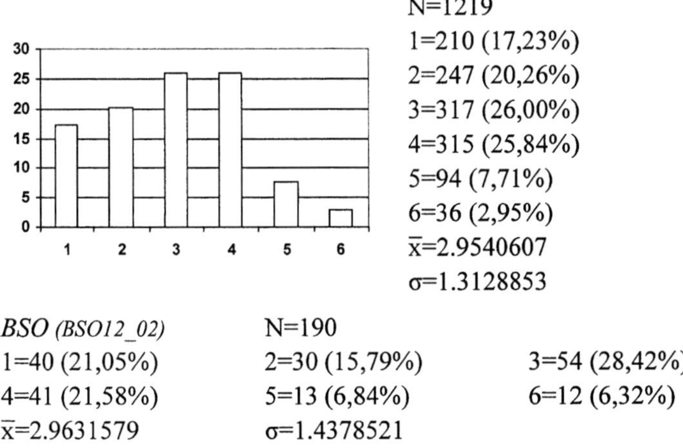

N=1219
1=210 (17,23%)
2=247 (20,26%)
3=317 (26,00%)
4=315 (25,84%)
5=94 (7,71%)
6=36 (2,95%)
$\bar{x}$=2.9540607
σ=1.3128853

BSO (BSO12_02)	N=190	
1=40 (21,05%)	2=30 (15,79%)	3=54 (28,42%)
4=41 (21,58%)	5=13 (6,84%)	6=12 (6,32%)
$\bar{x}$=2.9631579	σ=1.4378521	

3. In de godsdienstlessen leren wij hoe gelovige mensen vandaag denken over bepaalde thema's zoals seksualiteit, dood, ... (LLN17_03)

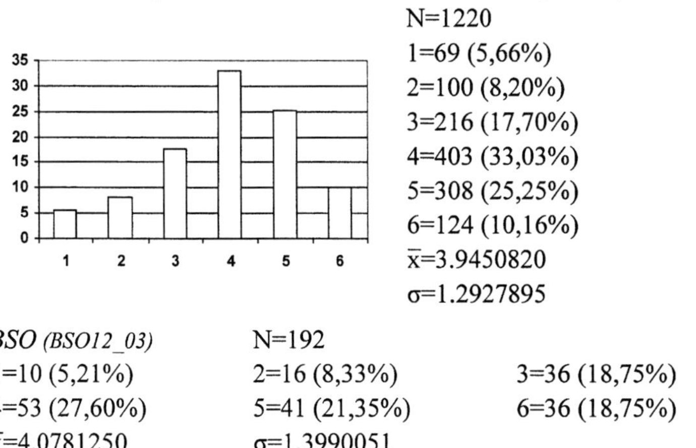

N=1220
1=69 (5,66%)
2=100 (8,20%)
3=216 (17,70%)
4=403 (33,03%)
5=308 (25,25%)
6=124 (10,16%)
$\bar{x}$=3.9450820
σ=1.2927895

BSO (BSO12_03)	N=192	
1=10 (5,21%)	2=16 (8,33%)	3=36 (18,75%)
4=53 (27,60%)	5=41 (21,35%)	6=36 (18,75%)
$\bar{x}$=4.0781250	σ=1.3990051	

4. Ik zou graag willen weten waarom christenen spreken van de verrijzenis van Jezus Christus. (LLN17_04)

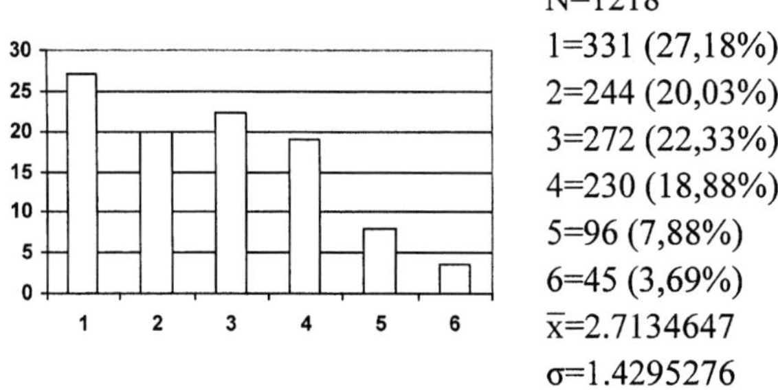

N=1218
1=331 (27,18%)
2=244 (20,03%)
3=272 (22,33%)
4=230 (18,88%)
5=96 (7,88%)
6=45 (3,69%)
$\bar{x}$=2.7134647
σ=1.4295276

BSO (*BSO12_04*)	N=192	
1=58 (30,21%)	2=40 (20,83%)	3=39 (20,31%)
4=26 (13,54%)	5=15 (7,81%)	6=14 (7,29%)
$\bar{x}$=2.6979167	σ=1.5627858	

5. Onze leerkracht doet ons begrijpen wat godsdienst is doorheen het lezen van godsdienstige teksten. (LLN17_05)

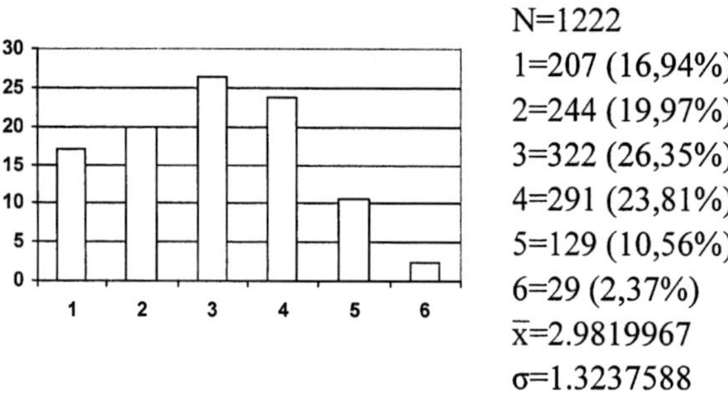

N=1222
1=207 (16,94%)
2=244 (19,97%)
3=322 (26,35%)
4=291 (23,81%)
5=129 (10,56%)
6=29 (2,37%)
$\bar{x}$=2.9819967
σ=1.3237588

BSO (*BSO12_05*)	N=192	
1=42 (21,88%)	2=42 (21,88%)	3=53 (27,60%)
4=36 (18,75%)	5=15 (7,81%)	6=4 (2,08%)
$\bar{x}$=2.7500000	σ=1.3144385	

6. In onze godsdienstlessen neemt de figuur van Jezus een centrale plaats in. (LLN17_06)

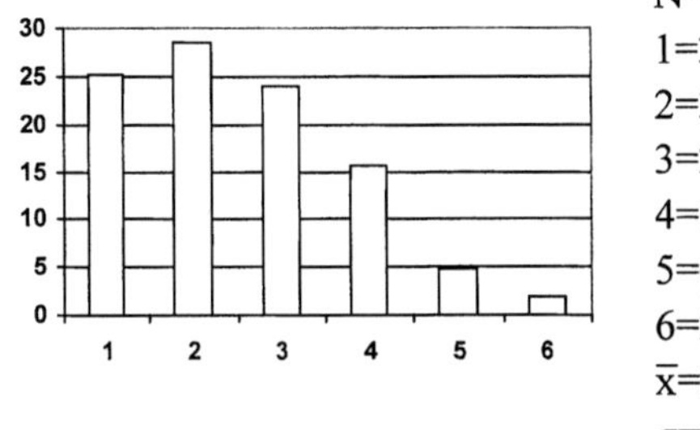

N=1219
1=307 (25,18%)
2=347 (28,47%)
3=292 (23,95%)
4=190 (15,59%)
5=60 (4,92%)
6=23 (1,89%)
$\bar{x}$=2.5225595
σ=1.2601410

BSO (BSO12_06)	N=191	
1=49 (25,65%)	2=47 (24,61%)	3=41 (21,47%)
4=35 (18,32%)	5=14 (7,33%)	6=5 (2,62%)
$\bar{x}$=2.6492147	σ=1.3678592	

7. Onze leerkracht gebruikt wel eens kerkelijke documenten maar ik begrijp daar niet veel van. (LLN17_07)

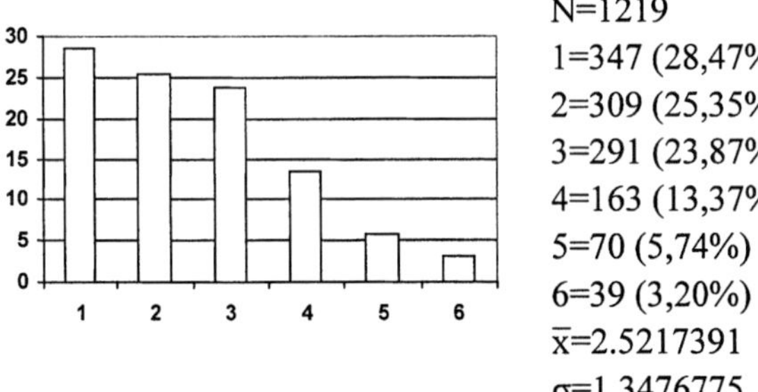

N=1219
1=347 (28,47%)
2=309 (25,35%)
3=291 (23,87%)
4=163 (13,37%)
5=70 (5,74%)
6=39 (3,20%)
$\bar{x}$=2.5217391
σ=1.3476775

BSO (BSO12_07)	N=192	
1=74 (38,54%)	2=40 (20,83%)	3=32 (16,67%)
4=14 (7,29%)	5=14 (7,29%)	6=18 (9,38%)
$\bar{x}$=2.5208333	σ=1.6562063	

8. Onze godsdienstleerkracht besteedt aandacht aan de christelijke symboliek zoals die is uitgebeeld in de kunst, muziek, gebouwen. (LLN17_08)

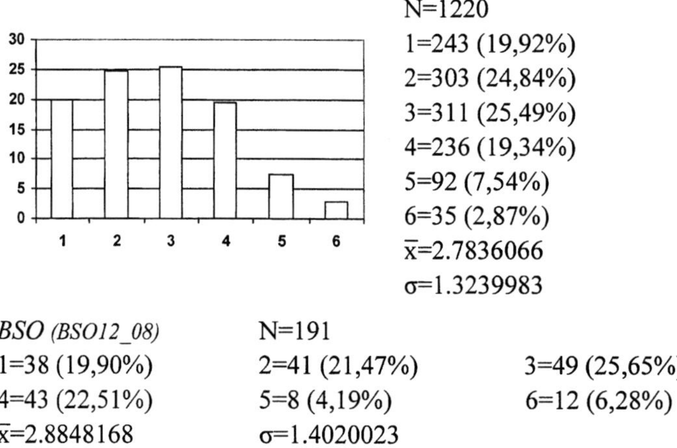

N=1220
1=243 (19,92%)
2=303 (24,84%)
3=311 (25,49%)
4=236 (19,34%)
5=92 (7,54%)
6=35 (2,87%)
$\bar{x}$=2.7836066
σ=1.3239983

BSO (BSO12_08) N=191
1=38 (19,90%) 2=41 (21,47%) 3=49 (25,65%)
4=43 (22,51%) 5=8 (4,19%) 6=12 (6,28%)
$\bar{x}$=2.8848168 σ=1.4020023

9. In onze godsdienstlessen leren wij hoe mensen vandaag hun geloof trachten waar te maken in sacramenten en rituelen. (LLN17_09)

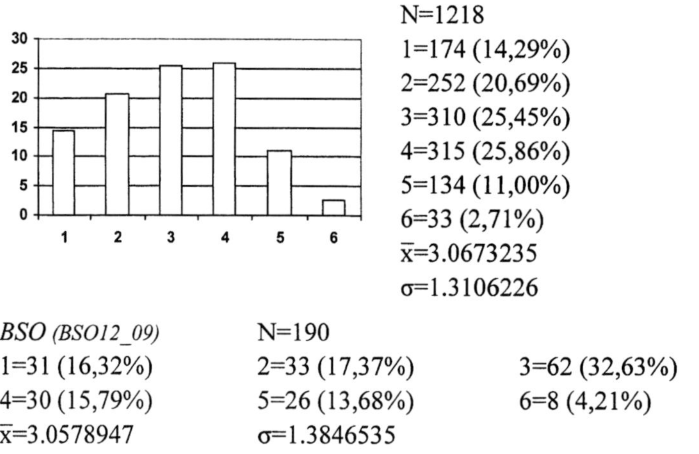

N=1218
1=174 (14,29%)
2=252 (20,69%)
3=310 (25,45%)
4=315 (25,86%)
5=134 (11,00%)
6=33 (2,71%)
$\bar{x}$=3.0673235
σ=1.3106226

BSO (BSO12_09) N=190
1=31 (16,32%) 2=33 (17,37%) 3=62 (32,63%)
4=30 (15,79%) 5=26 (13,68%) 6=8 (4,21%)
$\bar{x}$=3.0578947 σ=1.3846535

10. Door het godsdienstonderricht heb ik gezien dat het in de godsdienst uiteindelijk niet gaat om de kerk maar om de mens. (LLN17_10)

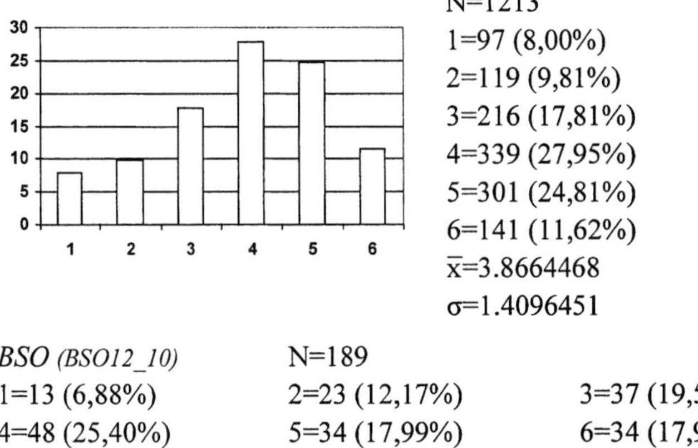

N=1213
1=97 (8,00%)
2=119 (9,81%)
3=216 (17,81%)
4=339 (27,95%)
5=301 (24,81%)
6=141 (11,62%)
$\bar{x}$=3.8664468
σ=1.4096451

BSO (BSO12_10)	N=189	
1=13 (6,88%)	2=23 (12,17%)	3=37 (19,58%)
4=48 (25,40%)	5=34 (17,99%)	6=34 (17,99%)
$\bar{x}$=3.8941799	σ=1.4837481	

18. Hieronder peilen we naar de wijze waarop de interactie tijdens de godsdienstlessen verloopt

1. In onze godsdienstlessen debatteren we over de toekomstkansen van het christendom. (LLN18_01)

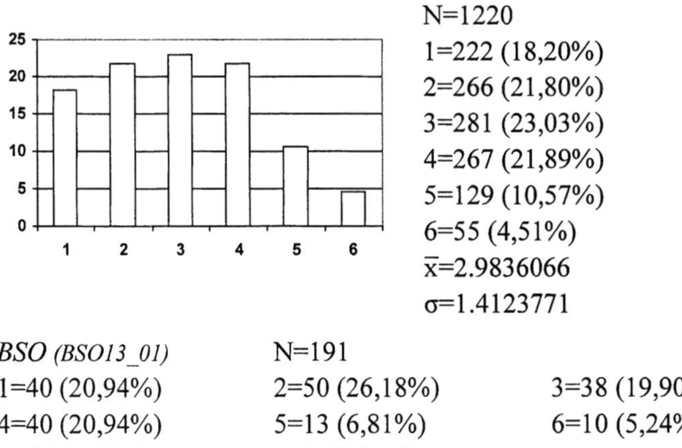

N=1220
1=222 (18,20%)
2=266 (21,80%)
3=281 (23,03%)
4=267 (21,89%)
5=129 (10,57%)
6=55 (4,51%)
$\bar{x}$=2.9836066
σ=1.4123771

BSO (BSO13_01)	N=191	
1=40 (20,94%)	2=50 (26,18%)	3=38 (19,90%)
4=40 (20,94%)	5=13 (6,81%)	6=10 (5,24%)
$\bar{x}$=2.8219895	σ=1.4252380	

2. Hoewel het niet gemakkelijk is om in een klas echt te discussiëren slaagt onze godsdienstleerkracht er toch in inhoudelijk boeiende discussies te voeren met ons. (LLN18_02)

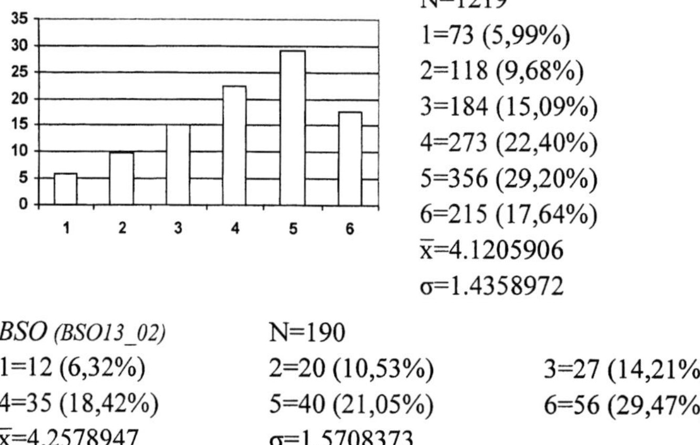

N=1219
1=73 (5,99%)
2=118 (9,68%)
3=184 (15,09%)
4=273 (22,40%)
5=356 (29,20%)
6=215 (17,64%)
$\bar{x}$=4.1205906
σ=1.4358972

BSO (BSO13_02) N=190
1=12 (6,32%) 2=20 (10,53%) 3=27 (14,21%)
4=35 (18,42%) 5=40 (21,05%) 6=56 (29,47%)
$\bar{x}$=4.2578947 σ=1.5708373

3. Ik weet meestal wat ik moet antwoorden op de vragen van de leerkracht om hem/haar tevreden te stellen. (LLN18_03)

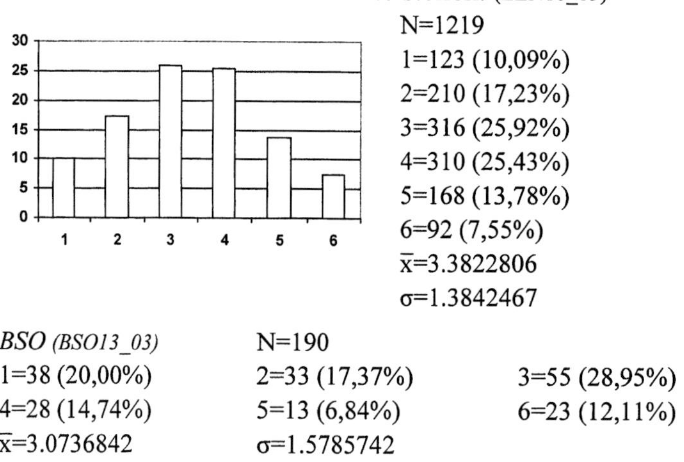

N=1219
1=123 (10,09%)
2=210 (17,23%)
3=316 (25,92%)
4=310 (25,43%)
5=168 (13,78%)
6=92 (7,55%)
$\bar{x}$=3.3822806
σ=1.3842467

BSO (BSO13_03) N=190
1=38 (20,00%) 2=33 (17,37%) 3=55 (28,95%)
4=28 (14,74%) 5=13 (6,84%) 6=23 (12,11%)
$\bar{x}$=3.0736842 σ=1.5785742

4. Onze godsdienstleerkracht kan goed luisteren. (LLN18_04)

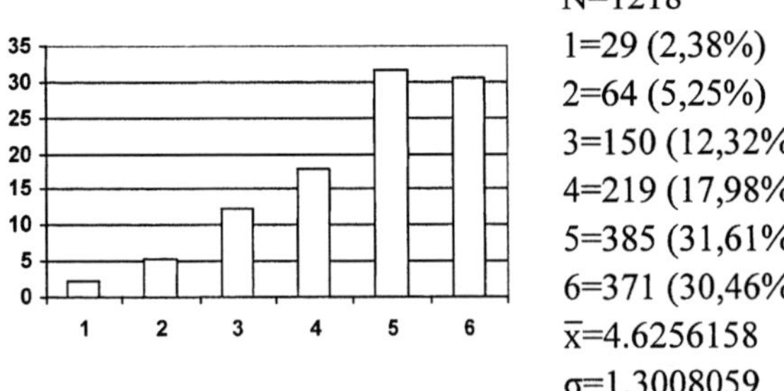

N=1218
1=29 (2,38%)
2=64 (5,25%)
3=150 (12,32%)
4=219 (17,98%)
5=385 (31,61%)
6=371 (30,46%)
x̄=4.6256158
σ=1.3008059

BSO (BSO13_04) N=190
1=6 (3,16%) 2=10 (5,26%) 3=19 (10,00%)
4=28 (14,74%) 5=39 (20,53%) 6=88 (46,32%)
x̄=4.8315789 σ=1.4040955

5. In de godsdienstlessen kan je echte vragen stellen, en ze krijgen ook een antwoord. (LLN18_05)

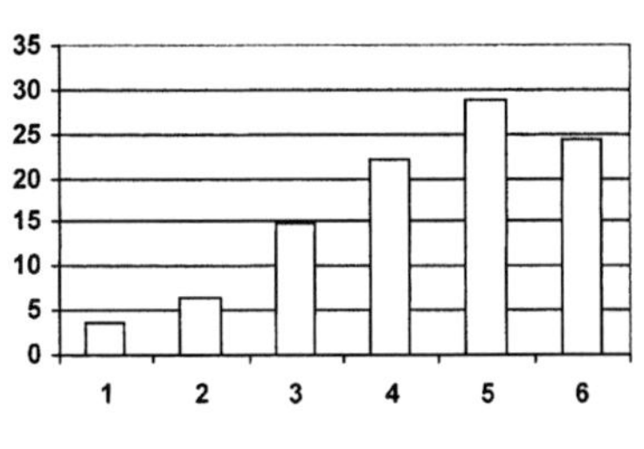

N=1219
1=44 (3,61%)
2=78 (6,40%)
3=181 (14,85%)
4=268 (21,99%)
5=352 (28,88%)
6=296 (24,28%)
x̄=4.3896637
σ=1.3560997

BSO (BSO13_05) N=187
1=12 (6,42%) 2=16 (8,56%) 3=21 (11,23%)
4=35 (18,72%) 5=40 (21,39%) 6=63 (33,69%)
x̄=4.4117647 σ=1.5611102

6. Een klassituatie is niet geschikt om over godsdienst te discussiëren. (LLN18_06)

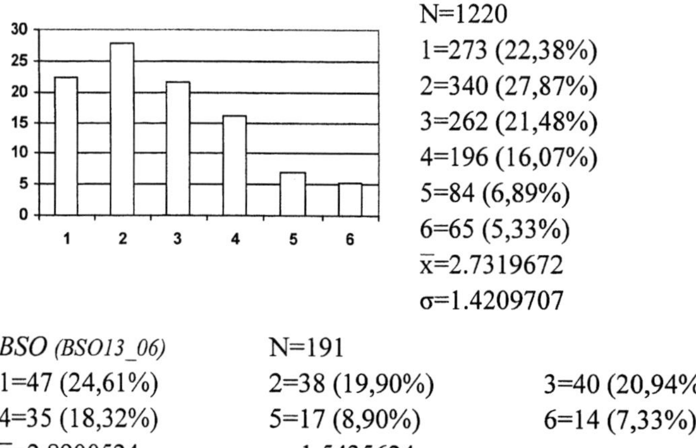

N=1220
1=273 (22,38%)
2=340 (27,87%)
3=262 (21,48%)
4=196 (16,07%)
5=84 (6,89%)
6=65 (5,33%)
$\bar{x}$=2.7319672
σ=1.4209707

BSO (BSO13_06)	N=191	
1=47 (24,61%)	2=38 (19,90%)	3=40 (20,94%)
4=35 (18,32%)	5=17 (8,90%)	6=14 (7,33%)
$\bar{x}$=2.8900524	σ=1.5435624	

7. Het is al gebeurd dat ik door een discussie in de godsdienstles van gedacht veranderd ben over een thema (bv. euthanasie) door wat een andere leerling daarover vertelde. (LLN18_07)

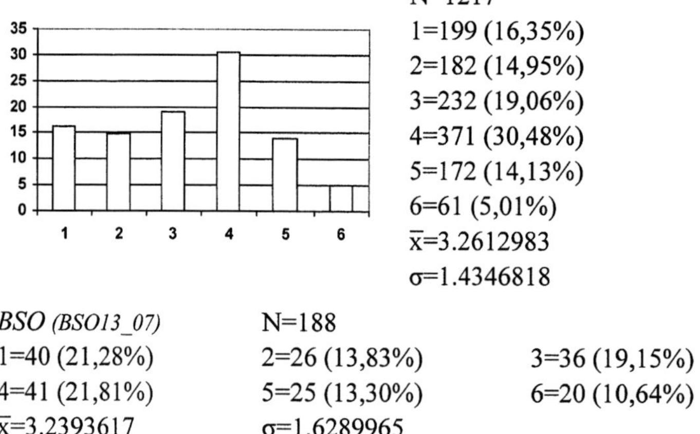

N=1217
1=199 (16,35%)
2=182 (14,95%)
3=232 (19,06%)
4=371 (30,48%)
5=172 (14,13%)
6=61 (5,01%)
$\bar{x}$=3.2612983
σ=1.4346818

BSO (BSO13_07)	N=188	
1=40 (21,28%)	2=26 (13,83%)	3=36 (19,15%)
4=41 (21,81%)	5=25 (13,30%)	6=20 (10,64%)
$\bar{x}$=3.2393617	σ=1.6289965	

8. Als er in de godsdienstles waarheid gesproken wordt, is het muisstil. (LLN18_08)

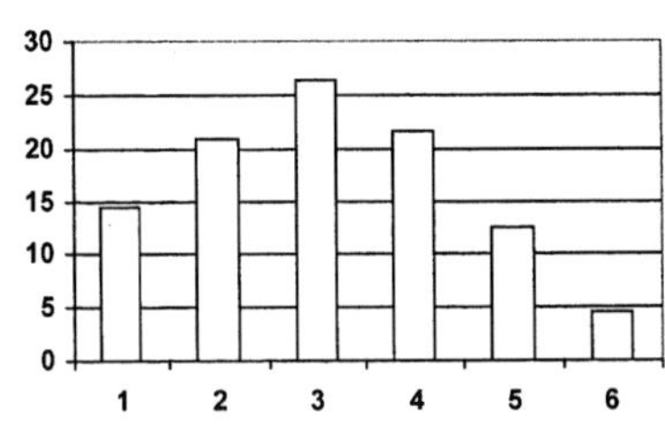

N=1218
1=175 (14,37%)
2=253 (20,77%)
3=322 (26,44%)
4=262 (21,51%)
5=151 (12,40%)
6=55 (4,52%)
$\bar{x}$=3.1034483
σ=1.3750224

BSO (BSO13_08)	N=189	
1=42 (22,22%)	2=30 (15,87%)	3=47 (24,87%)
4=29 (15,34%)	5=18 (9,52%)	6=23 (12,17%)
$\bar{x}$=3.1058201	σ=1.6371414	

9. Onze leerkracht maakt vaak dingen duidelijk door aan te sluiten bij hoe wij dat in ons eigen leven ervaren. (LLN18_09)

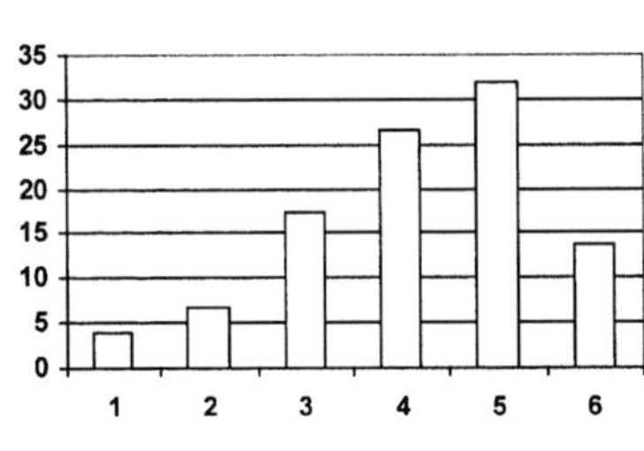

N=1213
1=49 (4,04%)
2=81 (6,68%)
3=209 (17,23%)
4=323 (26,63%)
5=386 (31,82%)
6=165 (13,60%)
$\bar{x}$=4.1632317
σ=1.2806249

BSO (BSO13_09)	N=189	
1=7 (3,70%)	2=24 (12,70%)	3=24 (12,70%)
4=52 (27,51%)	5=41 (21,69%)	6=41 (21,69%)
$\bar{x}$=4.1587302	σ=1.4277607	

10. Ik zeg liever niet teveel in de godsdienstles, want dan word je toch altijd uitgelachen. (LLN18_10)

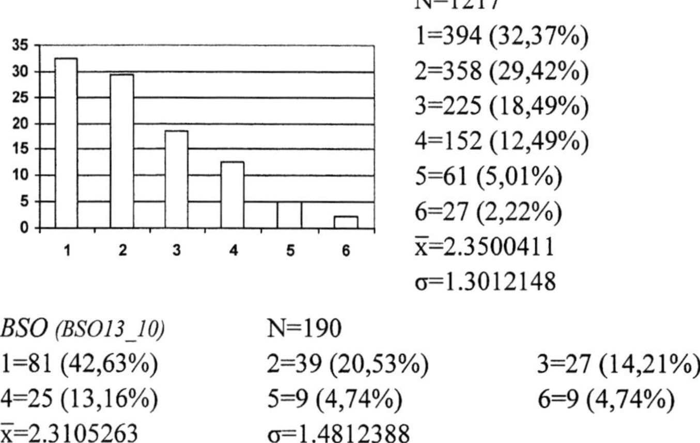

N=1217
1=394 (32,37%)
2=358 (29,42%)
3=225 (18,49%)
4=152 (12,49%)
5=61 (5,01%)
6=27 (2,22%)
$\bar{x}$=2.3500411
σ=1.3012148

BSO (*BSO13_10)*	N=190	
1=81 (42,63%)	2=39 (20,53%)	3=27 (14,21%)
4=25 (13,16%)	5=9 (4,74%)	6=9 (4,74%)
$\bar{x}$=2.3105263	σ=1.4812388	

19. Enkele vragen rond je gelovige visie

De volgende vragen gaan over wat en hoe jij precies gelooft. We willen graag weten in hoeverre je je aansluit bij volgende stellingen.

1. Er zijn naast het christendom ook andere religies die waarheid bevatten. (LLN19_01)

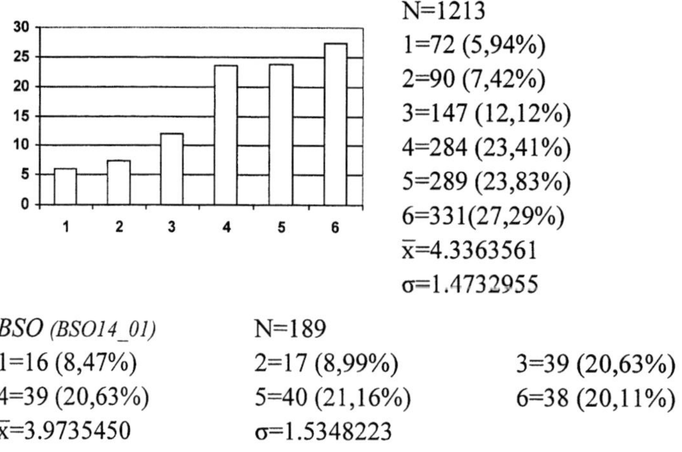

N=1213
1=72 (5,94%)
2=90 (7,42%)
3=147 (12,12%)
4=284 (23,41%)
5=289 (23,83%)
6=331(27,29%)
$\bar{x}$=4.3363561
σ=1.4732955

BSO (*BSO14_01)*	N=189	
1=16 (8,47%)	2=17 (8,99%)	3=39 (20,63%)
4=39 (20,63%)	5=40 (21,16%)	6=38 (20,11%)
$\bar{x}$=3.9735450	σ=1.5348223	

2. In dialoog treden met andere godsdiensten is een uitstekend instrument om mensen die een ander geloof hebben, kennis te laten maken met het christendom, vooral voor hen is dit dus interessant. (LLN19_02)

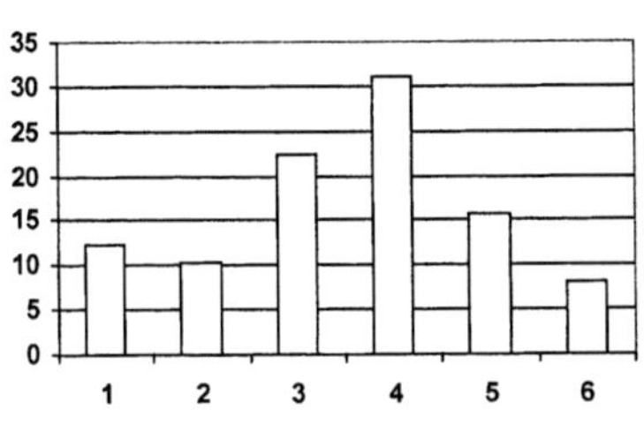

N=1215
1=150 (12,35%)
2=126 (10,37%)
3=273 (22,47%)
4=378 (31,11%)
5=191 (15,72%)
6=97 (7,98%)
$\bar{x}$=3.5144033
σ=1.4117353

3. De interreligieuze dialoog mag het christendom niet in vraag stellen. (LLN19_03)

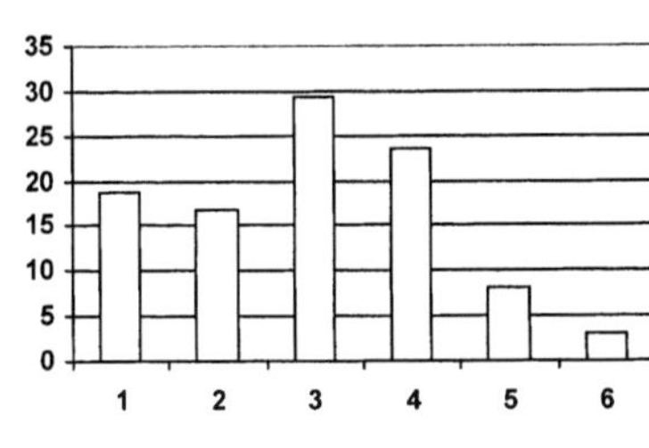

N=1200
1=226 (18,83%)
2=201 (16,75%)
3=354 (29,50%)
4=282 (23,50%)
5=99 (8,25%)
6=38 (3,17%)
$\bar{x}$=2.9508333
σ=1.3303725

4. Geen enkele godsdienst is beter dan een andere godsdienst. (LLN19_04)

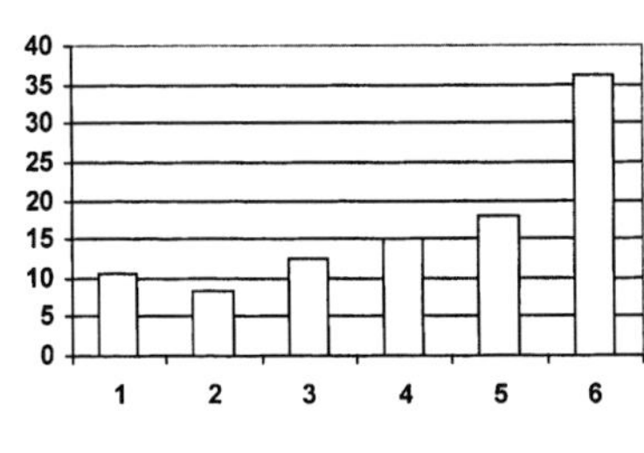

N=1208
1=126 (10,43%)
2=100 (8,28%)
3=151 (12,50%)
4=180 (14,90%)
5=216 (17,88%)
6=435 (36,01%)
$\bar{x}$=4.2955298
σ=1.7114788

BSO (BSO14_02) 'Alle godsdiensten zijn gelijkwaardig'
N=190

1=46 (24,21%)	2=27 (14,21%)	3=29 (15,26%)
4=32 (16,84%)	5=18 (9,47%)	6=38 (20,00%)
$\bar{x}$=3.3315789	σ=1.8345747	

5. Volgens mij is de Geest van Christus ook werkzaam aanwezig in andere godsdiensten en worden niet-christenen dankzij deze werkzame kracht met God verzoend. (LLN19_05)

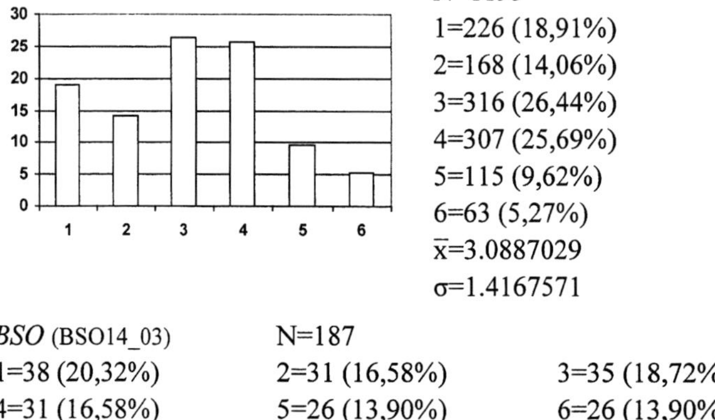

N=1195
1=226 (18,91%)
2=168 (14,06%)
3=316 (26,44%)
4=307 (25,69%)
5=115 (9,62%)
6=63 (5,27%)
$\bar{x}$=3.0887029
σ=1.4167571

BSO (BSO14_03)	N=187	
1=38 (20,32%)	2=31 (16,58%)	3=35 (18,72%)
4=31 (16,58%)	5=26 (13,90%)	6=26 (13,90%)
$\bar{x}$=3.2887701	σ=1.6982065	

6. Hoewel ik persoonlijk er van overtuigd ben dat ook niet-christenen door Christus' genade gered worden, zal ik deze overtuiging niet luidop verkondigen uit respect voor de eigenheid van de andersgelovigen. (LLN19_06)

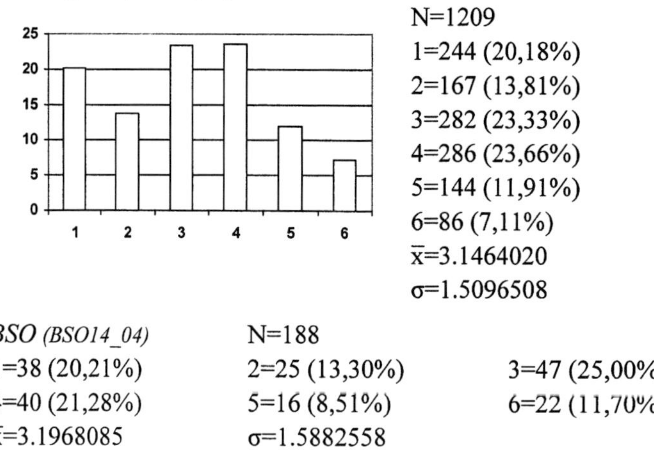

N=1209
1=244 (20,18%)
2=167 (13,81%)
3=282 (23,33%)
4=286 (23,66%)
5=144 (11,91%)
6=86 (7,11%)
$\bar{x}$=3.1464020
σ=1.5096508

BSO (BSO14_04)	N=188	
1=38 (20,21%)	2=25 (13,30%)	3=47 (25,00%)
4=40 (21,28%)	5=16 (8,51%)	6=22 (11,70%)
$\bar{x}$=3.1968085	σ=1.5882558	

7. De naastenliefde is voor mij de norm en leidraad, om ethische beslissingen te beoordelen, ook die van niet-christenen. (LLN19_07)

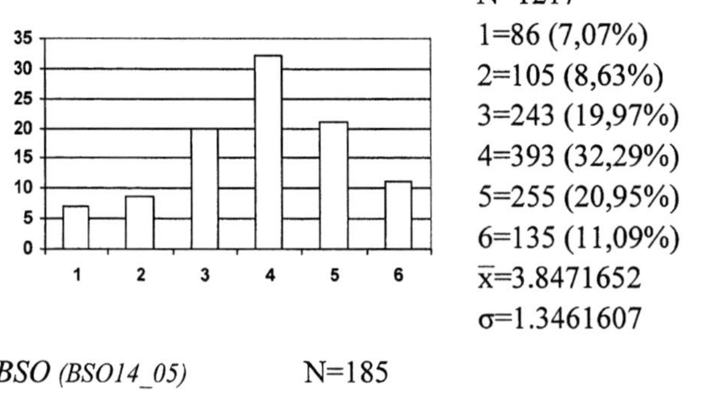

N=1217
1=86 (7,07%)
2=105 (8,63%)
3=243 (19,97%)
4=393 (32,29%)
5=255 (20,95%)
6=135 (11,09%)
$\bar{x}$=3.8471652
σ=1.3461607

BSO (BSO14_05)	N=185	
1=30 (16,22%)	2=21 (11,35%)	3=48 (25,95%)
4=38 (20,54%)	5=21 (11,35%)	6=27 (14,59%)
$\bar{x}$=3.4324324	σ=1.6006205	

8. Het christendom mag als uitgangspunt genomen worden om andere godsdiensten te beoordelen. (LLN19_08)

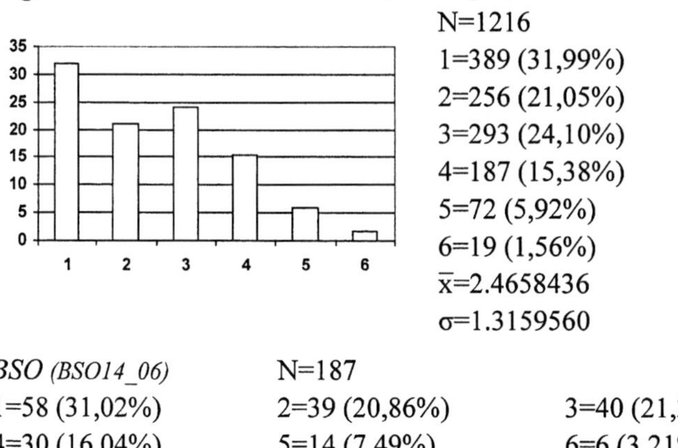

N=1216
1=389 (31,99%)
2=256 (21,05%)
3=293 (24,10%)
4=187 (15,38%)
5=72 (5,92%)
6=19 (1,56%)
$\bar{x}$=2.4658436
σ=1.3159560

BSO (BSO14_06)	N=187	
1=58 (31,02%)	2=39 (20,86%)	3=40 (21,39%)
4=30 (16,04%)	5=14 (7,49%)	6=6 (3,21%)
$\bar{x}$=2.5775401	σ=1.4248668	

9. Alle religies zijn historisch-cultureel bepaalde interpretaties van de éne mysterieuze Ultieme werkelijkheid. (LLN19_09)

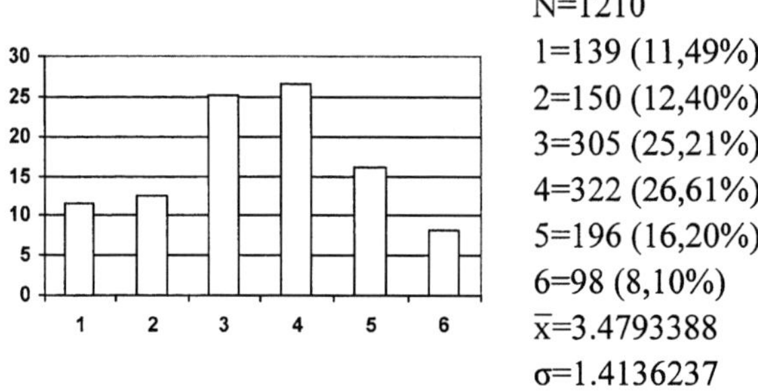

N=1210
1=139 (11,49%)
2=150 (12,40%)
3=305 (25,21%)
4=322 (26,61%)
5=196 (16,20%)
6=98 (8,10%)
x̄=3.4793388
σ=1.4136237

BSO (BSO14_08) 'Godsdiensten zijn slechts menselijke interpretaties van het goddelijke mysterie'
N=185

1=22 (11,89%) 2=25 (13,51%) 3=45 (24,32%)
4=36 (19,46%) 5=30 (16,22%) 6=27 (14,59%)
x̄=3.5837838 σ=1.5620349

10. Alle godsdiensten zijn uiteindelijk even waar en werkelijkheidsgetrouw. (LLN19_10)

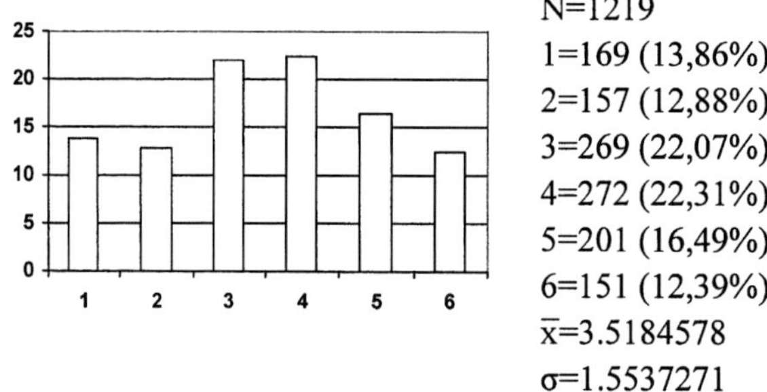

N=1219
1=169 (13,86%)
2=157 (12,88%)
3=269 (22,07%)
4=272 (22,31%)
5=201 (16,49%)
6=151 (12,39%)
x̄=3.5184578
σ=1.5537271

11. Alle religies zijn complementair. Ze vormen stuk voor partiële interpretaties van de Ultieme goddelijke werkelijkheid. (LLN19_11)

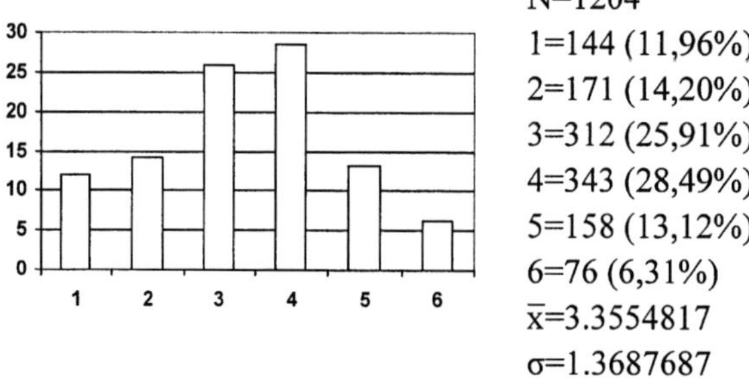

N=1204
1=144 (11,96%)
2=171 (14,20%)
3=312 (25,91%)
4=343 (28,49%)
5=158 (13,12%)
6=76 (6,31%)
x̄=3.3554817
σ=1.3687687

BSO (BSO14_07) *'Alle godsdiensten gaan terug op hetzelfde goddelijke mysterie'*
N=185

1=29 (15,68%)	2=25 (13,51%)	3=36 (19,46%)
4=34 (18,38%)	5=20 (10,81%)	6=41 (22,16%)
$\bar{x}$=3.6162162	σ=1.7347963	

12. Omdat alle godsdiensten complementair zijn, is de interreligieuze dialoog het beste instrument om de verschillende en uiteenlopende aspecten van Ultieme werkelijkheid, bron en doel van alle godsdiensten, samen te passen tot een eenheidsreligie. (LLN19_12)

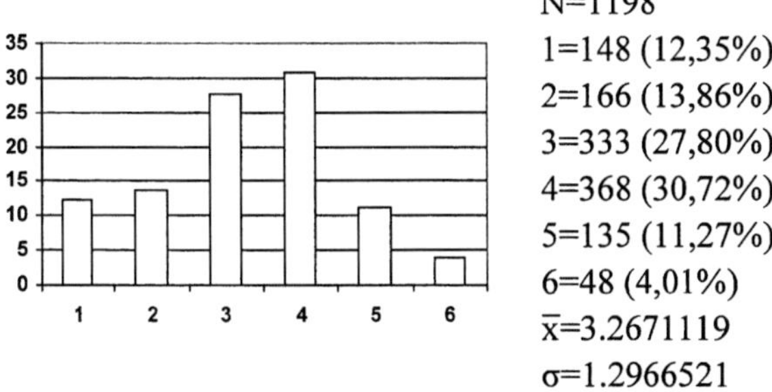

N=1198
1=148 (12,35%)
2=166 (13,86%)
3=333 (27,80%)
4=368 (30,72%)
5=135 (11,27%)
6=48 (4,01%)
$\bar{x}$=3.2671119
σ=1.2966521

13. Aangezien alle godsdiensten uiteindelijk leiden tot hetzelfde doel, met name het Ultieme, maakt het uiteindelijk niet uit of je nu christen, jood of boeddhist bent. Het nettoresultaat is hetzelfde: heil. (LLN19_13)

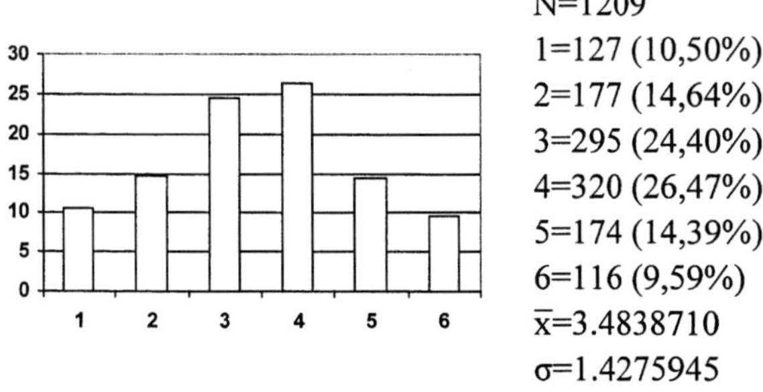

N=1209
1=127 (10,50%)
2=177 (14,64%)
3=295 (24,40%)
4=320 (26,47%)
5=174 (14,39%)
6=116 (9,59%)
$\bar{x}$=3.4838710
σ=1.4275945

BSO (BSO14_09) *'Aangezien alle godsdiensten uiteindelijk teruggaan op hetzelfde goddelijke mysterie, maakt het niet uit of je nu boeddhist, christen of jood bent'*
N=187

1=35 (18,72%)	2=26 (13,90%)	3=40 (21,39%)
4=32 (17,11%)	5=22 (11,76%)	6=32 (17,11%)
$\bar{x}$=3.4064171	σ=1.7087886	

14. Ik geloof niet dat de verschillende godsdiensten uiteindelijk teruggaan op eenzelfde mysterieuze Ultieme werkelijkheid. Daarvoor zijn de onderlinge verschillen tussen de religieuze systemen te groot en te conflictueus. (LLN19_14)

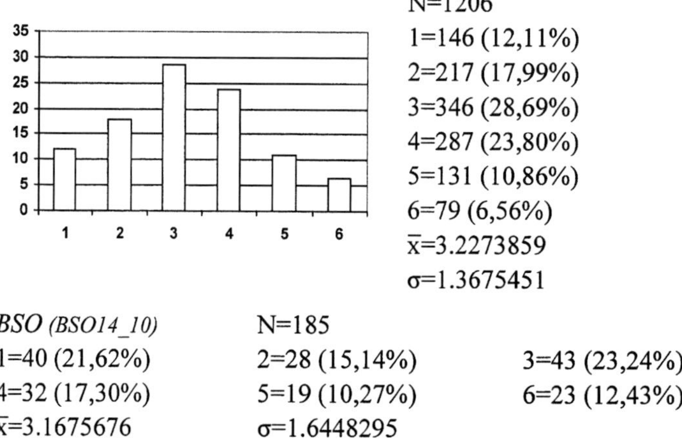

N=1206
1=146 (12,11%)
2=217 (17,99%)
3=346 (28,69%)
4=287 (23,80%)
5=131 (10,86%)
6=79 (6,56%)
$\bar{x}$=3.2273859
σ=1.3675451

BSO (BSO14_10)	N=185	
1=40 (21,62%)	2=28 (15,14%)	3=43 (23,24%)
4=32 (17,30%)	5=19 (10,27%)	6=23 (12,43%)
$\bar{x}$=3.1675676	σ=1.6448295	

15. Het christendom kan zich nooit opwerpen alsof het absolute en totale waarheid kent, omdat God altijd groter is dan de mens kan vatten. (LLN19_15)

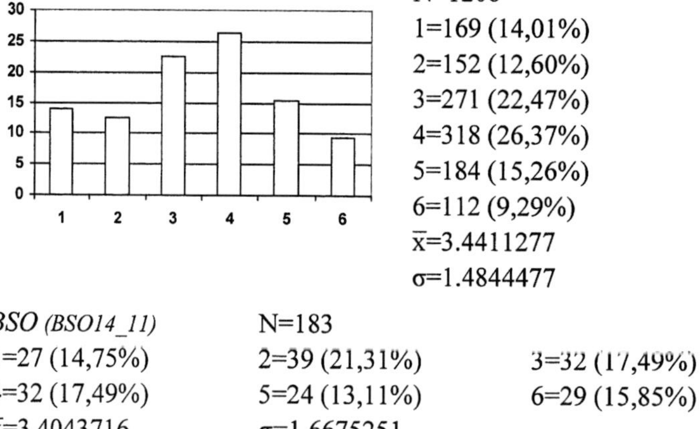

N=1206
1=169 (14,01%)
2=152 (12,60%)
3=271 (22,47%)
4=318 (26,37%)
5=184 (15,26%)
6=112 (9,29%)
$\bar{x}$=3.4411277
σ=1.4844477

BSO (BSO14_11)	N=183	
1=27 (14,75%)	2=39 (21,31%)	3=32 (17,49%)
4=32 (17,49%)	5=24 (13,11%)	6=29 (15,85%)
$\bar{x}$=3.4043716	σ=1.6675251	

16. Religieuze waarheid heeft niets te maken met leerstellingen, maar met een authentieke gelovige verhouding tot God. Waarheid wordt een zaak van gelovig engagement en de erkenning dat we God niet kunnen grijpen en vatten. (LLN19_16)

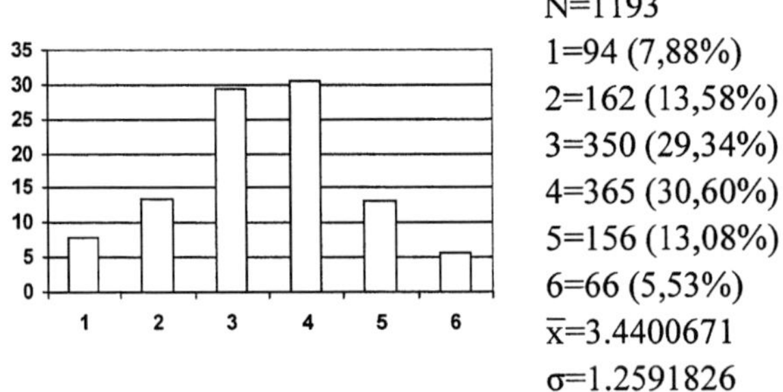

N=1193
1=94 (7,88%)
2=162 (13,58%)
3=350 (29,34%)
4=365 (30,60%)
5=156 (13,08%)
6=66 (5,53%)
$\bar{x}$=3.4400671
σ=1.2591826

BSO (BSO14_12) *'Religieuze waarheid heeft niets te maken met leerstellingen, maar met een authentieke gelovige verhouding tot God'*
N=185

1=23 (12,43%) 2=27 (14,59%) 3=50 (27,03%)
4=42 (22,70%) 5=18 (9,73%) 6=25 (13,51%)
$\bar{x}$=3.4324324 σ=1.5169431

BSO (BSO14_13) *'Waarheid is een zaak van gelovig engagement en de erkenning dat we God niet kunnen grijpen en vatten'*
N=185

1=27 (14,59%) 2=30 (16,22%) 3=43 (23,24%)
4=52 (28,11%) 5=15 (8,11%) 6=18 (9,73%)
$\bar{x}$=3.2810811 σ=1.4695899

17. Het maakt wel degelijk een verschil of je nu een christen of een boeddhist bent. Je hele beleving van de werkelijkheid is anders. (LLN19_17)

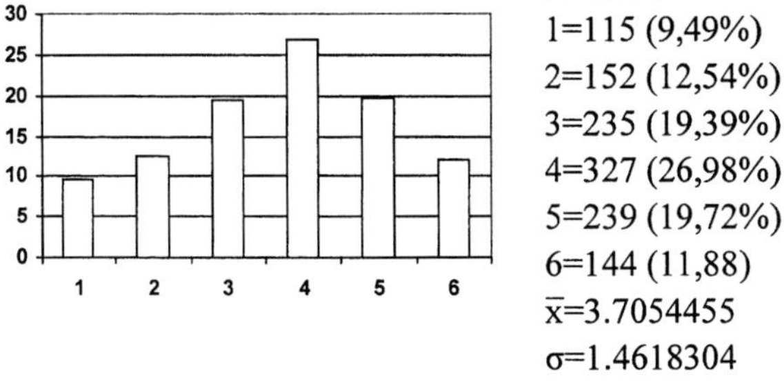

N=1212
1=115 (9,49%)
2=152 (12,54%)
3=235 (19,39%)
4=327 (26,98%)
5=239 (19,72%)
6=144 (11,88)
$\bar{x}$=3.7054455
σ=1.4618304

BSO (BSO14_14)	N=185	
1=29 (15,68%)	2=24 (12,97%)	3=33 (17,84%)
4=34 (18,38%)	5=25 (13,51%)	6=40 (21,62%)
$\bar{x}$=3.6594595	σ=1.7344745	

18. Het feit dat er tegenwoordig zoveel verschillende godsdiensten bestaan, maakt de keuze voor een bepaalde geloofsovertuiging veel minder vanzelfsprekend als vroeger. Echt geloof vraagt daarom zichtbaar engagement. (LLN19_18)

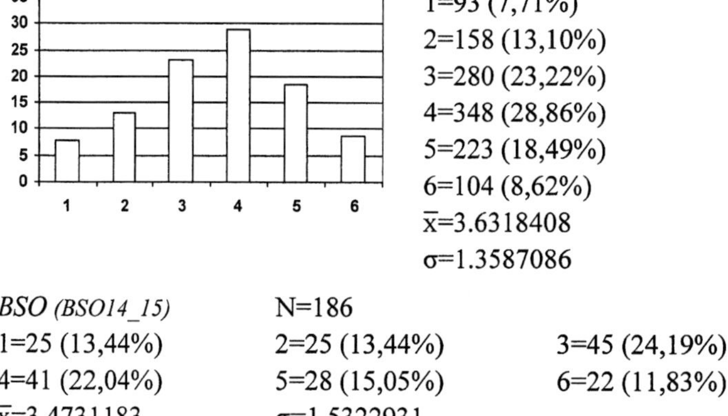

N=1206
1=93 (7,71%)
2=158 (13,10%)
3=280 (23,22%)
4=348 (28,86%)
5=223 (18,49%)
6=104 (8,62%)
$\bar{x}$=3.6318408
σ=1.3587086

BSO (BSO14_15)	N=186	
1=25 (13,44%)	2=25 (13,44%)	3=45 (24,19%)
4=41 (22,04%)	5=28 (15,05%)	6=22 (11,83%)
$\bar{x}$=3.4731183	σ=1.5322931	

19. In de dialoog tussen de godsdiensten staat niet zozeer de vraag naar de waarheid centraal, maar wel de problematiek van goed en kwaad. (LLN19_19)

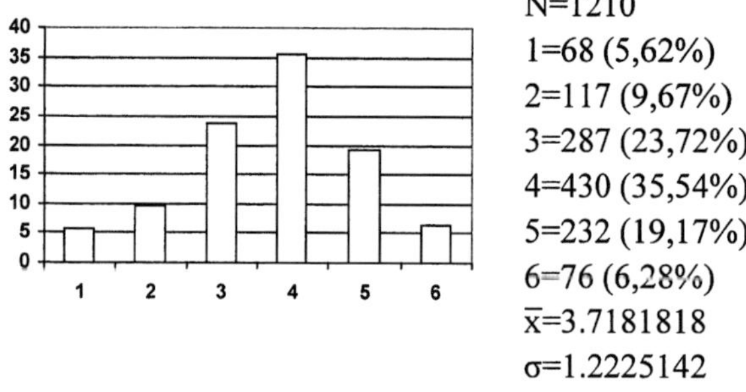

N=1210
1=68 (5,62%)
2=117 (9,67%)
3=287 (23,72%)
4=430 (35,54%)
5=232 (19,17%)
6=76 (6,28%)
$\bar{x}$=3.7181818
σ=1.2225142

20. Mensen met een ander geloof zie ik als gelovigen waarvan ook wij veel kunnen leren. (LLN19_20)

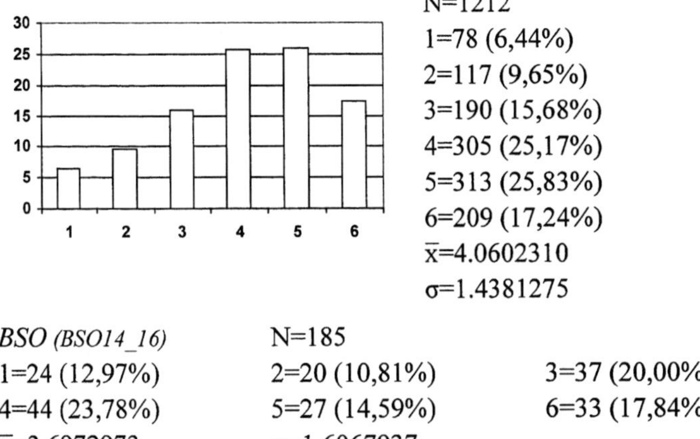

N=1212
1=78 (6,44%)
2=117 (9,65%)
3=190 (15,68%)
4=305 (25,17%)
5=313 (25,83%)
6=209 (17,24%)
x̄=4.0602310
σ=1.4381275

BSO (BSO14_16) N=185
1=24 (12,97%) 2=20 (10,81%) 3=37 (20,00%)
4=44 (23,78%) 5=27 (14,59%) 6=33 (17,84%)
x̄=3.6972973 σ=1.6067937

21. De dialoog met gelovigen van andere godsdiensten moet niet leiden tot een soort eenheidsreligie, maar leert ons het onherleidbaar unieke karakter van elke godsdienst op zich kennen. (LLN19_21)

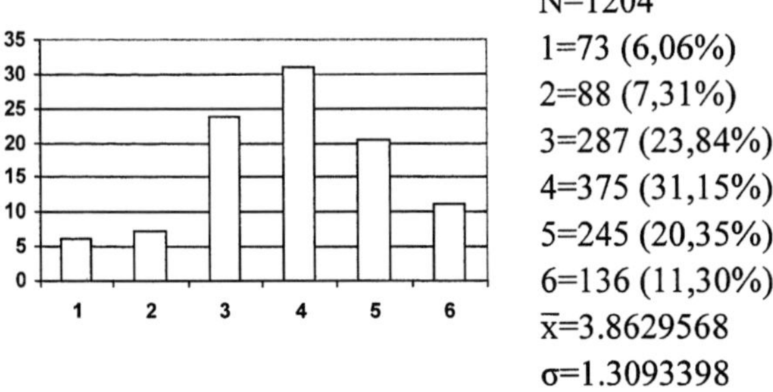

N=1204
1=73 (6,06%)
2=88 (7,31%)
3=287 (23,84%)
4=375 (31,15%)
5=245 (20,35%)
6=136 (11,30%)
x̄=3.8629568
σ=1.3093398

BSO (BSO14_17) 'De dialoog met gelovigen van andere godsdiensten leert ons het unieke karakter van elke godsdienst op zich kennen'
N=186
1=19 (10,22%) 2=26 (13,98%) 3=41 (22,04%)
4=38 (20,43%) 5=34 (18,28%) 6=28 (15,05%)
x̄=3.6774194 σ=1.5468279

20. Enkele vragen rond je gevoelens ten opzichte van leerlingen met een ander geloof (LLN20)

Wanneer ik in contact kom met mensen die een andere godsdienst hebben als ikzelf, voel ik:
(duid de mate waarin je dit gevoel hebt aan op de schaal)

Hoge scores (4-6):

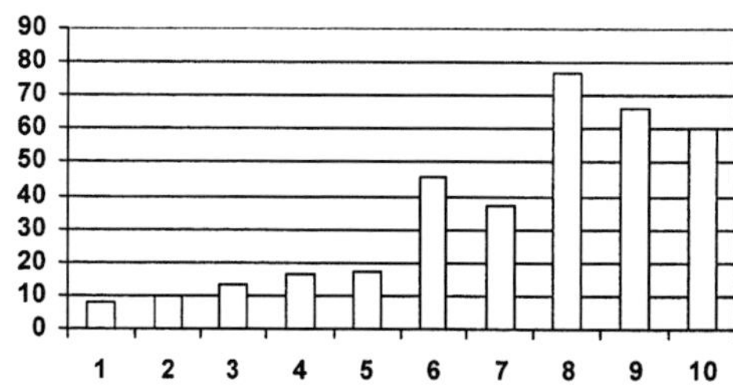

1: Vrees=93 (7,94%)
2: Onrust=119 (10,17%)
3: Ergernis=156 (13,36%)
4: Ongevoeligheid=197 (16,84%)
5: Onzekerheid=204 (17,48%)
6: Samenwerking=534 (45,88%)
7: Verbondenheid=434 (37,19%)
8: Respect=898 (76,75%)
9: Openheid=773 (66,18%)
10: Wil tot dialoog=704 (60,12%)

BSO (BSO15)
1: Vrees=21 (11,41%)
2: Onrust=30 (16,30%)
3: Ergernis=39 (21,20%)
4: Ongevoeligheid=38 (20,65%)
5: Onzekerheid=29 (16,02%)
6: Samenwerking=78 (42,62%)
7: Verbondenheid=72 (39,56%)
8: Respect=136 (73,51%)
9: Openheid=105 (56,76%)
10: Wil tot dialoog=93 (50,82%)

Lage scores (1-3):

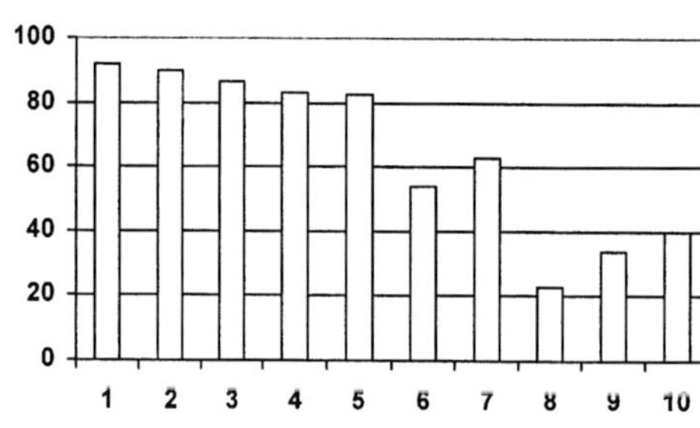

1: Vrees=1078 (92,06%)
2: Onrust=1051 (89,83%)
3: Ergernis=1012 (86,64%)
4: Ongevoeligheid=973 (83,16%)
5: Onzekerheid=963 (82,52%)
6: Samenwerking=630 (54,12%)
7: Verbondenheid=733 (62,81%)
8: Respect=272 (23,25%)
9: Openheid=395 (33,82%)
10: Wil tot dialoog=467 (39,88%)

BSO (BSO15)
1: Vrees=163 (88,59%)
2: Onrust=154 (83,70%)
3: Ergernis=145 (78,80%)
4: Ongevoeligheid=146 (79,35%)
5: Onzekerheid=152 (83,98%)
6: Samenwerking=105 (57,38%)
7: Verbondenheid=110 (60,44%)
8: Respect=49 (26,49%)
9: Openheid=80 (43,24%)
10: Wil tot dialoog=90 (49,18%)

Gemiddelde ($\overline{x}$) (ASO/TSO):
1=1,6584116 2=1,7820513 3=1,9597603 4=2,0931624
5=2,1396744 6=3,1847079 7=2,9125964 8=4,3991453
9=3,9563356 10=3,7796755

Standaarddeviatie (σ)(ASO/TSO):
1=1,0998697 2=1,1505282 3=1,3140558 4=1,4059769
5=1,3208426 6=1,5313541 7=1,4837845 8=1,4892254
9=1,5441997 10=1,6782053

Gemiddelde ($\overline{x}$) (BSO):
1=1,7771739 2=1,9619565 3=2,2228261 4=2,2173913
5=2,0276243 6=3,1857923 7=2,9395604 8=4,2972973
9=3,7405405 10=3,3715847

Standaarddeviatie (σ) (BSO):
1=1,3179387 2=1,4156303 3=1,5955268 4=1,5599221
5=1,3639442 6=1,7124031 7=1,7149572 8=1,7672268
9=1,9075735 10=1,9053601

21. Enkele vragen over je visie op een multireligieuze samenleving

1. De aanwezigheid van leerlingen met een ander geloof in mijn klas en in de maatschappij in zijn geheel, levert confrontaties op waarbij de vraag wie ik ben centraal komt te staan en me uitdaagt om meer over mezelf na te denken. (LLN21_01)

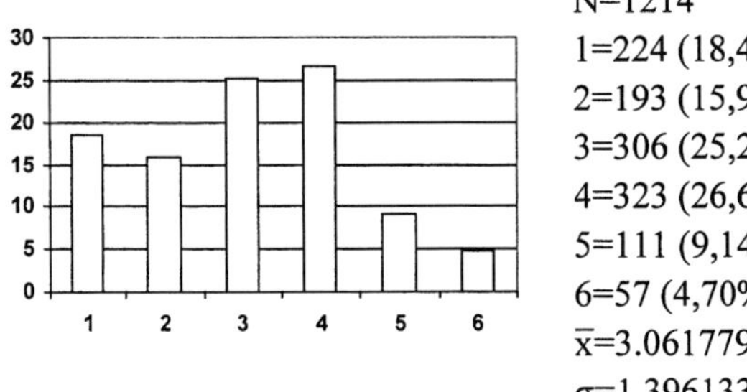

N=1214
1=224 (18,45%)
2=193 (15,90%)
3=306 (25,21%)
4=323 (26,61%)
5=111 (9,14%)
6=57 (4,70%)
$\overline{x}$=3.0617792
σ=1.3961337

2. Mensen met een ander geloof hebben niet het recht om hun eigen tradities te behouden zelfs wanneer die in strijd zijn met de gewoontes van de maatschappij waarin ze nu leven. (LLN21_02)

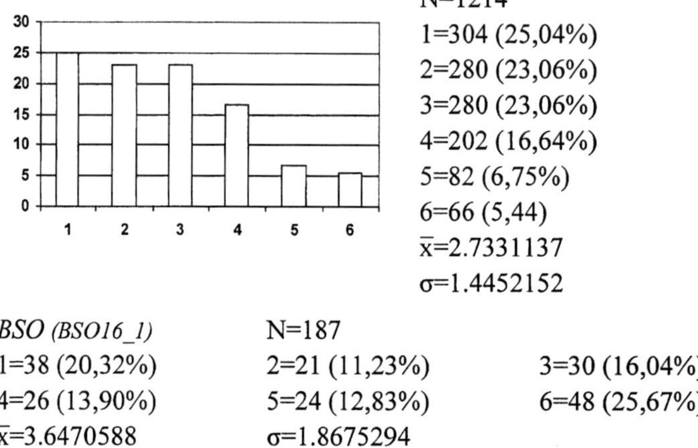

N=1214
1=304 (25,04%)
2=280 (23,06%)
3=280 (23,06%)
4=202 (16,64%)
5=82 (6,75%)
6=66 (5,44)
$\bar{x}$=2.7331137
σ=1.4452152

BSO (BSO16_1)	N=187	
1=38 (20,32%)	2=21 (11,23%)	3=30 (16,04%)
4=26 (13,90%)	5=24 (12,83%)	6=48 (25,67%)
$\bar{x}$=3.6470588	σ=1.8675294	

3. Godsdienstonderricht moet ons een leidraad bieden om te leven in een samenleving die gekenmerkt wordt door de aanwezigheid van verschillende culturen en religies. (LLN21_03)

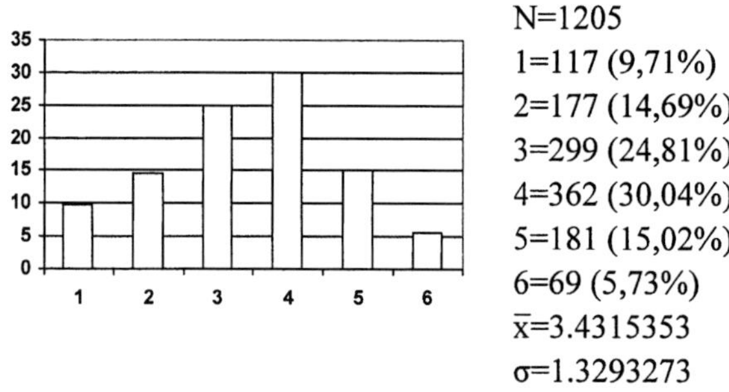

N=1205
1=117 (9,71%)
2=177 (14,69%)
3=299 (24,81%)
4=362 (30,04%)
5=181 (15,02%)
6=69 (5,73%)
$\bar{x}$=3.4315353
σ=1.3293273

4. De confrontatie met de andere godsdiensten en andersgelovigen leert ons de heel eigen aard en het specifieke van onze eigen geloofsovertuigingen beter kennen. (LLN21_04)

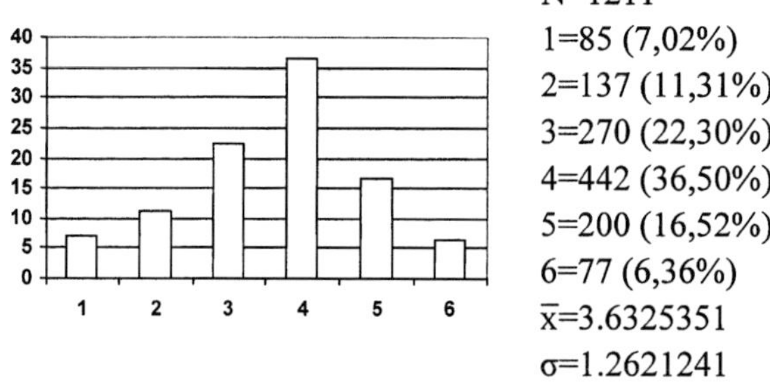

N=1211
1=85 (7,02%)
2=137 (11,31%)
3=270 (22,30%)
4=442 (36,50%)
5=200 (16,52%)
6=77 (6,36%)
$\bar{x}$=3.6325351
σ=1.2621241

5. Wanneer er moslims in de godsdienstles aanwezig zijn, heeft de godsdienstleerkracht de plicht om in de les de interreligieuze dialoog centraal te stellen. (LLN21_05)

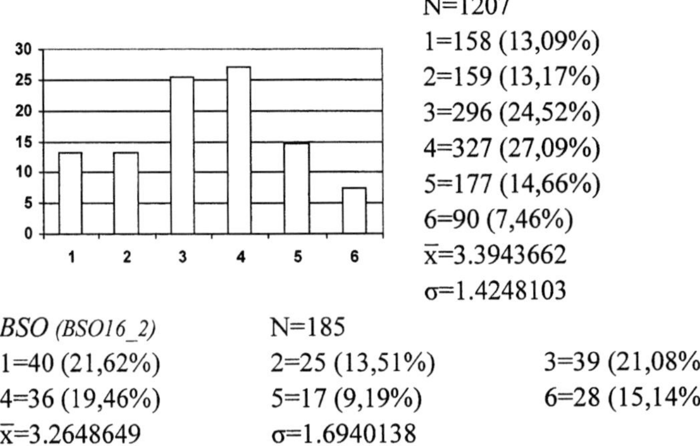

N=1207
1=158 (13,09%)
2=159 (13,17%)
3=296 (24,52%)
4=327 (27,09%)
5=177 (14,66%)
6=90 (7,46%)
$\bar{x}$=3.3943662
σ=1.4248103

BSO (BSO16_2)	N=185	
1=40 (21,62%)	2=25 (13,51%)	3=39 (21,08%)
4=36 (19,46%)	5=17 (9,19%)	6=28 (15,14%)
$\bar{x}$=3.2648649	σ=1.6940138	

6. Tijdens de godsdienstles kunnen de moslimleerlingen beter apart genomen worden om hun eigen godsdienstlessen te krijgen. (LLN21_06)

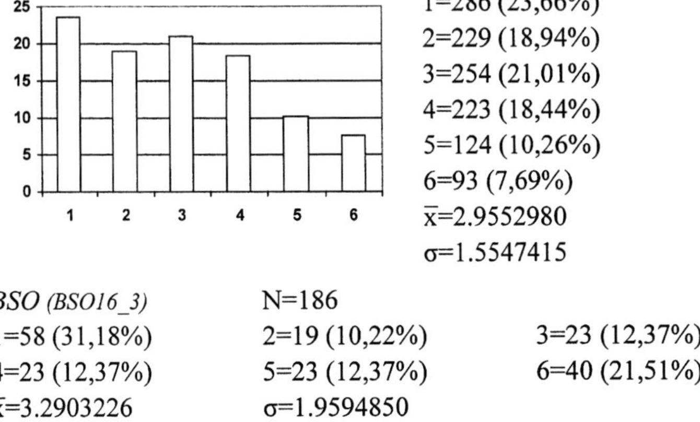

N=1209
1=286 (23,66%)
2=229 (18,94%)
3=254 (21,01%)
4=223 (18,44%)
5=124 (10,26%)
6=93 (7,69%)
$\bar{x}$=2.9552980
σ=1.5547415

BSO (BSO16_3)	N=186	
1=58 (31,18%)	2=19 (10,22%)	3=23 (12,37%)
4=23 (12,37%)	5=23 (12,37%)	6=40 (21,51%)
$\bar{x}$=3.2903226	σ=1.9594850	

7. Moslimleerlingen moeten gewoon het vak katholieke godsdienst volgen als ze voor het katholieke onderwijs gekozen hebben. (LLN21_07)

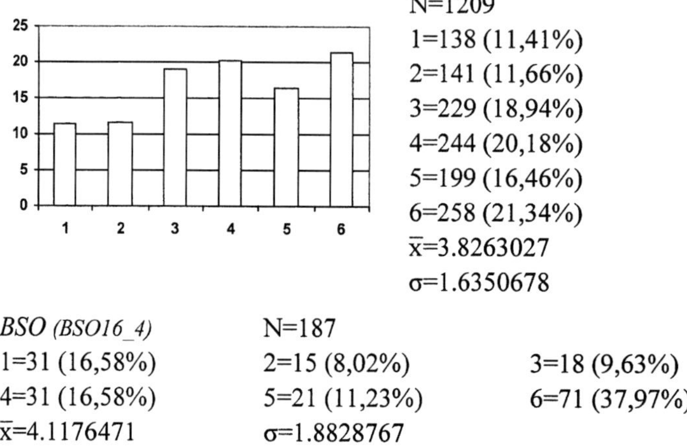

N=1209
1=138 (11,41%)
2=141 (11,66%)
3=229 (18,94%)
4=244 (20,18%)
5=199 (16,46%)
6=258 (21,34%)
x̄=3.8263027
σ=1.6350678

BSO (BSO16_4) N=187
1=31 (16,58%) 2=15 (8,02%) 3=18 (9,63%)
4=31 (16,58%) 5=21 (11,23%) 6=71 (37,97%)
x̄=4.1176471 σ=1.8828767

8. Moslimleerlingen kunnen het vak godsdienst volgen als het niet als geloofsverkondiging opgevat wordt, maar wel de dialoog aangaat. (LLN21_08)

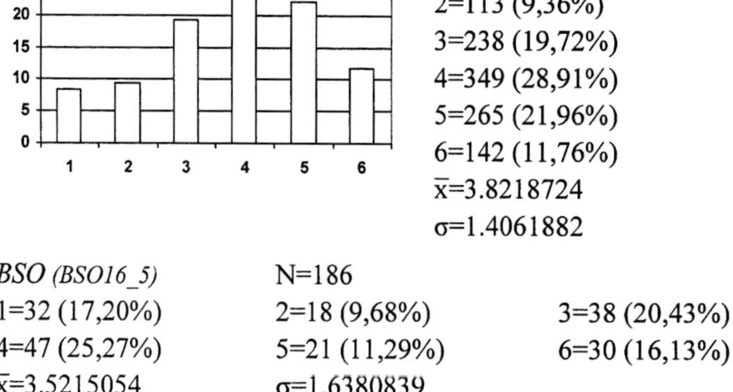

N=1207
1=100 (8,29%)
2=113 (9,36%)
3=238 (19,72%)
4=349 (28,91%)
5=265 (21,96%)
6=142 (11,76%)
x̄=3.8218724
σ=1.4061882

BSO (BSO16_5) N=186
1=32 (17,20%) 2=18 (9,68%) 3=38 (20,43%)
4=47 (25,27%) 5=21 (11,29%) 6=30 (16,13%)
x̄=3.5215054 σ=1.6380839

9. We moeten als jongeren op school eerst voldoende in de eigen christelijke traditie ingeleid worden, pas dan kunnen we met andere godsdiensten nader in contact gebracht worden. (LLN21_09)

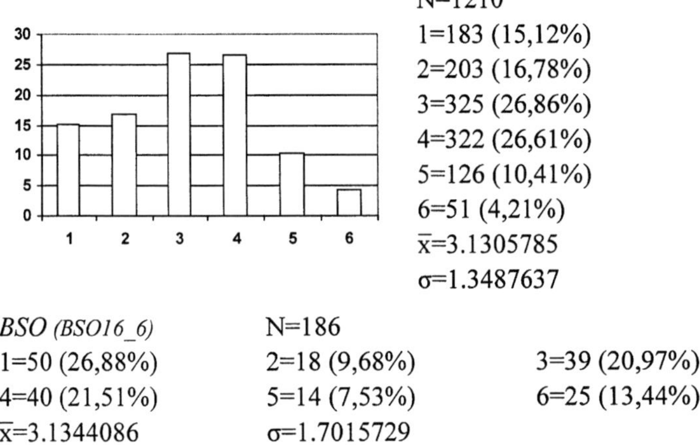

N=1210
1=183 (15,12%)
2=203 (16,78%)
3=325 (26,86%)
4=322 (26,61%)
5=126 (10,41%)
6=51 (4,21%)
$\bar{x}$=3.1305785
σ=1.3487637

BSO (BSO16_6) N=186
1=50 (26,88%) 2=18 (9,68%) 3=39 (20,97%)
4=40 (21,51%) 5=14 (7,53%) 6=25 (13,44%)
$\bar{x}$=3.1344086 σ=1.7015729

10. Het godsdienstonderricht draagt bij tot wie we zijn en worden. (LLN21_10)

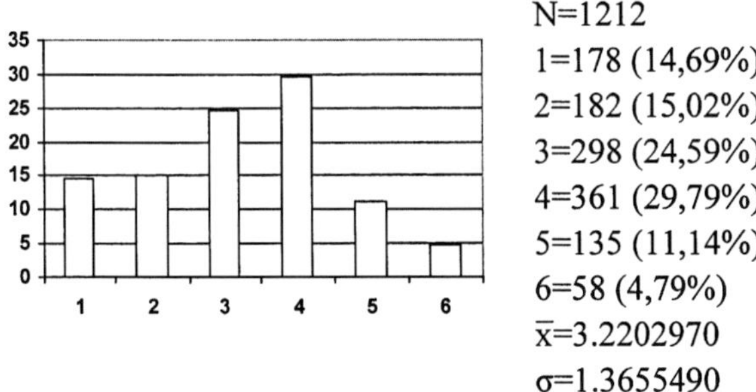

N=1212
1=178 (14,69%)
2=182 (15,02%)
3=298 (24,59%)
4=361 (29,79%)
5=135 (11,14%)
6=58 (4,79%)
$\bar{x}$=3.2202970
σ=1.3655490

11. Wanneer de godsdienstleerkracht sterk met de leerlingen rekening houdt die niet hetzelfde geloof hebben als ik, blijf ik als gelovige op mijn honger zitten. (LLN21_11)

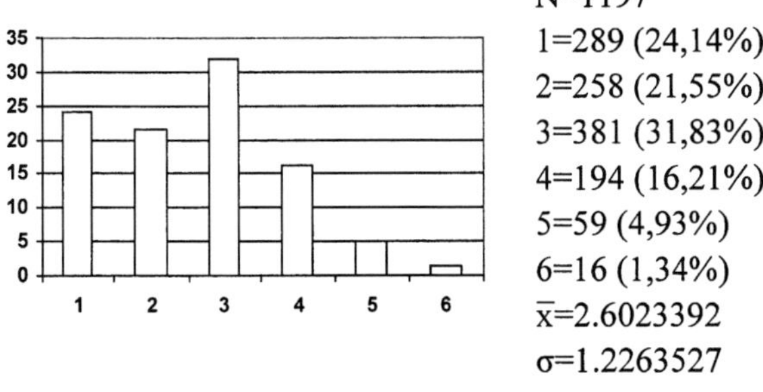

N=1197
1=289 (24,14%)
2=258 (21,55%)
3=381 (31,83%)
4=194 (16,21%)
5=59 (4,93%)
6=16 (1,34%)
$\bar{x}$=2.6023392
σ=1.2263527

12. De tijd die de leerkracht zou kunnen besteden aan een kennismaking met andere godsdiensten, kan hij/zij beter gebruiken om ons nader met het katholieke geloof in contact te brengen en in te gaan op de vragen die we daar rond hebben. (LLN21_12)

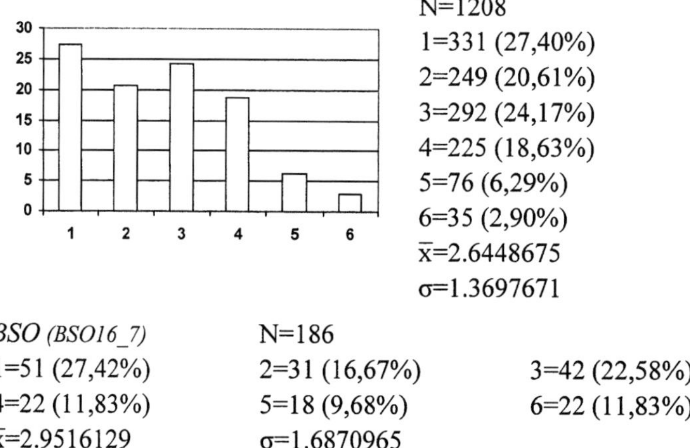

N=1208
1=331 (27,40%)
2=249 (20,61%)
3=292 (24,17%)
4=225 (18,63%)
5=76 (6,29%)
6=35 (2,90%)
$\bar{x}$=2.6448675
σ=1.3697671

BSO (BSO16_7) N=186
1=51 (27,42%) 2=31 (16,67%) 3=42 (22,58%)
4=22 (11,83%) 5=18 (9,68%) 6=22 (11,83%)
$\bar{x}$=2.9516129 σ=1.6870965

22. Enkele vragen over je visie op het aanbod van wereldgodsdiensten in de les en de mogelijkheid van interreligieus leren

Deze vraag sluit aan bij de vorige. Het feit dat er mensen met een ander geloof in onze maatschappij aanwezig zijn, stelt de vraag naar hoe hiermee in de lessen godsdienst mee dient te worden omgegaan.

1. Veel jongeren zijn geïnteresseerd in andere godsdiensten. (LLN22_1)

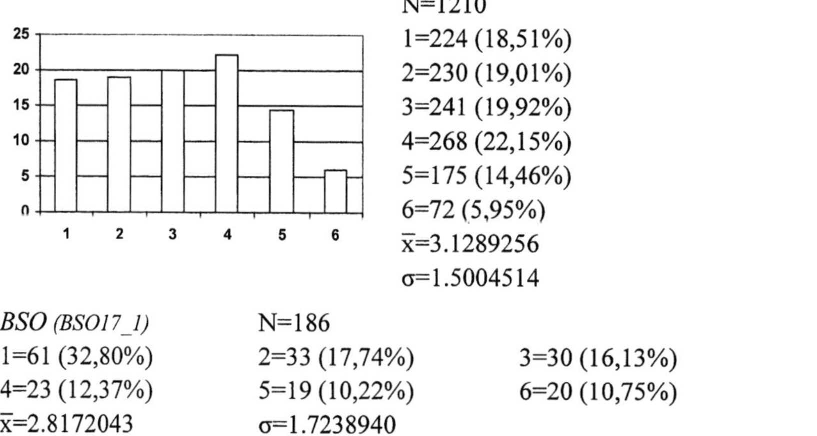

N=1210
1=224 (18,51%)
2=230 (19,01%)
3=241 (19,92%)
4=268 (22,15%)
5=175 (14,46%)
6=72 (5,95%)
$\bar{x}$=3.1289256
σ=1.5004514

BSO (BSO17_1) N=186
1=61 (32,80%) 2=33 (17,74%) 3=30 (16,13%)
4=23 (12,37%) 5=19 (10,22%) 6=20 (10,75%)
$\bar{x}$=2.8172043 σ=1.7238940

2. Ik vind het persoonlijk erg belangrijk om andere godsdiensten en mensen met een ander geloof dan ikzelf te leren kennen en met hen in dialoog te treden. (LLN22_2)

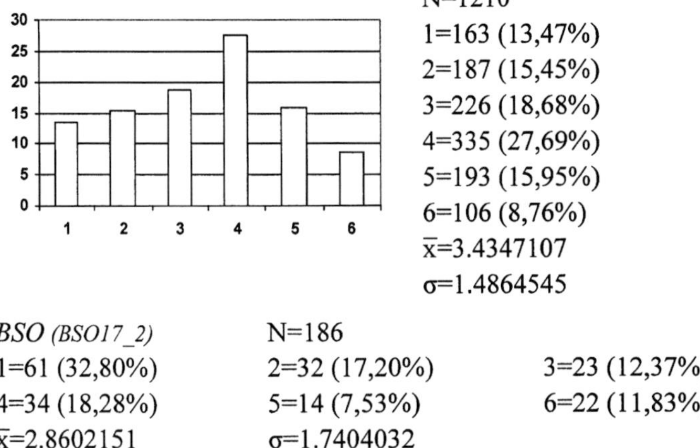

N=1210
1=163 (13,47%)
2=187 (15,45%)
3=226 (18,68%)
4=335 (27,69%)
5=193 (15,95%)
6=106 (8,76%)
$\bar{x}$=3.4347107
σ=1.4864545

BSO (BSO17_2) N=186
1=61 (32,80%) 2=32 (17,20%) 3=23 (12,37%)
4=34 (18,28%) 5=14 (7,53%) 6=22 (11,83%)
$\bar{x}$=2.8602151 σ=1.7404032

3. Ik vind het belangrijk dat we ook persoonlijke ontmoetingen hebben, niet alleen met bv. de moslimleerlingen die we in onze klas hebben, maar ook met officiële vertegenwoordigers van de verschillende andere wereldgodsdiensten. (LLN22_3)

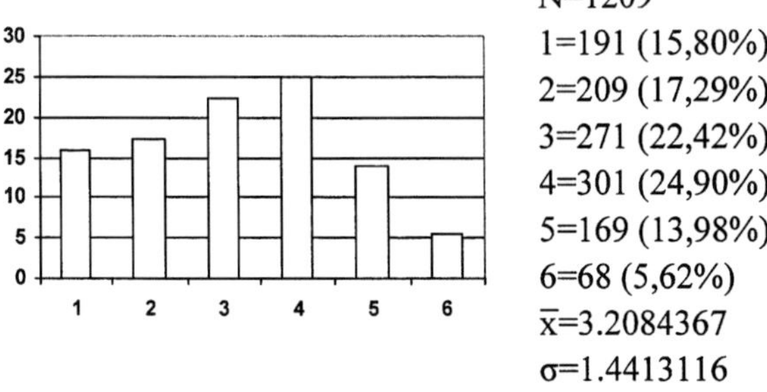

N=1209
1=191 (15,80%)
2=209 (17,29%)
3=271 (22,42%)
4=301 (24,90%)
5=169 (13,98%)
6=68 (5,62%)
$\bar{x}$=3.2084367
σ=1.4413116

4. Het feit dat ook andere godsdiensten in de les worden belicht, geeft mij de mogelijkheid om ook op religieus vlak meer bewuste keuzes te maken en mezelf en wie ik ben ten volle te vormen. (LLN22_4)

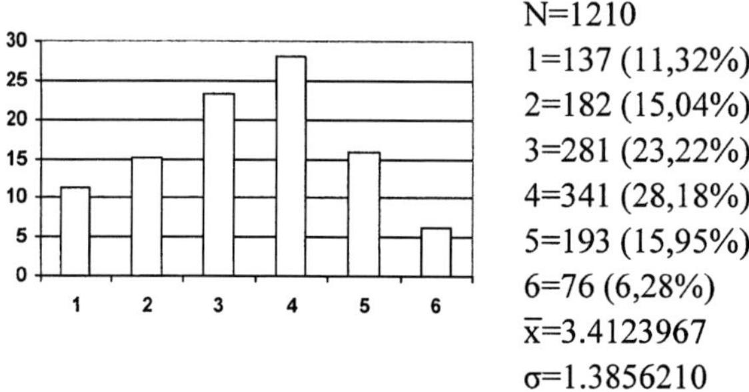

N=1210
1=137 (11,32%)
2=182 (15,04%)
3=281 (23,22%)
4=341 (28,18%)
5=193 (15,95%)
6=76 (6,28%)
$\bar{x}$=3.4123967
σ=1.3856210

5. Ik voel me in staat om, vanuit mijn eigen geloofsovertuiging en met de kennis die ik reeds heb opgedaan over godsdiensten, in dialoog te treden met andere godsdiensten of mensen met een ander geloof. (LLN22_5)

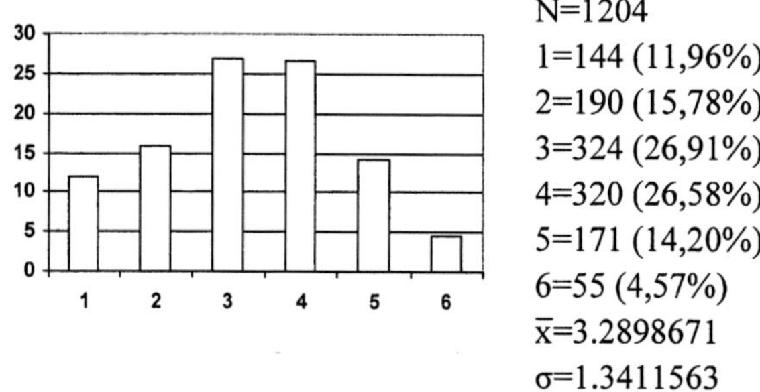

N=1204
1=144 (11,96%)
2=190 (15,78%)
3=324 (26,91%)
4=320 (26,58%)
5=171 (14,20%)
6=55 (4,57%)
$\bar{x}$=3.2898671
σ=1.3411563

6. Alle andere godsdiensten zijn evenwaardig aan het katholieke geloof. (LLN22_6)

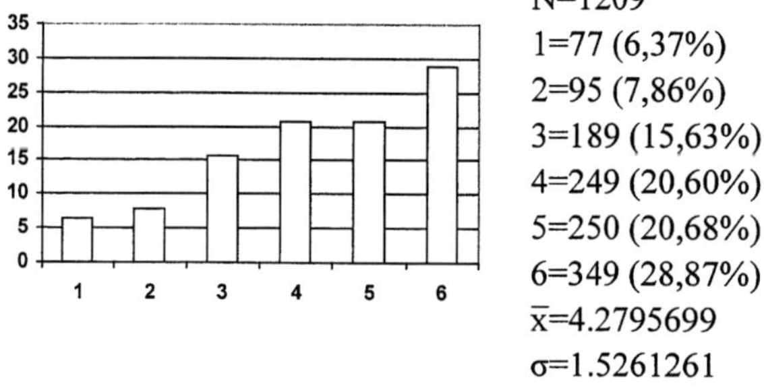

N=1209
1=77 (6,37%)
2=95 (7,86%)
3=189 (15,63%)
4=249 (20,60%)
5=250 (20,68%)
6=349 (28,87%)
$\bar{x}$=4.2795699
σ=1.5261261

7. Naar mijn mening dienen alle godsdiensten aan bod te komen in de godsdienstlessen. (LLN22_7)

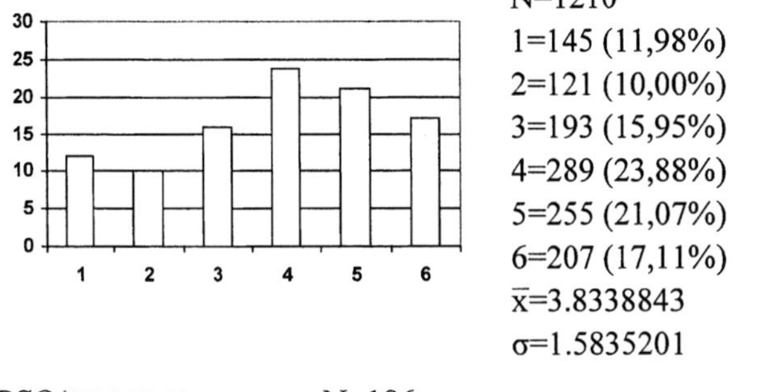

N=1210
1=145 (11,98%)
2=121 (10,00%)
3=193 (15,95%)
4=289 (23,88%)
5=255 (21,07%)
6=207 (17,11%)
$\bar{x}$=3.8338843
σ=1.5835201

BSO (BSO17_3)	N=186	
1=56 (30,11%)	2=31 (16,67%)	3=24 (12,90%)
4=28 (15,05%)	5=22 (11,83%)	6=25 (13,44%)
$\bar{x}$=3.0215054	σ=1.7947581	

8. Ik ben niet geïnteresseerd in de katholieke godsdienst, maar wel in andere godsdiensten. (LLN22_8)

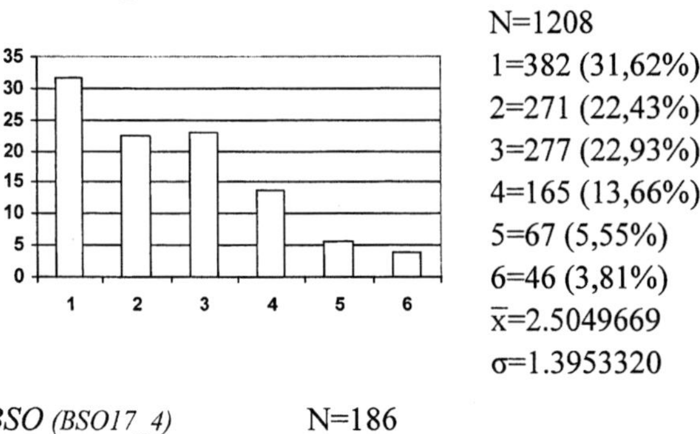

N=1208
1=382 (31,62%)
2=271 (22,43%)
3=277 (22,93%)
4=165 (13,66%)
5=67 (5,55%)
6=46 (3,81%)
$\bar{x}$=2.5049669
σ=1.3953320

BSO (BSO17_4)	N=186	
1=88 (47,31%)	2=29 (15,59%)	3=30 (16,13%)
4=12 (6,45%)	5=10 (5,38%)	6=17 (9,14%)
$\bar{x}$=2.3440860	σ=1.6537893	

9. Interreligieus leren is zinloos als er geen leerlingen met een ander geloof in de klas aanwezig zijn. (LLN22_9)

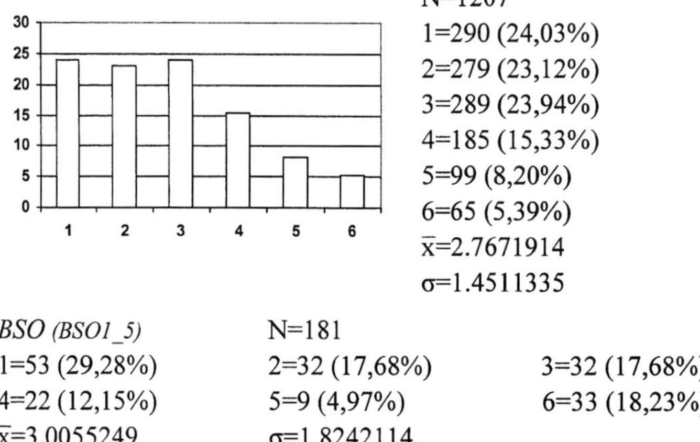

N=1207
1=290 (24,03%)
2=279 (23,12%)
3=289 (23,94%)
4=185 (15,33%)
5=99 (8,20%)
6=65 (5,39%)
x̅=2.7671914
σ=1.4511335

BSO (BSO1_5)	N=181	
1=53 (29,28%)	2=32 (17,68%)	3=32 (17,68%)
4=22 (12,15%)	5=9 (4,97%)	6=33 (18,23%)
x̅=3.0055249	σ=1.8242114	

23. Enkele vragen over je visie op de school en hoe ze moet inspelen op het feit van de veelheid aan verschillende godsdiensten

Je volgt les katholieke godsdienst. Hoe vind je nu zelf dat deze school moet omgaan met het feit dat we worden geconfronteerd met mensen die een ander geloof hebben dan onszelf?

1. Katholieke scholen blijven ook vandaag een verkondigende boodschap hebben, ze dienen ons in de eerste plaats in te leiden in de katholieke godsdienst. (LLN23_1)

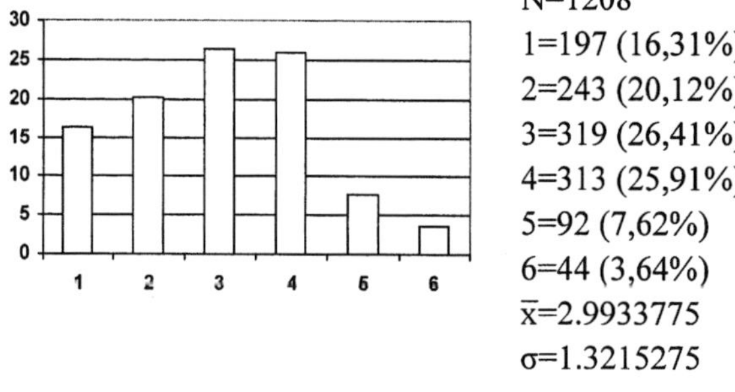

N=1208
1=197 (16,31%)
2=243 (20,12%)
3=319 (26,41%)
4=313 (25,91%)
5=92 (7,62%)
6=44 (3,64%)
x̅=2.9933775
σ=1.3215275

2. Meer dan ooit hebben katholieke scholen nood aan leerkrachten die zich nog openlijk christen durven te noemen. (LLN23_2)

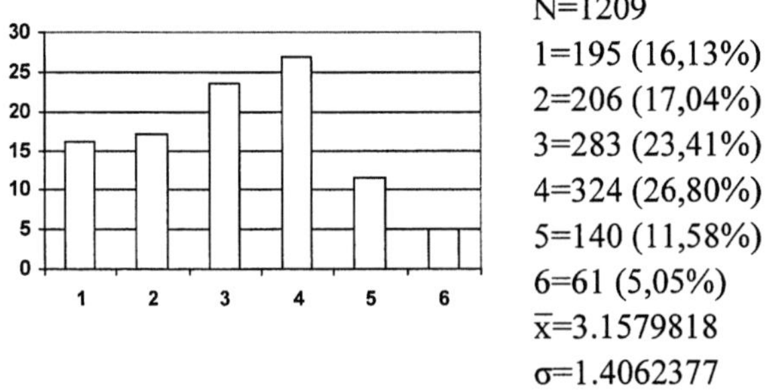

N=1209
1=195 (16,13%)
2=206 (17,04%)
3=283 (23,41%)
4=324 (26,80%)
5=140 (11,58%)
6=61 (5,05%)
$\overline{x}$=3.1579818
σ=1.4062377

BSO (BSO18_1) 'Katholieke scholen hebben nood aan leerkrachten die zich nog openlijk christen durven te noemen'
N=187

1=50 (26,74%)	2=34 (18,18%)	3=38 (20,32%)
4=25 (13,37%)	5=13 (6,95%)	6=27 (14,44%)
$\overline{x}$=2.9893048	σ=1.7257983	

3. Hoewel de God van de andere religies dezelfde God is als die van de bijbel, mogen we toch uitgaan van de uitzonderlijke waarde die in het christendom ligt. (LLN23_3)

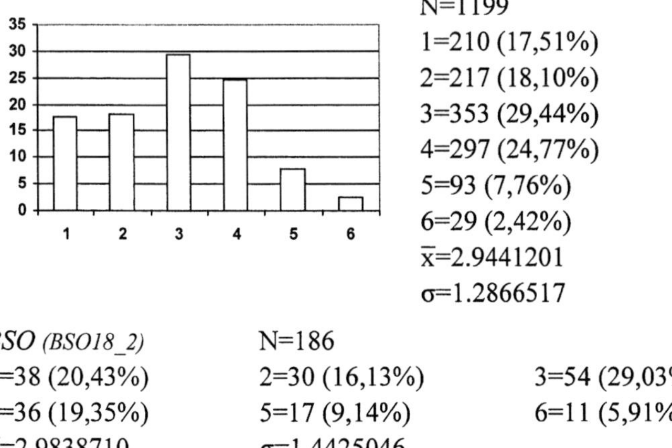

N=1199
1=210 (17,51%)
2=217 (18,10%)
3=353 (29,44%)
4=297 (24,77%)
5=93 (7,76%)
6=29 (2,42%)
$\overline{x}$=2.9441201
σ=1.2866517

BSO (BSO18_2)	N=186	
1=38 (20,43%)	2=30 (16,13%)	3=54 (29,03%)
4=36 (19,35%)	5=17 (9,14%)	6=11 (5,91%)
$\overline{x}$=2.9838710	σ=1.4425046	

4. Het godsdienstonderwijs dient steeds meer te steunen op communicatie en dialoog tussen leerkrachten en leerlingen over de theoretische en praktische inhouden van de verschillende religies. (LLN23_4)

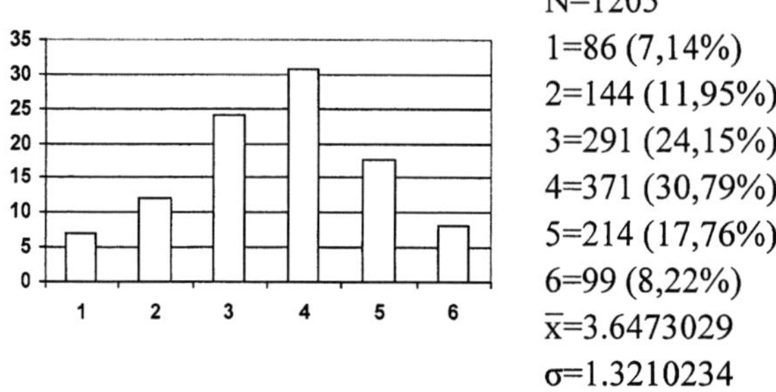

N=1205
1=86 (7,14%)
2=144 (11,95%)
3=291 (24,15%)
4=371 (30,79%)
5=214 (17,76%)
6=99 (8,22%)
$\bar{x}$=3.6473029
σ=1.3210234

5. Godsdienstonderricht dat jongeren rechtstreeks voor het katholiek geloof tracht te winnen, is vandaag niet verantwoord. (LLN23_5)

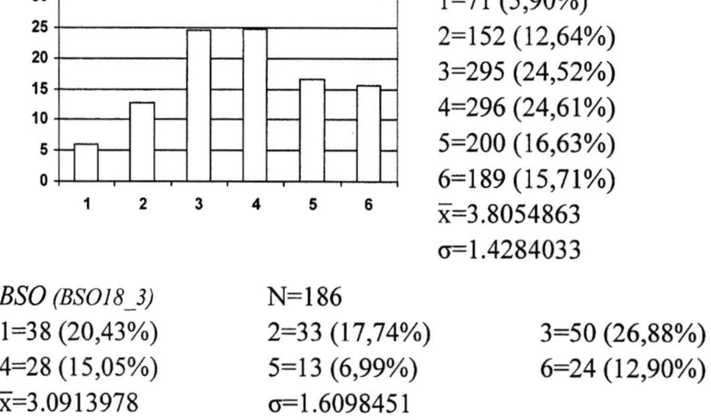

N=1203
1=71 (5,90%)
2=152 (12,64%)
3=295 (24,52%)
4=296 (24,61%)
5=200 (16,63%)
6=189 (15,71%)
$\bar{x}$=3.8054863
σ=1.4284033

BSO (BSO18_3)	N=186	
1=38 (20,43%)	2=33 (17,74%)	3=50 (26,88%)
4=28 (15,05%)	5=13 (6,99%)	6=24 (12,90%)
$\bar{x}$=3.0913978	σ=1.6098451	

6. Ik zie de hedendaagse situatie van religieuze verscheidenheid als een permanente bron van rijkdom, en dat dient ook door de leerkracht zo benaderd te worden. (LLN23_6)

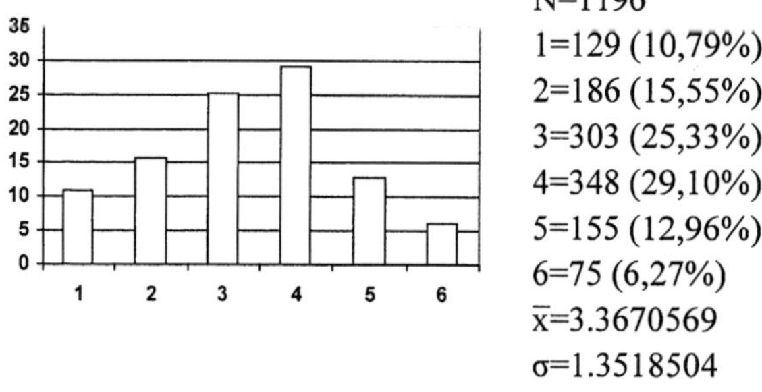

N=1196
1=129 (10,79%)
2=186 (15,55%)
3=303 (25,33%)
4=348 (29,10%)
5=155 (12,96%)
6=75 (6,27%)
$\bar{x}$=3.3670569
σ=1.3518504

BSO (*BSO18_4*) N=183

1=34 (18,58%) 2=33 (18,03%) 3=54 (29,51%)

4=39 (21,31%) 5=15 (8,20%) 6=8 (4,37%)

$\bar{x}$=2.9562842 σ=1.3660931

7. Het is niet verantwoord dat door de godsdienstleerkracht de christelijke visie als norm wordt gehanteerd. (LLN23_7)

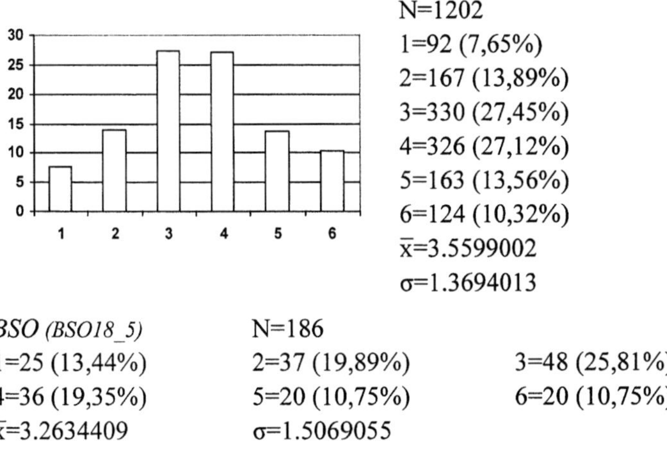

N=1202
1=92 (7,65%)
2=167 (13,89%)
3=330 (27,45%)
4=326 (27,12%)
5=163 (13,56%)
6=124 (10,32%)
$\bar{x}$=3.5599002
σ=1.3694013

BSO (*BSO18_5*) N=186

1=25 (13,44%) 2=37 (19,89%) 3=48 (25,81%)

4=36 (19,35%) 5=20 (10,75%) 6=20 (10,75%)

$\bar{x}$=3.2634409 σ=1.5069055

8. Het is de gelovige plicht van de godsdienstleerkracht in een katholieke school om bij het aanbrengen van de wereldgodsdiensten de superioriteit van de christelijke religie tegenover andere godsdiensten aan te tonen. (LLN23_8)

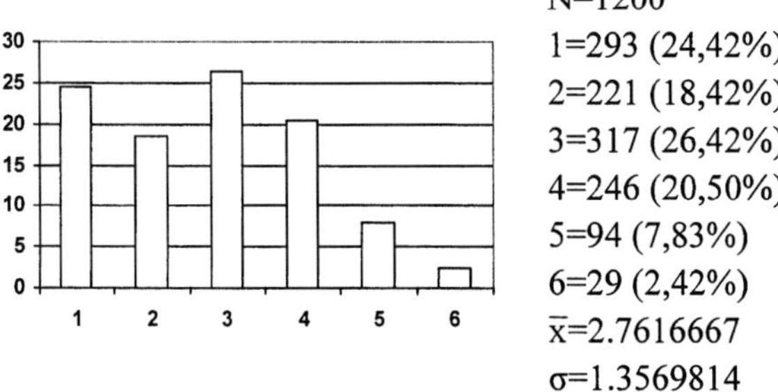

N=1200
1=293 (24,42%)
2=221 (18,42%)
3=317 (26,42%)
4=246 (20,50%)
5=94 (7,83%)
6=29 (2,42%)
$\bar{x}$=2.7616667
σ=1.3569814

BSO (*BSO18_6*) *'Het is de gelovige plicht van de godsdienstleerkracht om de meerwaarde van de christelijke religie tegenover andere godsdiensten aan te tonen'*

N=184

1=35 (19,02%) 2=20 (10,87%) 3=46 (25,00%)

4=38 (20,65%) 5=21 (11,41%) 6=24 (13,04%)

$\bar{x}$=3.3369565 σ=1.6146676

9. Een katholieke school is een school van katholieken voor katholieken. (LLN23_9)

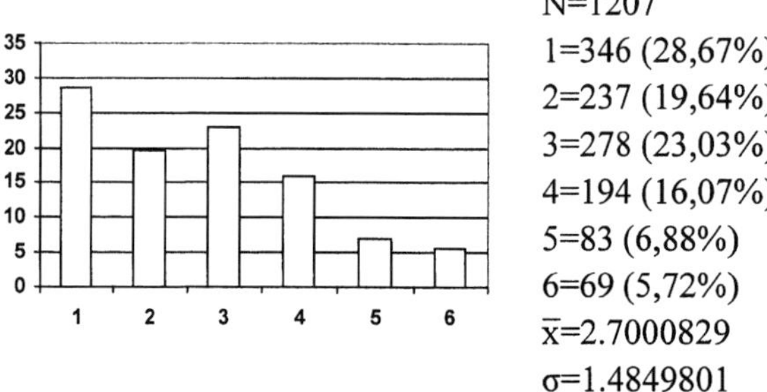

N=1207
1=346 (28,67%)
2=237 (19,64%)
3=278 (23,03%)
4=194 (16,07%)
5=83 (6,88%)
6=69 (5,72%)
$\bar{x}$=2.7000829
σ=1.4849801

24. Enkele vragen over de rol die de leerkracht volgens jou in het onderwijsproces moet spelen

Vooral de leerkracht neemt een belangrijke plaats in in de manier waarop je in de school- en klassituatie geconfronteerd wordt met leerlingen met een ander geloof en hoe je daar met hen omgaat. Hoe sta jij tegenover de volgende stellingen in verband met de leerkracht en het interreligieus onderwijs?

1. Van een leerkracht godsdienst verwacht ik dat hij/zij de eigen geloofsgetuigenis en -overtuiging achterwege laat. (LLN24_1)

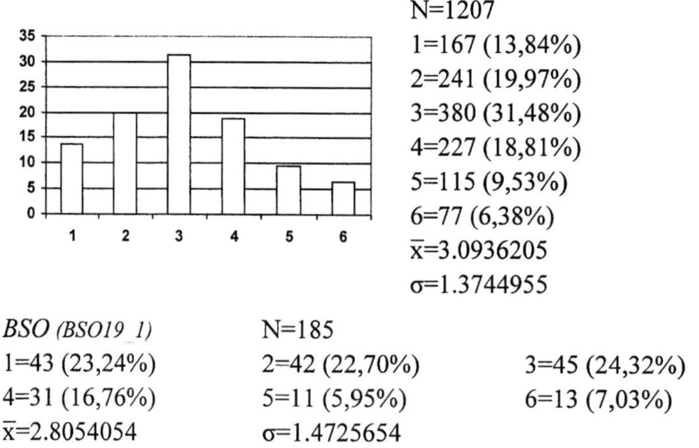

N=1207
1=167 (13,84%)
2=241 (19,97%)
3=380 (31,48%)
4=227 (18,81%)
5=115 (9,53%)
6=77 (6,38%)
$\bar{x}$=3.0936205
σ=1.3744955

BSO (BSO19_1)	N=185	
1=43 (23,24%)	2=42 (22,70%)	3=45 (24,32%)
4=31 (16,76%)	5=11 (5,95%)	6=13 (7,03%)
$\bar{x}$=2.8054054	σ=1.4725654	

2. De leerkracht godsdienst moet het standpunt van de kerkelijke leiding toelichten. (LLN24_2)

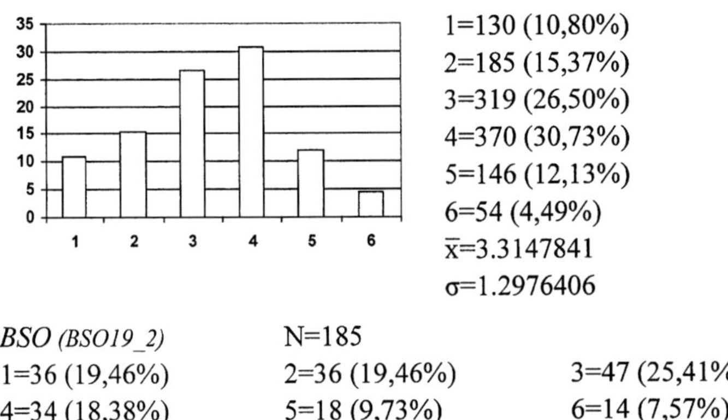

N=1204
1=130 (10,80%)
2=185 (15,37%)
3=319 (26,50%)
4=370 (30,73%)
5=146 (12,13%)
6=54 (4,49%)
$\bar{x}$=3.3147841
σ=1.2976406

BSO (BSO19_2)	N=185	
1=36 (19,46%)	2=36 (19,46%)	3=47 (25,41%)
4=34 (18,38%)	5=18 (9,73%)	6=14 (7,57%)
$\bar{x}$=3.0216216	σ=1.4962154	

3. De leerkracht moet ook het standpunt van kerkelijke leiding steeds bijtreden en verdedigen. (LLN24_3)

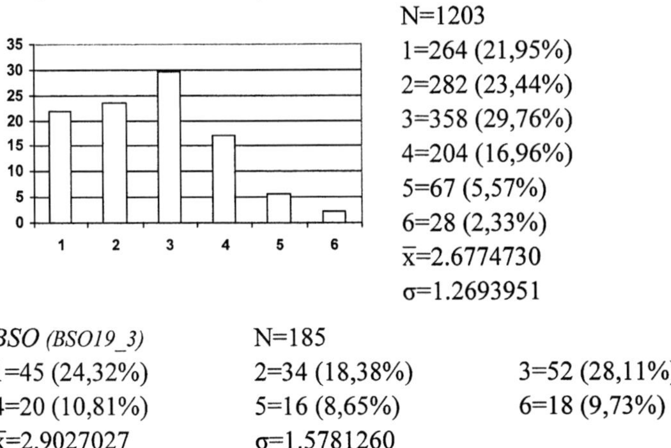

N=1203
1=264 (21,95%)
2=282 (23,44%)
3=358 (29,76%)
4=204 (16,96%)
5=67 (5,57%)
6=28 (2,33%)
$\bar{x}$=2.6774730
σ=1.2693951

BSO (BSO19_3)	N=185	
1=45 (24,32%)	2=34 (18,38%)	3=52 (28,11%)
4=20 (10,81%)	5=16 (8,65%)	6=18 (9,73%)
$\bar{x}$=2.9027027	σ=1.5781260	

4. In de lessen godsdienst moet de leerkracht eerder als een neutrale moderator handelen dan als iemand die zijn eigen godsdienstige visie heeft en die ook uitdraagt. (LLN24_4)

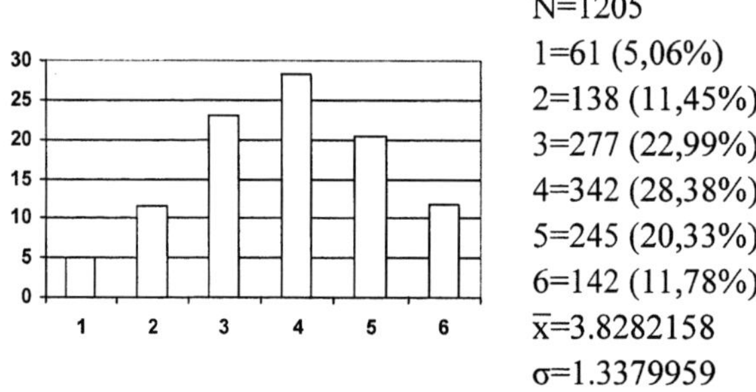

N=1205
1=61 (5,06%)
2=138 (11,45%)
3=277 (22,99%)
4=342 (28,38%)
5=245 (20,33%)
6=142 (11,78%)
$\bar{x}$=3.8282158
σ=1.3379959

5. Ik vind dat één enkele leerkracht praktisch en intellectueel te zwaar belast wordt wanneer hij/zij alleen en ten gronde andere wereldgodsdiensten moet geven. (LLN24_5)

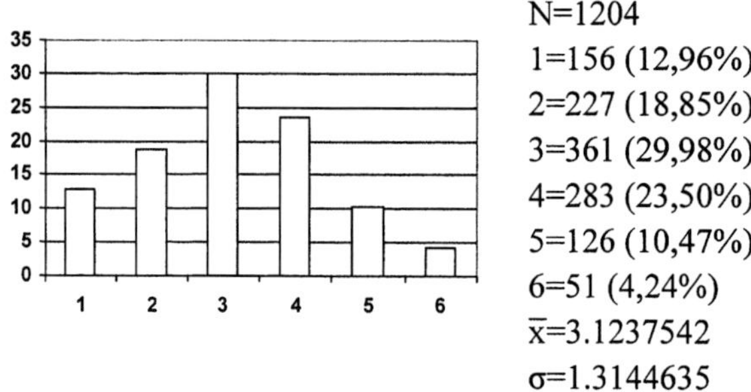

N=1204
1=156 (12,96%)
2=227 (18,85%)
3=361 (29,98%)
4=283 (23,50%)
5=126 (10,47%)
6=51 (4,24%)
$\bar{x}$=3.1237542
σ=1.3144635

BSO (BSO19_4) 'Ik vind dat één enkele leerkracht te zwaar belast wordt wanneer hij/zij alleen en ten gronde andere wereldgodsdiensten moet geven.'
N=185
1=32 (17,30%) 2=36 (19,46%) 3=51 (27,57%)
4=27 (14,59%) 5=16 (8,65%) 6=23 (12,43%)
$\bar{x}$=3.1513514 σ=1.5772881

6. Het zou zorgen voor meer diepgang wanneer de leerkracht op zo'n moment werd bijgestaan door vertegenwoordigers uit de respectievelijke religies. (LLN24_6)

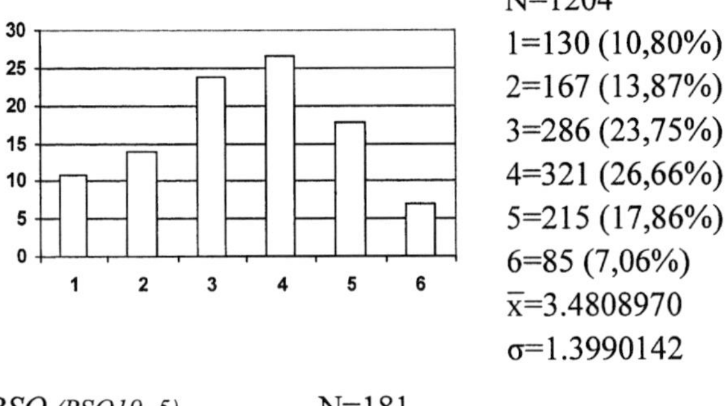

N=1204
1=130 (10,80%)
2=167 (13,87%)
3=286 (23,75%)
4=321 (26,66%)
5=215 (17,86%)
6=85 (7,06%)
$\bar{x}$=3.4808970
σ=1.3990142

BSO (*BSO19_5*) N=181
1=30 (16,57%) 2=25 (13,81%) 3=56 (30,94%)
4=38 (20,99%) 5=19 (10,50%) 6=13 (7,18%)
$\bar{x}$=3.1657459 σ=1.4357105

7. Omdat we zelf zo weinig weten over andere godsdiensten, is de leerkracht ertoe gedwongen om veel te doceren en te vertellen, alleen zo kunnen we over andere godsdiensten iets leren. (LLN24_7)

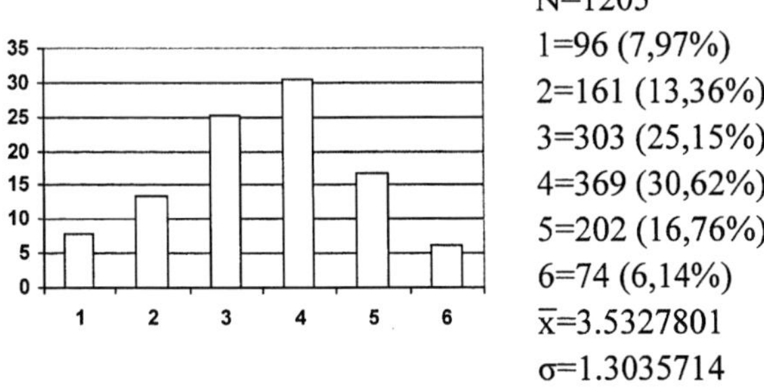

N=1205
1=96 (7,97%)
2=161 (13,36%)
3=303 (25,15%)
4=369 (30,62%)
5=202 (16,76%)
6=74 (6,14%)
$\bar{x}$=3.5327801
σ=1.3035714

BSO (*BSO19_7*) N=184
1=45 (24,46%) 2=39 (21,30%) 3=32 (17,39%)
4=29 (15,76%) 5=19 (10,33%) 6=20 (10,87%)
$\bar{x}$=2.9891304 σ=1.6595118

8. Ik vind dat we bij het leren over andere religies als leerlingen nauw betrokken dienen te worden door middel van bv. groepswerken. (LLN24_8)

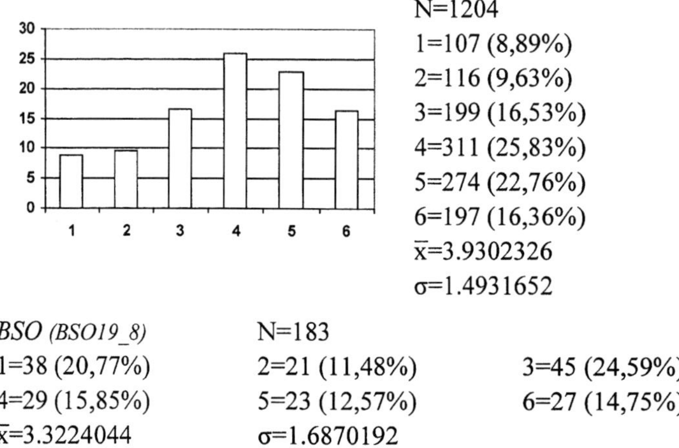

N=1204
1=107 (8,89%)
2=116 (9,63%)
3=199 (16,53%)
4=311 (25,83%)
5=274 (22,76%)
6=197 (16,36%)
$\bar{x}$=3.9302326
σ=1.4931652

BSO (BSO19_8) N=183
1=38 (20,77%) 2=21 (11,48%) 3=45 (24,59%)
4=29 (15,85%) 5=23 (12,57%) 6=27 (14,75%)
$\bar{x}$=3.3224044 σ=1.6870192

4.2.2. *Schalen en schaalscores bij de leerlingen*

4.2.2.1. Leerlingen ASO/TSO

4.2.2.1.1. Omschrijving en samenstelling van de schalen

Telkens wordt een omschrijving van de schaal gegeven. Vervolgens worden de items die behoren tot de schaal weergegeven. De schalen werden (meestal) geconstrueerd op basis van een factoranalyse. De items staan gerangschikt van hoge lading naar lage lading. Daarbij wordt het min- of plusteken van de lading mee in rekening gebracht en daarom staan de geïnverteerde dimensies onderaan. Indien de items een lading hadden van hoger dan 0.35 worden ze tot de schaal gerekend (op enkele uitzonderingen na, waar een theoretische reden maakte dat een item toch mee in rekening gebracht werd binnen de schaal).

Vraag 4. Enkele vragen over je vader

De schaal ***responsiviteit vader*** (LLN04_3A) meet hoe een kind (een specifieke vorm van) 'ondersteuning' door de vader ervaart. Met ondersteuning wordt het "gedrag waarmee een ouder warmte, acceptatie en begrip toont" bedoeld[109]. Vandoorne, Decaluwe en Vandemeulebroecke omschrijven 'responsiviteit' als: "de mate waarin het kind ervaart dat de ouders ontvankelijk zijn voor zijn of haar signalen, behoeften en gesteldheid. Concreet betekent dit bijvoorbeeld dat de jongere met zijn of haar ouders kan praten over persoonlijke problemen en beslommeringen en daarbij het gevoel heeft begrepen of geholpen te worden"[110].

LLN04_3_10. Mijn vader helpt mij goed als ik het moeilijk heb. (0.82760)
LLN04_3_16. Mijn vader weet precies wanneer ik het ergens moeilijk mee heb. (0.81710)
LLN04_3_12. Als ik ergens over pieker of verdrietig ben, dan begrijpt mijn vader wat er aan de hand is. (0.81218)
LLN04_3_05. Als het niet zo goed met mij gaat, dan lukt het mijn vader om mij te troosten. (0.77579)
LLN04_3_01. Ik kan goed met mijn vader praten over alles. (0.75391)
LLN04_3_07. Als ik verdrietig ben of ergens mee zit, dan heeft mijn vader dat in de gaten. (0.73325)
LLN04_3_03. Als ik met mijn vader over mijn problemen praat, dan helpt hij mij echt. (0.71419)
LLN04_3_14. Mijn vader weet heel goed wat ik wil of voel. (0.68434)

De schaal ***autonomie vader*** (LLN04_3B) peilt naar de mate van en de wijze waarop kinderen controle vanwege hun vader ervaren. Onder 'controle' wordt verstaan: "gedrag waarmee de ouder probeert het gedrag van het kind te beïnvloeden"[111]. Autonomie meet met name de mate van 'democratische controle'. Deze vorm van controle wordt gekenmerkt door overleg, actieve inbreng van het kind, beroep op verantwoordelijkheid en vrijwillige instemming van het kind. De schaal autonomie kan als volgt omschreven worden: "Wanneer kinderen aangeven dat ze in de opvoeding door en in de omgang met hun ouders duidelijke aanmoedigingen en accenten ervaren om zelfstandig en onder eigen verantwoordelijkheid op te treden, besluiten we dat ze van hun ouders autonomie krijgen. Concreet betekent dit dat de jongeren

109. VANDOORNE, DECALUWE, VANDEMEULEBROECKE, *Het gezin*, p. 60.
110. *Ibid.*, p. 65.
111. *Ibid.*, p. 60.

vertrouwen ervaren in de opvoedingsrelatie, en aangezet worden om dingen zelf te onderzoeken of uit te proberen, om zelf beslissingen te nemen en problemen op te lossen, om onafhankelijk te zijn en verantwoordelijk voor wat er met hen gebeurt, om zelf na te denken over het leven. De ervaren autonomie maakt deel uit van de controledimensie in het opvoedingsgedrag. Deze autonomie is geen onderdeel van de autoritaire, restrictieve controle, wel van de zogenaamde democratische controle. Dat wil zeggen dat de ouders hun verwachtingen en normen aanpassen aan de capaciteiten van het kind en een actieve rol van het kind stimuleren"[112].

LLN04_3_11. Mijn vader zegt regelmatig tegen mij dat ik dingen zelf moet onderzoeken. (0.57126)
LLN04_3_19. Mijn vader zegt mij dat ik zelf verantwoordelijk ben voor wat er met mij gebeurt. (0.55304)
LLN04_3_18. Mijn vader zegt vaak dat ik zelf na moet denken over het leven. (0.49745)
LLN04_3_06. Mijn vader moedigt mij aan om onafhankelijk van hem te zijn. (0.49654)
LLN04_3_20. Mijn vader laat mij vaak zelf mijn problemen oplossen. (0.49608)
LLN04_3_09. Mijn vader laat mij zelf veel beslissingen nemen. (0.42640)

De schaal ***striktheid vader*** (LLN04_3C) peilt naar de mate waarin een kind (adolescent) autoritaire controle vanwege de vader ervaart. 'Autoritaire controle' wordt gekenmerkt door "gebruik van macht en gezag, door strikte regels te stellen, het kind weinig bewegingsvrijheid te geven, zijn of haar gedrag af te keuren of te straffen"[113]. Striktheid als dusdanig meet "de mate waarin de adolescent zijn/haar ouders als streng ervaart"[114].

LLN04_3_02. Mijn vader wil dat ik doe wat hij zegt, zelfs als ik het niet met zijn argumenten eens ben. (0.53436)
LLN04_3_15. Voor de meeste dingen die ik doe moet ik mijn vader om toestemming vragen. (0.48768)
LLN04_3_08. Mijn vader wordt boos als ik zeg dat ik het niet met hem eens ben, terwijl er vrienden van hem bij zijn. (0.42835)
LLN04_3_17. Mijn vader maakt zich vaak zorgen dat ik dingen doe die hem niet bevallen. (0.39908)
LLN04_3_13. (inversie) Mijn vader is niet erg streng. (-0.56764)

112. VANDOORNE, DECALUWE, VANDEMEULEBROECKE, *Het gezin*, p. 67-68.
113. *Ibid.*, p. 61.
114. VAN AMMERS et al., *Opvoeden in Nederland. Schalenboek*, p. 254.

De schaal ***opvolging vader*** (LLN04_4) wordt ook omschreven als 'supervisie', 'toezicht houden' of 'monitoring'. Het gaat hier niet om een vorm van controle vanwege de vader, maar om het op te hoogte zijn van de activiteiten van de kinderen. Opvolging meet de mate waarin de "respondent meent dat zijn of haar ouder op de hoogte is van, betrokken is bij of geïnteresseerd is in de bezigheden van de jongere. Concreet betekent dit dat de ouder weet waar het kind is na schooltijd, wie de vrienden zijn en waar er geld wordt aan uitgegeven"[115].

LLN04_4_03. Hoeveel weet je vader over waar je bent na schooltijd. (0.76267)
LLN04_4_05. Hoeveel weet je vader over wat je doet in je vrije tijd. (0.74960)
LLN04_4_04. Hoeveel weet je vader over waar je naar toe gaat als je uitgaat. (0.74549)
LLN04_4_02. Hoeveel weet je vader over waar je je geld aan uitgeeft. (0.67236)
LLN04_4_01. Hoeveel weet je vader over wie je vrienden zijn. (0.59689)
LLN04_4_06. Hoeveel weet je vader over wat voor cijfers je op school krijgt. (0.43500)

Vraag 5. Enkele vragen over je moeder

Voor de schaal ***responsiviteit moeder*** (LLN05_3A) zie 'responsiviteit vader'.

LLN05_3_12. Als ik ergens over pieker of verdrietig ben, dan begrijpt mijn moeder wat er aan de hand is. (0.85964)
LLN05_3_10. Mijn moeder helpt mij goed als ik het moeilijk heb. (0.85548)
LLN05_3_16. Mijn moeder weet precies wanneer ik het ergens moeilijk mee heb. (0.84484)
LLN05_3_05. Als het niet zo goed met mij gaat, dan lukt het mijn moeder om mij te troosten. (0.82589)
LLN05_5_03. Als ik met mijn moeder over mijn problemen praat, dan helpt zij mij echt. (0.80397)
LLN05_5_01. Ik kan goed met mijn moeder praten over alles. (0.79848)
LLN05_5_07. Als ik verdrietig ben of ergens mee zit, dan heeft mijn moeder dat in de gaten. (0.78887)
LLN05_5_14. Mijn moeder weet heel goed wat ik wil of voel. (0.74460)

115. VANDOORNE, DECALUWE, VANDEMEULEBROECKE, *Het gezin*, p. 69.

Voor de schaal ***autonomie moeder*** (LLN05_3B) zie 'autonomie vader'.

LLN05_3_11. Mijn moeder zegt regelmatig tegen mij dat ik dingen zelf moet onderzoeken. (0.64470)

LLN05_3_20. Mijn moeder laat mij vaak zelf mijn problemen oplossen. (0.59270)

LLN05_3_06. Mijn moeder moedigt mij aan om onafhankelijk van haar te zijn. (0.57963)

LLN05_3_19. Mijn moeder zegt mij dat ik zelf verantwoordelijk ben voor wat er met mij gebeurt. (0.56254)

LLN05_3_18. Mijn moeder zegt vaak dat ik zelf na moet denken over het leven. (0.54516)

LLN05_3_09. Mijn moeder laat mij zelf veel beslissingen nemen. (0.49731)

Voor de schaal ***striktheid moeder*** (LLN05_3C) zie 'striktheid vader'.

LLN05_3_02. Mijn moeder wil dat ik doe wat zij zegt, zelfs als ik het niet met haar argumenten eens ben. (0.64107)

LLN05_3_08. Mijn moeder wordt boos als ik zeg dat ik het niet met hem eens ben, terwijl er vrienden van hem bij zijn. (0.47769)

LLN05_3_17. Mijn moeder maakt zich vaak zorgen dat ik dingen doe die haar niet bevallen. (0.47609)

LLN05_3_15. Voor de meeste dingen die ik doe moet ik mijn moeder om toestemming vragen. (0.44099)

LLN05_3_13. (inversie) Mijn moeder is niet erg streng. (-0.53058)

Voor de schaal ***opvolging moeder*** (LLN05_4) zie 'opvolging vader'.

LLN05_4_3. Hoeveel weet je moeder over waar je bent na schooltijd. (0.76508)

LLN05_4_5. Hoeveel weet je moeder over wat je doet in je vrije tijd. (0.76381)

LLN05_4_4. Hoeveel weet je moeder over waar je naar toe gaat als je uitgaat. (0.73929)

LLN05_4_2. Hoeveel weet je moeder over waar je je geld aan uitgeeft. (0.70359)

LLN05_4_1. Hoeveel weet je moeder over wie je vrienden zijn. (0.65122)

LLN05 4 6. Hoeveel weet je moeder over wat voor cijfers je op school krijgt. (0.46796)

Vraag 6. Enkele vragen over je eigen ouders en over je gezin

De schaal ***conflict*** (LLN06A) peilt naar de mate waarin jongeren conflicten in het gezin ervaren tussen hun ouders, tussen de ouders en de kinderen of tussen de kinderen onderling. Het gaat daarbij in het bijzonder over uitingen "van boosheid en agressie binnen het gezin"[116].

LLN06_04. Mijn ouders zitten vaak op elkaar te vitten. (0.80157)
LLN06_02. Als mijn ouders het niet eens zijn, worden ze vaak kwaad op elkaar. (0.79882)
LLN06_01. Mijn vader en mijn moeder geven elkaar vaak de schuld als ze ruzie hebben met elkaar. (0.72429)
LLN06_13. We maken thuis veel ruzie. (0.71844)
LLN06_03. Mijn ouders vallen elkaar vaak in de rede als ze met elkaar praten. (0.68112)
LLN06_12. Leden van ons gezin hebben vaak kritiek op elkaar. (0.55350)
LLN06_16. Er is bij ons thuis bijna altijd ruzie tijdens het eten. (0.47075)
LLN06_14. Als er bij ons thuis ruzie is, heeft altijd dezelfde het gedaan. (0.41650)
LLN06_15. Het gebeurt soms dat er één zo kwaad is, dat hij/zij met dingen gaat gooien. (0.39354)

De schaal ***cohesie*** (LLN06B) peilt naar het gezinsklimaat en meer specifiek naar de ervaring van jongeren dat de leden van hun gezin op elkaar betrokken zijn, veel met elkaar praten, elkaar nodig hebben, elkaar steunen. Het gaat hier om "de gebondenheid die gezinsleden ten opzichte van elkaar ervaren"[117].

LLN06_07. We steunen elkaar hoe dan ook. (0.79813)
LLN06_09. Bij ons thuis kunnen we niet zonder elkaar. (0.76729)
LLN06_06. We kunnen echt goed met elkaar opschieten. (0.75695)
LLN06_08. We steken veel energie in wat we thuis doen. (0.74678)
LLN06_10. We vinden dat we zoveel mogelijk samen moeten doen. (0.67462)
LLN06_11. In ons gezin is er voor iedereen genoeg tijd en aandacht. (0.65670)
LLN06_05. Als we ergens naar toe gaan in ons gezin, vertellen we de anderen wat we gaan doen. (0.37440)

Vraag 7. Enkele uitspraken over opvattingen in verband met gezin en relaties in het algemeen

De schaal ***niet-traditioneel gezinsdenken*** (LLN07A) impliceert de houding tegenover 'alternatieve' gezinsvormen (eenoudergezinnen, nieuw-samengesteld gezinnen en homo- of lesbisch ouderschap) en de opvoeding van de kinderen daarbinnen. Deze schaal peilt tevens naar de opvattingen van de jongeren wat betreft de rolverdeling tussen

116. VAN AMMERS et al., *Opvoeden in Nederland. Schalenboek*, p. 35.
117. *Ibid.*, p. 45.

mannen en vrouwen (vooral met betrekking tot werk in het gezin en kinderverzorging).

Een hoge score op deze schaal betekent dat de respondent tolerant is tegenover gezinsvormen waarbij het huwelijk niet centraal staat en dat de respondent de verzorgende taak van de man beklemtoont.

LLN07_09. Kinderverzorging is evengoed de verantwoordelijkheid van de man als van de vrouw. (0.55560)

LLN07_10. Man en vrouw moeten het huishoudelijk werk gelijk onder elkaar verdelen. (0.54079)

LLN07_05. Twee vrouwen of twee mannen kunnen net zo goed een kind opvoeden als een man en een vrouw. (0.48583)

LLN07_03. In een nieuw-samengesteld gezin kunnen kinderen een goede opvoeding krijgen. (0.47859)

LLN07_04. Een gezin met één ouder kan net zo goed zijn als een gezin met twee ouders. (0.41722)

LLN07_02. Wanneer iemand gescheiden is, is het aanvaardbaar dat die persoon hertrouwt. (0.30692)

LLN07_13. (inversie) Een vrouw is geschikter om kleine kinderen op te voeden dan een man. (-0.44361)

LLN07_14. (inversie) Het is logisch dat een man minder in het huishouden doet dan een vrouw. (-0.56614)

De schaal ***traditioneel gezinsdenken*** (LLN07B) meet de houding van de jongere tegenover het huwelijk, met name de eigen toekomstvisie daaromtrent en het belang van het huwelijk voor een goed gezinsleven. 'Traditioneel gezinsdenken' impliceert dat de respondent sterk vasthoudt aan de waarde van het huwelijk voor het gezin. Tevens peilt deze schaal naar de opvattingen over de rolverdeling tussen mannen en vrouwen in het gezin. Een hoge score op deze schaal betekent dat de jongere gezinsleven en zorg voor het gezin zeer hoog plaatst in de waardenschaal.

LLN07_07. Ik zou later zelf willen huwen voor de wet. (0.75221)

LLN07_08. Ik wil later huwen voor de kerk. (0.72074)

LLN07_01. De beste gezinsvorm voor de kinderen is nog altijd twee getrouwde ouders met hun eigen kinderen. (0.39973)

LLN07_06. Om een goed gezin te hebben moet je huwen. (0.38908)

LLN07_11. Het verzorgen van een gezin is voor een vrouw belangrijker dan buitenshuis werken. (0.37593)

Vraag 9. Hieronder enkele uitspraken over je vader en zijn verhouding tegenover godsdienst

De schaal ***geloofsautonomie vader*** (LLN09_4A) meet de mate waarin de respondent ervaart vanwege de vader vrijheid te krijgen in de houding die hij/zij tegenover geloof aanneemt.

LLN09_4_4. Mijn vader ondersteunt mij in mijn eigen houding tegenover (on)geloof, zelfs indien deze ingaat tegen zijn eigen houding. (0.71290)

LLN09_4_2. Mijn vader laat mij zelf beslissingen nemen in verband met geloven. (0.63552)

LLN09_4_3. Ik werd toen ik ouder werd niet verplicht door mijn vader om regelmatig naar de eredienst te gaan. (0.55514)

LLN09_4_5. (inversie) Mijn vader vindt het belangrijk dat ik zijn houding tegenover geloof overneem. (-0.54794)

De schaal ***geloofsbetrokkenheid vader*** (LLN09_4B) meet de mate waarin de respondent ervaart met geloofsvragen bij de vader terecht te kunnen en de mate waarin hij/zij ervaart dat de vader 'betrokken' is (cf. opvolging) op de manier waarop de respondent gelooft.

LLN09_4_1. Als ik met een vraag/twijfel zit omtrent het geloof, dan kan ik hiermee bij mijn vader terecht. (0.54490)

LLN09_4_6. Mijn vader weet zeer goed op welke wijze ik met geloof bezig ben. (0.50444)

Vraag 10. Hieronder enkele vragen over je moeder en haar verhouding tegenover godsdienst

Voor de schaal ***geloofsautonomie moeder*** (LLN10_4A) zie 'geloofsautonomie vader'.

LLN10_4_04. Mijn moeder ondersteunt mij in mijn eigen houding tegenover (on)geloof, zelfs indien deze ingaat tegen haar eigen houding. (0.78636)

LLN10_4_02. Mijn moeder laat mij zelf beslissingen nemen in verband met geloven. (0.72062)

LLN10_4_03. Ik werd toen ik ouder werd niet verplicht door mijn moeder om regelmatig naar de eredienst te gaan. (0.52819)

LLN10_4_05. (inversie) Mijn moeder vindt het belangrijk dat ik haar houding tegenover geloof overneem. (-0.57681)

Voor de schaal ***geloofsbetrokkenheid moeder*** (LLN10_4B) zie 'geloofsbetrokkenheid vader'.

LLN10_4_01. Als ik met een vraag/twijfel zit omtrent het geloof, dan kan ik hiermee bij mijn moeder terecht. (0.54381)

LLN10_4_06. Mijn moeder weet zeer goed op welke wijze ik met geloof bezig ben. (0.51778)

Vraag 12. Hieronder enkele vragen over hoe je denkt over religie

Hier werden de items volgens een theoretisch concept en op basis van eerder onderzoek met de Post-Kritische Geloofsschaal (PKG-schaal) ingedeeld bij de respectievelijke factoren. Bijgevolg zijn bij deze schalen de factorladingen niet opgenomen.

De schaal ***tweede naïviteit*** (LLN12A) meet een symbolisch affirmatief geloofsverstaan. Dit kan ook gezien worden als een hermeneutisch geloofsverstaan.

LLN12_10. Ondanks het feit dat de bijbel in een geheel andere historische context werd geschreven, bevat hij toch een belangrijke boodschap.

LLN12_26. Ondanks het vele onrecht dat het christendom mensen heeft aangedaan, blijft de originele boodschap van Christus waardevol.

LLN12_01. De bijbel verbergt een diepere waarheid die door eigen zoeken onthuld moet worden.

LLN12_06. De bijbel is een spoorboek voor het zoeken naar God, en geen historisch verslag.

LLN12_02. De wonderverhalen uit de bijbel dienen in hun historische context geplaatst te worden, wil men hun betekenis begrijpen.

LLN12_16. De historische juistheid van de bijbelverhalen is irrelevant voor mijn geloof in God.

LLN12_13. Religie is een engagement zonder absolute zekerheid.

LLN12_33. Hoewel er in het verleden vanalles is gebeurd in naam van het christendom waarmee ik niet akkoord ga, noem ik mezelf nog steeds een christen.

De schaal ***relativisme*** (LLN12B) verwijst naar een symbolisch denken over geloof. Hier gaat het, in tegenstelling tot 'tweede naïviteit', om ongeloof, of beter een niet-geëngageerde houding ten opzichte van de (christelijke) geloofstraditie.

LLN12_15. De manier waarop mensen hun relatie tot God ervaren, is altijd gekleurd door de maatschappelijke context.

LLN12_28. Wereldlijke en religieuze levensbeschouwelijke opvattingen geven even waardevolle antwoorden op belangrijke levensvragen.

LLN12_24. Ik ben er mij van bewust dat mijn levensbeschouwelijke opvatting maar een mogelijkheid is naast zovele anderen.

LLN12_23. God groeit mee met de mensengeschiedenis en is dus veranderlijk.

LLN12_09. Elke uitspraak over God is bepaald door de tijd waarin ze geformuleerd is.

LLN12_19. Uitspraken over het absolute, zoals dogma's, blijven altijd relatief omdat ze door mensen en op bepaalde momenten worden uitgesproken.

LLN12_31. Dé *zin van het leven* bestaat niet, alleen zingeving, en die is voor iedereen anders.

LLN12_12. Zelfs al zou blijken dat Jezus als historische figuur nooit heeft bestaan, dan nog zou dit mijn geloof in Jezus niet aantasten. Voor mij is Hij immers vooral een leidraad.

De schaal ***externe kritiek*** (LLN12C) wijst op een letterlijke ongeloofshouding. Men verwerpt het geloof vanuit een letterlijk geloofsverstaan.

LLN12_22. De wetenschappelijke verklaringen van mens en wereld hebben de religieuze verklaringen overbodig gemaakt.

LLN12_27. Het geloof is uiteindelijk niet meer dan een vangnet voor onze menselijke angsten.

LLN12_20. De wereld van de bijbelverhalen ligt zover van af, dat hij nog weinig relevant is.

LLN12_32. Geloof is vaak een instrument voor machtsverwerving, en dat maakt het verdacht.

LLN12_18. God is slechts een naam die gegeven wordt aan het verklaarbare.

LLN12_05. Het geloof is eerder een mooie droom, die een illusie blijkt te zijn als men geconfronteerd wordt met de hardheid van het leven.

LLN12_08. Er zijn teveel mensen in naam van God onderdrukt om nog te kunnen geloven.

LLN12_30. Geloven is een uiting van een zwakke persoonlijkheid.

De schaal ***orthodoxie*** (LLN12D) wijst op een letterlijk affirmatief geloofsverstaan, dat aanleunt bij fundamentalisme.

LLN12_14. Godsdienst is het enige dat betekenis kan geven aan het leven in al zijn aspecten.

LLN12_11. Enkel de grote religieuze tradities bieden een garantie om tot God te komen.

LLN12_21. Alleen een priester/religieuze leider kan op belangrijke godsdienstige vragen een antwoord geven.

LLN12_07. Maria is werkelijk voor, tijdens en na de geboorte van Jezus maagd gebleven, ook al gaat dit in tegen het moderne denken.

LLN12_17. Uiteindelijk bestaat er op elke religieuze vraag maar één juist antwoord.

LLN12_04. God is eens en voor altijd bepaald en is dus onveranderlijk.

LLN12_25. Ik vind dat je bijbelverhalen moet begrijpen zoals het er letterlijk geschreven staat.

LLN12_03. Je kan alleen maar zinvol leven als je gelooft.

Vraag 13. Hieronder gaan we aan de hand van een aantal uitspraken op zoek naar de wijze waarop jij je godsdienstleerkracht ziet

De schaal ***biografische leerkracht*** (LLN13A) meet de mate waarin de leerlingen de leerkracht percipiëren als een leerkracht met een christelijke narratieve identiteit, die zich als christen profileert, maar die ook aandacht heeft voor de eigenheid van de leerlingen.

LLN13_02. Onze godsdienstleerkracht kent de christelijke traditie door en door. (0.65913)

LLN13_03. Onze godsdienstleerkracht gebruikt vaak verhalen in zijn/haar lessen om christelijke thema's uit te leggen. (0.63118)

LLN13_01. Onze godsdienstleerkracht spreekt vaak vanuit zijn/haar ervaringen. (0.55340)

LLN13_06. Onze godsdienstleerkracht neemt de dingen die wij over godsdienst vertellen ernstig. (0.44049)

LLN13_04. (inversie) Ik kan niet zeggen of onze godsdienstleerkracht in God gelooft of niet. (-0.34899)

LLN13_09. (inversie) Ik denk niet dat onze godsdienstleerkracht betrokken is bij het kerkelijk leven. (-0.39368)

De schaal ***dogmatische leerkracht*** (LLN13B) meet de mate waarin de leerlingen de leerkracht percipiëren als iemand die een gesloten absoluut waarheidsbegrip hanteert (zijn of haar christelijke waarheid) en in zijn lessen geen ruimte creëert voor de eigenheid van de leerlingen.

LLN13_08. Onze godsdienstleerkracht kent maar één waarheid en dat is de christelijke waarheid. (0.67781)

LLN13_05. Onze godsdienstleerkracht weet niet wat ons interesseert. (0.59228)

LLN13_10. Onze godsdienstleerkracht houdt zich strikt aan zijn/haar handboek. (0.55823)

Vraag 14. Hieronder peilen we naar de wijze waarop je je als leerling betrokken voelt bij het godsdienstonderricht

De schaal ***klasdiscours*** (LLN14A) meet de mate waarin de leerlingen persoonlijk en inhoudelijk betrokken zijn in de opbouw van de les. Het meet de mate waarin hun eigenheid wordt gewaardeerd, maar tegelijk ook wordt uitgedaagd in/door het godsdienstonderricht.

LLN14_06. In de godsdienstlessen leren we onze meningen verantwoorden. (0.73995)

LLN14_02. In onze godsdienstlessen hebben wij een persoonlijke inbreng (groepswerk, klasgesprekken, creatieve opdrachten). (0.72633)

LLN14_05. Wanneer het in de godsdienstles gaat over actuele thema's zoals euthanasie, homoseksualiteit, geweld, etc. kan ik mijn persoonlijke mening uiten. (0.68002)

LLN14_09. In de godsdienstlessen mag ik mezelf zijn, met mijn eigen visie op geloof. (0.67766)

LLN14_10. In de godsdienstles gaat het over dingen die met je leven te maken hebben, waar je niet zomaar op een neutrale manier tegenover staat, zoals bij wiskunde. (0.66326)

LLN14_07. Soms word ik echt aan het denken gezet over mijn toekomst door wat in de godsdienstlessen aan bod komt. (0.59213)

LLN14_01. In onze godsdienstlessen houdt de leerkracht rekening met onze interesses bij de keuze van de leerstof. (0.57834)

LLN14_04. In de godsdienstlessen bespreken we filmfragmenten, muziek, literatuur, poëzie, dingen uit de actualiteit die wij zelf mogen meebrengen. (0.48379)

LLN14_08. Het godsdienstonderricht daagt mij uit om een eigen godsdienstige kijk op het leven te ontwikkeling. (0.39891)

Vraag 15. Hieronder peilen we naar jouw mening over godsdienst en godsdienstonderricht

De schaal ***hermeneutische verlamming*** (LLN15A) meet de mate waarin de leerlingen verhinderd zijn om op een hermeneutische manier met het christelijk geloof om te gaan en de mate waarin ze een negatieve houding aannemen ten opzichte van godsdienstonderricht waarin er ruimte is voor de christelijke traditie.

LLN15_04. Verhalen over de broodvermenigvuldiging of Jezus die over het water loopt maken de figuur van Jezus ongeloofwaardig. (0.63209)

LLN15_02. Godsdienst maakt meer kapot dan dat het goed is voor de mens: kijk maar naar wat zich op 11 september in New York heeft afgespeeld en wat er in Israël allemaal gebeurt. (0.60743)

LLN15_01. Godsdienstlessen waarin het over God, Jezus en de bijbel gaat zijn niet meer van deze tijd. (0.59471)

LLN15_07. Ik heb geen mening over dingen die met godsdienst te maken hebben omdat godsdienst mij niet interesseert. (0.50442)

De schaal ***hermeneutische competentie*** (LLN15B) meet de mate waarin de leerlingen door het godsdienstonderricht geleerd hebben dat (christelijke) godsdienst een eigen interpretatiekader heeft en de mate waarin ze zich bewust zijn van het feit dat dit een weerslag heeft op hun persoonlijke omgang met godsdienst(en).

LLN15_06. Door de godsdienstlessen ben ik mijn persoonlijke betrokkenheid bij het christelijk geloof beter gaan begrijpen. (0.65995)

LLN15_05. Door het godsdienstonderricht heb ik geleerd waarom de Kerk bepaalde standpunten inneemt (vb. rond seksualiteit, euthanasie etc.). (0.58194)

LLN15_09. In de godsdienstlessen krijg je een betere kijk op de betekenis van godsdiensten. (0.55495)

Vraag 17. Hieronder peilen wij naar de wijze waarop jullie godsdienstleerkracht godsdienst ter sprake brengt in de les

De schaal ***historische traditie*** (LLN17A) meet de mate waarin de leerlingen traditie, zoals ter sprake gebracht in het godsdienstonderricht, in verband brengen met de bijbelse traditie en in zekere zin ook met het belang van de liturgie. De achterliggende idee is dat godsdienst in zijn verschillende gestalten – bijbelverhalen, symbolen, rituelen, ... – aan bod komt.

LLN17_06. In onze godsdienstlessen neemt de figuur van Jezus een centrale plaats in. (0.65341)

LLN17_07 Onze leerkracht gebruikt wel eens kerkelijke documenten maar ik begrijp daar niets van. (0.53837)

LLN17_05. Onze leerkracht doet ons begrijpen wat godsdienst is doorheen het lezen van godsdienstige teksten. (0.50411)

LLN17_09. In onze godsdienstlessen leren wij hoe mensen vandaag hun geloof trachten waar te maken in devoties, bedevaarten, gebeden, rituelen. (0.44162)

LLN17_08. Onze godsdienstleerkracht besteedt aandacht aan de christelijke symboliek zoals die is uitgebeeld in de kunst, muziek, gebouwen. (0.39056)

De schaal ***traditie-relevantie*** (LLN17B) meet de mate waarin leerlingen dankzij het godsdienstonderricht inzicht verworven hebben in (de complexiteit van) de christelijke traditie en de betekenis ervan voor mensen vandaag.

LLN17_01. Door het godsdienstonderricht heb ik ingezien dat het christendom complexer is dan ik dacht. (0.56344)

LLN17_03. In de godsdienstlessen leren wij hoe gelovige mensen vandaag denken over bepaalde thema's zoals seksualiteit, dood, etc. (0.53416)

LLN17_10. Door het godsdienstonderricht heb ik gezien dat het in de godsdienst uiteindelijk niet gaat om de kerk maar om de mens. (0.48623)

LLN17_02. Onze leerkracht koppelt bijbelteksten aan de inzet van christenen vandaag. (0.41581)

Vraag 18. Hieronder peilen we naar de wijze waarop de interactie tijdens de godsdienstlessen verloopt

De schaal ***communicatieve betrokkenheid*** (LLN18A) meet de mate waarin er in het lesgebeuren ruimte voorzien is voor de inbreng van de leerlingen enerzijds en de mate waarin deze inbreng geïntegreerd wordt in de opbouw van het leerproces anderzijds. Deze schaal meet de mate waarin er een communicatief *leer*-klimaat heerst.

LLN18_09. Onze leerkracht verheldert vaak dingen door aan te sluiten bij hoe wij dat in ons eigen leven ervaren. (0.49474)

LLN18_07. Het is al gebeurd dat ik door een discussie in de godsdienstles van gedacht veranderd ben over een thema (bv. euthanasie) door wat een andere leerling daarover vertelde. (0.48231)

LLN18_08. Als er in de godsdienstles waarheid gesproken wordt, is het muisstil. (0.47584)

LLN18_01. In onze godsdienstlessen debatteren we over de toekomstkansen van het christendom. (0.42167)

De schaal ***communicatieve openheid*** (LLN18B) meet de mate waarin er in het lesgebeuren ruimte is voor de inbreng van leerlingen, zonder dat deze inbreng noodzakelijk deel uit maakt van de opbouw van het leerproces. Deze schaal meet de mate waarin er een communicatief *onderwijs*-klimaat heerst.

LLN18_04. Onze godsdienstleerkracht kan goed luisteren. (0.56639)

LLN18_02. Hoewel het niet gemakkelijk is om in een klas echt te discussiëren slaagt onze godsdienstleerkracht er toch in boeiende discussies te voeren met ons. (0.56134)

LLN18_05. In de godsdienstlessen kan je echte vragen stellen, en ze krijgen ook een antwoord. (0.50744)

LLN18_06. (inversie) Een klassituatie is niet geschikt om over godsdienst te discussiëren. (-0.37129)

LLN18_10. (inversie) Ik zeg liever niet te veel in de godsdienstles, (want dan word je toch altijd uitgelachen.) (-0.43253)

Vraag 19. Enkele vragen rond je gelovige visie

Om de schaal ***pluralisme*** (LLN192A) te benoemen, is de term uit de context van de theologie van de godsdiensten overgenomen: "Pluralistische theologen leggen er de nadruk op dat er meerdere onafhankelijke en min of meer gelijkwaardige heilswegen zijn"[118].

LLN19_20. Mensen met een ander geloof zie ik als gelovigen waarvan ook wij veel kunnen leren. (0.64726)

LLN19_11. Alle religies zijn complementair. Ze vormen stuk voor stuk partiële interpretatie van de Ultieme goddelijke werkelijkheid. (0.61217)

LLN19_21. De dialoog met gelovigen van andere godsdiensten moet niet leiden tot een soort eenheidsreligie, maar leert ons het onherleidbaar unieke karakter van elke godsdienst op zich kennen. (0.60703)

LLN19_01. Er zijn naast het christendom ook andere religies die waarheid bevatten. (0.58141)

LLN19_13. Aangezien alle godsdiensten uiteindelijk leiden tot hetzelfde doel, met name het Ultieme, maakt het uiteindelijk niet uit of je nu christen, jood of boeddhist bent. Het nettoresultaat is hetzelfde: heil. (0.49844)

LLN19_10. Alle godsdiensten zijn uiteindelijk even waar en werkelijkheidsgetrouw. (0.47734)

LLN19_12. Omdat alle godsdiensten complementair zijn, is de interreligieuze dialoog het beste instrument om de verschillende en uiteenlopende aspecten van Ultieme werkelijkheid, bron en doel van alle godsdiensten, samen te passen tot een eenheidsreligie. (0.46464)

LLN19_07. De naastenliefde is voor mij de norm en leidraad, om ethische beslissingen te beoordelen, ook die van niet-christenen. (0.44470)

LLN19_09. Alle religies zijn historisch-cultureel bepaalde interpretaties van de éne mysterieuze Ultieme werkelijkheid. (0.41177)

LLN19_15. Het christendom kan zich nooit opwerpen alsof het absolute en totale waarheid kent, omdat God altijd groter is dan de mens kan vatten. (0.39773)

118. MERRIGAN, *Gods heilshandelen in de geschiedenis en de hedendaagse theologie van de godsdiensten*, p. 572.

LLN19_18. Het feit dat er tegenwoordig zoveel verschillende godsdiensten bestaan, maakt de keuze voor een bepaalde geloofsovertuiging veel minder vanzelfsprekend als vroeger. Echt geloof vraagt daarom zichtbaar engagement. (0.39437)

LLN19_19. In de dialoog tussen de godsdiensten staat niet zozeer de vraag naar de waarheid centraal, maar wel de problematiek van goed en kwaad. (0.38914)

LLN19_04. Geen enkele godsdienst is beter dan een andere godsdienst. (0.38640)

De schaal ***(exclusivisme) inclusivisme*** (LLN192B) is op zich geen courant theologisch model. Exclusivisme en inclusivisme zijn twee verschillende modellen uit de theologie van de godsdiensten. Deze twee modellen worden hieronder gedefinieerd maar empirisch wordt vastgesteld dat de items van beide geloofsmodellen in één factor samenvallen.

Exclusivisme wordt gekenmerkt door "haar radicale afwijzing van andere tradities. Het heil wordt afhankelijk gemaakt van een expliciete Christusbelijdenis (wat voor sommige exclusivisten ook mogelijk is na de dood)."[119]

Inclusivisme kan als volgt worden omschreven: "Zonder te insisteren op een expliciete Christusbelijdenis of lidmaatschap van de Kerk, poneert het inclusivisme dat Christus toch altijd betrokken is bij Gods heilshandelen en dat het christelijk geloof de voltooiing is van het religieuze leven."[120]

LLN19_05. Volgens mij is de Geest van Christus ook werkzaam aanwezig in andere godsdiensten en worden niet-christenen dankzij deze werkzame kracht met God verzoend. (0.60399)

LLN19_08. Het christendom mag als uitgangspunt genomen worden om andere godsdiensten te beoordelen. (0.54529)

LLN19_03. De interreligieuze dialoog mag het christendom niet in vraag stellen. (0.49744)

LLN19_06. Hoewel ik persoonlijk er van overtuigd ben dat ook niet-christenen door Christus' genade gered worden, zal ik deze overtuiging niet luidop verkondigen uit respect voor de eigenheid van de andersgelovigen. (0.44039)

119. MERRIGAN, *Gods heilshandelen in de geschiedenis en de hedendaagse theologie van de godsdiensten*, p. 571.

120. *Ibid.*, p. 571-572.

Vraag 20. Enkele vragen rond je gevoelens ten opzichte van leerlingen met een ander geloof

De schaal ***negatieve gevoelens t.o.v. andersgelovigen*** (LLN20A) meet de mate waarin de leerlingen onrust, vrees, ergernis tegenover andersgelovigen voelen en een attitude van onzekerheid en ongevoeligheid hebben.

LLN20_02. Onrust (0.91273)
LLN20_01. Vrees (0.82735)
LLN20_03. Ergernis (0.70381)
LLN20_05. Onzekerheid (0.66537)
LLN20_04. Ongevoeligheid (0.58076)

De schaal ***positieve gevoelens t.o.v. andersgelovigen*** (LLN20B) meet de mate waarin de leerlingen een open houding en een respectvolle attitude hebben tegenover andersgelovigen. Er is een wil tot dialoog en samenwerking en een gevoel van verbondenheid.

LLN20_09. Openheid (0.80389)
LLN20_10. Wil tot dialoog (0.75707)
LLN20_08. Respect (0.73092)
LLN20_06. Samenwerking (0.72154)
LLN20_07. Verbondenheid (0.71802)

Vraag 21. Enkele vragen over je visie op een multireligieuze samenleving

De schaal ***dialoog*** (LLN21A) meet de mate waarin de leerlingen openstaan om op een dialogale en confronterende manier te leren van andersgelovigen in onze maatschappij. Dit communicatieve leren kan bijdragen tot hun eigen geloofsbeleving.

LLN21_04. De confrontatie met de andere godsdiensten en andersgelovigen leert ons de heel eigen aard en het specifieke van onze eigen geloofsovertuigingen beter kennen. (0.61392)

LLN21_03. Godsdienstonderricht moet ons een leidraad bieden om te leven in een samenleving die gekenmerkt wordt door de aanwezigheid van verschillende culturen en religies. (0.59766)

LLN21_01. De aanwezigheid van leerlingen met een ander geloof in mijn klas en in de maatschappij in zijn geheel, levert confrontaties op waarbij de vraag wie ik ben centraal komt te staan en me uitdaagt om meer over mezelf na te denken. (0.54632)

LLN21_10. Het godsdienstonderricht draagt bij tot wie we zijn en worden. (0.48350)

LLN21_08. Moslimleerlingen kunnen het vak godsdienst volgen als het niet als geloofsverkondiging opgevat wordt, maar wel de dialoog aangaat. (0.46044)

LLN21_05. Wanneer er moslims in de godsdienstles aanwezig zijn, heeft de godsdienstleerkracht de plicht om in de les de interreligieuze dialoog centraal te stellen. (0.45527)

De schaal ***geen dialoog*** (LLN21B) meet de mate waarin de leerlingen in de godsdienstles liever over hun eigen traditie en geloof zouden leren. Andere godsdiensten zijn niet prioritair, de christelijke traditie komt op de eerste plaats.

LLN21_11. Wanneer de godsdienstleerkracht sterk met de leerlingen rekening houdt die niet hetzelfde geloof hebben als ik, blijf ik als gelovige op mijn honger zitten. (0.63350)

LLN21_12. De tijd die de leerkracht zou kunnen besteden aan een kennismaking met andere godsdiensten, kan hij/zij beter gebruiken om ons nader met het katholieke geloof in contact te brengen en in te gaan op de vragen die we daar rond hebben. (0.62955)

LLN21_02. Mensen met een ander geloof hebben niet het recht om hun eigen tradities te behouden zelfs wanneer die in strijd zijn met de gewoontes van de maatschappij waarin ze nu leven. (0.41842)

LLN21_09. We moeten als jongeren op school eerst voldoende in de eigen christelijke traditie ingeleid worden, pas dan kunnen we met andere godsdiensten nader in contact gebracht te worden. (0.39288)

Vraag 22. Enkele vragen over je visie op het aanbod van wereldgodsdiensten in de les en de mogelijkheid van interreligieus leren

De schaal ***IRL-minded*** (LLN22A) meet de mate waarin door de leerlingen benadrukt wordt dat andere religies aan bod mogen komen tijdens de uren godsdienst. Het is volgens deze leerlingen belangrijk om via andersgelovigen iets te weten te komen over deze godsdiensten en vanuit dit aanbod een eigen en kritische keuze te kunnen maken.

LLN22_2. Ik vind het persoonlijk erg belangrijk om andere godsdiensten en mensen met een ander geloof dan ikzelf te leren kennen en met hen in dialoog te treden. (0.79827)

LLN22_3. Ik vind het belangrijk dat we ook persoonlijke ontmoetingen hebben, niet alleen met bv. de moslimleerlingen die we in onze klas hebben, maar ook met officiële vertegenwoordigers van de verschillende andere wereldgodsdiensten. (0.70511)

LLN22_4. Het feit dat ook andere godsdiensten in de les worden belicht, geeft mij de mogelijkheid om ook op religieus vlak meer bewuste keuzes te maken en mezelf en wie ik ben ten volle te vormen. (0.68796)

LLN22_7. Naar mijn mening dienen alle godsdiensten aan bod te komen in de godsdienstlessen. (0.65817)

LLN22_1. Veel jongeren zijn geïnteresseerd in andere godsdiensten. (0.65299)

LLN22_5. Ik voel me in staat om, vanuit mijn eigen geloofsovertuiging en met de kennis die ik reeds heb opgedaan over godsdiensten, in dialoog te treden met andere gdsdiensten of mensen met een ander geloof. (0.61679)

LLN22_6. Alle andere godsdiensten zijn evenwaardig aan het katholieke geloof. (0.42547)

Vraag 23. Enkele vragen over je visie op de school en hoe ze moet inspelen op het feit van de veelheid van verschillende godsdiensten

De schaal ***expliciet (christelijke) profilering*** (LLN23A) meet de mate waarin de leerlingen ervan overtuigd zijn dat de christelijke levenshouding de goede is. Dit geloof moet volgens hen dan ook door de leerkrachten en school openlijk beleefd worden.

LLN23_3. Hoewel de God van de andere religies dezelfde God is als die van de bijbel, mogen we toch uitgaan van de uitzonderlijke waarde die in het christendom ligt. (0.67411)

LLN23_2. Meer dan ooit hebben katholieke scholen nood aan leerkrachten die zich nog openlijk christen durven te noemen. (0.63626)

LLN23_1. Katholieke scholen blijven ook vandaag een verkondigende boodschap hebben, ze dienen ons in de eerste plaats in te leiden in de katholieke godsdienst. (0.62293)

LLN23_8. Het is de gelovige plicht van de godsdienstleerkracht in een katholieke school om bij het aanbrengen van de wereldgodsdiensten de superioriteit van de christelijke religie tegenover andere godsdiensten aan te tonen. (0.46027)

LLN23_9. Een katholieke school is een school van katholieken voor katholieken. (0.43472)

De schaal ***gematigde profilering*** (LLN23B) meet de mate waarin de leerlingen vinden dat het niet langer verantwoord is om alleen de christelijke traditie aan bod te laten komen in de les. De christelijke visie is niet de enig waardevolle en het is niet de taak van de godsdienstlessen om hun zieltje te redden. De godsdienstles dient om via communicatie en dialoog ook andere religies aan bod te laten komen.

LLN23_7. Het is niet verantwoord dat door de godsdienstleerkracht de christelijke visie als norm wordt gehanteerd. (0.52864)

LLN23_5. Godsdienstonderricht dat jongeren rechtstreeks voor het katholiek geloof tracht te winnen, is vandaag niet verantwoord. (0.51173)

LLN23_4. Het godsdienstonderwijs dient steeds meer te steunen op communicatie en dialoog tussen leerkrachten en leerlingen over de theoretische en praktische inhouden van de verschillende religies. (0.50600)

LLN23_6. Ik zie de hedendaagse situatie van religieuze verscheidenheid als een permanente bron van rijkdom, en dat dient ook door de leerkracht zo benaderd te worden. (0.45827)

Vraag 24. Enkele vragen over de rol die de leerkracht volgens jou in het onderwijsproces moet spelen

Deze vraag heeft na factoranalyse niet geresulteerd in een bruikbare schaal.

4.2.2.1.2. Gemiddelde scores, standaarddeviatie en betrouwbaarheid schalen

Schaal	N	Min.	Max.	Gemiddelde ($\bar{x}$)	Standaard-deviatie (σ)	Cronbach α
Responsiviteit vader (LLN04_3A)	1194	1.00000	6.00000	3.55533	1.17858	0.922101
Autonomie vader (LLN04_3B)	1193	1.00000	6.00000	3.90569	0.89679	0.690464
Striktheid vader (LLN04_3C)	1194	1.00000	6.00000	3.26242	0.97989	0.604181
Opvolging vader (LLN04_4)	1192	1.00000	6.00000	4.30828	1.00731	0.823749
Responsiviteit moeder (LLN05_3A)	1214	1.00000	6.00000	4.45753	1.11856	0.944736
Autonomie moeder (LLN05_3B)	1214	1.00000	6.00000	3.86013	0.88220	0.747526
Striktheid moeder (LLN05_3C)	1214	1.00000	6.00000	3.50058	0.95094	0.641609
Opvolging moeder (LLN05_4)	1213	1.00000	6.00000	4.86930	0.87378	0.839516
Conflict (LLN06A)	1213	1.00000	6.00000	2.80022	1.05310	0.861263
Cohesie (LLN06B)	1211	1.00000	6.00000	4.08075	1.03046	0.873975
Niet-traditioneel gezinsdenken (LLN07A)	1224	1.75000	6.00000	4.50753	0.77413	0.696267
Traditioneel gezinsdenken (LLN07B)	1224	1.00000	6.00000	3.82032	1.04003	0.657223
Geloofsautonomie vader (LLN09_4A)	1192	1.00000	6.00000	4.83096	1.06747	0.693035
Geloofsbetrokkenheid vader (LLN09_4B)	1192	1.00000	6.00000	2.96770	1.37829	0.420262

Geloofsautonomie moeder (LLN10_4A)	1214	1.00000	6.00000	4.77732	1.11487	0.729915
Geloofsbetrokkenheid moeder (LLN10_4B)	1214	1.00000	6.00000	3.52348	1.35834	0.438878
Tweede naïviteit (LLN12A)	1224	1.00000	5.87500	3.40452	0.93801	0.772652
Relativisme (LLN12B)	1224	1.00000	6.00000	3.61912	0.78108	0.659032
Externe kritiek (LLN12C)	1224	1.00000	6.00000	3.45330	0.91006	0.765959
Orthodoxie (LLN12D)	1224	1.00000	6.00000	2.12716	0.86715	0.798317
Biografische leerkracht (LLN13A)	1224	1.00000	6.00000	4.44627	0.80908	0.636376
Dogmatische leerkracht (LLN13B)	1224	1.00000	6.00000	2.57584	1.10904	0.607149
Klasdiscours (LLN14A)	1223	1.00000	6.00000	4.15172	0.94614	0.841471
Hermeneutische verlamming (LLN15A)	1223	1.00000	6.00000	3.72309	1.07133	0.669650
Hermeneutische competentie (LLN15B)	1222	1.00000	6.00000	3.23868	1.04631	0.642223
Historische traditie (LLN17A)	1222	1.00000	5.50000	2.83763	0.91357	0.650897
Traditie-relevantie (LLN17B)	1222	1.00000	6.00000	3.46747	0.90631	0.600781
Communicatieve betrokkenheid (LLN18A)	1221	1.00000	6.00000	3.37804	0.89998	0.545993
Communicatieve openheid (LLN18B)	1221	1.60000	6.00000	4.41020	0.89351	0.667051
Pluralisme (LLN192A)	1220	1.15385	6.00000	3.71352	0.77637	0.802306
(Exclusivisme) inclusivisme (LLN192B)	1220	1.00000	6.00000	2.90608	0.95578	0.608312
Negatieve gevoelens (LLN20A)	1173	1.00000	6.00000	1.92711	0.99829	0.848603
Positieve gevoelens (LLN20B)	1174	1.00000	6.00000	3.64683	1.24183	0.862898
Dialoog (LLN21A)	1218	1.00000	5.83333	3.42724	0.85938	0.695112
Geen dialoog (LLN21B)	1218	1.00000	5.66667	2.77750	0.89410	0.565672
IRL-minded (LLN22A)	1214	1.00000	6.00000	3.51145	1.04185	0.833794
Expliciete (christ.) profilering (LLN23A)	1210	1.00000	5.40000	2.91375	0.92633	0.699292
Gematigde profilering (LLN23B)	1208	1.00000	6.00000	3.59382	0.90756	0.567089

4.2.2.2. Leerlingen BSO

4.2.2.2.1. Omschrijving en samenstelling van de schalen

Vraag 8. Hieronder enkele vragen over hoe je denkt over religie

Bij de subschalen die behoren tot de post-kritische geloofsschaal worden de items niet in de volgorde van de lading weergegeven. De items zijn op basis van het theoretisch kader en op basis van eerder onderzoek ondergebracht bij de schalen. De resultaten van de factoranalyse zijn hier immers vrij onduidelijk (vermoedelijk wegens de moeilijkheidsgraad van de vragen), zodat we geopteerd hebben voor een theoretische verdeling.

Voor de omschrijving van deze schalen, zie 4.2.2.1.1. bij de leerlingen ASO/TSO

Orthodoxie (BSO08A)

BSO08_02. Je kan alleen maar zinvol leven als je gelooft.
BSO08_03. God is eens en voor altijd bepaald en is dus onveranderlijk.
BSO08_08. Enkel de grote religieuze tradities bieden een garantie om tot God te komen.
BSO08_13. Uiteindelijk bestaat er op elke religieuze vraag maar één juist antwoord.
BSO08_16. Alleen een priester/religieuze leider kan op belangrijke godsdienstige vragen een antwoord geven.
BSO08_20. Ik vind dat je bijbelverhalen moet begrijpen zoals het er letterlijk geschreven staat.

Externe kritiek (BSO08B)

BSO08_04. Het geloof is eerder een mooie droom, die een illusie blijkt te zijn als men geconfronteerd wordt met de hardheid van het leven.
BSO08_14. God is slechts een naam die gegeven wordt aan het onverklaarbare.
BSO08_15. De wereld van de bijbelverhalen ligt zover van ons af, dat hij nog weinig relevant is.
BSO08_17. De wetenschappelijke verklaringen van mens en wereld hebben de religieuze verklaringen overbodig gemaakt
BSO08_22. Het geloof is uiteindelijk niet meer dan een vangnet voor onze menselijke angsten.
BSO08_23. Om te kunnen begrijpen waar religie echt om draait, moet je een buitenstaander zijn.
BSO08_24. Geloven is een uiting van een zwakke persoonlijkheid.
BSO08_26. Geloof is vaak een instrument voor machtsverwerving, en dat maakt het verdacht.

Relativisme (BSO08C)

BSO08_06. Elke uitspraak over God is bepaald door de tijd waarin ze geformuleerd is.

BSO08_09. Zelfs al zou blijken dat Jezus als historische figuur nooit heeft bestaan, dan nog zou dit mijn geloof in Jezus niet aantasten. Voor mij is Hij immers vooral een leidraad

BSO08_11. De manier waarop mensen hun relatie tot God ervaren, is altijd gekleurd door de maatschappelijke context.

BSO08_18. God groeit mee met de mensengeschiedenis en is dus veranderlijk.

BSO08_19. Ik ben er mij van bewust dat mijn levensbeschouwelijke opvatting maar een mogelijkheid is naast zovele andere.

BSO08_25. Dé *zin van het leven* bestaat niet, alleen zingeving, en die is voor iedereen anders.

Tweede naïviteit (BSO08D)

BSO08_01. De bijbel verbergt een diepere waarheid die door eigen zoeken onthuld moet worden.

BSO08_05. De bijbel is een spoorboek voor het zoeken naar God, en geen historisch verslag.

BSO08_07. Ondanks het feit dat de bijbel in een geheel andere historische context werd geschreven, bevat hij toch een belangrijke boodschap.

BSO08_10. Religie is een engagement zonder absolute zekerheid.

BSO08_12. De historische juistheid van de bijbelverhalen is irrelevant voor mijn geloof in God.

BSO08_21. Ondanks het vele onrecht dat het christendom mensen heeft aangedaan, blijft de originele boodschap van Christus waardevol.

BSO08_27. Hoewel er in het verleden vanalles is gebeurd in naam van het christendom waarmee ik niet akkoord ga, noem ik mezelf nog steeds een christen.

Vraag 9. Hieronder gaan we aan de hand van een aantal uitspraken op zoek naar de wijze waarop jij je godsdienstleerkracht ziet

Voor een omschrijving van de schalen BSO09A tot en met BSO12B, zie 4.2.2.1.1. omschrijving van de schalen bij de leerlingen ASO/TSO.

Biografische leerkracht (BSO09A)

BSO9_03. Onze godsdienstleerkracht gebruikt vaak verhalen in zijn/haar lessen om christelijke thema's uit te leggen. (0.65476)

BSO9_02. Onze godsdienstleerkracht kent de christelijke traditie door en door. (0.64434)

BSO9_01. Onze godsdienstleerkracht spreekt vaak vanuit zijn/haar ervaringen. (0.41478)

BSO9_06. Onze godsdienstleerkracht neemt de dingen die wij over godsdienst vertellen ernstig. (0.40373)

BSO9_09. (inversie) Ik denk niet dat onze godsdienstleerkracht betrokken is bij het kerkelijk leven. (-0.32818)

BSO9_04. (inversie) Ik kan niet zeggen of onze godsdienstleerkracht in God gelooft of niet. (-0.36906)

Dogmatische leerkracht (BSO09B)

BSO9_08. Onze godsdienstleerkracht kent maar één waarheid en dat is de christelijke waarheid. (0.64641)

BSO9_05. Onze godsdienstleerkracht weet niet wat ons interesseert. (0.51453)

BSO9_10. Onze godsdienstleerkracht houdt zich strikt aan zijn/haar handboek. (0.30889)

Vraag 10. Hieronder peilen we naar de wijze waarop je je als leerling betrokken voelt bij het godsdienstonderricht

Klasdiscours (BSO10A)

BSO10_09. In de godsdienstlessen mag ik mezelf zijn, met mijn eigen visie op geloof. (0.63823)

BSO10_06. In de godsdienstlessen leren we onze meningen verantwoorden. (0.61377)

BSO10_05. Wanneer het in de godsdienstles gaat over actuele thema's zoals euthanasie, homoseksualiteit, geweld, etc. kan ik mijn persoonlijke mening uiten. (0.60213)

BSO10_02. In onze godsdienstlessen hebben wij een persoonlijke inbreng. (groepswerk, klasgesprekken, creatieve opdrachten) (0.57916)

BSO10_10. In de godsdienstles gaat het over dingen die met je leven te maken hebben, waar je niet zomaar op een neutrale manier tegenover staat, zoals bij wiskunde. (0.51131)

BSO10_01. In onze godsdienstlessen houdt de leerkracht rekening met onze interesses bij de keuze van de leerstof. (0.48706)

BSO10_04. In de godsdienstlessen bespreken we filmfragmenten, muziek, literatuur, poëzie, dingen uit de actualiteit die wij zelf mogen meebrengen. (0.40420)

BSO10_07. Soms word ik echt aan het denken gezet over mijn toekomst door wat in de godsdienstlessen aan bod komt. (0.35830)

Vraag 11. Hieronder peilen we naar jouw mening over godsdienst en godsdienstonderricht

Hermeneutische verlamming (BSO11A)

BSO11_04. Verhalen over de broodvermenigvuldiging of Jezus die over het water loopt maken de figuur van Jezus ongeloofwaardig. (0.59160)

BSO11_01. Godsdienstlessen waarin het over God, Jezus en de bijbel gaat zijn niet meer van deze tijd. (0.57221)

BSO11_02. Godsdienst maakt meer kapot dan dat het goed is voor de mens: kijk maar naar wat zich op 11 september in New York heeft afgespeeld en wat er in Israël allemaal gebeurt. (0.45483)

BSO11_07. Ik heb geen mening over dingen die met godsdienst te maken hebben omdat godsdienst mij niet interesseert. (0.38764)

BSO11_03. In onze godsdienstlessen gaat het meer over de actualiteit dan over Jezus, God of de bijbel. (0.34357)

Hermeneutische competentie (BSO11B)

BSO11_06. Door de godsdienstlessen ben ik mijn persoonlijke betrokkenheid bij het christelijk geloof beter gaan begrijpen. (0.69048)

BSO11_05. Door het godsdienstonderricht heb ik geleerd waarom de Kerk bepaalde standpunten inneemt (vb. rond seksualiteit, euthanasie etc.). (0.60674)

BSO11_09. In de godsdienstlessen krijg je een betere kijk op de betekenis van godsdiensten. (0.37370)

Vraag 12. Hieronder peilen wij naar de wijze waarop jullie godsdienstleerkracht godsdienst ter sprake brengt in de les

Traditie-relevantie (BSO12A)

BSO12_01. Door het godsdienstonderricht heb ik ingezien dat het christendom complexer is dan ik dacht. (0.61032)

BSO12_03. In de godsdienstlessen leren wij hoe gelovige mensen vandaag denken over bepaalde thema's zoals seksualiteit, dood, ... (0.56018)

BSO12_10. Door het godsdienstonderricht heb ik gezien dat het in de godsdienst uiteindelijk niet gaat om de kerk maar om de mens. (0.53341)

BSO12_09. In onze godsdienstlessen leren wij hoe mensen vandaag hun geloof trachten waar te maken in devoties, bedevaarten, gebeden, rituelen. (0.38918)

Historische traditie (BSO12B)

BSO12_06. In onze godsdienstlessen neemt de figuur van Jezus een centrale plaats in. (0.52783)

BSO12_02. Onze leerkracht koppelt bijbelteksten aan de inzet van christenen vandaag. (0.36195)

BSO12_08. Onze godsdienstleerkracht besteedt aandacht aan de christelijke symboliek zoals die is uitgebeeld in de kunst, muziek, gebouwen. (0.32728)

Vraag 13. Hieronder peilen we naar de wijze waarop de interactie tijdens de godsdienstlessen verloopt

De schaal ***moeilijke communicatie*** (BSO13A) meet de mate waarin de communicatie in de klas door de leerlingen tegelijk als moeilijk en als waardevol ervaren wordt.

BSO13_06. Een klassituatie is niet geschikt om over godsdienst te discussiëren.

BSO13_01. In onze godsdienstlessen debatteren we over de toekomstkansen van het christendom. (0.36148)

BSO13_08. Als er in de godsdienstles waarheid gesproken wordt, is het muisstil. (0.35274)

BSO13_10. Ik zeg liever niet teveel in de godsdienstles, want dan word je toch altijd uitgelachen. (0.34722)

De schaal ***gemodereerde communicatie*** (BSO13B) meet de mate waarin de leerlingen het gevoel hebben dat de communicatie in de klas door de leerkracht goed begeleid wordt en dat de leerlingen in het communicatieproces actief betrokken zijn.

BSO13_05. In de godsdienstlessen kan je echte vragen stellen, en ze krijgen ook een antwoord. (0.68270)

BSO13_04. Onze godsdienstleerkracht kan goed luisteren. (0.67015)

BSO13_02. Hoewel het niet gemakkelijk is om in een klas echt te discussiëren slaagt onze godsdienstleerkracht er toch in inhoudelijk boeiende discussies te voeren met ons. (0.66698)

BSO13_09. Onze leerkracht maakt vaak dingen duidelijk door aan te sluiten bij hoe wij dat in ons eigen leven ervaren. (0.57491)

Vraag 14. Enkele vragen rond je gelovige visie

De items die onder vraag 14 zijn opgenomen, zijn gebaseerd op de modellen exclusivisme, inclusivisme en pluralisme, overgenomen uit de context van de theologie van de godsdiensten. De factor die bij BSO-leerlingen bij die vraag teruggevonden werd, vormt geen logisch en inhoudelijk verzoenbaar geheel. Daarom hebben we deze vraag niet verder opgenomen in het onderzoek.

Vraag 15. Enkele vragen rond je gevoelens ten opzichte van leerlingen met een ander geloof

De schaal ***negatieve gevoelens t.o.v. andersgelovigen*** (BSO15A) meet de mate waarin leerlingen onrust, vrees, ergernis voelen tegenover andersgelovigen en een attitude van onzekerheid en ongevoeligheid hebben.

BSO15_02. Onrust (0.84453)
BSO15_01. Vrees (0.80994)
BSO15_04. Ongevoeligheid (0.65920)
BSO15_03. Ergernis (0.63390)
BSO15_05. Onzekerheid (0.52629)

De schaal ***positieve gevoelens t.o.v. andersgelovigen*** (BSO15B) meet de mate waarin de leerlingen een open houding en een respectvolle attitude hebben tegenover andersgelovigen. Er is een wil tot dialoog en samenwerking en een gevoel van verbondenheid.

BSO15_10. Wil tot dialoog (0.84204)
BSO15_09. Openheid (0.83427)
BSO15_08. Respect (0.78688)
BSO15_07. Verbondenheid (0.74875)
BSO15_06. Samenwerking (0.70798)

Vraag 16. Enkele vragen over je visie op een multireligieuze samenleving

De schaal ***multireligieuze houding*** (BSO16A) meet de mate waarin leerlingen openstaan voor de eigenheid van andere geloofsvisies. Deze openheid impliceert dat in de godsdienstles en de maatschappij de dialoog met andere religies aangegaan wordt.

BSO16_2. Wanneer er moslims in de godsdienstles aanwezig zijn, heeft de godsdienstleerkracht de plicht om in de les de interreligieuze dialoog centraal te stellen. (0.69922)

BSO16_1. Mensen met een ander geloof hebben het recht om hun eigen tradities en gewoontes te behouden zelfs wanneer die in strijd zijn met de gewoontes van de maatschappij waarin ze nu leven. (0.60695)

BSO16_5. Moslimleerlingen kunnen het vak godsdienst volgen als het niet als geloofsverkondiging opgevat wordt, maar wel de dialoog aangaat. (0.47073)

De schaal ***monoreligieuze houding*** (BSO16B) meet de mate waarin leerlingen belang hechten aan hun eigen traditie. De schaal peilt naar de mate waarin de leerling het belangrijk vindt eerst kennis te hebben van de eigen (christelijke) traditie vooraleer er sprake kan zijn van andere godsdiensten.

BSO16_6. We moeten als jongeren op school eerst voldoende in de eigen christelijke traditie ingeleid worden, pas dan kunnen we met andere godsdiensten nader in contact gebracht te worden. (0.75117)

BSO16_7. De tijd die de leerkracht zou kunnen besteden aan een kennismaking met andere godsdiensten, kan hij/zij beter gebruiken om ons nader met het katholieke geloof in contact te brengen en in te gaan op de vragen die we daar rond hebben. (0.53257)

BSO16_4. Moslimleerlingen moeten gewoon het vak katholieke godsdienst volgen als ze voor het katholieke onderwijs gekozen hebben. (0.32085)

Vraag 17. Enkele vragen over je visie op het aanbod van wereldgodsdiensten in de les en de mogelijkheid van interreligieus leren

De items onder de volgende factor vormen inhoudelijk niet echt een samenhang. We noemen deze factor ***multireligieus leren*** (BSO17A).

BSO17_2. Ik vind het persoonlijk erg belangrijk om andere godsdiensten en mensen met een ander geloof dan ikzelf te leren kennen en met hen in dialoog te treden. (0.91604)

BSO17_1. Veel jongeren zijn geïnteresseerd in andere godsdiensten. (0.60337)

BSO17_3. Naar mijn mening dienen alle godsdiensten aan bod te komen in de godsdienstlessen. (0.51289)

Vraag 18. Enkele vragen over je visie op de school en hoe ze moet inspelen op het feit van de veelheid aan verschillende godsdiensten

De schaal ***expliciet (christelijke) profilering*** (BSO18A) meet de mate waarin de leerlingen ervan overtuigd zijn dat de christelijke levenshouding de goede is. Dit geloof moet volgens hen dan ook door de leerkrachten en school openlijk beleefd worden.

BSO18_1. Katholieke scholen hebben nood aan leerkrachten die zich nog openlijk christen durven te noemen. (0.58553)

BSO18_6. Het is de gelovige plicht van de godsdienstleerkracht om de meerwaarde van de christelijke religie tegenover andere godsdiensten aan te tonen. (0.58071)

BSO18_2. Hoewel de God van de andere religies dezelfde God is als die in de bijbel, mogen we toch uitgaan van de uitzonderlijke waarde die in het christendom ligt. (0.47382)

De schaal ***gematigde profilering*** (BSO18B) meet de mate waarin de leerlingen vinden dat het niet langer verantwoord om alleen de christelijke traditie aan bod te laten komen in de les. De christelijke visie is niet de enig waardevolle en het is niet de taak van de godsdienstlessen om hun zieltje te redden. De godsdienstles dient om via communicatie en dialoog ook andere religies aan bod te laten komen.

BSO18_3. Godsdienstonderricht dat jongeren rechtstreeks voor het katholiek geloof tracht te winnen, is vandaag niet verantwoord. (0.55014)

BSO18_5. Het is niet verantwoord dat door de godsdienstleerkracht de christelijke visie als norm wordt gehanteerd. (0.35303)

Vraag 19. Enkele vragen over de rol die de leerkracht volgens jou in het onderwijsproces moet spelen

De items die onder vraag 19 zijn opgenomen bevragen de plaats van de leerkracht en de manier waarop de leerlingen in een school- en klassituatie geconfronteerd worden met een ander geloof.

De factor die bij BSO-leerlingen bij die vraag teruggevonden werd, vormt geen logisch en inhoudelijk verzoenbaar geheel. Daarom nemen we deze vraag niet verder op in het onderzoek.

Vraag 20.3. Enkele vragen over je vader

Voor een omschrijving van deze schalen (tot en met BSO23B), zie bij 4.2.2.1.1. omschrijving schalen leerlingen ASO/TSO.

Responsiviteit vader (BSO20_3A)

BSO20_3_10. Mijn vader helpt mij goed als ik het moeilijk heb. (0.85992)

BSO20_3_16. Mijn vader weet precies wanneer ik het ergens moeilijk mee heb. (0.81242)

BSO20_3_03. Als ik met mijn vader over mijn problemen praat, dan helpt hij mij echt. (0.79635)

BSO20_3_12. Als ik ergens over pieker of verdrietig ben, dan begrijpt mijn vader wat er aan de hand is. (0.79263)

BSO20_3_07. Als ik verdrietig ben of ergens mee zit, dan heeft mijn vader dat in de gaten. (0.79159)

BSO20_3_01. Ik kan goed met mijn vader praten over alles. (0.76591)

Striktheid vader (BSO20_3B)

BSO20_3_15. Voor de meeste dingen die ik doe moet ik mijn vader om toestemming vragen. (0.67384)

BSO20_3_02. Mijn vader wil dat ik doe wat hij zegt, zelfs als ik het niet met zijn argumenten eens ben. (0.57197)

BSO20_3_08. Mijn vader wordt boos als ik zeg dat ik het niet met hem eens ben, terwijl er vrienden bij hem. (0.47936)

BSO20_3_17. Mijn vader maakt zich vaak zorgen dat ik dingen doe die hem niet bevallen. (0.44800)

BSO20_3_13. (inversie) Mijn vader is niet erg streng. (-0.49697)

Autonomie vader (BSO20_3C)

BSO20_3_19. Mijn vader zegt mij dat ik zelf verantwoordelijk ben voor wat er met mij gebeurt. (0.56117)

BSO20_3_20. Mijn vader laat mij vaak zelf mijn problemen oplossen. (0.48894)

BSO20_3_18. Mijn vader zegt vaak dat ik zelf na moet denken over het leven. (0.44289)

BSO20_3_09. Mijn vader laat mij zelf veel beslissingen nemen. (0.41439)

BSO20_3_06. Mijn vader moedigt mij aan om onafhankelijk van hem te zijn. (0.38419)

BSO20_3_11. Mijn vader zegt regelmatig tegen mij dat ik dingen zelf moet onderzoeken. (0.36595)

Opvolging vader (BSO20_4)

BSO20_3_04. Hoeveel weet je vader over waar je naar toe gaat als je uitgaat. (0.78763)

BSO20_3_03. Hoeveel weet je vader over waar je bent na schooltijd. (0.75896)

BSO20_3_02. Hoeveel weet je vader over waar je je geld aan uitgeeft. (0.70411)

BSO20_3_05. Hoeveel weet je vader over wat je doet in je vrije tijd. (0.67548)

BSO20_3_01. Hoeveel weet je vader over wie je vrienden zijn. (0.58470)

BSO20_3_06. Hoeveel weet je vader over wat voor cijfers je op school krijgt. (0.39361)

Vraag 21.3. Enkele vragen over je moeder

Responsiviteit moeder (BSO21_3A)

BSO21_3_10. Mijn moeder helpt mij goed als ik het moeilijk heb. (0.86345)
BSO21_3_03. Als ik met mijn moeder over mijn problemen praat, dan helpt zij mij echt. (0.85401)
BSO21_3_16. Mijn moeder weet precies wanneer ik het ergens moeilijk mee heb. (0.84507)
BSO21_3_07. Als ik verdrietig ben of ergens mee zit, dan heeft mijn moeder dat in de gaten. (0.78794)
BSO21_3_12. Als ik ergens over pieker of verdrietig ben, dan begrijpt mijn moeder wat er aan de hand is. (0.78525)
BSO21_3_05. Als het niet zo goed met mij gaat, dan lukt het mijn moeder om mij te troosten. (0.77820)
BSO21_3_01. Ik kan goed met mijn moeder praten over alles. (0.73747)
BSO21_3_14. Mijn moeder weet heel goed wat ik wil of voel. (0.70539)

Autonomie moeder (BSO21_3C)

BSO21_3_20. Mijn moeder laat mij vaak zelf mijn problemen oplossen. (0.78967)
BSO21_3_19. Mijn moeder zegt mij dat ik zelf verantwoordelijk ben voor wat er met mij gebeurt. (0.61638)
BSO21_3_11. Mijn moeder zegt regelmatig tegen mij dat ik dingen zelf moet onderzoeken. (0.57912)
BSO21_3_18. Mijn moeder zegt vaak dat ik zelf na moet denken over het leven. (0.55774)
BSO21_3_06. Mijn moeder moedigt mij aan om onafhankelijk van haar te zijn. (0.44808)
BSO21_3_09. Mijn moeder laat mij zelf veel beslissingen nemen. (0.39772)

Striktheid moeder (BSO21_3B)

BSO21_3_15. Voor de meeste dingen die ik doe moet ik mijn moeder om toestemming vragen. (0.59571)
BSO21_3_02. Mijn moeder wil dat ik doe wat zij zegt, zelfs als ik het niet met haar argumenten eens ben. (0.50957)
BSO21_3_08. Mijn moeder wordt boos als ik zeg dat ik het niet met haar eens ben, terwijl er vrienden van haar bij zijn. (0.46335)
BSO21_3_17. Mijn moeder maakt zich vaak zorgen dat ik dingen doe die haar niet bevallen. (0.33117)
BSO21_3_13. (inversie) Mijn moeder is niet erg streng. (-0.34162)

Opvolging moeder (BSO21_4)

BSO21_4_3. Hoeveel weet je moeder over waar je bent na schooltijd. (0.81134)

BSO21_4_4. Hoeveel weet je moeder over waar je naar toe gaat als je uitgaat. (0.78900)

BSO21_4_2. Hoeveel weet je moeder over waar je je geld aan uitgeeft. (0.77376)

BSO21_4_5. Hoeveel weet je moeder over wat je doet in je vrije tijd. (0.75395)

BSO21_4_1. Hoeveel weet je moeder over wie je vrienden zijn. (0.69219)

BSO21_4_6. Hoeveel weet je moeder over wat voor cijfers je op school krijgt. (0.41114)

Vraag 22. Geloofsopvoeding moeder

Geloofsautonomie moeder (BSO22A)

BSO22_4. Mijn moeder ondersteunt mij in mijn eigen houding tegenover (on)geloof, zelfs indien deze ingaat tegen haar eigen houding. (0.74098)

BSO22_2. Mijn moeder laat mij zelf beslissingen nemen in verband met geloven. (0.63993)

BSO22_3. Ik werd toen ik ouder werd niet verplicht door mijn moeder om regelmatig naar de eredienst te gaan. (0.55963)

BSO22_5. (inversie) Mijn moeder vindt het belangrijk dat ik haar houding tegenover geloof overneem. (-0.48118)

Geloofsbetrokkenheid moeder (BSO22B)

BSO22_1. Als ik met een vraag/twijfel zit omtrent het geloof, dan kan ik hiermee bij mijn moeder terecht. (0.58773)

BSO22_6. Mijn moeder weet zeer goed op welke wijze ik met geloof bezig ben. (0.57224)

Vraag 23. Geloofsopvoeding vader

Geloofsautonomie vader (BSO23A)

BSO23_2. Mijn vader laat mij zelf beslissingen nemen in verband met geloven. (0.66841)

BSO23_3. Ik werd toen ik ouder werd niet verplicht door mijn vader om regelmatig naar de eredienst te gaan. (0.62814)

BSO23_4. Mijn vader ondersteunt mij in mijn eigen houding tegenover (on)geloof, zelfs indien deze ingaat tegen zijn eigen houding. (0.62746)

BSO23_5. (inversie) Mijn vader vindt het belangrijk dat ik zijn houding tegenover geloof overneem. (-0.32112)

Geloofsbetrokkenheid vader (BSO23B)

BSO23_6. Mijn vader weet zeer goed op welke wijze ik met geloof bezig ben. (0.66323)

BSO23_1. Als ik met een vraag/twijfel zit omtrent het geloof, dan kan ik hiermee bij mijn vader terecht. (0.54129)

4.2.2.2.2. Gemiddelde scores, standaarddeviatie en betrouwbaarheid schalen

Schaal	*N*	*Min.*	*Max.*	$\bar{x}$	σ	*Cronbach* α
Orthodoxie (BSO08A)	191	1.00000	5.00000	2.43979	0.91015	0.594771
Externe kritiek (BSO08B)	191	1.00000	6.00000	3.22585	0.93729	0.702409
Relativisme (BSO08C)	191	1.00000	5.83333	3.16736	0.91014	0.557953
Tweede naïviteit (BSO08D)	191	1.00000	5.28571	3.03449	0.93293	0.670548
Biografische leerkracht (BSO09A)	192	1.80000	6.00000	4.21198	0.92025	0.584799
Dogmatische leerkracht (BSO09B)	192	1.00000	6.00000	2.55642	1.08516	0.471826
Klasdiscours (BSO10A)	192	1.12500	6.00000	4.13504	0.94274	0.744220
Hermeneutische verlamming (BSO11A)	192	1.20000	6.00000	3.68646	1.02824	0.566254
Hermeneutische competentie (BSO11B)	192	1.00000	5.6667	2.95920	1.05116	0.559373
Historische traditie (BSO12A)	192	1.00000	5.00000	2.83507	0.92348	0.342071
Traditie-relevantie (BSO12B)	192	1.00000	6.00000	3.50694	0.95176	0.580928
Moeilijke communicatie (BSO13A)	191	1.00000	6.00000	2.94328	0.97684	0.254337
Gemodereerde communicatie (BSO13B)	191	1.25000	6.00000	4.40794	1.11973	0.736805
Positieve gevoelens t.o.v. andersgelovigen (BSO15A)	188	1.00000	6.00000	3.53794	1.52215	0.889832
Negatieve gevoelens t.o.v. andersgelovigen (BSO15B)	184	1.00000	6.00000	2.04565	1.11932	0.819287
Multireligieuze houding (BSO16A)	187	1.00000	6.00000	3.47504	1.27738	0.572322
Monoreligieuze houding (BSO16B)	187	1.00000	6.00000	3.40196	1.24442	0.505465
Multireligieus leren (BSO17A)	187	1.00000	6.00000	2.91266	1.40322	0.704808
Expliciet (christelijke) profilering (BSO18A)	187	1.00000	6.00000	3.10695	1.17222	0.554455
Gematigde profilering (BSO18B)	187	1.00000	6.00000	3.19251	1.23582	0.348871
Responsiviteit vader (BSO20_3A)	182	1.00000	6.00000	3.76770	1.35993	0.927652

Striktheid vader (BSO20_3B)	182	1.00000	6.00000	3.24423	1.10737	0.640739
Autonomie vader (BSO20_3C)	182	1.50000	6.00000	3.84945	0.94862	0.644499
Opvolging vader (BSO20_4)	180	1.00000	6.00000	4.14954	1.18759	0.816307
Responsiviteit moeder (BSO21_3A)	182	1.00000	6.00000	4.53660	1.21353	0.939487
Striktheid moeder (BSO21_3B)	182	1.00000	5.60000	3.34835	0.98805	0.561193
Autonomie moeder (BSO21_3C)	182	1.00000	6.00000	4.03571	1.02638	0.763810
Opvolging moeder (BSO21_4)	181	1.00000	6.00000	4.79613	1.05869	0.855749
Geloofsautonomie moeder (BSO22A)	182	1.00000	6.00000	4.56181	1.18838	0.676540
Geloofsbetrokkenheid moeder (BSO22B)	182	1.00000	6.00000	3.85165	1.44989	0.481335
Geloofsautonomie vader (BSO23A)	182	1.00000	6.00000	4.43590	1.20663	0.623992
Geloofsbetrokkenheid vader (BSO23B)	181	1.00000	6.00000	3.38398	1.51486	0.523321

4.2.3. *Correlaties tussen de verschillende schalen bij de leerlingen*[121]

4.2.3.1. Leerlingen ASO/TSO

AUM: autonomie moeder (LLN05_3B)
AUV: autonomie vader (LLN04_3B)
BIO: biografische leerkracht (LLN13A)
COB: communicatieve betrokkenheid (LLN18A)
COH: cohesie (LLN06B)
CON: conflict (LLN06A)
COO: communicatieve openheid (LLN18B)
DIA: dialoog (LLN21A)
DLK: dogmatische leerkracht (LLN13B)
ECP: expliciet (christelijke) profilering (LLN23A)
EXK: externe kritiek (LLN12C)
GAM: geloofsautonomie moeder (LLN10_4A)
GAV: geloofsautonomie vader (LLN09_4A)
GBM: geloofsbetrokkenheid moeder (LLN10_4B)
GBV: geloofsbetrokkenheid vader (LLN09_4B)

121. Cf. p. 167.

GDI: geen dialoog (LLN21B)
GPR: gematigde profilering (LLN23B)
HEC: hermeneutische competentie (LLN15B)
HEV: hermeneutische verlamming (LLN15A)
HTR: historische traditie (LLN17A)
INC: (exclusivisme) inclusivisme (LLN192B)
IRL: IRL-minded (LLN22A)
KLD: klasdiscours (LLN14A)
NGA: negatieve gevoelens tegenover andersgelovigen (LLN20A)
NTG: niet-traditioneel gezinsdenken (LLN07A)
OPM: opvolging moeder (LLN05_4)
OPV: opvolging vader (LLN04_4)
ORT: orthodoxie (LLN12D)
PGA: positieve gevoelens tegenover andersgelovigen (LLN20B)
PLU: pluralisme (LLN192A)
REL: relativisme (LLN12B)
REM: responsiviteit moeder (LLN05_3A)
REV: responsiviteit vader (LLN04_3A)
STM: striktheid moeder (LLN05_3C)
STV: striktheid vader (LLN04_3C)
TGD: traditioneel gezinsdenken (LLN07B)
TNA: tweede naïviteit (LLN12A)
TRR: traditie-relevantie (LLN17B)

Significantie: p < 0.0001 =*** ; p < 0.01 =** ; p < 0.05 =*

	LLN04_3A (REV)	LLN04_3B (AUV)	LLN04_3C (STV)	LLN04_4 (OPV)	LLN05_3A (REM)
LLN04_3A (REV)	+++	0.33393***	-0.18042***	0.55272***	0.29216***
LLN04_3B (AUV)	0.33393***	+++	-0.11606***	0.13654***	0.11366***
LLN04_3C (STV)	-0.18042***	-0.11606***	+++		-0.08317**
LLN04_4 (OPV)	0.55272***	0.13654***		+++	0.22946***
LLN05_3A (REM)	0.29216***	0.11366***	-0.08317**	0.22946***	+++
LLN05_3B (AUM)	0.12702***	0.48851***			0.28643***
LLN05_3C (STM)	0.07605**		0.25367***	0.06174*	-0.16994***

LLN05_4 (OPM)	0.14248***			0.48223***	0.52017***
LLN06A (CON)	-0.34075***	-0.08629**	0.22704***	-0.302270***	-0.27873***
LLN06B (COH)	0.52372***	0.19967***	-0.16545***	0.44196***	0.53250***
LLN07A (NTG)	-0.08432**				0.08189**
LLN07B (TGD)	0.20126***		0.06814*	0.25052***	0.14021***
LLN09_4A (GAV)	0.17111***	0.14695***	-0.17480***	0.13263***	0.08829**
LLN09_4B (GBV)	0.48828***	0.20148***	-0.09069*	0.30369***	0.13646***
LLN10_4A (GAM)	0.08425**	0.07488**	-0.12367***		0.17389***
LLN10_4B (GBM)	0.22078***	0.11255**	-0.05861*	0.10837**	0.36056***
LLN12A (TNA)		0.10396**		0.08286**	0.05961*
LLN12B (REL)		0.09273**			
LLN12C (EXK)					
LLN12D (ORT)	0.16347***			0.06721*	0.08539**
LLN13A (BIO)	0.05735*	0.11237**		0.12843***	0.08608**
LLN13B (DLK)				-0.09841**	
LLN14A (KLD)	0.11014**	0.09183**		0.12600***	0.13982***
LLN15A (HEV)					
LLN15B (HEC)	0.10673**	0.11894***		0.08962**	0.12855***
LLN17A (HTR)	0.13364***	0.06635*		0.07585**	0.06996*
LLN17B (TRR)	0.11435***	0.11006**	0.05749*	0.11013**	0.15312***
LLN18A (COB)	0.09475**	0.11281***		0.07209*	0.12139***
LLN18B (COO)	0.08372**	0.09059**		0.11860***	0.15914***
LLN192A (PLU)		0.09563**		0.08157**	0.07667**
LLN192B (INC)	0.10546**		0.08486**	0.08070**	0.10958**
LLN20A (NGA)		-0.06010*	0.07265*		
LLN20B (PGA)		0.09421**			
LLN21A (DIA)		0.13664***			0.09063**
LLN21B (GDI)	0.06373*				
LLN22A (IRL)		0.07779**			0.06398*
LLN23A (ECP)	0.09785**			0.08615**	0.12686***
LLN23B (GPR)			0.06017*		

	LLN05_3B (AUM)	LLN05_3C (STM)	LLN05_4 (OPM)	LLN06A (CON)	LLN06B (COH)
LLN04_3A (REV)	0.12702***	0.07605**	0.14248***	-0.34075***	0.52372***
LLN04_3B (AUV)	0.48851***			-0.08629**	0.19967***
LLN04_3C (STV)		0.25367***		0.22704***	-0.16545***
LLN04_4 (OPV)		0.06174*	0.48223***	-0.30270***	0.44196***
LLN05_3A (REM)	0.28643***	-0.16994***	0.52017***	-0.27873***	0.53250***
LLN05_3B (AUM)	+++	-0.09833**	0.13885***		0.19329***
LLN05_3C (STM)	-0.09833**	+++	-0.16947***	0.13506***	
LLN05_4 (OPM)	0.13885***		+++	-0.16947***	0.39851***
LLN06A (CON)		0.13506***	-0.16947***	+++	-0.48184***
LLN06B (COH)	0.19329***		0.39851***	-0.48184***	+++
LLN07A (NTG)	0.11710***		0.11981***		
LLN07B (TGD)		0.08437**	0.16947***	-0.09767**	0.24996***
LLN09_4A (GAV)	0.08838**		0.06120*	-0.10717**	0.09067**
LLN09_4B (GBV)	0.08489**		0.06627*	-0.18838***	0.32181***
LLN10_4A (GAM)	0.13563***	-0.14795***	0.11142**	-0.06517*	0.08991**
LLN10_4B (GBM)	0.13663***		0.23437***	-0.10558**	0.29240***
LLN12A (TNA)			0.05938*	0.06075*	0.13891***
LLN12B (REL)	0.06704*			0.07958**	0.07673**
LLN12C (EXK)	0.06783*	0.08374**		0.07804**	-0.06612*
LLN12D (ORT)					0.13902***
LLN13A (BIO)	0.10675**		0.13984***		0.12865***
LLN13B (DLK)		0.06521*	-0.06792*		
LLN14A (KLD)	0.09211**		0.09601**		0.14049***
LLN15A (HEV)		0.10398**			-0.07040*
LLN15B (HEC)	0.10268**		0.07987**		0.20069***
LLN17A (HTR)		0.07359*			0.18115***
LLN17B (TRR)	0.11219***		0.12388***		0.19187***
LLN18A (COB)	0.07431**		0.08704**		0.12589***
LLN18B (COO)	0.08213**		0.13179***		0.14642***
LLN192A (PLU)	0.09047**		0.09451**		0.15808***
LLN192B (INC)			0.07609**		0.16270***
LLN20A (NGA)				0.13018***	
LLN20B (PGA)	0.07236*		0.06606*		0.07956**
LLN21A (DIA)	0.13166***		0.06573*	0.06600*	0.13427***
LLN21B (GDI)				0.06843*	0.06487*
LLN22A (IRL)	0.12699***		0.05666*	0.06844*	0.07124*
LLN23A (ECP)			0.12081***		0.16338***
LLN23B (GPR)	0.10952**				0.07065*

	LLN07A (NTG)	LLN07B (TGD)	LLN09_4A (GAV)	LLN09_4B (GBV)	LLN10_4A (GAM)
LLN04_3A (REV)	-0.08432**	0.20126***	0.17111***	0.48828***	0.08425**
LLN04_3B (AUV)			0.14695***	0.20148***	0.07488**
LLN04_3C (STV)		0.06814*	-0.17480***	-0.09069**	-0.12367**
LLN04_4 (OPV)		0.25052***	0.13263***	0.30369***	
LLN05_3A (REM)	0.08189**	0.14021***	0.08829**	0.13646***	0.17389***
LLN05_3B (AUM)	0.11710***		0.08838**	0.08489**	0.13563***
LLN05_3C (STM)		0.08437**			-0.14795***
LLN05_4 (OPM)	0.11981***	0.16947***	0.06120*	0.06627*	0.11142**
LLN06A (CON)		-0.09767**	-0.10717**	-0.18838***	-0.06517*
LLN06B (COH)		0.24996***	0.09067**	0.32181***	0.08991**
LLN07A (NTG)	+++	-0.27870***	0.25288***		0.23714***
LLN07B (TGD)	-0.27870***	+++	-0.17502***	0.13161***	-0.18070***
LLN09_4A (GAV)	0.25288***	-0.17502***	+++	0.10897**	0.67507***
LLN09_4B (GBV)		0.13161***	0.10897**	+++	0.07677**
LLN10_4A (GAM)	0.23714***	-0.18070***	0.67507***	0.07677**	+++
LLN10_4B (GBM)		0.06727*	0.13270***	0.60932***	0.13105***
LLN12A (TNA)		0.21378***	-0.06605*	0.13258***	
LLN12B (REL)	0.13314***		0.07803**	0.11809***	0.08061**
LLN12C (EXK)	0.05941*	-0.14268***	0.14289***		0.13240***
LLN12D (ORT)	-0.29996***	0.34619***	-0.26661***	0.14750***	-0.21368***
LLN13A (BIO)	0.18091***		0.14204***	0.07257*	0.16840***
LLN13B (DLK)	-0.13402***		-0.06179*		
LLN14A (KLD)	0.17472***	0.07172*	0.07264*	0.10180**	0.08603**
LLN15A (HEV)		-0.13163***	0.18079***		0.15373***
LLN15B (HEC)		0.18010***	-0.09531**	0.12744***	-0.05944*
LLN17A (HTR)	-0.11165***	0.18468***	-0.10882**	0.12058***	-0.12423***
LLN17B (TRR)		0.16500***		0.15300***	
LLN18A (COB)		0.12124***	-0.05955*	0.08834**	
LLN18B (COO)	0.14828***		0.08786**	0.07780**	0.11942***
LLN192A (PLU)	0.16211***	0.12223***		0.11021**	0.08463**
LLN192B (INC)	-0.20593***	0.35460***	-0.21840***		-0.16787***
LLN20A (NGA)	-0.22312***	0.11549***	-0.13199***		-0.11348**
LLN20B (PGA)	0.25803***			0.10331**	
LLN21A (DIA)	0.09574**	0.10699**		0.10110**	
LLN21B (GDI)	-0.23523***	0.25198***	-0.17683***		-0.16727***
LLN22A (IRL)	0.26090***			0.06358*	0.08996**
LLN23A (ECP)	-0.16602***	0.34820***	-0.16512***		-0.16335***
LLN23B (GPR)	0.18496***			0.06177*	0.08442**

	LLN10_4B (GBM)	LLN12A (TNA)	LLN12B (REL)	LLN12C (EXK)	LLN12D (ORT)
LLN04_3A (REV)	0.22078***				0.16347***
LLN04_3B (AUV)	0.11255**	0.10396**	0.09273**		
LLN04_3C (STV)	-0.05861*				
LLN04_4 (OPV)	0.10837**	0.08286**			0.06721*
LLN05_3A (REM)	0.36056***	0.05961*			0.08539**
LLN05_3B (AUM)	0.13663***		0.06704*	0.06783*	
LLN05_3C (STM)				0.08374**	
LLN05_4 (OPM)	0.23437***	0.05938*			
LLN06A (CON)	-0.10558**	0.06075*	0.07958**	0.07804**	
LLN06B (COH)	0.29240***	0.13891***	0.07673**	-0.06612*	0.13902***
LLN07A (NTG)			0.13314***	0.05941*	-0.29996***
LLN07B (TGD)	0.06727*	0.21378***		-0.14268***	0.34619***
LLN09_4A (GAV)	0.13270***	-0.06605*	0.07803**	0.14289***	-0.26661***
LLN09_4B (GBV)	0.60932***	0.13258***	0.11809***		0.14750***
LLN10_4A (GAM)	0.13105***		0.08061**	0.13240***	-0.21368***
LLN10_4B (GBM)	+++	0.15027***	0.14174***		0.17642***
LLN12A (TNA)	0.15027***	+++	0.63800***	-0.15249***	0.36084***
LLN12B (REL)	0.14174***	0.63800***	+++	0.21182***	0.10104**
LLN12C (EXK)		-0.15249***	0.21182***	+++	-0.10929**
LLN12D (ORT)	0.17642***	0.36084***	0.10104**	-0.10929**	+++
LLN13A (BIO)	0.07404**	0.22571***	0.26113***		-0.10320**
LLN13B (DLK)		-0.11685***	-0.07906**	0.11189***	0.17887***
LLN14A (KLD)	0.11171***	0.31532***	0.28472***		0.05685*
LLN15A (HEV)		-0.41096***	-0.15364***	0.54546***	-0.21923***
LLN15B (HEC)	0.14673***	0.42487***	0.30629***	-0.06578*	0.27665***
LLN17A (HTR)	0.13192***	0.28417***	0.18533***	-0.07985**	0.31726***
LLN17B (TRR)	0.17718***	0.44066***	0.36221***		0.21057***
LLN18A (COB)	0.12859***	0.32375***	0.24481***		0.19187***
LLN18B (COO)	0.10527**	0.17496***	0.15893***		-0.06614*
LLN192A (PLU)	0.12683***	0.48626***	0.51600***		0.09698**
LLN192B (INC)	0.06089*	0.37196***	0.15257***	-0.17717***	0.46107***
LLN20A (NGA)				0.08131**	0.12350***
LLN20B (PGA)	0.14097***	0.21916***	0.20712***	-0.05917*	
LLN21A (DIA)	0.12187***	0.45776***	0.41015***	-0.07766**	0.20565***
LLN21B (GDI)		0.15181***			0.34218***
LLN22A (IRL)	0.11169**	0.37288***	0.37272***		
LLN23A (ECP)		0.32734***	0.13406***	-0.12404***	0.42768***
LLN23B (GPR)	0.09126**	0.30702***	0.40025***	0.11629***	

	LLN13A (BIO)	LLN13B (DLK)	LLN14A (KLD)	LLN15A (HEV)	LLN15B (HEC)
LLN04_3A (REV)	0.05735*		0.11014**		0.10673**
LLN04_3B (AUV)	0.11237**		0.09183**		0.11894***
LLN04_3C (STV)					
LLN04_4 (OPV)	0.12843***	-0.09841**	0.12600***		0.08962**
LLN05_3A (REM)	0.08608**		0.13982***		0.12855***
LLN05_3B (AUM)	0.10675**		0.09211**		0.10268**
LLN05_3C (STM)		0.06521*		0.10398**	
LLN05_4 (OPM)	0.13984***	-0.06792*	0.09601**		0.07987**
LLN06A (CON)					
LLN06B (COH)	0.12865***		0.14049***	-0.07040*	0.20069***
LLN07A (NTG)	0.18091***	-0.13402***	0.17472***		
LLN07B (TGD)			0.07172*	-0.13163***	0.18010***
LLN09_4A (GAV)	0.14204***	-0.06179*	0.07264*	0.18079***	-0.09531**
LLN09_4B (GBV)	0.07257*		0.10180**		0.12744***
LLN10_4A (GAM)	0.16840***		0.08603**	0.15373***	-0.05944*
LLN10_4B (GBM)	0.07404**		0.11171***		0.14673***
LLN12A (TNA)	0.22571***	-0.11685***	0.31532***	-0.41096***	0.42487***
LLN12B (REL)	0.26113***	-0.07906**	0.28472***	-0.15364***	0.30629***
LLN12C (EXK)		0.11189***		0.54546***	-0.06578*
LLN12D (ORT)	-0.10320**	0.17887***	0.05685*	-0.21923***	0.27665***
LLN13A (BIO)	+++	-0.14297***	0.34630***	-0.06580*	0.22917***
LLN13B (DLK)	-0.14297***	+++	-0.47635***	0.19503***	-0.11813***
LLN14A (KLD)	0.34630***	-0.47635***	+++	-0.13079***	0.45802***
LLN15A (HEV)	-0.06580*	0.19503***	-0.13079***	+++	-0.22655***
LLN15B (HEC)	0.22917***	-0.11813***	0.45802***	-0.22655***	+++
LLN17A (HTR)	0.17481***	0.12626***	0.15591***	-0.21433***	0.41722***
LLN17B (TRR)	0.29578***	-0.13609***	0.44817***	-0.16110***	0.55947***
LLN18A (COB)	0.26263***	-0.17410***	0.48099***	-0.14686***	0.48478***
LLN18B (COO)	0.29825***	-0.50288***	0.62913***	-0.14165***	0.28337***
LLN192A (PLU)	0.27803***	-0.11460***	0.33190***	-0.18766***	0.35535***
LLN192B (INC)		0.11984***	0.11914***	-0.19068***	0.36276***
LLN20A (NGA)	-0.10504**				
LLN20B (PGA)	0.12981***	-0.18459***	0.26392***	-0.22153***	0.23131***
LLN21A (DIA)	0.18334***	-0.12931***	0.32861***	-0.29694***	0.46263***
LLN21B (GDI)		0.16257***			0.22631***
LLN22A (IRL)	0.18463***	-0.09368**	0.23791***	-0.24298***	0.31963***
LLN23A (ECP)	0.05844*	0.07160*	0.14010***	-0.17196***	0.36419***
LLN23B (GPR)	0.16197***		0.16745***	-0.07720**	0.24755***

	LLN17A (HTR)	LLN17B (TRR)	LLN18A (COB)	LLN18B (COO)	LLN192A (PLU)
LLN04_3A (REV)	0.13364***	0.11435***	0.09475**	0.08372**	
LLN04_3B (AUV)	0.06635*	0.11006**	0.11281***	0.09059**	0.09563**
LLN04_3C (STV)		0.05749*			
LLN04_4 (OPV)	0.07585**	0.11013**	0.07209*	0.11860***	0.08157**
LLN05_3A (REM)	0.06996*	0.15312***	0.12139***	0.15914***	0.07667**
LLN05_3B (AUM)		0.11219***	0.07431**	0.08213**	0.09047**
LLN05_3C (STM)	0.07359*				
LLN05_4 (OPM)		0.12388***	0.08704**	0.13179***	0.09451**
LLN06A (CON)					
LLN06B (COH)	0.18115***	0.19187***	0.12589***	0.14642***	0.15808***
LLN07A (NTG)	-0.11165***			0.14828***	0.16211***
LLN07B (TGD)	0.18486***	0.16500***	0.12124***		0.12223***
LLN09_4A (GAV)	-0.10882**		-0.05955*	0.08786**	
LLN09_4B (GBV)	0.12058***	0.15300***	0.08834**	0.07780**	0.11021**
LLN10_4A (GAM)	-0.12423***			0.11942***	0.08463**
LLN10_4B (GBM)	0.13192***	0.17718***	0.12859***	0.10527**	0.12683***
LLN12A (TNA)	0.28417***	0.44066***	0.32375***	0.17496***	0.48626***
LLN12B (REL)	0.18533***	0.36221***	0.24481***	0.15893***	0.51600***
LLN12C (EXK)	-0.07985**				
LLN12D (ORT)	0.31726***	0.21057***	0.19187***	-0.06614*	0.09698**
LLN13A (BIO)	0.17481***	0.29578***	0.26263***	0.29825***	0.27803***
LLN13B (DLK)	0.12626***	-0.13609***	-0.17410***	-0.50288***	-0.11460***
LLN14A (KLD)	0.15591***	0.44817***	0.48099***	0.62913***	0.33190***
LLN15A (HEV)	-0.21433***	-0.16110***	-0.14686***	-0.14165***	-0.18766***
LLN15B (HEC)	0.41722***	0.55947***	0.48478***	0.28337***	0.35535***
LLN17A (HTR)	+++	0.46857***	0.36895***	0.06744*	0.23141***
LLN17B (TRR)	0.46857***	+++	0.51410***	0.30936***	0.40699***
LLN18A (COB)	0.36895***	0.51410***	+++	0.37604***	0.36076***
LLN18B (COO)	0.06744*	0.30936***	0.37604***	+++	0.25212***
LLN192A (PLU)	0.23141***	0.40699***	0.36076***	0.25212***	+++
LLN192B (INC)	0.38023***	0.31975***	0.25706***		0.27941***
LLN20A (NGA)	0.11202**	0.06467*	0.10425**		-0.09576**
LLN20B (PGA)	0.12022***	0.22547***	0.24460***	0.23829***	0.34628***
LLN21A (DIA)	0.30340***	0.40769***	0.38724***	0.21172***	0.53348***
LLN21B (GDI)	0.25148***	0.16722***	0.16738***	-0.11008**	
LLN22A (IRL)	0.20017***	0.29264***	0.31462***	0.20443***	0.58643***
LLN23A (ECP)	0.34660***	0.30356***	0.24426***		0.16088***
LLN23B (GPR)	0.16281***	0.26464***	0.23664***	0.13039**	0.48434***

	LLN192B (INC)	LLN20A (NGA)	LLN20B (PGA)	LLN21A (DIA)	LLN21B (GDI)
LLN04_3A (REV)	0.10546**				0.06373*
LLN04_3B (AUV)		-0.06010*	0.09421**	0.13664***	
LLN04_3C (STV)	0.08486**	0.07265*			
LLN04_4 (OPV)	0.08070**				
LLN05_3A (REM)	0.10958**			0.09063**	
LLN05_3B (AUM)			0.07236*	0.13166***	
LLN05_3C (STM)					
LLN05_4 (OPM)	0.07609**		0.06606*	0.06573*	
LLN06A (CON)		0.13018***		0.06600*	0.06843*
LLN06B (COH)	0.16270***		0.07956**	0.13427***	0.06487*
LLN07A (NTG)	-0.20593***	-0.22312***	0.25803***	0.09574**	-0.23523***
LLN07B (TGD)	0.35460***	0.11549***		0.10699**	0.25198***
LLN09_4A (GAV)	-0.21840***	-0.13199***			-0.17683***
LLN09_4B(GBV)			0.10331**	0.10110**	
LLN10_4A (GAM)	-0.16787***	-0.11348**			-0.16727***
LLN10_4B (GBM)	0.06089*		0.14097***	0.12187***	
LLN12A (TNA)	0.37196***		0.21916***	0.45776***	0.15181***
LLN12B (REL)	0.15257***		0.20712***	0.41015***	
LLN12C (EXK)	-0.17717***	0.08131**	-0.05917*	-0.07766**	
LLN12D (ORT)	0.46107***	0.12350***		0.20565***	0.34218***
LLN13A (BIO)		-0.10504**	0.12981***	0.18334***	
LLN13B (DLK)	0.11984***		-0.18459***	-0.12931***	0.16257***
LLN14A (KLD)	0.11914***		0.26392***	0.32861***	
LLN15A (HEV)	-0.19068***		-0.22153***	-0.29694***	
LLN15B (HEC)	0.36276***		0.23131***	0.46263***	0.22631***
LLN17A (HTR)	0.38023***	0.11202**	0.12022***	0.30340***	0.25148***
LLN17B (TRR)	0.31975***	0.06467*	0.22547***	0.40769***	0.16722***
LLN18A (COB)	0.25706***	0.10425**	0.24460***	0.38724***	0.16738***
LLN18B (COO)			0.23829***	0.21172***	-0.11008**
LLN192A (PLU)	0.27941***	-0.09576**	0.34628***	0.53348***	
LLN192B (INC)	+++	0.12838***	0.07274*	0.25887***	0.37133***
LLN20A (NGA)	0.12838***	+++	-0.12775***		0.29072***
LLN20B (PGA)	0.07274*	-0.12775***	+++	0.39650***	-0.10930**
LLN21A (DIA)	0.25887***		0.39650***	+++	0.11746***
LLN21B (GDI)	0.37133***	0.29072***	-0.10930**	0.11746***	+++
LLN22A (IRL)	0.11316***	-0.15084***	0.44702***	0.59160***	-0.08086**
LLN23A (ECP)	0.47836***	0.19743***		0.25762***	0.53146***
LLN23B (GPR)	0.10772**		0.27370***	0.41698***	

	LLN22A (IRL)	LLN23A (ECP)	LLN23B (GPR)
LLN04_3A (REV)		0.09785**	
LLN04_3B (AUV)	0.07779**		
LLN04_3C (STV)			0.06017*
LLN04_4 (OPV)		0.08615**	
LLN05_3A (REM)	0.06398*	0.12686***	
LLN05_3B (AUM)	0.12699***		0.10952**
LLN05_3C (STM)			
LLN05_4 (OPM)	0.05666*	0.12081***	
LLN06A (CON)	0.06844*		
LLN06B (COH)	0.07124*	0.16338***	0.07065*
LLN07A (NTG)	0.26090***	-0.16602***	0.18496***
LLN07B (TGD)		0.34820***	
LLN09_4A (GAV)		-0.16512***	
LLN09_4B (GBV)	0.06358*		0.06177*
LLN10_4A (GAM)	0.08996**	-0.16335***	0.08442**
LLN10_4B (GBM)	0.11169**		0.09126**
LLN12A (TNA)	0.37288***	0.32734***	0.30702***
LLN12B (REL)	0.37272***	0.13406***	040025***
LLN12C (EXK)		-0.12404***	0.11629***
LLN12D (ORT)		0.42768***	
LLN13A (BIO)	0.18463***	0.05844*	0.16197***
LLN13B (DLK)	-0.09368**	0.07160*	
LLN14A (KLD)	0.23791***	0.14010***	0.16745***
LLN15A (HEV)	-0.24298***	-0.17196***	-0.07720**
LLN15B (HEC)	0.31963***	0.36419***	0.24755***
LLN17A (HTR)	0.20017***	0.34660***	0.16281***
LLN17B (TRR)	0.29264***	0.30356***	0.26464***
LLN18A (COB)	0.31462***	0.24426***	0.23664***
LLN18B (COO)	0.20443***		0.13039***
LLN192A (PLU)	0.58643***	0.16088***	0.48434***
LLN192B (INC)	0.11316***	0.47836***	0.10772**
LLN20A (NGA)	-0.15084***	0.19743***	
LLN20B (PGA)	0.44702***		0.27370***
LLN21A (DIA)	0.59160***	0.25762***	0.41698***
LLN21B (GDI)	-0.08086**	0.53146***	
LLN22A (IRL)	+++	0.07707**	0.51640***
LLN23A (ECP)	0.07707**	+++	0.09048**
LLN23B (GPR)	0.51640***	0.09048**	+++

4.2.3.2. Leerlingen BSO

AUM: autonomie moeder (BSO21_3C)
AUV: autonomie vader (BSO20_3C)
BIO: biografische leerkracht (BSO09A)
DLK: dogmatische leerkracht (BSO09B)
ECP: expliciete christelijke profilering (BSO18A)
EXK: externe kritiek (BSO08B)
GAM: geloofsautonomie moeder (BSO22A)
GAV: geloofsautonomie vader (BSO23A)
GBM: geloofsbetrokkenheid moeder (BSO22B)
GBV: geloofsbetrokkenheid vader (BSO23B)
GCO: gemodereerde communicatie (BSO13B)
HEC: hermeneutische competentie (BSO11B)
HEV: hermeneutische verlamming (BSO11A)
HTR: historische traditie (BSO12A)
KLD: klasdiscours (BSO10A)
MCO: moeilijke communicatie (BSO13A)
MOH: monoreligieuze houding (BSO16B)
MRE: multireligieus leren (BSO17A)
MUH: multireligieuze houding (BSO16A)
NCP: niet-christelijke profiliring (BSO18B)
NGA: negatieve gevoelens tegenover andersgelovigen (BSO15B)
OPM: opvolging moeder (BSO21_4)
OPV: opvolging vader (BSO20_4)
ORT: orthodoxie (BSO08A)
PGA: positieve gevoelens tegenover andersgelovigen (BSO15A)
REL: relativisme (BSO08C)
REM: responsiviteit moeder (BSO21_3A)
REV: responsiviteit vader (BSO20_3A)
STM: striktheid moeder (BSO21_3B)
STV: striktheid vader (BSO20_3B)
TNA: tweede naïviteit (BSO08D)
TRR: traditie-relevantie (BSO12B)

	BSO08A (ORT)	BSO08B (EXK)	BSO08C (REL)	BSO08D (TNA)	BSO09A (BIO)
BSO08A (ORT)	+++			0.26652**	
BSO08B (EXK)		+++	0.48393***	0.17115*	
BSO08C (REL)		0.48393***	+++	0.48704***	0.24225**
BSO08D (TNA)	0.26652**	0.17115*	0.48704***	+++	
BSO09A (BIO)			0.24225**		+++
BSO09B (DLK)	0.32619***	0.27511**	0.15254*	0.18547*	0.16068*
BSO10A (KLD)		0.18839**	0.26192**	0.16929*	0.16938*
BSO11A (HEV)	-0.20889**	0.53368***	0.18364*		
BSO11B (HEC)			0.17738*	0.43456***	
BSO12A (HTR)	0.24539**	0.17189*	0.20303**	0.26575**	
BSO12B (TRR)		0.17473*	0.34065***	0.40438***	0.32152***
BSO13A (MCO)	0.27043**	0.17151*	0.22171**	0.17880*	
BSO13B (GCO)		0.30308***	0.37606***	0.19165**	0.30981***
BSO15A (PGA)					0.14405*
BSO15B (NGA)	0.23417**			0.16204*	
BSO16A (MUH)				0.15553*	
BSO16B (MOH)	0.23213**	0.23668**	0.25795**	0.31722***	
BSO17A (MRE)	0.18825*				
BSO18A (ECP)			0.24355**	0.31719***	0.16870*
BSO18B (NCP)		0.16948*	0.21425**	0.18303*	
BSO20_3A (REV)				0.15901*	
BSO20_3B (STV)	0.18661*				
BSO20_3C (AUV)		0.29086***	0.17773*	0.15872*	
BSO20_4 (OPV)					
BSO21_3A (REM)					
BSO21_3B (STM)	0.20594**				
BSO21_3C (AUM)		0.19295**	0.22859**	0.23202**	
BSO21_4 (OPM)					
BSO22A (GAM)	-0.23947**	0.22106**	0.21350**		0.18282*
BSO22B (GBM)					
BSO23A (GAV)	-0.28266**	0.19111*			0.16608*
BSO23B (GBV)					

Significantie: $p < 0.0001$ =*** ; $p < 0.01$ =** ; $p < 0.05$ =*

	BSO09B (DLK)	BSO10A (KLD)	BSO11A (HEV)	BSO11B (HEC)	BSO12A (HTR)
BSO08A (ORT)	0.32619***		-0.20889**		0.24539**
BSO08B (EXK)	0.27511**	0.18839**	0.53368***		0.17189*
BSO08C (REL)	0.15254*	0.26192**	0.18364*	0.17738*	0.20303**
BSO08D (TNA)	0.18547*	0.16929*		0.43456***	0.26575**
BSO09A (BIO)	0.16068*	0.16938*			
BSO09B (DLK)	+++				0.25779**
BSO10A (KLD)		+++	0.19219**	0.28913***	
BSO11A (HEV)		0.19219**	+++		
BSO11B (HEC)		0.28913***		+++	0.31574***
BSO12A (HTR)	0.25779**			0.31574***	+++
BSO12B (TRR)		0.39433***		0.44831***	
BSO13A (MCO)					0.29780***
BSO13B (GCO)		0.51713***	0.23682**	0.17091*	
BSO15A (PGA)		0.25469**			
BSO15B (NGA)	0.20771**	-0.17974*			0.18083*
BSO16A (MUH)		0.28565***			
BSO16B (MOH)	0.23798**	0.15153*		0.28722***	0.22108**
BSO17A (MRE)		0.20031**		0.15340*	
BSO18A (ECP)				0.40123***	0.24888**
BSO18B (NCP)					0.24455**
BSO20_3A (REV)					
BSO20_3B (STV)					
BSO20_3C (AUV)	0.14707*				
BSO20_4 (OPV)					
BSO21_3A (REM)		0.18409*			
BSO21_3B (STM)					
BSO21_3C (AUM)	0.16859*	0.15249*		0.14990*	
BSO21_4 (OPM)					
BSO22A (GAM)		0.21826**	0.17979*		
BSO22B (GBM)					
BSO23A (GAV)		0.17950*	0.24000**		
BSO23B (GBV)			-0.14621*		

	BSO12B (TRR)	BSO13A (MCO)	BSO13B (GCO)	BSO15A (PGA)	BSO15B (NGA)
BSO08A (ORT)		0.27043**			0.23417**
BSO08B (EXK)	0.17473*	0.17151*	0.30308***		
BSO08C (REL)	0.34065***	0.22171**	0.37606***		
BSO08D (TNA)	0.40438***	0.17880*	0.19165**		016204*
BSO09A (BIO)	0.32152***		0.30981***	0.14405*	
BSO09B (DLK)					0.20771**
BSO10A (KLD)	0.39433***		0.51713***	0.25469**	-0.17974*
BSO11A (HEV)			0.23682**		
BSO11B (HEC)	0.44831***		0.17091*		
BSO12A (HTR)		0.29780***			0.18083*
BSO12B (TRR)	+++	0.21311**	0.50534***	0.32632***	
BSO13A (MCO)	0.21311**	+++			
BSO13B (GCO)	0.50534***		+++	0.256568**	-0.26169**
BSO15A (PGA)	0.32632***		0.26568**	+++	-0.16098*
BSO15B (NGA)			-0.26169**	-0.16098*	+++
BSO16A (MUH)	0.31020***	0.15757*	0.30912***	0.38755***	
BSO16B (MOH)	0.23264**	0.23933**			0.18775*
BSO17A (MRE)	0.26435**		0.14995*	0.42563***	-0.14789*
BSO18A (ECP)	0.24514**		0.15968*		
BSO18B (NCP)	0.24182**		0.14567*		
BSO20_3A (REV)	0.25351**	0.30886***			0.15336*
BSO20_3B (STV)	0.15823*	0.21056**			
BSO20_3C (AUV)		0.17044*			
BSO20_4 (OPV)	0.15617*	0.16899*			
BSO21_3A (REM)	0.15121*	0.20265**	0.18126*		
BSO21_3B (STM)					
BSO21_3C (AUM)	0.20700**		0.19394**	0.17483*	
BSO21_4 (OPM)	0.14648*				
BSO22A (GAM)			0.33642***		
BSO22B (GBM)	0.21131**	0.17268*	0.18989*	0.22581**	
BSO23A (GAV)			0.32195***		-0.17231*
BSO23B (GBV)		0.24902**			

	BSO16A (MUH)	BSO16B (MOH)	BSO17A (MRE)	BSO18A (ECP)	BSO18B (NCP)
BSO08A (ORT)		0.23213**	0.18825*		
BSO08B (EXK)		0.23668**			0.16948*
BSO08C (REL)		0.25795**		0.24355**	0.21425**
BSO08D (TNA)	0.15553*	0.31722***		0.31719***	0.18303*
BSO09A (BIO)				0.16870*	
BSO09B (DLK)		0.23798**			
BSO10A (KLD)	0.28565***	0.15153*	0.20031**		
BSO11A (HEV)					
BSO11B (HEC)		0.28722***	0.15340*	0.40123***	
BSO12A (HTR)		0.22108**		0.24888**	0.24455**
BSO12B (TRR)	0.31020***	0.23264**	0.26435**	0.24514**	0.24182**
BSO13A (MCO)	0.15757*	0.23933**			
BSO13B (GCO)	0.30912***		0.14995*	0.15968*	0.14567*
BSO15A (PGA)	0.38755***		0.42563***		
BSO15B (NGA)		0.18775*	-0.14789*		
BSO16A (MUH)	+++		0.43720***	0.17472*	0.15076*
BSO16B (MOH)		+++		0.31189***	
BSO17A (MRE)	0.43720***		+++		
BSO18A (ECP)	0.17472*	0.31189***		+++	
BSO18B (NCP)	0.15076*				+++
BSO20_3A (REV)	0.16087*			0.17917*	
BSO20_3B (STV)		0.22838**			
BSO20_3C (AUV)		0.18430*			
BSO20_4 (OPV)					
BSO21_3A (REM)					
BSO21_3B (STM)					
BSO21_3C (AUM)	0.16580*	0.18783*			
BSO21_4 (OPM)					
BSO22A (GAM)					
BSO22B (GBM)			0.17360*		
BSO23A (GAV)					
BSO23B (GBV)	0.18113*		0.19900**		

	BSO20_3A (REV)	BSO20_3B (STV)	BSO20_3C (AUV)	BSO20_4 (OPV)	BSO21_3A (REM)
BSO08A (ORT)		0.18661*			
BSO08B (EXK)			0.29086***		
BSO08C (REL)			0.17773*		
BSO08D (TNA)	0.15901*		0.15872*		
BSO09A (BIO)					
BSO09B (DLK)			0.14707*		
BSO10A (KLD)					0.18409*
BSO11A (HEV)					
BSO11B (HEC)					
BSO12A (HTR)					
BSO12B (TRR)	0.25351**	0.15823*		0.15617*	0.15121*
BSO13A (MCO)	0.30886***	0.21056**	0.17044*	0.16899*	0.20265**
BSO13B (GCO)					0.18126*
BSO15A (PGA)					
BSO15B (NGA)	0.15336*				
BSO16A (MUH)	0.16087*				
BSO16B (MOH)		0.22838**	0.18430*		
BSO17A (MRE)					
BSO18A (ECP)	0.17917*				
BSO18B (NCP)					
BSO20_3A (REV)	+++		0.39837***	0.59725***	0.40693***
BSO20_3B (STV)		+++			
BSO20_3C (AUV)	0.39837***		+++		0.20549**
BSO20_4 (OPV)	0.59725***			+++	0.30679***
BSO21_3A (REM)	0.40693***		0.20549**	0.30679***	+++
BSO21_3B (STM)	0.15977*	0.21487**	0.14834*	0.15444*	-0.21398**
BSO21_3C (AUM)	0.20754**		0.52278***		0.43181***
BSO21_4 (OPM)	0.24260**			0.53324***	0.57540***
BSO22A (GAM)			0.15504*		0.27953**
BSO22B (GBM)	0.25514**			0.22747**	0.47947***
BSO23A (GAV)		-0.16918*	0.21187**		
BSO23B (GBV)	0.51726***		0.16175*	0.32194***	0.22125**

	BSO21_3B (STM)	BSO21_3C (AUM)	BSO21_4 (OPM)	BSO22A (GAM)	BSO22B (GBM)
BSO08A (ORT)	0.20594**			-0.23947**	
BSO08B (EXK)		0.19295**		0.22106**	
BSO08C (REL)		0.22859**		0.21350**	
BSO08D (TNA)		0.23202**			
BSO09A (BIO)				0.18282*	
BSO09B (DLK)		0.16859*			
BSO10A (KLD)		0.15249*		0.21826**	
BSO11A (HEV)				0.17979*	
BSO11B (HEC)		0.14990*			
BSO12A (HTR)					
BSO12B (TRR)		0.20700**	0.14648*		0.21131**
BSO13A (MCO)					0.17268*
BSO13B (GCO)		0.19394**		0.33642***	0.18989*
BSO15A (PGA)		0.17483*			0.22581**
BSO15B (NGA)					
BSO16A (MUH)		0.16580*			
BSO16B (MOH)		0.18783*			
BSO17A (MRE)					0.17360*
BSO18A (ECP)					
BSO18B (NCP)					
BSO20_3A (REV)	0.15977*	0.20754**	0.24260**		0.25514**
BSO20_3B (STV)	0.21487**				
BSO20_3C (AUV)	0.14834*	0.52278***		0.15504*	
BSO20_4 (OPV)	0.15444*		0.53324***		0.22747**
BSO21_3A (REM)	-0.21398**	0.43181***	0.57540***	0.27953**	0.47947***
BSO21_3B (STM)	+++			-0.15372*	
BSO21_3C (AUM)		+++	0.32567***	0.36768***	0.25362**
BSO21_4 (OPM)		0.32567***	+++	0.22257**	0.30310***
BSO22A (GAM)	-0.15372*	0.36768***	0.22257**	+++	
BSO22B (GBM)		0.25362**	0.30310***		+++
BSO23A (GAV)		0.20105**		0.62636***	
BSO23B (GBV)					0.49971***

	BSO23A (GAV)	BSO23B (GBV)
BSO08A (ORT)	-0.28266**	
BSO08B (EXK)	0.19111*	
BSO08C (REL)		
BSO08D (TNA)		
BSO09A (BIO)	0.16608*	
BSO09B (DLK)		
BSO10A (KLD)	0.17950*	
BSO11A (HEV)	0.24000**	-0.14621*
BSO11B (HEC)		
BSO12A (HTR)		
BSO12B (TRR)		
BSO13A (MCO)		0.24902**
BSO13B (GCO)	0.32195***	
BSO15A (PGA)		
BSO15B (NGA)	-0.17231*	
BSO16A (MUH)		0.18113*
BSO16B (MOH)		
BSO17A (MRE)		0.19900**
BSO18A (ECP)		
BSO18B (NCP)		
BSO20_3A (REV)		0.51726***
BSO20_3B (STV)	-0.16918*	
BSO20_3C (AUV)	0.21187**	0.16175*
BSO20_4 (OPV)		0.32194***
BSO21_3A (REM)	0.22125**	
BSO21_3B (STM)		
BSO21_3C (AUM)	0.20105**	
BSO21_4 (OPM)		
BSO22A (GAM)	0.62636***	
BSO22B (GBM)		0.49971***
BSO23A (GAV)	+++	
BSO23B (GBV)		+++

4.2.4. *Samenhang tussen achtergrondvariabelen en schalen*

4.2.4.1. Leerlingen ASO/TSO

Legende: De significantiegrens bij de berekende samenhangen tussen achtergrondvariabelen en schalen en tussen achtergrondvariabelen onderling bedraagt p<0.05. Samenhangen met een significantie op het niveau van p>0.05 zijn niet opgenomen.
Ondanks de statistische significantie is voorzichtigheid geboden bij de interpretatie bij een beperkt aantal subjecten (minder dan 25)[122].

- Samenhang met 1.2 geslacht

Variabele	*Geslacht (LLN1.2)*	$\bar{x}$	σ	*p-waarde*
Responsiviteit moeder (LLN05_3A)	Man	4.2501	1.0321	<.0001 (satterthwaite)
	Vrouw	4.6150	1.1561	
	Verschil	-0.3650	1.1043	
Autonomie vader (LLN04_3B)	Man	3.9647	0.8856	0.0467 (pooled)
	Vrouw	3.8605	0.9033	
	Verschil	0.1042	0.8957	
Striktheid moeder (LLN05_3C)	Man	3.4401	0.8719	0.0489 (satterthwaite)
	Vrouw	3.5465	1.0050	
	Verschil	-0.1060	0.9499	
Opvolging moeder (LLN05_4)	Man	4.6433	0.9194	<.0001 (satterthwaite)
	Vrouw	5.0406	0.7966	
	Verschil	-0.3970	0.8517	
Cohesie (LLN06B)	Man	3.9986	0.9612	0.0140 (satterthwaite)
	Vrouw	4.1432	1.0767	
	Verschil	-0.1450	1.0284	
Niet-traditioneel gezinsdenken (LLN07A)	Man	4.1934	0.7793	<.0001 (satterthwaite)
	Vrouw	4.7442	0.6809	
	Verschil	-0.5510	0.7248	
Geloofsautonomie vader (LLN09_4A)	Man	4.7264	1.1319	0.0036 (satterthwaite)
	Vrouw	4.9105	1.0093	
	Verschil	-0.1840	1.0640	
Geloofsautonomie moeder (LLN10_4A)	Man	4.6616	1.1295	0.0016 (pooled)
	Vrouw	4.8649	1.0964	
	Verschil	-0.2030	1.1108	
Geloofsbetrokkenheid vader (LLN09_4B)	Man	3.0883	1.3718	0.0083 (pooled)
	Vrouw	2.8759	1.3772	
	Verschil	0.2124	1.3748	

122. Het overzicht van samenhang tussen achtergrondvariabelen en schalen is beperkt tot die samenhangen die berekend en significant (p<0.05) zijn.

Geloofsbetrokkenheid moeder (LLN10_4B)	Man	3.4207	1.3536	0.0217
	Vrouw	3.6013	1.3577	(pooled)
	Verschil	-0.1810	1.3559	
Dogmatische leerkracht (LLN13B)	Man	2.7107	1.1264	0.0002
	Vrouw	2.4742	1.0856	(pooled)
	Verschil	0.2365	1.1033	
Klasdiscours (LLN14A)	Man	3.9493	0.9328	<.0001
	Vrouw	4.3040	0.9280	(pooled)
	Verschil	-0.3550	0.9301	
Traditierelevantie (LLN17B)	Man	3.3690	0.9369	0.0010
	Vrouw	3.5414	0.8761	(pooled)
	Verschil	-0.1720	0.9027	
Communicatieve betrokkenheid (LLN18A)	Man	3.2377	0.8798	<.0001
	Vrouw	3.4832	0.9012	(pooled)
	Verschil	-0.2450	0.8921	
Communicatieve openheid (LLN18B)	Man	4.2128	0.8524	<.0001
	Vrouw	4.5581	0.8956	(pooled)
	Verschil	-0.3450	0.8774	
Pluralisme (LLN192A)	Man	3.5783	0.7824	<.0001
	Vrouw	3.8147	0.7567	(pooled)
	Verschil	-0.3600	0.7678	
Negatieve gevoelens t.o.v. andersgelovigen (LLN20A)	Man	2.0460	1.0766	0.0006
	Vrouw	1.8391	0.9272	(satterthwaite)
	Verschil	0.2069	0.9935	
Positieve gevoelens t.o.v. andersgelovigen (LLN20B)	Man	3.3920	1.2896	<.0001
	Vrouw	3.8352	1.1711	(satterthwaite)
	Verschil	-0.4430	1.2229	
IRL-minded (LLN22A)	Man	3.2895	1.0129	<.0001
	Vrouw	3.6789	1.0328	(pooled)
	Verschil	-0.3890	1.0243	

- Samenhang tussen items met betrekking tot gezinsopvattingen (zie de schalen 'traditioneel gezinsdenken' en 'niet-traditioneel gezinsdenken') en het geslacht van de respondent (leerling)

Variabele	*Geslacht (LLN1.2)*	$\bar{x}$	σ	*p-waarde*
De beste gezinsvorm is nog altijd twee getrouwde ouders met hun eigen kinderen (LLN07_01)	Man	4.9068	1.4023	0.0003
	Vrouw	4.5948	1.5657	(satterthwaite)
	Verschil	0.3120	1.4976	
In een nieuw-samengesteld gezin kunnen kinderen een goede opvoeding krijgen (LLN07_03)	Man	4.7380	1.2195	<.0001
	Vrouw	5.0317	1.1947	(satterthwaite)
	Verschil	-0.2940	1.0653	

Een gezin met één ouder kan net zo goed zijn als een gezin met twee ouders (LLN07_04)	Man	3.9714	1.4611	<.0001 (satterthwaite)
	Vrouw	4.6155	1.3004	
	Verschil	-0.6440	1.3717	
Twee vrouwen of twee mannen kunnen net zo goed een kind opvoeden als een man en een vrouw (LLN07_05)	Man	3.4449	1.7237	<.0001 (satterthwaite)
	Vrouw	4.3655	1.4046	
	Verschil	-0.9210	1.5501	
Om een goed gezin te hebben moet je huwen (LLN07_06)	Man	2.5266	1.5388	<.0001 (satterthwaite)
	Vrouw	2.0734	1.3534	
	Verschil	0.4532	1.4362	
Ik zou later zelf willen huwen voor de wet (LLN07_07)	Man	4.3558	1.6147	0.0025 (pooled)
	Vrouw	4.6386	1.5999	
	Verschil	-0.2830	1.6063	
Ik wil later huwen voor de kerk (LLN07_08)	Man	3.7842	1.8713	0.0019 (pooled)
	Vrouw	4.1192	1.8385	
	Verschil	-0.3350	1.8527	
Kinderverzorging is evengoed de verantwoordelijkheid van de man als van de vrouw (LLN07_09)	Man	5.0381	1.2053	<.0001 (satterthwaite)
	Vrouw	5.5065	0.9083	
	Verschil	-0.4680	1.0462	
Man en vrouw moeten het huishoudelijk werk gelijk onder elkaar verdelen (LLN07_10)	Man	4.5894	1.3419	<.0001 (satterthwaite)
	Vrouw	5.2956	0.9979	
	Verschil	-0.7060	1.1584	
Een vrouw is geschikter om kleine kinderen op te voeden dan een man (LLN07_13)	Man	3.8403	1.5980	<.0001 (pooled)
	Vrouw	3.2170	1.5136	
	Verschil	0.6234	1.5505	
Het is logisch dat een man minder in het huishouden doet dan een vrouw (LLN07_14)	Man	3.2833	1.5656	<.0001 (pooled)
	Vrouw	2.6361	1.5403	
	Verschil	0.6472	1.5512	
Ik wil later eventueel zelf deeltijds werken om meer tijd te kunnen besteden aan het gezin (LLN07_15)	Man	3.5573	1.5003	<.0001 (pooled)
	Vrouw	4.0891	1.4664	
	Verschil	-0.5320	1.4811	

- Samenhang met 2.2 richting

Variabele	*Richting*	$\bar{x}$	σ	*p-waarde*
Niet-traditioneel gezinsdenken (LLN07A)	ASO	4.5605	0.7485	0.0046 (pooled)
	TSO	4.4336	0.8029	
	Verschil	0.1269	0.7719	
Geloofsautonomie vader (LLN09_4A)	ASO	4.9060	1.0259	0.0048 (satterthwaite)
	TSO	4.7271	1.1156	
	Verschil	0.1789	1.0646	
Tweede naïviteit (LLN12A)	ASO	3.5487	0.9134	<.0001 (pooled)
	TSO	3.2072	0.9371	
	Verschil	0.3415	0.9235	

Relativisme (LLN12B)	ASO	3.7880	0.7052	<.0001
	TSO	3.3875	0.8210	(satterthwaite)
	Verschil	0.4005	0.7562	
Orthodoxie (LLN12D)	ASO	1.9950	0.7852	<.0001
	TSO	2.3097	0.9392	(satterthwaite)
	Verschil	-0.3150	0.8535	
Biografische leerkracht (LLN13A)	ASO	4.5202	0.7857	0.0002
	TSO	4.3433	0.8298	(pooled)
	Verschil	0.1769	0.8046	
Dogmatische leerkracht (LLN13B)	ASO	2.5064	1.0713	0.0101
	TSO	2.6715	1.1540	(pooled)
	Verschil	-0.1650	1.1069	
Hermeneutische verlamming (LLN15A)	ASO	3.6449	1.0595	0.0026
	TSO	3.8314	1.0799	(pooled)
	Verschil	-0.1870	1.0682	
Traditie-relevantie (LLN17B)	ASO	3.5353	0.8682	0.0023
	TSO	3.3732	0.9491	(satterthwaite)
	Verschil	0.1621	0.9032	

- Samenhang met 2.3 dezelfde leerkracht

Variabele	*Dezelfde leerkracht (LLN2.3)*	$\bar{x}$	σ	*p-waarde*
Biografische leerkracht (LLN13A)	Ja	4.5268	0.8063	<.0001
	Neen	4.2823	0.7907	(pooled)
	Verschil	0.2444	0.8012	
Klasdiscours (LLN14A)	Ja	4.2016	0.9314	0.0070
	Neen	4.0463	0.9682	(pooled)
	Verschil	0.1553	0.9436	
Hermeneutische competentie (LLN15B)	Ja	3.2962	1.0341	0.0055
	Neen	3.1193	1.0639	(pooled)
	Verschil	0.1769	1.0440	
Traditie-relevantie (LLN17B)	Ja	3.5086	0.9191	0.0226
	Neen	3.3828	0.8717	(pooled)
	Verschil	0.1258	0.9038	
Communicatieve betrokkenheid (LLN18A)	Ja	3.4291	0.8936	0.0022
	Neen	3.2620	0.8942	(pooled)
	Verschil	0.1671	0.8954	
Communicatieve openheid (LLN18B)	Ja	4.4508	0.8954	0.0230
	Neen	4.3270	0.8871	(pooled)
	Verschil	0.1238	0.8927	

- Samenhang met 3.1 aantal broers/zussen

Aantal broers en zussen (LLN3.1)		*Opvolging vader (LLN04_4)*		
	N	$\bar{x}$	σ	*Variabelen met significant verschil*
0-1	519	4.3669	1.0052	(0-1) – (3(+)) (0.2222)
2	10	4.1500	1.0257	
3(+)	217	4.1447	0.9770	

p=0.0204

Aantal broers en zussen (LLN3.1)		*Opvolging moeder (LLN05_4)*		
	N	$\bar{x}$	σ	*Variabelen met significant verschil*
0-1	525	4.9206	0.8782	(0-1) – (3(+)) (0.2366)
2	10	4.8333	0.9558	
3(+)	219	4.6840	1.0163	

p=0.0063

Aantal broers en zussen (LLN3.1)		*Geloofsautonomie vader (LLN09_4A)*		
	N	$\bar{x}$	σ	*Variabelen met significant verschil*
0-1	518	4.8999	1.0197	(0-1) – (3(+)) (0.2843)
2	10	5.4250	0.9792	
3(+)	217	4.6155	1.1771	

p=0.0009

- Samenhang met 3.2 vaderfiguur

Variabele	*Vaderfiguur (LLN3.2)*	$\bar{x}$	σ	*p-waarde*
Opvolging vader (LLN04_4)	Biologische vader	4.3244	0.9929	0.0084 (pooled)
	Niet-biologische vader	3.7933	1.0815	
	Verschil	0.5311	0.9948	
Traditioneel gezins-denken (LLN07B)	Biologische vader	3.8445	1.0274	0.0017 (pooled)
	Niet-biologische vader	3.2422	1.2478	
	Verschil	0.6023	1.0332	

- Samenhang met 3.3 moederfiguur

Geen significante samenhang

- Samenhang met 3.5 gezinssituatie

Variabele	*Gezinssituatie (LLN3.5)*	$\bar{x}$	σ	*p-waarde*
Responsiviteit vader (LLN04_3A)	Gehuwd	3.5805	1.1221	0.0175
	Gescheiden	3.3015	1.4324	(satterthwaite)
	Verschil	0.2790	1.1721	
Striktheid vader (LLN04_3C)	Gehuwd	3.3308	0.9551	<.0001
	Gescheiden	2.9120	1.0583	(pooled)
	Verschil	0.4188	0.9707	
Opvolging vader (LLN04_4)	Gehuwd	4.4408	0.9058	<.0001
	Gescheiden	3.5231	1.2080	(satterthwaite)
	Verschil	0.9178	0.9553	
Opvolging moeder (LLN05_4)	Gehuwd	4.9003	0.8376	0.0047
	Gescheiden	4.6627	1.0433	(satterthwaite)
	Verschil	0.2377	0.8716	
Conflict (LLN06A)	Gehuwd	2.7570	1.0261	0.0020
	Gescheiden	3.0220	1.1192	(pooled)
	Verschil	-0.2650	1.0405	
Cohesie (LLN06B)	Gehuwd	4.1354	1.0039	<.0001
	Gescheiden	3.8024	1.1118	(pooled)
	Verschil	0.3329	1.0205	
Niet-traditioneel gezinsdenken (LLN07A)	Gehuwd	4.4935	0.7691	0.0435
	Gescheiden	4.6205	0.7723	(pooled)
	Verschil	-0.1270	0.7695	
Traditioneel gezinsdenken (LLN07B)	Gehuwd	3.9156	1.0134	<.0001
	Gescheiden	3.3558	1.0938	(pooled)
	Verschil	0.5597	1.0260	
Geloofsautonomie vader (LLN09_4A)	Gehuwd	4.7875	1.0717	0.0139
	Gescheiden	5.0075	1.0219	(pooled)
	Verschil	-0.2200	1.0647	
Geloofsautonomie moeder (LLN10_4A)	Gehuwd	4.7114	1.1050	<.0001
	Gescheiden	5.0843	1.1364	(pooled)
	Verschil	-0.3730	1.1098	
Geloofsbetrokkenheid vader (LLN09_4B)	Gehuwd	3.0056	1.3653	0.0038
	Gescheiden	2.6717	1.4214	(pooled)
	Verschil	0.3339	1.3735	

Gezinssituatie (LLN3.5)	*Vaderfiguur (LLN3.2)*		
	Biologische vader	*Niet-biologische vader*	Totaal
Gehuwd	974 *98,68%*	13 *1,32%*	987
Gescheiden	158 *94,61%*	9 *5,39%*	167
Totaal	1132	22	1154

Chi-Square=12.6651 p=0.0004

Gezinssituatie (LLN3.5)	*Diploma vader (LLN4.1)*				
	Geen diploma/lager onderwijs/lager secundair onderwijs	*Hoger secundair onderwijs*	*Hoger niet-universitair onderwijs*	*Universitair onderwijs*	Totaal
Gehuwd	195 *20,00%*	300 *30,77%*	259 *26,56%*	221 *22,67%*	975
Gescheiden	33 *19,76%*	78 *46,71%*	34 *20,36%*	22 *13,17%*	167
Totaal	228	378	293	243	1142

Chi-Square=19.1231 p=0.0003

Gezinssituatie (LLN3.5)	*Beroepssituatie moeder (LLN5.2)*		
	Zij werkte	*Zij was huisvrouw*	Totaal
Gehuwd	703 *73,77%*	250 *26,23%*	953
Gescheiden	135 *81,82%*	30 *18,18%*	165
Totaal	838	280	1118

Chi-Square=4.8566 p=0.0275

Gezinssituatie (LLN3.5)	*Gedoopt (LLN8.6)*		
	Ja	*Neen*	Totaal
Gehuwd	956 *98,15%*	18 *1,85%*	974
Gescheiden	167 *94,35%*	10 *5,65%*	177
Totaal	1123	28	1151

Chi-Square=9.1205 p=0.0025

Gezinssituatie (LLN3.5)	*Gevormd (LLN8.7)*		
	Ja	*Neen*	Totaal
Gehuwd	929 *95,38%*	45 *4,62%*	974
Gescheiden	156 *88,64%*	20 *11,36%*	176
Totaal	1085	65	1150

Chi-Square=12.7116 p=0.0004

Gezinssituatie (LLN3.5)	*Geloof vader (LLN9.1)*				
	Gelovig	*Ongelovig*	*Hij twijfelt*	*Ik weet het niet*	Totaal
Gehuwd	328 *33,37%*	204 *20,75%*	85 *8,65%*	366 *37,23%*	983
Gescheiden	38 *22,62%*	60 *35,71%*	5 *2,98%*	65 *38,69%*	168
Totaal	366	264	90	431	1151

Chi-Square=25.1974 p<.0001

Gezinssituatie (LLN3.5)	*Religieuze praktijk vader (LLN9.2)*			
	Nooit	*Zelden*	*Maandelijks/meerdere keren per maand/wekelijks*	Totaal
Gehuwd	437 *44,59%*	383 *39,08%*	160 *16,33%*	980
Gescheiden	100 *60,24%*	49 *29,52%*	17 *10,24%*	166
Totaal	537	432	177	1146

Chi-Square=14.2669 p=0.0008

Gezinssituatie (LLN3.5)	*Geloof moeder (LLN10.1)*				
	Gelovig	*Ongelovig*	*Zij twijfelt*	*Ik weet het niet*	Totaal
Gehuwd	486 *49,54%*	123 *12,54%*	108 *11,01%*	264 *26,91%*	981
Gescheiden	65 *36,93%*	51 *28,98%*	22 *12,50%*	38 *21,59%*	176
Totaal	551	174	130	302	1157

Chi-Square=33.7112 p<.0001

Gezinssituatie (LLN3.5)	*Religieuze praktijk moeder (LLN10.2)*			
	Nooit	*Zelden*	*Maandelijks/meerdere keren per maand/wekelijks*	Totaal
Gehuwd	339 *34,52%*	447 *45,52%*	196 *19.96%*	982
Gescheiden	88 *50,00%*	62 *35,23%*	26 *14,77%*	176
Totaal	427	509	222	1158

Chi-Square=15.3885 p=0.0005

Variabele	*Gezinssituatie (LLN3.5)*	*x̄*	*σ*	*p-waarde*
Met gezin naar de eucharistieviering (LLN11.3.2)	Gehuwd	2.2396	1.1313	0.0010 (pooled)
	Gescheiden	1.9379	1.0399	
	Verschil	0.3017	1.1179	

- Samenhang met 4.1 diploma vader

Diploma vader (LLN4.1)		*Responsiviteit vader (LLN04_3A)*		
	N	*x̄*	*σ*	*Variabelen met significant verschil*
Geen diploma/lager onderwijs/lager secundair onderwijs	237	3.3986	1.2103	Geen diploma/lager onderwijs/lager secundair – Hoger niet-universitair (-0.3159)
Hoger secundair onderwijs	393	3.5016	1.1687	
Hoger niet-univ. onderwijs	298	3.7146	1.1777	
Universitair onderwijs	248	3.5977	1.1456	

p=0.0129

Diploma vader (LLN4.1)		*Opvolging vader (LLN04_4)*		
	N	*x̄*	*σ*	*Variabelen met significant verschil*
Geen diploma/lager onderwijs/lager secundair onderwijs	237	4.1744	1.1087	Geen diploma/lager onderwijs/lager secundair onderwijs – Hoger niet-universitair onderwijs (-0.2537)
Hoger secundair onderwijs	392	4.3120	0.9767	
Hoger niet-univ.onderwijs	298	4.4281	0.9578	
Universitair onderwijs	247	4.3113	0.9874	

p=0.0377

Diploma vader (LLN4.1)		*Geloofsbetrokkenheid vader (LLN09_4B)*		
	N	*x̄*	*σ*	*Variabelen met significant verschil*
Geen diploma/lager onderwijs/lager secundair onderwijs	237	2.8206	1.4001	Geen diploma/lager onderwijs/lager secundair onderwijs – universitair onderwijs (-0.4333)
Hoger secundair onderwijs	391	2.8209	1.3601	Hoger secundair onderwijs – universitair onderwijs (-0.43306)
Hoger niet-univ. onderwijs	298	3.0654	1.3464	
Universitair onderwijs	248	3.2540	1.3911	

p=0.0002

Diploma vader (LLN4.1)		*Relativisme (LLN12B)*		
	N	*x̄*	*σ*	*Variabelen met significant verschil*
Geen diploma/lager onderwijs/lager secundair ond.	241	3.5806	0.7070	Hoger secundair onderwijs – universitair onderwijs (-0.2255)
Hoger secundair onderwijs	399	3.5106	0.8218	Hoger secundair onderwijs – hoger niet universitair onderwijs (-0.1944)
Hoger niet-univ. onderwijs	298	3.7051	0.8037	
Universitair onderwijs	256	3.7361	0.7552	

p=0.0006

Diploma vader (LLN4.1)		*Orthodoxie (LLN12D)*		
	N	*x̄*	*σ*	*Variabelen met significant verschil*
Geen diploma/lager onderwijs/lager secundair onderwijs	241	2.3757	0.9830	Geen diploma/lager onderwijs/lager secundair – hoger secundair onderwijs (0.2547)
Hoger secundair onderwijs	399	2.1210	0.8629	Geen diploma/lager onderwijs/lager secundair – hoger niet-universitair onderwijs (0.3158)
Hoger niet-univ. onderwijs	298	2.0599	0.8035	Geen diploma/lager onderwijs/lager secundair – universitair onderwijs (0.4099)
Universitair onderwijs	256	1.9657	0.7814	

p<.0001

- Samenhang met 5.1 diploma moeder

Diploma moeder (LLN5.1)		*Responsiviteit moeder (LLN05_3A)*		
	N	*x̄*	*σ*	*Variabelen met significant verschil*
Geen diploma/lager onderwijs/lager secundair onderwijs	252	4.2891	1.1702	Geen diploma/lager onderwijs/lager secundair onderwijs – hoger secundair onderwijs (-0.3136)
Hoger secundair onderwijs	418	4.6028	1.0438	
Hoger niet-univ. onderwijs	392	4.4466	1.1471	
Universitair onderwijs	137	4.3430	1.1255	

p=0.0026

Diploma moeder (LLN5.1)		*Cohesie (LLN06B)*		
	N	*x̄*	*σ*	*Variabelen met significant verschil*
Geen diploma/lager onderwijs/lager secundair onderwijs	252	3.9337	1.0453	Geen diploma/lager onderwijs/lager secundair onderwijs – hoger secundair onderwijs (-0.2348)
Hoger secundair onderwijs	413	4.1685	0.9653	
Hoger niet-univ. onderwijs	391	4.0404	1.0735	
Universitair onderwijs	138	4.1989	1.0501	

p=0.0145

Diploma moeder (LLN5.1)		*Tweede naïviteit (LLN12A)*		
	N	*x̄*	*σ*	*Variabelen met significant verschil*
Geen diploma/lager ond./lager secund. onderwijs	354	3.4218	0.8890	Hoger secundair onderwijs – universitair (-0.3205)
Hoger secund. onderwijs	420	3.2753	0.9503	Hoger niet universitair onderwijs –
Hoger niet-univ. onderwijs	394	3.4674	0.9573	universitair onderwijs (-0.1920)
Universitair onderwijs	138	3.5958	0.9082	

p=0.0014

Diploma moeder (LLN5.1)		*Relativisme (LLN12B)*		
	N	*x̄*	*σ*	*Variabelen met significant verschil*
Geen diploma/lager onderwijs/lager secundair onderwijs	254	3.5433	0.7261	Geen diploma/lager onderwijs/lager secundair onderwijs – universitair onderwijs (-0.2690)
Hoger secundair onderwijs	420	3.5178	0.8124	Geen diploma/lager onderwijs/lager
Hoger niet-univ. onderwijs	394	3.7156	0.7866	secundair onderwijs – hoger niet-
Universitair onderwijs	138	3.8123	0.7253	univ. onderwijs (-0.1722) Hoger secundair onderwijs – universitair onderwijs (-0.2945) Hoger secundair – hoger niet-univ. onderwijs (-0.1978)

p<.0001

Diploma moeder (LLN5.1)		*Orthodoxie (LLN12D)*		
	N	*x̄*	*σ*	*Variabelen met significant verschil*
Geen diploma/lager onderwijs/lager secundair onderwijs	254	2.3155	0.9547	Geen diploma/lager onderwijs/lager secundair onderwijs – universitair onderwijs (0.3197)
Hoger secundair onderwijs	420	2.1961	0.8906	Geen diploma/lager onderwijs/lager
Hoger niet-univ. onderwijs	394	1.9729	0.7642	secundair onderwijs – hoger niet-
Universitair onderwijs	138	1.9958	0.8347	universitair onderwijs (0.3426) Hoger secundair onderwijs – hoger niet- universitair onderwijs (0.2231)

p<.0001

- Samenhang met 5.2 beroepssituatie moeder

Variabele	*Beroepssituatie (LLN5.2)*	*x̄*	*σ*	*p-waarde*
Responsiviteit moeder (LLN05_3A)	Werkend	4.5121	1.1278	0.0136 (pooled)
	Huisvrouw	4.3252	1.0902	
	Verschil	0.1869	1.1185	
Opvolging moeder (LLN05_4)	Werkend	4.9070	0.8477	0.0391 (pooled)
	Huisvrouw	4.7861	0.9125	
	Verschil	0.1208	0.8643	

Niet-traditioneel gezinsdenken (LLN07A)	Werkend Huisvrouw	4.5447 4.4119	0.7571 0.7893	0.0102 (pooled)
	Verschil	0.1328	0.7653	
Traditioneel gezinsdenken (LLN07B)	Werkend Huisvrouw	3.7745 3.9750	1.0468 1.0071	0.0042 (pooled)
	Verschil	-0.2010	1.0370	
Geloofsautonomie vader (LLN09_4A)	Werkend Huisvrouw	4.8667 4.6833	1.0220 1.1901	0.0202 (satterthwaite)
	Verschil	0.1834	1.0664	

- Samenhang met 8.1 aard godsdienstige opvoeding

Aard godsdienstige opvoeding (LLN8.1)		*Striktheid vader (LLN04_3C)*		
	N	$\bar{x}$	σ	*Variabelen met significant verschil*
Katholiek	681	3.3066	0.9857	Katholiek – religieloos (0.2671) Christelijk – religieloos (0.2480)
Christelijk	302	3.2875	0.9691	
Islamitisch	19	3.6315	0.9597	
Vrijzinnig, atheïstisch & zonder religie (religieloos)	162	3.0395	0.9359	

p=0.0054

Aard godsdienstige opvoeding (LLN8.1)		*Autonomie vader (LLN04_3B)*		
	N	$\bar{x}$	σ	*Variabelen met significant verschil*
Katholiek	360	3.9104	0.8979	Christelijk – islamitisch (-0.5732)
Christelijk	302	3.8126	0.8663	
Islamitisch	19	4.3859	1.1520	
Vrijzinnig, atheïstisch & zonder religie (religieloos)	162	4.0066	0.8905	

p=0.0128

Aard godsdienstige opvoeding (LLN8.1)		*Opvolging vader (LLN04_4)*		
	N	$\bar{x}$	σ	*Variabelen met significant verschil*
Katholiek	679	4.3591	0.9919	Katholiek – religieloos (0.2420) Christelijk – religieloos (0.2499)
Christelijk	302	4.3669	0.9553	
Islamitisch	19	4.0877	0.8057	
Vrijzinnig, atheïstisch & zonder religie (religieloos)	162	4.1170	1.0804	

p=0.0234

Aard godsdienstige opvoeding (LLN8.1)		*Opvolging moeder (LLN05_4)*		
	N	$\bar{x}$	σ	*Variabelen met significant verschil*
Katholiek	687	4.9205	0.8155	Katholiek – religieloos (0.2990)
Christelijk	305	4.9452	0.8041	Katholiek – islamitisch (0.6135)
Islamitisch	19	4.3070	1.2574	Christelijk – islamitisch (0.6382)
Vrijzinnig, atheïstisch & zonder religie (religieloos)	171	4.6214	1.0503	Christelijk – religieloos (0.3238)

p<.0001

Aard godsdienstige opvoeding (LLN8.1)		*Niet-traditioneel gezinsdenken (LLN07A)*		
	N	$\bar{x}$	σ	*Variabelen met significant verschil*
Katholiek	696	4.4869	0.7584	Katholiek – religieloos (-0.1853)
Christelijk	307	4.4995	0.7830	Katholiek – islamitisch (0.7895)
Islamitisch	19	3.6973	0.7398	Christelijk – islamitisch (0.80217)
Vrijzinnig, atheïstisch & zonder religie (religieloos)	171	4.6723	0.7547	Islamitisch – religieloos (-0.9749)

p<.0001

Aard godsdienstige opvoeding (LLN8.1)		*Traditioneel gezinsdenken (LLN07B)*		
	N	$\bar{x}$	σ	*Variabelen met significant verschil*
Katholiek	696	3.9379	1.0104	Katholiek – religieloos (0.7719)
Christelijk	307	3.9064	0.9737	Christelijk – religieloos (0.7404)
Islamitisch	19	4.4842	0.9895	Islamitisch – religieloos (1.3182)
Vrijzinnig, atheïstisch & zonder religie (religieloos)	171	3.1659	0.9946	

p<.0001

Aard godsdienstige opvoeding (LLN8.1)		*Tweede naïviteit (LLN12A)*		
	N	$\bar{x}$	σ	*Variabelen met significant verschil*
Katholiek	696	3.4338	0.9166	Geen significante verschillen
Christelijk	307	3.5554	0.9120	
Islamitisch	19	4.0905	0.8664	
Vrijzinnig, atheïstisch & zonder religie (religieloos)	171	2.9739	0.9019	

p<.0001

Aard godsdienstige opvoeding (LLN8.1)		*Externe kritiek (LLN12C)*		
	N	$\bar{x}$	σ	*Variabelen met significant verschil*
Katholiek	696	3.4358	0.8801	Katholiek – religieloos (-0.3889)
Christelijk	307	3.3493	0.8623	Christelijk – religieloos (-0.4754)
Islamitisch	19	3.0751	1.0631	Islamitisch – religieloos (-0.7496)
Vrijzinnig, atheïstisch & zonder religie (religieloos)	171	3.8240	0.9686	

p<.0001

Aard godsdienstige opvoeding (LLN8.1)		*Orthodoxie (LLN12D)*		
	N	$\bar{x}$	σ	*Variabelen met significant verschil*
Katholiek	696	2.1542	0.8523	Katholiek – islamitisch (-1.9313)
Christelijk	307	2.1705	0.7779	Katholiek – religieloos (0.4278)
Islamitisch	19	4.0855	1.1719	Christelijk – islamitisch (-1.9510)
Vrijzinnig, atheïstisch & zonder religie (religieloos)	171	1.7263	0.6986	Christelijk – religieloos (0.4441) Islamitisch – religieloos (2.3591)

p<.0001

Aard godsdienstige opvoeding (LLN8.1)		*Biografische leerkracht (LLN13A)*		
	N	$\bar{x}$	σ	*Variabelen met significant verschil*
Katholiek	696	4.4875	0.7971	Katholiek – islamitisch (0.5928)
Christelijk	307	4.5106	0.7798	Katholiek – religieloos (0.2211)
Islamitisch	19	3.8947	1.0529	Christelijk – islamitisch (0.6159)
Vrijzinnig, atheïstisch & zonder religie (religieloos)	171	4.2758	0.8078	Islamitisch – religieloos (0.2348)

p<.0001

Aard godsdienstige opvoeding (LLN8.1)		*Geloofsautonomie vader (LLN09_4A)*		
	N	$\bar{x}$	σ	*Variabelen met significant verschil*
Katholiek	680	4.7557	1.0711	Katholiek – religieloos (-0.4973)
Christelijk	301	4.8707	1.0222	Katholiek – islamitisch (1.1899)
Islamitisch	19	3.5657	1.2661	Christelijk – islamitisch (1.3049)
Vrijzinnig, atheïstisch & zonder religie (religieloos)	162	5.2530	0.8972	Christelijk – religieloos (-0.3823) Islamitisch – religieloos (-1.6873)

p<.0001

Aard godsdienstige opvoeding (LLN8.1)		*Geloofsbetrokkenheid vader (LLN09_4B)*		
	N	$\bar{x}$	σ	*Variabelen met significant verschil*
Katholiek	680	2.9029	1.3671	Christelijk – islamitisch (-1.7650)
Christelijk	301	2.9717	1.3428	Katholiek – islamitisch (-1.8339)
Islamitisch	19	4.7368	1.3679	Islamitisch – religieloos (1.6473)
Vrijzinnig, atheïstisch & zonder religie (religieloos)	162	3.0895	1.3751	

p<.0001

Aard godsdienstige opvoeding (LLN8.1)		*Geloofsautonomie moeder (LLN10_4A)*		
	N	$\bar{x}$	σ	*Variabelen met significant verschil*
Katholiek	687	4.7205	1.1123	Katholiek – islamitisch (0.9749)
Christelijk	306	4.7181	1.1077	Katholiek – religieloos (-0.5338)
Islamitisch	19	3.7456	1.2296	Christelijk – religieloos (-0.5362)
Vrijzinnig, atheïstisch & zonder religie (religieloos)	171	5.2543	0.9161	Islamitisch – religieloos (-1.5087) Christelijk – islamitisch (0.9725)

p<.0001

Aard godsdienstige opvoeding (LLN8.1)		*Geloofsbetrokkenheid moeder (LLN10_4B)*		
	N	$\bar{x}$	σ	*Variabelen met significant verschil*
Katholiek	687	3.5254	1.3626	Katholiek – islamitisch (-1.2903)
Christelijk	306	3.4558	1.2818	Christelijk – islamitisch (-1.3599)
Islamitisch	19	4.8157	1.1451	Islamitisch – religieloos (1.3216)
Vrijzinnig, atheïstisch & zonder religie (religieloos)	171	3.4941	1.4173	

p=0.0004

Aard godsdienstige opvoeding (LLN8.1)		*Klasdiscours (LLN14A)*		
	N	$\bar{x}$	σ	*Variabelen met significant verschil*
Katholiek	696	4.2049	0.9592	Katholiek – religieloos (0.2998)
Christelijk	306	4.2302	0.8673	Christelijk – religieloos (0.3250)
Islamitisch	19	3.9736	0.6890	
Vrijzinnig, atheïstisch & zonder religie (religieloos)	171	3.9051	0.9857	

p=0.0009

Aard godsdienstige opvoeding (LLN8.1)		*Hermeneutische verlamming (LLN15A)*		
	N	*x̄*	*σ*	*Variabelen met significant verschil*
Katholiek	696	3.6975	1.0517	Katholiek – religieloos (-0.4286)
Christelijk	306	3.6683	1.0017	Islamitisch – religieloos (-1.3630)
Islamitisch	19	2.7631	1.3881	Katholiek – islamitisch (0.9344)
Vrijzinnig, atheïstisch & zonder religie (religieloos)	171	4.1262	1.1273	Christelijk – religieloos (-0.4579) Christelijk – islamitisch (0.9051)

p<.0001

Aard godsdienstige opvoeding (LLN8.1)		*Hermeneutische competentie (LLN15B)*		
	N	*x̄*	*σ*	*Variabelen met significant verschil*
Katholiek	695	3.3031	1.0163	Katholiek – religieloos (0.5692)
Christelijk	306	3.4008	0.9787	Christelijk – religieloos (0.6669)
Islamitisch	19	3.2192	1.2298	
Vrijzinnig, atheïstisch & zonder religie (religieloos)	171	2.7339	1.1217	

p<.0001

Aard godsdienstige opvoeding (LLN8.1)		*Historische traditie (LLN17A)*		
	N	*x̄*	*σ*	*Variabelen met significant verschil*
Katholiek	695	2.9088	0.8825	Christelijk – religieloos (0.4996)
Christelijk	306	2.9275	0.8550	Islamitisch – religieloos (0.7037)
Islamitisch	19	3.1315	1.2919	Katholiek – religieloos (0.4810)
Vrijzinnig, atheïstisch & zonder religie (religieloos)	171	2.4278	0.9695	

p<.0001

Aard godsdienstige opvoeding (LLN8.1)		*Traditie-relevantie (LLN17B)*		
	N	*x̄*	*σ*	*Variabelen met significant verschil*
Katholiek	695	3.5368	0.8624	Christelijk – religieloos (0.5493)
Christelijk	306	3.6102	0.9026	Katholiek – religieloos (0.4758)
Islamitisch	19	3.2894	0.9691	
Vrijzinnig, atheïstisch & zonder religie (religieloos)	171	3.0609	0.9460	

p<.0001

Aard godsdienstige opvoeding (LLN8.1)		*Communicatieve betrokkenheid (LLN18A)*		
	N	*x̄*	*σ*	*Variabelen met significant verschil*
Katholiek	969	3.4318	0.9036	Christelijk – religieloos (0.4284)
Christelijk	306	3.4760	0.8244	Katholiek – religieloos (0.3843)
Islamitisch	18	3.0138	1.1096	
Vrijzinnig, atheïstisch & zonder religie (religieloos)	170	3.0475	0.9136	

p<.0001

Aard godsdienstige opvoeding (LLN8.1)	*Gezinssituatie (LLN03_5)*		
	Gehuwd	*Gescheiden*	Totaal
Katholiek	579 *86,94%*	87 *13,06%*	666
Christelijk	250 *85,62%*	42 *14,38%*	292
Islamitisch	18 *94,74%*	1 *5,26%*	19
Vrijzinnig, atheïstisch & zonder religie (religieloos)	120 *74,53%*	41 *25,47%*	161
Totaal	967	171	1138

Chi-Square=17.2653 p=0.0006

- Samenhang met 8.2 eigen geloof

Eigen geloof (LLN8.2)		*Responsiviteit moeder (LLN05_3A)*		
	N	*x̄*	*σ*	*Variabelen met significant verschil*
Ja	308	4.6402	1.0649	Ja – neen (0.3838)
Neen	461	4.2563	1.1556	Neen – ik twijfel (-0.2767)
Ik twijfel	440	4.5331	1.0890	

p<.0001

Eigen geloof (LLN8.2)		*Opvolging vader (LLN04_4)*		
	N	*x̄*	*σ*	*Variabelen met significant verschil*
Ja	305	4.4397	1.0115	Ja – neen (0.2639)
Neen	452	4.1758	1.0061	Neen – ik twijfel (-0.1723)
Ik twijfel	430	4.3481	0.9950	

p=0.0011

Eigen geloof (LLN8.2)		*Opvolging moeder (LLN05_4)*		
	N	*x̄*	*σ*	*Variabelen met significant verschil*
Ja	308	5.0480	0.7923	Ja – neen (0.3511)
Neen	460	4.6968	0.9192	Neen – ik twijfel (-0.2249)
Ik twijfel	440	4.9218	0.8517	

p<.0001

Eigen geloof (LLN8.2)		*Cohesie (LLN06B)*		
	N	$\bar{x}$	σ	*Variabelen met significant verschil*
Ja	307	4.2612	1.0374	Ja – neen (0.3719)
Neen	459	3.8893	1.0327	Neen – ik twijfel (-0.2616)
Ik twijfel	440	4.1509	0.9965	

p<.0001

Eigen geloof (LLN8.2)		*Niet-traditioneel gezinsdenken (LLN07A)*		
	N	$\bar{x}$	σ	*Variabelen met significant verschil*
Ja	311	4.4016	0.8003	Ja – neen (-0.1551)
Neen	464	4.5568	0.7794	
Ik twijfel	444	4.5312	0.7472	

p=0.0174

Eigen geloof (LLN8.2)		*Traditioneel gezinsdenken (LLN07B)*		
	N	$\bar{x}$	σ	*Variabelen met significant verschil*
Ja	311	4.2460	0.9329	Ja – neen (0.8481)
Neen	464	3.3979	1.0302	Ja – ik twijfel (0.2927)
Ik twijfel	444	3.9533	0.9588	Neen – ik twijfel (0.5553)

p<.0001

Eigen geloof (LLN8.2)		*Tweede naïviteit (LLN12A)*		
	N	$\bar{x}$	σ	*Variabelen met significant verschil*
Ja	311	3.9725	0.7891	Ja – neen (1.0799)
Neen	464	2.8926	0.8917	Ja – ik twijfel (0.4400)
Ik twijfel	444	3.5325	0.7945	Neen – ik twijfel (-0.6399)

p<.0001

Eigen geloof (LLN8.2)		*Relativisme (LLN12B)*		
	N	$\bar{x}$	σ	*Variabelen met significant verschil*
Ja	311	3.8537	0.6327	Ja – neen (0.4279)
Neen	464	3.4257	0.8604	Ja – ik twijfel (0.2032)
Ik twijfel	444	3.6505	0.7391	Neen – ik twijfel (-0.2247)

p<.0001

Eigen geloof (LLN8.2)		*Externe kritiek (LLN12C)*		
	N	$\bar{x}$	σ	*Variabelen met significant verschil*
Ja	311	2.9648	0.8290	Ja – neen (-0.8259)
Neen	464	3.7907	0.9337	Ja – ik twijfel (-0.4797)
Ik twijfel	444	3.4445	0.7709	Neen – ik twijfel (0.3461)

p<.0001

Eigen geloof (LLN8.2)		*Orthodoxie (LLN12D)*		
	N	$\bar{x}$	σ	*Variabelen met significant verschil*
Ja	311	2.6563	0.9340	Ja – neen (0.9004)
Neen	464	1.7558	0.7042	Ja – ik twijfel (0.5287)
Ik twijfel	444	2.1276	0.7581	Neen – ik twijfel (-0.3717)

p<.0001

Eigen geloof (LLN8.2)		*Biografische leerkracht (LLN13A)*		
	N	$\bar{x}$	σ	*Variabelen met significant verschil*
Ja	311	4.5129	0.8055	Ja – neen (0.1574)
Neen	464	4.3555	0.8544	Neen – ik twijfel (-0.1410)
Ik twijfel	444	4.4965	0.7577	

p=0.0080

Eigen geloof (LLN8.2)		*Dogmatische leerkracht (LLN13B)*		
	N	$\bar{x}$	σ	*Variabelen met significant verschil*
Ja	311	2.5064	1.0371	Neen – ik twijfel (0.3065)
Neen	464	2.7442	1.1916	Ja – neen (-0.2378)
Ik twijfel	444	2.4376	1.0369	

p<.0001

Eigen geloof (LLN8.2)		*Geloofsautonomie vader (LLN09_4A)*		
	N	$\bar{x}$	σ	*Variabelen met significant verschil*
Ja	305	4.4863	1.1120	Ja – neen (-0.6372)
Neen	451	5.1236	0.9675	Ja – ik twijfel (-0.2833)
Ik twijfel	431	4.7697	1.0577	Neen – ik twijfel (0.3538)

p<.0001

Eigen geloof (LLN8.2)		*Geloofsbetrokkenheid vader (LLN09_4B)*		
	N	$\bar{x}$	σ	*Variabelen met significant verschil*
Ja	305	3.1524	1.4173	Ja – ik twijfel (0.2997)
Neen	451	2.9501	1.3885	
Ik twijfel	431	2.8526	1.3210	

p=0.0135

Eigen geloof (LLN8.2)		*Geloofsautonomie moeder (LLN10_4A)*		
	N	$\bar{x}$	σ	*Variabelen met significant verschil*
Ja	308	4.5010	1.1257	Ja – neen (-0.5460)
Neen	462	5.0470	1.0055	Neen – ik twijfel (0.3623)
Ik twijfel	439	4.6847	1.1610	

p<.0001

Eigen geloof (LLN8.2)		*Geloofsbetrokkenheid moeder (LLN10_4B)*		
	N	*x̄*	*σ*	*Variabelen met significant verschil*
Ja	308	3.8116	1.2698	Ja – neen (0.4090)
Neen	462	3.4025	1.4154	Ja – ik twijfel (0.3652)
Ik twijfel	439	3.4464	1.3297	

p<.0001

Eigen geloof (LLN8.2)		*Klasdiscours (LLN14A)*		
	N	*x̄*	*σ*	*Variabelen met significant verschil*
Ja	311	4.37687	0.8518	Ja – neen (0.4655)
Neen	463	3.9113	0.9962	Neen – ik twijfel (0.3366)
Ik twijfel	444	4.2479	0.9036	

p<.0001

Eigen geloof (LLN8.2)		*Hermeneutische verlamming (LLN15A)*		
	N	*x̄*	*σ*	*Variabelen met significant verschil*
Ja	311	3.0763	0.9020	Ja – neen (-1.1531)
Neen	463	4.2294	1.0615	Neen – ik twijfel (0.5800)
Ik twijfel	444	3.6493	0.9077	Ja – ik twijfel (-0.5730)

p<.0001

Eigen geloof (LLN8.2)		*Hermeneutische competentie (LLN15B)*		
	N	*x̄*	*σ*	*Variabelen met significant verschil*
Ja	310	3.5639	0.9336	Ja – neen (0.6348)
Neen	463	2.9290	1.1024	Ja – ik twijfel (0.2404)
Ik twijfel	444	3.3235	0.9740	Neen – ik twijfel (-0.3944)

p<.0001

Eigen geloof (LLN8.2)		*Historische traditie (LLN17A)*		
	N	*x̄*	*σ*	*Variabelen met significant verschil*
Ja	310	3.1561	0.9093	Ja – neen (0.5791)
Neen	464	2.5770	0.9405	Ja – ik twijfel (0.2726)
Ik twijfel	443	2.8835	0.8074	Neen – ik twijfel (-0.3065)

p<.0001

Eigen geloof (LLN8.2)		*Traditie-relevantie (LLN17B)*		
	N	*x̄*	*σ*	*Variabelen met significant verschil*
Ja	310	3.7284	0.7791	Ja – neen (0.5797)
Neen	464	3.1487	0.9555	Neen – ik twijfel (-0.4667)
Ik twijfel	443	3.6155	0.8401	

p<.0001

Eigen geloof (LLN8.2)		*Communicatieve betrokkenheid (LLN18A)*		
	N	$\bar{x}$	σ	*Variabelen met significant verschil*
Ja	309	3.5787	0.8780	Ja – neen (0.4711)
Neen	463	3.1076	0.8951	Neen – ik twijfel (-0.4090)
Ik twijfel	444	3.5167	0.8555	

p<.0001

Eigen geloof (LLN8.2)		*Communicatieve openheid (LLN18B)*		
	N	$\bar{x}$	σ	*Variabelen met significant verschil*
Ja	309	4.4977	0.8634	Ja – neen (0.2193)
Neen	463	4.2784	0.9522	Neen – ik twijfel (-0.2205)
Ik twijfel	444	4.4989	0.8223	

p=0.0001

Eigen geloof (LLN8.2)		*Pluralisme (LLN192A)*		
	N	$\bar{x}$	σ	*Variabelen met significant verschil*
Ja	309	3.9090	0.6708	Ja – neen (0.4122)
Neen	463	3.4968	0.8226	Neen – ik twijfel (-0.3009)
Ik twijfel	443	3.7978	0.7409	

p<.0001

Eigen geloof (LLN8.2)		*(Exclusivisme) inclusivisme (LLN192B)*		
	N	$\bar{x}$	σ	*Variabelen met significant verschil*
Ja	309	3.2872	0.8218	Ja – neen (0.7634)
Neen	463	2.5237	0.9827	Ja – ik twijfel (0.2603)
Ik twijfel	443	3.0268	0.8596	Neen – ik twijfel (-0.5031)

p<.0001

Eigen geloof (LLN8.2)		*Negatieve gevoelens t.o.v. andersgelovigen (LLN20A)*		
	N	$\bar{x}$	σ	*Variabelen met significant verschil*
Ja	290	1.9808	1.0338	Neen – ik twijfel (-0.1679)
Neen	447	1.8267	0.9941	
Ik twijfel	432	1.9946	0.9740	

p=0.0255

Eigen geloof (LLN8.2)		*Positieve gevoelens t.o.v. andersgelovigen (LLN20B)*		
	N	$\bar{x}$	σ	*Variabelen met significant verschil*
Ja	290	3.9230	1.1575	Ja – neen (0.5074)
Neen	446	3.4155	1.3001	Ja – ik twijfel (0.2197)
Ik twijfel	433	3.7033	1.1898	Neen – ik twijfel (-0.2877)

p<.0001

Eigen geloof (LLN8.2)		*IRL-minded (LLN22A)*		
	N	$\bar{x}$	σ	*Variabelen met significant verschil*
Ja	306	3.7251	0.9980	Ja – neen (0.4621)
Neen	461	3.2629	1.0680	Neen – ik twijfel (-0.3528)
Ik twijfel	443	3.6158	0.9932	

p<.0001

Eigen geloof (LLN8.2)	*Aard godsdienstige opvoeding (LLN8.1)*				
	Katholiek	*Christelijk*	*Islamitisch*	*Religieloos*	Totaal
Ja	177 *59,20%*	95 *31,77%*	18 *6,02%*	9 *3,01%*	299
Neen	232 *50.99%*	90 *19.78%*	0 *0,00%*	133 *29,23%*	455
Ik twijfel	284 *65,44%*	120 *27.65%*	1 *0,23%*	29 *6,68%*	434
Totaal	693	305	19	171	1188

Chi-Square=182.4837 p<.0001

- Samenhang met 8.3 belang van levensbeschouwing

	Belang van levensbeschouwing (LLN8.3)
Responsiviteit vader (LLN04_3A)	0.06334*
Responsiviteit moeder (LLN05_3A)	0.07904**
Autonomie vader (LLN04_3B)	0.12360***
Striktheid vader (LLN04_3C)	
Autonomie moeder (LLN05_3B)	0.06993*
Striktheid moeder (LLN05_3C)	
Opvolging vader (LLN04_4)	0.06443*
Opvolging moeder (LLN05_4)	0.10190**
Cohesie (LLN06B)	0.12661***
Traditioneel gezinsdenken (LLN07B)	0.22569***
Geloofsautonomie vader (LLN09_4A)	-0.15143***
Geloofsautonomie moeder (LLN10_4A)	-0.12024***
Geloofsbetrokkenheid vader (LLN09_4B)	0.10207**
Geloofsbetrokkenheid moeder (LLN10_4B)	0.10407**
Tweede naïviteit (LLN12A)	0.45730***
Relativisme (LLN12B)	0.27446***
Externe kritiek (LLN12C)	-0.28732***
Orthodoxie (LLN12D)	0.36226***
Biografische leerkracht (LLN13A)	0.07339*
Dogmatische leerkracht (LLN13B)	-0.09858**
Klasdiscours (LLN14A)	0.21972***
Hermeneutische verlamming (LLN15A)	-0.41956***

Hermeneutische competentie (LLN15B)	0.28793***
Historische traditie (LLN17A)	0.25437***
Traditie-relevantie (LLN17B)	0.26788***
Communicatieve betrokkenheid (LLN18A)	0.21611***
Communicatieve openheid (LLN18B)	0.11012**
Pluralisme (LLN192A)	0.30611***
(Exclusivisme) inclusivisme (LLN192B)	0.26869***
Positieve gevoelens t.o.v. andersgelovigen (LLN20B)	0.26570***
IRL-minded (LLN22A)	0.30538***

Significantie: p < 0.0001 =*** ; p < 0.01 =** ; p < 0.05 =*

Aard godsdienstige opvoeding (LLN8.1)		*Belang van levensbeschouwing (LLN8.3)*		
	N	$\bar{x}$	σ	*Variabelen met significant verschil*
Katholiek	682	3.1950	1.2564	Islamitisch – religieloos (2.7536)
Christelijk	304	3.3026	1.1549	Katholiek – islamitisch (-2.1207)
Islamitisch	19	5.3157	1.1572	Christelijk – religieloos (0.7405)
Vrijzinnig, atheïstisch & zonder religie (religieloos)	169	2.5621	1.3083	Christelijk – islamitisch (-2.0131) Katholiek – religieloos (0.6328)

p<.0001

Eigen geloof (LLN8.2)		*Belang van levensbeschouwing (LLN8.3)*		
	N	$\bar{x}$	σ	*Variabelen met significant verschil*
Ja	302	4.2450	0.9947	Ja – neen (1.9138)
Neen	459	2.3311	1.1404	Ja – ik twijfel (0.9048)
Ik twijfel	438	3.3401	0.9946	Neen – ik twijfel (-1.0090)

p<.0001

- Samenhang met 8.4 religieuze praktijk

Religieuze praktijk (LLN8.4)		*Striktheid moeder (LLN05_3C)*		
	N	$\bar{x}$	σ	*Variabelen met significant verschil*
Nooit	435	3.4366	0.9725	Nooit – maandelijks/meerdere keren per maand/wekelijks (-0.3073)
Zelden	610	3.4799	0.9283	Zelden – maandelijks/meerdere keren per maand/wekelijks (-0.2641)
Maandelijks/meerdere keren per maand/wekelijks	168	3.7440	0.9456	

p=0.0013

Religieuze praktijk (LLN8.4)		*Opvolging vader (LLN04_4)*		
	N	$\bar{x}$	σ	*Variabelen met significant verschil*
Nooit	421	4.1562	1.0586	Nooit – maandelijks/meerdere keren per maand/wekelijks (-0.2528)
Zelden	601	4.3866	0.9792	Nooit – zelden (-0.2304)
Maandelijks/meerdere keren per maand/wekelijks	169	4.4090	0.9362	

p=0.0006

Religieuze praktijk (LLN8.4)		*Opvolging moeder (LLN05_4)*		
	N	$\bar{x}$	σ	*Variabelen met significant verschil*
Nooit	434	4.7642	0.9241	Nooit – zelden (-0.1645)
Zelden	610	4.9287	0.8365	
Maandelijks/meerdere keren per maand/wekelijks	168	4.9240	0.8541	

p=0.0075

Religieuze praktijk (LLN8.4)		*Cohesie (LLN06B)*		
	N	$\bar{x}$	σ	*Variabelen met significant verschil*
Nooit	432	3.9599	1.0108	Nooit – maandelijks/meerdere keren per maand/wekelijks (-0.2476)
Zelden	601	4.1300	1.0254	Nooit – zelden (-0.1701)
Maandelijks/meerdere keren per maand/wekelijks	168	4.2076	1.0751	

p=0.0071

Religieuze praktijk (LLN8.4)		*Niet-traditioneel gezinsdenken (LLN07A)*		
	N	$\bar{x}$	σ	*Variabelen met significant verschil*
Nooit	438	4.5400	0.7720	Nooit – maandelijks/meerdere keren per maand/wekelijks (0.1746)
Zelden	615	4.5220	0.7682	
Maandelijks/meerdere keren per maand/wekelijks	170	4.3654	0.7881	

p=0.0346

Religieuze praktijk (LLN8.4)		*Traditioneel gezindenken (LLN07B)*		
	N	$\bar{x}$	σ	*Variabelen met significant verschil*
Nooit	483	3.4849	1.0521	Nooit – maandelijks/meerdere keren per maand/wekelijks (-0.9003)
Zelden	615	3.9014	0.9947	Zelden – maandelijks/meerdere keren per maand/wekelijks (-0.4838)
Maandelijks/meerdere keren per maand/wekelijks	170	4.3852	0.8530	Nooit – zelden (-0.4164)

p<.0001

Religieuze praktijk (LLN8.4)		*Tweede naïviteit (LLN12A)*		
	N	$\bar{x}$	σ	*Variabelen met significant verschil*
Nooit	438	3.1216	0.9324	Nooit – maandelijks/meerdere keren per maand/wekelijks (-0.8490)
Zelden	615	3.4470	0.9031	Nooit – zelden (-0.3254)
Maandelijks/meerdere keren per maand/wekelijks	170	3.9707	0.7787	Zelden – maandelijks/meerdere keren per maand/wekelijks (-0.5236)

p<.0001

Religieuze praktijk (LLN8.4)		*Relativisme (LLN12B)*		
	N	*x̄*	*σ*	*Variabelen met significant verschil*
Nooit	438	3.5280	0.8011	Nooit – maandelijks/meerdere keren per maand/wekelijks (-0.3831)
Zelden	615	3.6023	0.7857	
Maandelijks/meerdere keren per maand/wekelijks	170	3.9112	0.6342	Zelden – maandelijks/meerdere keren per maand/wekelijks (-0.3088)

p<.0001

Religieuze praktijk (LLN8.4)		*Externe kritiek (LLN12C)*		
	N	*x̄*	*σ*	*Variabelen met significant verschil*
Nooit	438	3.7049	0.9406	Nooit – Maandelijks/meerdere keren per maand/wekelijks (0.6617)
Zelden	615	3.3869	0.8407	
Maandelijks/meerdere keren per maand/wekelijks	170	3.0431	0.8873	Nooit – zelden (0.3179) Zelden – maandelijks/meerdere keren per maand/wekelijks (0.3437)

p<.0001

Religieuze praktijk (LLN8.4)		*Orthodoxie (LLN12D)*		
	N	*x̄*	*σ*	*Variabelen met significant verschil*
Nooit	438	1.8870	0.7869	Nooit – maandelijks/meerdere keren per maand/wekelijks (-0.7031)
Zelden	615	2.1707	0.8321	
Maandelijks/meerdere keren per maand/wekelijks	170	2.5902	0.9752	Nooit – zelden (-0.2836) Zelden – maandelijks/meerdere keren per maand/wekelijks (-0.4194)

p<.0001

Religieuze praktijk (LLN8.4)		*Biografische leerkracht (LLN13A)*	
	N	*x̄*	*Variabelen met significant verschil*
Nooit	438	4.3643	Geen significante verschillen
Zelden	615	4.4802	
Maandelijks/meerdere keren per maand/wekelijks	170	4.5331	

p=0.0231

Religieuze praktijk (LLN8.4)		*Dogmatische leerkracht (LLN13B)*		
	N	*x̄*	*σ*	*Variabelen met significant verschil*
Nooit	438	2.7241	1.1846	Nooit – zelden (0.2374)
Zelden	615	2.4867	1.0534	
Maandelijks/meerdere keren per maand/wekelijks	170	2.5196	1.0720	

p=0.0022

Religieuze praktijk (LLN8.4)	*Geloofsautonomie vader (LLN09_4A)*			
	N	*x̄*	*σ*	*Variabelen met significant verschil*
Nooit	419	5.1670	0.9085	Nooit – maandelijks/meerdere keren per maand/wekelijks (1.0797)
Zelden	603	4.8105	0.9866	Nooit – zelden (0.3565)
Maandelijks/meerdere keren per maand/wekelijks	169	4.0872	1.2839	Zelden – maandelijks/meerdere keren per maand/wekelijks (-0.3565)

p<.0001

Religieuze praktijk (LLN8.4)	*Geloofsbetrokkenheid vader (LLN09_4B)*			
	N	*x̄*	*σ*	*Variabelen met significant verschil*
Nooit	419	2.9057	1.3332	Nooit – maandelijks/meerdere keren per maand/wekelijks (-0.4078)
Zelden	603	2.9112	1.3743	Zelden – maandelijks/meerdere keren per maand/wekelijks (-0.4023)
Maandelijks/meerdere keren per maand/wekelijks	169	3.3136	1.4564	

p=0.0019

Religieuze praktijk (LLN8.4)	*Geloofsautonomie moeder (LLN10_4A)*			
	N	*x̄*	*σ*	*Variabelen met significant verschil*
Nooit	435	5.0988	0.9888	Nooit – maandelijks/meerdere keren per maand/wekelijks (0.9961)
Zelden	610	4.7367	1.0676	Nooit – zelden (0.3621)
Maandelijks/meerdere keren per maand/wekelijks	168	4.1026	1.2562	Zelden – maandelijks/meerdere keren per maand/wekelijks (0.6340)

p<.0001

Religieuze praktijk (LLN8.4)	*Geloofsbetrokkenheid moeder (LLN10_4B)*			
	N	*x̄*	*σ*	*Variabelen met significant verschil*
Nooit	435	3.5264	1.3724	Zelden – maandelijks/meerdere keren per maand/wekelijks (-0.2947)
Zelden	610	3.4581	1.3428	
Maandelijks/meerdere keren per maand/wekelijks	168	3.7529	1.3646	

p=0.0449

Religieuze praktijk (LLN8.4)	*Klasdiscours (LLN14A)*			
	N	*x̄*	*σ*	*Variabelen met significant verschil*
Nooit	438	3.9863	0.9813	Nooit – maandelijks/meerdere keren per maand/wekelijks (-0.3554)
Zelden	614	4.2152	0.9306	Nooit – zelden (-0.2289)
Maandelijks/meerdere keren per maand/wekelijks	170	4.3418	0.8442	

p<.0001

Religieuze praktijk (LLN8.4)	*Hermeneutische verlamming (LLN15A)*			
	N	*x̄*	*σ*	*Variabelen met significant verschil*
Nooit	438	4.0504	1.1069	Nooit – maandelijks/meerdere keren per maand/wekelijks (0.9499) Nooit – zelden (0.3876) Zelden – maandelijks/meerdere keren per maand/wekelijks (0.5622)
Zelden	614	3.6627	0.9819	
Maandelijks/meerdere keren per maand/wekelijks	170	3.1004	0.9750	

p<.0001

Religieuze praktijk (LLN8.4)	*Hermeneutische competentie (LLN15B)*			
	N	*x̄*	*σ*	*Variabelen met significant verschil*
Nooit	437	2.9790	1.0936	Nooit – maandelijks/meerdere keren per maand/wekelijks (-0.5278) Nooit – zelden (-0.3684)
Zelden	614	3.3474	1.0000	
Maandelijks/meerdere keren per maand/wekelijks	170	3.5068	0.9484	

p<.0001

Religieuze praktijk (LLN8.4)	*Historische traditie (LLN17A)*			
	N	*x̄*	*σ*	*Variabelen met significant verschil*
Nooit	438	2.6666	0.9384	Nooit – maandelijks/meerdere keren per maand/wekelijks (-0.5241) Nooit – zelden (-0.1950) Zelden – Maandelijks/meerdere keren per maand/wekelijks (-0.3291)
Zelden	614	2.8616	0.8879	
Maandelijks/meerdere keren per maand/wekelijks	169	3.1908	0.8324	

p<.0001

Religieuze praktijk (LLN8.4)	*Traditie-relevantie (LLN17B)*			
	N	*x̄*	*σ*	*Variabelen met significant verschil*
Nooit	438	3.2576	0.9184	Nooit – maandelijks/meerdere keren per maand/wekelijks (-0.5421) Nooit – zelden (-0.2656) Zelden – Maandelijks/meerdere keren per maand/wekelijks (-0.2765)
Zelden	614	3.5232	0.8983	
Maandelijks/meerdere keren per maand/wekelijks	169	3.7998	0.7611	

p<.0001

Religieuze praktijk (LLN8.4)	*Communicatieve betrokkenheid (LLN18A)*			
	N	*x̄*	*σ*	*Variabelen met significant verschil*
Nooit	437	3.2053	0.9236	Nooit – maandelijks/meerdere keren per maand/wekelijks (-0.4166) Nooit – zelden (-0.2272) Zelden – maandelijks/meerdere keren per maand/wekelijks (-0.1893)
Zelden	615	3.4326	0.8702	
Maandelijks/meerdere keren per maand/wekelijks	168	3.6220	0.8673	

p<.0001

Religieuze praktijk (LLN8.4)		*Pluralisme (LLN192A)*		
	N	$\bar{x}$	σ	*Variabelen met significant verschil*
Nooit	437	3.5678	0.8082	Nooit – maandelijks/meerdere keren per maand/wekelijks (-0.3822)
Zelden	614	3.7496	0.7578	Nooit – zelden (-0.1818)
Maandelijks/meerdere keren per maand/wekelijks	168	3.9501	0.6724	Zelden – maandelijks/meerdere keren per maand/wekelijks (-0.2004)

p<.0001

Religieuze praktijk (LLN8.4)		*(Exclusivisme) inclusivisme (LLN192B)*		
	N	$\bar{x}$	σ	*Variabelen met significant verschil*
Nooit	437	2.6493	0.9413	Nooit – maandelijks/meerdere keren per maand/wekelijks (-0.7589)
Zelden	614	2.9537	0.9310	Nooit – zelden (-0.3044)
Maandelijks/meerdere keren per maand/wekelijks	168	3.4082	0.8522	Zelden – maandelijks/meerdere keren per maand/wekelijks (-0.4545)

p<.0001

Religieuze praktijk (LLN8.4)		*Belang van levensbeschouwing (LLN8.3)*		
	N	$\bar{x}$	σ	*Variabelen met significant verschil*
Nooit	433	2.6743	1.3480	Nooit – maandelijks/meerdere keren per maand/wekelijks (-1.4873)
Zelden	603	3.2636	1.1110	Nooit – zelden (-0.5893)
Maandelijks/meerdere keren per maand/wekelijks	167	4.1616	1.1317	Zelden – maandelijks/meerdere keren per maand/wekelijks (-0.8980)

p<.0001

Religieuze praktijk (LLN8.4)	*Gezinssituatie (LLN3.5)*		
	Gehuwd	*Gescheiden*	Totaal
Nooit	334 *80,68%*	80 *19,32%*	414
Zelden	505 *86,03%*	82 *13,97%*	587
Maandelijks/meerdere keren per maand/wekelijks	149 *90,85%*	15 *9,15%*	164
Totaal	988	177	1165

Chi Square=10.8181 p=0.0045

Religieuze praktijk (LLN8.4)	*Aard godsdienstige opvoeding (LLN8.1)*				
	Katholiek	*Christelijk*	*Islamitisch*	*Religieloos*	Totaal
Nooit	218 *51,17%*	78 *18,31%*	1 *0,23%*	129 *30,28%*	426
Zelden	371 *62,14%*	184 *30,82%*	3 *0,50%*	39 *6,53%*	597
Maandelijks/meerdere keren per maand/wekelijks	107 *63,31%*	44 *26,04%*	15 *8,88%*	3 *1,78%*	169
Totaal	696	306	19	171	1192

Chi-Square=206.1608 p<.0001

Religieuze praktijk (LLN8.4)	*Eigen geloof (LLN8.2)*			
	Ja	*Neen*	*Ik twijfel*	Totaal
Nooit	56 *12,81%*	267 *61,10%*	114 *26,09%*	437
Zelden	153 *24,88%*	183 *29,76%*	279 *45,37%*	615
Maandelijks/meerdere keren per maand/wekelijks	101 *60,84%*	14 *8,43%*	51 *30,72%*	166
Totaal	310	464	444	1218

Chi-Square=247.2367 p<.0001

- Samenhang met 8.5 bidden

Bidden (LLN8.5)		*Striktheid vader (LLN04_3C)*		
	N	$\bar{x}$	σ	*Variabelen met significant verschil*
Nooit	402	3.2512	0.9591	Zelden – regelmatig/dagelijks (-0.2723)
Zelden	402	3.1869	0.9597	
Soms	253	3.2916	1.0156	
Regelmatig/dagelijks	135	3.4592	1.0189	

p=0.0438

Bidden (LLN8.5)		*Responsiviteit moeder (LLN05_3A)*		
	N	$\bar{x}$	σ	*Variabelen met significant verschil*
Nooit	411	4.2928	1.1289	Nooit – soms (-0.3452) Nooit – regelmatig/dagelijks (-0.2890)
Zelden	408	4.4713	1.1228	
Soms	257	4.6380	1.0728	
Regelmatig/dagelijks	136	4.5819	1.1048	

p=0.0006

Bidden (LLN8.5)		*Opvolging moeder (LLN05_4)*		
	N	$\bar{x}$	σ	*Variabelen met significant verschil*
Nooit	410	4.7350	0.8751	Nooit – zelden (-0.3063)
Zelden	408	4.8869	0.8891	
Soms	257	5.0413	0.7494	
Regelmatig/dagelijks	136	4.9002	0.9841	

p=0.0002

Bidden (LLN8.5)		*Conflict (LLN06A)*		
	N	$\bar{x}$	σ	*Variabelen met significant verschil*
Nooit	408	2.7737	1.0804	Zelden – regelmatig/dagelijks
Zelden	411	2.7338	0.9962	(-0.2827)
Soms	256	2.8372	1.0454	
Regelmatig/dagelijks	136	3.0166	1.1337	

p=0.0470

Bidden (LLN8.5)		*Cohesie (LLN06B)*		
	N	$\bar{x}$	σ	*Variabelen met significant verschil*
Nooit	407	3.9130	1.0493	Nooit – soms (-0.4130)
Zelden	411	4.1081	0.9554	Nooit – zelden (-0.1951)
Soms	255	4.3260	0.9692	Soms – regelmatig/dagelijks (0.2828)
Regelmatig/dagelijks	136	4.0432	1.2050	Zelden – soms (-0.2178)

p<.0001

Bidden (LLN8.5)		*Traditioneel gezinsdenken (LLN07B)*		
	N	$\bar{x}$	σ	*Variabelen met significant verschil*
Nooit	414	3.4417	1.0764	Nooit – zelden (-0.4462)
Zelden	414	3.8880	0.9641	Nooit – regelmatig/dagelijks (-0.7289)
Soms	258	4.1307	0.9280	Nooit – soms (-0.6890)
Regelmatig/dagelijks	136	4.1707	0.9993	Zelden – regelmatig/dagelijks (-0.2827)
				Zelden – soms (-0.2427)

p<.0001

Bidden (LLN8.5)		*Tweede naïviteit (LLN12A)*		
	N	$\bar{x}$	σ	*Variabelen met significant verschil*
Nooit	414	2.9587	0.9246	Nooit – zelden (-0.4594)
Zelden	414	3.4181	0.8477	Nooit – regelmatig/dagelijks (-1.1125)
Soms	258	3.7486	0.7850	Nooit – soms (-0.7899)
Regelmatig/dagelijks	136	4.0712	0.8351	Soms – regelmatig/dagelijks (-0.3225)
				Zelden – soms (-0.3304)

p<.0001

Bidden (LLN8.5)		*Relativisme (LLN12B)*		
	N	*x̄*	*σ*	*Variabelen met significant verschil*
Nooit	414	3.4629	0.8722	Nooit – regelmatig/dagelijks (-0.4186)
Zelden	414	3.5913	0.7519	zelden – soms (-0.1827)
Soms	258	3.7740	0.6504	Nooit – soms (-0.3111)
Regelmatig/dagelijks	136	3.8815	0.6859	Zelden – regelmatig/dagelijks (-0.2902)

p<.0001

Bidden (LLN8.5)		*Externe kritiek (LLN12C)*		
	N	*x̄*	*σ*	*Variabelen met significant verschil*
Nooit	414	3.7483	0.9666	Nooit – regelmatig/dagelijks (0.8010)
Zelden	414	3.4067	0.8262	Nooit – zelden (0.3416)
Soms	258	3.3194	0.7783	Nooit – soms (0.4288)
Regelmatig/dagelijks	136	2.9473	0.9141	Zelden – regelmatig/dagelijks (0.4594)
				Soms – regelmatig/dagelijks (0.3721)

p<.0001

Bidden (LLN8.5)		*Orthodoxie (LLN12D)*		
	N	*x̄*	*σ*	*Variabelen met significant verschil*
Nooit	414	1.7886	0.7570	Nooit – soms (-0.6314)
Zelden	414	2.1052	0.7745	Nooit – zelden (-0.3166)
Soms	258	2.4200	0.8581	Nooit – regelmatig/dagelijks (-0.8532)
Regelmatig/dagelijks	136	2.6419	0.9910	Zelden – soms (-0.3148)
				Zelden – regelmatig/dagelijks (-0.5366)
				Soms – regelmatig/dagelijks (-0.2218)

p<.0001

Bidden (LLN8.5)		*Dogmatische leerkracht (LLN13B)*		
	N	*x̄*	*σ*	*Variabelen met significant verschil*
Nooit	414	2.7085	1.1879	Nooit – zelden (0.1988)
Zelden	414	2.5096	1.0638	
Soms	258	2.5284	1.0777	
Regelmatig/dagelijks	136	2.4522	1.0275	

p=0.0226

Bidden (LLN8.5)		*Geloofsautonomie vader (LLN09_4A)*		
	N	*x̄*	*σ*	*Variabelen met significant verschil*
Nooit	401	5.0160	1.0079	Nooit – regelmatig/dagelijks (0.5098)
Zelden	401	4.8403	1.0950	Nooit – soms (0.3065)
Soms	253	4.7094	1.0370	Zelden – regelmatig/dagelijks (0.3342)
Regelmatig/dagelijks	135	4.5061	1.1011	

p<.0001

Bidden (LLN8.5)		*Geloofsautonomie moeder (LLN10_4A)*		
	N	*x̄*	*σ*	*Variabelen met significant verschil*
Nooit	412	4.9350	1.0779	Nooit – regelmatig/dagelijks (0.4019)
Zelden	407	4.8114	1.1131	Nooit – soms (0.3225)
Soms	257	4.6125	1.0907	
Regelmatig/dagelijks	136	4.5330	1.1889	

p=0.0001

Bidden (LLN8.5)		*Geloofsbetrokkenheid moeder (LLN10_4B)*		
	N	*x̄*	*σ*	*Variabelen met significant verschil*
Nooit	412	3.4635	1.4201	Zelden – regelmatig/dagelijks (-0.4280)
Zelden	407	3.3697	1.3159	Zelden – soms (-0.3422)
Soms	257	3.7120	1.2796	
Regelmatig/dagelijks	136	3.7977	1.3667	

p=0.0009

Bidden (LLN8.5)		*Klasdiscours (LLN14A)*		
	N	*x̄*	*σ*	*Variabelen met significant verschil*
Nooit	414	3.8884	1.0220	Nooit – soms (-0.4866)
Zelden	413	4.2185	0.8813	Nooit – regelmatig/dagelijks (-0.4426)
Soms	258	4.3751	0.8704	Nooit – zelden (-0.3300)
Regelmatig/dagelijks	136	4.3310	0.8575	

p<.0001

Bidden (LLN8.5)		*Hermeneutische verlamming (LLN15A)*		
	N	*x̄*	*σ*	*Variabelen met significant verschil*
Nooit	412	4.1256	1.1118	Nooit – zelden (0.3576)
Zelden	407	3.7679	0.9660	Nooit – soms (0.7519)
Soms	257	3.3737	0.8950	Nooit – regelmatig/dagelijks (1.0888)
Regelmatig/dagelijks	136	3.0367	1.0052	Zelden – soms (0.3942)
				Zelden – regelmatig/dagelijks (0.7311)
				Soms – regelmatig/dagelijks (0.3369)

p<.0001

Bidden (LLN8.5)		*Hermeneutische competentie (LLN15B)*		
	N	*x̄*	*σ*	*Variabelen met significant verschil*
Nooit	414	2.9420	1.0822	Nooit – soms (-0.6103)
Zelden	412	3.2714	0.9892	Nooit – zelden (-0.3294)
Soms	258	3.5523	1.0001	Nooit – regelmatig/dagelijks (0.5065)
Regelmatig/dagelijks	136	3.4485	0.9636	Zelden – soms (-0.2808)

p<.0001

Bidden (LLN8.5)		*Historische traditie (LLN17A)*		
	N	$\bar{x}$	σ	*Variabelen met significant verschil*
Nooit	413	2.5780	0.9172	Nooit – soms (-0.4900)
Zelden	414	2.8784	0.8458	Nooit – zelden (-0.3003)
Soms	257	3.0680	0.9125	Nooit – regelmatig/dagelijks (-0.4801)
Regelmatig/dagelijks	136	3.0582	0.9204	Zelden – soms (-0.1896)

p<.0001

Bidden (LLN8.5)		*Traditie-relevantie (LLN17B)*		
	N	$\bar{x}$	σ	*Variabelen met significant verschil*
Nooit	413	3.1735	0.9566	Nooit – soms (-0.5738)
Zelden	414	3.5231	0.8381	Nooit – zelden (-0.3496)
Soms	257	3.7474	0.8229	Nooit – regelmatig/dagelijks (-0.4894)
Regelmatig/dagelijks	136	3.6629	0.8607	Zelden – soms (-0.2242)

p<.0001

Bidden (LLN8.5)		*Communicatieve betrokkenheid (LLN18A)*		
	N	$\bar{x}$	σ	*Variabelen met significant verschil*
Nooit	413	3.1483	0.9064	Nooit – soms (-0.4509)
Zelden	141	3.4410	0.8639	Nooit – zelden (-0.2927)
Soms	257	3.5992	0.8696	Nooit – regelmatig/dagelijks
Regelmatig/dagelijks	135	3.4703	0.9070	(-0.3220)

p<.0001

Bidden (LLN8.5)		*Communicatieve openheid (LLN18B)*		
	N	$\bar{x}$	σ	*Variabelen met significant verschil*
Nooit	413	4.3043	0.9550	Nooit – soms (-0.1942)
Zelden	141	4.4444	0.8492	
Soms	257	4.4986	0.8741	
Regelmatig/dagelijks	135	4.4681	0.8485	

p=0.0234

Bidden (LLN8.5)		*Belang van levensbeschouwing (LLN8.3)*		
	N	$\bar{x}$	σ	*Variabelen met significant verschil*
Nooit	408	2.3504	1.2351	Nooit – Regelmatig/dagelijks (-2.1914)
Zelden	407	3.1326	1.0181	Nooit – zelden (-0.7821)
Soms	256	3.8554	0.9110	Nooit – soms (-1.5049)
Regelmatig/dagelijks	131	4.5419	0.9467	Zelden – soms (-0.7227)
				Zelden – regelmatig/dagelijks (-1.4093)
				Soms – regelmatig/dagelijks (-0.6865)

p<.0001

Bidden (LLN8.5)	*Aard godsdienstige opvoeding (LLN8.1)*				
	Katholiek	*Christelijk*	*Islamitisch*	*Religieloos*	Totaal
Nooit	205 *51,25%*	82 *20,50%*	1 *0,25%*	112 *28,00%*	400
Zelden	250 *61,12%*	114 *27,87%*	2 *0,49%*	43 *10,51%*	409
Soms	163 *64,43%*	77 *30,43%*	6 *2,37%*	7 *2,77%*	253
Regelmatig/dagelijks	78 *60,47%*	33 *25,58%*	9 *6,98%*	9 *6,98%*	129
Totaal	696	306	18	171	1191

Chi-Square=131.2576 p<.0001

Bidden (LLN8.5)	*Eigen geloof (LLN8.2)*			
	Ja	*Neen*	*Ik twijfel*	Totaal
Nooit	20 *4,89%*	308 *75,31%*	81 *19,80%*	409
Zelden	78 *18,84%*	126 *30,43%*	210 *20,72%*	414
Soms	112 *43,41%*	24 *9,30%*	122 *47,29%*	258
Regelmatig/dagelijks	99 *72,79%*	6 *4,41%*	31 *22,79%*	136
Totaal	309	464	444	1217

Chi-Square=548.9725 p<.0001

Bidden (LLN8.5)	*Religieuze praktijk (LLN8.4)*			
	Nooit	*Zelden*	*Maandelijks/meerdere keren per maand/wekelijks*	Totaal
Nooit	251 *60,63%*	143 *34,54%*	20 *4,83%*	414
Zelden	119 *28,81%*	255 *61,74%*	39 *9,44%*	413
Soms	46 *17,83%*	155 *60,08%*	57 *22,09%*	258
Regelmatig/dagelijks	22 *16,18%*	61 *44,85%*	53 *38,97%*	136
Totaal	438	614	169	1221

Chi-Square=256.2895 p<.0001

- Samenhang met 8.6 gedoopt

Variabele	*Gedoopt (LLN8.6)*	$\bar{x}$	σ	*p-waarde*
Opvolging vader (LLN04_4)	Ja	4.3245	0.9972	0.0081 (pooled)
	Neen	3.8155	1.2132	
	Verschil	0.5090	1.0027	
Traditioneel gezinsdenken (LLN07B)	Ja	3.8314	1.0266	0.0052 (satterthwaite)
	Neen	3.1083	1.3050	
	Verschil	0.7231	1.0342	
Geloofsbetrokkenheid vader (LLN09_4B)	Ja	2.9321	1.3612	0.0043 (pooled)
	Neen	3.6786	1.4733	
	Verschil	-0.7460	1.3639	
Geloofsbetrokkenheid moeder (LLN10_4B)	Ja	3.4970	1.3536	0.0377 (pooled)
	Neen	4.0167	1.2281	
	Verschil	-0.5200	1.3507	
Hermeneutische competentie (LLN15B)	Ja	3.2484	1.0406	0.0446 (pooled)
	Neen	2.8611	1.0952	
	Verschil	0.3873	1.0419	

Gedoopt (LLN8.6)	*Aard godsdienstige opvoeding (LLN8.1)*				
	Katholiek	*Christelijk*	*Islamitisch*	*Religieloos*	Totaal
Ja	694 *60,19%*	306 *26,54%*	2 *0,17%*	151 *13,10%*	1153
Neen	1 *4,00%*	1 *4,00%*	4 *16,00%*	19 *76,00%*	25
Totaal	695	307	6	170	1178

Chi-Square=205.2921 p<.0001

Gedoopt (LLN8.6)	*Eigen geloof (LLN8.2)*			
	Ja	*Neen*	*Ik twijfel*	Totaal
Ja	290 *24,72%*	447 *38,11%*	436 *37,17%*	1173
Neen	8 *26,67%*	17 *56,67%*	5 *16,67%*	30
Totaal	298	464	441	1203

Chi-Square=6.0113 p=0.0495

Gedoopt (LLN8.6)	*Religieuze praktijk (LLN8.4)*			
	Nooit	*Zelden*	*Maandelijks/meerdere keren per maand*	Totaal
Ja	421 *35,77%*	602 *51,15%*	154 *13,08%*	1177
Neen	16 *53,33%*	8 *26,67%*	6 *20,00%*	30
Totaal	437	610	160	1207

Chi-Square=7.0173 p=0.0299

Gedoopt (LLN8.6)	*Bidden (LLN8.5)*				
	Nooit	*Zelden*	*Soms*	*Regelmatig/dagelijks*	Totaal
Ja	396 *33,64%*	407 *34,58%*	249 *21,16%*	125 *10,62%*	1177
Neen	16 *53,33%*	6 *20,00%*	2 *6,67%*	6 *20,00%*	30
Totaal	412	413	251	131	1207

Chi-Square=10.4641 p=0.0150

- Samenhang met 8.7 gevormd

Variabele	*Gevormd (LLN8.7)*	$\bar{x}$	σ	*p-waarde*
Striktheid vader (LLN04_3C)	Ja	3.2730	0.9734	0.0087 (pooled)
	Neen	2.9571	1.0083	
	Verschil	0.3159	0.9754	
Striktheid moeder (LLN05_3C)	Ja	3.5173	0.9429	0.0120 (pooled)
	Neen	3.2261	0.9902	
	Verschil	0.2912	0.9457	
Opvolging vader (LLN04_4)	Ja	4.3365	0.9844	0.0019 (satterthwaite)
	Neen	3.8429	1.2549	
	Verschil	0.4936	1.0023	
Traditioneel gezinsdenken (LLN07B)	Ja	3.8430	1.0243	<.0001 (pooled)
	Neen	3.2937	1.1320	
	Verschil	0.5493	1.0309	
Geloofsbetrokkenheid moeder (LLN10_4B)	Ja	3.4827	1.3520	0.0054 (pooled)
	Neen	3.9437	1.3404	
	Verschil	-0.4610	1.3513	
Biografische leerkracht (LLN13A)	Ja	4.4671	0.7979	0.0243 (satterthwaite)
	Neen	4.2042	0.9429	
	Verschil	0.2629	0.8071	
Klasdiscours (LLN14A)	Ja	4.1709	0.9436	0.0233 (pooled)
	Neen	3.9083	0.9770	
	Verschil	0.2627	0.9456	
Hermeneutische competentie (LLN15B)	Ja	3.2544	1.0416	0.0234 (pooled)
	Neen	2.9648	1.0619	
	Verschil	0.2896	1.0428	

Gevormd (LLN8.7)	*Aard godsdienstige opvoeding (LLN8.1)*				
	Katholiek	*Christelijk*	*Islamitisch*	*Religieloos*	Totaal
Ja	683 *61,31%*	296 *26,57%*	4 *0,36%*	131 *11,76%*	1114
Neen	9 *14,52%*	9 *14,52%*	5 *8,06%*	39 *62,90%*	62
Totaal	692	305	9	170	1176

Chi-Square=176.9819 p<.0001

Gevormd (LLN8.7)	*Eigen geloof (LLN8.2)*			
	Ja	*Neen*	*Ik twijfel*	Totaal
Ja	287 *25,31%*	422 *37,21%*	425 *37,48%*	1134
Neen	13 *18,31%*	42 *59,15%*	16 *22,54%*	71
Totaal	300	464	441	1205

Chi-Square=13.7450 p=0.0010

Gevormd (LLN8.7)	*Religieuze praktijk (LLN8.4)*			
	Nooit	*Zelden*	*Maandelijks/meerdere keren per maand/wekelijks*	Totaal
Ja	393 *34,63%*	591 *52,07%*	151 *13,30%*	1135
Neen	44 *61,97%*	20 *28,17%*	7 *9,86%*	71
Totaal	437	611	158	1206

Chi-Square=21.9300 p<.0001

Gevormd (LLN8.7)	*Bidden (LLN8.5)*				
	Nooit	*Zelden*	*Soms*	*Regelmatig/dagelijks*	Totaal
Ja	373 *32,86%*	395 *34,80%*	245 *21,59%*	122 *10,75%*	1135
Neen	35 *49,30%*	18 *25,35%*	7 *9,86%*	11 *15,49%*	71
Totaal	408	413	252	133	1206

Chi-Square=12.8368 p=0.0050

Gevormd (LLN8.7)	*Gedoopt (LLN8.6)*		
	Ja	*Neen*	Totaal
Ja	1130 *99,65%*	4 *0,35%*	1134
Neen	43 *62,32%*	26 *37,68%*	69
Totaal	1173	30	1203

Chi-Square=372.7244 p<.0001

- Samenhang met 8.8.1 geloof beleven met ouders

	Geloof beleven met ouders (LLN8.8.1)
Responsiviteit vader (LLN04_3A)	0.11343***
Responsiviteit moeder (LLN05_3A)	0.13397***
Autonomie vader (LLN04_3B)	0.13316***
Autonomie moeder (LLN05_3B)	0.07530**
Striktheid vader (LLN04_3C)	
Striktheid moeder (LLN05_3C)	0.06007*
Opvolging vader (LLN04_4)	0.07555**
Opvolging moeder (LLN05_4)	0.10903**
Conflict (LLN06A)	-0.06375*
Cohesie (LLN06B)	0.19277***
Niet-traditioneel gezinsdenken (LLN07A)	
Traditioneel gezinsdenken (LLN07B)	0.16326***
Geloofsautonomie vader (LLN09_4A)	-0.16451***
Geloofsautonomie moeder (LLN10_4A)	-0.17540***
Geloofsbetrokkenheid vader (LLN09_4B)	0.22382***
Geloofsbetrokkenheid moeder (LLN10_4B)	0.29485***
Tweede naïviteit (LLN12A)	0.32368***
Relativisme (LLN12B)	0.21953***
Externe kritiek (LLN12C)	-0.13922***
Orthodoxie (LLN12D)	0.20789***
Belang van levensbeschouwing (LLN8.3)	0.44567***

Aard godsdienstige opvoeding (LLN8.1)		*Geloof beleven met ouders (LLN8.8.1)*		
	N	*x*	*σ*	*Variabelen met significant verschil*
Katholiek	692	2.0982	0.9421	Christelijk – islamitisch (-1.4869)
Christelijk	306	2.1241	0.9040	Katholiek – islamitisch (-1.5128)
Islamitisch	18	3.6111	1.4199	Islamitisch – religieloos (1.9502)
Religieloos	171	1.6608	0.8755	Katholiek – religieloos (0.4374) Christelijk – religieloos (0.46336)

p<.0001

Eigen geloof (LLN8.2)		*Geloof beleven met ouders (LLN8.8.1)*		
	N	*x*	*σ*	*Variabelen met significant verschil*
Ja	308	2.5681	1.0578	Ja – neen (0.9022)
Neen	461	1.6659	0.8056	Ja – ik twijfel (0.4237)
Ik twijfel	443	2.1444	0.8780	Neen – ik twijfel (-0.4785)

p<.0001

Religieuze praktijk (LLN8.4)		*Geloof beleven met ouders (LLN8.8.1)*		
	N	$\bar{x}$	σ	*Variabelen met significant verschil*
Nooit	435	1.6804	0.8567	Nooit – maandelijks/meerdere keren per maand/wekelijks (-1.2130)
Zelden	612	2.1143	0.8714	Nooit – zelden (-0.4339)
Maandelijks/meerdere keren per maand/wekelijks	169	2.8934	1.0120	Zelden – maandelijks/meerdere keren per maand/wekelijks (-0.7791)

p<.0001

Bidden (LLN8.5)		*Geloof beleven met ouders (LLN8.8.1)*		
	N	$\bar{x}$	σ	*Variabelen met significant verschil*
Nooit	411	1.6593	0.8268	Nooit – regelmatig/dagelijks (-1.1242)
Zelden	413	2.0121	0.8460	
Soms	257	2.4319	0.9036	
Regelmatig/dagelijks	134	2.7835	1.1461	

p<.0001

- Samenhang met 8.8.4 geloof beleven met grootouders

	Geloof beleven met grootouders (LLN8.8.4.)
Niet-traditioneel gezinsdenken (LLN07A)	
Traditioneel gezinsdenken (LLN07B)	0.13525***
Geloofsautonomie vader (LLN09_4A)	-0.10201**
Geloofsautonomie moeder (LLN10_4A)	-0.09108**
Geloofsbetrokkenheid vader (LLN09_4B)	0.13499***
Geloofsbetrokkenheid moeder (LLN10_4B)	0.15520***
Tweede naïviteit (LLN12A)	0.17108***
Relativisme (LLN12B)	0.08372**
Externe kritiek (LLN12C)	-0.09617**
Orthodoxie (LLN12D)	0.17795***
Belang van levensbeschouwing (LLN8.3)	0.27360***

Aard godsdienstige opvoeding (LLN8.1)		*Geloof beleven met grootouders (LLN8.8.4)*		
	N	$\bar{x}$	σ	*Variabelen met significant verschil*
Katholiek	684	2.1242	1.0662	Islamitisch – religieloos (1.4555)
Christelijk	303	2.1320	1.0433	Christelijk – islamitisch (-1.0258)
Islamitisch	19	3.1578	1.6419	Christelijk – religieloos (0.4296)
Religieloos	168	1.7023	0.9449	Katholiek – islamitisch (-1.03363) Katholiek – religieloos (0.42189)

p<.0001

Eigen geloof (LLN8.2)		*Geloof beleven met grootouders (LLN8.8.4)*		
	N	*x̄*	*σ*	*Variabelen met significant verschil*
Ja	304	2.4769	1.1854	Ja – neen (0.7237)
Neen	458	1.7532	0.9132	Ja – ik twijfel (0.3282)
Ik twijfel	437	2.1487	1.0441	Neen – ik twijfel (-0.3954)

p<.0001

Religieuze praktijk (LLN8.4)		*Geloof beleven met grootouders (LLN8.8.4)*		
	N	*x̄*	*σ*	*Variabelen met significant verschil*
Nooit	429	1.6923	0.8878	Nooit – maandelijks/meerdere keren per maand/wekelijks (-1.0426)
Zelden	608	2.1809	1.0506	Nooit – zelden (-0.4886)
Maandelijks/meerdere keren per maand/wekelijks	166	2.7349	1.2068	Zelden – maandelijks/meerdere keren per maand/wekelijks (-0.55402)

p<.0001

Bidden (LLN8.5)		*Geloof beleven met grootouders (LLN8.8.4)*		
	N	*x̄*	*σ*	*Variabelen met significant verschil*
Nooit	406	1.7413	0.9426	Nooit – regelmatig/dagelijks (-0.7434)
Zelden	409	2.0806	0.9979	Nooit – zelden (-0.3393)
Soms	255	2.4117	1.1007	Nooit – soms (-0.6703)
Regelmatig/dagelijks	132	2.4848	1.2869	Zelden – soms (-0.3310)
				Zelden – regelmatig/dagelijks (-0.4041)

p<.0001

- Samenhang met 8.8.6 geloof beleven met godsdienstleerkracht

	Geloof beleven met de godsdienstleerkracht (LLN8.8.6)
Biografische leerkracht (LLN13A)	0.21500***
Dogmatische leerkracht (LLN13B)	-0.11615***
Klasdiscours (LLN14A)	0.24434***
Communicatieve betrokkenheid (LLN18A)	0.21507***
Communicatieve openheid (LLN18B)	0.19330***
Belang van levensbeschouwing (LLN8.3)	0.13918***

- Samenhang met 9.5 geloof vader

Geloof vader (LLN9.5)		*Responsiviteit vader (LLN04_3A)*		
	N	*x̄*	*σ*	*Variabelen met significant verschil*
Gelovig	377	3.7594	1.1321	Hij twijfelt – ik weet het niet (0.5725)
Ongelovig	277	3.5828	1.2138	Ongelovig – ik weet het niet (0.2771)
Hij twijfelt	93	3.8781	0.9779	Gelovig – ik weet het niet (0.4538)
Ik weet het niet	445	3.3056	1.1815	

p<.0001

Geloof vader (LLN9.5)		*Striktheid vader (LLN04_3C)*		
	N	*x̄*	*σ*	*Variabelen met significant verschil*
Gelovig	377	3.3580	0.9988	Gelovig – ongelovig (0.2260)
Ongelovig	277	3.1320	0.9949	
Hij twijfelt	39	3.1892	0.8120	
Ik weet het niet	445	3.2749	0.9778	

p=0.0278

Geloof vader (LLN9.5)		*Autonomie vader (LLN04_3B)*		
	N	*x̄*	*σ*	*Variabelen met significant verschil*
Gelovig	376	3.9851	0.8844	Hij twijfelt – ik weet het niet (0.2765)
Ongelovig	277	3.9430	0.9357	Gelovig – ik weet het niet (0.2007)
Hij twijfelt	93	4.0609	0.7247	
Ik weet het niet	445	3.7843	0.8971	

p=0.0023

Geloof vader (LLN9.5)		*Opvolging vader (LLN04_4)*		
	N	*x̄*	*σ*	*Variabelen met significant verschil*
Gelovig	376	4.4490	0.9484	Hij twijfelt – ik weet het niet (0.3503)
Ongelovig	277	4.2190	1.0525	Gelovig – ongelovig (0.2300)
Hij twijfelt	93	4.5537	0.8008	Gelovig – ik weet het niet (0.2456)
Ik weet het niet	444	4.2033	1.0367	Ongelovig – hij twijfelt (-0.3347)

p=0.0002

Geloof vader (LLN9.5)		*Cohesie (LLN6B)*		
	N	*x̄*	*σ*	*Variabelen met significant verschil*
Gelovig	374	4.2442	1.0102	Hij twijfelt – ik weet het niet (0.3764)
Ongelovig	376	3.9905	1.0282	Gelovig – ongelovig (0.2536)
Hij twijfelt	93	4.3274	0.7633	Ongelovig – hij twijfelt (-0.3368)
Ik weet het niet	445	3.9509	1.0546	Gelovig – ik weet het niet (0.2932)

p<.0001

Geloof vader (LLN9.5)		*Niet-traditioneel gezinsdenken (LLN7A)*		
	N	*x̄*	*σ*	*Variabelen met significant verschil*
Gelovig	378	4.4132	0.7520	Gelovig – ongelovig (-0.1866)
Ongelovig	279	4.5999	0.7732	
Hij twijfelt	93	4.4253	0.8125	
Ik weet het niet	448	4.5322	0.7748	

p=0.0113

Geloof vader (LLN9.5)		*Traditioneel gezinsdenken (LLN7B)*		
	N	*x̄*	*σ*	*Variabelen met significant verschil*
Gelovig	378	4.1417	0.9888	Gelovig – ongelovig (0.7375)
Ongelovig	279	3.4042	1.0772	Gelovig – ik weet het niet (0.3128)
Hij twijfelt	93	3.9010	0.9091	Ongelovig – hij twijfelt (-0.4968)
Ik weet het niet	448	3.8289	0.9949	Ongelovig – ik weet het niet (-0.4246)

p<.0001

Geloof vader (LLN9.5)		*Tweede naïviteit (LLN12A)*		
	N	*x̄*	*σ*	*Variabelen met significant verschil*
Gelovig	378	3.7532	0.8815	Gelovig – ongelovig (0.7242)
Ongelovig	279	3.0290	1.0125	Gelovig – ik weet het niet (0.4160)
Hij twijfelt	93	3.5241	0.8233	Ongelovig – hij twijfelt (-0.4951)
Ik weet het niet	448	3.3372	0.8441	Ongelovig – ik weet het niet (-0.3082)

p<.0001

Geloof vader (LLN9.5)		*Relativisme (LLN12B)*		
	N	*x̄*	*σ*	*Variabelen met significant verschil*
Gelovig	378	3.8193	0.6905	Gelovig – ongelovig (0.3551)
Ongelovig	279	3.4641	0.9005	Gelovig – ik weet het niet (0.2828)
Hij twijfelt	93	3.6852	0.6937	
Ik weet het niet	448	3.5364	0.7657	

p<.0001

Geloof vader (LLN9.5)		*Externe kritiek (LLN12C)*		
	N	*x̄*	*σ*	*Variabelen met significant verschil*
Gelovig	378	3.2827	0.8968	Gelovig – ongelovig (-0.3794)
Ongelovig	279	3.6622	1.0036	Ongelovig – ik weet het niet (0.2231)
Hij twijfelt	93	3.5034	0.8143	
Ik weet het niet	448	3.4390	0.8534	

p<.0001

Geloof vader (LLN9.5)		*Orthodoxie (LLN12D)*		
	N	*x̄*	*σ*	*Variabelen met significant verschil*
Gelovig	378	2.3960	0.9853	Gelovig – ongelovig (0.5567)
Ongelovig	279	1.8392	0.7452	Gelovig – hij twijfelt (0.3019)
Hij twijfelt	93	2.0940	0.7554	Gelovig – ik weet het niet (0.2942)
Ik weet het niet	448	2.1017	0.7900	Ongelovig – ik weet het niet (-0.2625)

p<.0001

Geloof vader (LLN9.5)		*Biografische leerkracht (LLN13A)*		
	N	*x̄*	*σ*	*Variabelen met significant verschil*
Gelovig	378	4.5510	0.8201	Gelovig – ik weet het niet (0.1975)
Ongelovig	279	4.4418	0.8095	
Hij twijfelt	93	4.5311	0.7255	
Ik weet het niet	448	4.3534	0.8113	

p=0.0042

Geloof vader (LLN9.5)		*Dogmatische leerkracht (LLN13B)*		
	N	*x̄*	*σ*	*Variabelen met significant verschil*
Gelovig	378	2.4814	1.0897	Gelovig – ongelovig (-0.2389)
Ongelovig	279	2.7204	1.2271	
Hij twijfelt	93	2.6845	1.0613	
Ik weet het niet	448	2.5651	1.0562	

p=0.0398

Geloof vader (LLN9.5)		*Geloofsautonomie vader (LLN09_4A)*		
	N	$\bar{x}$	σ	*Variabelen met significant verschil*
Gelovig	376	4.4007	1.1933	Gelovig – ongelovig (-0.7545)
Ongelovig	277	5.1552	0.9272	Gelovig – hij twijfelt (-0.7121)
Hij twijfelt	93	5.1129	0.8213	Gelovig – ik weet het niet (-0.5359)
Ik weet het niet	445	4.9367	0.9619	Ongelovig – ik weet het niet (0.2185)

p<.0001

Geloof vader (LLN9.5)		*Geloofsbetrokkenheid vader (LLN09_4B)*		
	N	$\bar{x}$	σ	*Variabelen met significant verschil*
Gelovig	376	3.5159	1.3305	Gelovig – ik weet het niet (0.9507)
Ongelovig	277	2.7761	1.3963	Gelovig – ongelovig (0.7397)
Hij twijfelt	93	3.2526	1.2589	Ongelovig – hij twijfelt (-0.4765)
Ik weet het niet	445	2.5651	1.2659	Hij twijfelt – ik weet het niet (0.6875)

p<.0001

Geloof vader (LLN9.5)		*Klasdiscours (LLN14A)*		
	N	$\bar{x}$	σ	*Variabelen met significant verschil*
Gelovig	378	4.3300	0.8673	Gelovig – ongelovig (0.3251)
Ongelovig	278	4.0049	1.0128	Gelovig – hij twijfelt (0.2979)
Hij twijfelt	93	4.0321	0.8184	Gelovig – ik weet het niet (0.2249)
Ik weet het niet	448	4.1051	0.9751	

p<.0001

Geloof vader (LLN9.5)		*Hermeneutische verlamming (LLN15A)*		
	N	$\bar{x}$	σ	*Variabelen met significant verschil*
Gelovig	378	3.4012	1.0519	Gelovig – ongelovig (-0.6464)
Ongelovig	278	4.0476	1.0821	Gelovig – ik weet het niet (-0.3835)
Hij twijfelt	93	3.6863	0.9885	Ongelovig – hij twijfelt (0.3612)
Ik weet het niet	448	3.7847	1.0347	Ongelovig – ik weet het niet (0.2628)

p<.0001

Geloof vader (LLN9.5)		*Hermeneutische competentie (LLN15B)*		
	N	$\bar{x}$	σ	*Variabelen met significant verschil*
Gelovig	377	3.5106	0.9833	Gelovig – ongelovig (0.5082)
Ongelovig	378	3.0023	1.1449	Gelovig – ik weet het niet (0.3584)
Hij twijfelt	93	3.3297	0.9624	Ongelovig – hij twijfelt (-0.3273)
Ik weet het niet	448	3.1521	1.0114	

p<.0001

Geloof vader (LLN9.5)		*Historische traditie (LLN17A)*		
	N	$\bar{x}$	σ	*Variabelen met significant verschil*
Gelovig	377	3.0179	0.9148	Ongelovig – hij twijfelt (-0.3926)
Ongelovig	279	2.6481	0.9449	Gelovig – ongelovig (0.3697)
Hij twijfelt	92	3.0407	0.7274	Gelovig – ik weet het niet (0.2394)
Ik weet het niet	448	2.7784	0.8906	

p<.0001

Geloof vader (LLN9.5)		*Traditie-relevantie (LLN17B)*		
	N	$\bar{x}$	σ	*Variabelen met significant verschil*
Gelovig	377	3.7049	0.8615	Ongelovig – hij twijfelt (-0.4743)
Ongelovig	279	3.2485	0.9296	Gelovig – ongelovig (0.4564)
Hij twijfelt	92	3.7228	0.9342	Gelovig – ik weet het niet (0.3395)
Ik weet het niet	448	3.3653	0.8676	Hij twijfelt – ik weet het niet (0.3575)

p<.0001

Geloof vader (LLN9.5)		*Communicatieve betrokkenheid (LLN18A)*		
	N	$\bar{x}$	σ	*Variabelen met significant verschil*
Gelovig	376	3.5494	0.8953	Gelovig – ongelovig (0.3938)
Ongelovig	278	3.1555	0.9265	Gelovig – ik weet het niet (0.2168)
Hij twijfelt	93	3.5403	0.8342	Ongelovig – hij twijfelt (-0.3847)
Ik weet het niet	448	3.3325	0.8793	Ongelovig – ik weet het niet (-0.1770)

p<.0001

Geloof vader (LLN9.5)		*Belang van levensbeschouwing (LLN8.3)*		
	N	$\bar{x}$	σ	*Variabelen met significant verschil*
Gelovig	373	3.6461	1.2671	Gelovig – ongelovig (1.0329)
Ongelovig	274	2.6131	1.2476	Gelovig – hij twijfelt (0.4663)
Hij twijfelt	89	3.1797	1.1536	Gelovig – ik weet het niet (0.5084)
Ik weet het niet	443	3.137	1.2262	Ongelovig – hij twijfelt (-0.5666)
				Ongelovig – ik weet het niet (-0.5254)

p<.0001

Geloof vader (LLN9.5)		*Geloof beleven met ouders (LLN8.8.1)*		
	N	$\bar{x}$	σ	*Variabelen met significant verschil*
Gelovig	374	2.5053	1.0297	Gelovig – ongelovig (0.7291)
Ongelovig	277	1.7761	0.8683	Gelovig – hij twijfelt (0.3010)
Hij twijfelt	93	2.2043	0.9842	Gelovig – ik weet het niet (0.6325)
Ik weet het niet	448	1.8727	0.8377	Ongelovig – hij twijfelt (-0.4281)
				Hij twijfelt – ik weet het niet (0.3315)

p<.0001

Geloof vader (LLN9.5)	*Aard godsdienstige opvoeding (LLN8.1)*				
	Katholiek	*Christelijk*	*Islamitisch*	*Religieloos*	Totaal
Gelovig	241 *64,96%*	104 *28,03%*	17 *4,58%*	9 *2,43%*	371
Ongelovig	125 *46,47%*	52 *19,33%*	0 *0,00%*	92 *34,20%*	269
Hij twijfelt	60 *65,22%*	24 *26,09%*	0 *0,00%*	8 *8,70%*	92
Ik weet het niet	260 *59,63%*	121 *27,75%*	2 *0,46%*	53 *12,16%*	436
Totaal	686	301	19	162	1168

Chi-Square=163.1378 p<.0001

Geloof vader (LLN9.5)	*Eigen geloof (LLN8.2)*			
	Ja	*Neen*	*Ik twijfel*	Totaal
Gelovig	182 *48,53%*	73 *19,47%*	120 *32,00%*	375
Ongelovig	26 *9,35%*	186 *66,91%*	66 *23,74%*	278
Hij twijfelt	11 *11,83%*	28 *30,11%*	54 *58,06%*	93
Ik weet het niet	86 *19,24%*	167 *37,36%*	194 *43,40%*	447
Totaal	305	454	434	1193

Chi-Square=248.5415 p<.0001

Geloof vader (LLN9.5)	*Religieuze praktijk (LLN8.4)*			
	Nooit	*Zelden*	*Maandelijks/meerdere keren per maand/wekelijks*	Totaal
Gelovig	78 *20,69%*	189 *50,13%*	110 *29,18%*	377
Ongelovig	159 *56,99%*	109 *39,07%*	11 *3,94%*	279
Hij twijfelt	34 *36,56%*	53 *56,99%*	6 *6,45%*	93
Ik weet het niet	152 *33,93%*	254 *56,70%*	42 *9,38%*	448
Totaal	423	605	169	1197

Chi-Square=163.6241 p<.0001

Geloof vader (LLN9.5)	*Bidden (LLN8.5)*				
	Nooit	*Zelden*	*Soms*	*Regelmatig/dagelijks*	Totaal
Gelovig	83 *22,07%*	114 *30,32%*	101 *26,86%*	78 *20,74%*	376
Ongelovig	146 *52,33%*	77 *27,60%*	40 *14,34%*	16 *5,73%*	279
Hij twijfelt	32 *34,41%*	36 *38,71%*	20 *21,51%*	5 *5,38%*	93
Ik weet het niet	143 *31,92%*	177 *39,51%*	92 *20,54%*	36 *8,04%*	448
Totaal	404	404	253	135	1196

Chi-Square=110.1488 p<.0001

Geloof vader (LLN9.5)	*Gevormd (LLN8.7)*		
	Ja	*Neen*	Totaal
Gelovig	353 *96,98%*	11 *3,02%*	364
Ongelovig	245 *87,81%*	34 *12,19%*	279
Hij twijfelt	87 *93,55%*	6 *6,45%*	93
Ik weet het niet	428 *95,75%*	19 *4,25%*	447
Totaal	1113	70	1183

Chi-Square=27.4559 p<.0001

- Samenhang met 9.2 religieuze praktijk vader

Religieuze praktijk vader (LLN9.2)		*Responsiviteit vader (LLN04_3A)*		
	N	$\bar{x}$	σ	*Variabelen met significant verschil*
Nooit	556	3.4298	1.1813	Nooit – zelden (-0.2812)
Zelden	447	3.7111	1.1820	
Maandelijks/meerdere keren per maand/wekelijks	185	3.5867	1.0861	

p=0.0007

Religieuze praktijk vader (LLN9.2)		*Opvolging vader (LLN04_4)*		
	N	$\bar{x}$	σ	*Variabelen met significant verschil*
Nooit	555	4.1950	1.0456	Nooit – zelden (-0.2685)
Zelden	447	4.4636	0.9302	
Maandelijks/meerdere keren per maand/wekelijks	185	4.2971	0.9777	

p=0.0001

Religieuze praktijk vader (LLN9.2)		*Cohesie (LLN06B)*		
	N	$\bar{x}$	σ	*Variabelen met significant verschil*
Nooit	555	3.9979	1.0181	Nooit – zelden (-0.1739)
Zelden	446	4.1718	0.9990	
Maandelijks/meerdere keren per maand/wekelijks	184	4.1195	1.0905	

p=0.0245

Religieuze praktijk vader (LLN9.2)		*Niet-traditioneel gezinsdenken (LLN07A)*		
	N	$\bar{x}$	σ	*Variabelen met significant verschil*
Nooit	561	4.5662	0.7541	Geen significante verschillen
Zelden	447	4.4523	0.7768	
Maandelijks/meerdere keren per maand/wekelijks	185	4.4283	0.8153	

p=0.0250

Religieuze praktijk vader (LLN9.2)		*Traditioneel gezinsdenken (LLN07B)*		
	N	$\bar{x}$	σ	*Variabelen met significant verschil*
Nooit	561	3.5923	1.0613	Nooit – maandelijks/meerdere keren per maand/wekelijks (-0.5782) Nooit – zelden (-0.4097)
Zelden	447	4.0020	0.9680	
Maandelijks/meerdere keren per maand/wekelijks	185	4.1705	0.9880	

p<.0001

Religieuze praktijk vader (LLN9.2)		*Tweede naïviteit (LLN12A)*		
	N	$\bar{x}$	σ	*Variabelen met significant verschil*
Nooit	561	3.2129	0.9578	Nooit – maandelijks/meerdere keren per maand/wekelijks (-0.6114) Nooit – zelden (-0.2725) Zelden – maandelijks/meerdere keren per maand/wekelijks (-0.3389)
Zelden	447	3.4854	0.8809	
Maandelijks/meerdere keren per maand/wekelijks	185	3.8244	0.8252	

p<.0001

Religieuze praktijk vader (LLN9.2)		*Relativisme (LLN12B)*		
	N	$\bar{x}$	σ	*Variabelen met significant verschil*
Nooit	561	3.5118	0.8204	Nooit – maandelijks/meerdere keren per maand/wekelijks (-0.3559) Nooit – zelden (-0.1393) Zelden – maandelijk/meerdere keren per maand/wekelijks (-0.2165)
Zelden	447	3.6511	0.7459	
Maandelijks/meerdere keren per maand/wekelijks	185	3.8677	0.6856	

p<.0001

Religieuze praktijk vader (LLN9.2)		*Externe kritiek (LLN12C)*		
	N	$\bar{x}$	σ	*Variabelen met significant verschil*
Nooit	561	3.5718	0.9514	Nooit – maandelijks/meerdere keren per maand/wekelijks (0.3828) Nooit – zelden (-0.1732) Zelden – maandelijk/meerdere keren per maand/wekelijks (-0.2096)
Zelden	447	3.3986	0.8205	
Maandelijks/meerdere keren per maand/wekelijks	185	3.1889	0.9329	

p<.0001

Religieuze praktijk vader (LLN9.2)		*Orthodoxie (LLN12D)*		
	N	$\bar{x}$	σ	*Variabelen met significant verschil*
Nooit	561	1.9385	0.7679	Nooit – maandelijks/meerdere ke-
Zelden	447	2.2699	0.8564	ren per maand/wekelijks (-0.4509)
Maandelijks/meerdere keren per maand/wekelijks	185	2.3894	1.0450	Nooit-zelden (-0.3314)

p<.0001

Religieuze praktijk vader (LLN9.2)		*Geloofsautonomie vader (LLN09_4A)*		
	N	$\bar{x}$	σ	*Variabelen met significant verschil*
Nooit	556	5.1182	0.8950	Nooit – maandelijks/meerdere ke-
Zelden	447	4.8085	0.9953	ren per maand/wekelijks (1.0826)
Maandelijks/meerdere keren per maand/wekelijks	185	4.0355	1.2766	Nooit – zelden (0.3097) Zelden – maandelijks/meerdere keren per maand/wekelijks (0.7729)

p<.0001

Religieuze praktijk vader (LLN9.2)		*Geloofsbetrokkenheid vader (LLN09_4B)*		
	N	$\bar{x}$	σ	*Variabelen met significant verschil*
Nooit	556	2.7050	1.3090	Nooit – maandelijks/meerdere ke-
Zelden	447	3.0816	1.3511	ren per maand/wekelijks (-0.7868)
Maandelijks/meerdere keren per maand/wekelijks	185	3.4918	1.4702	Nooit – zelden (-0.7366) Zelden – maandelijks/meerdere keren per maand/wekelijks (-0.4102)

p<.0001

Religieuze praktijk vader (LLN9.2)		*Geloofsautonomie moeder (LLN10_4A)*		
	N	$\bar{x}$	σ	*Variabelen met significant verschil*
Nooit	557	5.0013	1.0552	Nooit – maandelijks/meerdere ke-
Zelden	444	4.6871	1.0579	ren per maand/wekelijks (0.7372)
Maandelijks/meerdere keren per maand/wekelijks	183	4.2641	1.2220	Nooit – zelden (0.3142) Zelden – maandelijks/meerdere keren per maand/wekelijks (-0.7372)

p<.0001

Religieuze praktijk vader (LLN9.2)		*Klasdisours (LLN14A)*		
	N	$\bar{x}$	σ	*Variabelen met significant verschil*
Nooit	560	4.0595	0.9935	Nooit – maandelijks/meerdere ke-
Zelden	447	4.1705	0.9346	ren per maand/wekelijks (-0.3092)
Maandelijks/meerdere keren per maand/wekelijks	185	4.3687	0.7949	Zelden – maandelijks/meerdere keren per maand/wekelijks (-0.1982)

p=0.0005

Religieuze praktijk vader (LLN9.2)		*Hermeneutische verlamming (LLN15A)*		
	N	$\bar{x}$	σ	*Variabelen met significant verschil*
Nooit	560	3.9215	1.0855	Nooit – maandelijks/meerdere keren per maand/wekelijks (0.6643)
Zelden	447	3.6536	1.0079	Nooit – zelden (0.2679)
Maandelijks/meerdere keren per maand/wekelijks	185	3.2572	1.0158	Zelden – maandelijks/meerdere keren per maand/wekelijks (0.3964)

p<.0001

Religieuze praktijk vader (LLN9.2)		*Hermeneutische competentie (LLN15B)*		
	N	$\bar{x}$	σ	*Variabelen met significant verschil*
Nooit	559	3.0861	1.0722	Nooit – maandelijks/meerdere keren per maand/wekelijks (-0.3886)
Zelden	447	3.3497	1.0103	Nooit – zelden (-0.2635)
Maandelijks/meerdere keren per maand/wekelijks	185	3.4747	1.0069	

p<.0001

Religieuze praktijk vader (LLN9.2)		*Historische traditie (LLN17A)*		
	N	$\bar{x}$	σ	*Variabelen met significant verschil*
Nooit	561	2.7070	0.9265	Nooit – maandelijks/meerdere keren per maand/wekelijks (-0.2861)
Zelden	446	2.9583	0.8670	Nooit – zelden (-0.2512)
Maandelijks/meerdere keren per maand/wekelijks	184	2.9932	0.9215	

p<.0001

Religieuze praktijk vader (LLN9.2)		*Traditie-relevantie (LLN17B)*		
	N	$\bar{x}$	σ	*Variabelen met significant verschil*
Nooit	561	3.3538	0.9128	Nooit – maandelijks/meerdere keren per maand/wekelijks (-0.3785)
Zelden	446	3.5140	0.8988	Nooit – zelden (-0.1601)
Maandelijks/meerdere keren per maand/wekelijks	184	3.7323	0.8392	Zelden – maandelijks/meerdere keren per maand/wekelijks (-0.2138)

p<.0001

Religieuze praktijk vader (LLN9.2)		*Communicatieve betrokkenheid (LLN18A)*		
	N	$\bar{x}$	σ	*Variabelen met significant verschil*
Nooit	560	3.2513	0.9058	Nooit – maandelijks/meerdere keren per maand/wekelijks (-0.3748)
Zelden	447	3.4334	0.9000	Nooit – zelden (-0.1821)
Maandelijks/meerdere keren per maand/wekelijks	183	3.6261	0.8419	Zelden – maandelijks/meerdere keren per maand/wekelijks (-0.1926)

p<.0001

Religieuze praktijk vader (LLN9.2)	*Belang van levensbeschouwing (LLN8.3)*			
	N	*x̄*	*σ*	*Variabelen met significant verschil*
Nooit	553	2.8661	1.2882	Nooit – maandelijks/meerdere keren per maand/wekelijks (-1.0019)
Zelden	539	3.2870	1.1953	Nooit – zelden (-0.4208)
Maandelijks/meerdere keren per maand/wekelijks	182	3.8681	1.2141	Zelden –maandelijks/meerdere keren per maand/wekelijks (-0.5811)

p<.0001

Religieuze praktijk vader (LLN9.2)	*Geloof beleven met ouders (LLN8.8.1)*			
	N	*x̄*	*σ*	*Variabelen met significant verschil*
Nooit	560	1.7946	0.8805	Nooit – maandelijks/meerdere keren per maand/wekelijks (-1.0477)
Zelden	444	2.1126	0.8816	Nooit – zelden (-0.3179)
Maandelijks/meerdere keren per maand/wekelijks	184	2.8423	1.0093	Zelden – maandelijks/meerdere keren per maand/wekelijks (-0.7297)

p<.0001

Religieuze praktijk vader (LLN9.2)	*Diploma vader (LLN4.1)*				
	Geen diploma/ lager onderwijs/ lager secundair onderwijs	*Hoger secundair onderwijs*	*Hoger niet-univ. onderwijs*	*Universitair onderwijs*	Totaal
Nooit	119 *21,60%*	208 *37,75%*	115 *20,87%*	109 *19,78%*	551
Zelden	89 *20,14%*	132 *29,86%*	133 *30,09%*	88 *19,91%*	442
Maandelijks/meerdere keren per maand/wekelijks	30 *16,48%*	52 *28,57%*	50 *27,47%*	50 *27,47%*	182
Totaal	238	392	298	247	1175

Chi-Square=20.6869 p=0.0021

Religieuze praktijk vader (LLN9.2)	*Aard godsdienstige opvoeding (LLN8.1)*				
	Katholiek	*Christelijk*	*Islamitisch*	*Religieloos*	Totaal
Nooit	296 *54,31%*	119 *21,83%*	0 *0,00%*	130 *23,85%*	545
Zelden	265 *61,06%*	134 *30,88%*	6 *1,38%*	29 *6,68%*	434
Maandelijks/meerdere keren per maand/wekelijks	121 *65,76%*	48 *26,09%*	13 *7,07%*	2 *1,09%*	184
Totaal	682	301	19	161	1163

Chi-Square=130.8496 p<.0001

Religieuze praktijk vader (LLN9.2)	*Eigen geloof (LLN8.2)*			
	Ja	*Neen*	*Ik twijfel*	Totaal
Nooit	88 *15,74%*	288 *51,52%*	183 *32,74%*	559
Zelden	130 *29,28%*	131 *29,50%*	183 *41,22%*	444
Maandelijks/meerdere keren per maand/wekelijks	87 *47,03%*	32 *17,30%*	66 *35,68%*	185
Totaal	305	451	432	1188

Chi-Square=117.7462 p<.0001

Religieuze praktijk vader (LLN9.2)	*Religieuze praktijk (LLN8.4)*			
	Nooit	*Zelden*	*Maandelijks/meerdere keren per maand/wekelijks*	Totaal
Nooit	355 *63,28%*	190 *33,87%*	16 *2,85%*	561
Zelden	48 *10,74%*	355 *79,42%*	44 *9,84%*	447
Maandelijks/meerdere keren per maand/wekelijks	18 *9,78%*	58 *31,52%*	108 *58,70%*	184
Totaal	421	603	168	1192

Chi-Square=668.0390 p<.0001

Religieuze praktijk vader (LLN9.2)	*Bidden (LLN8.5)*				
	Nooit	*Zelden*	*Soms*	*Regelmatig/dagelijks*	Totaal
Nooit	248 *44,21%*	179 *31,91%*	90 *16,04%*	44 *7,84%*	561
Zelden	119 *26,62%*	175 *39,15%*	115 *25,73%*	38 *8,50%*	447
Maandelijks/meerdere keren per maand/wekelijks	35 *19,13%*	47 *25,68%*	48 *26,23%*	53 *28,96%*	183
Totaal	402	401	253	135	1191

Chi-Square=117.3479 p<.0001

Religieuze praktijk vader (LLN9.2)	*Gevormd (LLN8.7)*		
	Ja	*Neen*	Totaal
Nooit	512 *91,27%*	49 *8,73%*	561
Zelden	425 *96,81%*	14 *3,19%*	439
Maandelijks/meerdere keren per maand/wekelijks	172 *96,63%*	6 *3,37%*	178
Totaal	1109	69	1178

Chi-Square=16.0851 p=0.0003

Religieuze praktijk vader (LLN9.2)	*Geloof vader (LLN9.1)*				
	Gelovig	*Ongelovig*	*Hij twijfelt*	*Ik weet het niet*	Totaal
Nooit	73 *13,01%*	225 *40,11%*	39 *6,95%*	224 *39,93%*	561
Zelden	150 *33,56%*	51 *11,41%*	50 *11,19%*	196 *43,85%*	447
Maandelijks/meerdere keren per maand/wekelijks	151 *81,62%*	3 *1,62%*	4 *2,16%*	27 *14,59%*	185
Totaal	374	279	93	447	1193

Chi-Square=388.1919 p<.0001

- Samenhang met 9.3 geloofscommunicatie vader

Geloofscommunicatie vader (LLN9.3)		*Responsiviteit vader (LLN04_3A)*		
	N	*x̄*	*σ*	*Variabelen met significant verschil*
Nooit	622	3.2910	1.2215	Nooit – regelmatig/dagelijks (-1.0070)
Zelden	384	3.7456	1.0550	Nooit – zelden (-0.4545)
Soms	159	4.0145	1.0270	Nooit – soms (-0.7234)
Regelmatig/dagelijks	23	4.2980	0.8711	

p<.0001

Geloofscommunicatie vader (LLN9.3)		*Autonomie vader (LLN04_3B)*		
	N	*x̄*	*σ*	*Variabelen met significant verschil*
Nooit	622	3.7470	0.9302	Nooit – regelmatig/dagelijks (-0.9068)
Zelden	384	4.0247	0.8209	Nooit – zelden (-0.2777)
Soms	159	4.1205	0.8067	Nooit – soms (-0.3735)
Regelmatig/dagelijks	23	4.6538	0.6631	Soms – regelmatig/dagelijks (-0.5333)

p<.0001

Geloofscommunicatie vader (LLN9.3)		*Opvolging vader (LLN04_4)*		
	N	*x̄*	*σ*	*Variabelen met significant verschil*
Nooit	621	4.1367	1.0909	Nooit – soms (-0.4714)
Zelden	384	4.4613	0.8731	Nooit – zelden (-0.3246)
Soms	159	4.6081	0.8244	
Regelmatig/dagelijks	26	4.4807	0.8658	

p<.0001

Geloofscommunicatie vader (LLN9.3)		*Conflict (LLN06A)*		
	N	$\bar{x}$	σ	*Variabelen met significant verschil*
Nooit	624	2.9254	1.0748	Nooit – soms (0.2685)
Zelden	381	2.6874	0.9843	Nooit – zelden (0.2380)
Soms	158	2.6569	1.0417	
Regelmatig/dagelijks	26	2.4615	0.7835	

p=0.0002

Geloofscommunicatie vader (LLN9.3)		*Cohesie (LLN06B)*		
	N	$\bar{x}$	σ	*Variabelen met significant verschil*
Nooit	622	3.8811	1.0876	Nooit – regelmatig/dagelijks (-0.6023)
Zelden	381	4.2479	0.8869	Nooit – zelden (-0.3667)
Soms	158	4.4139	0.9397	Nooit – soms (-0.5327)
Regelmatig/dagelijks	26	4.4835	0.7307	

p<.0001

Geloofscommunicatie vader (LLN9.3)		*Traditioneel gezinsdenken (LLN07B)*		
	N	$\bar{x}$	σ	*Variabelen met significant verschil*
Nooit	625	3.7090	1.0565	Nooit – soms (-0.3056)
Zelden	384	3.9439	1.0073	Nooit – zelden (-0.2349)
Soms	159	4.0146	0.9777	
Regelmatig/dagelijks	26	4.1000	1.2461	

p=0.0002

Geloofscommunicatie vader (LLN9.3)		*Tweede naïviteit (LLN12A)*		
	N	$\bar{x}$	σ	*Variabelen met significant verschil*
Nooit	625	3.1796	0.9466	Nooit – regelmatig/dagelijks (-0.9307)
Zelden	384	3.5815	0.8255	Nooit – zelden (-0.4019)
Soms	159	3.7917	0.8705	Nooit –soms (-0.6121)
Regelmatig/dagelijks	26	4.1103	0.9876	Zelden – regelmatig/dagelijks (-0.5288)

p<.0001

Geloofscommunicatie vader (LLN9.3)		*Relativisme (LLN12B)*		
	N	$\bar{x}$	σ	*Variabelen met significant verschil*
Nooit	625	3.4697	0.8477	Nooit – regelmatig/dagelijks (-0.6655)
Zelden	384	3.7348	0.6609	Nooit – zelden (-0.2650)
Soms	159	3.8473	0.6552	Nooit – soms (-0.3775)
Regelmatig/dagelijks	26	4.1353	0.8230	Zelden – regelmatig/dagelijks (-0.4004)

p<.0001

Geloofscommunicatie vader (LLN9.3)		*Externe kritiek (LLN12C)*		
	N	$\bar{x}$	σ	*Variabelen met significant verschil*
Nooit	625	3.5004	0.9478	Nooit – soms (0.2257)
Zelden	384	3.4534	0.8356	
Soms	159	3.2747	0.8732	
Regelmatig/dagelijks	26	3.1009	1.1747	

p=0.0089

Geloofscommunicatie vader (LLN9.3)		*Orthodoxie (LLN12D)*		
	N	$\bar{x}$	σ	*Variabelen met significant verschil*
Nooit	625	2.0607	0.8449	Nooit – regelmatig/dagelijks (-0.7277)
Zelden	384	2.1360	0.7619	Nooit – soms (-0.2444)
Soms	159	2.3051	1.0331	Zelden – regelmatig/dagelijks (-0.6524)
Regelmatig/dagelijks	26	2.7884	1.3307	Soms – regelmatig/dagelijks (-0.4833)

p<.0001

Geloofscommunicatie vader (LLN9.3)		*Biografische leerkracht (LLN13A)*		
	N	$\bar{x}$	σ	*Variabelen met significant verschil*
Nooit	625	4.3885	0.8392	Nooit – soms (-0.1965)
Zelden	384	4.4872	0.7605	
Soms	159	4.5851	0.8230	
Regelmatig/dagelijks	26	4.5897	0.6552	

p=0.0224

Geloofscommunicatie vader (LLN9.3)		*Dogmatische leerkracht (LLN13B)*		
	N	$\bar{x}$	σ	*Variabelen met significant verschil*
Nooit	625	2.7128	1.1649	Nooit – zelden (0.2292)
Zelden	384	2.4835	1.0514	Nooit – soms (0.3480)
Soms	159	2.3647	1.0075	
Regelmatig/dagelijks	26	2.3461	0.9774	

p=0.0003

Geloofscommunicatie vader (LLN9.3)		*Geloofsautonomie vader (LLN09_4A)*		
	N	$\bar{x}$	σ	*Variabelen met significant verschil*
Nooit	622	4.8930	1.0407	Nooit – soms (0.3930)
Zelden	384	4.8776	1.0097	Zelden – soms (0.3776)
Soms	159	4.5000	1.2112	
Regelmatig/dagelijks	26	4.7307	1.2568	

p=0.0004

Geloofscommunicatie vader (LLN9.3)		*Geloofsbetrokkenheid vader (LLN09_4B)*		
	N	$\bar{x}$	σ	*Variabelen met significant verschil*
Nooit	622	2.5321	1.3150	Nooit – regelmatig/dagelijks (-2.2755)
Zelden	384	3.1809	1.2580	Nooit – zelden (-0.6488)
Soms	159	3.8584	1.1530	Nooit –soms (-1.3263)
Regelmatig/dagelijks	26	4.8076	0.9494	Zelden – soms (-0.6775)
				Zelden – regelmatig/dagelijks (-1.6267)
				Soms – regelmatig/dagelijks (-0.9492)

p<.0001

Geloofscommunicatie vader (LLN9.3)		*Klasdiscours (LLN14A)*		
	N	$\bar{x}$	σ	*Variabelen met significant verschil*
Nooit	624	4.0341	0.9929	Nooit – regelmatig/dagelijks (-0.5940)
Zelden	384	4.2481	0.8841	Nooit – zelden (-0.2140)
Soms	159	4.2846	0.8899	Nooit – soms (-0.2505)
Regelmatig/dagelijks	26	4.6282	0.6991	

p<.0001

Geloofscommunicatie vader (LLN9.3)		*Hermeneutische verlamming (LLN15A)*		
	N	$\bar{x}$	σ	*Variabelen met significant verschil*
Nooit	624	3.9150	1.0682	Nooit – regelmatig/dagelijks (0.9246)
Zelden	384	3.5983	1.0283	Nooit – zelden (0.3167)
Soms	159	3.3244	0.9413	Nooit – soms (0.5906)
Regelmatig/dagelijks	26	2.9903	1.3738	Zelden – soms (0.2738)
				Zelden – regelmatig/dagelijks (0.6079)

p<.0001

Geloofscommunicatie vader (LLN9.3)		*Hermeneutische competentie (LLN15B)*		
	N	$\bar{x}$	σ	*Variabelen met significant verschil*
Nooit	623	3.0668	1.0805	Nooit – zelden (-0.3541)
Zelden	384	3.4210	0.9475	Nooit – soms (-0.4278)
Soms	159	3.4947	1.0053	
Regelmatig/dagelijks	26	3.5256	1.1122	

p<.0001

Geloofscommunicatie vader (LLN9.3)	*Historische traditie (LLN17A)*			
	N	$\bar{x}$	σ	*Variabelen met significant verschil*
Nooit	624	2.7288	0.9277	Nooit – regelmatig/dagelijks (-0.7134)
Zelden	384	2.9511	0.8617	Nooit – zelden (-0.2222)
Soms	158	2.9604	0.8726	Nooit – soms (-0.2315)
Regelmatig/dagelijks	26	3.4423	0.9780	Zelden – regelmatig/dagelijks (-0.4911)

p<.0001

Geloofscommunicatie vader (LLN9.3)	*Traditie-relevantie (LLN17B)*			
	N	$\bar{x}$	σ	*Variabelen met significant verschil*
Nooit	624	3.3047	0.9173	Nooit – regelmatig/dagelijks
Zelden	384	3.6282	0.8380	(-0.5029)
Soms	158	3.7030	0.9074	Nooit – zelden (-0.3235)
Regelmatig/dagelijks	26	3.8076	0.7788	Nooit – soms (-0.3983)

p<.0001

Geloofscommunicatie vader (LLN9.3)	*Communicatieve betrokkenheid (LLN18A)*			
	N	$\bar{x}$	σ	*Variabelen met significant verschil*
Nooit	625	3.2572	0.9476	Nooit – zelden (0.1857)
Zelden	383	3.4429	0.8180	Nooit – soms (-0.3871)
Soms	157	3.6443	0.8375	
Regelmatig/dagelijks	26	3.6538	1.0076	

p<.0001

Geloofscommunicatie vader (LLN9.3)	*Communicatieve openheid (LLN18B)*			
	N	$\bar{x}$	σ	*Variabelen met significant verschil*
Nooit	625	4.3374	0.9193	Geen significante verschillen
Zelden	383	4.4710	0.8612	
Soms	157	4.5184	0.8611	
Regelmatig/dagelijks	26	4.6769	0.8909	

p=0.0147

Geloofscommunicatie vader (LLN9.3)	*Belang van levensbeschouwing (LLN8.3)*			
	N	$\bar{x}$	σ	*Variabelen met significant verschil*
Nooit	615	2.8065	1.2542	Nooit – regelmatig/dagelijks (-2.1135)
Zelden	379	3.4010	1.1763	Zelden – soms (-0.4322)
Soms	156	3.8333	1.1349	Zelden – regelmatig/dagelijks (-1.5189)
Regelmatig/dagelijks	25	4.9200	1.1150	Nooit-zelden (-0.5945)
				Nooit – soms (-1.0268)
				Soms – regelmatig/dagelijks (-1.0866)

p<.0001

Geloofscommunicatie vader (LLN9.3)		*Geloof beleven met ouders (LLN8.8.1)*		
	N	*x̄*	*σ*	*Variabelen met significant verschil*
Nooit	623	1.5939	0.7736	Nooit – regelmatig/dagelijks (-2.3261)
Zelden	383	2.3420	0.7592	Nooit – zelden (-0.7481)
Soms	158	3.0316	0.8171	Nooit – soms (-1.4377)
Regelmatig/dagelijks	25	3.9200	0.8124	Zelden – soms (-0.6896)
				Zelden – regelmatig/dagelijks (-1.5777)
				Soms – regelmatig/dagelijks (-0.8883)

p<.0001

Geloofscommunicatie vader (LLN9.3)	*Aard godsdienstige opvoeding (LLN8.1)*				
	Katholiek	*Christelijk*	*Islamitisch*	*Religieloos*	Totaal
Nooit	358 *59,08%*	144 *23,76%*	2 *0,33%*	102 *16,83%*	606
Zelden	226 *59,79%*	105 *27,78%*	2 *0,53%*	45 *11,90%*	378
Soms	89 *57,42%*	48 *30,97%*	7 *4,52%*	11 *7,10%*	155
Regelmatig/dagelijks	9 *36,00%*	4 *16,00%*	8 *32,00%*	4 *16,00%*	25
Totaal	682	301	19	162	1164

Chi-Square=174.7138 p<.0001

Geloofscommunicatie vader (LLN9.3)	*Eigen geloof (LLN8.2)*			
	Ja	*Neen*	*Ik twijfel*	Totaal
Nooit	110 *17,66%*	309 *49,60%*	204 *32,74%*	623
Zelden	109 *28,39%*	113 *29,43%*	162 *42,19%*	384
Soms	68 *43,31%*	25 *15,92%*	64 *40,76%*	157
Regelmatig/dagelijks	17 *68,00%*	5 *20,00%*	3 *12,00%*	25
Totaal	304	452	433	1189

Chi-Square=115.8378 p<.0001

Geloofscommunicatie vader (LLN9.3)	*Religieuze praktijk (LLN8.4)*			
	Nooit	*Zelden*	*Maandelijks/meerdere keren per maand/wekelijks*	Totaal
Nooit	283 *45,28%*	299 *47,84%*	43 *6,88%*	625
Zelden	106 *27,60%*	221 *57,55%*	57 *14,84%*	384
Soms	25 *15,72%*	79 *49,69%*	55 *34,59%*	159
Regelmatig/dagelijks	6 *24,00%*	5 *20,00%*	14 *56,00%*	25
Totaal	420	604	169	1193

Chi-Square=152.8673 p<.0001

Geloofscommunicatie vader (LLN9.3)	*Bidden (LLN8.5)*				
	Nooit	*Zelden*	*Soms*	*Regelmatig/dagelijks*	Totaal
Nooit	272 *43,52%*	204 *32,64%*	96 *15,36%*	53 *8,48%*	625
Zelden	90 *23,50%*	143 *37,34%*	110 *28,72%*	40 *10,44%*	383
Soms	33 *20,75%*	51 *32,08%*	43 *27,04%*	32 *20,13%*	159
Regelmatig/dagelijks	7 *28,00%*	4 *16,00%*	4 *16,00%*	10 *40,00%*	25
Totaal	402	402	253	135	1192

Chi-Square=98.8673 p<.0001

Geloofscommunicatie vader (LLN9.3)	*Geloof vader (LLN9.1)*				
	Gelovig	*Ongelovig*	*Hij twijfelt*	*Ik weet het niet*	Totaal
Nooit	117 *18,72%*	184 *29,44%*	30 *4,80%*	294 *47,04%*	625
Zelden	138 *35,94%*	72 *18,75%*	48 *12,50%*	126 *32,81%*	384
Soms	101 *63,52%*	19 *11,95%*	14 *8,81%*	25 *15,72%*	159
Regelmatig/dagelijks	20 *76,92%*	3 *11,54%*	1 *3,85%*	2 *7,69%*	26
Totaal	376	278	93	447	1194

Chi-Square=190.1009 p<.0001

Geloofscommunicatie vader (LLN9.3)	*Religieuze praktijk vader (LLN9.2)*			
	Nooit	*Zelden*	*Maandelijks/meerdere keren per maand/wekelijks*	Totaal
Nooit	379 *60,83%*	201 *32,26%*	43 *6,90%*	623
Zelden	142 *37,08%*	181 *47,26%*	60 *15,67%*	383
Soms	33 *20,75%*	57 *35,85%*	69 *43,40%*	159
Regelmatig/dagelijks	5 *19,23%*	8 *30,77%*	13 *50,00%*	26
Totaal	559	447	185	1191

Chi-Square=204.9824 p<.0001

- Samenhang met 10.1 geloof moeder

Geloof moeder (LLN10.1)		*Autonomie moeder (LLN05_3B)*		
	N	$\bar{x}$	σ	*Variabelen met significant verschil*
Gelovig	574	3.8668	0.9122	Ongelovig – ik weet het niet (0.2404)
Ongelovig	182	3.9847	0.8481	
Ze twijfelt	134	3.9345	0.8425	
Ik weet het niet	317	3.7443	0.8507	

p=0.0177

Geloof moeder (LLN10.1)		*Opvolging moeder (LLN05_4)*		
	N	$\bar{x}$	σ	*Variabelen met significant verschil*
Gelovig	574	4.9254	0.8425	Geen significante verschillen
Ongelovig	182	4.7232	0.9716	
Ze twijfelt	134	4.9253	0.9171	
Ik weet het niet	316	4.8195	0.8461	

p=0.0290

Geloof moeder (LLN10.1)		*Cohesie (LLN06B)*		
	N	$\bar{x}$	σ	*Variabelen met significant verschil*
Gelovig	572	4.1582	1.0497	Gelovig – ongelovig (0.2287)
Ongelovig	181	3.9294	1.0429	
Ze twijfelt	132	4.1843	0.9176	
Ik weet het niet	314	3.9858	1.0301	

p=0.0112

Geloof moeder (LLN10.1)		*Niet-traditioneel gezinsdenken (LLN07A)*		
	N	*x̄*	*σ*	*Variabelen met significant verschil*
Gelovig	576	4.4814	0.7790	Ongelovig – ze twijfelt (0.2448)
Ongelovig	183	4.6745	0.7490	Gelovig – ongelovig (-0.1930)
Ze twijfelt	134	4.4296	0.8387	
Ik weet het niet	317	4.5054	0.7423	

p=0.0146

Geloof moeder (LLN10.1)		*Traditioneel gezinsdenken (LLN07B)*		
	N	*x̄*	*σ*	*Variabelen met significant verschil*
Gelovig	576	4.0011	1.0356	Gelovig – ongelovig (0.6938)
Ongelovig	183	3.3073	1.0486	Gelovig – ik weet het niet (0.2030)
Ze twijfelt	134	3.7756	0.9952	Ongelovig – ze twijfelt (-0.4682)
Ik weet het niet	317	3.7981	0.9704	Ongelovig – ik weet het niet (-0.4907)

p<.0001

Geloof moeder (LLN10.1)		*Tweede naïviteit (LLN12A)*		
	N	*x̄*	*σ*	*Variabelen met significant verschil*
Gelovig	576	3.6369	0.9244	Gelovig – ongelovig (0.6236)
Ongelovig	183	3.0133	0.9489	Gelovig – ze twijfelt (0.2875)
Ze twijfelt	134	3.3494	0.9310	Gelovig – ik weet het niet (0.3925)
Ik weet het niet	317	3.2444	0.8437	Ongelovig – ze twijfelt (-0.3361)
				Ongelovig – ik weet het niet (-0.2311)

p<.0001

Geloof moeder (LLN10.1)		*Relativisme (LLN12B)*		
	N	*x̄*	*σ*	*Variabelen met significant verschil*
Gelovig	576	3.7355	0.7284	Gelovig – ik weet het niet (0.2580)
Ongelovig	183	3.4992	0.9349	Gelovig – ongelovig (0.2363)
Ze twijfelt	134	3.6275	0.7662	
Ik weet het niet	317	3.4774	0.7558	

p<.0001

Geloof moeder (LLN10.1)		*Externe kritiek (LLN12C)*		
	N	*x̄*	*σ*	*Variabelen met significant verschil*
Gelovig	576	3.3288	0.9215	Gelovig – ongelovig (-0.4448)
Ongelovig	183	3.7736	0.9846	Ongelovig – ik weet het niet (0.3109)
Ze twijfelt	134	3.5117	0.9168	
Ik weet het niet	317	3.4627	0.8008	

p<.0001

Geloof moeder (LLN10.1)		*Orthodoxie (LLN12D)*		
	N	*x̄*	*σ*	*Variabelen met significant verschil*
Gelovig	576	2.3072	0.9454	Gelovig – ongelovig (0.5835)
Ongelovig	183	1.7237	0.6939	Gelovig – ze twijfelt (0.3194)
Ze twijfelt	134	1.9878	0.7608	Gelovig – ik weet het niet (0.2254)
Ik weet het niet	317	2.0818	0.7496	Ongelovig – ze twijfelt (-0.2640)
				Ongelovig – ik weet het niet (-0.3581)

p<.0001

Geloof moeder (LLN10.1)		*Biografische leerkracht (LLN13A)*		
	N	*x̄*	*σ*	*Variabelen met significant verschil*
Gelovig	576	4.5383	0.8020	Gelovig – ik weet het niet (0.2163)
Ongelovig	183	4.4418	0.8524	
Ze twijfelt	134	4.3960	0.7706	
Ik weet het niet	317	4.3219	0.7923	

p=0.0014

Geloof moeder (LLN10.1)		*Dogmatische leerkracht (LLN13B)*		
	N	*x̄*	*σ*	*Variabelen met significant verschil*
Gelovig	576	2.4768	1.0754	Geen significante verschillen
Ongelovig	183	2.7030	1.2358	
Ze twijfelt	134	2.6766	1.2187	
Ik weet het niet	317	2.6314	1.0443	

p=0.0313

Geloof moeder (LLN10.1)		*Geloofsautonomie moeder (LLN10_4A)*		
	N	*x̄*	*σ*	*Variabelen met significant verschil*
Gelovig	575	4.4452	1.1948	Gelovig – ongelovig (-0.8363)
Ongelovig	182	5.2815	0.8996	Gelovig – ze twijfelt (-0.6101)
Ze twijfelt	134	5.0553	0.9354	Gelovig – ik weet het niet (-0.5476)
Ik weet het niet	316	4.9928	0.9342	Ongelovig – ik weet het niet (0.2887)

p<.0001

Geloof moeder (LLN10.1)		*Geloofsbetrokkenheid moeder (LLN10_4B)*		
	N	*x̄*	*σ*	*Variabelen met significant verschil*
Gelovig	575	3.7921	1.2908	Gelovig – ik weet het niet (0.6576)
Ongelovig	182	3.4010	1.4999	Gelovig – ongelovig (0.3910)
Ze twijfelt	134	3.4776	1.3162	
Ik weet het niet	316	3.1344	1.3202	

p<.0001

Geloof moeder (LLN10.1)		*Klasdiscours (LLN14A)*		
	N	*x̄*	*σ*	*Variabelen met significant verschil*
Gelovig	576	4.2805	0.8780	Gelovig – ongelovig (0.3055)
Ongelovig	182	3.9749	0.9667	Gelovig – ik weet het niet (0.2339)
Ze twijfelt	134	4.0865	1.0374	
Ik weet het niet	317	4.0465	0.9878	

$p<.0001$

Geloof moeder (LLN10.1)		*Hermeneutische verlamming (LLN15A)*		
	N	*x̄*	*σ*	*Variabelen met significant verschil*
Gelovig	576	3.4806	1.0421	Gelovig – ongelovig (-0.6778)
Ongelovig	182	4.1584	1.0845	Gelovig – ze twijfelt (-0.2662)
Ze twijfelt	134	3.7468	1.0306	Gelovig – ik weet het niet (-0.4336)
Ik weet het niet	317	3.9143	1.0317	Ongelovig – ze twijfelt (0.4115)

$p<.0001$

Geloof moeder (LLN10.1)		*Hermeneutische competentie (LLN15B)*		
	N	*x̄*	*σ*	*Variabelen met significant verschil*
Gelovig	576	3.4169	1.0095	Gelovig – ongelovig (0.5643)
Ongelovig	182	2.8525	1.1258	Gelovig – ik weet het niet (0.3062)
Ze twijfelt	134	3.2686	1.1009	Ongelovig – ze twijfelt (-0.4160)
Ik weet het niet	316	3.1107	0.9726	Ongelovig – ik weet het niet (-0.2582)

$p<.0001$

Geloof moeder (LLN10.1)		*Historische traditie (LLN17A)*		
	N	*x̄*	*σ*	*Variabelen met significant verschil*
Gelovig	575	2.9595	0.9256	Gelovig – ongelovig(0.4263)
Ongelovig	183	2.5332	0.9819	Gelovig – ik weet het niet (0.2001)
Ze twijfelt	133	2.8815	0.8723	Ongelovig – ze twijfelt (-0.3483)
Ik weet het niet	317	2.7594	0.8271	Ongelovig – ik weet het niet (-0.2262)

$p<.0001$

Geloof moeder (LLN10.1)		*Traditie-relevantie (LLN17B)*		
	N	*x̄*	*σ*	*Variabelen met significant verschil*
Gelovig	575	3.6263	0.8717	Gelovig – ongelovig (0.4314)
Ongelovig	183	3.1948	1.0199	Gelovig – ik weet het niet (0.2880)
Ze twijfelt	133	3.4505	0.8995	
Ik weet het niet	317	3.3383	0.8520	

$p<.0001$

Geloof moeder (LLN10.1)		*Communicatieve betrokkenheid (LLN18A)*		
	N	*x̄*	*σ*	*Variabelen met significant verschil*
Gelovig	574	3.5121	0.8683	Gelovig – ongelovig (0.4119)
Ongelovig	182	3.1002	0.9761	Gelovig – ik weet het niet (0.2246)
Ze twijfelt	134	3.3687	0.9333	Ongelovig – ze twijfelt (-0.2685)
Ik weet het niet	317	3.2875	0.8472	

$p<.0001$

Geloof moeder (LLN10.1)		*Belang van levensbeschouwing (LLN8.3)*		
	N	$\bar{x}$	σ	*Variabelen met significant verschil*
Gelovig	569	3.5114	1.2644	Gelovig – ongelovig (1.0700)
Ongelovig	179	2.4413	1.2364	Gelovig – ze twijfelt (0.3486)
Ze twijfelt	129	3.1627	1.2170	Gelovig – ik weet het niet (0.5305)
Ik weet het niet	313	2.9808	1.2114	Ongelovig – ze twijfelt (-0.7214)
				Ongelovig – ik weet het niet (-0.5394)

p<.0001

Geloof moeder (LLN10.1)		*Geloof beleven met ouders (LLN8.8.1)*		
	N	$\bar{x}$	σ	*Variabelen met significant verschil*
Gelovig	572	2.3986	1.0140	Gelovig – ongelovig (0.7908):
Ongelovig	181	1.6077	0.8067	Gelovig – ze twijfelt (0.3459)
Ze twijfelt	133	2.0526	0.8987	Gelovig – ik weet het niet (0.6572)
Ik weet het niet	317	1.7413	0.7521	Ongelovig – ze twijfelt (-0.4449)
				Ze twijfelt – ik weet het niet (0.3113)

p<.0001

Geloof moeder (LLN10.1)	*Aard godsdienstige opvoeding (LLN8.1)*				
	Katholiek	*Christelijk*	*Islamitisch*	*Religieloos*	Totaal
Gelovig	373 *66,02%*	155 *27,43%*	18 *3,19%*	19 *3,36%*	565
Ongelovig	60 *34,29%*	33 *18,86%*	0 *0,00%*	82 *46,86%*	175
Ze twijfelt	75 *57,69%*	32 *24,62%*	0 *0,00%*	23 *17,69%*	130
Ik weet het niet	178 *57,61%*	85 *27,51%*	1 *0,32%*	45 *14,56%*	309
Totaal	686	305	19	169	1179

Chi-Square=221.8202 p<.0001

Geloof moeder (LLN10.1)	*Eigen geloof (LLN8.2)*			
	Ja	*Neen*	*Ik twijfel*	Totaal
Gelovig	241 *42,06%*	132 *23,04%*	200 *34,90%*	573
Ongelovig	8 *4,37%*	140 *76,50%*	35 *19,13%*	183
Ze twijfelt	14 *10,45%*	50 *37,31%*	70 *52,24%*	134
Ik weet het niet	43 *13,65%*	137 *43,49%*	135 *42,86%*	315
Totaal	306	459	440	1205

Chi-Square=258.9258 p<.0001

Geloof moeder (LLN10.1)	*Religieuze praktijk (LLN8.4)*			
	Nooit	*Zelden*	*Maandelijks/meerdere keren per maand/wekelijks*	Totaal
Gelovig	136 *23,65%*	309 *53,74%*	130 *22,61%*	575
Ongelovig	115 *62,84%*	63 *34,43%*	5 *2,73%*	183
Ze twijfelt	55 *41,04%*	73 *54,48%*	6 *4,48%*	134
Ik weet het niet	126 *39,75%*	165 *52,05%*	26 *8,20%*	317
Totaal	432	610	167	1209

Chi-Square=138.8984 p<.0001

Geloof moeder (LLN10.1)	*Bidden (LLN8.5)*				
	Nooit	*Zelden*	*Soms*	*Regelmatig/dagelijks*	Totaal
Gelovig	136 *23,69%*	170 *29,62%*	168 *29,27%*	100 *17,42%*	574
Ongelovig	111 *60,66%*	53 *28,96%*	14 *7,65%*	5 *2,73%*	183
Ze twijfelt	51 *38,06%*	50 *37,31%*	26 *19,40%*	7 *5,22%*	134
Ik weet het niet	111 *35,02%*	134 *42,27%*	49 *15,46%*	23 *7,26%*	317
Totaal	409	407	257	135	1208

Chi-Square=147.4338 p<.0001

Geloof moeder (LLN10.1)	*Gedoopt (LLN8.6)*		
	Ja	*Neen*	Totaal
Gelovig	551 *98,04%*	11 *1,96%*	562
Ongelovig	169 *92,86%*	13 *7,14%*	182
Ze twijfelt	132 *99,25%*	1 *0,75%*	133
Ik weet het niet	312 *98,42%*	5 *1,58%*	317
Totaal	1164	30	1194

Chi-Square=19.4530 p=0.0002

Geloof moeder (LLN10.1)	*Gevormd (LLN8.7)*		
	Ja	*Neen*	Totaal
Gelovig	542 *96,44%*	20 *3,56%*	562
Ongelovig	153 *84,07%*	29 *15,93%*	182
Ze twijfelt	126 *94,74%*	7 *5,26%*	133
Ik weet het niet	302 *95,57%*	14 *4,43%*	316
Totaal	1123	70	1193

Chi-Square=40.0850 p<.0001

Geloof moeder (LLN10.1)	*Geloof vader (LLN9.1)*				
	Gelovig	*Ongelovig*	*Hij twijfelt*	*Ik weet het niet*	Totaal
Gelovig	317 *55,71%*	82 *14,41%*	32 *5,62%*	138 *24,25%*	569
Ongelovig	17 *9,50%*	128 *71,51%*	9 *5,03%*	25 *13,97%*	179
Ze twijfelt	17 *13,28%*	38 *29,69%*	44 *34,38%*	29 *22,66%*	128
Ik weet het niet	22 *7,14%*	30 *9,74%*	6 *1,95%*	250 *81,17%*	308
Totaal	373	278	91	442	1184

Chi-Square=782.3222 p<.0001

Geloof moeder (LLN10.1)	*Religieuze praktijk vader (LLN9.2)*			
	Nooit	*Zelden*	*Maandelijks/meerdere keren per maand/wekelijks*	Totaal
Gelovig	204 *36,11%*	218 *38,58%*	143 *25,31%*	565
Ongelovig	136 *75,98%*	33 *18,44%*	10 *5,59%*	179
Ze twijfelt	65 *51,18%*	53 *41,73%*	9 *7,09%*	127
Ik weet het niet	150 *48,70%*	138 *44,81%*	20 *6,49%*	308
Totaal	555	442	182	1179

Chi-Square=137.9774 p<.0001

Geloof moeder (LLN10.1)	*Geloofs-communicatie moeder (LLN10.3)*				
	Nooit	*Zelden*	*Soms*	*Regelmatig/dagelijks*	Totaal
Gelovig	136 *23,65%*	241 *41,91%*	164 *28,52%*	34 *5,91%*	575
Ongelovig	112 *61,20%*	54 *29,51%*	15 *8,20%*	2 *1,09%*	183
Zij twijfelt	45 *33,58%*	67 *50,00%*	21 *15,67%*	1 *0,75%*	134
Ik weet het niet	182 *57,41%*	107 *33,75%*	27 *8,52%*	1 *0,32%*	317
Totaal	475	469	227	38	1209

Chi-Square=183.1371 p<.0001

- Samenhang met 10.2 religieuze praktijk moeder

Religieuze praktijk moeder (LLN10.2)		*Cohesie (LLN06B)*		
	N	*x̄*	*σ*	*Variabelen met significant verschil*
Nooit	444	3.9370	1.0668	Nooit – maandelijks/meerdere keren per maand/wekelijks (-0.2656) Nooit – zelden (-0.2117)
Zelden	529	4.1488	0.9891	
Maandelijks/meerdere keren per maand/wekelijks	228	4.2026	1.0405	

p=0.0009

Religieuze praktijk moeder (LLN10.2)		*Niet-traditioneel gezinsdenken (LLN07A)*		
	N	*x̄*	*σ*	*Variabelen met significant verschil*
Nooit	451	4.5853	0.7642	Nooit – zelden (0.1397)
Zelden	532	4.4456	0.7951	
Maandelijks/meerdere keren per maand/wekelijks	228	4.5060	0.7391	

p=0.0188

Religieuze praktijk moeder (LLN10.2)		*Traditioneel gezinsdenken (LLN07B)*		
	N	*x̄*	*σ*	*Variabelen met significant verschil*
Nooit	451	3.5076	1.0570	Nooit – maandelijks/meerdere keren per maand/wekelijks (-0.6309) Zelden – maandelijks/meerdere keren per maand/wekelijks (-0.1928) Nooit – zelden (-0.4380)
Zelden	532	3.9457	0.9941	
Maandelijks/meerdere keren per maand/wekelijks	228	4.1385	0.9622	

p<.0001

Religieuze praktijk moeder (LLN10.2)		*Tweede naïviteit (LLN12A)*		
	N	$\bar{x}$	σ	*Variabelen met significant verschil*
Nooit	451	3.2149	0.9123	Nooit – maandelijks/meerdere keren per maand/wekelijks (-0.4823)
Zelden	532	3.4420	0.9388	Zelden – maandelijks/meerdere keren per maand/wekelijks (-0.2552)
Maandelijks/meerdere keren per maand/wekelijks	228	3.6973	0.9021	Nooit-zelden (-0.2271)

p<.0001

Religieuze praktijk moeder (LLN10.2)		*Relativisme (LLN12B)*		
	N	$\bar{x}$	σ	*Variabelen met significant verschil*
Nooit	451	3.5515	0.8204	Nooit – maandelijks/meerdere keren per maand/wekelijks (-0.2492)
Zelden	532	3.5950	0.7643	Zelden – maandelijks/meerdere keren per maand/wekelijks (-0.2058)
Maandelijks/meerdere keren per maand/wekelijks	228	3.8008	0.7124	

p=0.0003

Religieuze praktijk moeder (LLN10.2)		*Externe kritiek (LLN12C)*		
	N	$\bar{x}$	σ	*Variabelen met significant verschil*
Nooit	451	3.6202	0.9448	Nooit – maandelijks/meerdere keren per maand/wekelijks (0.4214)
Zelden	532	3.4160	0.8479	Nooit – zelden (0.2042)
Maandelijks/meerdere keren per maand/wekelijks	228	3.1987	0.9280	Zelden – maandelijks/meerdere keren per maand/wekelijks (0.2172)

p<.0001

Religieuze praktijk moeder (LLN10.2)		*Orthodoxie (LLN12D)*		
	N	$\bar{x}$	σ	*Variabelen met significant verschil*
Nooit	451	1.8958	0.7605	Nooit – maandelijks/meerdere keren per maand/wekelijks (-0.3925)
Zelden	532	2.2518	0.8951	Nooit – zelden (-0.3560)
Maandelijks/meerdere keren per maand/wekelijks	228	2.2883	0.9051	

p<.0001

Religieuze praktijk moeder (LLN10.2)		*Biografische leerkracht (LLN13A)*		
	N	$\bar{x}$	σ	*Variabelen met significant verschil*
Nooit	451	4.3781	0.8279	Nooit – maandelijks/meerdere keren per maand/wekelijks (-0.2259)
Zelden	532	4.4416	0.8151	Zelden – maandelijks/meerdere keren per maand/wekelijks (-0.1624)
Maandelijks/meerdere keren per maand/wekelijks	228	4.6040	0.7352	

p=0.0026

Religieuze praktijk moeder (LLN10.2)	*Dogmatische leerkracht (LLN13B)*			
	N	*x̄*	*σ*	*Variabelen met significant verschil*
Nooit	451	2.6537	1.1982	Nooit – maandelijks/meerdere keren per maand/wekelijks (0.2341)
Zelden	532	2.5733	1.0490	
Maandelijks/meerdere keren per maand/wekelijks	228	2.4195	1.0664	

p=0.0347

Religieuze praktijk moeder (LLN10.2)	*Geloofsautonomie moeder (LLN10_4A)*			
	N	*x̄*	*σ*	*Variabelen met significant verschil*
Nooit	449	5.1635	0.9158	Nooit – maandelijks/meerdere keren per maand/wekelijks (1.0637) Nooit – zelden (0.4144) Zelden – maandelijks/meerdere keren per maand/wekelijks (0.6492)
Zelden	532	4.7490	1.0558	
Maandelijks/meerdere keren per maand/wekelijks	228	4.0997	1.2548	

p<.0001

Religieuze praktijk moeder (LLN10.2)	*Geloofsbetrokkenheid moeder (LLN10_4B)*			
	N	*x̄*	*σ*	*Variabelen met significant verschil*
Nooit	449	3.3752	1.3879	Nooit – maandelijks/meerdere keren per maand/wekelijks (-0.4120)
Zelden	532	3.5375	1.3444	
Maandelijks/meerdere keren per maand/wekelijks	228	3.7872	1.3089	

p=0.0009

Religieuze praktijk moeder (LLN10.2)	*Klasdiscours (LLN14A)*			
	N	*x̄*	*σ*	*Variabelen met significant verschil*
Nooit	450	4.0583	1.0014	Nooit – maandelijks/meerdere keren per maand/wekelijks (-0.2718) Zelden – maandelijks/meerdere keren per maand/wekelijks (-0.1764)
Zelden	532	4.1537	0.9367	
Maandelijks/meerdere keren per maand/wekelijks	228	4.3301	0.8334	

p=0.0019

Religieuze praktijk moeder (LLN10.2)	*Hermeneutische verlamming (LLN15A)*			
	N	*x̄*	*σ*	*Variabelen met significant verschil*
Nooit	450	3.9435	1.0889	Nooit – maandelijks/meerdere keren per maand/wekelijks (0.6441) Nooit – zelden (0.2207) Zelden – maandelijks/meerdere keren per maand/wekelijks (0.4234)
Zelden	532	3.7227	1.0394	
Maandelijks/meerdere keren per maand/wekelijks	228	3.2993	0.9974	

p<.0001

Religieuze praktijk moeder (LLN10.2)		*Hermeneutische competentie (LLN15B)*		
	N	*x̄*	*σ*	*Variabelen met significant verschil*
Nooit	449	3.0567	1.0743	Nooit – maandelijks/meerdere keren per maand/wekelijks (-0.4183) Nooit – zelden (-0.2248) Zelden – maandelijks/meerdere keren per maand/wekelijks (-0.1935)
Zelden	532	3.2816	1.0331	
Maandelijks/meerdere keren per maand/wekelijks	228	3.4751	0.9693	

p<.0001

Religieuze praktijk moeder (LLN10.2)		*Historische traditie (LLN17A)*		
	N	*x̄*	*σ*	*Variabelen met significant verschil*
Nooit	451	2.6237	0.9412	Nooit – maandelijks/meerdere keren per maand/wekelijks (-0.4415) Nooit – zelden (-0.2894)
Zelden	531	2.9132	0.8808	
Maandelijks/meerdere keren per maand/wekelijks	227	3.0653	0.8605	

p<.0001

Religieuze praktijk moeder (LLN10.2)		*Traditie-relevantie (LLN17B)*		
	N	*x̄*	*σ*	*Variabelen met significant verschil*
Nooit	451	3.2854	0.9238	Nooit – maandelijks/meerdere keren per maand/wekelijks (-0.4476) Nooit – zelden (-0.2170) Zelden – maandelijks/meerdere keren per maand/wekelijks (-0.2306)
Zelden	531	3.5025	0.9144	
Maandelijks/meerdere keren per maand/wekelijks	227	3.7331	0.7817	

p<.0001

Religieuze praktijk moeder (LLN10.2)		*Communicatieve betrokkenheid (LLN18A)*		
	N	*x̄*	*σ*	*Variabelen met significant verschil*
Nooit	450	3.2451	0.9244	Nooit – maandelijks/meerdere keren per maand/wekelijks (-0.3550) Nooit – zelden (-0.1399) Zelden – maandelijks/meerdere keren per maand/wekelijks (-0.2151)
Zelden	531	3.3851	0.8844	
Maandelijks/meerdere keren per maand/wekelijks	227	3.6002	0.8329	

p<.0001

Religieuze praktijk moeder (LLN10.2)	*Belang van levensbeschouwing (LLN8.3)*			
	N	$\bar{x}$	σ	*Variabelen met significant verschil*
Nooit	446	2.8385	1.3527	Nooit – maandelijks/meerdere keren per maand/wekelijks (-0.8489) Nooit – zelden (-0.3917) Zelden – maandelijks/meerdere keren per maand/wekelijks (-0.4571)
Zelden	521	3.2303	1.1704	
Maandelijks/meerdere keren per maand/wekelijks	224	3.6875	1.2672	

p<.0001

Religieuze praktijk moeder (LLN10.2)	*Geloof beleven met ouders (LLN8.8.1)*			
	N	$\bar{x}$	σ	*Variabelen met significant verschil*
Nooit	449	1.6948	0.84409	Nooit – maandelijks/meerdere keren per maand/wekelijks (-1.1157) Nooit – zelden (-0.3695)
Zelden	528	2.0643	0.8731	
Maandelijks/meerdere keren per maand/wekelijks	227	2.8105	0.9795	

p<.0001

Religieuze praktijk moeder (LLN10.2)	*Diploma moeder (LLN5.1)*				
	Geen diploma/lager onderwijs/lager secundair onderwijs	*Hoger secundair onderwijs*	*Hoger niet-univ. onderwijs*	*Universitair onderwijs*	Totaal
Nooit	104 *23,37%*	173 *38,88%*	127 *28,54%*	41 *9,21%*	445
Zelden	98 *18,60%*	185 *35,10%*	185 *35,10%*	59 *11,20%*	527
Maandelijks/meerdere keren per maand/wekelijks	51 *22,77%*	57 *25,45%*	78 *34,82%*	38 *16,96%*	224
Totaal	253	415	390	138	1196

Chi-Square=22.1859 p=0.0011

Religieuze praktijk moeder (LLN10.2)	*Aard godsdienstige opvoeding (LLN8.1)*				
	Katholiek	*Christelijk*	*Islamitisch*	*Religieloos*	Totaal
Nooit	217 *49,66%*	91 *20,82%*	1 *0,23%*	128 *29,29%*	437
Zelden	312 *60,12%*	161 *31,02%*	9 *1,73%*	37 *7,13%*	519
Maandelijks/meerdere keren per maand/wekelijks	157 *70,09%*	54 *24,11%*	9 *4,02%*	4 *1,79%*	224
Totaal	686	306	19	169	1180

Chi-Square=146.1152 p<.0001

Religieuze praktijk moeder (LLN10.2)	*Eigen geloof (LLN8.2)*			
	Ja	*Neen*	*Ik twijfel*	Totaal
Nooit	70 *15,56%*	248 *55,11%*	132 *29,33%*	450
Zelden	137 *25,95%*	163 *30,87%*	228 *43,18%*	528
Maandelijks/meerdere keren per maand/wekelijks	99 *43,42%*	50 *21,93%*	79 *34,65%*	228
Totaal	306	461	439	1206

Chi-Square=116.3439 p<.0001

Religieuze praktijk moeder (LLN10.2)	*Religieuze praktijk (LLN8.4)*			
	Nooit	*Zelden*	*Maandelijks/meerdere keren per maand/wekelijks*	Totaal
Nooit	333 *73,84%*	108 *23,95%*	10 *2,22%*	451
Zelden	83 *15,63%*	409 *77,02%*	39 *7,34%*	531
Maandelijks/meerdere keren per maand/wekelijks	17 *7,46%*	93 *40,79%*	118 *51,75%*	228
Totaal	433	610	167	1210

Chi-Square=733.1683 p<.0001

Religieuze praktijk moeder (LLN10.2)	*Bidden (LLN8.5)*				
	Nooit	*Zelden*	*Soms*	*Regelmatig/dagelijks*	Totaal
Nooit	219 *48,56%*	140 *31,04%*	62 *13,75%*	30 *6,65%*	451
Zelden	146 *27,50%*	206 *38.79%*	125 *23,54%*	54 *10,17%*	531
Maandelijks/meerdere keren per maand/wekelijks	47 *20,70%*	59 *25,99%*	70 *30,84%*	51 *22,47%*	227
Totaal	412	405	257	135	1209

Chi-Square=113.2280 p<.0001

Religieuze praktijk moeder (LLN10.2)	*Gevormd (LLN8.7)*		
	Ja	*Neen*	Totaal
Nooit	407 *90,44%*	43 *9,56%*	450
Zelden	504 *96,74%*	17 *3,26%*	521
Maandelijks/meerdere keren per maand/wekelijks	214 *95,96%*	9 *4,04%*	223
Totaal	1125	69	1194

Chi-Square=19.0890 p<.0001

Religieuze praktijk moeder (LLN10.2)	*Geloof vader (LLN9.1)*				
	Gelovig	*Ongelovig*	*Hij twijfelt*	*Ik weet het niet*	Totaal
Nooit	79 *18,08%*	159 *36,38%*	31 *7,09%*	168 *38,44%*	437
Zelden	166 *31,80%*	92 *17,62%*	45 *8,62%*	219 *41,95%*	522
Maandelijks/meerdere keren per maand/wekelijks	126 *55,75%*	27 *11,95%*	15 *6,64%*	58 *25,66%*	226
Totaal	371	278	91	445	1185

Chi-Square=131.4757 p<.0001

Religieuze praktijk moeder (LLN10.2)	*Religieuze praktijk vader (LLN9.2)*			
	Nooit	*Zelden*	*Maandelijks/meerdere keren per maand/wekelijks*	Totaal
Nooit	384 *87,87%*	34 *7,78%*	19 *4,35%*	437
Zelden	130 *25,00%*	353 *67,88%*	37 *7,12%*	520
Maandelijks/meerdere keren per maand/wekelijks	43 *19,11%*	56 *24,89%*	126 *56,00%*	225
Totaal	557	443	182	1182

Chi-Square=784.7994 p<.0001

- Samenhang met 10.3 geloofscommunicatie moeder

Geloofscommunicatie moeder (LLN10.3)		*Responsiviteit moeder (LLN05_3A)*		
	N	$\bar{x}$	σ	*Variabelen met significant verschil*
Nooit	475	4.1611	1.1900	Nooit – regelmatig/dagelijks (-0.7763) Nooit – soms (-0.6006)
Zelden	471	4.5696	1.0607	
Soms	227	4.7617	0.9569	
Regelmatig/dagelijks	38	4.9375	0.8736	

p<.0001

Geloofscommunicatie moeder (LLN10.3)		*Autonomie moeder (LLN05_3B)*		
	N	$\bar{x}$	σ	*Variabelen met significant verschil*
Nooit	475	3.7599	0.8862	Nooit – soms (-0.2576)
Zelden	471	3.8695	0.8564	
Soms	227	4.0176	0.8908	
Regelmatig/dagelijks	38	4.0394	0.9295	

p=0.0018

Geloofscommunicatie moeder (LLN10.3)		*Opvolging moeder (LLN05_4)*		
	N	$\bar{x}$	σ	*Variabelen met significant verschil*
Nooit	475	4.6705	0.9750	Nooit – soms (-0.3506)
Zelden	470	4.986	0.7544	Nooit – zelden (-0.3156)
Soms	227	5.0211	0.7852	
Regelmatig/dagelijks	38	5.0000	0.9856	

p<.0001

Geloofscommunicatie moeder (LLN10.3)		*Cohesie (LLN06B)*		
	N	$\bar{x}$	σ	*Variabelen met significant verschil*
Nooit	474	3.8299	1.0504	Nooit – regelmatig/dagelijks (-0.5767)
Zelden	466	4.2148	0.9728	Nooit – zelden (-0.3849)
Soms	226	4.2778	1.0153	Nooit – soms (-0.4479)
Regelmatig/dagelijks	37	4.4066	1.0186	

p<.0001

Geloofscommunicatie moeder (LLN10.3)		*Niet-traditioneel gezinsdenken (LLN07A)*		
	N	$\bar{x}$	σ	*Variabelen met significant verschil*
Nooit	477	4.4520	0.7806	Nooit – soms (-0.1768)
Zelden	471	4.5188	0.7628	
Soms	227	4.6288	0.7625	
Regelmatig/dagelijks	38	4.4046	0.8584	

p=0.0322

Geloofscommunicatie moeder (LLN10.3)		*Traditioneel gezinsdenken (LLN07B)*		
	N	$\bar{x}$	σ	*Variabelen met significant verschil*
Nooit	477	4.4520	1.0597	Nooit – zelden (-0.2608)
Zelden	471	4.5188	1.0121	Nooit – soms (-0.2234)
Soms	227	4.6288	1.0292	
Regelmatig/dagelijks	38	4.4046	1.0625	

p=0.0007

Geloofscommunicatie moeder (LLN10.3)		*Tweede naïviteit (LLN12A)*		
	N	$\bar{x}$	σ	*Variabelen met significant verschil*
Nooit	477	3.0871	0.9763	Nooit – regelmatig/dagelijks (-0.8861)
Zelden	471	3.5113	0.7941	Nooit – zelden (-0.4241)
Soms	227	3.7647	0.9182	Nooit – soms (-0.5775)
Regelmatig/dagelijks	38	3.9733	0.8877	Zelden – soms (-0.2533)
				Zelden – regelmatig/dagelijks (-0.4620)

p<.0001

Geloofscommunicatie moeder (LLN10.3)		*Relativisme (LLN12B)*		
	N	$\bar{x}$	σ	*Variabelen met significant verschil*
Nooit	477	3.4237	0.8588	Nooit – regelmatig/dagelijks (-0.5297)
Zelden	471	3.6602	0.6885	Nooit – zelden (-0.2365)
Soms	227	3.8873	0.7047	Nooit – soms (-0.4636)
Regelmatig/dagelijks	38	3.9534	0.6374	Zelden – soms (-0.2270)

p<.0001

Geloofscommunicatie moeder (LLN10.3)		*Externe kritiek (LLN12C)*		
	N	$\bar{x}$	σ	*Variabelen met significant verschil*
Nooit	477	3.5505	0.9519	Nooit – soms (0.2280)
Zelden	471	3.4353	0.8556	
Soms	227	3.3225	0.9355	
Regelmatig/dagelijks	38	3.1765	0.7840	

p=0.0031

Geloofscommunicatie moeder (LLN10.3)		*Orthodoxie (LLN12D)*		
	N	$\bar{x}$	σ	*Variabelen met significant verschil*
Nooit	477	2.0307	0.8349	Nooit – regelmatig/dagelijks (-0.4805)
Zelden	471	2.1402	0.7993	Nooit – soms (-0.2005)
Soms	227	2.2312	0.9496	
Regelmatig/dagelijks	38	2.5112	1.3089	

p=0.0008

Geloofscommunicatie moeder (LLN10.3)		*Biografische leerkracht (LLN13A)*		
	N	$\bar{x}$	σ	*Variabelen met significant verschil*
Nooit	477	4.3567	0.8470	Nooit – regelmatig/dagelijks (-0.3713)
Zelden	471	4.4657	0.7727	Nooit – soms (-0.2036)
Soms	227	4.5603	0.8030	
Regelmatig/dagelijks	38	4.7280	0.6488	

p=0.0016

Geloofscommunicatie moeder (LLN10.3)		*Dogmatische leerkracht (LLN13B)*		
	N	$\bar{x}$	σ	*Variabelen met significant verschil*
Nooit	477	2.7124	1.1924	Nooit – zelden (0.2262)
Zelden	471	2.4861	1.0197	
Soms	227	2.5036	1.0922	
Regelmatig/dagelijks	38	2.3245	1.1190	

p=0.0042

Geloofscommunicatie moeder (LLN10.3)	*Geloofsautonomie moeder (LLN10_4A)*			
	N	$\bar{x}$	σ	*Variabelen met significant verschil*
Nooit	475	4.8740	1.0765	Nooit – regelmatig/dagelijks (0.6700)
Zelden	471	4.8349	1.0581	Nooit – soms (0.3002)
Soms	227	4.5737	1.2096	Zelden – soms (0.2611)
Regelmatig/dagelijks	38	4.2039	1.3214	Zelden – regelmatig/dagelijks (0.6309)

p<.0001

Geloofscommunicatie moeder (LLN10.3)	*Geloofsbetrokkenheid moeder (LLN10_4B)*			
	N	$\bar{x}$	σ	*Variabelen met significant verschil*
Nooit	475	2.9694	1.3998	Nooit – regelmatig/dagelijks (-2.0305)
Zelden	471	3.6316	1.2062	Nooit – zelden (-0.6621)
Soms	227	4.2158	1.0589	Nooit – soms (-1.2463)
Regelmatig/dagelijks	38	5.0000	0.8776	Zelden – soms (-0.5842)
				Zelden – regelmatig/dagelijks (-1.3683)
				Soms – regelmatig/dagelijks (-0.7841)

p<.0001

Geloofscommunicatie moeder (LLN10.3)	*Klasdiscours (LLN14A)*			
	N	$\bar{x}$	σ	*Variabelen met significant verschil*
Nooit	476	3.9892	1.0015	Nooit – regelmatig/dagelijks (-0.5809)
Zelden	471	4.2260	0.9065	Nooit – zelden (-0.2367)
Soms	227	4.2396	0.8677	Nooit – soms (-0.2803)
Regelmatig/dagelijks	38	4.5701	0.8642	

p<.0001

Geloofscommunicatie moeder (LLN10.3)	*Hermeneutische verlamming (LKR15A)*			
	N	$\bar{x}$	σ	*Variabelen met significant verschil*
Nooit	476	4.0122	1.0873	Nooit – regelmatig/dagelijks (0.8719)
Zelden	471	3.6417	1.0253	Nooit – soms (0.6139)
Soms	227	3.3983	0.9803	Nooit – zelden (0.3705)
Regelmatig/dagelijks	38	3.1403	1.0789	Zelden – soms (0.2434)
				Zelden – regelmatig/dagelijks (0.5013)

p<.0001

Geloofscommunicatie moeder (LLN10.3)	*Hermeneutische competentie (LLN15B)*			
	N	$\bar{x}$	σ	*Variabelen met significant verschil*
Nooit	475	3.0066	1.0649	Nooit – regelmatig/dagelijks (-0.5021)
Zelden	471	3.3354	0.9728	Nooit – zelden (-0.3287)
Soms	227	3.4574	1.0841	Nooit – soms (-0.4507)
Regelmatig/dagelijks	38	3.5087	0.9609	

p<.0001

Geloofscommunicatie moeder (LLN10.3)		*Historische traditie (LLN17A)*		
	N	*x̄*	*σ*	*Variabelen met significant verschil*
Nooit	476	2.7200	0.9352	Nooit – regelmatig/dagelijks (-0.5036)
Zelden	470	2.8709	0.8900	Nooit – soms (-0.2116)
Soms	227	2.9317	0.8960	
Regelmatig/dagelijks	38	3.2236	0.8944	

p=0.0005

Geloofscommunicatie moeder (LLN10.3)		*Traditie-relevantie (LLN17B)*		
	N	*x̄*	*σ*	*Variabelen met significant verschil*
Nooit	476	3.2570	0.9402	Nooit – regelmatig/dagelijks (-0.5873)
Zelden	470	3.5576	0.8509	Nooit – zelden (-0.3006)
Soms	227	3.6442	0.8808	Nooit – soms (-0.3872)
Regelmatig/dagelijks	38	3.8442	0.8186	

p<.0001

Geloofscommunicatie moeder (LLN10.3)		*Communicatieve betrokkenheid (LLN18A)*		
	N	*x̄*	*σ*	*Variabelen met significant verschil*
Nooit	477	3.2119	0.9473	Nooit – regelmatig/dagelijks (-0.4065)
Zelden	468	3.4230	0.7970	Nooit – zelden (-0.2111)
Soms	227	3.5748	0.9297	Nooit – soms (-0.3629)
Regelmatig/dagelijks	38	3.6184	0.9185	

p<.0001

Geloofscommunicatie moeder (LLN10.3)		*Communicatieve openheid (LLN18B)*		
	N	*x̄*	*σ*	*Variabelen met significant verschil*
Nooit	477	4.3118	0.9250	Geen significante verschillen
Zelden	468	4.4602	0.8473	
Soms	227	4.4797	0.8749	
Regelmatig/dagelijks	38	4.5947	1.0412	

p=0.0163

Geloofscommunicatie moeder (LLN10.3)		*Belang van levensbeschouwing (LLN8.3)*		
	N	*x̄*	*σ*	*Variabelen met significant verschil*
Nooit	470	2.6531	1.2514	Nooit – regelmatig/dagelijks (-1.9954)
Zelden	463	3.2958	1.1438	Nooit – zelden (-0.6427)
Soms	223	3.7578	1.2172	Nooit – soms (-1.1046)
Regelmatig/dagelijks	37	4.6486	1.0597	Zelden – soms (-0.4619) Zelden – regelmatig/dagelijks (-1.3527) Soms – regelmatig/dagelijks (-0.8908)

p<.0001

Geloofscommunicatie moeder (LLN10.3)		*Geloof beleven met ouders (LLN8.8.1)*		
	N	$\bar{x}$	σ	*Variabelen met significant verschil*
Nooit	474	1.3902	0.6384	Nooit – regelmatig/dagelijks (-2.4475)
Zelden	469	2.1897	0.7222	Nooit – zelden (-0.7994)
Soms	226	2.9424	0.7838	Nooit – soms (-1.5521)
Regelmatig/dagelijks	37	3.8378	1.0141	Zelden – soms (-0.7527) Zelden – regelmatig/dagelijks (-1.6408) Soms – regelmatig/dagelijks (-0.8953)

p<.0001

Geloofscommunicatie moeder (LLN10.3)	*Diploma moeder (LLN5.1)*				
	Geen diploma/lager onderwijs/lager secundair onderwijs	*Hoger secundair onderwijs*	*Hoger niet-universitair onderwijs*	*Universitair onderwijs*	Totaal
Nooit	110 *23,40%*	171 *36,38%*	141 *30,00%*	48 *10,21%*	470
Zelden	90 *19,35%*	161 *34,62%*	158 *33,98%*	56 *12,04%*	465
Soms	40 *17,78%*	72 *32,00%*	87 *38,67%*	26 *11,56%*	225
Regelmatig/dagelijks	13 *34,21%*	12 *31,58%*	5 *13,16%*	8 *21,05%*	38
Totaal	253	416	391	138	1198

Chi-Square=19.0713 p=0.0246

Geloofscommunicatie moeder (LLN10.3)	*Aard godsdienstige opvoeding (LLN8.1)*				
	Katholiek	*Christelijk*	*Islamitisch*	*Religieloos*	Totaal
Nooit	260 *55,79%*	110 *23,61%*	1 *0,21%*	95 *20,39%*	466
Zelden	275 *59,01%*	127 *27,25%*	4 *0,86%*	60 *12,88%*	466
Soms	132 *61,97%*	61 *28,64%*	7 *3,29%*	13 *6,10%*	213
Regelmatig/dagelijks	20 *54,05%*	8 *21,62%*	7 *18,92%*	2 *5,41%*	37
Totaal	687	306	19	170	1182

Chi-Square=107.9099 p<.0001

Geloofscommunicatie moeder (LLN10.3)	*Eigen geloof (LLN8.2)*			
	Ja	*Neen*	*Ik twijfel*	Totaal
Nooit	59 *12,42%*	262 *55,16%*	154 *32,42%*	475
Zelden	125 *26,54%*	152 *32,27%*	194 *41,19%*	471
Soms	97 *43,30%*	45 *20,09%*	82 *36,61%*	224
Regelmatig/dagelijks	25 *64,79%*	3 *7,89%*	10 *26,32%*	38
Totaal	306	462	440	1208

Chi-Square=159.1164 p<.0001

Geloofscommunicatie moeder (LLN10.3)	*Religieuze praktijk (LLN8.4)*			
	Nooit	*Zelden*	*Maandelijks/meerdere keren per maand/wekelijks*	Totaal
Nooit	241 *50,52%*	208 *43,61%*	28 *5,87%*	477
Zelden	135 *28,66%*	283 *60,08%*	53 *11,25%*	471
Soms	49 *21,68%*	107 *47,35%*	70 *30,97%*	226
Regelmatig/dagelijks	9 *23,68%*	13 *34,21%*	16 *42,11%*	38
Totaal	434	611	167	1212

Chi-Square=159.7004 p<.0001

Geloofscommunicatie moeder (LLN10.3)	*Bidden (LLN8.5)*				
	Nooit	*Zelden*	*Soms*	*Regelmatig/dagelijks*	Totaal
Nooit	232 *48,64%*	154 *32,29%*	59 *12,37%*	32 *6,71%*	477
Zelden	122 *25,96%*	184 *39,15%*	124 *26,38%*	40 *8,51%*	470
Soms	52 *22,91%*	65 *28,63%*	63 *27,75%*	47 *20,70%*	227
Regelmatig/dagelijks	6 *16,22%*	4 *10,81%*	11 *29,73%*	16 *43,24%*	37
Totaal	412	407	257	135	1211

Chi-Square=156.0513 p<.0001

Geloofscommunicatie moeder (LLN10.3)	*Geloof vader (LLN9.1)*				
	Gelovig	*Ongelovig*	*Hij twijfelt*	*Ik weet het niet*	Totaal
Nooit	95 *20,30%*	141 *30,13%*	28 *5,98%*	204 *43,59%*	468
Zelden	158 *34,42%*	92 *20,04%*	40 *8,71%*	169 *36,82%*	459
Soms	100 *44,44%*	41 *18,22%*	21 *9,33%*	63 *28,00%*	225
Regelmatig/dagelijks	19 *54,29%*	4 *11,43%*	2 *5,71%*	10 *28,57%*	35
Totaal	372	278	91	446	1187

Chi-Square=67.9737 p<.0001

Geloofscommunicatie moeder (LLN10.3)	*Religieuze praktijk vader (LLN9.2)*			
	Nooit	*Zelden*	*Maandelijks/meerdere keren per maand/wekelijks*	Totaal
Nooit	280 *60,09%*	141 *30,26%*	45 *9,66%*	466
Zelden	181 *39,52%*	223 *48,69%*	54 *11,79%*	458
Soms	88 *39,29%*	67 *29,91%*	69 *30,80%*	224
Regelmatig/dagelijks	9 *25,71%*	12 *34,29%*	14 *40,00%*	35
Totaal	558	443	182	1183

Chi-Square=116.0988 p<.0001

Geloofscommunicatie moeder (LLN10.3)	*Geloofscommunicatie vader (LLN9.3)*				
	Nooit	*Zelden*	*Soms*	*Regelmatig/dagelijks*	Totaal
Nooit	407 *87,15%*	48 *10,28%*	11 *2,36%*	1 *0,21%*	467
Zelden	150 *32,75%*	263 *57,42%*	41 *8,95%*	4 *0,87%*	458
Soms	58 *25,89%*	63 *28,13%*	96 *42,86%*	7 *3,13%*	224
Regelmatig/dagelijks	7 *20,00%*	6 *17,14%*	9 *25,71%*	13 *37,14%*	35
Totaal	622	380	157	25	1184

Chi-Square=758.4696 p<.0001

Geloofscommunicatie moeder (LLN10.3)	*Religieuze praktijk moeder (LLN10.3)*			
	Nooit	*Zelden*	*Maandelijks/meerdere keren per maand/wekelijks*	Totaal
Nooit	259 *54,41%*	181 *38,03%*	36 *7,56%*	476
Zelden	138 *29,36%*	255 *54,26%*	77 *16,38%*	470
Soms	45 *19,82%*	85 *37,44%*	97 *42,73%*	227
Regelmatig/dagelijks	9 *23,68%*	11 *28,95%*	18 *47,37%*	38
Totaal	451	532	228	1211

Chi-Square= 204.0884 p<.0001

- Samenhang met 11.1 mate godsdienstige opvoeding door ouders

	Mate godsdienstige opvoeding door ouders (LLN11.1)
Responsiviteit vader (LLN04_3A)	0.05760*
Responsiviteit moeder (LLN05_3A)	0.06498*
Autonomie vader (LLN04_3B)	
Autonomie moeder (LLN05_3B)	
Striktheid vader (LLN04_3C)	0.09883**
Striktheid moeder (LLN05_3C)	0.09611**
Opvolging vader (LLN04_4)	0.10005**
Opvolging moeder (LLN05_4)	0.08663**
Conflict (LLN06A)	
Cohesie (LLN06B)	0.15255***
Niet-traditioneel gezinsdenken (LLN07A)	-0.10448**
Traditioneel gezinsdenken (LLN07B)	0.32270***
Geloofsautonomie vader (LLN09_4A)	-0.30152***
Geloofsautonomie moeder (LLN10_4A)	-0.31888***
Geloofsbetrokkenheid vader (LLN09_4B)	0.16541***
Geloofsbetrokkenheid moeder (LLN10_4B)	0.17999***
Tweede naïviteit (LLN12A)	0.36178***
Relativisme (LLN12B)	0.19202***
Externe kritiek (LLN12C)	-0.22326***
Orthodoxie (LLN12D)	0.35085***
Biografische leerkracht (LLN13A)	0.06819*
Dogmatische leerkracht (LLN13B)	
Klasdiscours (LLN14A)	0.15205***
Hermeneutische verlamming (LLN15A)	-0.28946***

Hermeneutische competentie (LLN15B)	0.24512***
Historische traditie (LLN17A)	0.24498***
Traditie-relevantie (LLN17B)	0.24301***
Communicatieve betrokkenheid (LLN18A)	0.19096***
Communicatieve openheid (LLN18B)	
Belang van levensbeschouwing (LLN8.3)	0.43982***
Geloof beleven met ouders (LLN8.8.1)	0.46951***

Aard godsdienstige opvoeding (LLN8.1)		*Mate godsdienstige opvoeding door ouders (LLN11.1)*		
	N	$\bar{x}$	σ	*Variabelen met significant verschil*
Katholiek	695	3.1755	1.1825	Islamitisch – religieloos (3.3625)
Christelijk	307	3.1140	1.1757	Katholiek – islamitisch (-1.8770)
Islamitisch	19	5.0526	0.9703	Katholiek – religieloos (1.4854)
Vrijzinnig, atheïstisch & zonder religie (religieloos)	171	1.6900	0.8560	Christelijk – religieloos (1.4239) Christelijk – islamitisch (-1.9386)

p<.0001

Eigen geloof (LLN8.2)		*Mate godsdienstige opvoeding door ouders (LLN11.1)*		
	N	$\bar{x}$	σ	*Variabelen met significant verschil*
Ja	311	3.8327	1.1518	Ja – neen (1.5541)
Neen	463	2.2786	1.1156	Ja – ik twijfel (0.7787)
Ik twijfel	444	3.0540	1.0986	Neen – ik twijfel (-0.7754)

p<.0001

Religieuze praktijk (LLN8.4)		*Mate godsdienstige opvoeding door ouders (LLN11.1)*		
	N	$\bar{x}$	σ	*Variabelen met significant verschil*
Nooit	438	2.2808	1.1304	Nooit – maandelijks/meerdere keren per maand/wekelijks (-2.0268)
Zelden	615	3.0747	1.0997	Nooit – zelden (-0.7939)
Maandelijks/meerdere keren per maand/wekelijks	169	4.3076	1.0118	Zelden – maandelijks/meerdere keren per maand/wekelijks (-1.2329)

p<.0001

Bidden (LLN8.5)		*Mate godsdienstige opvoeding door ouders (LLN11.1)*		
	N	$\bar{x}$	σ	*Variabelen met significant verschil*
Nooit	413	2.3874	1.1966	Nooit – regelmatig/dagelijks (-1.5243)
Zelden	414	2.8937	1.1126	Nooit – zelden (-0.5063)
Soms	258	3.4767	1.1303	Nooit – soms (-1.8093)
Regelmatig/dagelijks	136	3.9117	1.2965	Zelden – soms (-0.5830) Zelden – regelmatig/dagelijks (-1.0180) Soms – regelmatig/dagelijks (-0.4350)

p<.0001

Variabele	*Mate godsdienstige opvoeding door ouders*	*x̄*	*σ*	*p-waarde*
Gevormd (LLN8.7)	Ja	2.9965	1.2301	<.0001 (satterthwaite)
	Neen	2.0704	1.5055	
	Verschil	0.9261	1.2478	

Geloof vader (LLN9.1)		*Mate godsdienstige opvoeding door ouders (LLN11.1)*		
	N	*x̄*	*σ*	*Variabelen met significant verschil*
Gelovig	378	3.8068	1.1199	Gelovig – ongelovig(1.6450)
Ongelovig	278	2.1618	1.0943	Gelovig – hij twijfelt (1.0434)
Hij twijfelt	93	2.7634	1.0257	Gelovig – ik weet het niet (0.9943)
Ik weet het niet	448	2.8125	1.1452	Ongelovig – ik weet het niet (-0.6506) Ongelovig – hij twijfelt (-0.6015)

p<.0001

Religieuze praktijk vader (LLN9.2)		*Mate godsdienstige opvoeding door ouders (LLN11.1)*		
	N	*x̄*	*σ*	*Variabelen met significant verschil*
Nooit	560	2.4178	1.1303	Nooit – maandelijks/meerdere keren per maand/wekelijks (-1.8037)
Zelden	447	3.1454	1.0958	Nooit – zelden (-0.7275)
Maandelijks/meerdere keren per maand/wekelijks	185	4.2216	1.0578	Zelden – maandelijks/meerdere keren per maand/wekelijks (-1.0762)

p<.0001

Geloofscommunicatie vader (LLN9.3)		*Mate godsdienstige opvoeding door ouders (LLN11.1)*		
	N	*x̄*	*σ*	*Variabelen met significant verschil*
Nooit	625	2.6048	1.1735	Nooit – regelmatig/dagelijks (-1.5105)
Zelden	384	3.1510	1.1909	Nooit – zelden (-0.5462)
Soms	158	3.8101	1.2320	Nooit – soms (-1.2053)
Regelmatig/dagelijks	26	4.1153	1.5576	Zelden – soms (-0.6590) Zelden – regelmatig/dagelijks (-0.9693)

p<.0001

Geloof moeder (LLN10.1)		*Mate godsdienstige opvoeding door ouders (LLN11.1)*		
	N	*x̄*	*σ*	*Variabelen met significant verschil*
Gelovig	575	3.6504	1.1236	Gelovig – ongelovig (1.9127)
Ongelovig	183	1.7377	0.9060	Gelovig – zij twijfelt (1.1280)
Zij twijfelt	134	2.5223	0.9711	Gelovig – ik weet het niet (1.0605)
Ik weet het niet	317	2.5899	1.0383	Ongelovig – zij twijfelt (-0.7846) Ongelovig – ik weet het niet (-0.8522)

p<.0001

Religieuze praktijk moeder (LLN10.2)		*Mate godsdienstige opvoeding door ouders (LLN11.1)*		
	N	*x̄*	*σ*	*Variabelen met significant verschil*
Nooit	451	2.1995	1.0708	Nooit – maandelijks/meerdere keren per maand/wekelijks (-1.9282)
Zelden	532	3.1033	1.0869	Nooit – zelden (-0.9038)
Maandelijks/meerdere keren per maand/wekelijks	227	4.1277	1.0116	Zelden – maandelijks/meerdere keren per maand/wekelijks (-1.0243)

$p<.0001$

Geloofscommunicatie moeder (LLN10.3)		*Mate godsdienstige opvoeding door ouders (LLN11.1)*		
	N	*x̄*	*σ*	*Variabelen met significant verschil*
Nooit	477	2.4297	1.1272	Zelden – regelmatig/dagelijks (-1.4133)
Zelden	470	3.0340	1.1529	Nooit – zelden (-0.6042)
Soms	227	3.6563	1.2323	Nooit – soms (-1.2266)
Regelmatig/dagelijks	38	4.4473	1.2454	Nooit – regelmatig/dagelijks (-2.0176) Zelden – soms (-0.6223) Soms – regelmatig/dagelijks (-0.7909)

$p<.0001$

- Samenhang met 11.2 mate godsdienstige opvoeding door grootouders

	Mate godsdienstige opvoeding door grootouders (LLN11.2)
Responsiviteit vader (LLN04_3A)	0.06957*
Responsiviteit moeder (LLN05_3A)	
Autonomie vader (LLN04_3B)	
Autonomie moeder (LLN05_3B)	
Striktheid vader (LLN04_3C)	0.07360*
Striktheid moeder (LLN05_3C)	0.06880*
Opvolging vader (LLN04_4)	
Opvolging moeder (LLN05_4)	0.07251*
Conflict (LLN06A)	
Cohesie (LLN06B)	0.07946*
Niet-traditioneel gezinsdenken (LLN07A)	
Traditioneel gezinsdenken (LLN07B)	0.16029***
Geloofsautonomie vader (LLN09_4A)	-0.13149***
Geloofsautonomie moeder (LLN10_4A)	-0.13712***
Geloofsbetrokkenheid vader (LLN09_4B)	0.12002***
Geloofsbetrokkenheid moeder (LLN10_4B)	0.12483***
Tweede naïviteit (LLN12A)	0.18726***
Relativisme (LLN12B)	0.11400***

Externe kritiek (LLN12C)	-0.10037**
Orthodoxie (LLN12D)	0.20947***
Biografische leerkracht (LLN13A)	
Dogmatische leerkracht (LLN13B)	
Klasdiscours (LLN14A)	0.11717***
Hermeneutische verlamming (LLN15A)	-0.13860***
Hermeneutische competentie (LLN15B)	0.18075***
Historische traditie (LLN17A)	0.16307***
Traditie-relevantie (LLN17B)	0.16395***
Communicatieve betrokkenheid (LLN18A)	0.16723***
Communicatieve openheid (LLN18B)	
Belang van levensbeschouwing (LLN8.3)	0.22341***
Geloof beleven met ouders (LLN8.8.1)	0.24399***
Geloof beleven met grootouders (LLN8.8.4)	0.51931***

Aard godsdienstige opvoeding (LLN8.1)	*Mate godsdienstige opvoeding door grootouders (LLN11.2)*			
	N	$\bar{x}$	σ	*Variabelen met significant verschil*
Katholiek	692	3.0924	1.4665	Islamitisch – religieloos (2.1403)
Christelijk	307	3.0749	1.4087	Katholiek – islamitisch (-1.0654)
Islamitisch	19	4.1578	1.8637	Katholiek – religieloos (1.0749)
Vrijzinnig, atheïstisch & zonder religie (religieloos)	171	2.0175	1.2763	Christelijk – islamitisch (-1.0829) Christelijk – religieloos (1.0573)

p<.0001

Eigen geloof (LLN8.2)	*Mate godsdienstige opvoeding door grootouders (LLN11.2)*			
	N	$\bar{x}$	σ	*Variabelen met significant verschil*
Ja	310	3.4774	1.4957	Ja – neen (1.0411)
Neen	463	2.4362	1.3987	Ja – ik twijfel (0.4231)
Ik twijfel	442	3.0542	1.4051	Neen – ik twijfel (-0.6180)

p<.0001

Religieuze praktijk (LLN8.4)	*Mate godsdienstige opvoeding door grootouders (LLN11.2)*			
	N	$\bar{x}$	σ	*Variabelen met significant verschil*
Nooit	438	2.4908	1.3909	Nooit – maandelijks/meerdere keren per maand/wekelijks (-1.1738)
Zelden	614	3.0504	1.4559	Nooit – zelden (-0.5596)
Maandelijks/meerdere keren per maand/wekelijks	167	3.6646	1.4832	Zelden – maandelijks/meerdere keren per maand/wekelijks (-0.6141)

p<.0001

Bidden (LLN8.5)		*Mate godsdienstige opvoeding door grootouders (LLN11.2)*		
	N	*x̄*	*σ*	*Variabelen met significant verschil*
Nooit	412	2.5873	1.4497	Zelden – soms (-0.4185)
Zelden	414	2.8888	1.4487	Nooit – regelmatig/dagelijks (-0.7904)
Soms	257	3.3073	1.4124	Nooit – zelden (-0.3015)
Regelmatig/dagelijks	135	3.3777	1.5781	Nooit – soms (-0.7200)
				Zelden – regelmatig/dagelijks (-0.4889)

p<.0001

Variabele	*Mate godsdienstige opvoeding door grootouders (LLN11.2)*	*x̄*	*σ*	*p-waarde*
Gedoopt (LLN8.6)	Ja	2.9370	1.4696	0.0198
	Neen	2.3000	1.7251	(pooled)
	Verschil	0.6370	1.4763	
Gevormd (LLN8.7)	Ja	2.9585	1.4673	<.0001
	Neen	2.2113	1.4630	(pooled)
	Verschil	0.7472	1.4671	

Geloof vader (LLN9.1)		*Mate godsdienstige opvoeding door grootouders (LLN11.2)*		
	N	*x̄*	*σ*	*Variabelen met significant verschil*
Gelovig	376	3.3563	1.5303	Gelovig – ongelovig (0.8671)
Ongelovig	278	2.4892	1.4488	Ongelovig – hij twijfelt (-0.7473)
Hij twijfelt	93	3.2365	1.4476	Gelovig – ik weet het niet (0.5577)
Ik weet het niet	447	2.7986	1.3657	Ongelovig – ik weet het niet (-0.3094)
				Hij twijfelt – ik weet het niet (0.4379)

p<.0001

Religieuze praktijk vader (LLN9.2)		*Mate godsdienstige opvoeding door grootouders (LLN11.2)*		
	N	*x̄*	*σ*	*Variabelen met significant verschil*
Nooit	559	2.5957	1.4484	Nooit – maandelijks/meerdere keren
Zelden	446	3.1636	1.4038	per maand/wekelijks (-0.8282)
Maandelijks/meerdere keren per maand/wekelijks	184	3.4239	1.5238	Nooit – zelden (-0.5679)

p<.0001

Geloofscommunicatie vader (LLN9.3)		*Mate godsdienstige opvoeding door grootouders (LLN11.2)*		
	N	*x̄*	*σ*	*Variabelen met significant verschil*
Nooit	624	2.6266	1.4344	Nooit – soms (-0.9177)
Zelden	382	3.1518	1.3928	Nooit – regelmatig/dagelijks (-0.9118)
Soms	158	3.5443	1.5458	Nooit – zelden (-0.5252)
Regelmatig/dagelijks	26	3.5384	1.7488	Zelden – soms (-0.3924)

p<.0001

Geloof moeder (LLN10.1)		*Mate godsdienstige opvoeding door grootouders (LLN11.2)*		
	N	*x̄*	*σ*	*Variabelen met significant verschil*
Gelovig	572	3.3076	1.4994	Gelovig – ongelovig (0.9907)
Ongelovig	183	2.3169	1.4250	Gelovig – hij twijfelt (0.5017)
Hij twijfelt	134	2.8059	1.3845	Gelovig – ik weet het niet (0.6452)
Ik weet het niet	317	2.6624	1.3393	Ongelovig – hij twijfelt (-0.4890) Ongelovig – ik weet het niet (0.3455)

p<.0001

Religieuze praktijk moeder (LLN10.2)		*Mate godsdienstige opvoeding door grootouders (LLN11.2)*		
	N	*x̄*	*σ*	*Variabelen met significant verschil*
Nooit	450	2.4755	1.4128	Nooit – maandelijks/meerdere keren per maand/wekelijks (-1.0177)
Zelden	532	3.0751	1.4095	Nooit – zelden (-0.5996)
Maandelijks/meerdere keren per maand/wekelijks	225	3.4933	1.5385	Zelden – maandelijks/meerdere keren per maand/wekelijks (-0.4181)

p<.0001

Geloofscommunicatie moeder (LLN10.3)		*Mate godsdienstige opvoeding door grootouders (LLN11.2)*		
	N	*x̄*	*σ*	*Variabelen met significant verschil*
Nooit	476	2.5189	1.3771	Nooit – regelmatig/dagelijks (-1.0337)
Zelden	468	3.1004	1.4473	Nooit – zelden (-0.5815)
Soms	227	3.3215	1.5278	Nooit – soms (-0.8026)
Regelmatig/dagelijks	38	3.5526	1.7351	

p<.0001

- Samenhang met 11.3 vormen beleefde geloofsopvoeding

Diploma moeder (LLN5.1)		*Vormen beleefde geloofsopvoeding (LLN11.3)*		
	N	*x̄*	*σ*	*Variabelen met significant verschil*
Geen diploma/lager onderwijs/lager secundair onderwijs	254	1.9632	0.7092	Hoger secundair onderwijs – hoger niet-universitair onderwijs (-0.1748)
Hoger secundair ond.	420	1.8703	0.6417	Hoger secundair onderwijs – universitair onderwijs (-0.1887)
Hoger niet-univ. ond.	394	2.0448	0.7241	
Universitair onderwijs	138	2.0590	0.7300	

p=0.0015

Aard godsdienstige opvoeding (LLN8.1)		*Vormen beleefde geloofsopvoeding (LLN11.3)*		
	N	*x̄*	*σ*	*Variabelen met significant verschil*
Katholiek	696	2.0454	0.6796	Katholiek – islamitisch (-0.7466)
Christelijk	307	2.0743	0.6824	Katholiek – religieloos (0.6254)
Islamitisch	19	2.7921	0.9100	Christelijk – islamitisch (-0.7177)
Vrijzinnig, atheïstisch & zonder religie (religieloos)	171	1.4199	0.4303	Christelijk – religieloos (0.6544) Islamitische – religieloos (1.3721)

$p<.0001$

Eigen geloof (LLN8.2)		*Vormen beleefde geloofsopvoeding (LLN11.3)*		
	N	*x̄*	*σ*	*Variabelen met significant verschil*
Ja	311	2.3700	0.7404	Ja – neen (0.7275)
Neen	464	1.6424	0.5293	Ja – ik twijfel (0.3438)
Ik twijfel	444	2.0262	0.6569	Neen – ik twijfel (-0.3837)

$p<.0001$

Religieuze praktijk (LLN8.4)		*Vormen beleefde geloofsopvoeding (LLN11.3)*		
	N	*x̄*	*σ*	*Variabelen met significant verschil*
Nooit	438	1.6076	0.5257	Nooit – zelden (-0.4161)
Zelden	615	2.0238	0.6108	Nooit – maandelijks/meerdere keren per maand/wekelijks (-1.0938)
Maandelijks/meerdere keren per maand/ wekelijks	170	2.7014	0.7541	Zelden – maandelijks/meerdere keren per maand/wekelijks (-0.6776)

$p<.0001$

Bidden (LLN8.5)		*Vormen beleefde geloofsopvoeding (LLN11.3)*		
	N	*x̄*	*σ*	*Variabelen met significant verschil*
Nooit	414	1.6834	0.5754	Nooit – zelden
Zelden	414	1.9213	0.6341	Nooit – soms
Soms	258	2.2406	0.6807	Nooit – regelmatig/dagelijks
Regelmatig/dagelijks	136	2.4469	0.7928	Zelden – soms

$p<.0001$

Variabele	*Gevormd (LLN8.7)*	*x̄*	*σ*	*p-waarde*
Vormen beleefde geloofsopvoeding (LLN11.3)	Ja	1.9816	0.6842	<.0001
	Neen	1.6042	0.7422	(pooled)
	Verschil	0.3773	0.6877	

Geloof vader (LLN9.1)		*Vormen beleefde geloofsopvoeding (LLN11.3)*		
	N	*x̄*	*σ*	*Variabelen met significant verschil*
Gelovig	378	2.3656	0.7298	Gelovig – ongelovig (0.77376)
Ongelovig	279	1.5919	0.5212	Gelovig – hij twijfelt (0.38290
Hij twijfelt	93	1.9827	0.6232	Gelovig – ik weet het niet (0.48586)
Ik weet het niet	448	1.8798	0.6171	Ongelovig – hij twijfelt (-0.39086) Ongelovig – ik weet het niet (-0.28790)

$p<.0001$

Religieuze praktijk vader (LLN9.2)	*Vormen beleefde geloofsopvoeding (LLN11.3)*			
	N	$\bar{x}$	σ	*Variabelen met significant verschil*
Nooit	561	1.6745	0.5302	Nooit – zelden (-0.39571) Nooit – maandelijks/ meerdere keren per maand/ wekelijks (-0.97267) Zelden – maandelijks/ meerdere keren per maand/ wekelijks (-0.57696)
Zelden	447	2.0702	0.6277	
Maandelijks/meerdere keren per maand/ wekelijks	185	2.6472	0.7762	

p<.0001

Geloofscommunicatie vader (LLN9.3)	*Vormen beleefde geloofsopvoeding (LLN11.3)*			
	N	$\bar{x}$	σ	*Variabelen met significant verschil*
Nooit	625	1.7603	0.5976	Nooit – zelden (-0.30628) Nooit – soms (-0.70443) Nooit – regelmatig/dagelijks (-1.01081) Zelden – soms (-0.39816) Zelden – regelmatig/dagelijks (-0.70453)
Zelden	384	2.0666	0.6250	
Soms	159	2.4647	0.7969	
Regelmatig/dagelijks	26	2.7711	0.9928	

p<.0001

Geloof moeder (LLN10.1)	*Vormen beleefde geloofsopvoeding (LLN11.3)*			
	N	$\bar{x}$	σ	*Variabelen met significant verschil*
Gelovig	576	2.2920	0.6939	Gelovig – Ongelovig (0.82781) Gelovig – zij twijfelt (0.47597) Gelovig – ik weet het niet (0.55085) Ongelovig – zij twijfelt (-0.35184) Ongelovig – ik weet het niet (-0.27696)
Ongelovig	183	1.4642	0.4662	
Zij twijfelt	134	1.8160	0.5586	
Ik weet het niet	317	1.7411	0.5723	

p<.0001

Religieuze praktijk moeder (LLN10.2)	*Vormen beleefde geloofsopvoeding (LLN11.3)*			
	N	$\bar{x}$	σ	*Variabelen met significant verschil*
Nooit	451	1.5886	0.5318	Nooit – zelden (-0.44314) Nooit – maandelijks/meerdere keren per maand/wekelijks (-0.98700) Zelden – maandelijks/meerdere keren per maand/wekelijks (-0.54386)
Zelden	532	2.0317	0.6018	
Maandelijks/meerdere keren per maand/ wekelijks	228	2.5756	0.7196	

p<.0001

Geloofscommunicatie moeder (LLN10.3)	*Vormen beleefde geloofsopvoeding (LLN11.3)*			
	N	$\bar{x}$	*σ*	*Variabelen met significant verschil*
Nooit	477	1.6805	0.5582	Nooit – zelden (-0.31667)
Zelden	471	1.9972	0.6159	Nooit – soms (-0.69854)
Soms	227	2.3790	0.7822	Nooit – regelmatig/dagelijks (-1.07999)
Regelmatig/dagelijks	38	2.7605	0.7799	Zelden – soms (-0.38187) Zelden – regelmatig/dagelijks (-0.76332) Soms – regelmatig/dagelijks (-0.38145)

p<.0001

	Bidden aan tafel (LLN11.3.1)	*Eucharistie-viering (LLN11.3.2)*	*Bijbel lezen (LLN11.3.3.)*	*Kruisje geven (LLN11.1.3.4)*	*Religieuze plaatsen bezoeken (LLN11.3.5)*
Responsiviteit vader (LLN04_3A)				0.10984**	0.06161*
Responsiviteit moeder (LLN05_3A)	0.06815*			0.14523***	0.08741**
Autonomie vader (LLN04_3B)					
Autonomie moeder (LLN05_3B)	0.07104*				
Striktheid vader (LLN04_3C)	0.07545**	0.07514**	0.05815*		
Striktheid moeder (LLN05_3C)		0.10574**		0.06507*	0.05975*
Opvolging vader (LLN04_4)		0.11246**		0.12221***	0.09175**
Opvolging moeder (LLN05_4)		0.09415**	-0.07157*	0.15323***	0.08578**
Conflict (LLN06A)				-0.06118*	
Cohesie (LLN06B)	0.09165**	0.13355***		0.12068***	0.16788***
Niet-traditioneel gezinsdenken (LLN07A)			-0.10204**		
Traditioneel gezinsdenken (LLN07B)	0.11578***	0.18509***	0.06577*	0.13484***	0.19108***
Geloofsautonomie vader (LLN09_4A)	-0.21160***	-0.23201***	-0.15376***		-0.09755**
Geloofsautonomie moeder (LLN10_4A)	-0.18376***	-0.23550***	-0.13754***		-0.07321*
Geloofsbetrokkenheid vader (LLN09_4B)	0.14893***	0.12238***	0.13381***	0.11973***	0.12243***

Geloofsbetrokken-heid moeder (LLN10_4B)	0.15092***	0.10820**	0.10354**	0.13643***	0.12780***
Tweede naïviteit (LLN12A)	0.22757***	0.29222***	0.20571***	0.17656***	0.30187***
Relativisme (LLN12B)	0.14336***	0.19322***	0.09934**	0.13175***	0.21214***
Externe kritiek (LLN12C)	-0.13334***	-0.14150***	-0.11091**	-0.06251*	- 0.11926***
Orthodoxie (LLN12D)	0.20284***	0.11976***	0.22198***		0.14889***
Belang levensbe-schouwing (LLN8.3)	0.25962***	0.25755***	0.23264***	0.19445***	0.27780***
Geloof beleven met ouders (LLN8.8.1)	0.35767***	0.38141***	0.26571***	0.23009***	0.32083***
Geloof beleven met grootouders (LLN8.8.4)	0.23227***	0.20610***	0.23637***	0.20909***	0.21741***

	Vormen beleefde geloofsopvoeding (LLN11.3)
Responsiviteit vader (LLN04_3A)	0.09991**
Responsiviteit moeder (LLN05_3A)	0.11666***
Autonomie vader (LLN04_3B)	
Autonomie moeder (LLN05_3B)	
Striktheid vader (LLN04_3C)	0.08860**
Striktheid moeder (LLN05_3C)	0.09835**
Opvolging vader (LLN04_4)	0.12224***
Opvolging moeder (LLN05_4)	0.11679***
Conflict (LLN06A)	-0.05750*
Cohesie (LLN06B)	0.17255***
Niet-traditioneel gezinsdenken (LLN07A)	
Traditioneel gezinsdenken (LLN07B)	0.21945***
Geloofsautonomie vader (LLN09_4A)	-0.20309***
Geloofsautonomie moeder (LLN10_4A)	-0.19259***
Geloofsbetrokkenheid vader (LLN09_4B)	0.19068***
Geloofsbetrokkenheid moeder (LLN10_4B)	0.19009***
Tweede naïviteit (LLN12A)	0.35670***
Relativisme (LLN12B)	0.23876***
Externe kritiek (LLN12C)	-0.15897***
Orthodoxie (LLN12D)	0.19657***
Belang van levensbeschouwing (LLN8.3)	0.35981***
Geloof beleven met ouders (LLN8.8.1)	0.45595***
Geloof beleven met grootouders (LLN8.8.4)	0.32576***

11.3.1 Met het gezin samen bidden aan tafel

Diploma moeder (LLN5.1)		*Samen bidden aan tafel (LLN11.3.1)*		
	N	*x̄*	*σ*	*Variabelen met significant verschil*
Geen diploma/lager onderwijs/lager secundair onderwijs	253	1.3715	0.9152	Hoger secundair onderwijs – hoger niet-universitair onderwijs (-0.1511)
Hoger secundair onderwijs	418	1.2559	0.6108	
Hoger niet-univ. onderwijs	393	1.4071	0.9018	
Universitair onderwijs	138	1.4420	0.8714	

p=0.0237

Aard godsdienstige opvoeding (LLN8.1)		*Samen bidden aan tafel (LLN11.3.1)*		
	N	*x̄*	*σ*	*Variabelen met significant verschil*
Katholiek	694	1.3616	0.8324	Katholiek – islamitisch (-1.3605)
Christelijk	306	1.4019	0.8007	Katholiek – religieloos (0.3031)
Islamitisch	18	2.7222	1.5264	Christelijk – islamitisch (-1.3202)
Vrijzinnig, atheïstisch & zonder religie (religieloos)	171	1.0584	0.3011	Christelijk – religieloos (0.3434) Islamitisch – religieloos (1.6637)

p<.0001

Eigen geloof (LLN8.2)		*Samen bidden aan tafel (LLN11.3.1)*		
	N	*x̄*	*σ*	*Variabelen met significant verschil*
Ja	309	1.7249	1.1247	Ja – neen (0.6405)
Neen	462	1.0844	0.3349	Ja – ik twijfel (0.3690)
Ik twijfel	444	1.3558	0.7889	Neen – ik twijfel (-0.2714)

p<.0001

Religieuze praktijk (LLN8.4)		*Samen bidden aan tafel (LLN11.3.1)*		
	N	*x̄*	*σ*	*Variabelen met significant verschil*
Nooit	437	1.1075	0.4005	Nooit – zelden (-0.1921)
Zelden	614	1.2996	0.7028	Nooit – maandelijks/meerdere keren per maand/wekelijks (-1.0591)
Maandelijks/meerdere keren per maand/ wekelijks	168	2.1666	1.3207	Zelden – maandelijks/meerdere keren per maand/wekelijks (-0.8669)

p<.0001

Bidden (LLN8.5)		*Samen bidden aan tafel (LLN11.3.1)*		
	N	*x̄*	*σ*	*Variabelen met significant verschil*
Nooit	413	1.1307	0.4900	Nooit – zelden (-0.16465)
Zelden	413	1.2953	0.7070	Nooit – soms (-0.42956)
Soms	257	1.5603	0.9505	Nooit – regelmatig/dagelijks (-0.62480)
Regelmatig/ dagelijks	135	1.7555	1.2306	Zelden – soms (-0.26491) Zelden – regelmatig/dagelijks (-0.46016)

p<.0001

Geloof vader (LLN9.1)	*Samen bidden aan tafel (LLN11.3.1)*			
	N	*x̄*	*σ*	*Variabelen met significant verschil*
Gelovig	375	1.6800	1.0915	Gelovig – ongelovig (0.59756)
Ongelovig	279	1.0824	0.3750	Gelovig – hij twijfelt (0.37892)
Hij twijfelt	93	1.3010	0.6390	Gelovig – ik weet het niet (0.42944)
Ik weet het niet	447	1.2505	0.6728	Ongelovig – ik weet het niet (-0.16812)

p<.0001

Religieuze praktijk vader (LLN9.2)	*Samen bidden aan tafel (LLN11.3.1)*			
	N	*x̄*	*σ*	*Variabelen met significant verschil*
Nooit	560	1.1053	0.4074	Nooit – zelden (-0.26460)
Zelden	446	1.3699	0.7434	Nooit – maandelijks/meerdere keren per maand/wekelijks (-0.94382)
Maandelijks/meerdere keren per maand/ wekelijks	183	2.0491	1.3353	Zelden – maandelijks/meerdere keren per maand/wekelijks (-0.67923)

p<.0001

Geloofscommunicatie vader (LLN9.3)	*Samen bidden aan tafel (LLN11.3.1)*			
	N	*x̄*	*σ*	*Variabelen met significant verschil*
Nooit	623	1.1653	0.5318	Nooit – zelden (-0.15843)
Zelden	383	1.3237	0.7086	Nooit – soms (-0.79670)
Soms	158	1.9620	1.2763	Nooit – regelmatig/dagelijks (-1.33467)
Regelmatig/dagelijks	26	2.5000	1.4212	Zelden – soms (-0.36827)
				Zelden – regelmatig/dagelijks (-1.17624)
				Soms – regelmatig/dagelijks (-0.53797)

p<.0001

Geloof moeder (LLN10.1)	*Samen bidden aan tafel (LLN11.3.1)*			
	N	*x̄*	*σ*	*Variabelen met significant verschil*
Gelovig	573	1.5863	1.0233	Gelovig – ongelovig (0.54267)
Ongelovig	183	1.0437	0.2050	Gelovig – zij twijfelt (0.39236)
Zij twijfelt	134	1.1940	0.5271	Gelovig – ik weet het niet (0.43449)
Ik weet het niet	316	1.1518	0.4998	

p<.0001

Religieuze praktijk moeder (LLN10.2)	*Samen bidden aan tafel (LLN11.3.1)*			
	N	*x̄*	*σ*	*Variabelen met significant verschil*
Nooit	450	1.0955	0.4138	Nooit – zelden (-0.22331)
Zelden	530	1.3188	0.7105	Nooit – maandelijks/meerdere keren per maand/wekelijks ((-0.81193)
Maandelijks/meerdere keren per maand/ wekelijks	227	1.9074	1.2320	Zelden – maandelijks/meerdere keren per maand/wekelijks (-0.58862)

p<.0001

Geloofscommunicatie moeder (LLN10.3)		*Samen bidden aan tafel (LLN11.3.1)*		
	N	$\bar{x}$	σ	*Variabelen met significant verschil*
Nooit	476	1.1113	0.4331	Nooit – zelden (-0.17925) Nooit – soms (-0.98700) Nooit – regelmatig/soms (-1.15818) Zelden – soms (-0.50676) Zelden – regelmatig/dagelijks (-0.97256) Soms – regelmatig/dagelijks (-0.46580)
Zelden	468	1.2905	0.6649	
Soms	227	1.7973	1.1874	
Regelmatig/dagelijks	38	2.2631	1.3493	

p<.0001

11.3.2 Gezamenlijk met het gezin naar de eucharistieviering (of viering/gebed in de eigen godsdienst) gaan

Diploma vader (LLN4.1)		*Met gezin naar eucharistieviering (LLN11.3.2)*		
	N	$\bar{x}$	σ	*Variabelen met significant verschil*
Geen diploma/lager onderwijs/lager secundair onderwijs	241	2.0456	1.0378	Geen diploma/lager onderwijs/lager secundair onderwijs – hoger niet-universitair onderwijs (-0.2765) Geen diploma/lager onderwijs/lager secundair ond. – universitair onderwijs (-0.3190) Hoger secundair – hoger niet-univ. onderwijs (-0.2640) Hoger secundair – universitair onderwijs (-0.3066)
Hoger secundair ond.	396	2.0580	1.1042	
Hoger niet-universitair onderwijs	298	2.3221	1.1237	
Universitair onderwijs	255	2.3647	1.1790	

p=0.0002

Diploma moeder (LLN5.1)		*Met gezin naar eucharistieviering (LLN11.3.2)*		
	N	$\bar{x}$	σ	*Variabelen met significant verschil*
Geen diploma/lager onderwijs/lager secundiar onderwijs	254	2.0472	1.0806	Geen diploma/lager onderwijs/lager secundair onderwijs – hoger niet-univ. onderwijs (-0.3670) Geen diploma/lager onderwijs/lager secundair – universitair onderwijs (-0.3802) Hoger secundair onderwijs – hoger niet univ. onderwijs (-0.4429) Hoger secundair onderwijs – universitair onderwijs (-0.4561)
Hoger secundair onderwijs	419	1.9713	1.0417	
Hoger niet-univ. onderwijs	391	2.4143	1.1578	
Universitair onderwijs	138	2.4275	1.1518	

p<.0001

Aard godsdienstige opvoeding (LLN8.1)	*Met gezin naar eucharistie (LLN11.3.2)*			
	N	$\bar{x}$	σ	*Variabelen met significant verschil*
Katholiek	695	2.3122	1.1332	Katholiek – religieloos (1.0004)
Christelijk	306	2.3856	1.0961	Christelijk – religieloos (1.0738)
Islamitisch	18	2.7222	1.0740	Islamitisch – religieloos (1.1404)
Vrijzinnig, atheïstisch & zonder religie (religieloos)	170	1.3117	0.6176	

p<.0001

Eigen geloof (LLN8.2)	*Met gezin naar eucharistieviering (LLN11.3.2)*			
	N	$\bar{x}$	σ	*Variabelen met significant verschil*
Ja	308	2.6818	1.1311	Ja – neen (0.9042)
Neen	463	1.7775	0.9870	Ja – ik twijfel (0.4093)
Ik twijfel	444	2.2725	1.0999	Neen – ik twijfel (-0.4949)

p<.0001

Religieuze praktijk (LLN8.4)	*Met gezin naar eucharistieviering (LLN11.3.2)*			
	N	$\bar{x}$	σ	*Variabelen met significant verschil*
Nooit	436	1.5596	0.8488	Nooit – zelden (-0.7628)
Zelden	614	2.3224	1.0235	Nooit – maandelijks/meerdere keren per maand/wekelijks (-1.7421)
Maandelijks/meerdere keren per maand/ wekelijks	169	3.3017	1.0511	Zelden – maandelijks/meerdere keren per maand/wekelijks (-0.9793)

p<.0001

Bidden (LLN8.5)	*Met gezin naar eucharistieviering (LLN11.3.2)*			
	N	$\bar{x}$	σ	*Variabelen met significant verschil*
Nooit	413	1.8353	1.0130	Nooit – zelden (-0.3554)
Zelden	414	2.1908	1.0666	Nooit – soms (-0.6471)
Soms	257	2.4824	1.1322	Nooit – regelmatig/dagelijks (-0.8437)
Regelmatig/dagelijks	134	2.6791	1.2541	Zelden – soms (-0.2916)
				Zelden – regelmatig/dagelijks (-0.4882)

p<.0001

Variabele	*Gedoopt (LLN8.6)*	$\bar{x}$	σ	*p-waarde*
Met gezin naar eucharistieviering (LLN11.3.2)	Ja	2.1949	1.1222	0.0025 (pooled)
	Neen	1.5667	1.0063	
	Verschil	0.6282	1.1195	

Variabele	*Gevormd (LLN8.7)*	$\bar{x}$	σ	*p-waarde*
Met gezin naar eucharistieviering (LLN11.3.2)	Ja	2.2233	1.1234	<.0001 (satterthwaite)
	Neen	1.4789	0.8760	
	Verschil	0.7444	1.1105	

Geloof vader (LLN9.1)		*Met gezin naar eucharistieviering (LLN11.3.2)*		
	N	*x̄*	*σ*	*Variabelen met significant verschil*
Gelovig	376	2.7420	1.1730	Gelovig – ongelovig (1.14490)
Ongelovig	278	1.5971	0.8301	Gelovig – hij twijfelt (0.58073)
Hij twijfelt	93	2.1612	0.9922	Gelovig – ik weet het niet (0.63464)
Ik weet het niet	447	2.1073	1.0512	Ongelovig – hij twijfelt (-0.56417)
				Ongelovig – ik weet het niet (-0.51026)

p<.0001

Religieuze praktijk vader (LLN9.2)		*Met gezin naar eucharistieviering (LLN11.3.2)*		
	N	*x̄*	*σ*	*Variabelen met significant verschil*
Nooit	560	1.6232	0.8683	Nooit – zelden (-0.80408)
Zelden	447	2.4272	0.9557	Nooit – maandelijks/meerdere keren per maand/wekelijks (-1.73393)
Maandelijks/meerdere keren per maand/ wekelijks	182	3.3571	1.0868	Zelden – maandelijks/meerdere keren per maand (-0.92985)

p<.0001

Geloofscommunicatie vader (LLN9.3)		*Met gezin naar eucharistieviering (LLN11.3.2)*		
	N	*x̄*	*σ*	*Variabelen met significant verschil*
Nooit	624	1.9038	1.0278	Nooit – zelden (-0.45386)
Zelden	383	2.3577	1.0829	Nooit – soms (-0.90507)
Soms	157	2.8089	1.1609	Nooit – regelmatig/dagelijks (-1.01923)
Regelmatig/dagelijks	26	2.9230	1.3243	Zelden – soms (-0.45121)
				Zelden – regelmatig/dagelijks (-0.56537)

p<.0001

Geloof moeder (LLN10.1)		*Met gezin naar eucharistieviering (LLN11.3.2)*		
	N	*x̄*	*σ*	*Variabelen met significant verschil*
Gelovig	574	2.6289	1.1546	Gelovig – ongelovig (1.27178)
Ongelovig	182	1.3571	0.6639	Gelovig – zij twijfelt (0.67370)
Zij twijfelt	134	1.9552	0.9165	Gelovig – ik weet het niet (0.66057)
Ik weet het niet	316	1.9683	0.9883	Ongelovig – zij twijfelt (-0.59808)
				Ongelovig – ik weet het niet (-0.61121)

p<.0001

Religieuze praktijk moeder (LLN10.2)		*Met gezin naar eucharistieviering (LLN11.3.2)*		
	N	*x̄*	*σ*	*Variabelen met significant verschil*
Nooit	449	1.4387	0.7655	Nooit – zelden (-0.92660)
Zelden	531	2.3653	0.9547	Nooit – maandelijks/meerdere keren per maand/wekelijks (-1.81235)
Maandelijks/meerdere keren per maand/ wekelijks	227	3.2511	1.0489	Zelden – maandelijks/meerdere keren per maand/wekelijks (-0.88575)

p<.0001

Geloofscommunicatie moeder (LLN10.3)		*Met gezin naar eucharistieviering (LLN11.3.2)*		
	N	*x̄*	*σ*	*Variabelen met significant verschil*
Nooit	476	1.8235	0.9959	Nooit – zelden (-0.40626)
Zelden	470	2.2297	1.0561	Nooit – soms (-0.90980)
Soms	225	2.7333	1.1764	Nooit – regelmatig/dagelijks (-1.12384)
Regelmatig/dagelijks	38	2.9473	1.3141	Zelden – soms (-0.50355)
				Zelden – regelmatig/dagelijks (-0.71758)

p<.0001

11.3.3 Lezen uit een bijbel/koran/ander heilig boek (voorlezen of zelf lezen)

Aard godsdienstige opvoeding (LLN8.1)		*Lezen uit heilig boek (LLN11.3.3)*		
	N	*x̄*	*σ*	*Variabelen met significant verschil*
Katholiek	696	1.1968	0.5364	Katholiek – islamitisch (-1.8031)
Christelijk	307	1.2247	0.6604	Katholiek – religieloos (0.1611)
Islamitisch	19	3.0000	1.4907	Christelijk – islamitisch (-1.7752)
Vrijzinnig, atheïstisch & zonder religie (religieloos)	168	1.0357	0.1861	Christelijk – religieloos (0.1890)
				Islamitisch – religieloos (1.9642)

p<.0001

Eigen geloof (LLN8.2)		*Lezen uit heilig boek (LLN11.3.3)*		
	N	*x̄*	*σ*	*Variabelen met significant verschil*
Ja	311	1.4083	0.8291	Ja – neen (0.3237)
Neen	461	1.0845	0.3602	Ja – ik twijfel (0.2056)
Ik twijfel	444	1.2027	0.6079	Neen – ik twijfel (-0.1181)

p<.0001

Religieuze praktijk (LLN8.4)		*Lezen uit heilig boek (LLN11.3.3)*		
	N	*x̄*	*σ*	*Variabelen met significant verschil*
Nooit	436	1.0871	0.3796	Nooit – zelden (-0.1148)
Zelden	614	1.2019	0.5838	Nooit – maandelijks/meerdere keren per maand/wekelijks (-0.4834)
Maandelijks/meerdere keren per maand/ wekelijks	170	1.5705	0.9719	Zelden – maandelijks/meerdere keren per maand/wekelijks (-0.3686)

p<.0001

Bidden (LLN8.5)		*Lezen uit heilig boek (LLN11.3.3)*		
	N	$\bar{x}$	σ	*Variabelen met significant verschil*
Nooit	411	1.0997	0.3790	Nooit – soms (-0.1831)
Zelden	414	1.1787	0.5496	Nooit – regelmatig/dagelijks (-0.3781)
Soms	258	1.2829	0.6899	Zelden – regelmatig/dagelijks (-0.2992)
Regelmatig/ dagelijks	136	1.4779	0.9503	Soms – regelmatig/dagelijks (-0.1950)

p<.0001

Geloof vader (LLN9.1)		*Lezen uit heilig boek (LN11.3.3)*		
	N	$\bar{x}$	σ	*Variabelen met significant verschil*
Gelovig	378	1.3888	0.8333	Gelovig – ongelovig (0.27018)
Ongelovig	278	1.1187	0.4772	Gelovig – hij twijfelt (0.23671)
Hij twijfelt	92	1.1521	0.4176	Gelovig – ik weet het niet (0.25019)
Ik weet het niet	447	1.1387	0.4673	

p<.0001

Religieuze praktijk vader (LLN9.2)		*Lezen uit heilig boek (LLN11.3.3)*		
	N	$\bar{x}$	σ	*Variabelen met significant verschil*
Nooit	558	1.0896	0.3778	Nooit – zelden (-0.15424)
Zelden	447	1.2438	0.6289	Nooit – maandelijks/meerdere keren per maand/wekelijks (-0.43472)
Maandelijks/meerdere keren per maand/wekelijks	185	1.5243	0.9672	Zelden – maandelijks/meerdere keren per maand (-0.28048)

p<.0001

Geloofscommunicatie vader (LLN9.3)		*Lezen uit heilig boek (LLN11.3.3)*		
	N	$\bar{x}$	σ	*Variabelen met significant verschil*
Nooit	623	1.1284	0.4906	Nooit – soms (-0.31813)
Zelden	384	1.1927	0.5352	Nooit – regelmatig/dagelijks (-1.11159)
Soms	159	1.4465	0.8761	Zelden – soms (-0.25383)
Regelmatig/dagelijks	25	2.2400	1.2000	Zelden – regelmatig/dagelijks (-1.04729) Soms – regelmatig/dagelijks (-0.79346)

p<.0001

Geloof moeder (LLN10.1)		*Lezen uit heilig boek (LLN11.3.3)*		
	N	$\bar{x}$	σ	*Variabelen met significant verschil*
Gelovig	575	1.3391	0.7773	Gelovig – ongelovig (0.28968)
Ongelovig	182	1.0494	0.2835	Gelovig – zij twijfelt (0.18124)
Zij twijfelt	133	1.1578	0.4235	Gelovig – ik weet het niet (0.23818)
Ik weet het niet	317	1.1009	0.4163	

p<.0001

Religieuze praktijk moeder (LLN10.2)		*Lezen uit heilig boek (LLN11.3.3)*		
	N	*x̄*	*σ*	*Variabelen met significant verschil*
Nooit	449	1.0935	0.4010	Nooit – zelden (-0.11926)
Zelden	531	1.2128	0.6033	Nooit – maandelijks/meerdere keren per maand/wekelijks (-0.35383)
Maandelijks/meerdere keren per maand/ wekelijks	228	1.4473	0.8764	Zelden – maandelijks/meerdere keren per maand/wekelijks (-0.23456)

p<.0001

Geloofscommunicatie moeder (LLN10.3)		*Lezen uit heilig boek (LLN11.3.3)*		
	N	*x̄*	*σ*	*Variabelen met significant verschil*
Nooit	475	1.0800	0.3701	Nooit – zelden (-0.13444)
Zelden	471	1.2144	0.6002	Nooit – soms (-0.28726)
Soms	226	1.3672	0.7616	Nooit – regelmatig/dagelijks (-0.84105)
Regelmatig/dagelijks	38	1.9210	1.2815	Zelden – soms (-0.15282)
				Zelden – regelmatig/dagelijks (-0.70662)
				Soms – regelmatig/dagelijks (-0.55380)

p<.0001

11.3.4 Een kruisje geven/krijgen voor het slapengaan

Aard godsdienstige opvoeding (LLN8.1)		*Kruisje voor het slapengaan (LLN11.3.4)*		
	N	*x̄*	*σ*	*Variabelen met significant verschil*
Katholiek	693	2.8484	1.6249	Katholiek – islamitisch (1.0359)
Christelijk	304	2.7697	1.5836	Katholiek – religieloos (1.0260)
Islamitisch	16	1.8125	1.2763	Christelijk – religieloos (0.9472)
Vrijzinnig, atheïstisch & zonder religie (religieloos)	169	1.8224	1.3062	

p<.0001

Eigen geloof (LLN8.2)		*Kruisje voor het slapengaan (LLN11.3.4)*		
	N	*x̄*	*σ*	*Variabelen met significant verschil*
Ja	307	3.1596	1.6321	Ja – neen (1.0009)
Neen	460	2.1586	1.4622	Ja – ik twijfel (0.3660)
Ik twijfel	441	2.7936	1.5956	Neen – ik twijfel (-0.6350)

p<.0001

Religieuze praktijk (LLN8.4)		*Kruisje voor het slapengaan (LLN11.3.4)*		
	N	*x̄*	*σ*	*Variabelen met significant verschil*
Nooit	434	2.1981	1.5112	Nooit – zelden (-0.5612)
Zelden	611	2.7594	1.5876	Nooit – maandelijks/meerdere keren per maand/wekelijks (-1.2150)
Maandelijks/meerdere keren per maand/ wekelijks	167	3.4131	1.5763	Zelden – maandelijks/meerdere keren per maand/wekelijks (-0.6537)

p<.0001

Bidden (LLN8.5)		*Kruisje voor het slapengaan (LLN11.3.4)*		
	N	*x̄*	*σ*	*Variabelen met significant verschil*
Nooit	411	2.1995	1.5330	Nooit – zelden (-0.3235)
Zelden	413	2.5230	1.5493	Nooit – soms (-0.9848)
Soms	255	3.1843	1.5424	Nooit – regelmatig/dagelijks (-1.1839)
Regelmatig/dagelijks	133	3.3834	1.6130	Zelden – soms (-0.6613) Zelden – regelmatig/dagelijks (-0.4882)

p<.0001

Variabele	*Gedoopt (LLN8.6)*	*x̄*	*σ*	*p-waarde*
Kruisje voor het slapengaan (LLN11.3.4)	Ja	2.6838	1.6123	<.0001 (satterthwaite)
	Neen	1.4828	0.9864	
	Verschil	1.2010	1.6005	

Variabele	*Gevormd (LLN8.7)*	*x̄*	*σ*	*p-waarde*
Kruisje voor het slapengaan (LLN11.3.4)	Ja	2.7207	1.6116	<.0001 (satterthwaite)
	Neen	1.4857	0.9890	
	Verschil	1.2350	1.5823	

Geloof vader (LLN9.1)		*Kruisje voor het slapengaan (LLN11.3.4)*		
	N	*x̄*	*σ*	*Variabelen met significant verschil*
Gelovig	372	3.2338	1.6208	Gelovig – ongelovig (1.1765)
Ongelovig	279	2.0573	1.3690	Gelovig – ik weet het niet (0.7159)
Hij twijfelt	93	2.7741	1.6160	Ongelovig – hij twijfelt (-0.7168)
Ik weet het niet	444	2.5180	1.5778	Ongelovig – ik weet het niet (-0.4607)

p<.0001

Religieuze praktijk vader (LLN9.2)		*Kruisje voor het slapengaan (LLN11.3.4)*		
	N	*x̄*	*σ*	*Variabelen met significant verschil*
Nooit	560	2.3250	1.5371	Nooit – zelden (-0.46459)
Zelden	442	2.7895	1.5818	Nooit – maandelijks/meerdere keren per maand/wekelijks (-1.01202)
Maandelijks/meerdere keren per maand/ wekelijks	181	3.3370	1.6371	Zelden – maandelijks/meerdere keren per maand (-0.54742)

p<.0001

Geloofscommunicatie vader (LLN9.3)	*Kruisje voor het slapengaan (LLN11.3.4)*			
	N	*x̄*	*σ*	*Variabelen met significant verschil*
Nooit	622	2.3906	1.5655	Nooit – zelden (-0.48367)
Zelden	382	2.8743	1.5606	Nooit – soms (-0.73753)
Soms	156	3.1282	1.6875	
Regelmatig/dagelijks	24	2.9166	1.7672	

p<.0001

Geloof moeder (LLN10.1)	*Kruisje voor het slapengaan (LLN11.3.4)*			
	N	*x̄*	*σ*	*Variabelen met significant verschil*
Gelovig	568	3.2077	1.5844	Gelovig – ongelovig (1.34982)
Ongelovig	183	1.8579	1.3183	Gelovig – zij twijfelt (0.90699)
Zij twijfelt	133	2.3007	1.4406	Gelovig – ik weet het niet (0.96013)
Ik weet het niet	315	2.2476	1.5128	Ongelovig – ik weet het niet (-0.38970)

p<.0001

Religieuze praktijk moeder (LLN10.2)	*Kruisje voor het slapengaan (LLN11.3.4)*			
	N	*x̄*	*σ*	*Variabelen met significant verschil*
Nooit	447	2.1767	1.4936	Nooit – zelden (-0.5860)
Zelden	527	2.7628	1.5825	Nooit – maandelijks/meerdere keren per maand/wekelijks (-1.1418)
Maandelijks/meerdere keren per maand/ wekelijks	226	3.3185	1.6042	Zelden – maandelijks/meerdere keren per maand/wekelijks (-0.5557)

p<.0001

Geloofscommunicatie moeder (LLN10.3)	*Kruisje voor het slapengaan (LLN11.3.4)*			
	N	*x̄*	*σ*	*Variabelen met significant verschil*
Nooit	475	2.2568	1.5141	Nooit – zelden (0.4851)
Zelden	465	2.7419	1.5722	Nooit – soms (-0.8936)
Soms	226	3.1504	1.6638	Nooit – regelmatig/dagelijks (-1.1320)
Regelmatig/dagelijks	36	3.3888	1.6436	Zelden – soms (-0.4085)

p<.0001

11.3.5 Plaatsen die met godsdienst te maken hebben, bezoeken (kerk, moskee, kerkhof, bedevaartsoord, ...)

Diploma moeder (LLN5.1)		*Bezoek godsdienstige plaatsen (LLN11.3.5)*		
	N	$\bar{x}$	σ	*Variabelen met significant verschil*
Geen diploma/lager onderwijs/lager secundair onderwijs	253	2.4466	1.0625	Hoger secundair onderwijs – hoger niet-universitair onderwijs (-0.2163)
Hoger secundair onderwijs	420	2.3142	1.0841	Hoger secundair onderwijs – universitair onderwijs (-0.3280)
Hoger niet-univ. onderwijs	392	2.5306	1.0235	
Universitair onderwijs	137	2.6423	1.1096	

p=0.0036

Aard godsdienstige opvoeding (LLN8.1)		*Bezoek godsdienstige plaatsen (LLN11.3.5)*		
	N	$\bar{x}$	σ	*Variabelen met significant verschil*
Katholiek	694	2.5129	1.0604	Katholiek – islamitisch (-0.8554)
Christelijk	306	2.6013	1.0005	Katholiek – religieloos (0.6533)
Islamitisch	19	3.3684	1.2565	Christelijk – islamitisch (-0.7671)
Vrijzinnig, atheïstisch & zonder religie (religieloos)	171	1.8596	0.9287	Christelijk – religieloos (0.7416) Islamitische – religieloos (1.5087)

p<.0001

Eigen geloof (LLN8.2)		*Bezoek godsdienstige plaatsen (LLN11.3.5)*		
	N	$\bar{x}$	σ	*Variabelen met significant verschil*
Ja	309	2.8867	1.0367	Ja – neen (0.7852)
Neen	463	2.1015	1.0002	Ja – ik twijfel (0.3743)
Ik twijfel	443	2.5124	1.0319	Neen – ik twijfel (-0.4109)

p<.0001

Religieuze praktijk (LLN8.4)		*Bezoek godsdienstige plaatsen (LLN11.3.5)*		
	N	$\bar{x}$	σ	*Variabelen met significant verschil*
Nooit	436	2.0917	1.0038	Nooit – zelden (-0.4440)
Zelden	614	2.5358	1.0159	Nooit – maandelijks/meerdere keren per maand/wekelijks (-0.9674)
Maandelijks/meerdere keren per maand/ wekelijks	169	3.0591	1.0618	Zelden – maandelijks/meerdere keren per maand/wekelijks (-0.5233)

p<.0001

Bidden (LLN8.5)		*Bezoek godsdienstige plaatsen (LLN11.3.5)*		
	N	*x̄*	*σ*	*Variabelen met significant verschil*
Nooit	412	2.1529	1.0663	Nooit – zelden (-0.2649)
Zelden	414	2.4178	0.9800	Nooit – soms (-0.5447)
Soms	258	2.6976	1.0445	Nooit – regelmatig/dagelijks (-0.8247)
Regelmatig/dagelijks	134	2.9776	1.0582	Zelden – soms (-0.2798) Zelden – regelmatig/dagelijks (-0.5597)

p<.0001

Geloof vader (LLN9.1)		*Bezoek godsdienstige plaatsen (LLN11.3.5)*		
	N	*x̄*	*σ*	*Variabelen met significant verschil*
Gelovig	375	2.7920	1.0492	Gelovig – ongelovig (0.68806)
Ongelovig	279	2.1039	1.0035	Gelovig – ik weet het niet (0.40050)
Hij twijfelt	93	2.5161	0.9957	Ongelovig – hij twijfelt (-0.41219)
Ik weet het niet	447	2.3914	1.0486	Ongelovig – ik weet het niet (-0.28756)

p<.0001

Religieuze praktijk vader (LLN9.2)		*Bezoek godsdienstige plaatsen (LLN11.3.5)*		
	N	*x̄*	*σ*	*Variabelen met significant verschil*
Nooit	560	2.2285	1.0262	Nooit – zelden (-0.30177)
Zelden	445	2.530	1.0165	Nooit – maandelijks/meerdere keren
Maandelijks/meerdere keren per maand/ wekelijks	184	2.9891	1.0762	per maand/wekelijks (-0.76056) Zelden – maandelijks/meerdere keren per maand/wekelijks (-0.45879)

p<.0001

Geloofscommunicatie vader (LLN9.3)		*Bezoek godsdienstige plaatsen (LLN11.3.5)*		
	N	*x̄*	*σ*	*Variabelen met significant verschil*
Nooit	624	2.2147	1.0395	Nooit – zelden (-0.38106)
Zelden	381	2.5958	0.9864	Nooit – soms (-0.76639)
Soms	159	2.9811	1.0522	Nooit – regelmatig/dagelijks (-1.01603)
Regelmatig/dagelijks	26	3.2307	1.0698	Zelden – soms (-0.38533) Zelden – regelmatig/dagelijks (-0.63497)

p<.0001

Geloof moeder (LLN10.1)		*Bezoek godsdienstige plaatsen (LLN11.3.5)*		
	N	*x̄*	*σ*	*Variabelen met significant verschil*
Gelovig	574	2.7038	1.0582	Gelovig – ongelovig (0.69290)
Ongelovig	183	2.0109	1.0162	Gelovig – ik weet het niet (0.46093)
Zij twijfelt	132	2.4772	0.9997	Ongelovig – zij twijfelt (-0.46634)
Ik weet het niet	317	2.2429	1.0036	

p<.0001

Religieuze praktijk moeder (LLN10.2)		*Bezoek godsdienstige plaatsen (LLN11.3.5)*		
	N	$\bar{x}$	σ	*Variabelen met significant verschil*
Nooit	450	2.1422	1.0370	Nooit – zelden (-0.35589)
Zelden	530	2.4981	1.0070	Nooit – maandelijks/meerdere keren per maand/wekelijks (-0.81372)
Maandelijks/meerdere keren per maand/ wekelijks	227	2.9559	1.0423	Zelden – maandelijks/meerdere keren per maand/wekelijks (-0.45783)

p<.0001

Geloofscommunicatie moeder (LLN10.3)		*Bezoek godsdienstige plaatsen (LLN11.3.5)*		
	N	$\bar{x}$	σ	*Variabelen met significant verschil*
Nooit	477	2.1320	1.0194	Nooit – zelden (-0.38398)
Zelden	467	2.5160	1.0197	Nooit – soms (-0.71814)
Soms	227	2.8502	1.0151	Nooit – regelmatig/dagelijks (-1.13108)
Regelmatig/dagelijks	38	3.2631	1.1073	Zelden – soms (-0.33416) Zelden – regelmatig/dagelijks (-0.74710)

p<.0001

- Samenhang met lesmateriaal (LLN16)

	Handboeken (LLN16.1)	*Zelfgemaakte cursus (LLN16.2)*	*Tijdschriften (LLN16.3)*	*Internet (LLN16.4)*
Biografische leerkracht (LLN13A)			0.05688*	
Dogmatische leerkracht (LLN13B)	0.26539***	-0.19239***	-0.08725**	
Klasdiscours (LLN14A)	-0.14501***	0.20583***	0.26674***	0.22671***
Hermeneutische verlamming (LLN15A)				
Hermeneutische competentie (LLN15B)		0.13476***	0.15504***	0.17847***
Historische traditie (LLN17A)	0.16503***		0.15615***	0.15559***
Traditie-relevantie (LLN17B)		0.12934***	0.13674***	0.13252***
Communicatieve betrokkenheid (LLN18A)		0.14014***	0.17938***	0.23280***
Communicatieve openheid (LLN18B)	-0.21505***	0.24670***	0.12952***	0.13500***
Pluralisme (LLN192A)		0.12181***	0.10973**	0.09890**
(Exclusivisme) inclusivisme (LLN192B)	0.08640**		0.08138**	0.11200***
Negatieve gevoelens t.o.v. andersgelovigen (LLN20A)				
Positieve gevoelens t.o.v. andersgelovigen (LLN20B)		0.09612**	0.13000***	0.11473***
Dialoog (LLN21A)		0.08887**	0.11907***	0.11976***
Geen dialoog (LLN21B)	0.06385*		0.07866**	
IRL-minded (LLN22A)		0.06615*	0.10553**	0.10539**

	Kranten (LLN16.5)	*Audio-visueel (LLN16.6)*	*Muziek (LLN16.7)*
Biografische leerkracht (LLN13A)	0.05669*	0.08897**	0.13816***
Dogmatische leerkracht (LLN13B)	-0.09052**	-0.12834***	-0.09945**
Klasdiscours (LLN14A)	0.26867***	0.28449***	0.31170***
Hermeneutische verlamming (LLN15A)	-0.07956**		
Hermeneutische competentie (LLN15B)	0.20293***	0.15571***	0.18732***
Historische traditie (LLN17A)	0.09827**	0.08082**	0.18842***
Traditie-relevantie (LLN17B)	0.13681***	0.10755**	0.21999***
Communicatieve betrokkenheid (LLN18A)	0.19336***	0.16102***	0.24630***
Communicatieve openheid (LLN18B)	0.17664***	0.17348***	0.19213***
Pluralisme (LLN192A)	0.09310**	0.07025*	0.13858***
(Exclusivisme) inclusivisme (LLN192B)		0.05887*	0.09002**
Negatieve gevoelens t.o.v. anders-gelovigen (LLN20A)	0.06213*		
Positieve gevoelens t.o.v. anders-gelovigen (LLN20B)	0.10472**	0.07875**	0.10254**
Dialoog (LLN21A)	0.12511***	0.07166*	0.12815***
Geen dialoog (LLN21B)	0.06589*		0.08143**
IRL-minded (LLN22A)	0.10918**		0.10112**

- Samenhang lesmateriaal (LLN16) en richting (LLN2.2)

Geen significante samenhang

4.2.4.2. Leerlingen BSO

- Samenhang met 1.2 geslacht

Variabele	*Geslacht (BSO1.2)*	*x̄*	*σ*	*p-waarde*
Orthodoxie (BSO08A)	Man	2.3065	0.8422	0.0817
	Vrouw	2.5356	0.9442	(pooled)
	Verschil	-0.2290	0.8989	
Historische traditie (BSO12A)	Man	2.9848	0.9113	0.0373
	Vrouw	2.7055	0.923	(pooled)
	Verschil	0.2793	0.9177	
Positieve gevoelens t.o.v. andersgelovigen (BSO15A)	Man	3.2349	1.486	0.0128
	Vrouw	3.7894	1.5194	(pooled)
	Verschil	-0.555	1.5041	
Responsiviteit moeder (BSO21_3A)	Man	4.2986	1.2364	0.0120
	Vrouw	4.7513	1.1591	(pooled)
	Verschil	-0.453	1.1951	

Autonomie vader (BSO20_3C)	Man Vrouw	4.0827 3.6431	0.8902 0.9602	0.0017 (pooled)
	Verschil	0.4397	0.928	
Opvolging moeder (BSO21_4)	Man Vrouw	4.574 4.9748	1.1025 0.9929	0.0111 (pooled)
	Verschil	-0.401	1.0442	
Geloofsautonomie moeder (BSO22A)	Man Vrouw	4.3524 4.7602	1.2291 1.1122	0.0203 (pooled)
	Verschil	-0.408	1.1672	

- Samenhang met 2.3 dezelfde leerkracht

Variabele	*Dezelfde leerkracht (BSO2.3)*	$\bar{x}$	σ	*p-waarde*
Biografische leerkracht (BSO09A)	Ja Neen	4.3003 4.0178	0.8802 0.9825	0.0484 (pooled)
	Verschil	0.2825	0.9132	
Gemodereerde communicatie (BSO13B)	Ja Neen	4.5511 4.0876	1.0207 1.2661	0.0079 (pooled)
	Verschil	0.4636	1.1018	

- Samenhang met 3.1 vaderfiguur

geen significante samenhang

- Samenhang met 3.2 moederfiguur

Variabele	*Moederfiguur (BSO3.2)*	$\bar{x}$	σ	*p-waarde*
Striktheid moeder (BSO21_3B)	Biologische moeder Niet-biologische moeder	3.3101 5.05	0.9601 0.755	0.0004 (pooled)
	Verschil	-1.74	0.957	

- Samenhang met 3.4 gezinssituatie

Variabele	*Gezinssituatie (BSO3.4)*	$\bar{x}$	σ	*p-waarde*
Opvolging vader (BSO20_4)	Gehuwd Gescheiden	4.3004 3.5161	1.062 1.4125	0.0060 (satterthwaite)
	Verschil	0.7842	1.1325	
Geloofsbetrokkenheid vader (BSO23B)	Gehuwd Gescheiden	3.5 2.7742	1.4432 1.6525	0.0146 (pooled)
	Verschil	0.7258	1.4825	

• Samenhang met 4.1 aard godsdienstige opvoeding

Aard godsdienstige opvoeding (BSO4.1)		*Geloofsautonomie moeder (BSO22A)*		
	N	*x̄*	*σ*	*Variabelen met significant verschil*
Katholiek	87	4.6206	1.0453	Katholiek – islamitisch (1.4176)
Christelijk	44	4.6988	1.2788	Islamitisch – religieloos (-1.6984)
Islamitisch	16	3.2031	0.9274	Christelijk – islamitisch (1.4957)
Vrijzinnig, atheïstisch & zonder religie (religieloos)	33	4.9015	1.1624	

p<.0001

Aard godsdienstige opvoeding (BSO4.1)		*Geloofsautonomie vader (BSO23A)*		
	N	*x̄*	*σ*	*Variabelen met significant verschil*
Katholiek	86	4.4282	1.1151	Katholiek – islamitisch (1.0845)
Christelijk	45	4.7777	1.0528	Islamitisch – religieloos (-1.1866)
Islamitisch	16	3.3437	1.0241	Christelijk – islamitisch (1.4340)
Vrijzinnig, atheïstisch & zonder religie (religieloos)	33	4.5303	1.4587	

p=0.0006

Aard godsdienstige opvoeding (BSO4.1)		*Geloofsbetrokkenheid vader (BSO23B)*		
	N	*x̄*	*σ*	*Variabelen met significant verschil*
Katholiek	86	3.2209	1.3646	Katholiek – islamitisch (-1.5603)
Christelijk	45	3.2333	1.6011	Islamitisch – religieloos (1.5469)
Islamitisch	16	4.7812	1.1397	Christelijk – islamitisch (-1.5479)
Vrijzinnig, atheïstisch & zonder religie (religieloos)	32	3.2343	1.6063	

p=0.0012

Aard godsdienstige opvoeding (BSO4.1)		*Orthodoxie (BSO08A)*		
	N	*x̄*	*σ*	*Variabelen met significant verschil*
Katholiek	93	2.4480	0.8701	Katholiek – islamitisch (-1.2186)
Christelijk	46	2.2282	0.8391	Islamitisch – religieloos (1.5245)
Islamitisch	16	3.6666	0.7601	Christelijk – islamitisch (-1.4384)
Vrijzinnig, atheïstisch & zonder religie (religieloos)	34	2.1421	0.7386	

p<.0001

Aard godsdienstige opvoeding (BSO4.1)		*Externe kritiek (BSO08B)*		
	N	$\bar{x}$	σ	*Variabelen met significant verschil*
Katholiek	93	3.1645	0.9219	Katholiek – religieloos (-0.5805)
Christelijk	46	3.1579	0.8432	Christelijk – religieloos (-0.5871)
Islamitisch	16	2.6160	0.7029	Islamitisch – religieloos (-1.1290)
Vrijzinnig, atheïstisch & zonder religie (religieloos)	34	3.7450	1.0030	

p=0.0004

Aard godsdienstige opvoeding (BSO4.1)		*Hermeneutische verlamming (BSO11A)*		
	N	$\bar{x}$	σ	*Variabelen met significant verschil*
Katholiek	94	3.6297	0.9708	Katholiek – islamitisch (0.8298)
Christelijk	46	3.7782	0.9935	Christelijk – islamitisch (0.9783)
Islamitisch	16	2.8000	0.5796	Islamitisch – religieloos (-1.3176)
Vrijzinnig, atheïstisch & zonder religie (religieloos)	34	4.1176	1.1642	

p=0.0003

Aard godsdienstige opvoeding (BSO4.1)		*Hermeneutische competentie (BSO11B)*		
	N	$\bar{x}$	σ	*Variabelen met significant verschil*
Katholiek	94	3.1702	0.9399	Katholiek – religieloos (0.7094)
Christelijk	46	2.8985	1.1608	
Islamitisch	16	2.8645	1.0349	
Vrijzinnig, atheïstisch & zonder religie (religieloos)	34	2.4607	1.0636	

p=0.0077

Aard godsdienstige opvoeding (BSO4.1)		*Gemodereerde communicatie (BSO13B)*		
	N	$\bar{x}$	σ	*Variabelen met significant verschil*
Katholiek	93	4.3288	1.1029	Katholiek – christelijk (-0.5570)
Christelijk	46	4.8858	0.9813	Christelijk – islamitisch (1.0265)
Islamitisch	16	3.8593	1.0326	
Vrijzinnig, atheïstisch & zonder religie (religieloos)	34	4.2892	1.2177	

p=0.0040

- Samenhang met 4.2 eigen geloof

Eigen geloof (BSO4.2)		*Responsiviteit vader (BSO20_3A)*		
	N	$\bar{x}$	σ	*Variabelen met significant verschil*
Ja	43	4.4360	1.1017	Ja – ik twijfel (0.9762)
Neen	82	3.6173	1.3861	Ja – neen (0.8187)
Ik twijfel	56	3.4598	1.3555	

p=0.0007

Eigen geloof (BSO4.2)		*Striktheid moeder (BSO21_3B)*		
	N	$\bar{x}$	σ	*Variabelen met significant verschil*
Ja	42	3.6750	1.0232	Ja – neen (0.4402)
Neen	82	3.2347	0.9604	
Ik twijfel	57	3.2596	0.9695	

p=0.0462

Eigen geloof (BSO4.2)		*Geloofsautonomie moeder (BSO22A)*		
	N	$\bar{x}$	σ	*Variabelen met significant verschil*
Ja	42	3.7916	1.3077	Ja – neen (-1.1382)
Neen	82	4.9298	1.0268	Ja – ik twijfel (-0.7961)
Ik twijfel	57	4.5877	1.0653	

p<.0001

Eigen geloof (BSO4.2)		*Geloofsautonomie vader (BSO23A)*		
	N	$\bar{x}$	σ	*Variabelen met significant verschil*
Ja	43	3.9534	1.2286	Ja – neen (-0.7294)
Neen	82	4.6829	1.2241	
Ik twijfel	56	4.4702	1.0583	

p=0.0051

Eigen geloof (BSO4.2)		*Geloofsbetrokkenheid vader (BSO23B)*		
	N	$\bar{x}$	σ	*Variabelen met significant verschil*
Ja	43	4.2209	1.3727	Ja – ik twijfel (1.1316)
Neen	81	3.1481	1.4736	Ja – neen (1.0728)
Ik twijfel	56	3.0892	1.4805	

p=0.0001

Eigen geloof (BSO4.2)		*Orthodoxie (BSO08A)*		
	N	$\bar{x}$	σ	*Variabelen met significant verschil*
Ja	43	2.8875	0.9811	Ja – ik twijfel (0.5543)
Neen	85	2.2725	0.7705	Ja – neen (0.6150)
Ik twijfel	62	2.3333	0.9316	

p=0.0007

Eigen geloof (BSO4.2)		*Tweede naïviteit (BSO08D)*		
	N	$\bar{x}$	σ	*Variabelen met significant verschil*
Ja	43	3.4244	1.0320	Ja – neen (0.6147)
Neen	85	2.8097	0.8536	
Ik twijfel	62	3.0496	0.8743	

p=0.0016

Eigen geloof (BSO4.2)		*Externe kritiek (BSO08B)*		
	N	$\bar{x}$	σ	*Variabelen met significant verschil*
Ja	43	2.7421	0.7017	Ja – ik twijfel (-0.5306)
Neen	85	3.4213	0.9255	Ja – neen (-0.6792)
Ik twijfel	62	3.2727	0.9851	

p=0.0004

Eigen geloof (BSO4.2)		*Hermeneutische verlamming (BSO11A)*		
	N	$\bar{x}$	σ	*Variabelen met significant verschil*
Ja	43	3.3186	0.8333	Ja – neen (-0.6355)
Neen	85	3.9541	1.1063	
Ik twijfel	63	3.5904	0.9560	

p=0.0024

Eigen geloof (BSO4.2)		*Hermeneutische competentie (BSO11B)*		
	N	$\bar{x}$	σ	*Variabelen met significant verschil*
Ja	43	3.1589	0.9490	Ja – neen (0.5119)
Neen	85	2.6470	1.0393	Neen – ik twijfel (-0.5699)
Ik twijfel	63	3.2169	1.0268	

p=0.0013

Eigen geloof (BSO4.2)		*Traditie-relevantie (BSO12B)*		
	N	$\bar{x}$	σ	*Variabelen met significant verschil*
Ja	43	3.8023	0.9315	Ja – neen (0.5131)
Neen	85	3.2892	0.9397	
Ik twijfel	63	3.5952	0.9337	

p=0.0100

Eigen geloof (BSO4.2)		*Moeilijke communicatie (BSO13A)*		
	N	$\bar{x}$	σ	*Variabelen met significant verschil*
Ja	43	3.1705	0.8890	Geen significante verschillen
Neen	85	2.7490	0.9552	
Ik twijfel	62	3.0268	1.0176	

p=0.0447

Eigen geloof (BSO4.2)		*Multireligieuze houding (BSO16A)*		
	N	*x̄*	*σ*	*Variabelen met significant verschil*
Ja	42	4.0079	1.3404	Ja – ik twijfel (0.8357)
Neen	84	3.4384	1.2167	Ja – neen (0.5694)
Ik twijfel	60	3.1722	1.2220	

p=0.0042

Eigen geloof (BSO4.2)		*Multireligieus leren (BSO17A)*		
	N	*x̄*	*σ*	*Variabelen met significant verschil*
Ja	42	3.4761	1.4946	Ja – ik twijfel (0.7262)
Neen	84	2.7500	1.3669	Ja – neen (0.7262)
Ik twijfel	60	2.7500	1.3171	

p=0.0124

Eigen geloof (BSO4.2)	*Aard godsdienstige opvoeding (BSO4.1)*				
	Katholiek	*Christelijk*	*Islamitisch*	*Religieloos*	Totaal
Ja	17 *40,48%*	10 *23,81%*	15 *35,71%*	0 *0,00%*	42
Neen	35 *41,67%*	20 *23,81%*	1 *1,19%*	28 *33,33%*	84
Ik twijfel	41 *65,08%*	16 *25,40%*	0 *0,00%*	6 *9,52%*	63
Totaal	93	46	16	34	189

Chi-Square=73.3710 p<.0001

- Samenhang met 4.3 belang van levensbeschouwing

	Belang van levensbeschouwing (BSO04.3)		*Belang van levensbeschouwing (BSO04.3)*
BSO08A (ORT)	0.29877***	BSO16B (MOH)	
BSO08B (EXK)	-0.28477***	BSO17A (MRE)	0.21332**
BSO08C (REL)		BSO18A (ECP)	
BSO08D (TNA)	0.24286**	BSO18B (NCP)	
BSO09A (BIO)		BSO20_3A (REV)	0.16714*
BSO09B (DLK)		BSO20_3B (STV)	
BSO10A (KLD)		BSO20_3C (AUV)	
BSO11A (HEV)	-0.25173**	BSO20_4 (OPV)	
BSO11B (HEC)	0.23346**	BSO21_3A (REM)	
BSO12A (HTR)		BSO21_3B (STM)	
BSO12B (TRR)	0.28143***	BSO21_3C (AUM)	
BSO13A (MCO)		BSO21_4 (OPM)	
BSO13B (GCO)		BSO22A (GAM)	-0.20826**
BSO15A (PGA)	0.30027***	BSO22B (GBM)	0.19002*
BSO15B (NGA)		BSO23A (GAV)	-0.16665*
BSO16A (MUH)	0.22659**	BSO23B (GBV)	0.26128**

Significantie: p < 0.0001 =*** ; p < 0.01 =** ; p < 0.05 =*

Aard godsdienstige opvoeding (BSO4.1)		*Belang van levensbeschouwing (BSO4_3)*		
	N	*x̄*	*σ*	*Variabelen met significant verschil*
Katholiek	92	2.9782	1.2312	Katholiek – islamitisch (-2.4217)
Christelijk	46	3.0000	1.3662	Christelijk – islamitisch(-2.4000)
Islamitisch	15	5.4000	0.9102	Islamitisch – religieloos (2.8545)
Vrijzinnig, atheïstisch & zonder religie (religieloos)	33	2.5454	1.1481	

p<.0001

Eigen geloof (BSO4.2)		*Belang van levensbeschouwing (BSO4.3)*		
	N	*x̄*	*σ*	*Variabelen met significant verschil*
Ja	42	4.5714	1.1923	Ja – ik twijfel (1.5714)
Neen	83	2.4457	1.2518	Ja – neen (2.1256)
Ik twijfel	63	3.0000	1.0317	Neen – ik twijfel (-0.5542)

p<.0001

- Samenhang met 4.4 religieuze praktijk

Religieuze praktijk (BSO4.4)		*Geloofsautonomie moeder (BSO22A)*		
	N	*x̄*	*σ*	*Variabelen met significant verschil*
Nooit	89	4.8792	1.1001	Nooit – zelden (0.5469)
Zelden	79	4.3322	1.1384	Nooit – maandelijks/meerdere keren per maand/wekelijks (1.0399)
Maandelijks/meerdere keren per maand/wekelijks	14	3.8392	1.4564	

p=0.0006

Religieuze praktijk (BSO4.4)		*Geloofsbetrokkenheid moeder (BSO22B)*		
	N	*x̄*	*σ*	*Variabelen met significant verschil*
Nooit	89	3.6123	1.5424	Nooit – maandelijks (-1.5305)
Zelden	79	3.8924	1.2901	Zelden – maandelijks (-1.2505)
Maandelijks/meerdere keren per maand/wekelijks	14	5.1428	0.9889	

p=0.0009

Religieuze praktijk (BSO4.4)		*Opvolging moeder (BSO21_4)*		
	N	*x̄*	*σ*	*Variabelen met significant verschil*
Nooit	89	4.8247	1.10350	Zelden – maandelijks (-0.7786)
Zelden	78	4.6500	1.0374	
Maandelijks/meerdere keren per maand/wekelijks	14	5.4285	0.5799	

p=0.0370

Religieuze praktijk (BSO4.4)		*Geloofsautonomie vader (BSO23A)*		
	N	*x̄*	*σ*	*Variabelen met significant verschil*
Nooit	90	4.7166	1.1491	Nooit – zelden (0.4432)
Zelden	78	4.2735	1.1560	Nooit – maandelijks (1.1810)
Maandelijks/meerdere keren per maand/wekelijks	14	3.5357	1.3187	

p=0.0007

Religieuze praktijk (BSO4.4)		*Orthodoxie (BSO08A)*		
	N	*x̄*	*σ*	*Variabelen met significant verschil*
Nooit	96	2.2274	0.7873	Nooit – zelden (-0.3220)
Zelden	81	2.5493	0.9801	Nooit – maandelijks (-1.0345)
Maandelijks/meerdere keren per maand/wekelijks	14	3.2619	0.7271	Zelden – maandelijks (-0.7125)

p<.0001

Religieuze praktijk (BSO4.4)		*Tweede naïviteit (BSO08D)*		
	N	*x̄*	*σ*	*Variabelen met significant verschil*
Nooit	96	2.8214	0.8441	Nooit – maandelijks (-1.0943)
Zelden	81	3.1346	0.9550	Zelden – maandelijks (-0.7812)
Maandelijks/meerdere keren per maand/wekelijks	14	3.9158	0.8460	

p<.0001

Religieuze praktijk (BSO4.4)		*Externe kritiek (BSO08B)*		
	N	*x̄*	*σ*	*Variabelen met significant verschil*
Nooit	96	3.4138	0.9670	Nooit – zelden (0.4387)
Zelden	81	2.9750	0.8631	
Maandelijks/meerdere keren per maand/wekelijks	14	3.3877	0.8603	

p=0.0060

Religieuze praktijk (BSO4.4)		*Hermeneutische verlamming (BSO11A)*		
	N	*x̄*	*σ*	*Variabelen met significant verschil*
Nooit	96	3.9546	1.1377	Nooit – zelden (0.5279)
Zelden	82	3.4268	0.8205	
Maandelijks/meerdere keren per maand/wekelijks	14	3.3678	0.9020	

p=0.0012

Religieuze praktijk (BSO4.4)		*Hermeneutische competentie (BSO11B)*		
	N	*x̄*	*σ*	*Variabelen met significant verschil*
Nooit	96	2.74305	1.0162	Nooit – maandelijks/meerdere keren per maand/wekelijks (-0.7808)
Zelden	82	3.1158	1.0595	Nooit – zelden (-0.3728)
Maandelijks/meerdere keren per maand/wekelijks	14	3.5238	0.9218	

p=0.0065

Religieuze praktijk (BSO4.4)		*Traditie-relevantie (BSO12B)*		
	N	*x̄*	*σ*	*Variabelen met significant verschil*
Nooit	96	3.3177	0.9593	Nooit – maandelijks/meerdere keren per maand/wekelijks (-0.9859)
Zelden	82	3.5924	0.8785	Zelden – maandelijks/meerdere keren per maand/wekelijks (-0.7111)
Maandelijks/meerdere keren per maand/wekelijks	14	4.3035	0.8834	

p=0.0007

Religieuze praktijk (BSO4.4)		*Belang levensbeschouwing (BSO4.3)*		
	N	*x̄*	*σ*	*Variabelen met significant verschil*
Nooit	94	2.7446	1.4438	Nooit – zelden (-0.5887)
Zelden	81	3.3333	1.3038	Zelden – maandelijks/meerdere keren per maand/wekelijks (-0.9744)
Maandelijks/meerdere keren per maand/wekelijks	13	4.3076	1.1094	Nooit – maandelijks/meerdere keren per maand/wekelijks (-1.5630)

p=0.0001

Religieuze praktijk (BSO4.4)	*Aard godsdienstige opvoeding (BSO4.1)*				
	Katholiek	*Christelijk*	*Islamitisch*	*Religieloos*	Totaal
Nooit	40 *42,11%*	23 *24,21%*	5 *5,26%*	27 *28,42%*	95
Zelden	45 *55,56%*	20 *24,69%*	9 *11,11%*	7 *8,64%*	81
Maandelijks/meerdere keren per maand/wekelijks	9 *64,29%*	3 *21,43%*	2 *14,29%*	0 *0,00%*	14
Totaal	94	46	16	34	190

Chi-Square=16.9772 p=0.0094

Religieuze praktijk (BSO4.4)	*Eigen geloof (BSO4.2)*			
	Ja	*Neen*	*Ik twijfel*	Totaal
Nooit	10 *10,42%*	61 *63,54%*	25 *26,04%*	96
Zelden	23 *28,05%*	23 *28,05%*	36 *43,90%*	82
Maandelijks meerdere keren per maand/wekelijks	10 *76,92%*	1 *7,69%*	2 *15,38%*	13
Totaal	43	85	63	191

Chi-Square=46.8037 p<.0001

- Samenhang met 4.5 bidden

Bidden (BSO4.5)		*Striktheid vader (BSO20_3B)*		
	N	$\bar{x}$	σ	*Variabelen met significant verschil*
Nooit	79	3.0974	1.0462	Geen significante verschillen
Zelden	52	3.0836	1.0639	
Soms	36	3.6055	1.2689	
Regelmatig/dagelijks	14	3.7142	0.9414	

p=0.0308

Bidden (BSO4.5)		*Responsiviteit moeder (BSO21_3A)*		
	N	$\bar{x}$	σ	*Variabelen met significant verschil*
Nooit	80	4.4191	1.2990	Nooit – soms (-0.6294)
Zelden	51	4.3511	1.0429	Zelden – soms (-0.6974)
Soms	36	5.0486	1.0143	
Regelmatig/dagelijks	14	4.5688	1.5324	

p=0.0386

Bidden (BSO4.5)		*Opvolging moeder (BSO21_4)*		
	N	$\bar{x}$	σ	*Variabelen met significant verschil*
Nooit	79	4.6337	1.1634	Nooit – soms (-0.6996)
Zelden	51	4.6798	0.9476	Zelden – soms (-0.6595)
Soms	36	5.3333	0.8498	
Regelmatig/dagelijks	14	4.7380	0.9777	

p=0.0073

Bidden (BSO4.5)		*Geloofsbetrokkenheid moeder (BSO22B)*		
	N	$\bar{x}$	σ	*Variabelen met significant verschil*
Nooit	80	3.5875	1.4403	Nooit – regelmatig/dagelijks (-1.2339)
Zelden	51	3.7058	1.4289	Zelden – regelmatig/dagelijks (-1.1155)
Soms	36	4.2777	1.4114	
Regelmatig/dagelijks	14	4.8214	1.1865	

p=0.0052

Bidden (BSO4.5)		*Geloofsautonomie vader (BSO23A)*		
	N	$\bar{x}$	σ	*Variabelen met significant verschil*
Nooit	80	4.7979	0.9947	Nooit – soms (0.8326)
Zelden	51	4.2892	1.2533	
Soms	36	3.9652	1.2523	
Regelmatig/dagelijks	14	4.2142	1.5091	

p=0.0025

Bidden (BSO4.5)		*Geloofsbetrokkenheid vader (BSO23B)*		
	N	*x̄*	*σ*	*Variabelen met significant verschil*
Nooit	79	3.2748	1.5185	Zelden – regelmatig/dagelijks (-1.3571)
Zelden	51	3.0000	1.4662	
Soms	36	3.7916	1.5183	
Regelmatig/dagelijks	14	4.3571	1.1507	

p=0.0066

Bidden (BSO4.5)		*Orthodoxie (BSO08A)*		
	N	*x̄*	*σ*	*Variabelen met significant verschil*
Nooit	83	2.1847	0.8148	Nooit – dagelijks/regelmatig (-0.8272)
Zelden	54	2.4413	0.8293	Nooit – soms (-0.5503)
Soms	39	2.7350	0.9206	
Regelmatig/dagelijks	14	3.0119	1.1919	

p=0.0008

Bidden (BSO4.5)		*Tweede naïviteit (BSO08D)*		
	N	*x̄*	*σ*	*Variabelen met significant verschil*
Nooit	83	2.7676	0.8346	Nooit – soms (-0.7073)
Zelden	54	3.0371	0.8870	
Soms	39	3.4749	0.9676	
Regelmatig/dagelijks	14	3.2797	1.0634	

p=0.0007

Bidden (BSO4.5)		*Externe kritiek (BSO08B)*		
	N	*x̄*	*σ*	*Variabelen met significant verschil*
Nooit	83	3.4407	0.9181	Nooit – soms (0.6683)
Zelden	54	3.2880	0.9602	Zelden – soms (0.5156)
Soms	39	2.7724	0.8495	
Regelmatig/dagelijks	14	2.8839	0.6889	

p=0.0011

Bidden (BSO4.5)		*Klasdiscours (BSO10A)*		
	N	*x̄*	*σ*	*Variabelen met significant verschil*
Nooit	84	4.1077	0.8827	Soms – regelmatig/dagelijks (0.8520)
Zelden	54	4.0287	1.0295	
Soms	39	4.5000	0.8256	
Regelmatig/dagelijks	14	3.6479	1.0159	

p=0.0151

Bidden (BSO4.5)		*Hermeneutische verlamming (BSO11A)*		
	N	*x̄*	*σ*	*Variabelen met significant verschil*
Nooit	84	4.0101	1.1117	Nooit – soms (0.6973)
Zelden	54	3.5666	0.9208	
Soms	39	3.3128	0.8256	
Regelmatig/dagelijks	14	3.3107	0.9081	

p=0.0009

Bidden (BSO4.5)	*Traditie-relevantie (BSO12B)*			
	N	$\bar{x}$	σ	*Variabelen met significant verschil*
Nooit	84	3.3363	0.9406	Geen significante verschillen
Zelden	54	3.4722	0.9362	
Soms	39	3.7649	0.9412	
Regelmatig/dagelijks	14	3.9285	0.9528	

p=0.0381

Bidden (BSO4.5)	*Belang levensbeschouwing (BSO4.3)*			
	N	$\bar{x}$	σ	*Variabelen met significant verschil*
Nooit	83	2.5180	1.2332	Nooit – soms (-1.5076)
Zelden	53	2.9433	1.3070	Zelden – dagelijks/regelmatig (-1.8258)
Soms	39	4.0256	1.1582	Zelden – soms (1.0822)
Regelmatig/dagelijks	13	4.7692	1.1675	Nooit – dagelijks/regelmatig (-2.2512)

p<.0001

Bidden (BSO4.5)	*Aard godsdienstige opvoeding (BSO4.1)*				
	Katholiek	*Christelijk*	*Islamitisch*	*Religieloos*	Totaal
Nooit	40 *48,19%*	22 *26,51%*	1 *1,20%*	20 *24,10%*	83
Zelden	29 *53,70%*	10 *18,52%*	3 *5,56%*	12 *22,22%*	54
Soms	21 *55,26%*	10 *26,32%*	5 *13,16%*	2 *5,26%*	38
Regelmatig/dagelijks	3 *21,43%*	4 *28,57%*	7 *50,00%*	0 *0,00%*	14
Totaal	93	46	16	34	189

Chi-Square=47.2182 p<.0001

Bidden (BSO4.5)	*Eigen geloof (BSO4.2)*			
	Ja	*Neen*	*Ik twijfel*	Totaal
Nooit	6 *7,14%*	55 *65,48%*	23 *27,39%*	84
Zelden	6 *11,11%*	21 *38,89%*	27 *50,00%*	54
Soms	20 *51,28%*	6 *15,38%*	13 *33,33%*	39
Regelmatig/dagelijks	11 *78,57%*	3 *21,43%*	0 *0,00%*	14
Totaal	43	85	63	191

Chi-Square=73.7623 p<.0001

Bidden (BSO4.5)	*Religieuze praktijk (BSO4.4)*			
	Nooit	*Zelden*	*Maandelijks/meerdere keren per maand/wekelijks*	Totaal
Nooit	60 *71,43%*	22 *26,19%*	2 *2,38%*	84
Zelden	26 *48,15%*	26 *48,15%*	2 *3,70%*	54
Soms	8 *20,51%*	25 *64,10%*	6 *15,38%*	39
Regelmatig/dagelijks	2 *14,29%*	9 *64,29%*	3 *21,43%*	14
Totaal	96	82	13	191

Chi-Square=41.1875 p<.0001

- Samenhang met 5.1 geloof vader

Geloof vader (BSO5.1)		*Geloofsautonomie vader (BSO23A)*		
	N	$\bar{x}$	σ	*Variabelen met significant verschil*
Gelovig	58	4.0000	1.2012	Gelovig – ongelovig (-0.8818)
Ongelovig	55	4.8818	0.9584	
Hij twijfelt	35	4.5095	1.1362	
Ik weet het niet	34	4.3823	1.4091	

p=0.0013

Geloof vader (BSO5.1)		*Geloofsbetrokkenheid vader (BSO23B)*		
	N	$\bar{x}$	σ	*Variabelen met significant verschil*
Gelovig	58	4.0000	1.3507	Gelovig – ongelovig (1.0370)
Ongelovig	54	2.9629	1.4368	Gelovig – hij twijfelt (0.9571)
Hij twijfelt	35	3.0428	1.3304	
Ik weet het niet	34	3.3529	1.7732	

p=0.0278

Geloof vader (BSO5.1)		*Tweede naïviteit (BSO08D)*		
	N	$\bar{x}$	σ	*Variabelen met significant verschil*
Gelovig	61	3.3211	0.9751	Gelovig – ongelovig (0.5059)
Ongelovig	58	2.8152	0.8645	Gelovig – hij twijfelt (0.5158)
Hij twijfelt	36	2.8054	0.6804	
Ik weet het niet	35	3.1183	1.0749	

p=0.0090

Geloof vader (BSO5.1)		*Externe kritiek (BSO08B)*		
	N	$\bar{x}$	σ	*Variabelen met significant verschil*
Gelovig	61	2.8905	0.7702	Gelovig – ongelovig (-0.5599)
Ongelovig	58	3.4504	0.9850	Gelovig – ik weet het niet (-0.5171)
Hij twijfelt	36	3.2270	1.0257	
Ik weet het niet	35	3.4076	0.8943	

p=0.0053

Geloof vader (BSO5.1)		*Hermeneutische verlamming (BSO11A)*		
	N	*x̄*	*σ*	*Variabelen met significant verschil*
Gelovig	61	3.4155	0.8829	Gelovig – ongelovig (-0.5232)
Ongelovig	58	3.9387	1.1355	
Hij twijfelt	36	3.5333	1.0198	
Ik weet het niet	36	3.8722	0.9927	

p=0.0204

Geloof vader (BSO5.1)		*Hermeneutische competentie (BSO11B)*		
	N	*x̄*	*σ*	*Variabelen met significant verschil*
Gelovig	61	3.1557	0.9990	Gelovig – ongelovig (0.5236)
Ongelovig	58	2.6321	1.0736	
Hij twijfelt	36	3.0000	0.8618	
Ik weet het niet	36	3.0740	1.1767	

p=0.0397

Geloof vader (BSO5.1)		*Belang levensbeschouwing (BSO4.3)*		
	N	*x̄*	*σ*	*Variabelen met significant verschil*
Gelovig	60	4.0000	1.3403	Gelovig – ongelovig (1.6842)
Ongelovig	57	2.3157	1.2415	Gelovig – hij twijfelt (0.8056)
Hij twijfelt	36	3.1944	1.0907	Gelovig – ik weet het niet (1.2059)
Ik weet het niet	34	2.7941	1.3206	Ongelovig – hij twijfelt (-0.8787)

p<.0001

Geloof vader (BSO5.1)	*Aard godsdienstige opvoeding (BSO4.1)*				
	Katholiek	*Christelijk*	*Islamitisch*	*Religieloos*	Totaal
Gelovig	31 *51,67%*	10 *16,67%*	16 *26,67%*	3 *5,00%*	60
Ongelovig	19 *33,33%*	20 *35,09%*	0 *0,00%*	18 *31,58%*	57
Hij twijfelt	24 *66,67%*	4 *11,11%*	0 *0,00%*	8 *22,22%*	36
Ik weet het niet	19 *52,78%*	12 *33,33%*	0 *0,00%*	5 *13,89%*	36
Totaal	93	46	16	34	189

Chi-Square=59.8318 p<.0001

Geloof vader (BSO5.1)	*Eigen geloof (BSO4.2)*			
	Ja	*Neen*	*Ik twijfel*	Totaal
Gelovig	35 *57,38%*	6 *9,84%*	20 *32,79%*	61
Ongelovig	1 *1,72%*	43 *74,14%*	14 *24,14%*	58
Hij twijfelt	3 *8,33%*	14 *38,89%*	19 *52,78%*	36
Ik weet het niet	4 *11,43%*	22 *62,86%*	9 *25,71%*	35
Totaal	43	85	62	190

Chi-Square=85.8683 p<.0001

Geloof vader (BSO5.1)	*Religieuze praktijk (BSO4.4)*			
	Nooit	*Zelden*	*Maandelijks/meerdere keren per maand/wekelijks*	Totaal
Gelovig	18 *29,51%*	33 *54,10%*	10 *16,39%*	61
Ongelovig	44 *75,86%*	13 *22,41%*	1 *1,72%*	58
Hij twijfelt	15 *41,67%*	21 *58,33%*	0 *0,00%*	36
Ik weet het niet	19 *52,78%*	14 *38,89%*	3 *8,33%*	36
Totaal	96	81	14	191

Chi-Square=35.0671 p<.0001

Geloof vader (BSO5.1)	*Bidden (BSO04.5)*				
	Nooit	*Zelden*	*Soms*	*Regelmatig/dagelijks*	Totaal
Gelovig	15 *24,59%*	14 *22,95%*	21 *34,43%*	11 *18,03%*	61
Ongelovig	38 *65,52%*	13 *22,41%*	5 *8,62%*	2 *3,45%*	58
Hij twijfelt	14 *38,89%*	16 *44,44%*	6 *16,67%*	0 *0,00%*	36
Ik weet het niet	16 *45,71%*	11 *31,43%*	7 *20,00%*	1 *2,86%*	35
Totaal	83	54	39	14	190

Chi-Square=40.6417 p<.0001

- Samenhang met 5.2 religieuze praktijk vader

Religieuze praktijk vader (BSO5.2)		*Striktheid vader (BSO20_3B)*		
	N	$\bar{x}$	σ	*Variabelen met significant verschil*
Nooit	105	3.0642	1.0602	Geen significante verschillen
Zelden	48	3.4520	1.0326	
Maandelijks/meerdere keren per maand/wekelijks	29	3.5517	1.2916	

p=0.0342

Religieuze praktijk vader (BSO5.2)		*Geloofsautonomie vader (BSO23A)*		
	N	$\bar{x}$	σ	*Variabelen met significant verschil*
Nooit	104	4.7291	1.0734	Nooit – maandelijks/meerdere keren per maand/wekelijks (1.2205) Zelden – maandelijks/meerdere keren per maand/wekelijks (0.8536)
Zelden	49	4.3622	1.1411	
Maandelijks/meerdere keren per maand/wekelijks	29	3.5086	1.3118	

p<0.0001

Religieuze praktijk vader (BSO5.2)		*Geloofsautonomie moeder (BSO22A)*		
	N	$\bar{x}$	σ	*Variabelen met significant verschil*
Nooit	103	4.8495	1.1022	Nooit – zelden (0.5006) Nooit – maandelijks/meerdere keren per maand/wekelijks (0.9616)
Zelden	48	4.3489	1.1330	
Maandelijks/meerdere keren per maand/wekelijks	29	3.8879	1.2492	

p=0.0001

Religieuze praktijk vader (BSO5.2)		*Geloofsbetrokkenheid moeder (BSO22B)*		
	N	$\bar{x}$	σ	*Variabelen met significant verschil*
Nooit	103	3.6310	1.5145	Nooit – maandelijks/meerdere keren per maand/wekelijks (-1.0931) Zelden – maandelijks/meerdere keren per maand/wekelijks (-0.9637)
Zelden	48	3.7604	1.1983	
Maandelijks/meerdere keren per maand/wekelijks	29	4.7241	1.2927	

p=0.0012

Religieuze praktijk vader (BSO5.2)		*Geloofsbetrokkenheid vader (BSO23B)*		
	N	$\bar{x}$	σ	*Variabelen met significant verschil*
Nooit	104	3.0432	1.5345	Nooit – maandelijks/meerdere keren per maand/wekelijks (-1.2843)
Zelden	48	3.5520	1.2684	
Maandelijks/meerdere keren per maand/wekelijks	29	4.3275	1.4096	

p=0.0001

Religieuze praktijk vader (BSO5.2)		*Orthodoxie (BSO08A)*		
	N	$\bar{x}$	σ	*Variabelen met significant verschil*
Nooit	111	2.3138	0.8659	Nooit – maandelijks/meerdere keren per maand/wekelijks (-0.6747)
Zelden	49	2.4319	0.7809	Zelden – maandelijks/meerdere keren per maand/wekelijks (-0.5565)
Maandelijks/meerdere keren per maand/wekelijks	29	2.9885	1.1009	

p=0.0016

Religieuze praktijk vader (BSO5.2)		*Hermeneutische verlamming (BSO11A)*		
	N	$\bar{x}$	σ	*Variabelen met significant verschil*
Nooit	111	3.8977	1.0768	Nooit – zelden (0.4437)
Zelden	50	3.4540	0.8673	Nooit – maandelijks/meerdere keren per maand/wekelijks (0.6891)
Maandelijks/meerdere keren per maand/wekelijks	29	3.2086	0.8660	

p=0.0010

Religieuze praktijk vader (BSO5.2)		*Moeilijke communicatie (BSO13A)*		
	N	$\bar{x}$	σ	*Variabelen met significant verschil*
Nooit	110	2.8363	1.0353	Nooit – maandelijks/meerdere keren per maand/wekelijks (-0.5487)
Zelden	50	2.9133	0.8852	
Maandelijks/meerdere keren per maand/wekelijks	29	3.3850	0.8129	

p=0.0259

Religieuze praktijk vader (BSO5.2)	*Belang levensbeschouwing (BSO4.3)*			
	N	$\bar{x}$	σ	*Variabelen met significant verschil*
Nooit	110	2.7181	1.3281	Nooit – maandelijks/meerdere keren per maand/wekelijks (-1.4300)
Zelden	49	3.4693	1.1920	
Maandelijks/meerdere keren per maand/wekelijks	27	4.1481	1.5368	Nooit – zelden (-0.7512)

p<.0001

Religieuze praktijk vader (BSO5.2)	*Aard godsdienstige opvoeding (BSO4.1)*				
	Katholiek	*Christelijk*	*Islamitisch*	*Religieloos*	Totaal
Nooit	54 *49,54%*	27 *24,77%*	2 *1,83%*	26 *23,85%*	109
Zelden	26 *52,00%*	15 *30,00%*	3 *6,00%*	6 *12,00%*	50
Maandelijks/meerdere keren per maand/wekelijks	13 *44,83%*	3 *10,34%*	11 *37,93%*	2 *6,90%*	29
Totaal	93	45	16	34	188

Chi-Square=43.8374 p<.0001

Religieuze praktijk vader (BSO5.2)	*Eigen geloof (BSO4.2)*			
	Ja	*Neen*	*Ik twijfel*	Totaal
Nooit	10 *9,01%*	70 *63,06%*	31 *27,93%*	111
Zelden	16 *32,00%*	13 *26,00%*	21 *42,00%*	50
Maandelijks/meerdere keren per maand/wekelijks	17 *60,71%*	2 *7,14%*	9 *32,14%*	28
Totaal	43	85	61	189

Chi-Square=51.9344 p<.0001

Religieuze praktijk vader (BSO5.2)	*Religieuze praktijk (BSO4.4)*			
	Nooit	*Zelden*	*Maandelijks/meerdere keren per maand/wekelijks*	Totaal
Nooit	82 *73,87%*	28 *25,23%*	1 *0,90%*	111
Zelden	8 *16,00%*	39 *78,00%*	3 *6,00%*	50
Maandelijks/meerdere keren per maand/wekelijks	6 *20,69%*	13 *44,83%*	10 *34,48%*	29
Totaal	96	80	14	190

Chi-Square=87.1073 p<.0001

Religieuze praktijk vader (BSO5.2)	*Bidden (BSO4.5)*				
	Nooit	*Zelden*	*Soms*	*Regelmatig/dagelijks*	Totaal
Nooit	66 *59,46%*	29 *26,13%*	15 *13,51%*	1 *0,90%*	111
Zelden	11 *22,00%*	17 *34,00%*	16 *32,00%*	6 *12,00%*	44
Maandelijks/meerdere keren per maand/wekelijks	6 *21,43%*	8 *28,57%*	7 *25,00%*	7 *25,00%*	21
Totaal	83	54	38	14	189

Chi-Square=41.2651 p<.0001

Religieuze praktijk vader (BSO5.2)	*Geloof vader (BSO5.1)*				
	Gelovig	*Ongelovig*	*Hij twijfelt*	*Ik weet het niet*	Totaal
Nooit	16 *14,41%*	52 *46,85%*	23 *20,72%*	20 *18,02%*	111
Zelden	20 *40,00%*	6 *12,00%*	13 *26,00%*	11 *22,00%*	50
Maandelijks/meerdere keren per maand/wekelijks	25 *86,21%*	0 *0,00%*	0 *0,00%*	4 *13,79%*	29
Totaal	61	58	36	35	190

Chi-Square=70.0759 p<.0001

- Samenhang met 5.3 geloofscommunicatie vader

Geloofscommunicatie vader (BSO5.3)		*Geloofsautonomie vader (BSO23A)*		
	N	$\bar{x}$	σ	*Variabelen met significant verschil*
Nooit	134	4.5901	1.1363	Nooit – soms (1.0902)
Zelden	29	4.3534	1.1905	Nooit – regelmatig/dagelijks
Soms	9	3.5000	1.5712	(1.1402)
Regelmatig/dagelijks	10	3.4500	1.1229	

p=0.0020

Geloofscommunicatie vader (BSO5.3)		*Geloofsbetrokkenheid vader (BSO23B)*		
	N	$\bar{x}$	σ	*Variabelen met significant verschil*
Nooit	133	3.1541	1.4670	Nooit – regelmatig/dagelijks
Zelden	29	3.6551	1.5006	(-1.7959)
Soms	9	4.1666	1.3228	
Regelmatig/dagelijks	10	4.9500	1.1890	

p=0.0005

Geloofscommunicatie vader (BSO5.3)		*Orthodoxie (BSO08A)*		
	N	$\bar{x}$	σ	*Variabelen met significant verschil*
Nooit	138	2.3115	0.8471	Nooit – regelmatig/dagelijks (-0.9384)
Zelden	32	2.6093	0.9612	
Soms	9	3.0740	1.1520	
Regelmatig/dagelijks	10	3.2500	0.7627	

p=0.0009

Geloofscommunicatie vader (BSO5.3)		*Externe kritiek (BSO08B)*		
	N	$\bar{x}$	σ	*Variabelen met significant verschil*
Nooit	138	3.2428	0.9447	Zelden – soms (0.9335)
Zelden	32	3.3878	0.8147	
Soms	9	2.4543	0.7464	
Regelmatig/dagelijks	10	2.9125	1.0000	

p=0.0396

Geloofscommunicatie vader (BSO5.3)		*Dogmatische leerkracht (BSO09B)*		
	N	$\bar{x}$	σ	*Variabelen met significant verschil*
Nooit	139	2.4544	1.0371	Nooit – regelmatig/dagelijks (-1.0122)
Zelden	32	2.6250	1.1382	
Soms	9	2.7777	0.8819	
Regelmatig/dagelijks	10	3.4666	1.3895	

p=0.0313

Geloofscommunicatie vader (BSO5.3)		*Hermeneutische verlamming (BSO11A)*		
	N	$\bar{x}$	σ	*Variabelen met significant verschil*
Nooit	139	3.7910	1.0624	Nooit – regelmatig/dagelijks (0.9310) Nooit – soms (0.9021)
Zelden	32	3.6515	0.8507	
Soms	9	2.8888	0.4807	
Regelmatig/dagelijks	10	2.8600	0.7834	

p=0.0034

Geloofscommunicatie vader (BSO5.3)		*Historische traditie (BSO12A)*		
	N	$\bar{x}$	σ	*Variabelen met significant verschil*
Nooit	139	2.7601	0.8917	Geen significante verschillen
Zelden	32	3.1093	0.9575	
Soms	9	2.4444	1.2018	
Regelmatig/dagelijks	10	3.3166	0.6869	

p=0.0430

Geloofscommunicatie vader (BSO5.3)	*Belang levensbeschouwing (BSO4.3)*			
	N	$\bar{x}$	σ	*Variabelen met significant verschil*
Nooit	137	2.8613	1.2844	Nooit – regelmatig/dagelijks (-2.8054) Nooit – soms (-1.5137) Zelden – regelmatig/dagelijks (-2.4479)
Zelden	32	3.2187	1.3615	
Soms	8	4.3750	1.1877	
Regelmatig/dagelijks	2	5.6666	0.5000	

p<.0001

Geloofscommunicatie vader (BSO5.3)	*Aard godsdienstige opvoeding (BSO4.1)*				
	Katholiek	*Christelijk*	*Islamitisch*	*Religieloos*	Totaal
Nooit	73 *52,90%*	32 *23,19%*	3 *2,17%*	30 *21,74%*	138
Zelden	14 *43,75%*	13 *40,63%*	2 *6,25%*	3 *9,38%*	32
Soms	4 *44,44%*	0 *0,00%*	4 *44,44%*	1 *11,11%*	9
Regelmatig/dagelijks	2 *22,22%*	0 *0,00%*	7 *77,78%*	0 *0,00%*	9
	93	45	16	34	188

Chi-Square=85.3276 p<.0001

Geloofscommunicatie vader (BSO5.3)	*Eigen geloof (BSO4.2)*			
	Ja	*Neen*	*Ik twijfel*	Totaal
Nooit	18 *12,95%*	74 *53,24%*	47 *33,81%*	139
Zelden	10 *31,25%*	10 *31,25%*	12 *37,50%*	32
Soms	6 *66,67%*	1 *11,11%*	2 *22,22%*	9
Regelmatig/dagelijks	9 *100,00%*	0 *0,00%*	0 *0,00%*	9
Totaal	43	85	61	189

Chi-Square=51.4724 p<.0001

Geloofscommunicatie vader (BSO5.3)	*Religieuze praktijk (BSO4.4)*			
	Nooit	*Zelden*	*Maandelijks/meerdere keren per maand/wekelijks*	Totaal
Nooit	80 *57,55%*	55 *39,57%*	4 *2,88%*	139
Zelden	12 *37,50%*	15 *46,88%*	5 *15.63%*	32
Soms	0 *0,00%*	7 *77,78%*	2 *22,22%*	9
Regelmatig/dagelijks	4 *40,00%*	3 *30,00%*	3 *30,00%*	10
Totaal	96	80	14	190

Chi-Square=27.0643 p<.0001

Geloofscommunicatie vader (BSO5.3)	*Bidden (BSO04.5)*				
	Nooit	*Zelden*	*Soms*	*Regelmatig/dagelijks*	Totaal
Nooit	72 *51,80%*	42 *30,22%*	22 *15,83%*	3 *2,16%*	139
Zelden	11 *34,38%*	9 *28,13%*	8 *25,00%*	4 *12,50%*	32
Soms	0 *0,00%*	0 *0,00%*	4 *44,44%*	5 *55,56%*	9
Regelmatig/dagelijks	0 *0,00%*	3 *33,33%*	4 *44,44%*	2 *22,22%*	9
Totaal	83	54	38	14	189

Chi-Square=57.3858 p<.0001

Geloofscommunicatie vader (BSO5.3)	*Geloof vader (BSO5.1)*				
	Gelovig	*Ongelovig*	*Hij twijfelt*	*Ik weet het niet*	Totaal
Nooit	31 *22,30%*	53 *38,13%*	26 *18,71%*	29 *20,86%*	139
Zelden	14 *43,75%*	5 *15,63%*	9 *28,13%*	4 *12.50%*	32
Soms	7 *77,78%*	0 *0,00%*	1 *11,11%*	1 *11,11%*	9
Regelmatig/dagelijks	9 *90,00%*	0 *0,00%*	0 *0,00%*	1 *10,00%*	10
Totaal	61	58	36	35	190

Chi-Square=37.8782 p<.0001

Geloofscommunicatie vader (BSO5.3)	*Religieuze praktijk vader (BSO5.2)*			
	Nooit	*Zelden*	*Maandelijks/meerdere keren per maand/wekelijks*	Totaal
Nooit	95 *68,35%*	33 *23,74%*	11 *7,91%*	139
Zelden	15 *46,88%*	11 *34,38%*	6 *18,75%*	32
Soms	0 *0,00%*	4 *4,44%*	5 *55,56%*	9
Regelmatig/dagelijks	1 *10,00%*	2 *20,00%*	7 *70,00%*	10
Totaal	111	50	29	190

Chi-Square=49.1370 p<.0001

- Samenhang met 6.1 geloof moeder

Geloof moeder (BSO6.1)	*N*	*Geloofsautonomie moeder (BSO22A)*		
		$\bar{x}$	σ	*Variabelen met significant verschil*
Gelovig	66	4.0303	1.1705	Gelovig – ik weet het niet (-0.8895)
Ongelovig	31	5.0725	1.0843	Gelovig – ongelovig (-1.0423)
Ze twijfelt	32	4.5703	1.0104	
Ik weet het niet	53	4.9198	1.1274	

p<.0001

Geloof moeder (BSO6.1)		*Geloofsbetrokkenheid moeder (BSO22B)*		
	N	$\bar{x}$	σ	*Variabelen met significant verschil*
Gelovig	66	4.2575	1.4257	Gelovig – ik weet het niet (0.7010)
Ongelovig	31	3.4516	1.3124	Gelovig – ongelovig (0.8060)
Ze twijfelt	32	3.8906	1.2295	
Ik weet het niet	53	3.5566	3.5566	

p=0.0196

Geloof moeder (BSO6.1)		*Orthodoxie (BSO08A)*		
	N	$\bar{x}$	σ	*Variabelen met significant verschil*
Gelovig	67	2.7288	0.9458	Gelovig – ik weet het niet (0.5076)
Ongelovig	32	2.2864	0.8791	
Ze twijfelt	33	2.4292	1.0491	
Ik weet het niet	58	2.2212	0.7004	

p=0.0103

Geloof moeder (BSO6.1)		*Externe kritiek (BSO08B)*		
	N	$\bar{x}$	σ	*Variabelen met significant verschil*
Gelovig	67	2.9976	0.8064	Gelovig – ongelovig (-0.7133) Ongelovig – ze twijfelt (0.6314)
Ongelovig	32	3.7109	1.0022	
Ze twijfelt	33	3.0795	0.8228	
Ik weet het niet	58	3.3311	0.9958	

p=0.0022

Geloof moeder (BSO6.1)		*Dogmatische leerkracht (BSO09B)*		
	N	$\bar{x}$	σ	*Variabelen met significant verschil*
Gelovig	67	2.6766	1.0947	Ongelovig – ze twijfelt (0.6903)
Ongelovig	32	2.8177	1.2073	
Ze twijfelt	34	2.1274	0.9428	
Ik weet het niet	58	2.5459	1.0291	

p=0.0447

Geloof moeder (BSO6.1)		*Hermeneutische verlamming (BSO11A)*		
	N	$\bar{x}$	σ	*Variabelen met significant verschil*
Gelovig	67	3.4037	0.8684	Gelovig – ik weet het niet (-0.5842)
Ongelovig	32	3.7453	1.1849	
Ze twijfelt	34	3.6941	0.9837	
Ik weet het niet	58	3.9879	1.0718	

p=0.0164

Geloof moeder (BSO6.1)		*Historische traditie (BSO12A)*		
	N	$\bar{x}$	σ	*Variabelen met significant verschil*
Gelovig	67	2.9975	0.9703	Gelovig – ze twijfelt (0.6005)
Ongelovig	32	2.9270	0.9531	
Ze twijfelt	34	2.3970	0.8742	
Ik weet het niet	58	2.8390	0.8176	

p=0.0172

Geloof moeder (BSO6.1)		*Moeilijke communicatie (BSO13A)*		
	N	$\bar{x}$	σ	*Variabelen met significant verschil*
Gelovig	67	3.1194	0.9278	Gelovig – ik weet het niet (0.4930) Ongelovig – ik weet het niet (0.6444)
Ongelovig	32	3.2708	1.1053	
Ze twijfelt	33	2.8232	0.8639	
Ik weet het niet	58	2.6264	0.9450	

p=0.0057

Geloof moeder (BSO6.1)		*Belang van levensbeschouwing (BSO4.3)*		
	N	$\bar{x}$	σ	*Variabelen met significant verschil*
Gelovig	65	3.8307	1.4744	Gelovig – ik weet het niet (0.9360) Gelovig – ze twijfelt (1.2247) Gelovig – ongelovig (1.3933)
Ongelovig	32	2.4375	4.4127	
Ze twijfelt	33	2.6060	0.9981	
Ik weet het niet	57	2.8947	1.1905	

p<.0001

Geloof moeder (BSO6.1)	*Aard godsdienstige opvoeding (BSO4.1)*				
	Katholiek	*Christelijk*	*Islamitisch*	*Religieloos*	Totaal
Gelovig	32 *48,48%*	13 *19,70%*	14 *21,21%*	7 *10,61%*	66
Ongelovig	8 *25,81%*	11 *35,48%*	0 *0,00%*	12 *38,71%*	31
Ze twijfelt	26 *76,47%*	4 *11,76%*	0 *0,00%*	4 *11,76%*	34
Ik weet het niet	28 *48,28%*	17 *29,31%*	2 *3,45%*	11 *18,97%*	58
Totaal	94	45	16	34	189

Chi-Square=43.6086 p<.0001

Geloof moeder (BSO6.1)	*Eigen geloof (BSO4.2)*			
	Ja	*Neen*	*Ik twijfel*	Totaal
Gelovig	32 *47,76%*	16 *23,88%*	19 *28,36%*	67
Ongelovig	0 *0,00%*	25 *78,13%*	7 *21,88%*	32
Ze twijfelt	1 *3,03%*	13 *39,39%*	19 *57,58%*	33
Ik weet het niet	10 *17,24%*	31 *53,45%*	17 *29,31%*	58
Totaal	43	85	62	190

Chi-Square=55.9652 p<.0001

Geloof moeder (BSO6.1)	*Religieuze praktijk (BSO4.4)*			
	Nooit	*Zelden*	*Maandelijks/meerdere keren per maand/wekelijks*	Totaal
Gelovig	25 *37,31%*	30 *44,78%*	12 *17,91%*	67
Ongelovig	23 *71,88%*	9 *28,13%*	0 *0,00%*	32
Ze twijfelt	15 *44,12%*	18 *52,94%*	1 *2,94%*	34
Ik weet het niet	32 *55,17%*	25 *43,10%*	1 *1,72%*	58
Totaal	95	82	14	191

Chi-Square=24.2321 p=0.0005

Geloof moeder (BSO6.1)	*Bidden (BSO04.5)*				
	Nooit	*Zelden*	*Soms*	*Regelmatig/dagelijks*	Totaal
Gelovig	16 *23,88%*	22 *32,84%*	20 *29,85%*	9 *13,43%*	67
Ongelovig	23 *71,88%*	5 *15,63%*	3 *9,38%*	1 *3,13%*	32
Ze twijfelt	17 *51,52%*	10 *30,30%*	6 *18,18%*	0 *0,00%*	33
Ik weet het niet	27 *46,55%*	17 *29,31%*	10 *17,24%*	4 *6,90%*	58
Totaal	83	54	39	14	190

Chi-Square=26.5144 p=0.0017

Geloof moeder (BSO6.1)	*Geloof vader (BSO5.1)*				
	Gelovig	*Ongelovig*	*Ze twijfelt*	*Ik weet het niet*	Totaal
Gelovig	45 *67,16%*	10 *14,93%*	6 *8,96%*	6 *8,96%*	67
Ongelovig	0 *0,00%*	27 *84,38%*	2 *6,25%*	3 *9,38%*	32
Ze twijfelt	6 *17,65%*	9 *26,47%*	16 *47,06%*	3 *8,82%*	34
Ik weet het niet	10 *17,54%*	12 *21,05%*	11 *19,30%*	24 *42,11%*	57
Totaal	61	58	35	36	190

Chi-Square=123.5439 p<.0001

Geloof moeder (BSO6.1)	*Religieuze praktijk vader (BSO5.2)*			
	Nooit	*Zelden*	*Maandelijks/meerdere keren per maand/wekelijks*	Totaal
Gelovig	25 *37,31%*	18 *26,87%*	24 *35,82%*	67
Ongelovig	26 *83,87%*	5 *16,13%*	0 *0,00%*	31
Ze twijfelt	22 *64,71%*	10 *29,41%*	2 *5,88%*	34
Ik weet het niet	37 *64,91%*	17 *29,82%*	3 *5,26%*	57
Totaal	110	50	29	189

Chi-Square=39.6559 p<.0001

- Samenhang met 6.2 religieuze praktijk moeder

Religieuze praktijk moeder (BSO6.2)		*Striktheid moeder (BSO21_3B)*		
	N	$\bar{x}$	σ	*Variabelen met significant verschil*
Nooit	96	3.2020	1.0226	Nooit – zelden (-0.4133)
Zelden	65	3.6153	0.8777	
Maandelijks/meerdere keren per maand/wekelijks	21	3.1904	1.0207	

p=0.0240

Religieuze praktijk moeder (BSO6.2)		*Geloofsautonomie moeder (BSO22A)*		
	N	$\bar{x}$	σ	*Variabelen met significant verschil*
Nooit	96	4.7473	1.2303	Nooit – maandelijks/meerdere keren per maand/wekelijks (0.8664)
Zelden	65	4.5076	1.0145	
Maandelijks/meerdere keren per maand/wekelijks	21	3.8809	1.2787	

p=0.0086

Religieuze praktijk moeder (BSO6.2)		*Geloofsbetrokkenheid moeder (BSO22B)*		
	N	$\bar{x}$	σ	*Variabelen met significant verschil*
Nooit	96	3.6406	1.5038	Nooit – maandelijks/meerdere keren per maand/wekelijks (-0.9308)
Zelden	65	3.9307	1.3313	
Maandelijks/meerdere keren per maand/wekelijks	21	4.5714	1.3535	

p=0.0238

Religieuze praktijk moeder (BSO6.2)		*Orthodoxie (BSO08A)*		
	N	$\bar{x}$	σ	*Variabelen met significant verschil*
Nooit	101	2.3085	0.8826	Nooit – maandelijks/meerdere keren per maand/wekelijks (-0.6460)
Zelden	66	2.4949	0.8701	
Maandelijks/meerdere keren per maand/wekelijks	22	2.9545	0.9842	

p=0.0085

Religieuze praktijk moeder (BSO6.2)		*Tweede naïviteit (BSO08D)*		
	N	$\bar{x}$	σ	*Variabelen met significant verschil*
Nooit	101	2.8869	0.9637	Nooit – maandelijks/meerdere keren per maand/wekelijks (-0.5204)
Zelden	66	3.1262	0.8726	
Maandelijks/meerdere keren per maand/wekelijks	22	3.4073	0.8521	

p=0.0345

Religieuze praktijk moeder (BSO6.2)	*Hermeneutische verlamming (BSO11A)*			
	N	$\bar{x}$	σ	*Variabelen met significant verschil*
Nooit	101	3.8668	1.1206	Geen significante verschillen
Zelden	67	3.5343	0.8685	
Maandelijks/meerdere keren per maand/wekelijks	22	3.3568	0.9477	

p=0.0329

Religieuze praktijk moeder (BSO6.2)	*Belang levensbeschouwing (BSO4.3)*			
	N	$\bar{x}$	σ	*Variabelen met significant verschil*
Nooit	100	2.9500	1.4451	Nooit – maandelijks/meerdere keren per maand/wekelijks (-1.0000) Zelden – maandelijks/meerdere keren per maand/wekelijks (-0.9348)
Zelden	66	3.0151	1.3066	
Maandelijks/meerdere keren per maand/wekelijks	20	3.9500	1.3168	

p=0.0128

Religieuze praktijk moeder (BSO6.2)	*Diploma moeder (BSO21.1)*				
	Geen diploma/lager onderwijs/lager secundair onderwijs	*Hoger secundair onderwijs*	*Hoger niet-univ. onderwijs*	*Universitair onderwijs*	Totaal
Nooit	48 *51,06%*	32 *34,04%*	8 *8,51%*	6 *6,38%*	94
Zelden	31 *50,00%*	23 *37,10%*	7 *11,29%*	1 *1,61%*	62
Maandelijks/meerdere keren per maand/wekelijks	7 *36,84%*	4 *21,05%*	2 *10,53%*	6 *31,58%*	19
Totaal	86	59	17	13	175

Chi-Square=19.9720 p=0.0028

Religieuze praktijk moeder (BSO6.2)	*Aard godsdienstige opvoeding (BSO4.1)*				
	Katholiek	*Christelijk*	*Islamitisch*	*Religieloos*	Totaal
Nooit	46 *46,46%*	22 *22,22%*	8 *8,08%*	23 *23,23%*	99
Zelden	35 *52,24%*	18 *26,87%*	3 *4,48%*	11 *16,42%*	67
Maandelijks/meerdere keren per maand/wekelijks	13 *59,09%*	4 *18,18%*	5 *22,73%*	0 *0,00%*	22
Totaal	94	44	16	34	188

Chi-Square=13.3953 p=0.0372

Religieuze praktijk moeder (BSO6.2)	*Eigen geloof (BSO4.2)*			
	Ja	*Neen*	*Ik twijfel*	Totaal
Nooit	18 *17,82%*	57 *56,44%*	26 *25,74%*	101
Zelden	12 *17,91%*	27 *40,30%*	28 *41,79%*	67
Maandelijks/meerdere keren per maand/wekelijks	12 *57,14%*	1 *4,76%*	8 *38,10%*	21
Totaal	42	85	62	189

Chi-Square=27.1549 p<.0001

Religieuze praktijk moeder (BSO6.2)	*Religieuze praktijk (BSO4.4)*			
	Nooit	*Zelden*	*Maandelijks/meerdere keren per maand/wekelijks*	Totaal
Nooit	74 *73,27%*	26 *25,74%*	1 *0,99%*	101
Zelden	19 *28,36%*	47 *70,15%*	1 *1,49%*	67
Maandelijks/meerdere keren per maand/wekelijks	2 *9,09%*	8 *36,36%*	12 *54,55%*	22
Totaal	95	81	14	190

Chi-Square=118.6045 p<.0001

Religieuze praktijk moeder (BSO6.2)	*Bidden (BSO04.5)*				
	Nooit	*Zelden*	*Soms*	*Regelmatig/dagelijks*	Totaal
Nooit	53 *52,48%*	27 *26,73%*	16 *15,84%*	5 *4,95%*	101
Zelden	24 *35,82%*	23 *34,33%*	15 *22,39%*	5 *7,46%*	67
Maandelijks/meerdere keren per maand/wekelijks	6 *28,57%*	4 *19,05%*	7 *33,33%*	4 *19,05%*	21
Totaal	83	54	38	14	189

Chi-Square=12.9531 p=0.0438

Religieuze praktijk moeder (BSO6.2)	*Geloof vader (BSO5.1)*				
	Gelovig	*Ongelovig*	*Hij twijfelt*	*Ik weet het niet*	Totaal
Nooit	25 *25,00%*	39 *39,00%*	17 *17,00%*	19 *19,00%*	100
Zelden	18 *26,87%*	18 *26,87%*	17 *25,37%*	14 *20,90%*	67
Maandelijks/meerdere keren per maand/wekelijks	17 *77,27%*	1 *4,55%*	1 *4,55%*	3 *13,64%*	22
Totaal	60	58	35	36	189

Chi-Square=28.3722 p<.0001

Religieuze praktijk moeder (BSO6.2)	*Religieuze praktijk vader (BSO5.2)*			
	Nooit	*Zelden*	*Maandelijks/meerdere keren per maand/wekelijks*	Totaal
Nooit	85 *85,00%*	7 *7,00%*	8 *8,00%*	100
Zelden	23 *34,85%*	38 *57,58%*	5 *7,58%*	66
Maandelijks/meerdere keren per maand/wekelijks	2 *9,09%*	4 *18,18%*	16 *72,73%*	22
Totaal	110	49	29	188

Chi-Square=120.1449 p<.0001

Religieuze praktijk moeder (BSO6.2)	*Geloof moeder (BSO6.1)*				
	Gelovig	*Ongelovig*	*Zij twijfelt*	*Ik weet het niet*	Totaal
Nooit	22 *21,78%*	27 *26,73%*	14 *13,86%*	38 *37,62%*	101
Zelden	26 *38,81%*	5 *7,46%*	18 *26,87%*	18 *26,87%*	67
Maandelijks/meerdere keren per maand/wekelijks	19 *86,36%*	0 *0,00%*	2 *9,09%*	1 *4,55%*	22
Totaal	67	32	34	57	190

Chi-Square=46.6181 p<.0001

- Samenhang met 6.3 geloofscommunicatie moeder

Geloofscommunicatie moeder (BSO6.3)		*Opvolging moeder (BSO21_4)*		
	N	$\bar{x}$	σ	*Variabelen met significant verschil*
Nooit	111	4.7438	1.1400	Nooit – soms (-0.7666)
Zelden	43	4.6627	0.9030	Zelden – soms (-0.8476)
Soms	16	5.5104	0.5659	
Regelmatig/dagelijks	11	4.8060	1.0243	

p<.0001

Geloofscommunicatie moeder (BSO6.3)		*Geloofsautonomie moeder (BSO22A)*		
	N	$\bar{x}$	σ	*Variabelen met significant verschil*
Nooit	112	4.6763	1.1886	Geen significante verschillen
Zelden	43	4.6569	1.1326	
Soms	16	4.0312	0.8360	
Regelmatig/dagelijks	11	3.7954	1.4697	

p=0.0269

Geloofscommunicatie moeder (BSO6.3)		*Geloofsbetrokkenheid moeder (BSO22B)*		
	N	$\bar{x}$	σ	*Variabelen met significant verschil*
Nooit	112	3.5178	1.4471	Nooit – regelmatig/dagelijks (-1.8003)
Zelden	43	4.0000	1.2817	Zelden – regelmatig/dagelijks (-1.3182)
Soms	16	4.7812	1.0322	Nooit – soms (-1.2634)
Regelmatig/dagelijks	11	5.3181	1.1016	

p<.0001

Geloofscommunicatie moeder (BSO6.3)		*Orthodoxie (BSO08A)*		
	N	$\bar{x}$	σ	*Variabelen met significant verschil*
Nooit	117	2.2393	0.8490	Nooit – regelmatig/dagelijks (-1.2910)
Zelden	44	2.5189	0.7860	Zelden – regelmatig/dagelijks (-1.0114)
Soms	18	2.9629	0.8373	Nooit – soms (-0.7236)
Regelmatig/dagelijks	11	3.5303	1.0105	

p<.0001

Geloofscommunicatie moeder (BSO6.3)		*Dogmatische leerkracht (BSO09B)*		
	N	$\bar{x}$	σ	*Variabelen met significant verschil*
Nooit	118	2.4533	1.0271	Nooit – regelmatig/dagelijks
Zelden	44	2.4848	1.1030	(-0.9709)
Soms	18	2.9444	1.1216	Zelden – regelmatig/dagelijks
Regelmatig/dagelijks	11	3.4242	1.1746	(-0.9394)

p=0.0131

Geloofscommunicatie moeder (BSO6.3)		*Hermeneutische verlamming (BSO11A)*		
	N	$\bar{x}$	σ	*Variabelen met significant verschil*
Nooit	118	3.7843	1.0552	Geen significante verschillen
Zelden	44	3.8045	1.0247	
Soms	18	3.1361	0.6291	
Regelmatig/dagelijks	11	3.1272	0.9306	

p=0.0172

Geloofscommunicatie moeder (BSO6.3)		*Moeilijke communicatie (BSO13A)*		
	N	$\bar{x}$	σ	*Variabelen met significant verschil*
Nooit	117	2.8433	1.0129	Nooit – regelmatig/dagelijks
Zelden	44	2.9015	0.7893	(-0.8537)
Soms	18	3.2314	1.0465	
Regelmatig/dagelijks	11	3.6969	0.8876	

p=0.0235

Geloofscommunicatie moeder (BSO6.3)	*Belang levensbeschouwing (BSO4.3)*			
	N	$\bar{x}$	σ	*Variabelen met significant verschil*
Nooit	117	2.8034	1.2746	Nooit – soms (-1.0716)
Zelden	43	3.0232	1.1647	Nooit – regelmatig/dagelijks (-2.4693)
Soms	16	3.8750	1.4548	Zelden – regelmatig/dagelijks (-2.2495)
Regelmatig/dagelijks	11	5.2727	1.4893	Soms – regelmatig/dagelijks (-1.3977)

p<.0001

Geloofscommunicatie moeder (BSO6.3)	*Aard godsdienstige opvoeding (BSO4.1)*				
	Katholiek	*Christelijk*	*Islamitisch*	*Religieloos*	Totaal
Nooit	63 *53,85%*	28 *23,93%*	1 *0,85%*	25 *21,37%*	117
Zelden	21 *47,73%*	12 *27,27%*	3 *6,82%*	8 *18,18%*	44
Soms	9 *50,00%*	4 *22,22%*	4 *22,22%*	1 *5,56%*	18
Regelmatig/dagelijks	1 *10,00%*	1 *10,00%*	8 *80,00%*	0 *0,00%*	10
Totaal	94	45	16	34	189

Chi-Square=81.3565 p<.0001

Geloofscommunicatie moeder (BSO6.3)	*Eigen geloof (BSO4.2)*			
	Ja	*Neen*	*Ik twijfel*	Totaal
Nooit	15 *12,71%*	64 *54,24%*	39 *33,05%*	118
Zelden	9 *20,45%*	18 *40,91%*	17 *38,64%*	44
Soms	9 *52,94%*	3 *17,65%*	5 *29,41%*	17
Regelmatig/dagelijks	10 *90,91%*	0 *0,00%*	1 *9,09%*	11
Totaal	43	85	62	190

Chi-Square=47.4312 p<.0001

Geloofscommunicatie moeder (BSO6.3)	*Religieuze praktijk (BSO4.4)*			
	Nooit	*Zelden*	*Maandelijks/meerdere keren per maand/wekelijks*	Totaal
Nooit	73 *61,86%*	43 *36,44%*	2 *1,69%*	118
Zelden	17 *38,64%*	23 *52,27%*	4 *9,09%*	44
Soms	2 *11,11%*	10 *55,56%*	6 *33,33%*	18
Regelmatig/dagelijks	3 *27,27%*	6 *54,55%*	2 *18,18%*	11
Totaal	95	82	14	191

Chi-Square=37.8310 p<.0001

Geloofscommunicatie moeder (BSO6.3)	*Bidden (BSO04.5)*				
	Nooit	*Zelden*	*Soms*	*Regelmatig/dagelijks*	Totaal
Nooit	60 *50,85%*	37 *31,36%*	16 *13,56%*	5 *4,24%*	118
Zelden	22 *50,00%*	11 *25,00%*	10 *22,73%*	1 *2,27%*	44
Soms	1 *5,88%*	3 *17,65%*	10 *58,82%*	3 *17,65%*	17
Regelmatig/dagelijks	0 *0,00%*	3 *27,27%*	3 *27,27%*	5 *45,45%*	11
Totaal	83	54	39	14	190

Chi-Square=55.8903 p<.0001

Geloofscommunicatie moeder (BSO6.3)	*Geloof vader (BSO5.1)*				
	Gelovig	*Ongelovig*	*Hij twijfelt*	*Ik weet het niet*	Totaal
Nooit	27 *23,08%*	44 *37,61%*	22 *18,80%*	24 *20,51%*	117
Zelden	13 *29,55%*	12 *27,27%*	10 *22,73%*	9 *20,45%*	44
Soms	11 *61,11%*	2 *11,11%*	3 *16,67%*	2 *11,11%*	18
Regelmatig/dagelijks	10 *90,91%*	0 *0,00%*	0 *0,00%*	1 *9,09%*	11
Totaal	61	58	35	36	150

Chi-Square=31.1396 p=0.0003

Geloofscommunicatie moeder (BSO6.3)	*Religieuze praktijk vader (BSO5.2)*			
	Nooit	*Zelden*	*Maandelijks/meerdere keren per maand/wekelijks*	Totaal
Nooit	81 *69,23%*	28 *23,93%*	8 *6,84%*	117
Zelden	24 *54,55%*	15 *34,09%*	5 *11,36%*	44
Soms	4 *22,22%*	6 *33,33%*	8 *44,44%*	18
Regelmatig/dagelijks	1 *10,00%*	1 *10,00%*	8 *80,00%*	10
Totaal	110	50	29	189

Chi-Square=56.2895 p<.0001

Geloofscommunicatie moeder (BSO6.3)	*Geloofscommunicatie vader (BSO5.3)*				
	Nooit	*Zelden*	*Soms*	*Regelmatig/dagelijks*	Totaal
Nooit	109 *93,16%*	7 *5.98%*	1 *0,85%*	0 *0,00%*	117
Zelden	24 *54,55%*	19 *43,18%*	0 *0,00%*	1 *2,27%*	44
Soms	5 *27.78%*	5 *27.78%*	6 *33,33%*	2 *11,11%*	18
Regelmatig/dagelijks	0 *0,00%*	1 *10,00%*	2 *20,00%*	7 *70,00%*	10
Totaal	138	32	9	10	189

Chi-Square=177.4507 p<.0001

Geloofscommunicatie moeder (BSO6.3)	*Religieuze praktijk moeder (BSO6.2)*			
	Nooit	*Zelden*	*Maandelijks/meerdere keren per maand/wekelijks*	Totaal
Nooit	76 *64,96%*	36 *30,77%*	5 *4,27%*	117
Zelden	18 *40,91%*	20 *45,45%*	6 *13,64%*	44
Soms	3 *16,67%*	6 *33,33%*	9 *50,00%*	18
Regelmatig/dagelijks	4 *36,36%*	5 *45,45%*	2 *18,18%*	11
Totaal	101	67	22	190

Chi-Square=40.6235 p<.0001

	Mate godsdienstige opvoeding door ouders (BSO7.1)	*Mate godsdienstige opvoeding door grootouders (BSO7.2)*
BSO4.3 (belang levensbeschouwing)	0.58601 ***	0.34897 ***
BSO08A (ORT)	0.33003 ***	0.19667 ***
BSO08B (EXK)	-0.25906 **	-0.16975 *
BSO08D (TNA)	0.15936 *	
BSO11A (HEV)	-0.26221 **	
BSO11B (HEC)	0.18226 *	
BSO12B (TRR)	0.18258 *	
BSO20_3A(REV)	0.16262 *	
BSO22A (GAM)	-0.24812 **	
BSO22B (GBM)	0.30759 ***	0.19978 **
BSO23A (GAV)	-0.25903 **	
BSO23B (GBV)	0.19288 **	

Significantie: p < 0.0001 =*** ; p < 0.01 =** ; p < 0.05 =*

- Samenhang met 7.1 mate godsdienstige opvoeding door ouders

Aard godsdienstige opvoeding (BSO4.1)		*Mate godsdienstige opvoeding door ouders (BSO7.1)*		
	N	$\bar{x}$	σ	*Variabelen met significant verschil*
Katholiek	94	3.0319	1.1681	Katholiek – islamitisch (-1.9014)
Christelijk	46	2.9782	0.9997	Katholiek – religieloos (0.7966)
Islamitisch	15	4.9333	0.9611	Christelijk – islamitisch (-1.9551)
Vrijzinnig, atheïstisch & zonder religie (religieloos)	34	2.2352	1.1821	Islamitisch – religieloos (2.6980)

p<.0001

Eigen geloof (BSO4.2)		*Mate godsdienstige opvoeding door ouders (BSO7.1)*		
	N	$\bar{x}$	σ	*Variabelen met significant verschil*
Ja	42	4.2142	1.1377	Ja – neen (1.8496)
Neen	85	2.3647	1.0673	Ja – ik twijfel (1.1508)
Ik twijfel	63	3.0634	0.9979	Neen – ik twijfel (-0.6988)

p<.0001

Religieuze praktijk (BSO4.4)		*Mate godsdienstige opvoeding door ouders (BSO7.1)*		
	N	$\bar{x}$	σ	*Variabelen met significant verschil*
Nooit	96	2.5520	1.1504	Nooit – zelden (-0.7072)
Zelden	81	3.2592	1.1595	Nooit – maandelijks meerdere keren per maand/wekelijks (-2.2336)
Maandelijks/meerdere keren per maand/wekelijks	14	4.7857	0.8017	Zelden – maandelijks meerdere keren per maand/wekelijks (-1.5265)

p<.0001

Bidden (BSO4.5)		*Mate godsdienstige opvoeding door ouders (BSO7.1)*		
	N	$\bar{x}$	σ	*Variabelen met significant verschil*
Nooit	84	2.5000	1.0238	Nooit – regelmatig/dagelijks (-1.7308)
Zelden	54	2.8888	1.2387	Zelden – regelmatig/dagelijks (-1.3419)
Soms	39	3.8461	1.0647	Zelden – soms (-0.9573)
Regelmatig/dagelijks	13	4.2307	1.4806	Nooit – soms (-1.3462)

p<.0001

Geloof vader (BSO5.1)		*Mate godsdienstige opvoeding door ouders (BSO7.1)*		
	N	$\bar{x}$	σ	*Variabelen met significant verschil*
Gelovig	*60*	3.8666	1.1269	Gelovig – ik weet het niet (0.8667)
Ongelovig	58	2.1896	1.0166	Gelovig – hij twijfelt (0.8944)
Hij twijfelt	36	2.9722	1.1335	Gelovig – ongelovig (1.6770)
Ik weet het niet	36	3.0000	1.1710	Ongelovig – hij twijfelt (-0.7826)
				Ongelovig – ik weet het niet (-0.8103)

p<.0001

Religieuze praktijk vader (BSO5.2)		*Mate godsdienstige opvoeding door ouders (BSO7.1)*		
	N	$\bar{x}$	σ	*Variabelen met significant verschil*
Nooit	111	2.5315	1.1022	Nooit – zelden (-0.7485)
Zelden	50	3.2800	1.0698	Nooit – maandelijks/meerdere keren per maand/wekelijks (-1.9685)
Maandelijks/meerdere keren per maand/wekelijks	28	4.5000	1.0363	Zelden – maandelijks/meerdere keren per maand/wekelijks (-1.2200)

p<.0001

Geloofscommunicatie vader (BSO5.3)		*Mate godsdienstige opvoeding door ouders (BSO7.1)*		
	N	$\bar{x}$	σ	*Variabelen met significant verschil*
Nooit	139	2.7050	1.1063	Nooit – zelden (-0.7325)
Zelden	32	3.4375	1.2935	Nooit – soms (-1.7950)
Soms	8	4.5000	1.1952	Zelden – regelmatig/dagelijks (-1.4625)
Regelmatig/dagelijks	10	4.9000	0.8755	Nooit – regelmatig/dagelijks (-2.1950)

p<.0001

Geloof moeder (BSO6.1)	*N*	*Mate godsdienstige opvoeding door ouders (BSO7.1)*		
		$\bar{x}$	σ	*Variabelen met significant verschil*
Gelovig	66	3.7878	1.2951	Gelovig – zij twijfelt (0.9643)
Ongelovig	32	2.0937	1.0273	Gelovig – ik weet het niet (0.9948)
Zij twijfelt	34	2.8235	0.9683	Gelovig – ongelovig (1.6941)
Ik weet het niet	58	2.7931	1.0556	Ongelovig – zij twijfelt (-0.7298)
				Ongelovig – ik weet het niet (-0.6994)

p<.0001

Religieuze praktijk moeder (BSO6.2)	*N*	*Mate godsdienstige opvoeding door ouders (BSO7.1)*		
		$\bar{x}$	σ	*Variabelen met significant verschil*
Nooit	101	2.7227	1.2175	Nooit – maandelijks/meerdere keren per maand/wekelijks (-1.8487)
Zelden	67	2.9850	1.1213	
Maandelijks/meerdere keren per maand/wekelijks	21	4.5714	0.8701	Zelden – maandelijks/meerdere keren per maand/wekelijks (-1.5864)

p<.0001

Geloofscommunicatie moeder (BSO6.3)		*Mate godsdienstige opvoeding door ouders (BSO7.1)*		
	N	$\bar{x}$	σ	*Variabelen met significant verschil*
Nooit	118	2.6440	1.0663	Nooit – regelmatig/dagelijks (-2.0832)
Zelden	44	3.1363	1.1531	Nooit – soms (-1.6500)
Soms	17	4.2941	1.3117	Zelden – regelmatig/dagelijks (-1.5909)
Regelmatig/dagelijks	11	4.7272	1.1037	Zelden – soms (-1.1578)

p<.0001

- Samenhang met 7.2 mate godsdienstige opvoeding door grootouders

Aard godsdienstige opvoeding (BSO4.1)	*N*	*Mate godsdienstige opvoeding door grootouders (BSO7.2)*		
		$\bar{x}$	σ	*Variabelen met significant verschil*
Katholiek	94	3.2021	1.5765	Christelijk – islamitisch (-1.5261)
Christelijk	46	2.6739	1.3992	Islamitisch – religieloos (1.7000)
Islamitisch	15	4.2000	2.1447	
Vrijzinnig, atheïstisch & zonder religie (religieloos)	34	2.5000	1.5025	

p=0.0018

Eigen geloof (BSO4.2)	*N*	*Mate godsdienstige opvoeding door grootouders (BSO7.2)*		
		$\bar{x}$	σ	*Variabelen met significant verschil*
Ja	42	3.8571	1.9701	Ja – ik twijfel (0.9841)
Neen	85	2.7176	1.4849	Ja – neen (1.1395)
Ik twijfel	63	2.8730	1.4084	

p=0.0006

Religieuze praktijk (BSO4.4)		*Mate godsdienstige opvoeding door grootouders (BSO7.2)*		
	N	$\bar{x}$	σ	*Variabelen met significant verschil*
Nooit	96	2.7812	1.5907	Geen significante verschillen
Zelden	81	3.1851	1.6055	
Maandelijks/meerdere keren per maand/wekelijks	14	3.8571	1.8752	

p=0.0377

Bidden (BSO4.5)	*N*	*Mate godsdienstige opvoeding door grootouders (BSO7.2)*		
		$\bar{x}$	σ	*Variabelen met significant verschil*
Nooit	84	2.7738	1.4917	Nooit – soms (-1.0467)
Zelden	54	2.7037	1.4618	Zelden – soms (-1.1168)
Soms	39	3.8205	1.7301	
Regelmatig/dagelijks	13	3.5384	2.1453	

p=0.0019

Geloof vader (BSO5.1)		*Mate godsdienstige opvoeding door grootouders (BSO7.2)*		
	N	$\bar{x}$	σ	*Variabelen met significant verschil*
Gelovig	*60*	3.4166	1.7972	Gelovig – ongelovig (0.8305)
Ongelovig	58	2.5862	1.5787	
Hij twijfelt	36	3.2500	1.4614	
Ik weet het niet	36	2.8888	1.5076	

p=0.0359

Geloof moeder (BSO6.1)		*Mate godsdienstige opvoeding door grootouders (BSO7.2)*		
	N	$\bar{x}$	σ	*Variabelen met significant verschil*
Gelovig	66	3.5757	1.7192	Gelovig – ik weet het niet (0.7827)
Ongelovig	32	2.2187	1.3850	Gelovig – ongelovig (1.3570)
Zij twijfelt	34	3.2058	1.3206	
Ik weet het niet	58	2.7931	1.6303	

p=0.0006

Geloofscommunicatie moeder (BSO6.3)		*Mate godsdienstige opvoeding door grootouders (BSO7.2)*		
	N	$\bar{x}$	σ	*Variabelen met significant verschil*
Nooit	118	2.7966	1.4939	Nooit – regelmatig/dagelijks (-1.5670)
Zelden	44	3.2272	1.6686	
Soms	17	3.4117	1.8391	
Regelmatig/dagelijks	11	4.3636	2.0135	

p=0.0095

- Samenhang met 20.1 diploma vader

Diploma vader (BSO20.1)		*Responsiviteit vader (BSO20_3A)*		
	N	*x̄*	*σ*	*Variabelen met significant verschil*
Geen diploma Lager onderwijs Lager secund. onderwijs	73	3.58219	1.39368	Geen diploma/lager onderwijs/lager secundair onderwijs – hoger niet-universitair onderwijs (1.2862)
Hoger secund. onderwijs	63	3.56145	1.24693	Hoger secundair onderwijs – hoger niet-universitair onderwijs (1.3070)
Hoger niet-univ. onderwijs	19	4.86842	1.23987	
Universitair onderwijs	17	4.12500	1.40590	

p=0.0009

Diploma vader (BSO20.1)		*Autonomie vader (BSO20_3C)*		
	N	*x̄*	*σ*	*Variabelen met significant verschil*
Geen diploma Lager onderwijs Lager secundair onderwijs	73	3.63881	0.95437	Geen diploma/lager onderwijs/lager secundair onderwijs – hoger niet-universitair onderwijs (0.7735)
Hoger secundair onderwijs	63	3.86772	0.84939	
Hoger niet-univ. onderwijs	19	4.41228	0.89816	
Universitair onderwijs	17	4.08627	1.02983	

p=0.0083

Diploma vader (BSO20.1)		*Autonomie moeder (BSO21_3C)*		
	N	*x̄*	*σ*	*Variabelen met significant verschil*
Geen diploma Lager onderwijs Lager secundair onderwijs	85	3.82352	0.92844	Geen significante verschillen
Hoger secundair onderwijs	59	4.14124	1.08402	
Hoger niet-univ. onderwijs	17	4.44117	1.02730	
Universitair onderwijs	13	4.5256	1.15037	

p=0.0192

4.2.5. *Typologie van de leerlingen (ASO/TSO)*

Uit de factoranalyse over de schalen van de leerlingen BSO resulteerde geen geheel van bruikbare typologieën, waardoor we ervoor geopteerd hebben om in dit stuk de BSO-leerlingen niet op te nemen.

1. Het open pluralistisch model

Dit model bevat negen schalen, in volgorde van lading: 'IRL-minded' (0.75938), 'pluralisme' (0.72622), 'dialoog' (0.68228), 'relativisme' (0.62832), 'gematigde profilering' (0.61353), 'tweede naïviteit' (0.59606), 'positieve gevoelens ten opzichte van andersgelovigen' (0.45459), 'traditie-relevantie' (0.44770) en 'hermeneutische competentie' (0.42493). Het model wordt getypeerd door een open houding van de leerlingen tegenover de pluralistische maatschappij en specifiek ook andersgelovigen in deze maatschappelijke context. Openheid voor ontmoeting en dialoog met andersgelovigen, zowel binnen het godsdienstonderwijs als daarbuiten, staan centraal in dit model. De aanwezigheid van moslimleerlingen in de klas wordt als een meerwaarde gezien, zeker wanneer de interreligieuze dialoog concreet gevoerd wordt. De schaal 'IRL-minded' gaat in dezelfde richting. Het godsdienstonderwijs moet de mogelijkheid bieden om te leren over andere religies en om deze ook te confronteren met de eigen levensbeschouwing. Persoonlijke ontmoetingen en dialoog met mensen met een ander geloof worden als belangrijk beschouwd, onder andere met het oog op het eigen bewuste keuzeproces op het vlak van levensbeschouwing. De openheid voor dialoog met andersgelovigen, in het godsdienstonderwijs hangt samen met een feitelijke perceptie van het godsdienstonderwijs als leren met het oog op de multireligieuze samenleving. De schaal 'traditie-relevantie' wijst op ervaringen met godsdienstonderwijs waarbij de bijbelteksten en de traditie gekoppeld worden aan de actuele situatie, en waarbij de complexiteit en eigenheid van het christendom duidelijk naar voren komen. De schaal 'hermeneutische competentie' wijst voor een deel in dezelfde richting. Het gaat hier over het begrijpen en uitdiepen van een persoonlijke levensbeschouwelijke visie vanuit datgene wat men in het godsdienstonderwijs aangeboden krijgt. De feitelijke ervaring van godsdienstonderwijs, als een verrijking voor het leren innemen van een eigen standpunt in verband met godsdienst, hangt nauw samen met de wens dat godsdienstonderwijs ertoe bijdraagt om een eigen standpunt te formuleren in dialoog met andere godsdiensten (Cf. 'IRL-minded' en 'dialoog').

Het leren over en van andere religies veronderstelt, bij de leerlingen, een samenhang met een 'gematigde profilering' van de godsdienstleerkracht. Het christelijk geloof hoeft niet de norm te zijn van het godsdienstonderwijs, en de leerkracht mag zeker niet de leerlingen rechtstreeks voor het katholiek geloof proberen te winnen. Communicatie en dialoog, zeker ook met andersgelovigen, vinden leerlingen die zich situeren binnen het open pluralistisch model veel belangrijker dan onderwijs waarbij de christelijke traditie duidelijk en 'van bovenaf' wordt aangebracht.

De verwachtingen van openheid en dialoog binnen het godsdienstonderwijs worden gevoed door een specifieke kijk op godsdienst en op mensen met een ander geloof. De schaal 'pluralisme', kenmerkend voor dit model, beroept zich op de visie dat godsdiensten onderling complementair zijn, dat ze uiteindelijk allemaal waarheid bevatten en teruggaan op een zelfde ultieme werkelijkheid. Dit hangt samen met 'positieve gevoelens ten opzichte van andersgelovigen'. Andersgelovigen vormen geen bedreiging, maar worden eerder positief gepercipieerd. Deze opstelling kadert binnen een symbolisch denken. De twee schalen uit de post-kritische geloofsschaal, 'relativisme' en 'tweede naïviteit', die hoog correleren met de andere hier besproken schalen, verschillen onderling in de mate van engagement ten aanzien van het geloof. Waar 'relativisme' eerder wijst op ongeloof of een lage betrokkenheid, wijst 'tweede naïviteit' op een gelovig engagement. Beide liggen op de as 'symbolisch denken' (tegenover letterlijk denken). De eigen levensbeschouwelijke identiteit is geen statisch, gesloten geheel (letterlijk denken): de interpretatie staat centraal. De openheid naar andersgelovigen en dialoog is in deze context te begrijpen.

2. Het gesloten christelijk model

Dit model bevat tien schalen, namelijk 'expliciet christelijke profilering' (0.64008), 'orthodoxie' (0.62775), '(exclusivisme) inclusivisme' (0.61850), 'geen dialoog' (0.60363), 'traditioneel gezinsdenken' (0.47921), 'historische traditie' (0.47037), 'negatieve gevoelens tegenover anders-gelovigen' (0.33741), en geïnverteerd 'geloofsautonomie vader' (-0.43217), 'geloofsautonomie moeder' (-0.40859) en 'niet-traditioneel gezinsdenken' (-0.44688). Het gaat hier om leerlingen die het in grote mate eens zijn met de exclusivistische en inclusivistische items. Het christendom is voor hen zeer belangrijk en ook de (impliciete of expliciete) basis voor het oordeel over andere godsdiensten. Christus en Zijn Geest zijn essentieel voor het heil van mensen vanuit deze visie. Het (exclusivistisch) inclusivistische standpunt legt redelijk sterk de nadruk op de eigen duidelijk christelijk geprofileerde identiteit. Een kritiek die vaak op het inclusivisme geformuleerd wordt, is dat het de andere 'accapareert' tot het eigene en de eigenheid van de andere niet echt ernstig neemt. Vanuit deze nadruk op de christelijk geprofileerde identiteit en de accaparatie van het andere dat daarmee gepaard gaat, is het begrijpelijk dat 'inclusivisme' inhoudelijk samenhangt met de schalen 'expliciet christelijke profilering', 'orthodoxie', 'geen dialoog' en 'negatieve gevoelens tegenover andersgelovigen'. 'Orthodoxie' wijst op een duidelijk gelovige houding, waarbij men letterlijk denkt. Uit ander onderzoek blijkt dat orthodoxie in zekere zin samenhangt met racisme[123]. Van daaruit is het niet zo verwonderlijk dat de schaal 'negatieve gevoelens tegenover andersgelovigen' ook hiermee samenhangt. Men vertrekt vanuit een voorgegeven kader, dat vast staat. Andersgelovigen zullen dan ook eerder negatief benaderd worden, er heerst onrust, vrees, ergernis en onzekerheid. Inclusivistisch en orthodox denken gekoppeld aan negatieve gevoelens tegenover andersgelovigen leiden ook tot een specifieke visie op de manier waarop godsdienst in de klas zou moeten gegeven worden. De schaal 'geen dialoog' wijst erop dat deze leerlingen eerder weigerachtig staan tegenover kennismaking met andere godsdiensten in het godsdienstonderwijs, wellicht omdat op die manier de eigen identiteit in het gedrang zou komen. De schaal 'expliciet christelijke profilering' wijst eerder op het verlangen naar een sterke katholieke identiteit van de leerkracht. De opvatting over geloof in het algemeen heeft dus duidelijke implicaties voor de visie op godsdienstonderwijs en de identiteit van leerkracht en school. Waar de schalen 'geen dialoog' en 'expliciete christelijke profilering' wijzen op de houding tegenover andersgelovigen en het belang van de eigen christelijke identiteit in het godsdienstonderwijs, wijst een schaal als 'historische traditie' eerder op de concrete inhoud van het godsdienstonderwijs zoals die reëel beleefd wordt. Deze schaal drukt uit dat de christelijke traditie, zoals die in de figuur van Jezus, in gebed en ritueel, in godsdienstige teksten enzovoort naar voren komt, uitdrukkelijk aan bod komt in de lessen. Traditie wordt hier gezien in haar gestalte zoals ze vorm gekregen heeft door de eeuwen heen, in het leven van gelovige mensen, maar evenzeer en vooral binnen de institutie van de kerk (kerkelijke documenten, godsdienstige teksten, rituelen, etc.). We merken vervolgens op dat de hierboven besproken schalen samenhangen met drie schalen over het gezin. 'Traditioneel gezinsdenken' wijst op de opvattingen van leerlingen over het gezin, en over hun eigen toekomstbeeld met betrekking tot het gezin. 'Traditioneel gezinsdenken' omvat opvattingen over het gezin die aansluiten bij de officiële moraal van de katholieke kerk, met name de belangrijke plaats van het huwelijk en ook de voorrang van het gezin boven het werk buitenshuis, althans voor de vrouw. De schaal 'niet-traditioneel gezinsdenken' drukt voor een

123. B. DURIEZ & D. HUTSEBAUT, *The Relation between Religion and Racism. The Role of Post-Critical Beliefs*, in *Mental Health, Religion and Culture* 3 (2000) nr. 1, 85-102.

groot deel het omgekeerde uit van 'traditioneel gezinsdenken'. 'Niet-traditioneel gezinsdenken' is dan ook geïnverteerd opgenomen in dit model. Deze schaal impliceert een visie die stelt dat opvoeding in nieuw-samengestelde gezinnen, eenoudergezinnen en gezinnen met twee mannen of twee vrouwen als ouderpaar niet zonder meer als gelijkwaardig aan opvoeding in een 'klassiek' twee-oudergezin kan gezien worden. De geïnverteerde schaal 'niet-traditioneel gezinsdenken' wijst ook op een negatieve houding tegenover gelijke taakverdeling tussen man en vrouw wat betreft kinderverzorging en huishoudelijk werk.

Ook op het vlak van het gezin kiest men dus voor een duidelijke profilering. Twee schalen correleren negatief met de bovenstaande schalen, namelijk geloofsautonomie vader en geloofsautonomie moeder. Daaruit kunnen we afleiden dat, wanneer kinderen van thuis uit een zeer grote vrijheid gehad hebben ten aanzien van geloof, ze zo goed als geen druk ervaren hebben met betrekking tot religieuze beleving, en waarschijnlijk vaak ook weinig stimulansen tot geloof gehad hebben, de kans gering is dat ze een eerder orthodoxe houding ten aanzien van geloof gaan aannemen.

3. Het model van ondersteunende gezinsrelaties

Een andere betekenissamenhang die naar voren komt uit het geheel van het onderzoek heeft betrekking op de ervaring van gezinsrelaties. Hier onderscheiden we zeven schalen, die samen één model vormen, namelijk: 'cohesie', (0.72548) 'responsiviteit vader' (0.66459), 'responsiviteit moeder' (0.53758), 'geloofsbetrokkenheid vader' (0.52821), 'geloofsbetrokkenheid moeder' (0.47313), 'autonomie vader' (0.35579) en de geïnverteerde 'conflictschaal' (-0.49432). Als de leerlingen thuis de ervaring van een 'hecht gezin' hebben ('cohesie'), betekent dit dat ze relatief weinig conflicten percipiëren in het gezin. Dat hangt samen met de manier waarop de kinderen de opvoeding door hun ouders ervaren. Ze ervaren een grote mate van 'responsiviteit' van zowel de vader als de moeder. Dat wil zeggen dat ze begrip, troost, ondersteuning, warmte ervaren vanwege beide ouders. De schalen 'cohesie', 'conflict' en 'responsiviteit vader/moeder' hangen samen met de ervaring van autonomie vanwege de vader. Men percipieert de vader als iemand die aanmoedigt om zelfstandig te zijn, om zelf problemen op te lossen en beslissingen te nemen. Het gaat hier dus niet om 'bevoogding', maar wel om 'aanmoediging tot zelfstandig worden'. Er is geen duidelijke samenhang met 'autonomie moeder' gevonden, wat erop kan wijzen dat de rol van de vader crucialer is in de perceptie van het gezinsklimaat. De hier besproken schalen correleren tevens met 'geloofsbetrokkenheid' van zowel vader als moeder. De ervaring van in het algemeen ondersteund te worden door de ouders, heeft ook betrekking op het vlak van geloven. Geloven als levensdomein valt dus niet buiten de ondersteuning die kinderen vanwege hun ouders ervaren. In een hecht gezin ervaren kinderen meer dat ouders betrokken zijn op de manier waarop de kinderen met het geloof bezig zijn.

4. Het samenwerkingsmodel

Dit model steunt op volgende schalen: 'klasdiscours' (0.79228), 'communicatieve openheid' (0.73145), 'communicatieve betrokkenheid' (0.46150), 'biografische leerkracht' (0.32838) en 'dogmatische leerkracht' (geïnverteerd) (-0.58665). De leerlingen zien de leerkracht als iemand die, vanuit een doorleefde overtuiging en met een grote expertise, de leerlingen tegemoet treedt en hen bevraagt op hun overtuiging en kennis. Hij/zij kent de traditie zeer goed en maakt ook duidelijk deel uit van die traditie ('biografische leerkracht'). De leerkracht deelt de eigen beleefde en bereflecteerde *ervaring* met de leerlingen en geeft de leerlingen de kans om ook hun *ervaring* met de leerkracht en met elkaar te delen – ook al zijn deze ervaringen of denkkaders niet in overeenstemming met het christelijke referentiekader (inversie 'dogmatische leerkracht'). In een open lesklimaat houdt een leerkracht rekening met zowel de interesses als met de denkkaders van de leerlingen. De leerlingen voelen zich niet alleen betrokken bij het lesgebeuren zelf, maar ook bij de opbouw van de les. Ze voelen zich niet alleen erkend in hun rol van leerling-zijn, maar ook in hun gehele mens-zijn. Ze *beleven* het godsdienstonderricht als een persoonlijke uitdaging. Ze laten zich uitdagen in hun persoon-zijn ('klasdiscours'). Er heerst een sfeer van openheid, luisterbereidheid en respect. Het godsdienstonderricht is een communicatief gebeuren, waarin de bewegingsruimte van de leerlingen niet beperkt wordt tot een op voorhand uitgetekend kader. De leerlingen hebben als taak de communicatie te voeden vanuit datgene wat ze reeds weten. Hiertoe worden ze aangemoedigd door de godsdienstleerkracht die in het communicatieproces optreedt als moderator, als degene die uitdaagt, luistert, stuurt en bijstuurt waar nodig ('communicatieve openheid'). In het communicatieproces doet de leerkracht een beroep op de eigen interpretatiekaders van de leerlingen, neemt ze op in het lesgebeuren en daagt ze uit door ze in confrontatie te brengen met andere interpretatiekaders – waaronder het christelijke – zonder één interpretatiekader als dwingend kader op te leggen (geen 'dogmatische leerkracht'). Op die manier worden de leerlingen uitgedaagd om, vanuit datgene wat in het lesgebeuren aangereikt werd, terug te keren naar hun eigen interpretatiekaders, deze te bevragen en indien nodig bij te sturen of te corrigeren, of ze juist te bevestigen en eventueel te verrijken. De leerlingen leren duidelijk een persoonlijk standpunt in te nemen en dit standpunt te verantwoorden. Hierin laten ze zich niet alleen leiden door datgene wat de leerkracht zegt, maar evenzeer door datgene wat medeleerlingen te vertellen hebben. Het godsdienstonderricht wordt door deze leerlingen gezien als een leerproces waaraan iedereen, vanuit zijn eigen ervaringen, interpretatiekaders en expertise meewerkt ('communicatieve betrokkenheid').

5. Het discontinuïteitsmodel

In het laatste model onderscheiden we nog twee schalen: 'hermeneutische verlamming' (0.68389) en 'externe kritiek' (0.66906).

In tegenstelling tot het christelijk geëngageerd model vinden we in dit model leerlingen terug, die vanuit een letterlijk denkkader eerder een negatieve houding aannemen tegenover religie (externe kritiek). Deze negatieve houding ten opzichte van religie blijken ze aan te nemen vanuit een niet-hermeneutisch standpunt ('hermeneutische verlamming'). Ze zijn blijkbaar niet vertrouwd met het interpretatiekader eigen aan religies, waarin gebruik gemaakt wordt van een eerder symbolisch taalgebruik. Maar ze blijken ook niet geïnteresseerd te zijn in religie, aangezien dit, volgens hen, niet meer van deze tijd is. Het zijn leerlingen die vanuit een eigen letterlijk denken, een radicale breuk ervaren met de denkwereld van godsdiensten en levensbeschouwingen.

4.3. Vergelijking tussen leerlingen en leerkrachten

Tabellen correlaties tussen leerkrachten en leerlingen ASO/TSO

Significantie: p <0.0001 =*** ; p < 0.01 =** ; p < 0.05 =*

	LKR07A	LKR07B	LKR10A	LKR10B	LKR10C	LKR10D
LLN07A						
LLN07B						
LLN12A						
LLN12B						-0.22173*
LLN12C						
LLN12D						
LLN13A						
LLN13B						
LLN14A						
LLN15A						
LLN15B						
LLN17A						
LLN17B						
LLN18A						
LLN18B						
LLN192A						
LLN192B						
LLN20A						
LLN20B						
LLN21A						
LLN21B						
LLN22A						

	LKR12A	LKR13A	LKR14A	LKR14B	LKR17A	LKR17B
LLN07A						
LLN07B						
LLN12A						
LLN12B						
LLN12C						
LLN12D						
LLN13A	0.35207**					
LLN13B	0.32015**					
LLN14A		0.28570*				
LLN15A						
LLN15B						
LLN17A					-0.23574*	0.38035**

LLN17B					-0.24199*	
LLN18A						
LLN18B						
LLN192A						
LLN192B						
LLN20A						
LLN20B						
LLN21A						
LLN21B						
LLN22A						

	LKR18A	LKR18B	LKR19A	LKR19B	LKR202A	LKR202B
LLN07A						
LLN07B						
LLN12A						
LLN12B						
LLN12C						
LLN12D						
LLN13A						
LLN13B						
LLN14A						
LLN15A						
LLN15B						
LLN17A						
LLN17B						
LLN18A						
LLN18B		-0.23067*				
LLN192A						
LLN192B						
LLN20A						
LLN20B						
LLN21A						
LLN21B						
LLN22A						

	LKR21A	LKR21B	LKR21C	LKR25A
LLN07A				
LLN07B				
LLN12A				
LLN12B				
LLN12C				
LLN12D				
LLN13A				
LLN13B				

LLN14A				
LLN15A				
LLN15B				
LLN17A				
LLN17B				
LLN18A				
LLN18B				
LLN192A				
LLN192B				
LLN20A				
LLN20B				
LLN21A				
LLN21B				
LLN22A				

Summary

Religious Education Challenged

This publication is the result of three research projects of the *Centre for Academic Teacher Training* of the Faculty of Theology, in collaboration with the *Centre for Psychology of Religion* within the Department of Psychology, both at K.U.Leuven, Belgium. This collaboration involved a large-scale empirical research financed by the Fund for Scientific Research-Flanders.

This book reproduces a survey carried out on a representative sample of teachers of Roman Catholic religious education and third-grade students of secondary schools in Flanders. The research question is three-fold. Its first aspect deals with the question of how family variables and the experience of a (religious) upbringing in the family are connected to the religious opinions and experience of (un)belief in both young people and religious educators. The second part of the research tests a newly developed didactical model for religious education, namely the hermeneutical-communicative model, as to its feasibility and occurrence in actual practice. The third dimension considers the possibilities of interreligious learning in a class situation. Does there exist among teachers and students a frame of mind that makes interreligious learning possible and feasible?

The research question coupled with the *hermeneutical-communicative concept for teaching religion* refers to a new interpretation of the teaching of 'Roman Catholic religion' in schools. Communication is the central constitutive element of the educational learning process. Far from being an 'unengaged exchange', communication is directed towards seeking for the presuppositions, interpretations and deep-set beliefs behind positions in the classroom stemming from the source material used, the teacher and the students. The aim of this form of religious education is to support students in searching for their own spiritual identity in confrontation with the Christian tradition. The concept of '*interreligious learning*' fits in partially with this model of religious teaching methodology but more importantly highlights the plurality of fundamental life options that are introduced by the students, the teacher and the tradition material of different religions. In

Flanders 'interreligious learning' as a concept for religious education is still in its infancy. This research therefore seeks to gauge the conditions of possibility for an interreligious approach to religious education. The combination of the religious didactical dimensions with research into the *religious and spiritual upbringing in the family* makes it possible to gain insight into the broader context of such a formation and (a number of) its contributing factors.

The three main research questions were divided into different subquestions. All those questions were made operational with different scales, of which a number already existed and others were self-developed. The scales were compiled into one questionnaire for teachers and two for the students. For students a distinction was made between those following a general and technical secondary education and those undergoing a vocational secondary education. The questionnaire for the latter group was shorter and the questions were sometimes adapted.

The sample survey involved students and teachers from across Flanders and the Dutch speaking part of Brussels. In drawing up the sample factors taken into account were the location of the school (province and level of urbanisation), its ideological identity (Catholic or so-called 'neutral' community education) and its profile (offering various choices of direction, or merely a general formation, or only technical and/or vocational training). On the basis of these criteria was attempted to capture as great a representative diversity as possible.

Students filled out the written questionnaires during a Roman Catholic religion class in the period September-November 2002. The average age of these students was 17 years. During this same period the teachers also filled out a questionnaire. In total, information from 1,416 students (706 of whom followed a general formation, 517 a technical education, and 192 vocational training, 1 student level unknown) and 98 teachers was entered into a database. Thereupon different analyses of this data were carried out with the statistical programme SAS.

This publication reproduces the results of the analyses. Their interpretation and setting within a broader theoretical research framework is to be found among others in the doctoral dissertations of three of the researchers involved. We refer here to the doctoral dissertation of Joke Maex, defended on 18 December 2003, with the title 'A hermeneutical-communicative concept for teaching religion. A fundamental theoretical and empirical research,' and to the dissertations of Mieke De

Vlieger (on 'interreligious learning') and Annemie Dillen (on '(faith) upbringing in the family'), both foreseeing completion in 2005.

Following a general introduction the research hypotheses and questions of the three research areas are explained. In the next chapter the research aims and methods are discussed, followed by a discussion and explanation of the research instrument, population and sample chosen. Finally the results of the different analyses are reproduced. First appear the survey results of the teachers of Roman Catholic religious education and thereafter, analogously, the results from the students.

Both with the teachers and students the scores of all listed items are first mentioned in absolute figures and percentages as well as charted graphically. With respect to the students, only the results of those following a general ('ASO') or technical ('TSO') secondary education are reproduced graphically. Following upon this the scales are then discussed and indications given as to which items belong to which scales. These scales are mostly based upon a factor analysis of the data. The average scores on these scales, as well as the standard deviation and the reliability of the scales are reproduced in table form. A third step is an overview of the calculated correlations between the different scales. Only the correlations with a significance level lower than 0.05 are reproduced. Fourthly, an extensive overview is given of connections between a number of background variables and the connections between the background variables and the scales. Here too only significant connections ($p<0.05$) are recorded. Then fifthly, a typology is drawn up. By this is meant a content description of the results of a second factor analysis carried out using the scales from the entire research. Such a typology is not taken up for the survey results from students undergoing vocational secondary education because the factor analysis here delivered insufficient internally coherent material. Finally a short comparison between students and teachers is reproduced by means of a calculation of correlations between the scales.

Here is a short overview of the typologies of the teachers and students. With respect to teachers four types or models can be distinguished, namely (1) the 'engaged Christian model', (2) the 'tolerance model', (3) the 'discontinuity model' and (4) the 'collaboration model'. These four models consist of clusters of various scales that display a mutual connection. They do not represent actual 'types of teachers' but are meant rather as theoretical schemes that can help structure present-day reflection on religious education. (1) The 'engaged Christian model' stands for teachers with a conscious Christian identity. The purpose is to guide students in their quest for a religious identity and help them make their own choice in this. Here the Christian faith remains central and there is little room for interreligious learning. (2) The 'tolerance model' implies a greater openness for people of other persuasions and also for those who live in non-traditional family set-ups. Here different views come on board in religious education. This model is characterised by a symbolic thinking on faith (second naiveté thinking) where 'interpretation' holds central place. While in the first model the Christian tradition is extremely important, and in the second model tradition is conceived of very capacious and pluralistic, and openness towards others stands particularly central, in the third model (3), the 'discontinuity model' the importance of tradition is put highly in question. This model refers to the assessment that the Christian tradition no longer 'resonates' with students and as such cannot and should not even come up. This view also does not sense the need for a 'retelling' or 'reinterpretation' of tradition and is rather reserved towards the new Flemish curriculum for Catholic religious education (effective from 2004) and with respect to interreligious learning. Within this model coincide scales that point towards a rather unbelieving attitude. It paints a fairly gloomy picture of the possibilities of religious education. All illusions appear to be shattered, even within the individual family experience, which is experienced as 'conflictual'. (4) In the 'collaboration model' the dialogue between students and teacher and their positive collaboration is central. To this model belong also rather 'harmonious' family scales such as 'relationship satisfaction' and 'cohesion'. The 'collaboration model' points to a very large receptivity on the part of the teacher towards the contribution of the students. Here the teacher is firstly a moderator who stimulates the students to learn with and from one another. Witness to or information about the Christian tradition is less important in this model.

As for the students, five models can be distinguished, namely (1) the 'open pluralistic model', (2) the 'closed Christian model', (3) the 'model of supportive family network', (4) the 'collaboration model' and (5) the 'discontinuity model'. (1) The 'open pluralistic model' fits in closely with the 'tolerance model' of the teachers. This model is typified by an open attitude on the part of the students towards the pluralistic society and those with other fundamental life options. The model consists of a symbolic thinking upon belief – literal, dogmatic interpretations do not belong here. Within this model Christian belief is not experienced as the absolute norm for religious education. Religious education is not 'a proclamation from above' but a dialogue. (2) The 'closed Christian model' stresses more strongly than the previous model the desire for a teacher with a pronounced Christian profile. This goes together with a rather literal, orthodox thinking on the part of the students who with respect to family ethics place particular emphasis on marriage and concede little ground with respect to other lifestyles. A negative attitude towards people of other religious convictions is also an aspect of this model. Where the first model agrees with 'pluralism', the second model refers to 'exclusivism' and 'inclusivism' within the theology of religions. (3) The 'model of supportive family network' points to a connection between the experience of a close-knit and low-conflict intensity family and a democratic style of upbringing on the part of the parents, both in terms of the upbringing in general and as to what concerns the faith upbringing in the family. This model refers to family research scales and does not correlate with scales belonging to the research on school education. (4) The 'collaboration model' views religious education as a communicative endeavour in which students make a huge contribution but where the teacher also introduces the Christian faith narrative from out of a lived-through experience. (5) The 'discontinuity model' refers to a literal thinking and a rejection of belief. This model indicates that students are not familiar with the symbolic interpretative framework of religions and also display little interest in a faith narrative that is viewed as something no longer of this time.

As title for this research the authors have chosen 'Religious Education Challenged'. By this they mean to indicate that religious education at the start of the third millennium is a task not to be taken lightly. Both from the side of the students and from the angle of religious didactical theory, teachers are confronted with a difficult task. They will be expected to engage their students in a communicative process, to present the Christian faith tradition as relevant and intelligible in a pluralised and detraditionalised class context and, in doing so, to also take into account the uniqueness of other fundamental life options as well as the particular backgrounds of the students. One of the core conclusions of this research, as confirmed by the typology, is that the teacher finds himself or herself in a tension between either a loyal stance towards tradition or siding with the fundamental life options present in the classroom. An engaged conversation between the

Christian tradition and fundamental life options seems to be very difficult if not impossible for teachers of religion.

Familiarity with a faith tradition cannot be presumed as of right on the basis of the upbringing at home. The results of this research indicate that less than half of parents are perceived as 'believing' (in a broad sense) by young people in Flanders and that only a minority of students expressly talk with their parents about faith. When young people have to indicate how often certain people speak about faith, it is the teacher of religion who quite plainly comes forward as its most important discussion partner.

This does not detract from the fact that parents (and grandparents) play an important role in the choices young people make with respect to fundamental life options. If the father and/or mother are believing, both in actual practice and in the religious upbringing of their children, there is a far greater chance the child will also believe. Yet, at the same time only (somewhat less than) half of the young people whose parents are believing expressly state that they too believe.

The many items of data reproduced in this publication offer an extensive overview of how communication on fundamental life options takes place and how religion is practised in Flanders today. At the same time data on ethical opinions about the family and experiences with individual family upbringing are presented, which are not only of interest to theologians and religious educationists, but also to ethicists, (family) educationists, and sociologists. This publication offers important study material for policy makers, schoolteachers and managers, pastoral counselors and many others. Besides teachers, also all those responsible for education and the Catholic Church in Flanders and elsewhere will be challenged by this publication. We hope that this research may give new impulses to a religious formation within the school context and family, one that takes place from a Christian perspective but which also contains openness for other traditions and religious convictions.